国家社科基金后期资助项目

清至民国婺源县村落契约文书辑录

Contracts and Other Documents in Wuyuan County:
Qing Dynasty and Beyond

拾

江湾镇(四)

晓村·晓起岭下村·中[钟]吕村(1)

黄志繁　邵　鸿　彭志军　编

商务印书馆
创于1897 The Commercial Press
2014年·北京

江湾镇晓村 1—108

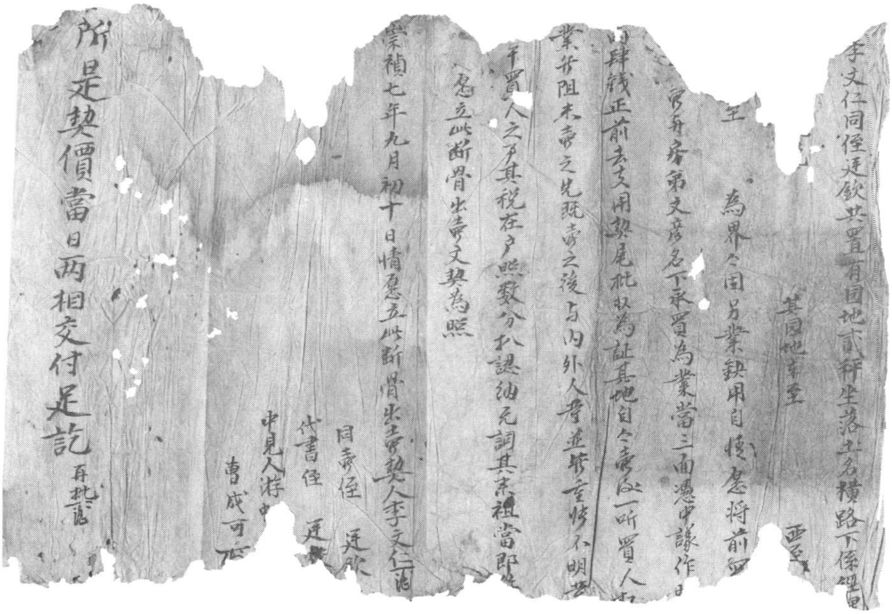

江湾镇晓村 92 · 崇祯七年 · 断骨出卖田契 · 李文仁等卖与李文彦

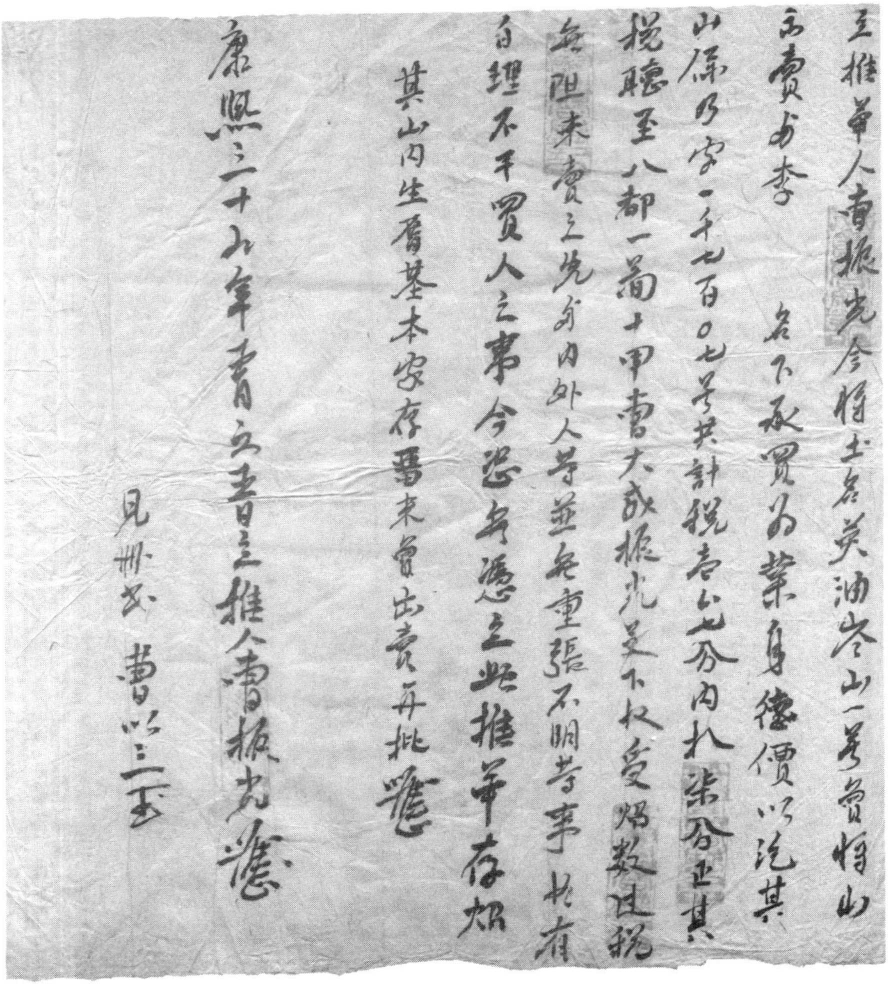
立推單人曹振光，今將土名吳油㘭山一號，曾將山出賣與李　名下承買為業，身價已訖。其山係乃字一千七百〇七號，共計稅壹畝七分，內扒柒分正。其稅聽至八都一圖十甲曹大成振光戶下收受，照數過稅無阻。未賣之先，與內外人等並無重張不明等事，如有自理，不干買人之事。今恐無憑，立此推單存照。
其山內生層基本家存留，未曾出賣。再批。憑
康熙三十五年　月　日立推人曹振光（押）
見批　曹以三（押）

江湾镇晓村 42 · 康熙三十五年 · 推单 · 曹振光推与曹大成振光户

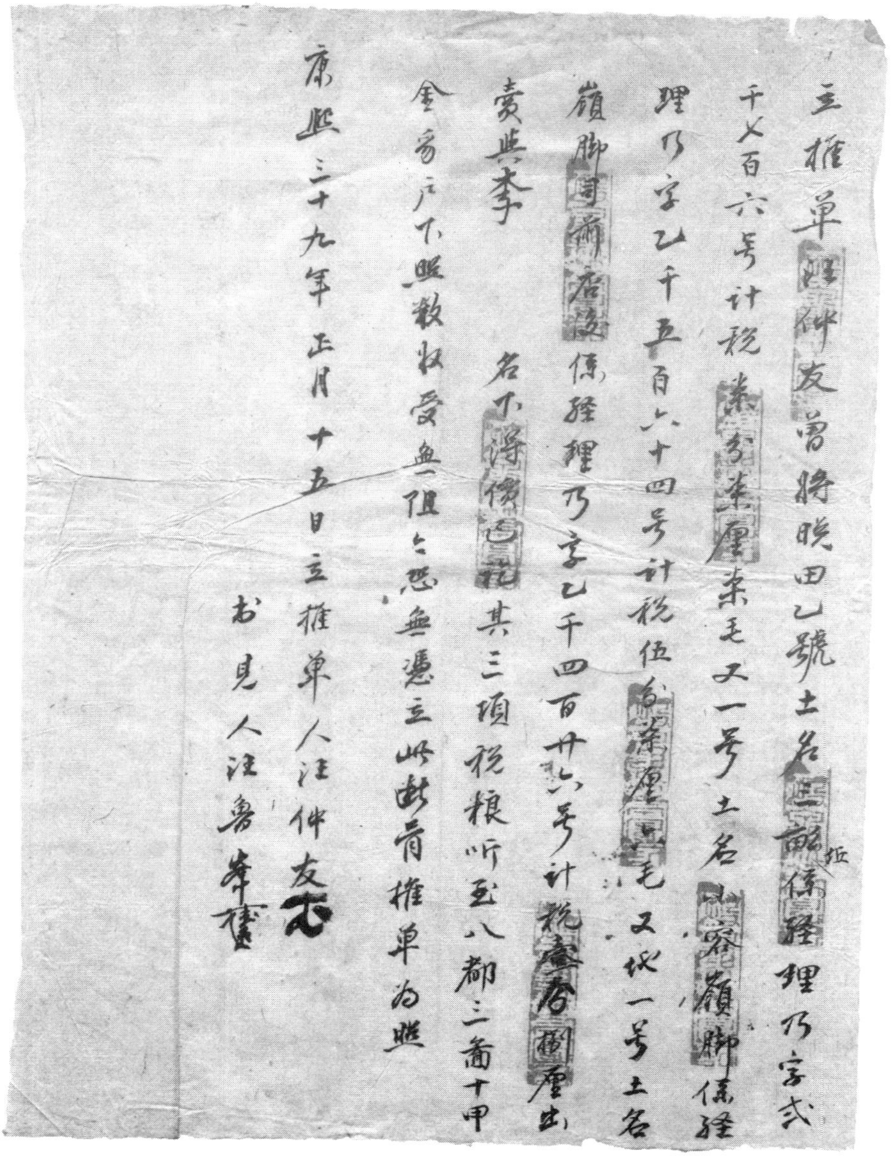

江湾镇晓村 28 · 康熙三十九年 · 推单 · 汪仲发推入金豸户

立推单汪仲友曾將晓田乙號土名上廟坵係經理乃字式
千乂百六号計稅柒分柒厘柒毛又一号土名[illegible]嶺腳係經
理乃字乙千五百六十四号計稅伍分柒厘[illegible]毛又坵一号土名
嶺腳司前店後係經理乃字乙千四百廿六号計稅壹分捌厘正
賣與李　名下淨價己訖其三項稅粮听至八都三啚十甲
金豸户下照數收受無阻今恐無憑立此斷骨推单為照
康熙三十九年正月十五日立推单人汪仲友（押）
中見人汪魯蕃（押）

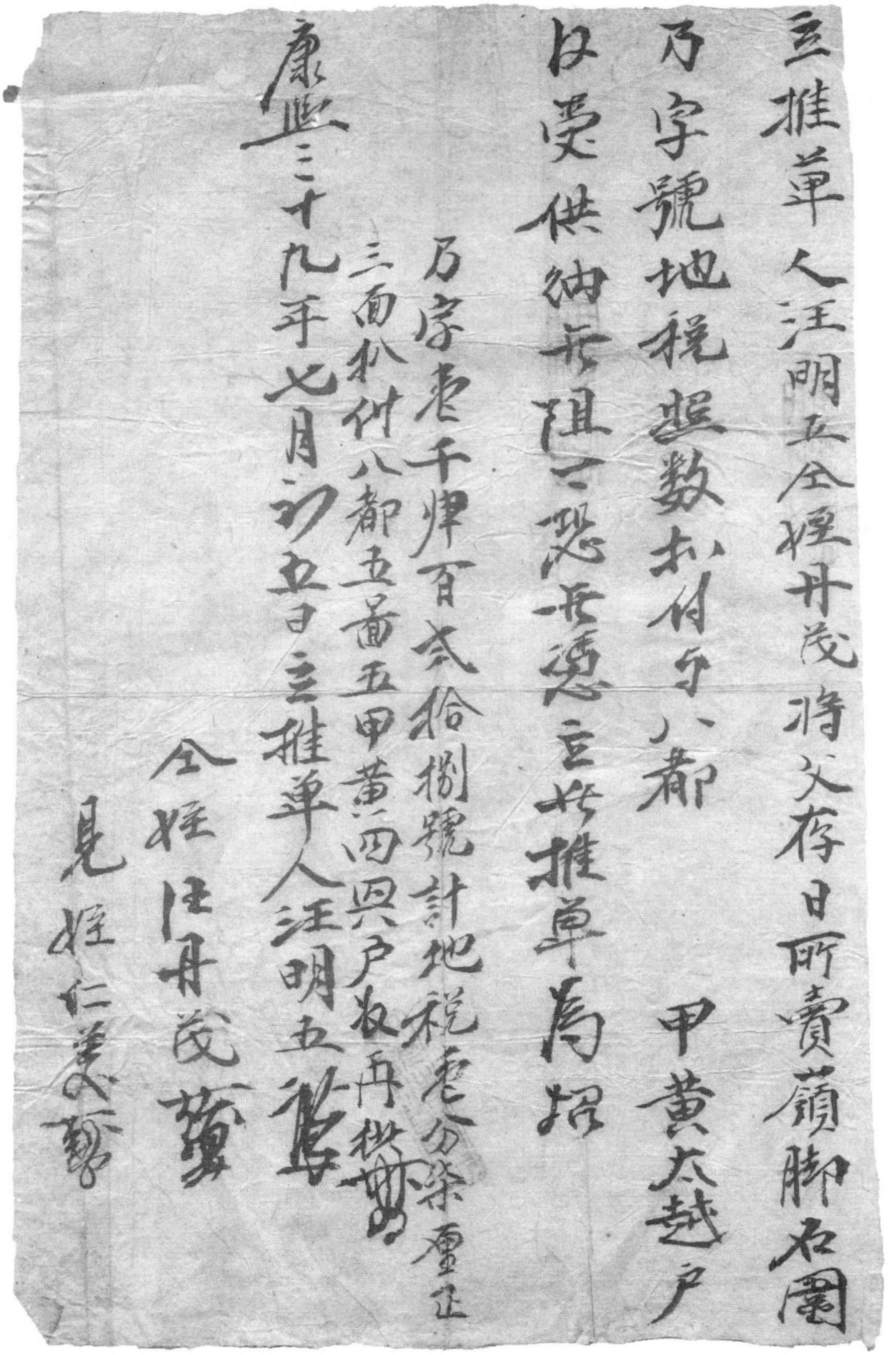
立推单人汪明五仝侄丹茂将父存日所卖岭脚石围
乃字号地税照数扒付八都　甲黄太越户
收受供纳无阻，恐无凭，立此推单为照
乃字壹千肆百贰拾捌号计地税壹分柒毫正
三面扒付八都五图五甲黄四兴户收丹树（押）
康熙三十九年七月初五日立推单人汪明五（押）
仝侄汪丹茂（押）
见侄仁美（押）

江湾镇晓村 30 · 康熙三十九年 · 推单 · 汪明五同侄丹茂卖与黄太越户

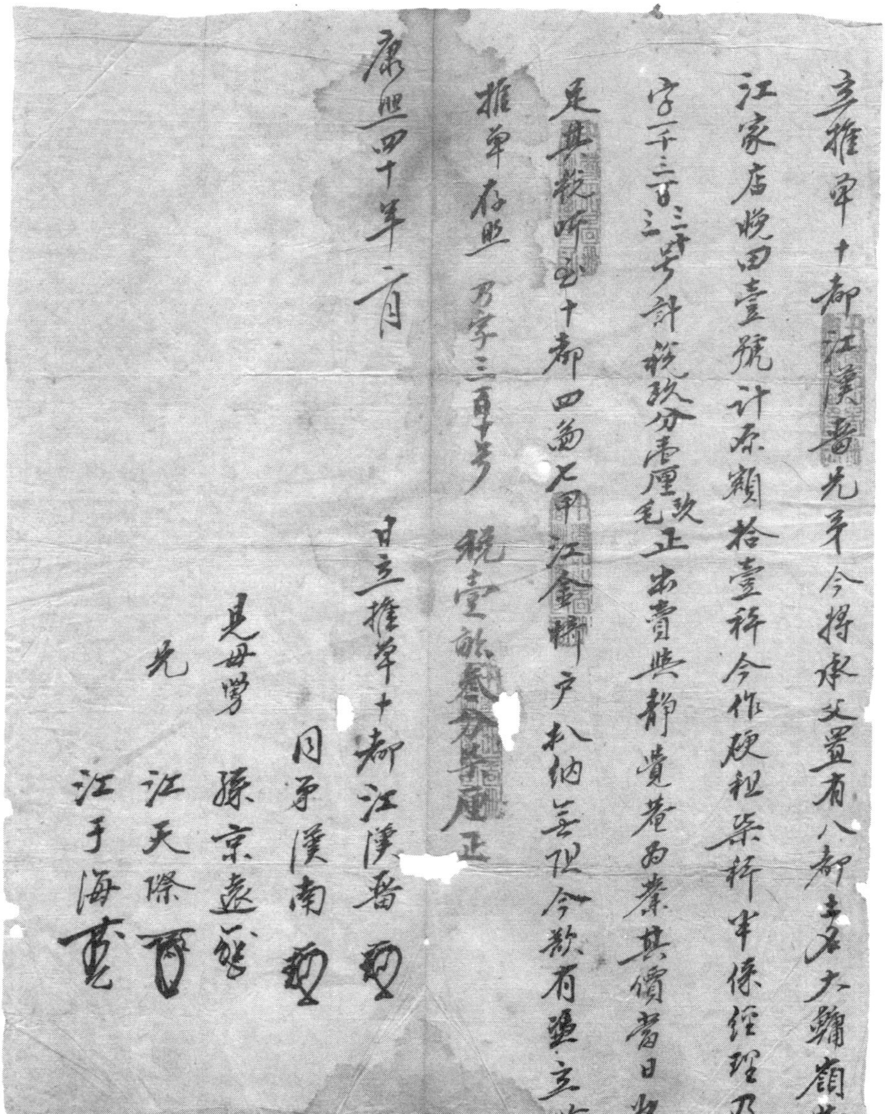

立推單十都江漢晋兄弟今將承父置有八都土名大雞嶺腳
江家店晓田壹號，計原額拾壹秤，今作硬租柒秤半，保經理乃
字一千三百三十三號，計稅玖分壹厘玖毛正，出賣與靜覺庵為業，其價當日收
足，其稅聽邑十都四啚七甲江金橋戶扒納無阻。今欲有憑，立此
推單存照。乃字三百十號 稅壹畝叁分柒厘正
康熙四十年二月 日立推單十都江漢晋（押）
同弟 漢南（押）
見母舅 孫京遠（押）
江天際（押）
先 江于海（押）

江湾镇晓村 20 · 康熙四十年 · 推单 · 江汉晋兄弟推与江金桥

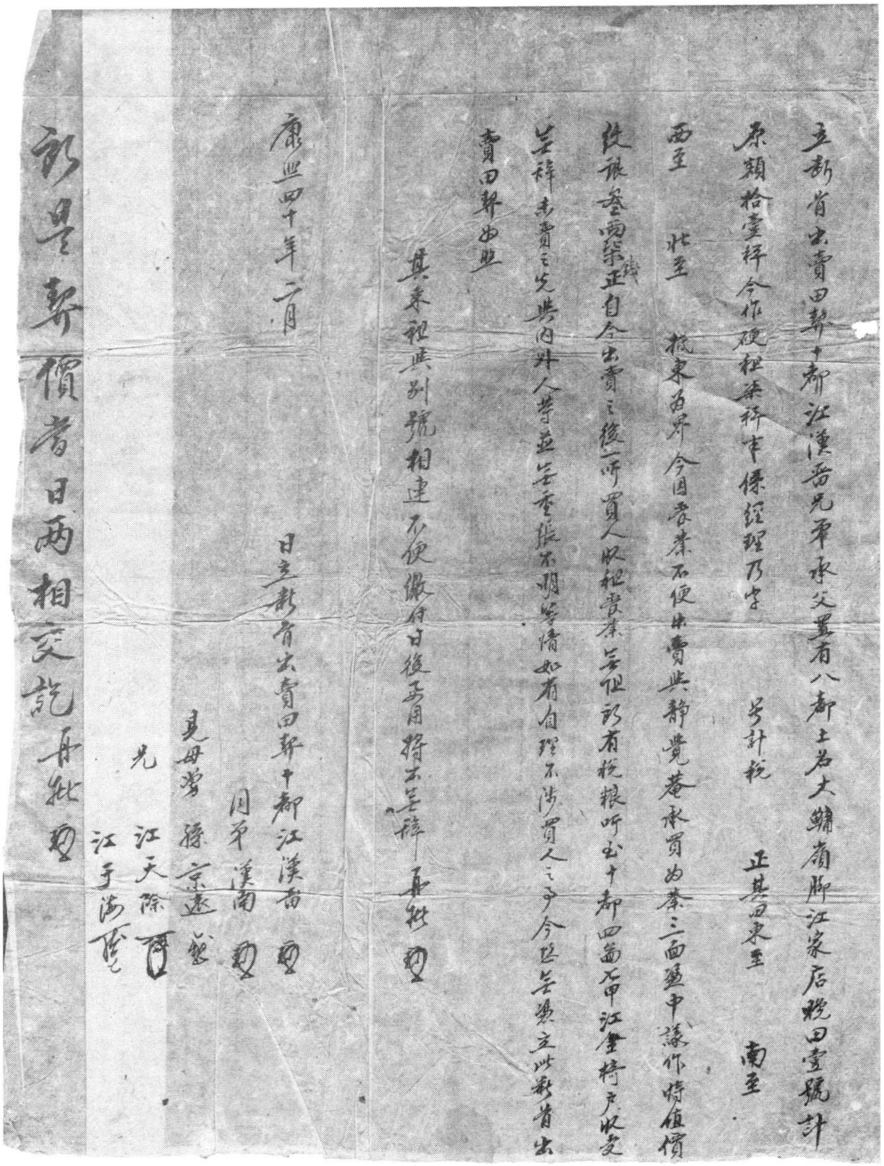

立斷骨出賣田契十都江漢晋兄弟承父置有八都土名大鏞嶺脚江家店晚田壹號計
原額拾壹秤今作硬租柒秤半係經理乃字　號計稅　正其田東至　南至
西至　北至　概東西界今因無錢不便出賣與靜覺菴承買為業三面憑中議作時值價
紋銀叁兩柒錢正自今出賣之後一聽買人收租管業無阻所有稅粮聽十都四啚七甲江奎椅户收受
無辞未賣之先與內外人等並無重張不明等情如有自理不涉買人之事今恐無憑立此斷骨出
賣田契為照
其來租與別號相連不便繳付日後要用將出無辞　再批　押
康熙四十年二月　日立斷骨出賣田契十都江漢晋　押
同弟　漢南　押
見母舅　孫京遠　押
先　江天際　押
江子海　押
斷骨契價當日兩相交訖再批　押

江湾镇晓村 69 · 康熙四十年 · 断骨出卖田契 · 江汉晋兄弟卖与静觉庵

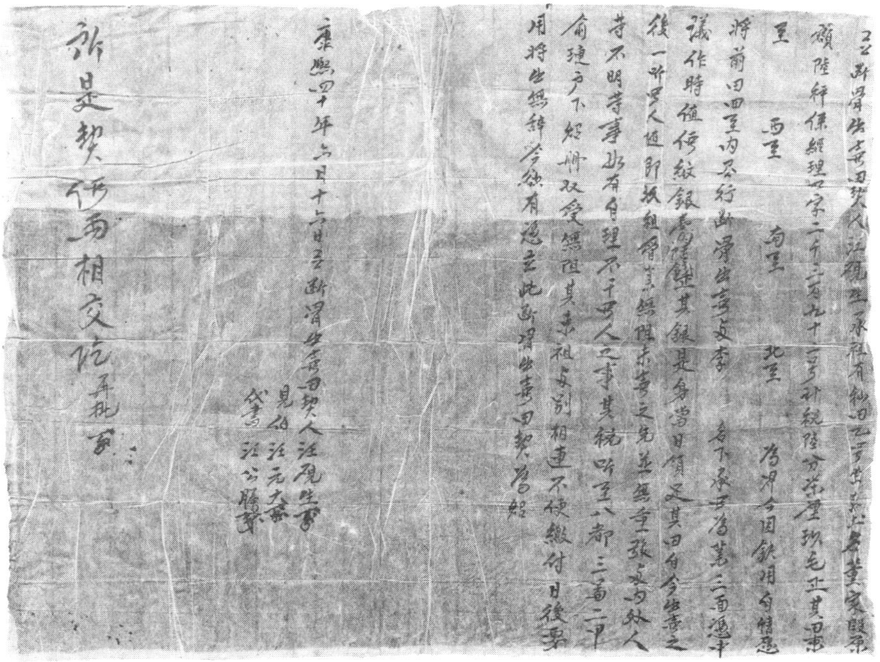

江湾镇晓村 74 · 康熙四十年 · 断骨出卖田契 · 汪观生卖与李☐

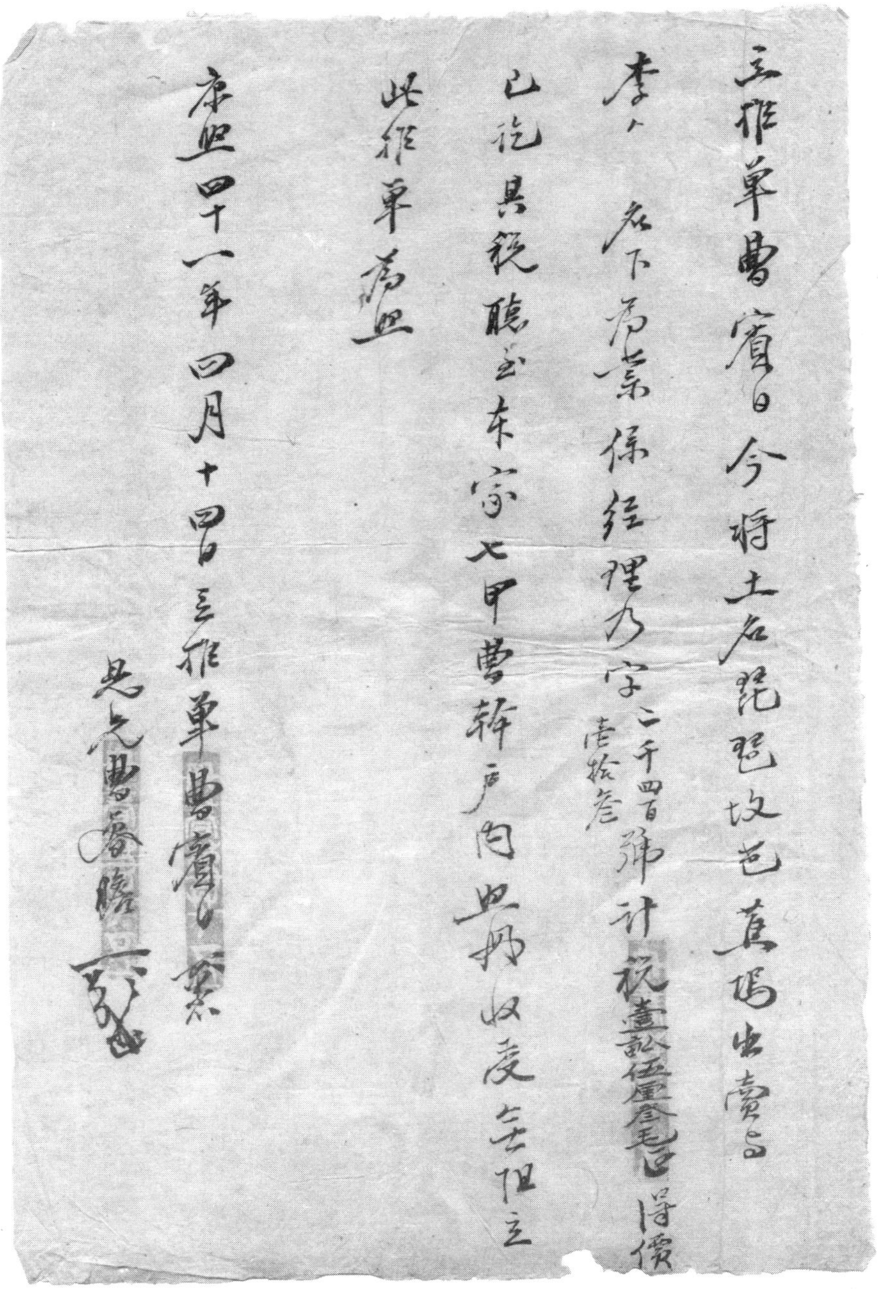

立推單曹賓日今將土名琵琶坟芭蕉塢出賣與
李人名下為業保經理乃字二千四百壹拾叁號計稅壹畝伍厘叁毛正得價
已訖具領聽從本家七甲曹幹戶內出推收受無阻立
此推單為照
康熙四十一年四月十四日立推單曹賓日（押）
見人曹聲瞻（押）

江湾镇晓村 21 · 康熙四十一年 · 推单 · 曹宾日推入曹幹户

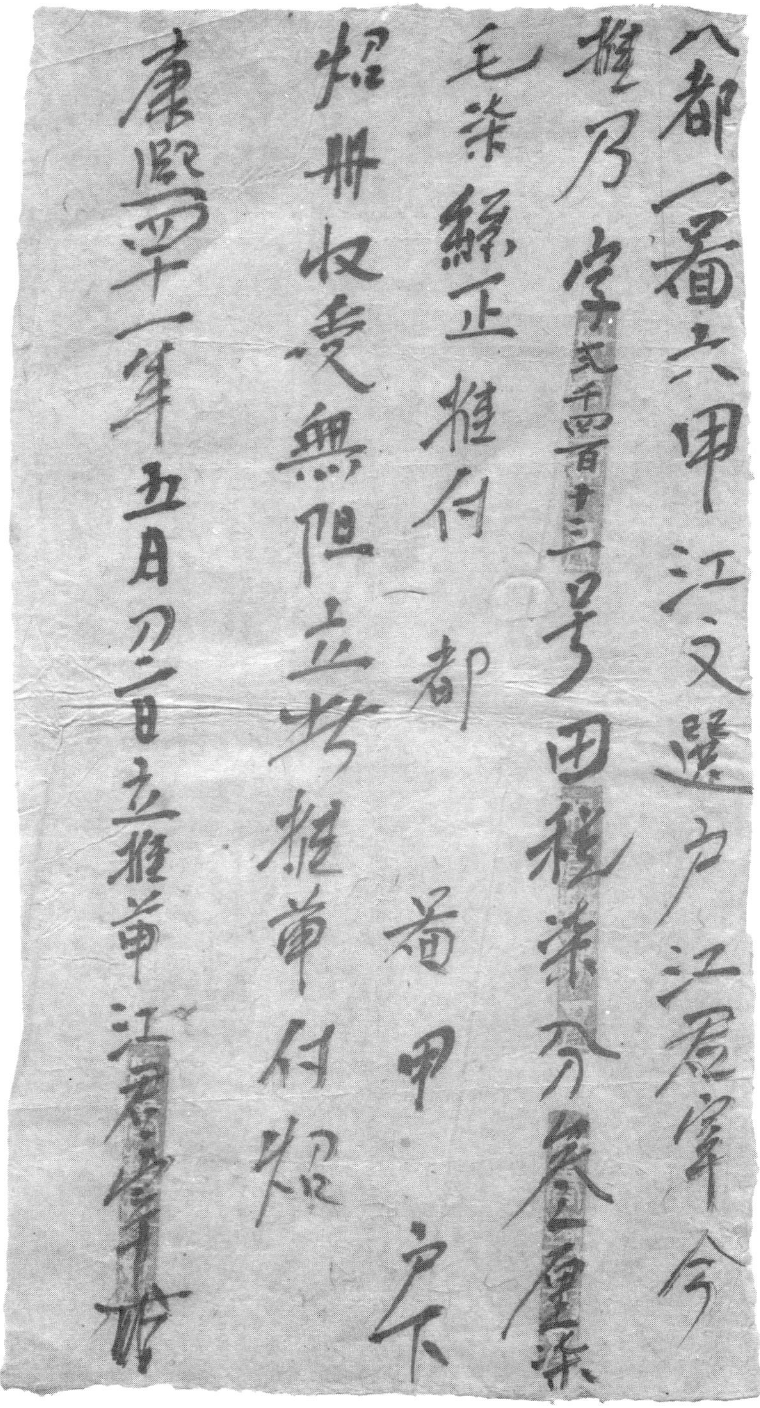
八都一啚六甲江文選户江君宰今
推乃字弍千四百十二號田稅柒分叁厘柒
毛柒絲正推付　都　啚　甲　户下
炤册收受無阻立此推单付炤
康熙四十一年五月初二日立推单江君宰

江湾镇晓村 22 · 康熙四十一年 · 推单 · 江文选户推与▢户

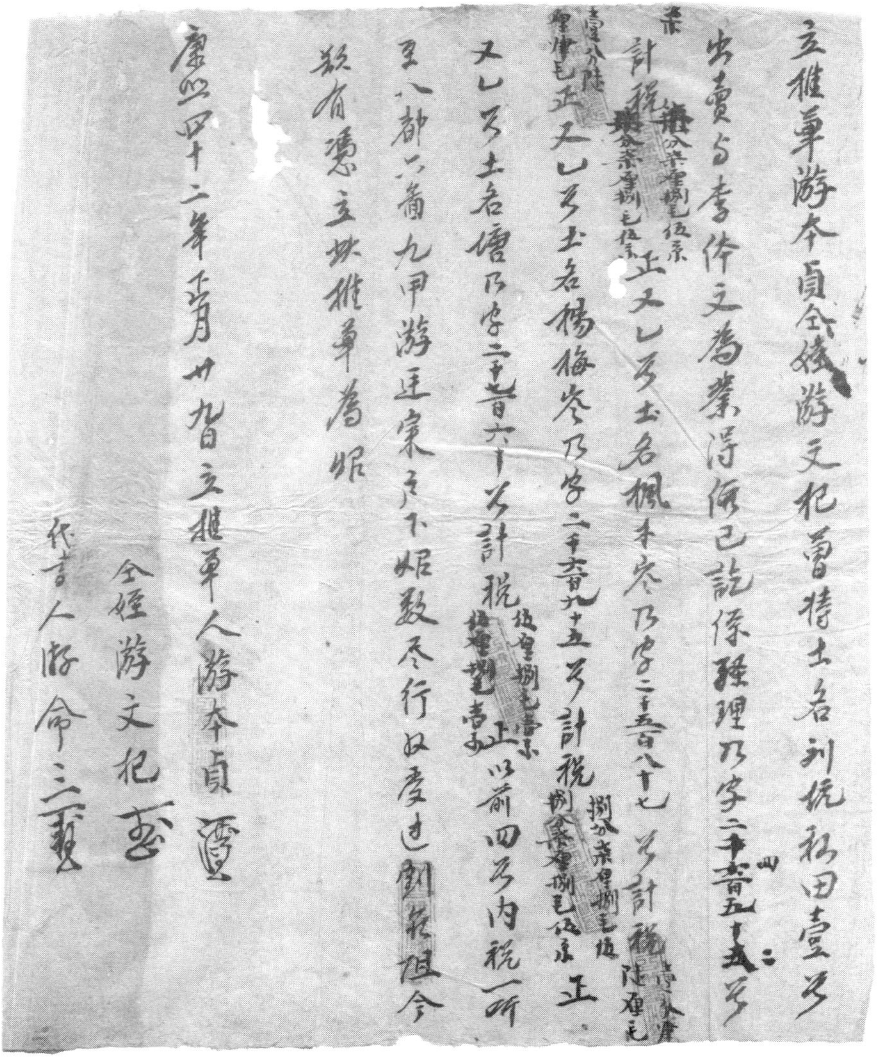
立推單游本貞仝侄游文杞曾將土名刘坑秋田壹號
出賣与李佛文為業得價已訖係經理乃字二千壹百五十五號
計税　正又山號土名楓木坑乃字二千五百八十七號計税　正
又山號土名楊梅坑乃字二千壹百九十五號計税　正
又山號土名塘乃字二千壹百六十號計税　正以前田號內税一所
至八都六啚九甲游廷寀户下听数冬行收受过割輸粮今
欲有憑立此推單為照
康熙四十二年正月廿九日立推單人游本貞（押）
仝侄游文杞（押）
代書人游命三（押）

江湾镇晓村 24 · 康熙四十二年 · 推单 · 游本贞同侄游文杞推入游廷宷户

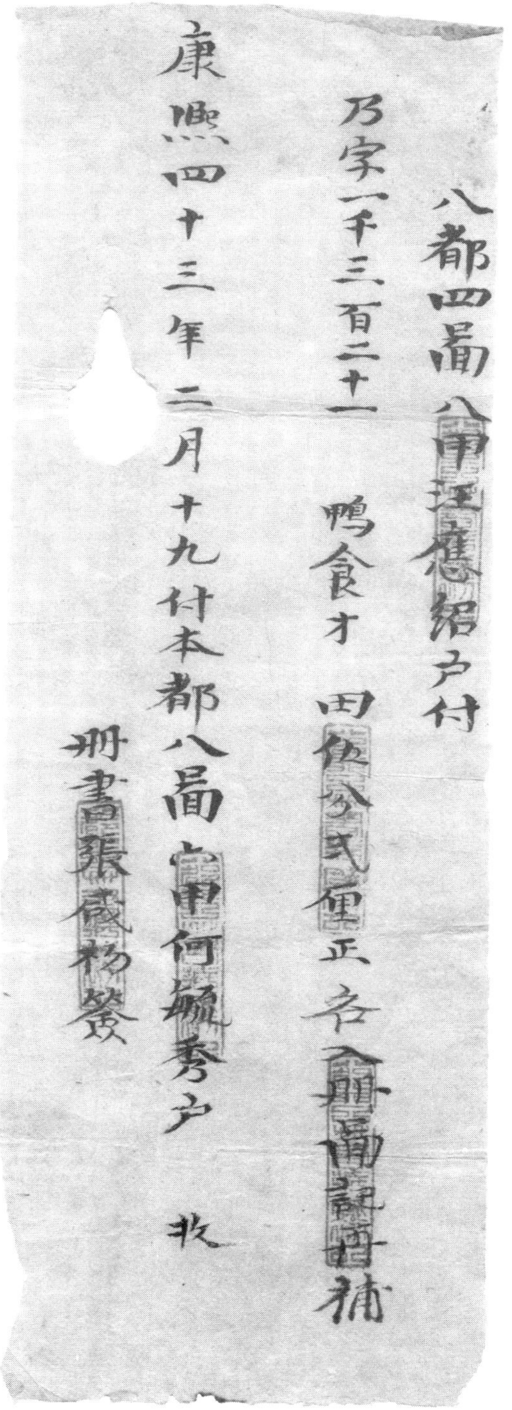
八都四啚八甲汪應紹户付
乃字一千三百二十一 鴨食才 田伍分弍厘正 名入册啚記存補
康熙四十三年二月十九付本都八啚六甲何毓秀户 收
册書張茂楊簽

江湾镇晓村 45 · 康熙四十三年 · 推单 · 汪应绍户推与何毓秀户

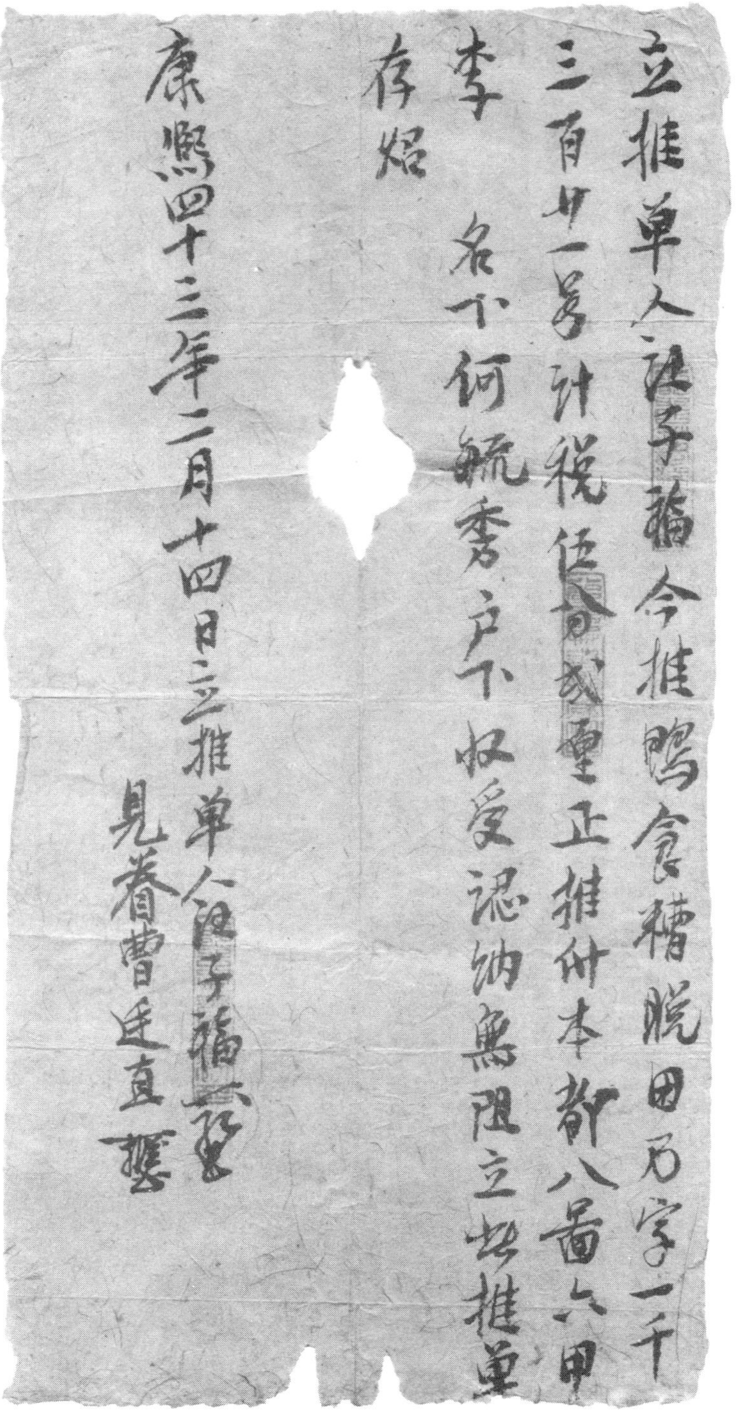
立推单人汪子福，今推鸭食糟脱田乃字一千三百廿一号，计税伍分贰厘正，推付本都八图六甲李名下何毓秀户下收受认纳，无阻。立此推单存照。

康熙四十三年二月十四日立推单人汪子福（押）

见眷曹廷直（押）

江湾镇晓村 46 · 康熙四十三年 · 推单 · 汪子福推与何毓秀户

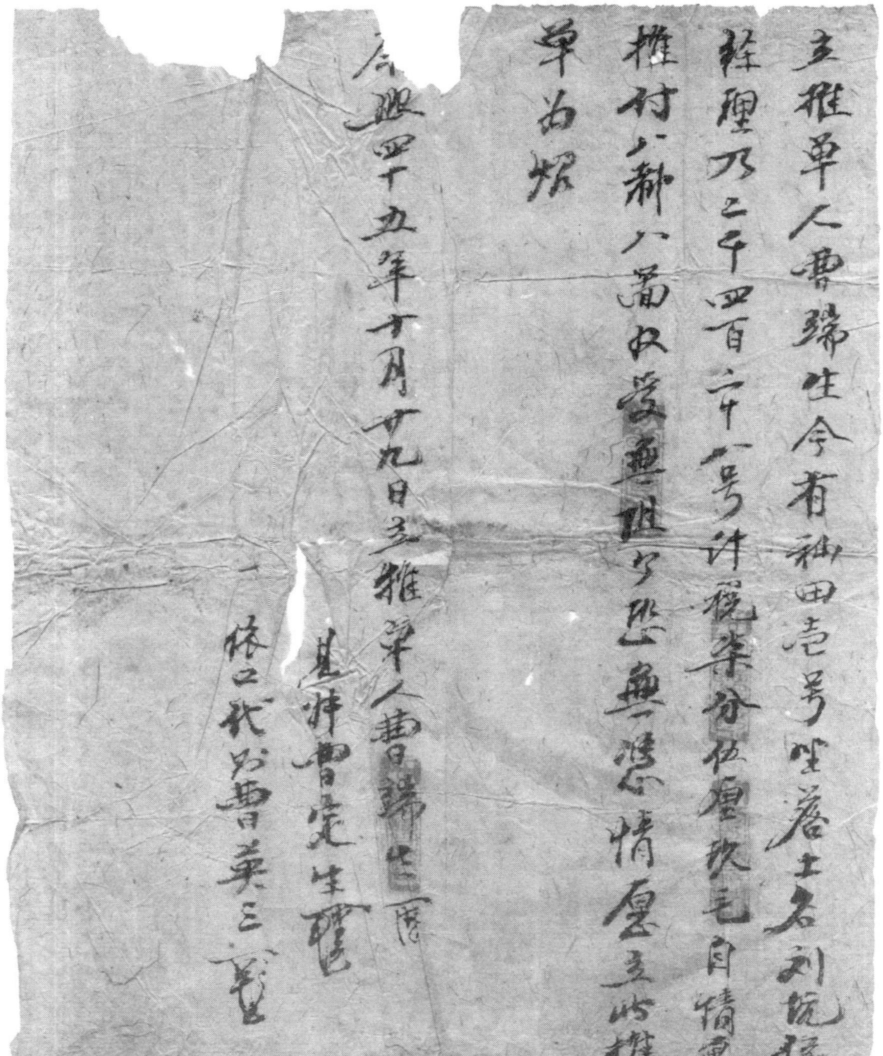

立推单人曹端生今有秋田壹号坐落土名刘坑保

经理乃二千四百二十八号计税柒分伍厘玖毛自情愿

推付上都八啚收受无阻今恐无凭立此推

单为照

康熙四十五年十月廿九日立推单人曹端生（押）

见中 曹定生（押）

依口代笔 曹英三（押）

江湾镇晓村 23 · 康熙四十五年 · 推单 · 曹端生户推与〇户

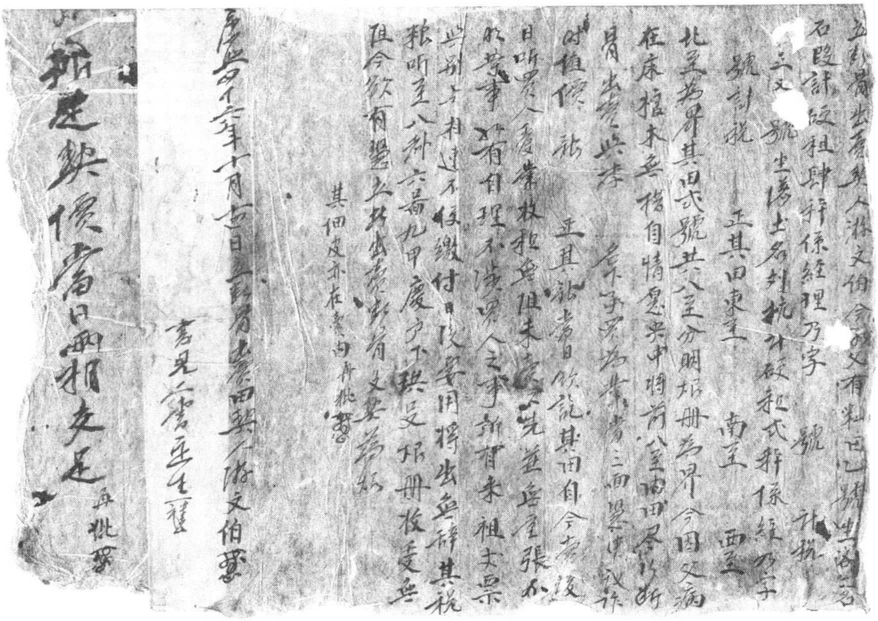

江湾镇晓村 108 · 康熙四十六年 · 断骨卖田契 · 游文伯卖与李☒

立推单人汪中篤曾将土名潘塢口晓祖原額壹

畝弍秆係字字六千八十三號計稅　正其田得

價已訖其稅听至八都九啚七甲汪友登戶照數收

受無阻々敢有憑立此推单存照

康熙四十七年又三月初六日立推单人汪中篤

見人　江于海

汪子坤

江湾镇晓村 9 · 康熙四十七年 · 推单 · 汪中笃户推与汪友登户

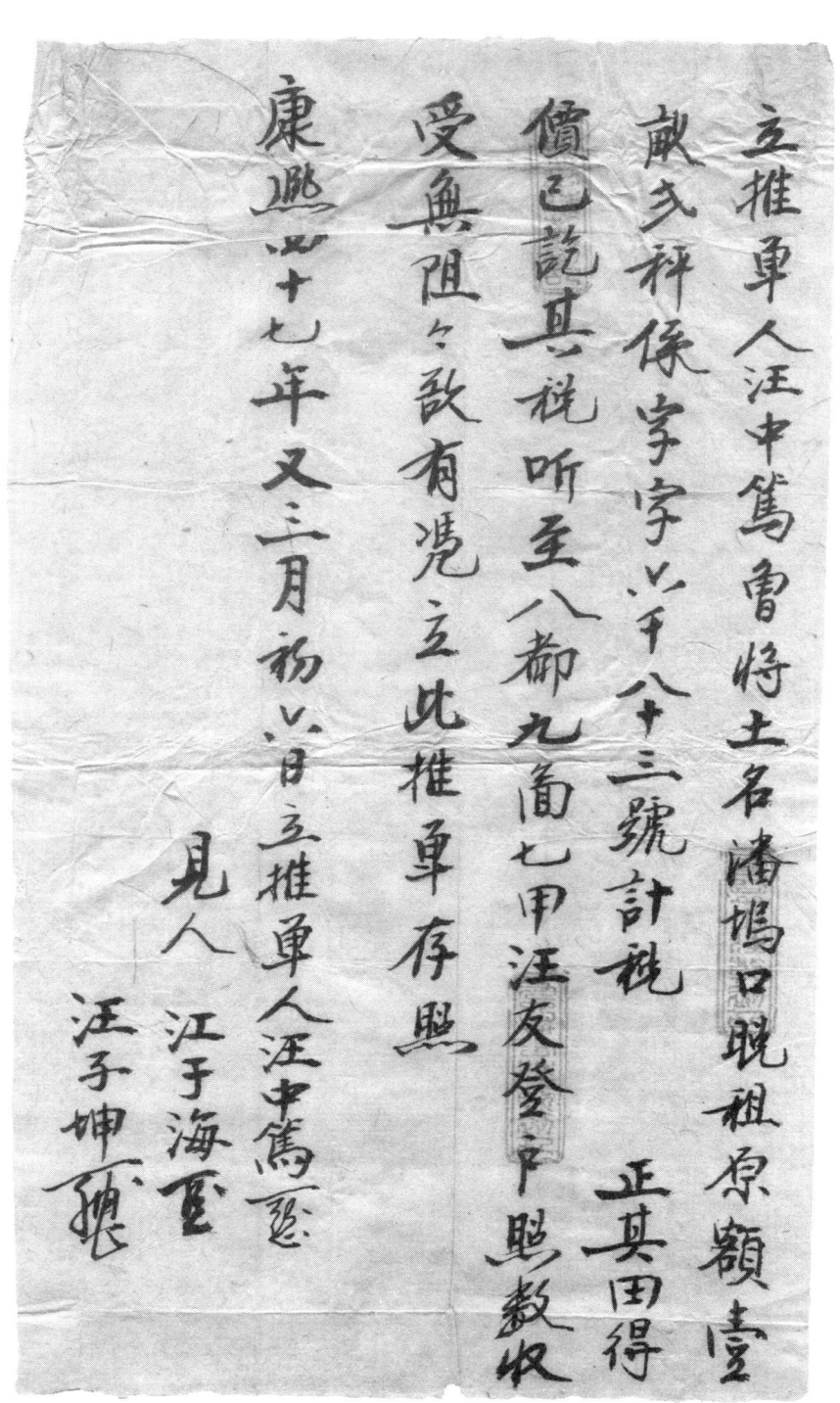

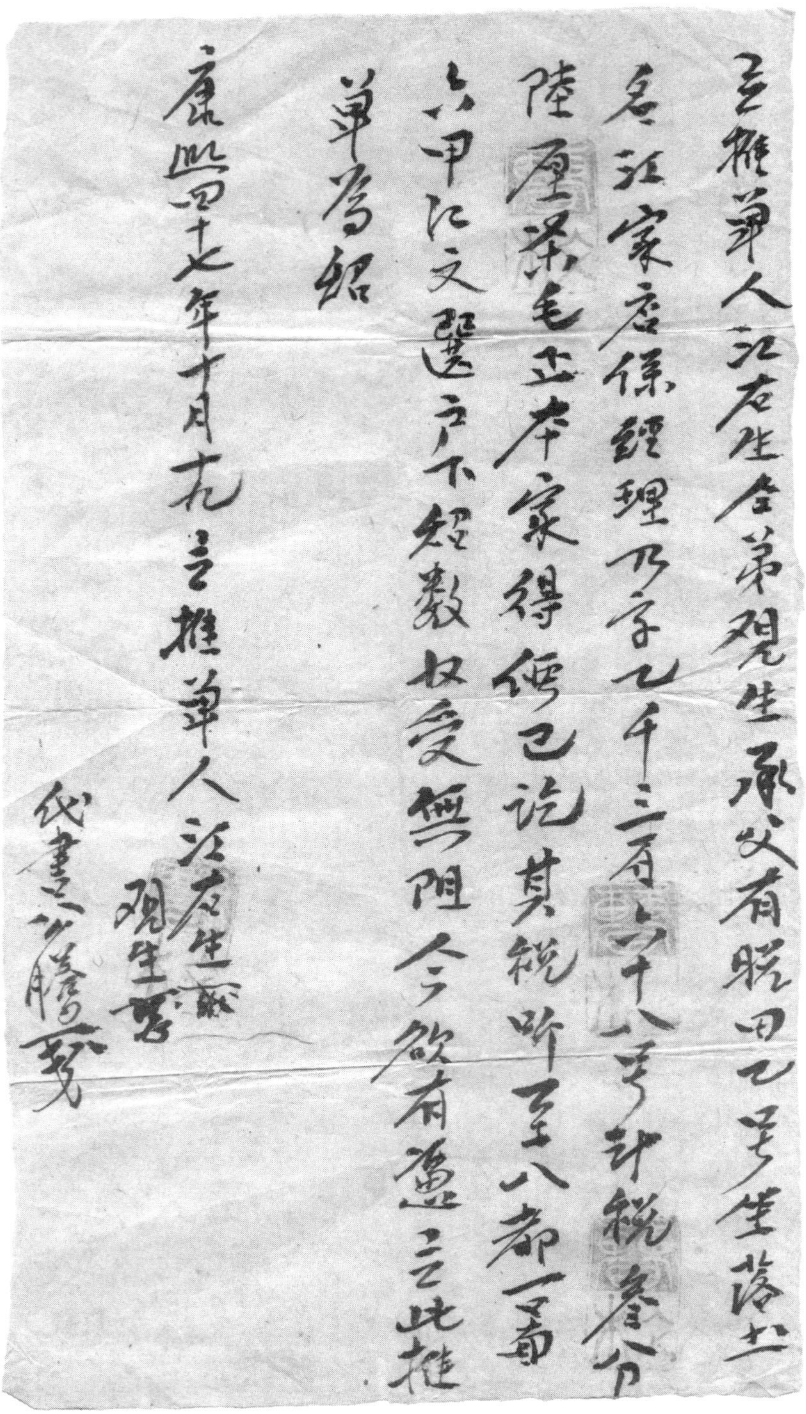

立推单人江右生仝弟观生承父有聪田乙号生落土
名江家店保经理乃字乙千三百六十八号计税叁分
陆厘柒毛正本家得价已讫其税听至八都一图
六甲江文选户下起数收受无阻今欲有凭立此推
单为照

康熙四十七年十月廿三日立推单人江右生（押）
仝弟观生（押）
代书人江胜彦（押）

江湾镇晓村 15 · 康熙四十七年 · 推单 · 江右生同弟观生转与江文选户

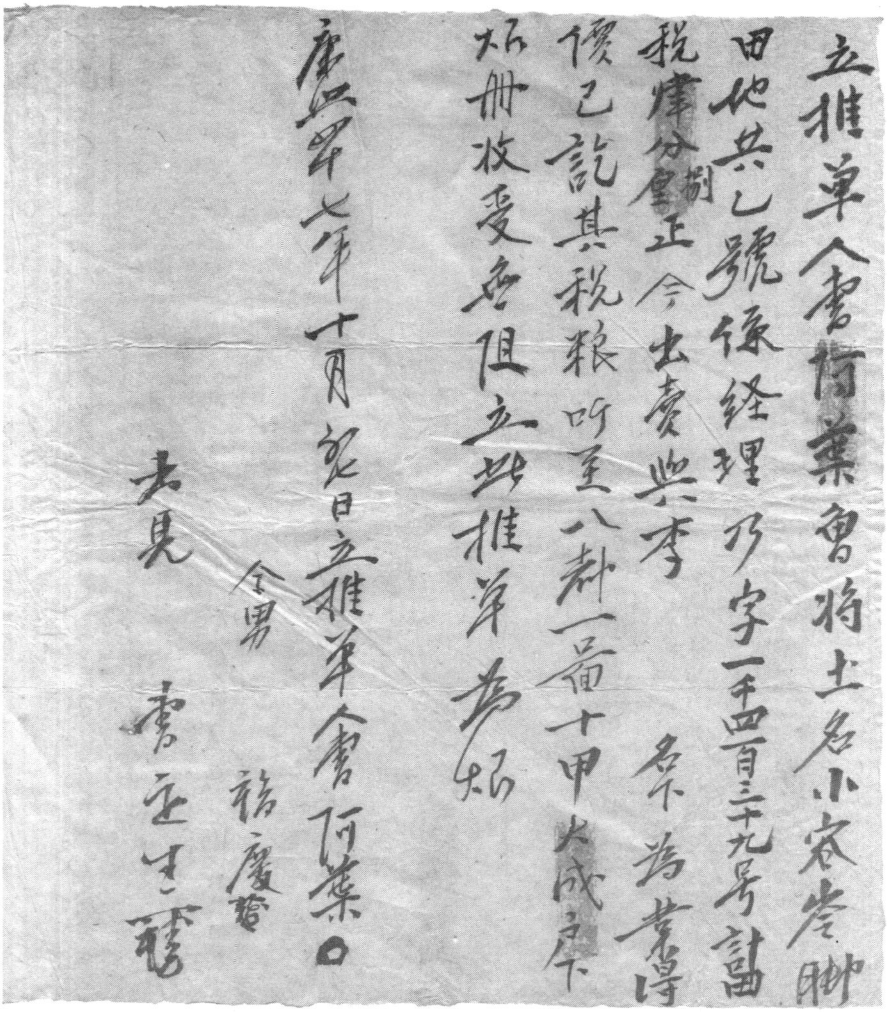

立推单人曹何叶，曾将土名小容岺脚
田地共己號係經理乃字一千四百三十九号，計田
税肆分壹捌正，今出賣與李　名下為業，遵
價已訖，其税粮听至八都一啚十甲大成户下
扒冊收受無阻。立此推单為炤。
康熙四十七年十月　日立推单人曹何叶（押）
仝男　禧慶（押）
中見　曹廷生（押）

江湾镇晓村 25 · 康熙四十七年 · 推单 · 曹何叶推入大成户

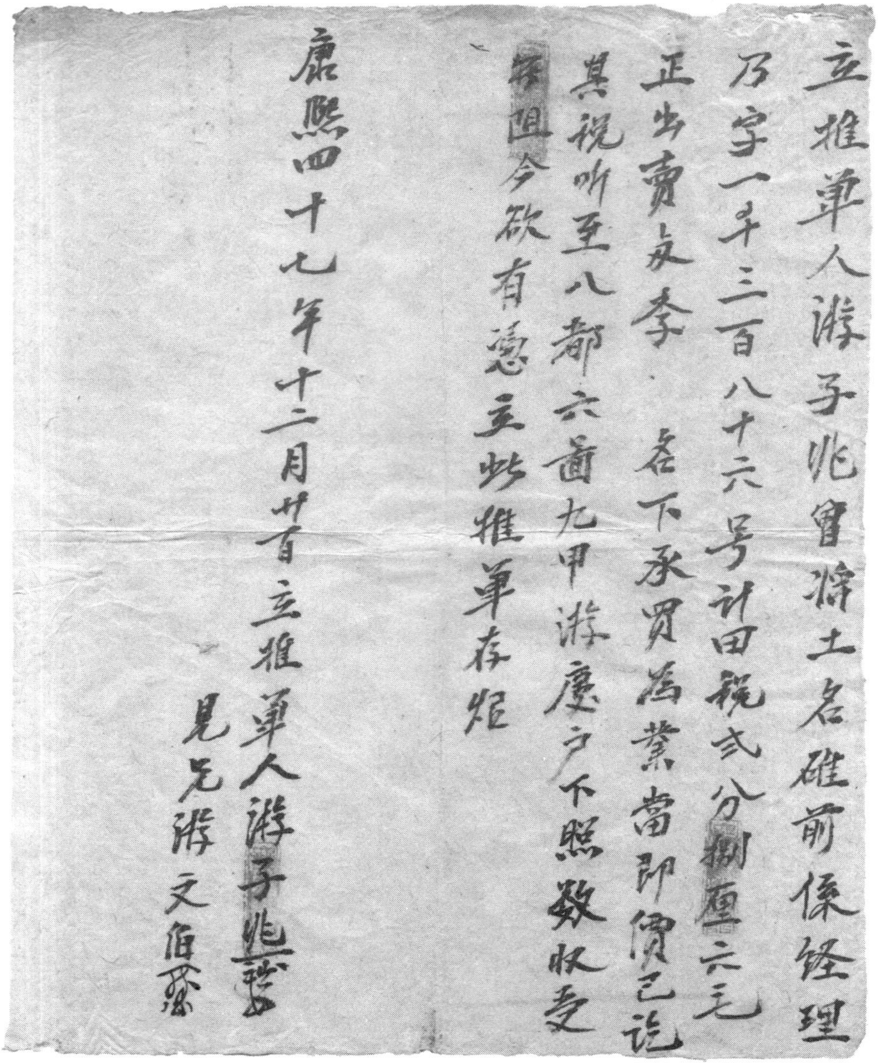

立推單人游子兆曾將土名碓前係經理
乃字一千三百八十六号計田稅弍分捌厘六毛
正出賣友李　名下承買為業當即價已訖
其稅听至八都六圖九甲游慶户下照數收受
等但今欲有憑立此推單存炤
康熙四十七年十二月廿日立推單人游子兆
見兄游文佰

江湾镇晓村 27 · 康熙四十七年 · 推单 · 游子兆推入游庆户

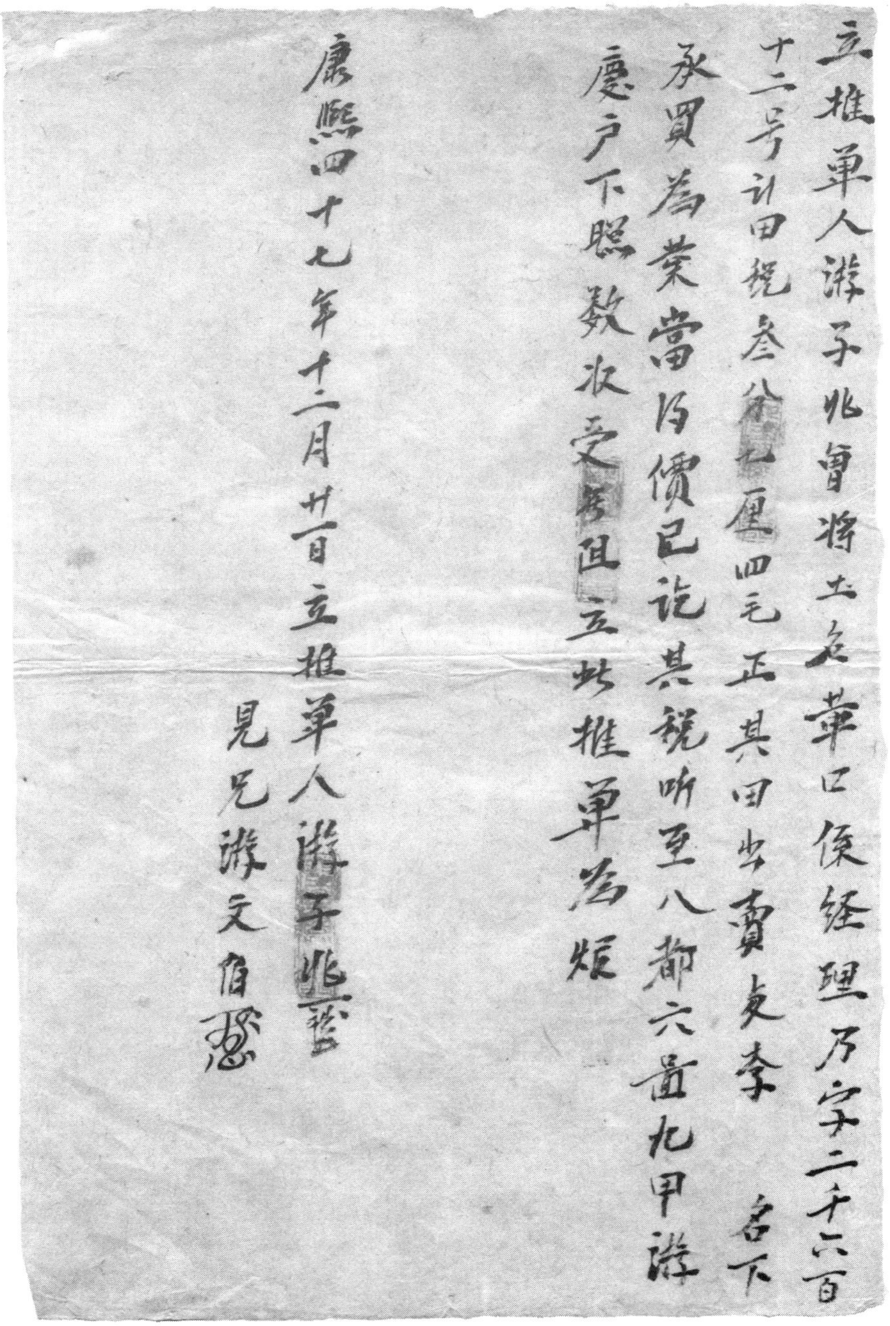

立推單人游子兆曾將土名華口係經理厂字二千六百
十二号計田稅叁分七厘四毛正其田出賣與李　名下
承買為業當得價已訖其稅听至八都六啚九甲游
慶户下照數收受無阻立此推單為炤
康熙四十七年十二月廿日立推單人游子兆（押）
見兄游文眉（押）

江湾镇晓村 29 · 康熙四十七年 · 推单 · 游子兆推入游庆户

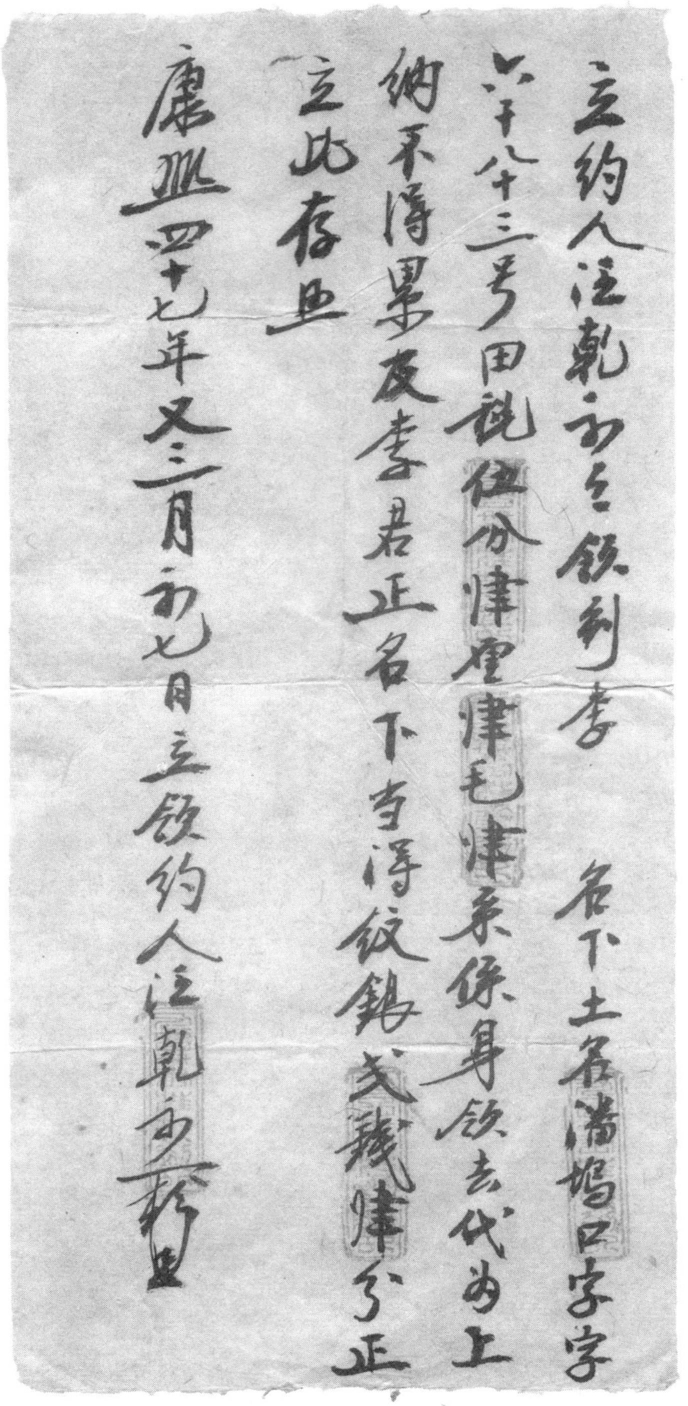
立约人汪乾五今领到李
名下土名潘塢口字字
六千八百十三号田税伍分肆厘肆毛肆系係身領去代为上
納不得累及李君正名下支得紋銀弍錢肆分正
立此存照
康熙四十七年又三月初七日立領约人汪乾五（押）

江湾镇晓村 36 · 康熙四十七年 · 领约 · 汪乾五领到李☐

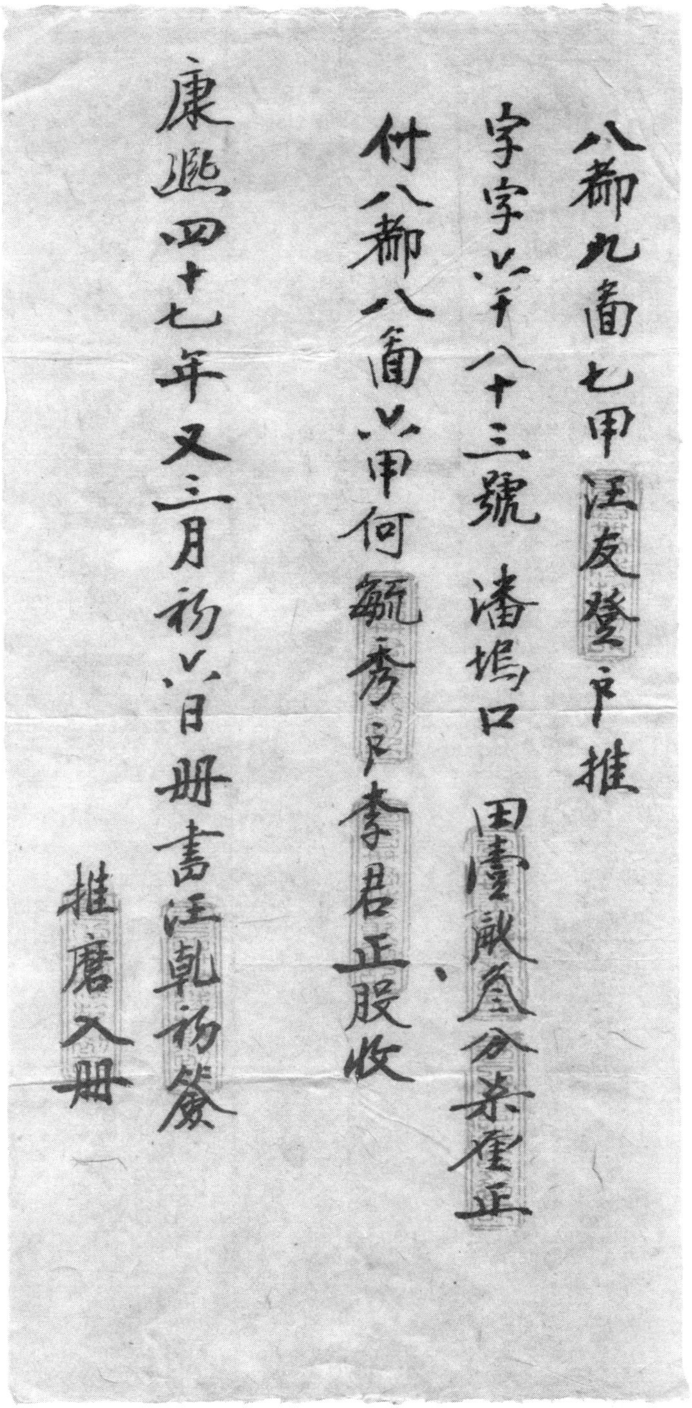
八都九啚七甲汪友登户推
字字六千八十三號 潘塢口 田壹畝叁分柒厘正
付八都八啚六甲何毓秀户李君正股收
康熙四十七年又三月初六日册書汪乾初簽
推磨入册

江湾镇晓村 37 · 康熙四十七年 · 推单 · 汪友登推与何毓秀户李君正股

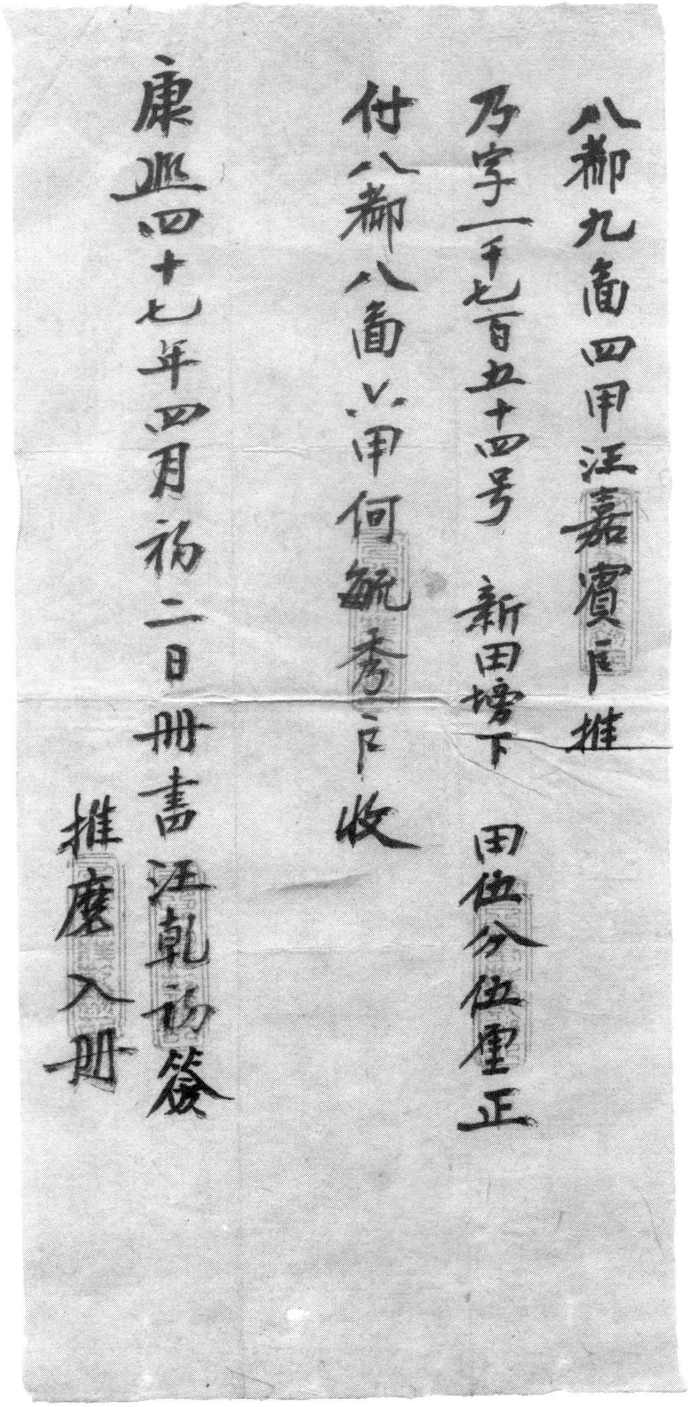

八都九啚四甲汪嘉賓戶推
乃字一千七百五十四号　新田塝下　田伍分伍厘正
付八都八啚六甲何毓秀戶收
康熙四十七年四月初二日冊書汪乾初簽
推磨入冊

江湾镇晓村 55 · 康熙四十七年 · 推单 · 汪嘉宝户推与何毓秀户

立推單人汪惟周曾將土名新田塘下私田壹號計
祖塋額半畝係乃字一千七百五十四号計稅　正出
賣與李　名下得價已訖其稅听至八都九啚四甲汪
嘉賓戶照數收受無阻立此推單存照
康熙四十七年四月初二日立推單人汪惟周（押）
見　汪子福（押）

江湾镇晓村 56 · 康熙四十七年 · 推单 · 汪惟周推与汪嘉宾户

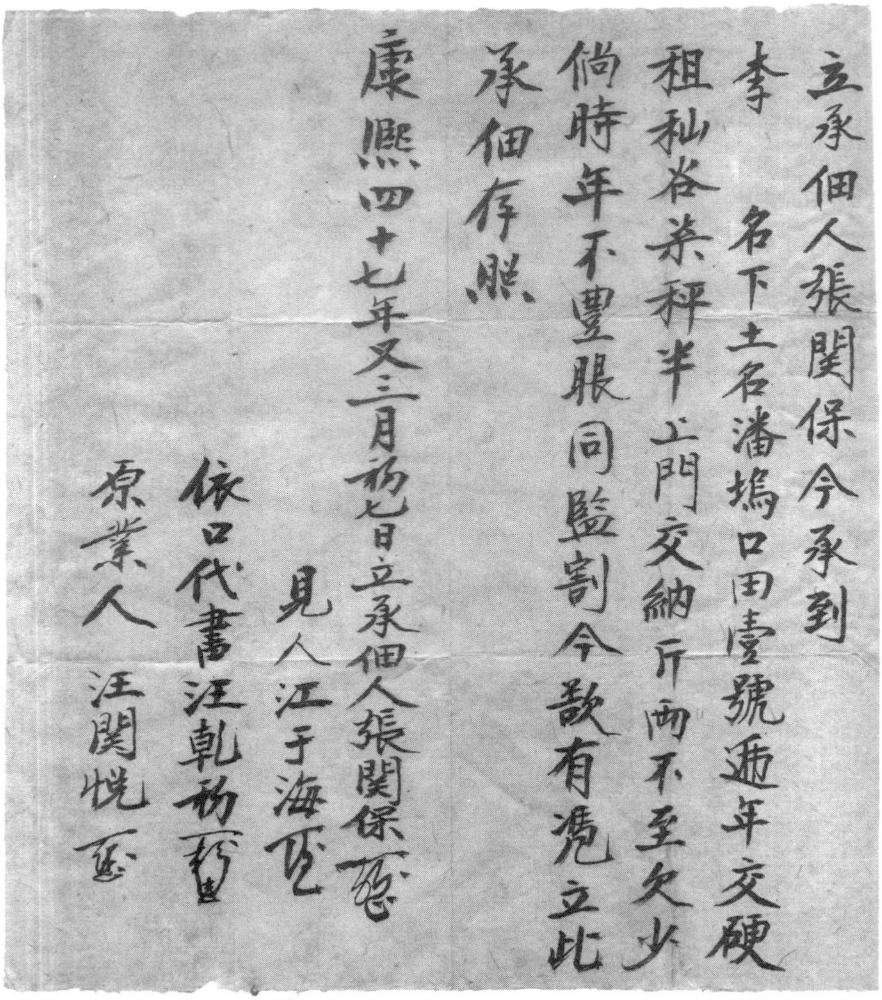
立承佃人張関保今承到
李　名下土名潘塢口田壹號逓年交硬
租秈谷柒秤半上門交納斤両不至欠少
倘時年不豐眼同監割今欵有凴立此
承佃存照
康熙四十七年又三月初七日立承佃人張関保
見人江于海
依口代書汪乾初
原業人汪関悦

江湾镇晓村 60 · 康熙四十七年 · 承佃契 · 张关保承佃到李☒

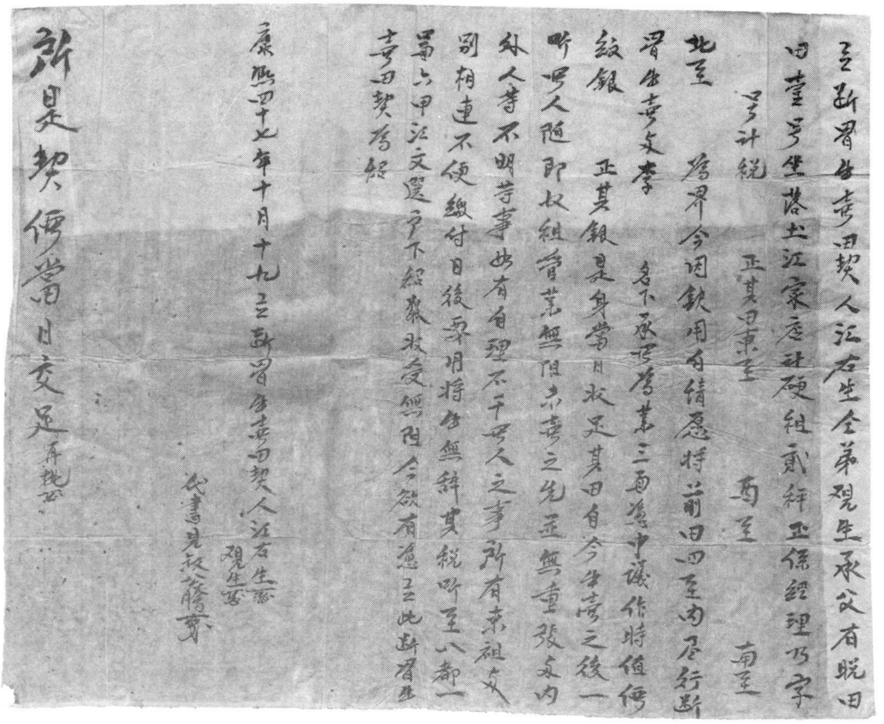
立断骨出賣田契人汪右生仝弟覌生承父有晓田
田壹号坐落土江家庄計硬租贰秤正係經理乃字
号計税　正其田東至　西至　南至
北至　為界今因缺用自情愿將前田四至内尽行断
骨出賣與　名下承買為業三面憑中議作時值價
紋銀　正其銀是身當日收足其田自今出賣之後一
聽買人随即收租管業無阻未賣之先並無重張交内
外人等不明等事如有自理不干買人之事所有來祖文
契相連不便繳付日後要用將出無辭其税聽至八都一
啚六甲汪文還户下起割收受無阻今欲有憑立此断骨出
賣田契為照
康熙四十七年十月十九日立断骨出賣田契人汪右生（押）
覌生（押）
代書見叔汪騰芳
所是契價當日交足　再批（押）

江湾镇晓村 66 · 康熙四十七年 · 断骨出卖田契 · 汪右生等卖与李☐

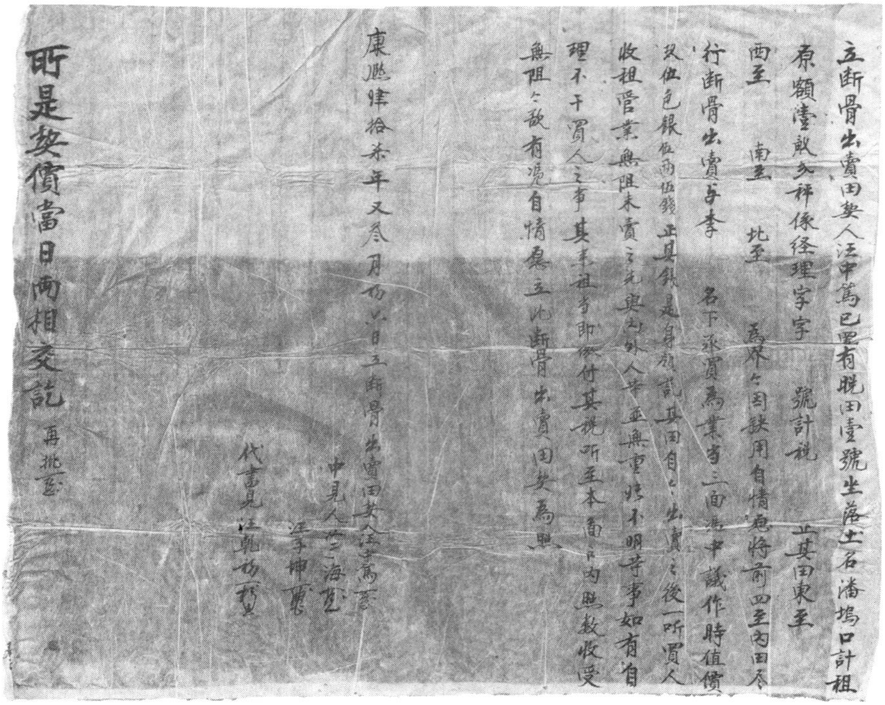

立断骨出賣田契人汪中篤，已置有晓田壹號，坐落土名潘塢口，計租
原額壹畝叁秤，係徑理字　字　號，計稅　立其田東至
西至　南至　北至　為因今因缺用，自情愿將前四至內田盡
行断骨出賣與李　名下承買為業，當三面憑中議作時值價
紋伍色銀伍兩伍錢，立其銀是身親收訖。其田自今出賣之後，一听買人
收租管業，無阻。未賣之先與內外人等並無重張不明等事，如有，自
理，不干買人之事。其本祖户即便付其税，听至本面户內照數收受，
無阻。今欲有憑，自情愿立此断骨出賣田契為照。
康熙肆拾柒年又叁月初六日立断骨出賣田契人汪中篤（押）
中見人汪海（押）
汪子坤（押）
代書見汪乾坊（押）
所是契價當日兩相交訖　再批（押）

江湾镇晓村 81 · 康熙四十七年 · 断骨出卖田契 · 汪中笃卖与李〼

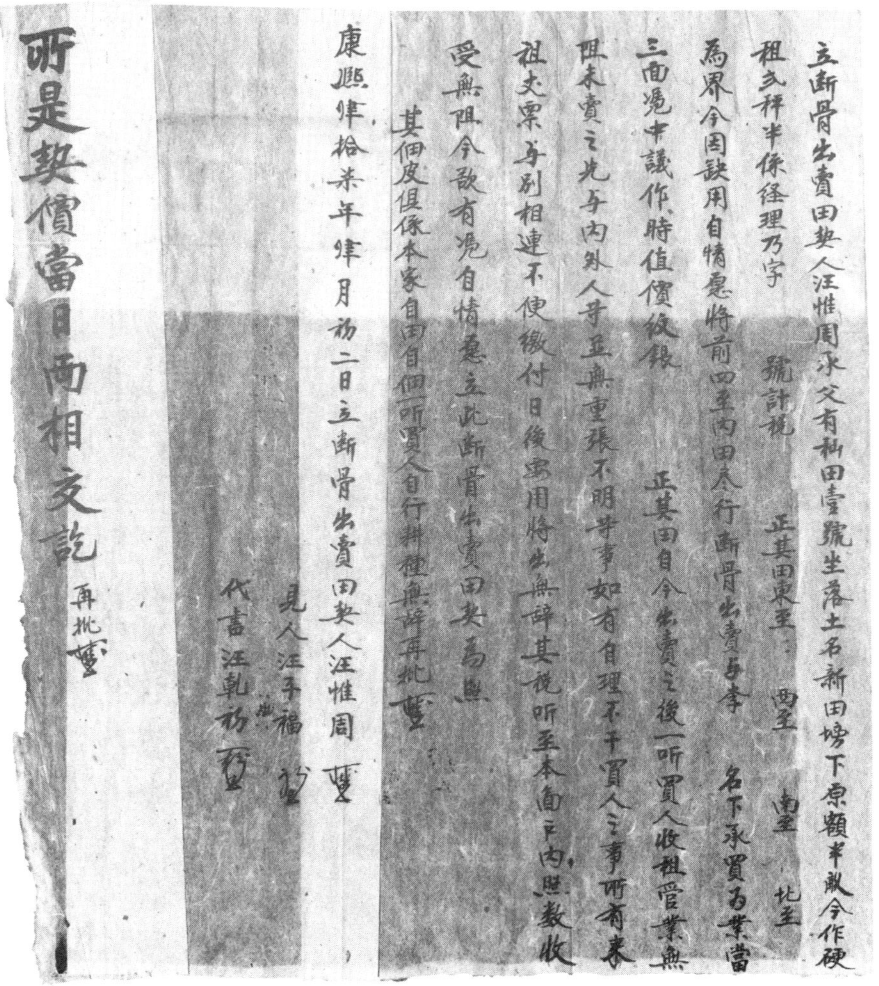
立斷骨出賣田契人汪惟周承父有私田壹號坐落土名新田塝下原額半畝今作硬
租五秤半係經理乃字　號計税　正其田東至　西至　南至　北至
為界今因缺用自情愿將前四至內田尽行斷骨出賣与李　名下承買爲業當
三面憑中議作時值價紋銀　正其田自今出賣之後一听買人收租管業無
阻未賣之先与內外人等並無重張不明等事如有自理不干買人之事所有来
祖文票与别相連不便繳付日後要用將出無辞其税听至本甲戶內照數收
受無阻今欲有憑自情愿立此斷骨出賣田契爲照
其佃皮俱係本家自田自佃一听買人自行耕種無辞再批
康熙肆拾柒年肆月初二日立斷骨出賣田契人汪惟周
見人汪子福
代書汪乾初
所是契價當日兩相交訖　再批

江湾镇晓村 88 · 康熙四十七年 · 断骨出卖田契 · 汪惟周卖与李☐

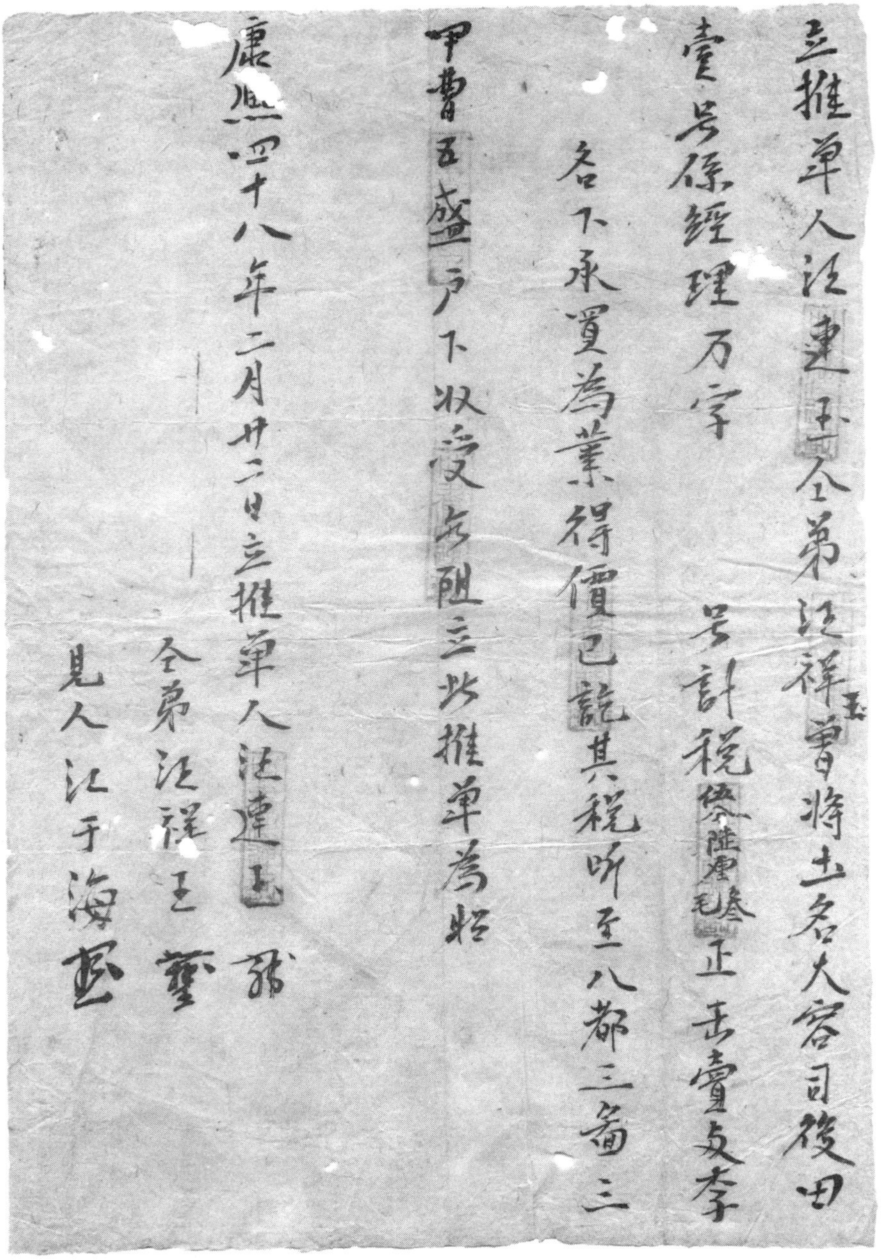

立推單人汪連玉仝弟汪祥玉，曹將土名大容司後田
壹号，係經理万字 号，計稅伍分陸厘叁毛正，土壹叚李
名下承買為業，得價已訖。其稅听至八都三啚三
甲曹玉盛戶下收受无阻，立此推單為照。
康熙四十八年二月廿二日立推單人汪連玉
仝弟汪祥玉
見人江于海

江湾镇晓村 26 · 康熙四十八年 · 推单 · 汪连玉同弟汪祥玉推入曹玉盛户

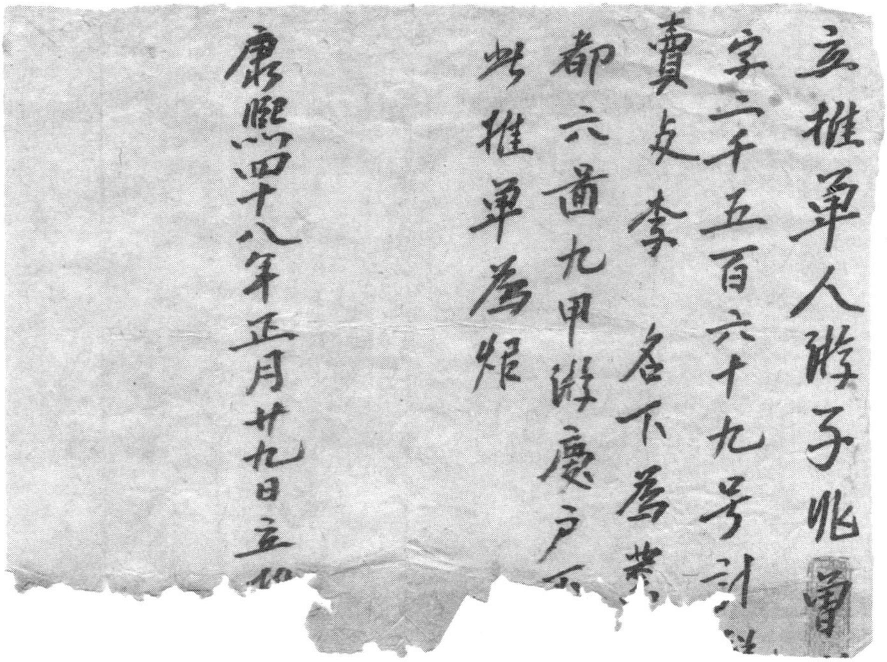

立推單人游子兆
字六千五百六十九号計
賣與李　名下爲業
都六啚九甲游慶户
此推單爲炤
康熙四十八年正月廿九日立

江湾镇晓村 32 · 康熙四十八年 · 推单 · 游子兆推入游庆户

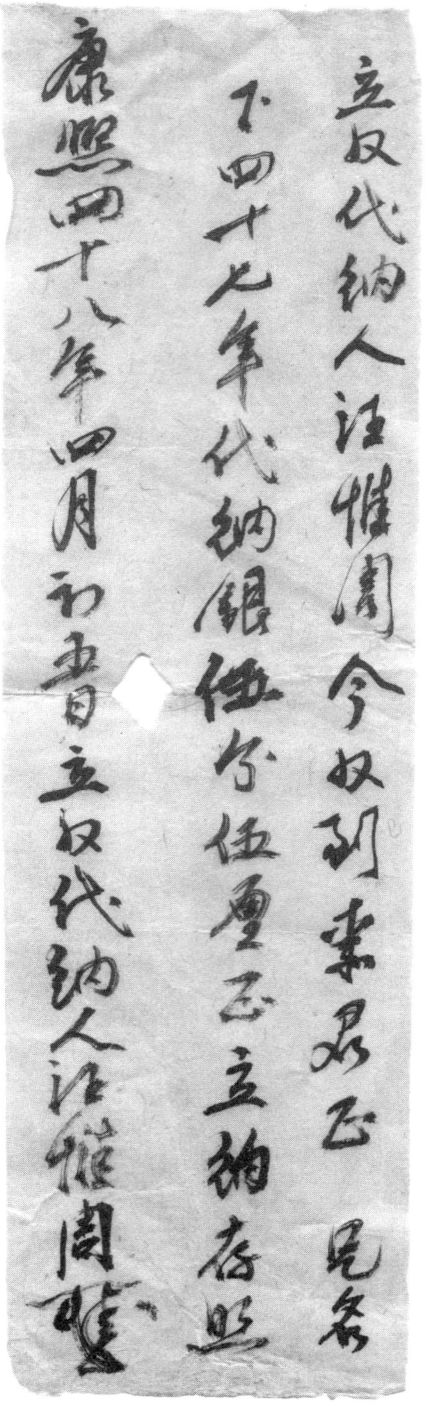

立收代纳人汪惟周今收到李君正户名
下四十七年代纳银伍分伍厘正立纳存照
康熙四十八年四月初吉日立收代纳人汪惟周（押）

江湾镇晓村 51 · 康熙四十八年 · 收代纳据 · 汪惟周收到李君正

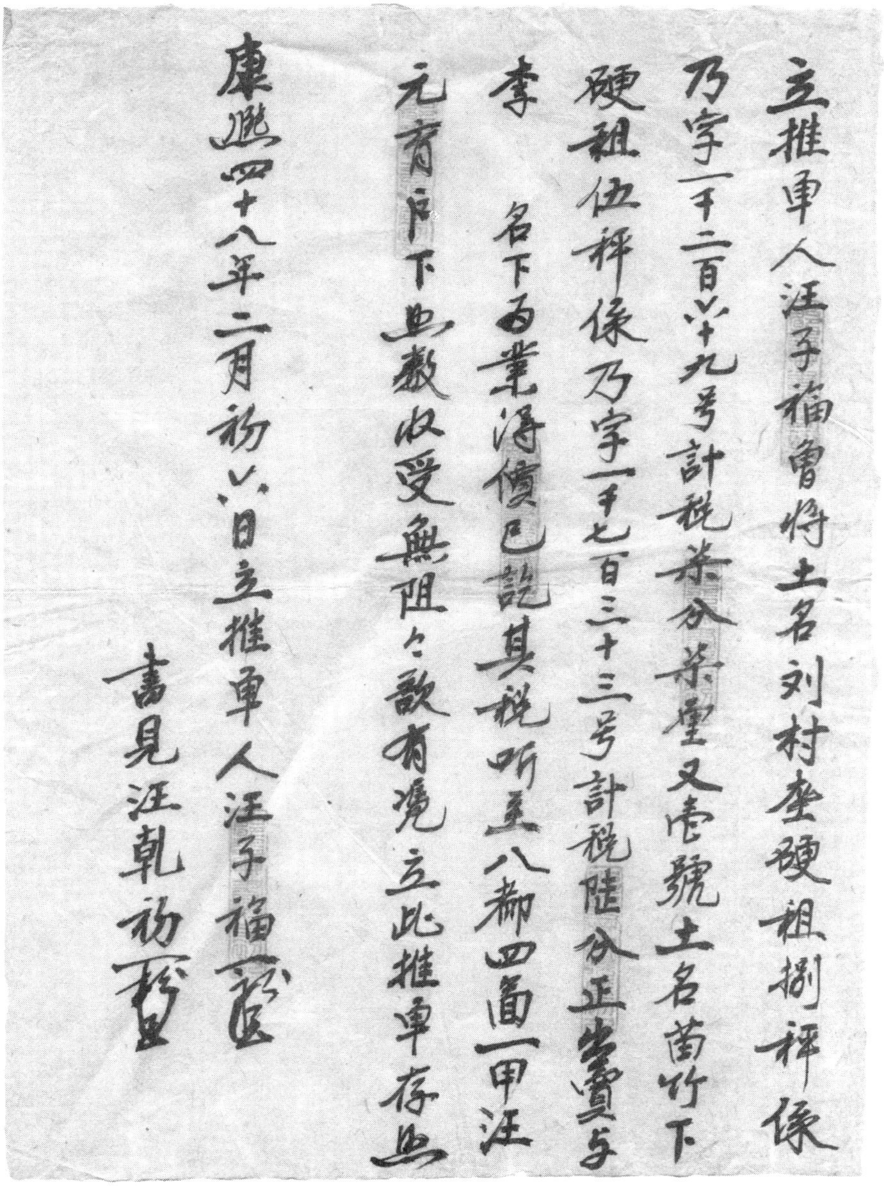

立推單人汪子福曾將土名刘村塋硬租捌秤係
乃字一千二百六十九号計稅柒分柒釐又壹號土名苗竹下
硬租伍秤係乃字一千七百三十三号計稅陸分正出賣与
李　名下為業得價已訖其稅听至八都四啚一甲汪
元育戶下照數收受無阻今欲有憑立此推單存照
康熙四十八年二月初六日立推單人汪子福（押）
書見汪乾初（押）

江湾镇晓村 52 · 康熙四十八年 · 推单 · 汪子福推与汪元育户

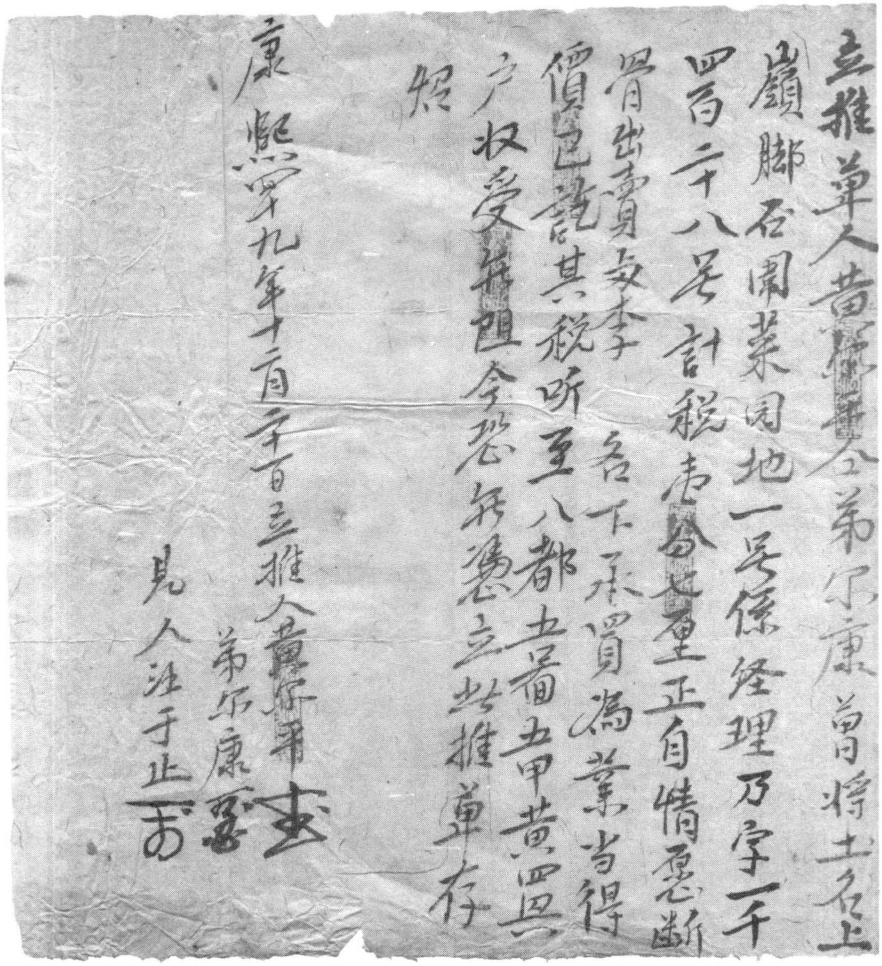

立推單人黃學平仝弟尔康曾將土名上
嶺腳石閗菜園地一號係經理乃字一千
四百二十八號計稅壹分七厘正自情愿斷
骨出賣與李 名下承買為業當得
價已訖其稅听至八都五圖五甲黃四興
戶收受推扒全契無憑立此推單存
照

康熙四十九年十月二十日立推人黃學平
弟尔康
見人汪于止

江湾镇晓村 48 · 康熙四十九年 · 推单 · 黄学平仝弟尔康推与黄四兴户

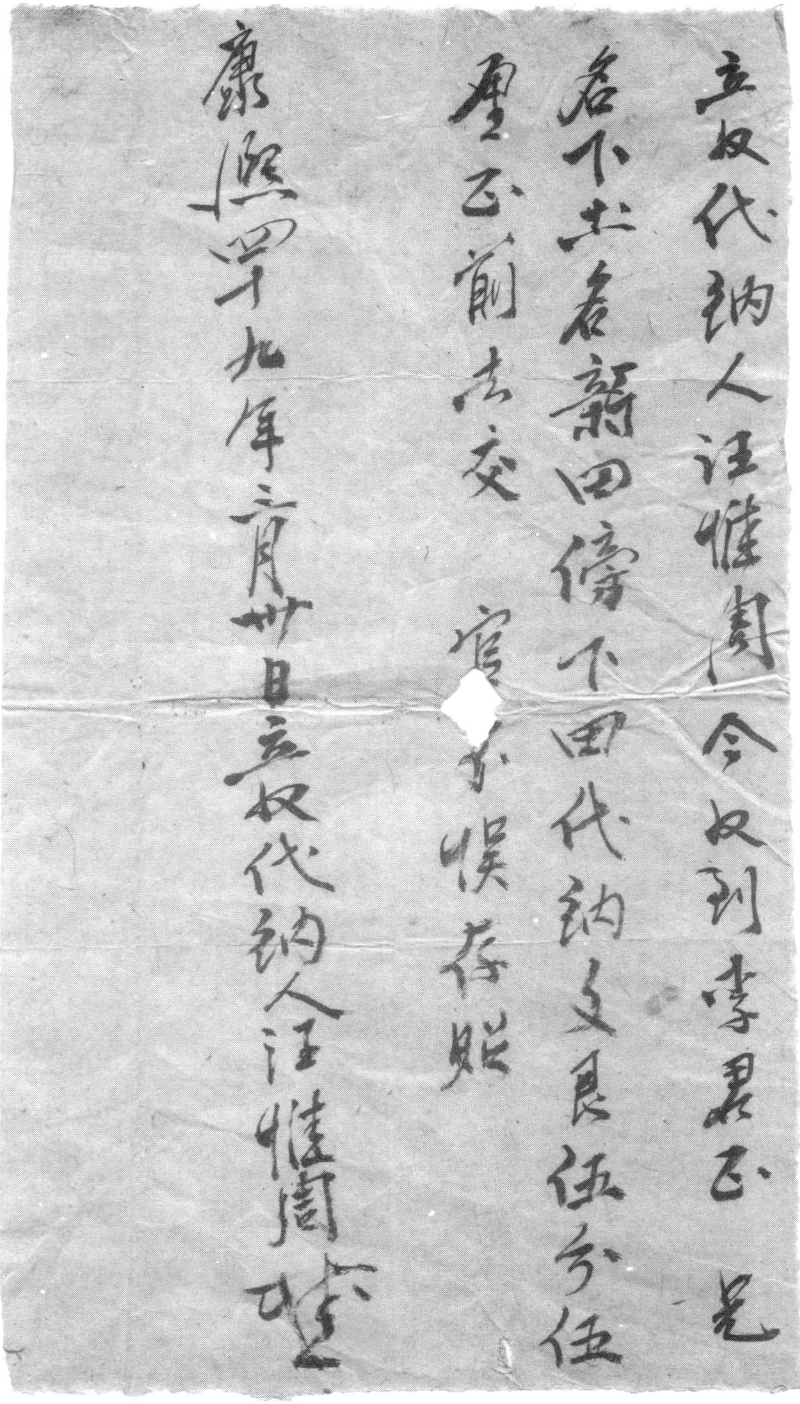

立收代纳人汪惟周今收到李君正兄
名下土名新田塝下田代纳丈银伍分伍
厘正前去交 官，不误存照
康熙四十九年六月廿日立收代纳人汪惟周（押）

江湾镇晓村 49 · 康熙四十九年 · 收代纳据 · 汪惟周收到李君正

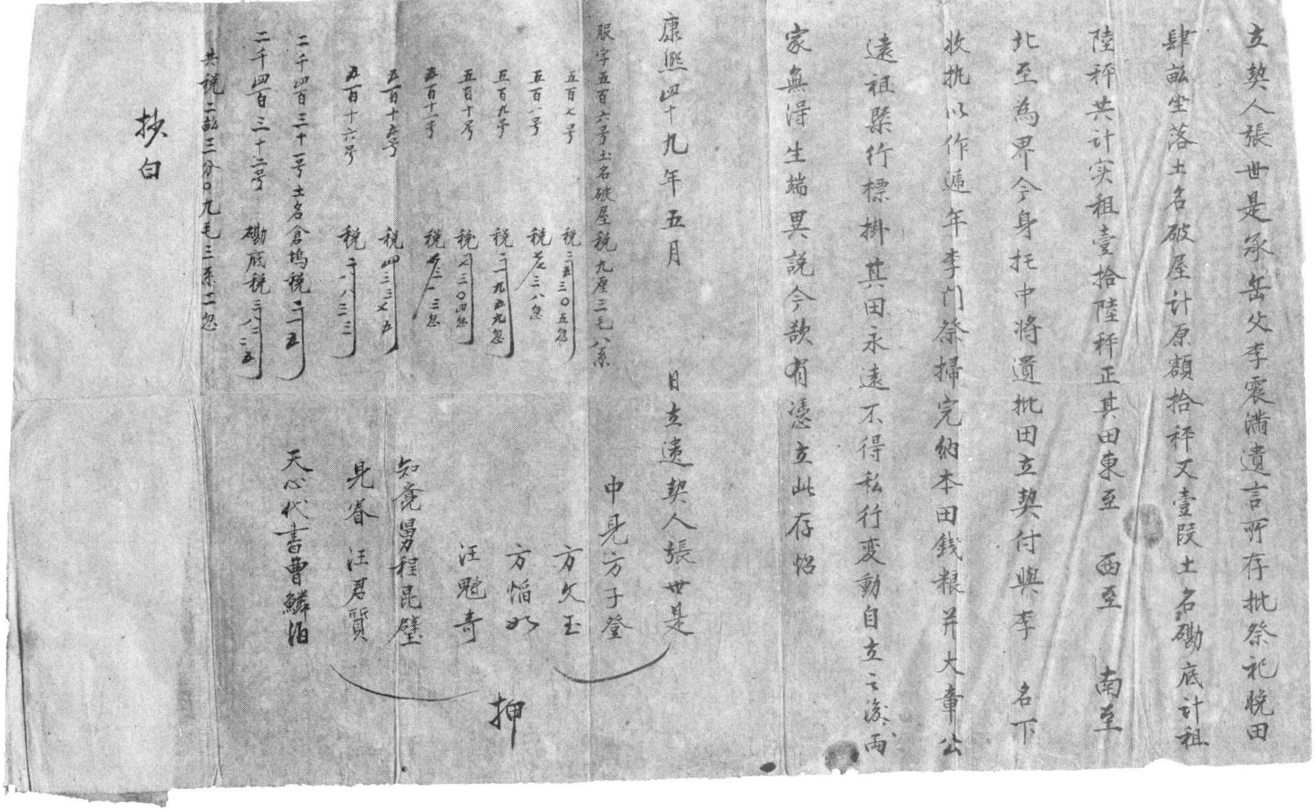

立契人張世是承岳父李震满遺言所存批祭祀晚田
肆畝坐落土名破屋計原額拾秤又壹坵土名𡍼底計租
陸秤共計实租壹拾陸秤正其田東至　西至　南至
北至為界今身托中將遺批田立契付與李　名下
收执以作遞年李門祭掃完納本田錢粮并大葷公
遠祖槩行標掛其田永遠不得私行变動自立之後兩
家無得生端異說今欲有憑立此存炤

康熙四十九年五月　日立遺契人張世是
中見方子登
方文玉
方愊奶
汪魁奇
知覔舅程昆璧
見眷　汪君賢
天心代書曹鱗洎
押

服字五百六号土名破屋税九厘三毛八系
五百七号　税三五三〇五忽
五百八号　税差三八忽
五百九号　税三一九五九忽
五百十号　税四三〇四忽
五百十一号　税差三一三忽
五百十六号　税四三三七五
五百十六号　税三一八三三
二千四百三十一号土名倉鸠税三一五
二千四百三十二号　𡍼底税三八三二五
共税二畝三分〇九毛三系二忽

抄白

江湾镇晓村 53 · 康熙四十九年 · 遗契 · 张世是付与李☐

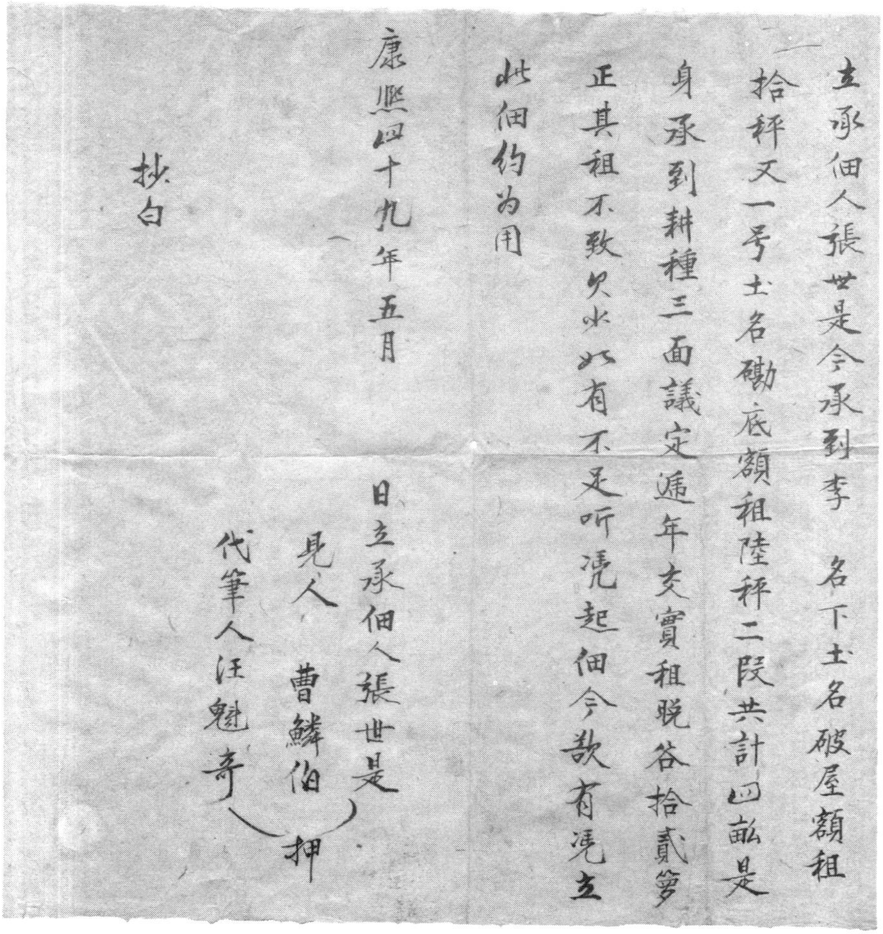
立承佃人張世是今承到李　名下土名破屋額租
拾秤又一号土名磡底額租陸秤二股共計四畆是
身承到耕種三面議定遞年交實租晚谷拾貳箩
正其租不致欠少如有不足听凭起佃今欲有凭立
此佃約為用
康熙四十九年五月　日立承佃人張世是
見人　曹鱗伯　押
代筆人汪魁奇
抄白

江湾镇晓村 59 · 康熙四十九年 · 承佃契 · 张世是承到李☐

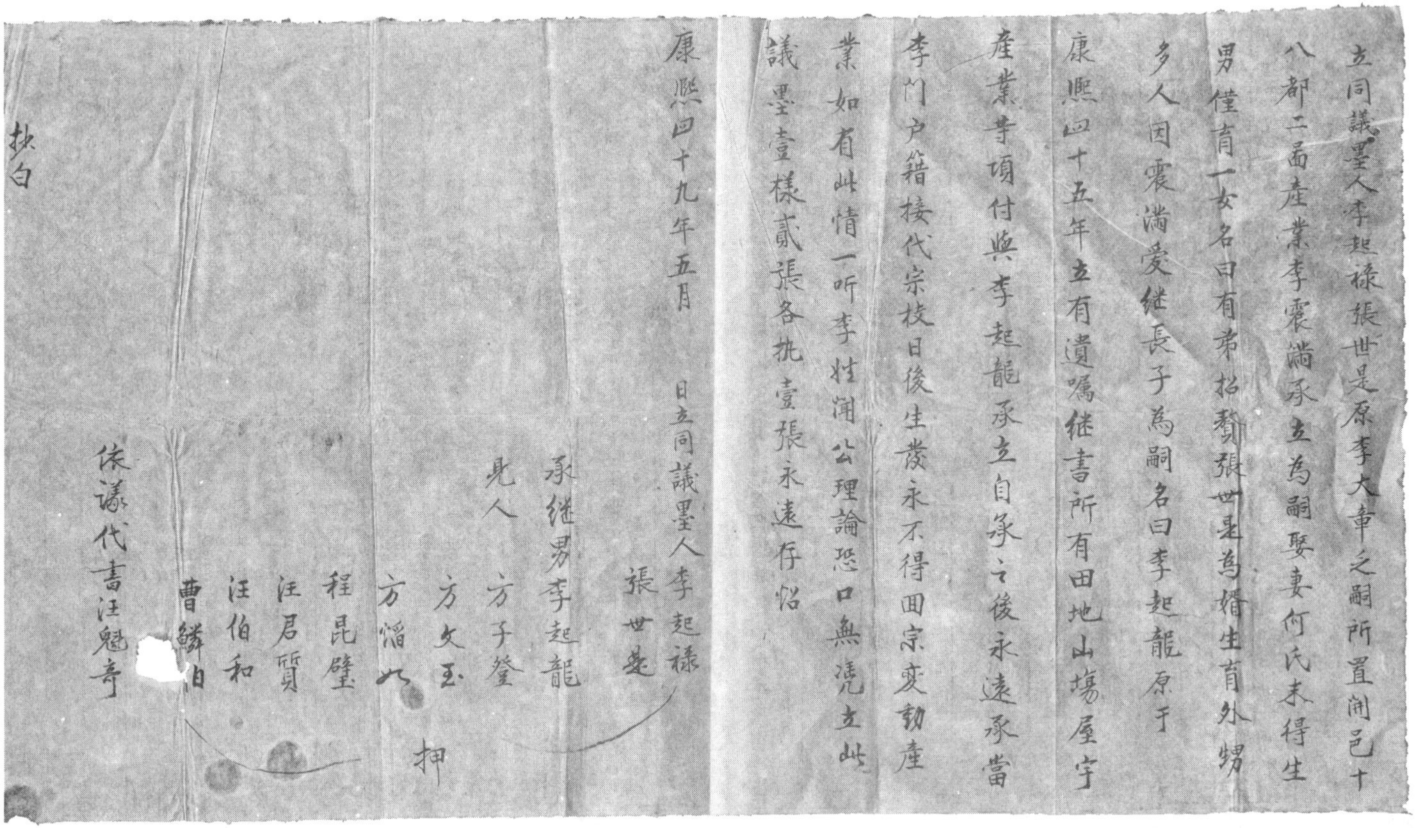

立同議墨人李起祿張世是原李大章之嗣所置闹邑十
八都二啚產業李震滿承立為嗣娶妻何氏未得生
男僅育一女名曰有弟招贅張世是為婿生育外甥
多人因震滿爱继長子為嗣名曰李起龍原于
康熙四十五年立有遺囑继書所有田地山塲屋宇
產業等項付與李起龍承立自承〻後永遠承當
李门户籍接代宗枝日後生發永不得回宗变動產
業如有此情一听李姓閧公理論恐口無凴立此
議墨壹樣貳張各执壹張永遠存炤

康熙四十九年五月　日立同議墨人李起祿
張世是
承继男李起龍
見人　方子登
方文玉
方熘
程昆璧
汪君贒
汪伯和
曹鱗伯
押
依議代書汪魁斉

抄白

江湾镇晓村 97 · 康熙四十九年 · 同议墨 · 李起禄与张世是

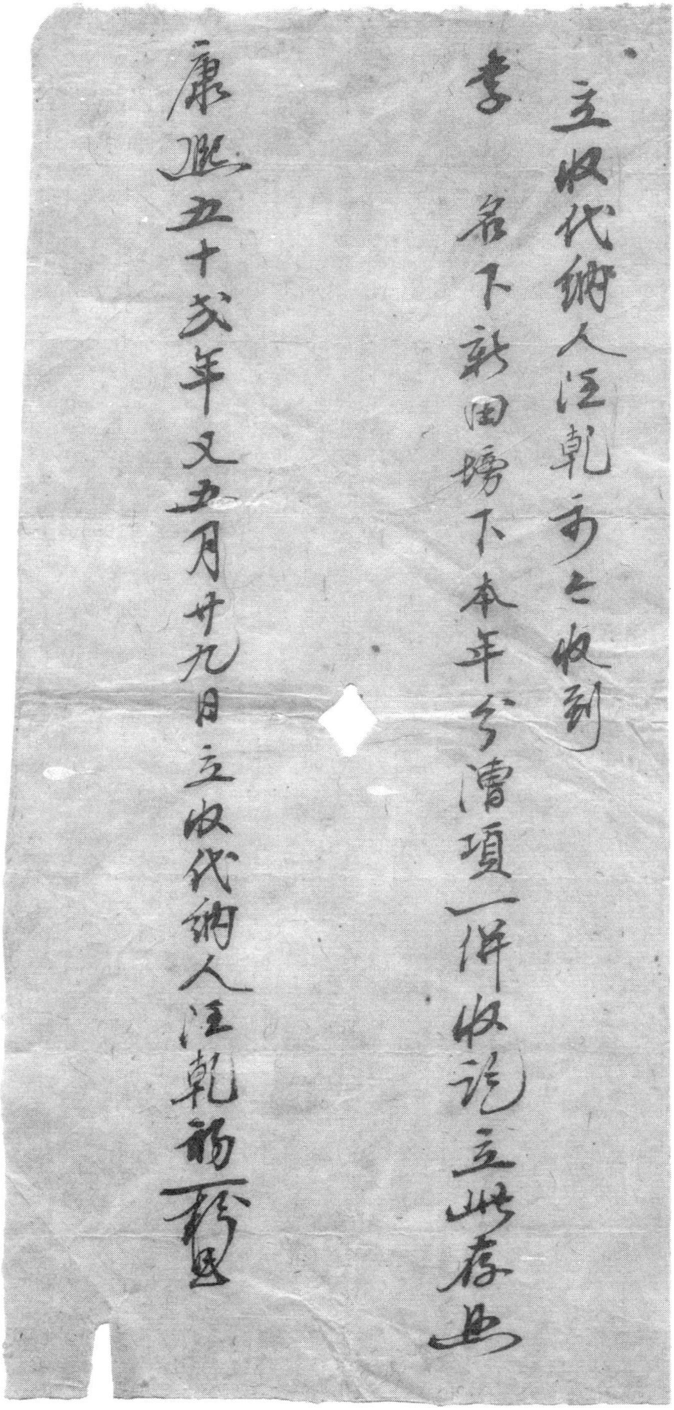

立收代纳人汪乾初今收到
李 名下新田塘下本年分漕項一併收訖立此存照
康熙五十二年又五月廿九日立收代纳人汪乾初（押）

江湾镇晓村 50 · 康熙五十二年 · 收代纳据 · 汪乾初收到李□

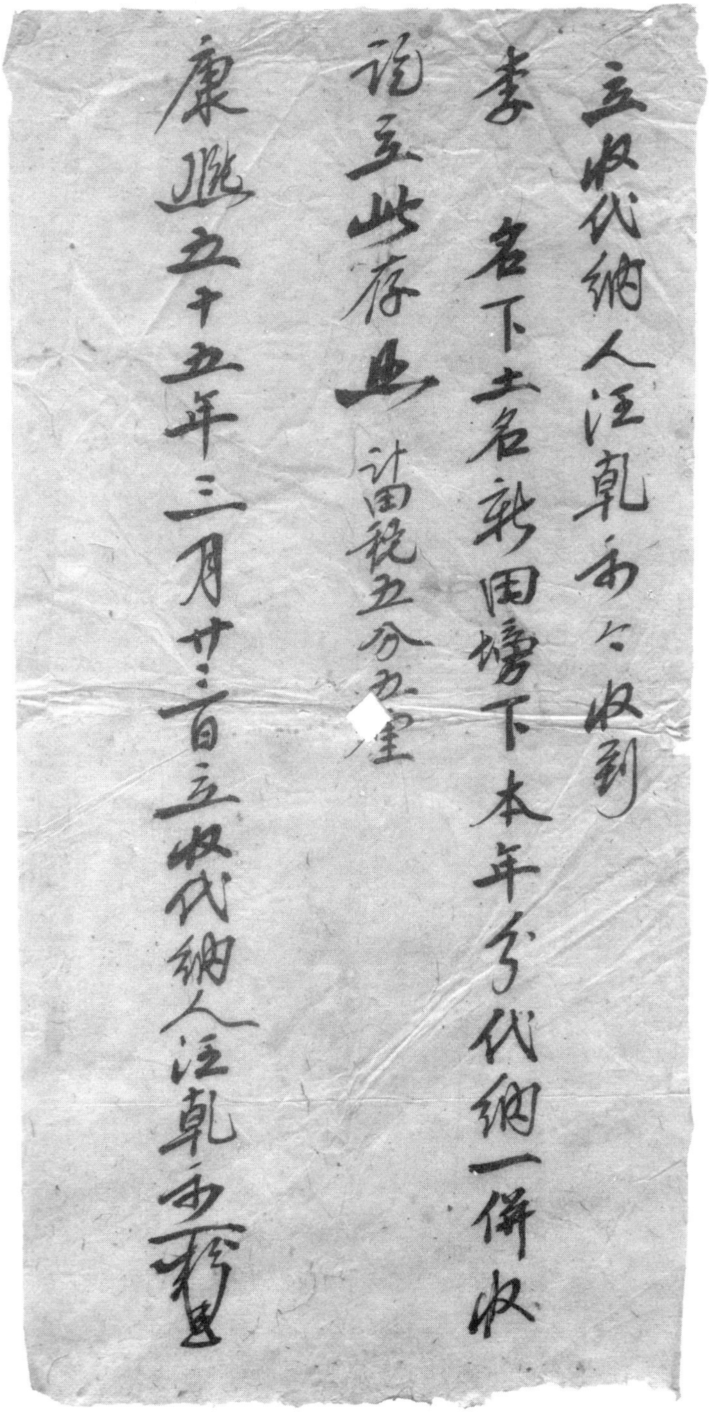

立收代纳人汪乾初今收到
李☐名下土名新田塝下本年分代纳一併收
讫。立此存照。计田税五分五厘
康熙五十五年三月廿三日立收代纳人汪乾初（押）

江湾镇晓村 58 · 康熙五十五年 · 收代纳契 · 汪乾初收到李☐

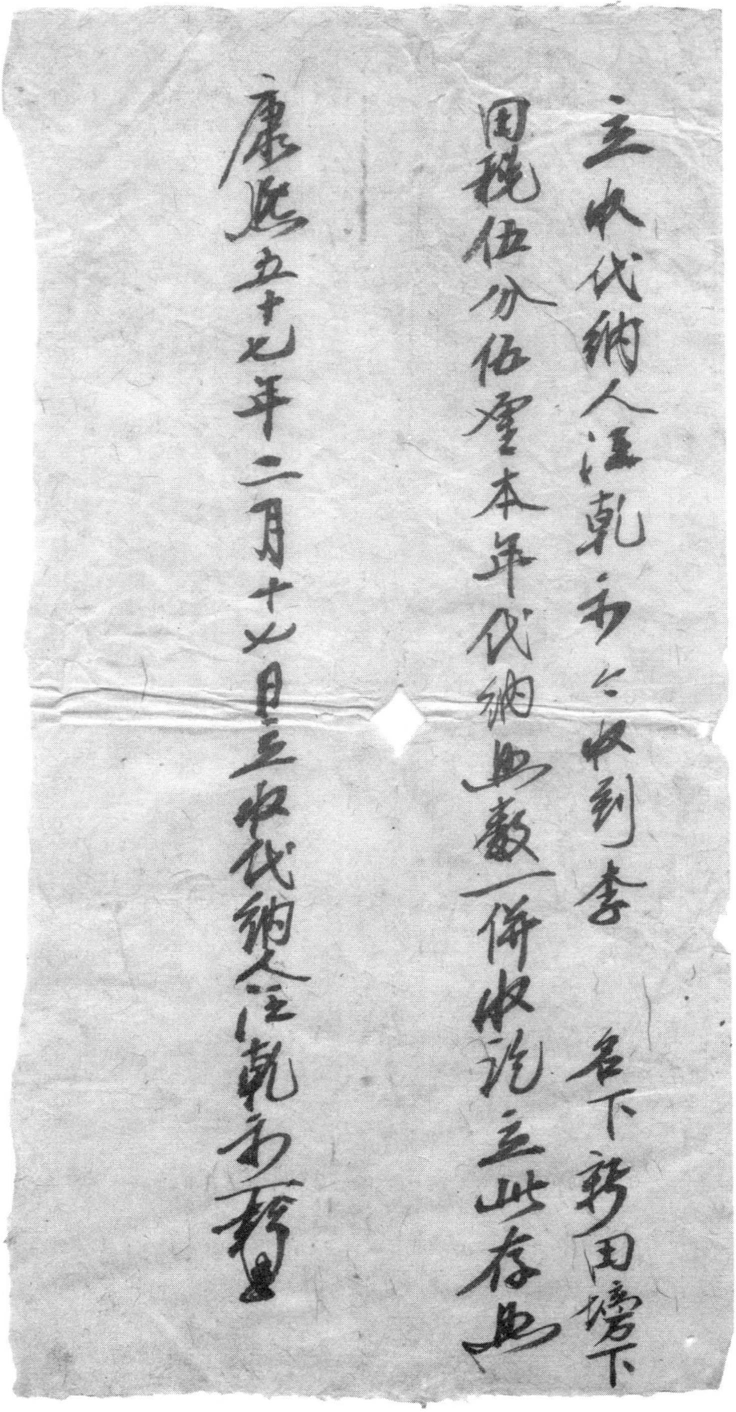
立收代纳人汪乾初今收到李　名下新田塆下
田塅伍分伍厘本年代纳照数一併收讫立此存照
康熙五十七年二月十七日立收代纳人汪乾初（押）

江湾镇晓村 63 · 康熙五十七年 · 收代纳据 · 汪乾初收到李☐

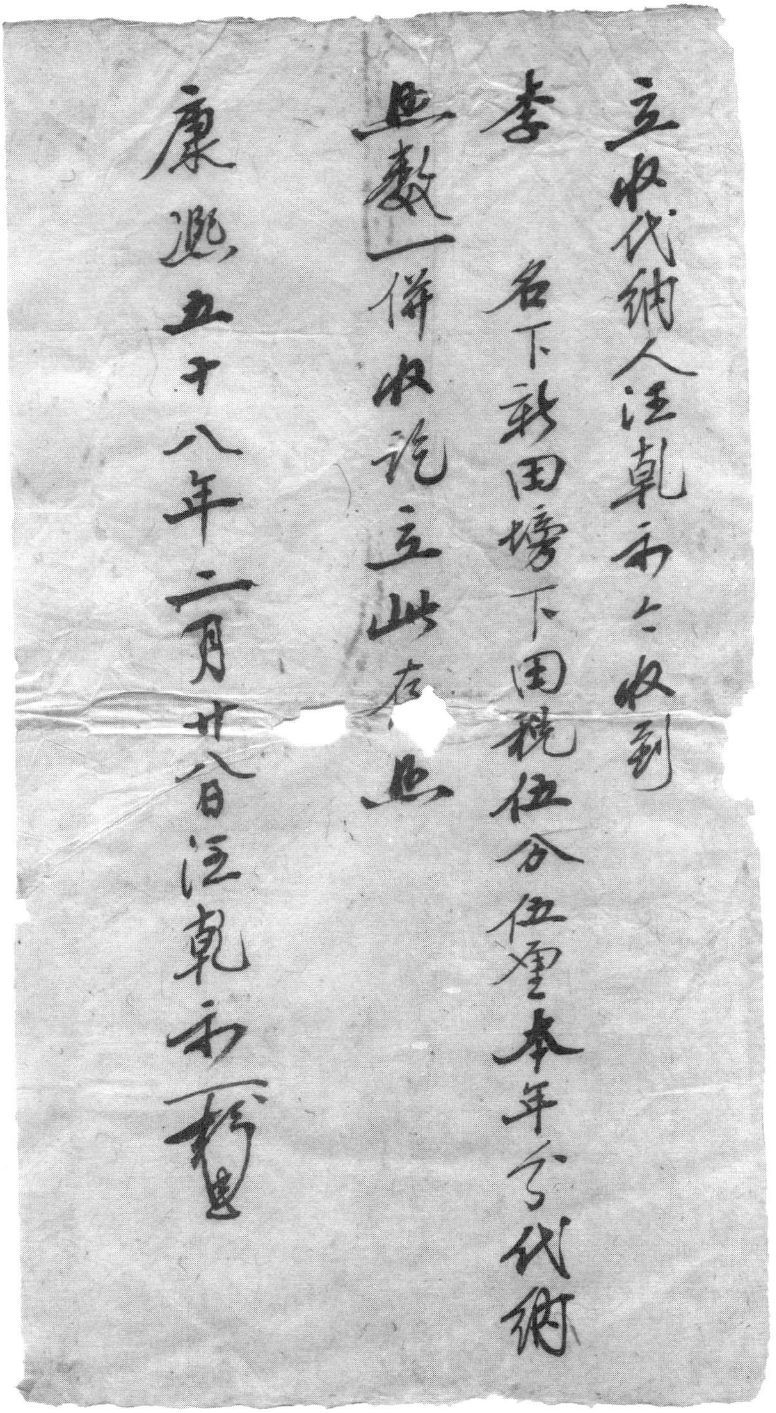
立收代纳人汪乾初今收到
李 名下新田塝下田税伍分伍厘本年分代纳
照數一併收訖立此存照
康熙五十八年二月廿八日汪乾初（押）

江湾镇晓村 62 · 康熙五十八年 · 收代纳据 · 汪乾初收到李☐

立斷骨出賣田契男勝祿今將土名大石壁田乙號計硬租壹拾叁秤正係經理丙
字　號計稅　　整其田東至　　西至　　南至　　北至　　為界今因缺
用自情愿央中將前田至內田斷骨出賣與母　名下承買為業三面憑中議
作時值價銀拾兩陸錢正其銀是日當即領訖其田自今出賣之後一聽
母親收租管業無阻未賣之先並無重張不明等事如有自理其稅聽至
本家戶內不另立推今欲有憑立此斷骨出賣田契為照
雍正五年九月二十七日立自情愿立斷骨出賣田契男勝祿
見母舅曹孔瑞
書見　江仁禎

其前大石壁之田硬租壹拾叁秤付男五人日後輪收除支糧餘者以作
祭掃之需嗣後子孫昌熾永不得爭端異議如有等情以作不孝
理論恐後無憑批此田契永遠為照
雍正六年九月二十七日立批田契李阿曹
見弟曹孔瑞
書伯江仁禎
所是契價當日兩相交訖
再批

江湾镇晓村 100 · 雍正五年 · 断骨出卖田契 · 李阿曹卖与母☐

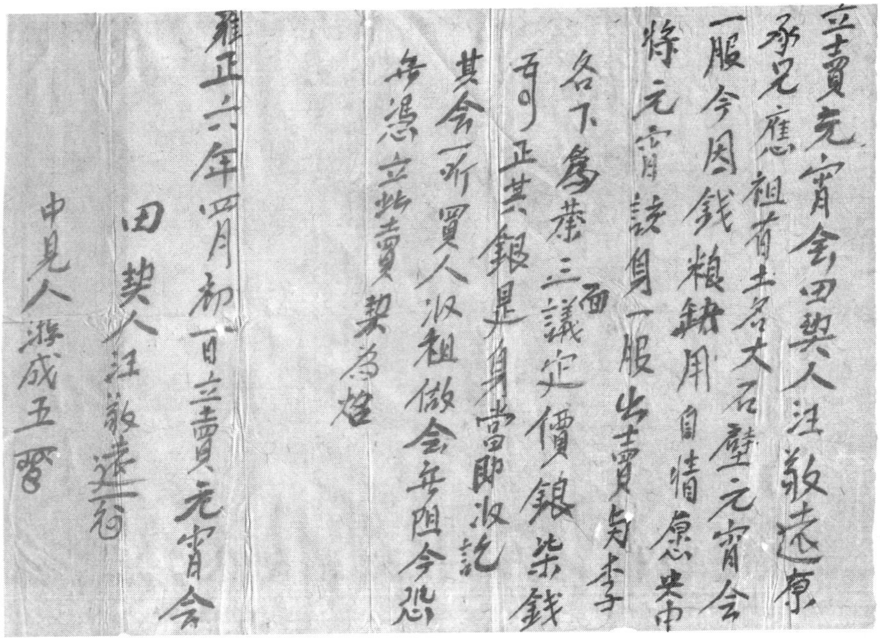
立賣元宵会田契人汪敬遠，原承兄應恩祖首土名大石壁元宵会一股，今因錢粮缺用，自情愿央中將元宵該身一股出賣与李名下為業，三面議定價銀柒錢五分正，其銀是身當即收訖。其会一听買人收租做会，無阻。今恐無憑，立此賣契為照。
雍正六年四月初一日立賣元宵会田契人汪敬遠（押）
中見人游成五（押）

江湾镇晓村 11 · 雍正六年 · 卖元宵会田契 · 汪敬远卖与李☐

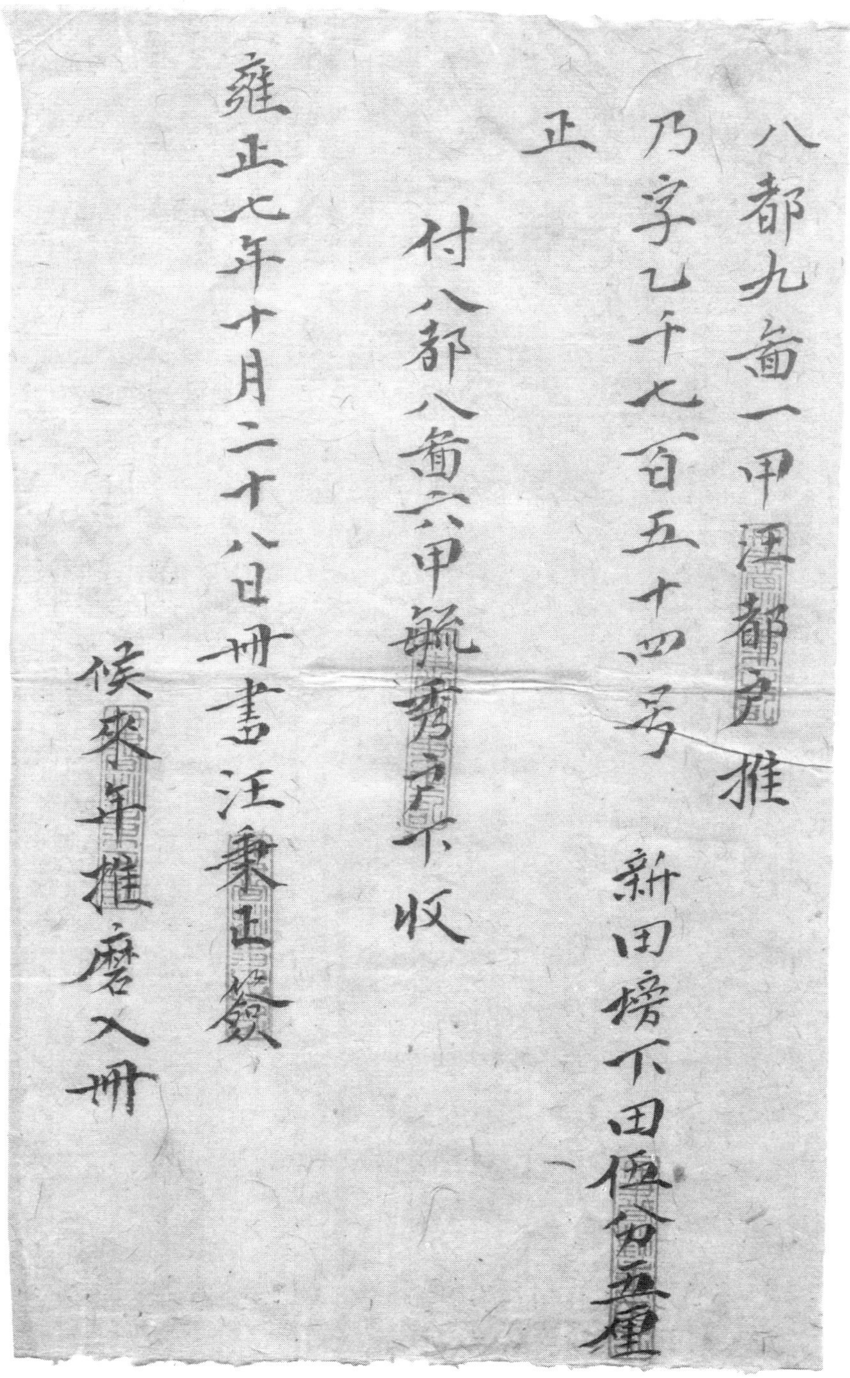
八都九啚一甲汪都户推
乃字乙千七百五十四号　新田塝下田伍分五厘
正
付八都八啚六甲毓秀户下收
雍正七年十月二十八日册书汪秉正發
候來年推磨入册

江湾镇晓村 54 · 雍正七年 · 推单 · 汪都户推入毓秀户

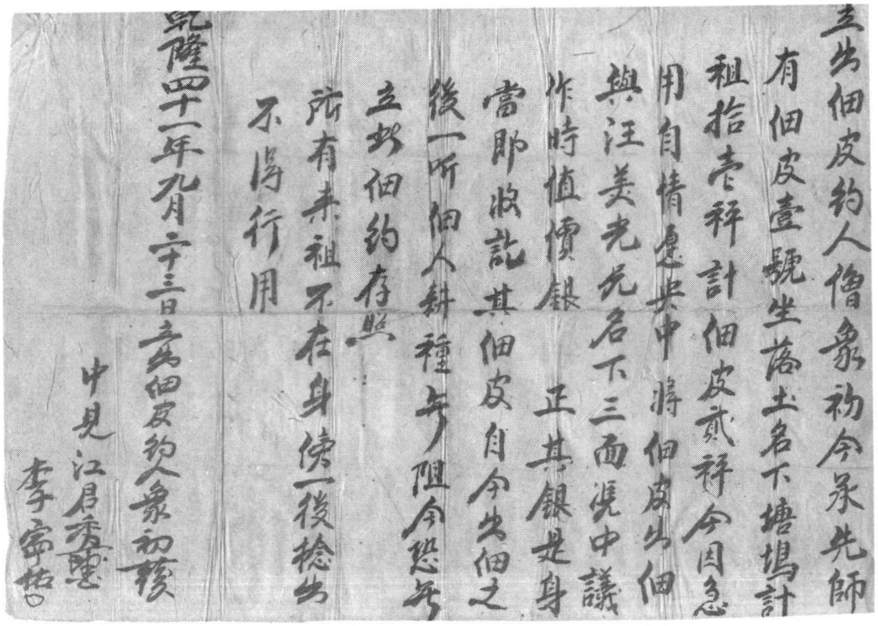
立出佃皮约人僧象初今承先師
有佃皮壹號坐落土名下塘塢計
租拾壹秤計佃皮貳秤今因急
用自情愿央中將佃皮出佃
與汪美光兄名下三面憑中議
作時值價銀 正其銀是身
當即收訖其佃皮自今出佃之
後一听佃人耕種無阻今恐無
立此佃约存照
所有來祖不在身傍日後檢出
不得行用
乾隆四十一年九月二十三日立出佃皮约人象初
中見 江月秀
李寧哲

江湾镇晓村 8 · 乾隆四十一年 · 出佃皮约 · 僧象初佃与汪美光

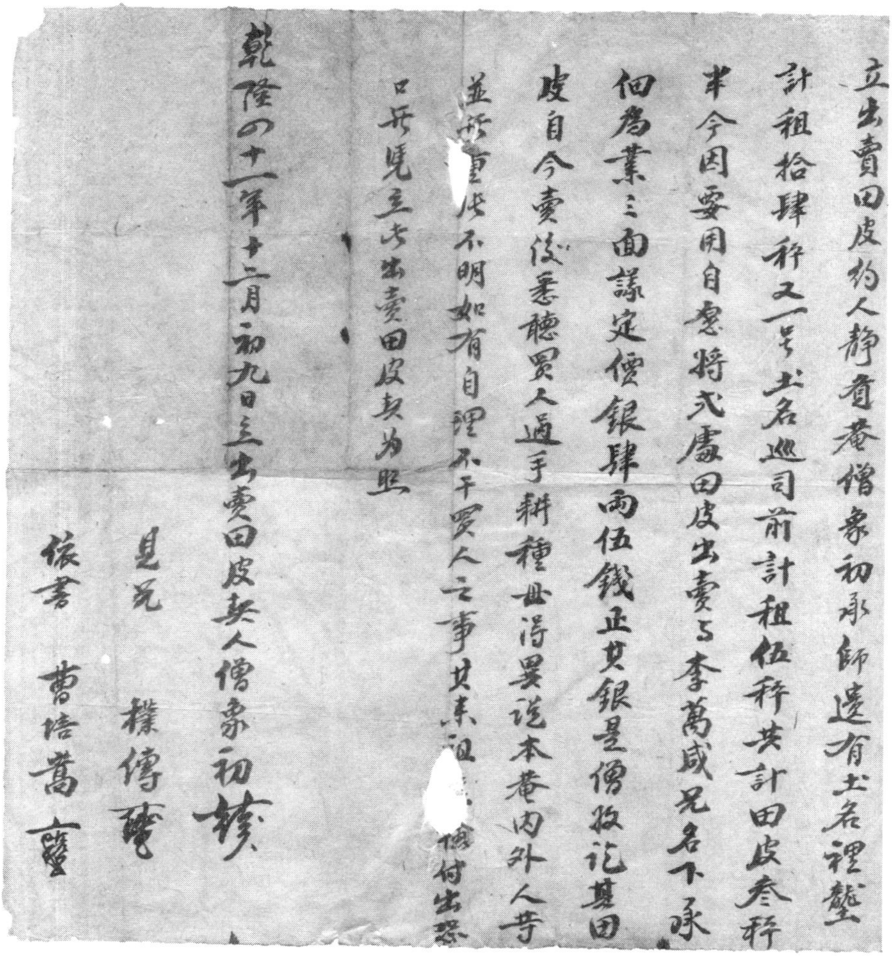
立出賣田皮約人静音庵僧象初承師遺有土名裡墪
計租拾肆秤又一号土名巡司前計租伍秤共計田皮叁秤
半今因要用自愿將弍處田皮出賣与李萬咸兄名下承
佃為業三面議定價銀肆兩伍錢正其銀是僧收訖其田
皮自今賣後悉聽買人過手耕種毋得異说本庵内外人等
並無重張不明如有自理不干買人之事其來[illegible]祖[illegible]檢付出契
口無憑立此出賣田皮契為照
乾隆四十一年十二月初九日立出賣田皮契人僧象初（押）
見兄　樸傳（押）
依書　曹培萬（押）

江湾镇晓村 39 · 乾隆四十一年 · 出卖田皮契 · 僧象初卖与李万咸

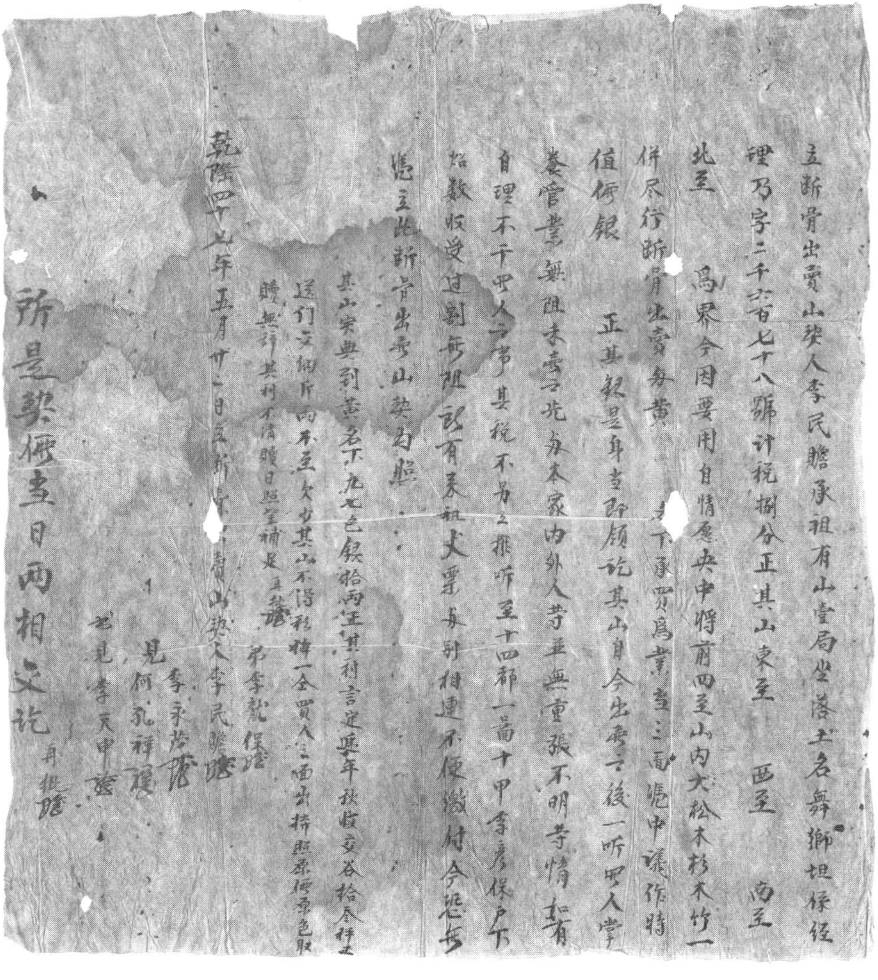
立断骨出卖山契人李民赡承祖有山壹局坐落土名舞鄉坦绿经
理乃字二千六百七十八号计税捌分正其山东至　　西至　　南至
北至　　為界今因要用自情愿央中将前四至山内大松木杉木竹一
併尽行断骨出卖與黄　　名下承买為業当三面凭中议作時
值价银　　正其银是身当即领讫其山自今出卖之後一听买人掌
养管業無阻未卖之先與本家内外人等並無重張不明等情如有
自理不干买人之事其税不另立推听至十四都一啚十甲李彦保户下
始数收受过割無阻所有来祖文票与别相连不便缴付今恐無
凭立此断骨出卖山契为照
其山実典到黄名下九七色银拾两正其利言定每年秋收交谷拾叁秤正
送门交纳倘再不至欠少其山不得移转一名买人之面出拚照原价来色取
赎無辞其利不清赎日照算補足　再批
乾隆四十七年五月廿二日立断骨出卖山契人李民赡
弟李龍　保
李永茂
見　何乳祥
代見　李天中
所是契價當日兩相交訖　再批

江湾镇晓村 86 · 乾隆四十七年 · 断骨出卖山契 · 李民赡卖与黄▢

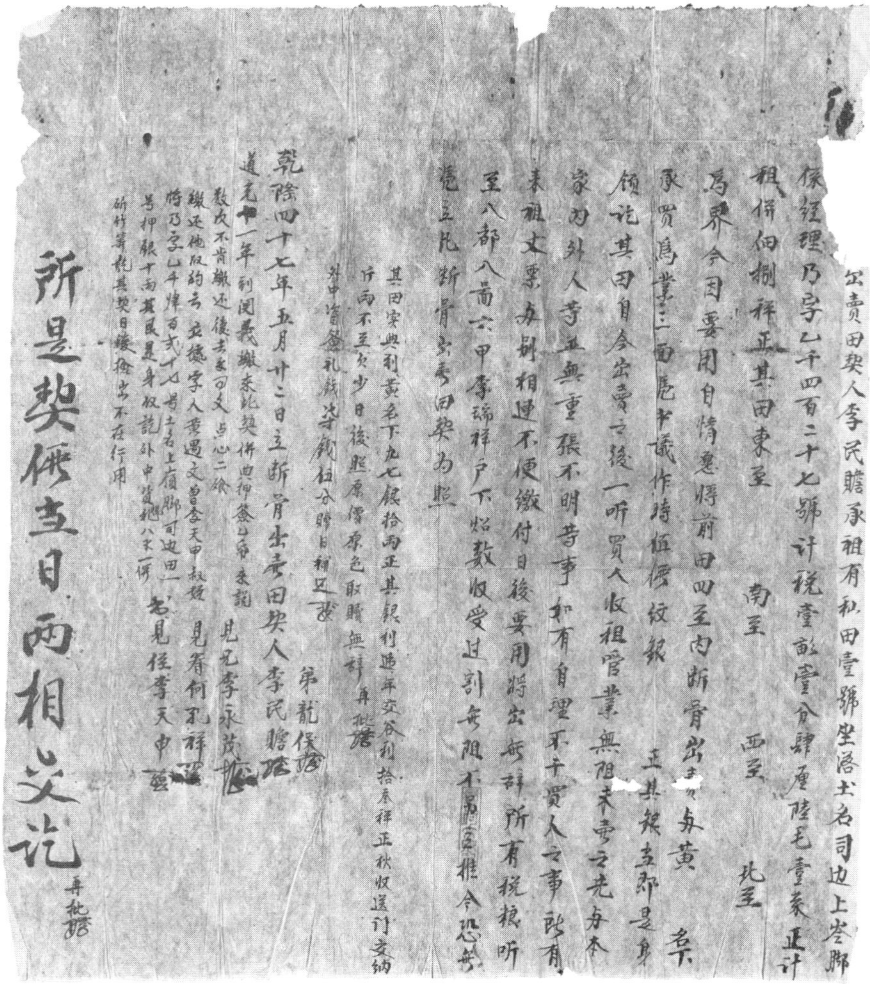
立出賣田契人李民瞻承祖有私田壹號坐落土名司边上岑脚
係經理乃字乙千四百二十七號計税壹畝壹分肆厘陸毛壹系正計
租[illegible]伍佃捌秤正其田東至　南至　西至　北至
爲界今因要用自情愿將前田四至内断骨出賣與黄　名下
承買爲業三面憑中議作時值價紋銀　正其銀当郎是身
領訖其田自今出賣之後一听買人收租管業無阻未賣之先與本
家內外人等並無重張不明等事如有自理不干買人之事既有
來祖文票與别相連不便繳付日後要用將出無辞所有税粮听
至八都八啚六甲李瑞祥户下照數收受过割無阻不[illegible]推今恐無
憑立此断骨出賣田契為照
其田實典到黄名下九七銀拾兩正其銀利逓年交谷利拾叁秤正秋收送付交納
斤兩不至欠少日後照原價原色取贖無辞　再批据
外中資簽礼錢李錢相分賠日補足
乾隆四十七年五月廿二日立断骨出賣田契人李民瞻　弟龍保
道光十一年到閏義撤來此契併典押簽之帝來說　見兄李永茂
數改不肯撤还後去來司文点心二餘
撤还他叔的去　立據字人黄遇文曾李天申叔姪　見[illegible]何孔祥
將乃字乙千肆百弐十七号土名上嶺脚司边田一
号押銀十兩其民是身收訖外中資總八十一併　見侄李天申
斫竹等乾其契日後檢出不在行用
所是契依立日兩相交訖
再批据

江湾镇晓村 101 · 乾隆四十七年 · 断骨出卖田契 · 李民赡卖与黄☐

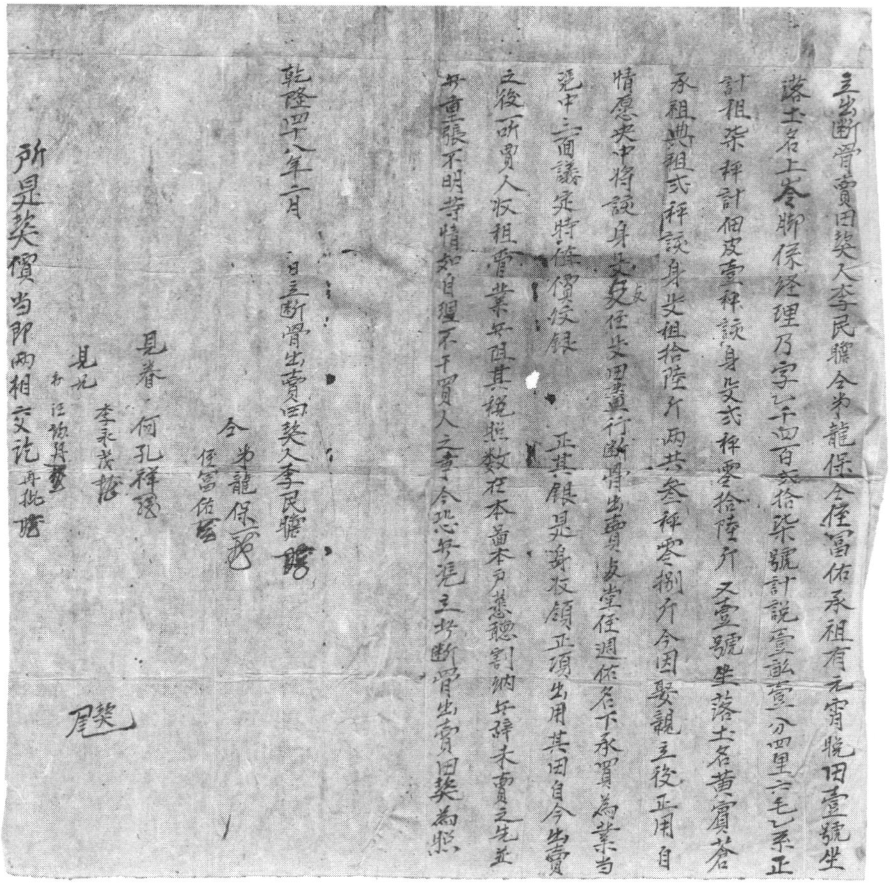

江湾镇晓村 72 · 乾隆四十八年 · 断骨出卖田契 ·
李民赡同弟龙保同侄富佑卖与堂侄周佑

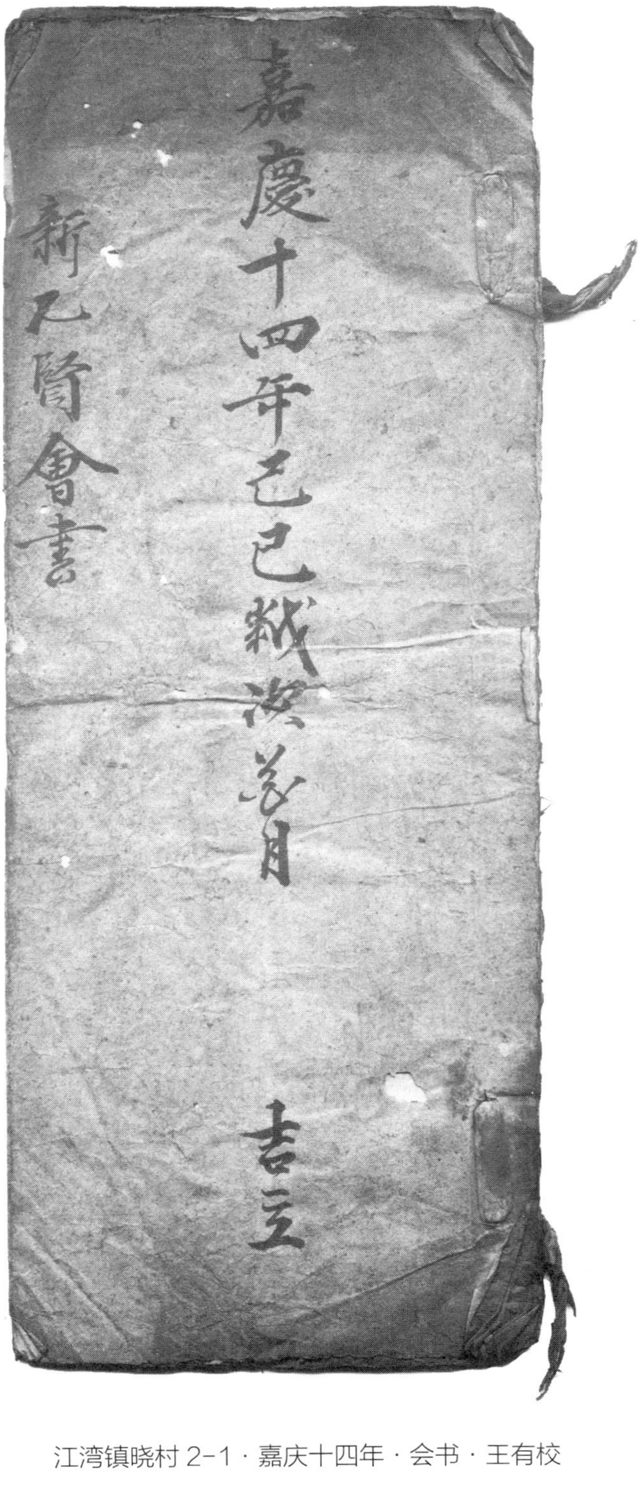

江湾镇晓村 2-1 · 嘉庆十四年 · 会书 · 王有校

立議會書首會人王有校今因家務應用相邀
到衆友六位每友各數出銀伍两共成叁拾
两正其銀付身首會收領其會利照依新又
賢領過者加三交出以作四年澆滿議定會規

江湾镇晓村 2-2 · 嘉庆十四年 · 会书 · 王有校

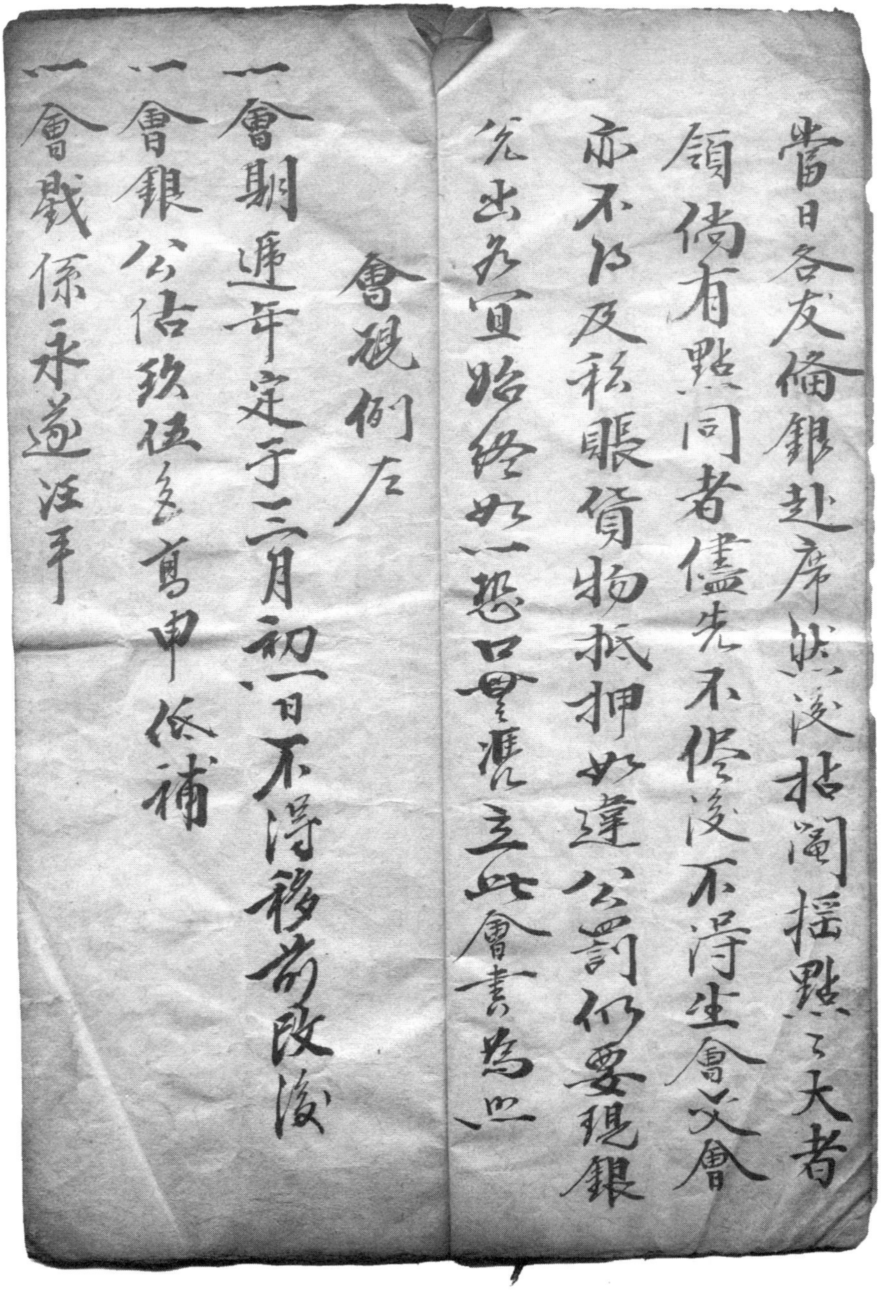
當日各友備銀赴席照依拈鬮搖點々大者
領倘有點同者儘先不得後不得生會又會
亦不得及私賬貨物抵押如違公罰仍要現銀
充出不宜姑縱如一恐口無憑立此會書為照
會規例左
一會期逓年定于三月初一日不得移前改後
一會銀公估玖伍色高申依補
一會錢係秉遂汪手

江湾镇晓村 2-3 · 嘉庆十四年 · 会书 · 王有校

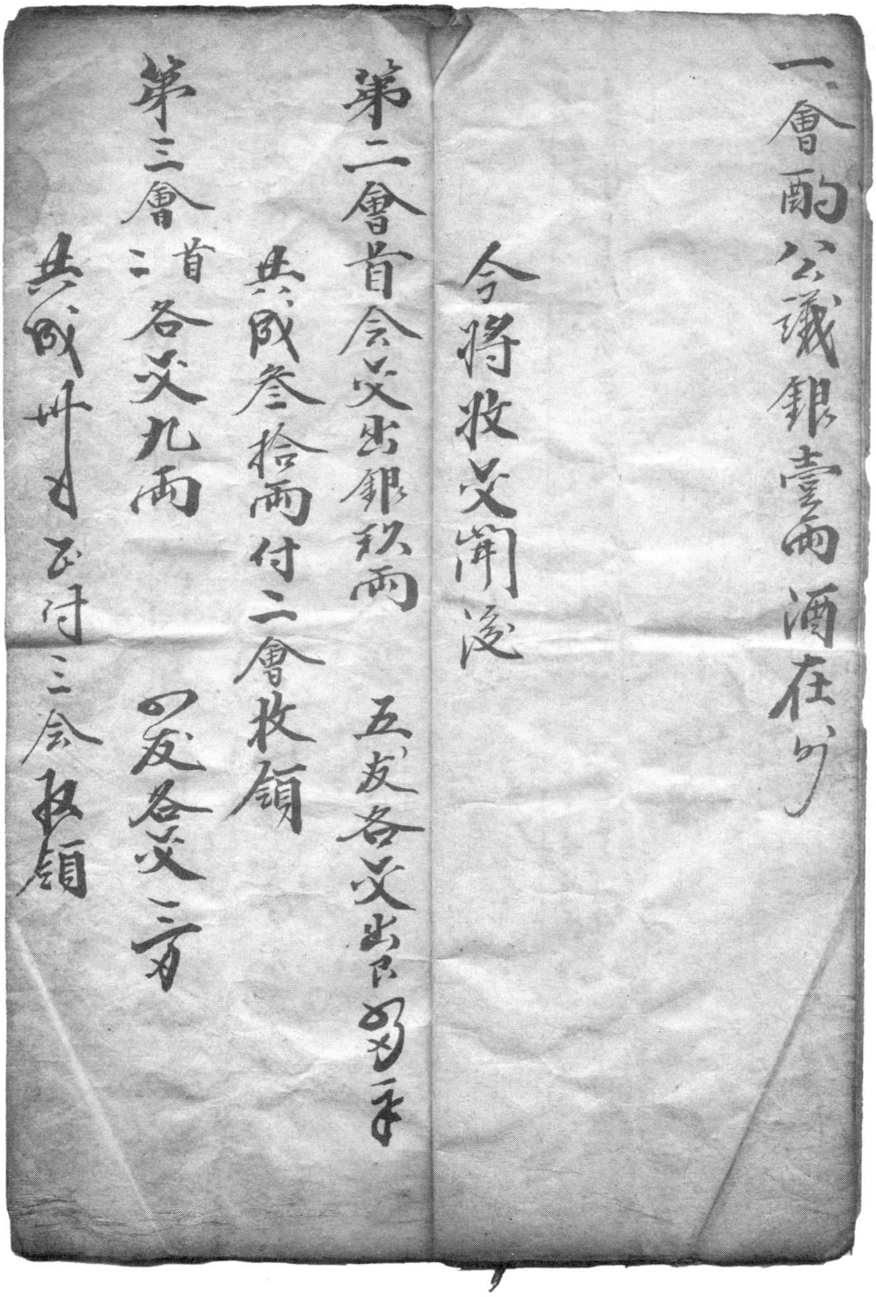
一會酌公議銀壹兩酒在內
今將收支開後
第二會首会支出銀玖兩　五友各支出艮弍兩
共成叁拾兩付二會收領
第三會首二各支九兩　四友各支二兩
共成卅兩正付三会收領

江湾镇晓村 2-4 · 嘉庆十四年 · 会书 · 王有校

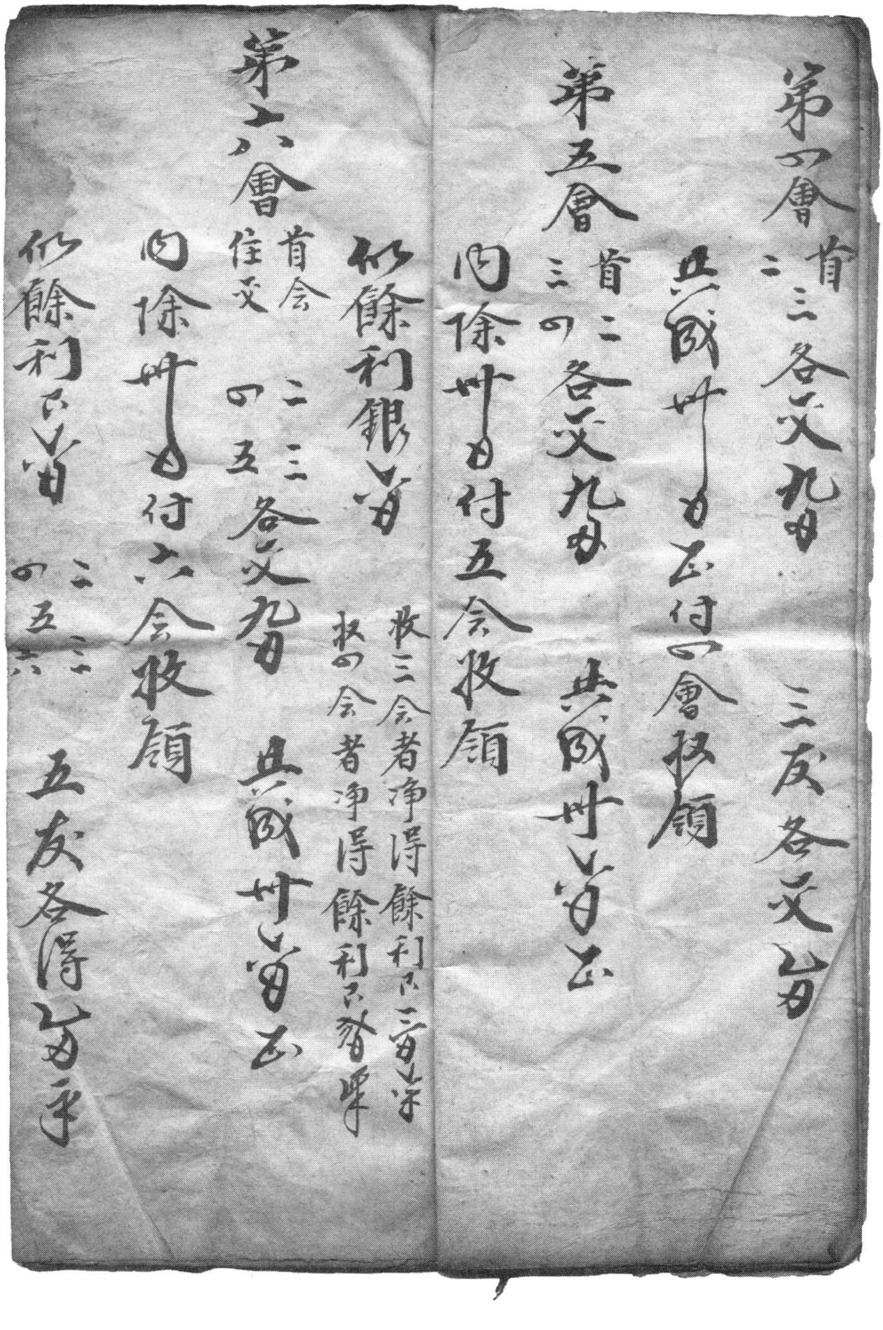
第四會 首 二 三 各交九两 三友各交乂两
共成廿〡两五付四會收領
第五會 首 二 三 四 各交九两 共成廿〡两五
内除廿〡两付五会收領
仍餘利銀〡两 收三会者凈得餘利〡两〥 收四会者凈得餘利〡两平
第六會 首会住交 二 三 四 五 各交九两 共成廿〡两五
内除廿〡两付六会收領
仍餘利〡两 二 三 四 五 六 五友各得乂两平

江湾镇晓村 2-5 · 嘉庆十四年 · 会书 · 王有校

第七會

收三會者內除乃餘利只[illegible]淨艾出[illegible]

收四會者內除乃餘利只[illegible]淨艾出[illegible]

收五會者內除乃餘利已[illegible]淨艾出[illegible]

收六會者內除乃餘利只[illegible]淨艾出[illegible]

四反各除乃餘利 共錢廿千 正付七会收領

江湾镇晓村 2-6 · 嘉庆十四年 · 会书 · 王有校

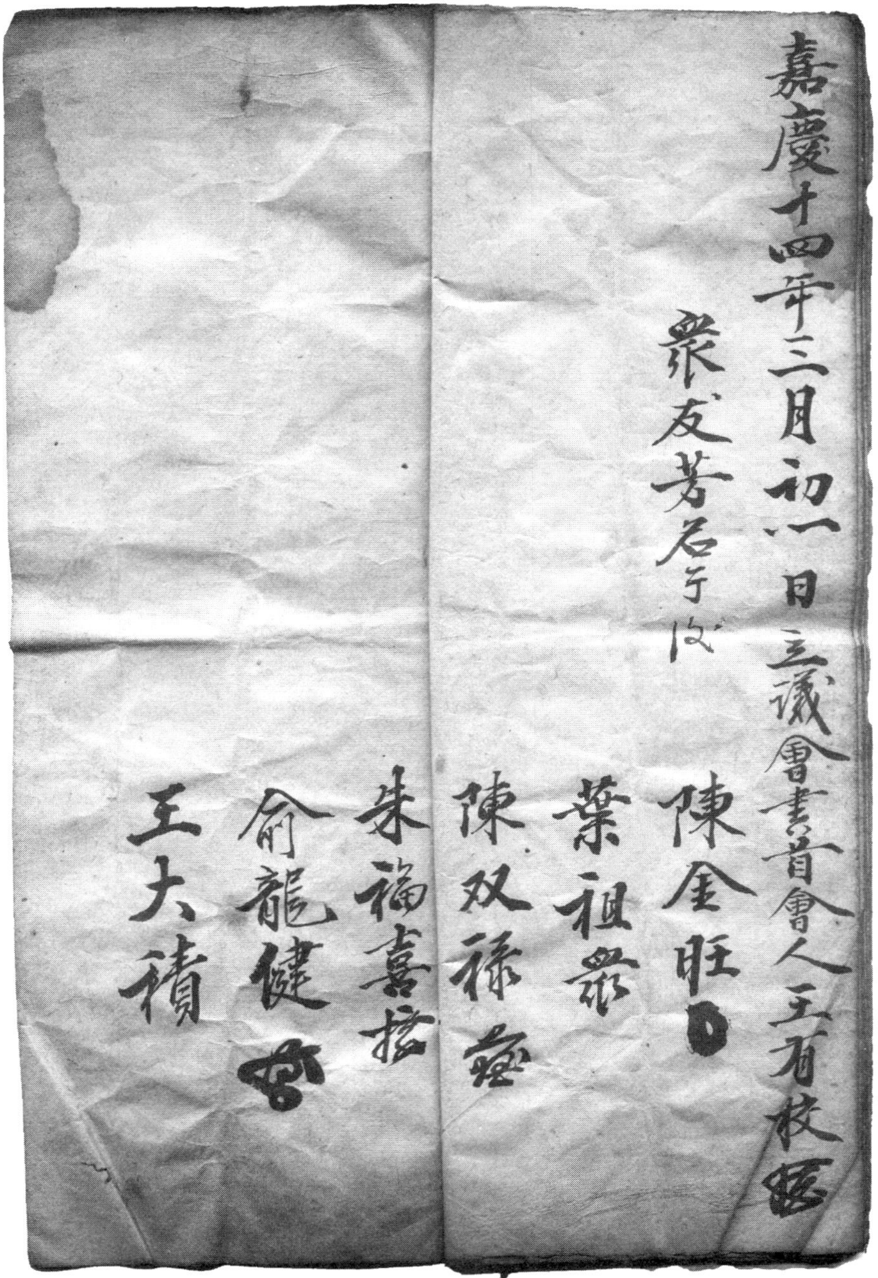
嘉慶十四年三月初一日立議會書首會人王有校

衆友芳名于後

陳金旺

葉祖衆

陳双禄

朱福喜押

俞龍健

王大積

江湾镇晓村 2-7 · 嘉庆十四年 · 会书 · 王有校

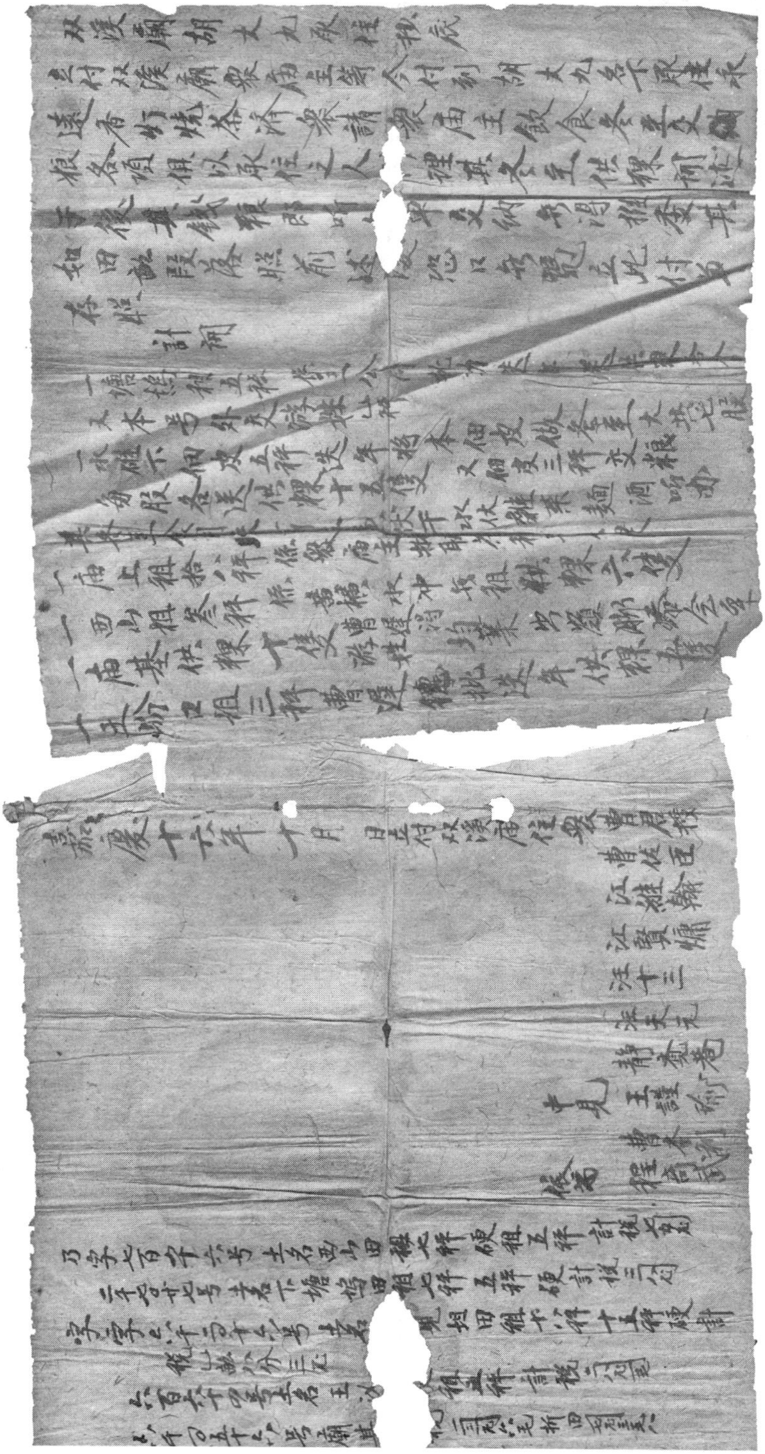

江湾镇晓村 65 · 嘉庆十六年 · 立付双溪庙庙主契 · 曹君授等付到胡大九名下

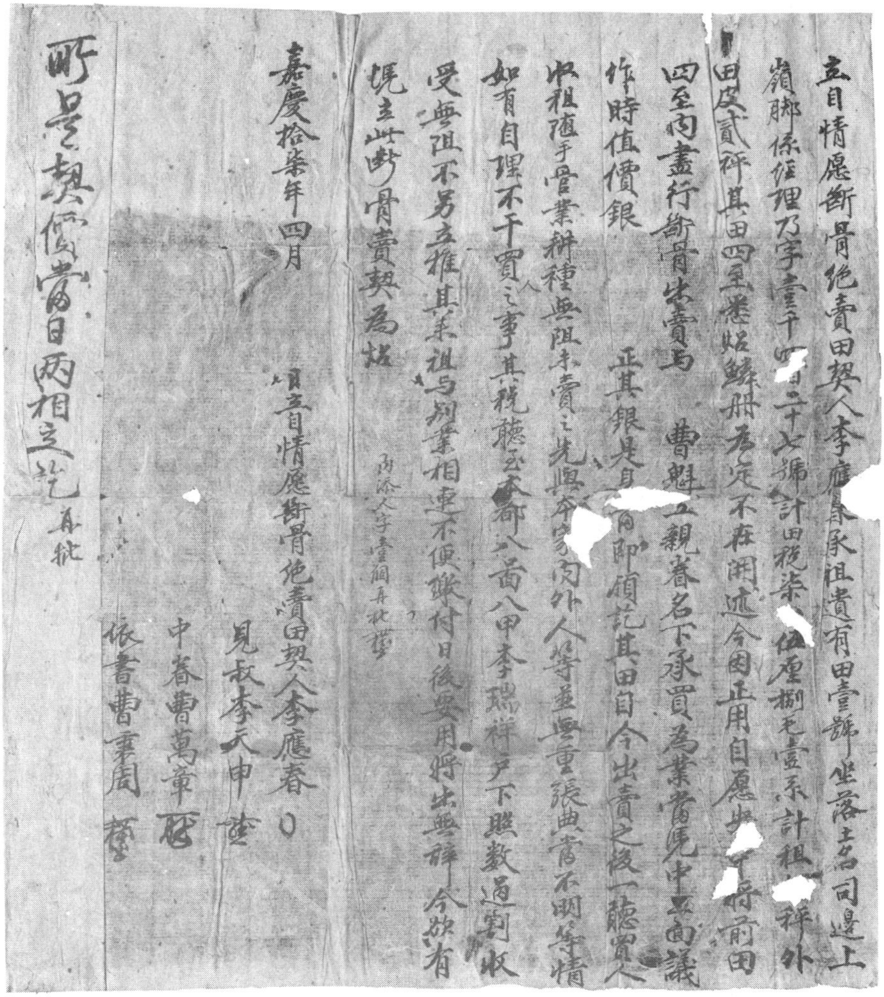

立自情愿斷骨絕賣田契人李應春，承祖遺有田壹號，坐落土名司邊上
嶺脚，係經理乃字壹千四□二十七號，計田税柒分伍厘捌毛壹系，計租□秤外
田皮貳秤。其田四至悉照鱗册為定，不在開述。今因正用，自愿央中將前田
四至内盡行斷骨出賣與　曹魁五親眷名下承買為業。當憑中三面議
作時值價銀　正。其銀是日即領訖。其田自今出賣之後，一聽買人
收租過手管業耕種，無阻。未賣之先，與本家内外人等並無重張典當不明等情。
如有，自理，不干買人之事。其税聽至本都八啚八甲李瑞祥户下照數過割收
受，無阻。不另立推。其來祖與別業相連，不便繳付，日後要用，將出無辭。今欲有
憑，立此斷骨賣契為據。

内添入字壹個，再批。

嘉慶拾柒年四月　日立自情愿斷骨絕賣田契人李應春（押）

見叔李天申（押）

中眷曹萬章（押）

依書曹秉周（押）

所是契價當日兩相交訖，再批。

江湾镇晓村 93 · 嘉庆十七年 · 断骨出卖田契 · 李应春卖与曹魁五

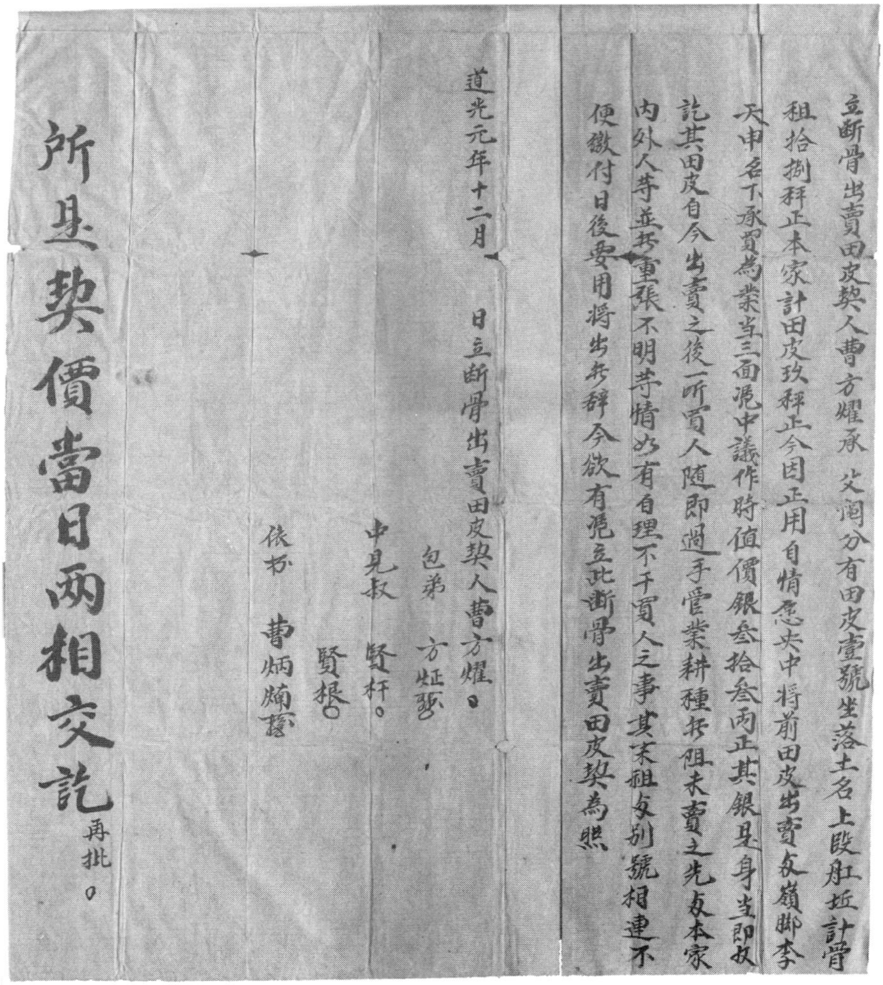

立断骨出賣田皮契人曹方燿承 父阄分有田皮壹號坐落土名上段肚坵計骨租拾捌秤正本家計田皮玖秤正今因正用自情愿央中将前田皮出賣与嶺脚李天申名下承買為業当三面凴中議作時値價銀叁拾叁兩正其銀是身当即收訖其田皮自今出賣之後一听買人随即過手管業耕種无阻未賣之先与本家内外人等並无重張不明等情如有自理不干買人之事其末租与別號相連不便繳付日後要用将出无辞今欲有凴立此斷骨出賣田皮契為照

道光元年十二月 日立断骨出賣田皮契人曹方燿（押）

包弟 方炡（押）

中見叔 賢杆（押）

賢振（押）

依书 曹炳煵（押）

所是契價當日兩相交訖

再批 ○

江湾镇晓村 75 · 道光元年 · 断骨出卖田皮契 · 曹方燿卖与李天申

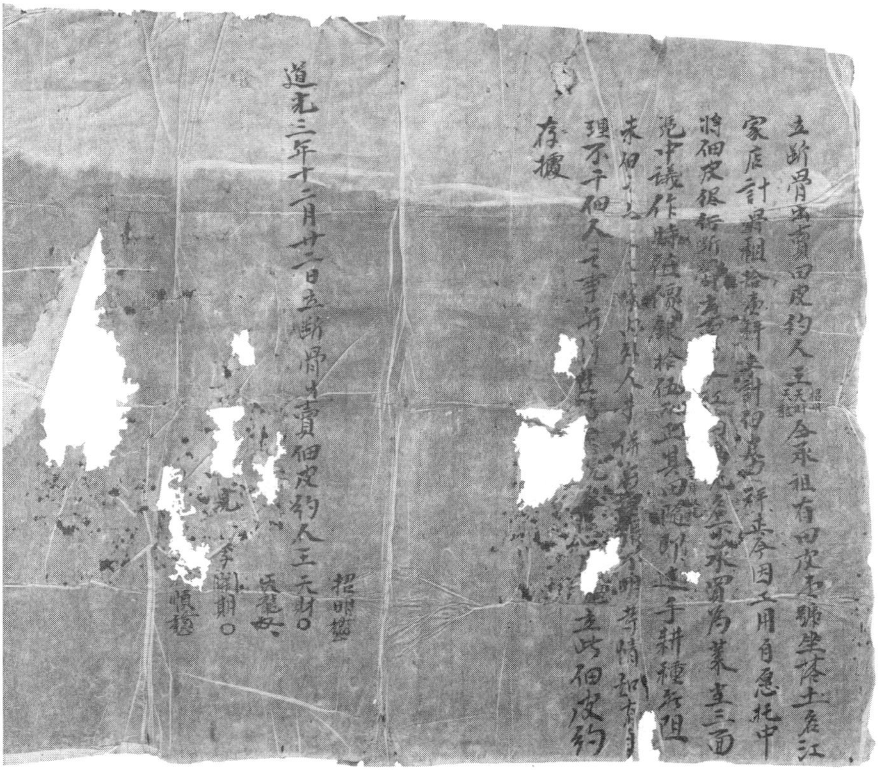
立斷骨出賣田皮約人王招明、天財、天龍仝承祖有田皮壹號坐落土名江
家庄計骨租拾壹秤正計田[illegible]秤正今因乏用自愿托中
將佃皮[illegible]斷[illegible]出賣[illegible]為業其三面
憑中議作時值價銀拾伍兩正其田隨即過手耕種無阻
未佃[illegible]如有[illegible]人等[illegible]情[illegible]
理不干佃人之事[illegible]立此佃皮約
存據
道光三年十二月廿二日立斷骨出賣佃皮約人王天財〇
招明〇
天龍〇
中見 李明朗〇
慎德

江湾镇晓村 82 · 道光三年 · 断骨出卖田皮契 · 王天财等卖与☑

道光七年又五月[illegible]篁嶺恃强要斫水
泱洲死松樹二株[illegible]村嘀議不肯　林松　天順　甲梅　尚魁
四人全進曉學乞約保先生祠首知事接
茶托轉相办鷄子七对　孫山盤計錢廿四文
扇千一盤九文　除二壹十六文
約居光　係收光不在家未到折十一对
祠首懷良先生
知事　烈東老[illegible]老　星武先生
任川先[illegible]
蒙中云篁嶺恭[illegible]未允服傚衆嘀議
又托轉相办飯[illegible]計　夜　四文　扇千十五
除三壹廿四文
西玉老全星武未來用飯
廿六日林松　天順　順祥　甲梅　尚魁　五人又進曉
鱅托中云篁嶺[illegible]買河坭篁嶺又不賣又不換
中人未回[illegible]只肯四股分價　合村不肯要
三股得一
廿八日又挑星武先　任川先　周先　又托篁嶺天賜
先全到篁嶺五桂[illegible]面叙承輝玉先生
振斯先生合族長[illegible]肯股均分
六月初二日篁嶺約會交易　林松　天順　順祥　甲梅
尚魁全進篁嶺吃交易分來樹價艮六兩實其艮
[illegible]鎮預正明[illegible]有艮票一吊
[illegible]樹價洋錢五員[illegible]錢二千四百廿五文
十五日甲梅去錢山千〇九十七文買子謝中　支錢八百四十
文買鷄子四廿[illegible]用作子十七隻
除支用过仍洋錢[illegible]每員作實艮八錢　又大錢
壹千零七十五文[illegible]　二共洋錢大錢兩項
作實艮五兩[illegible]九月[illegible]　花九借去並有借約一吊併屋
契一吊抵押

每家領開錢拾文
林松付云錢百七十文
隅開付云錢百文

江湾镇晓村 87 · 道光七年 · 日记

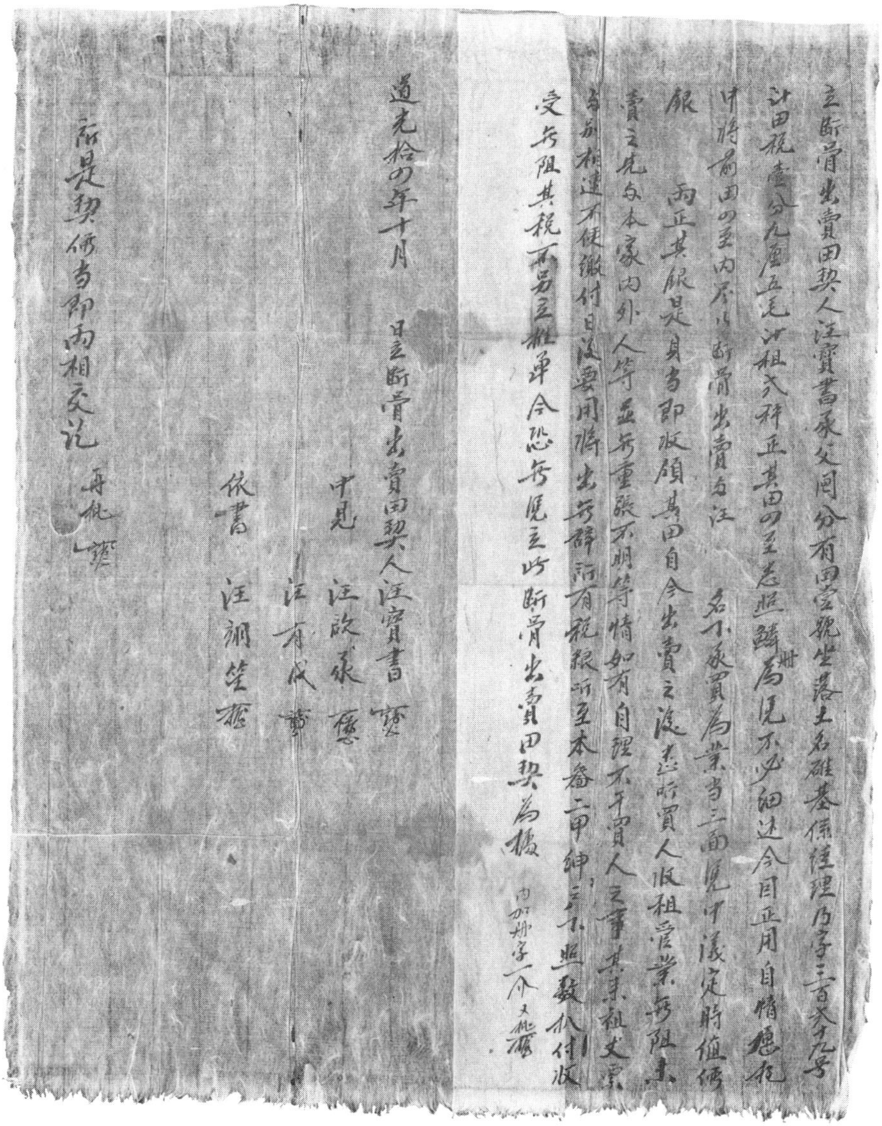

立断骨出賣田契人汪寶書承父同分有田坐號坐落土名碓基係佳理乃字三百八十九号
計田稅壹分九厘五毛 計租弍秤正 其田四至悉照鱗冊為憑 不必细述 今因正用 自情愿托
中將前田四至内盡行断骨出賣与汪　　名下永遠為業 當三面憑中議定時值價
銀　　兩正 其銀是身當即收領 其田自今出賣之後 悉听買人收租管業無阻 未
賣之先 与本家內外人等並無重張不明等情 如有自理 不干買人之事 其來祖文票
當面檢還 不便繳付 日後要用 將出無辭 所有稅粮 所至本都二甲紳：戶下照數扒付收
受無阻 其稅不另立推單 今恐無憑 立此断骨出賣田契為據
内加扒字一个 又批[押]
道光拾四年十月　　日立断骨出賣田契人汪寶書[押]
中見　汪啟泉[押]
汪有成[押]
依書　汪朔筆[押]
所是契價當即兩相交訖　再批[押]

江湾镇晓村 73 · 道光十四年 · 断骨出卖田契 · 汪宝书卖与汪☒

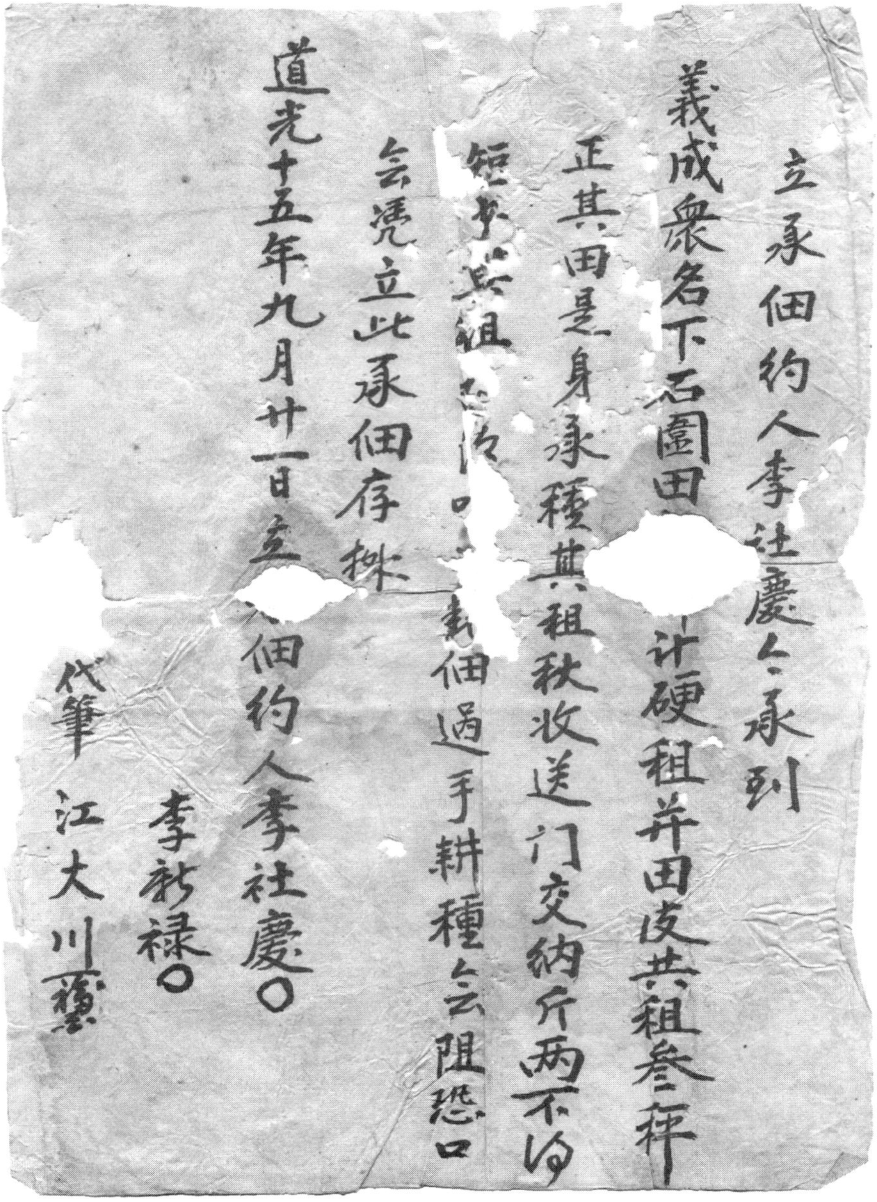
立承佃约人李社慶今承到
義成衆名下石園田[illegible]计硬租并田皮共租叁秤
正其田是身承種其租秋收送门交纳斤两不少
短少其租[illegible]任[illegible]另佃過手耕種無阻恐口
無凭立此承佃存照
道光十五年九月廿一日立承佃约人李社慶〇
李新禄〇
代筆 江大川

江湾镇晓村 18 · 道光十五年 · 佃约 · 李社庆承到义成众

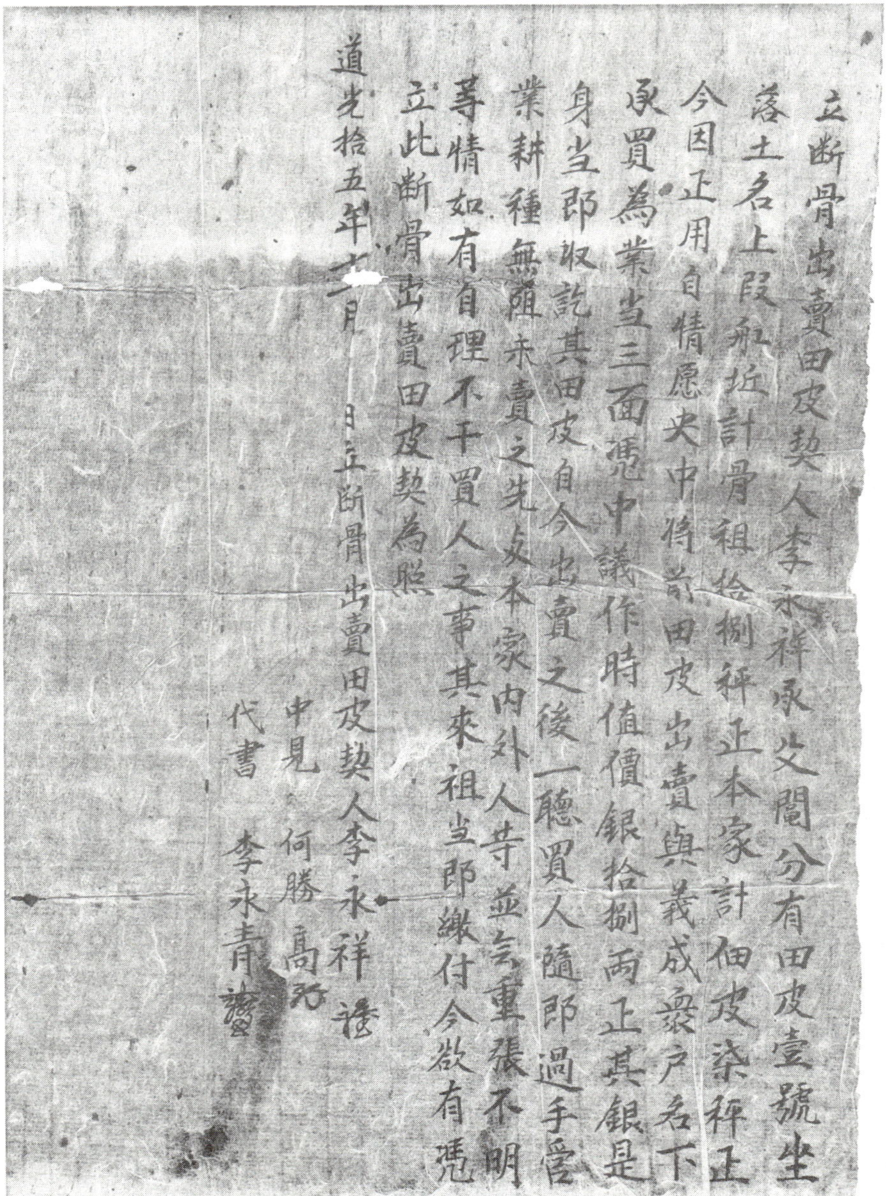
立斷骨出賣田皮契人李永祥承父閹分有田皮壹號坐
落土名上段舡坵計骨租拾捌秤正本家計佃皮柒秤正
今因正用自情愿央中將前田皮出賣與義成衆户名下
承買為業当三面憑中議作時值價銀拾捌両正其銀是
身当即收訖其田皮自今出賣之後一聽買人隨即過手管
業耕種無阻未賣之先与本家内外人等並無重張不明
等情如有自理不干買人之事其來祖当即繳付今欲有憑
立此斷骨出賣田皮契為照
道光拾五年十二月　日立斷骨出賣田皮契人李永祥（押）
中見　何勝高（押）
代書　李永青（押）

江湾镇晓村 67 · 道光十五年 · 断骨出卖田皮契 · 李永祥卖与义成众户

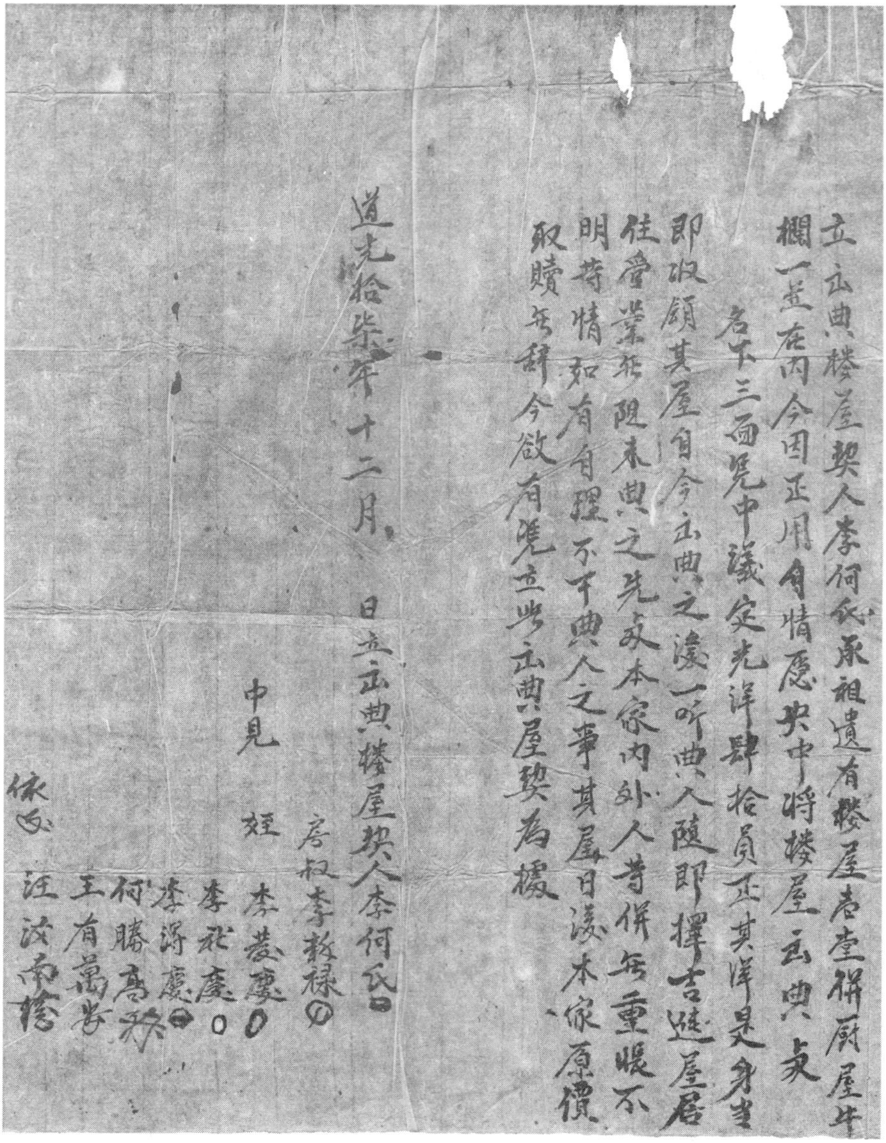

立出典楼屋契人李何氏，承祖遗有楼屋壹拼、厨屋半
栏一並在内，今因正用，自情愿央中将楼屋出典与
名下，三面凭中議定光洋肆拾员正，其洋是身当
即收領，其屋自今出典之后，一听典人随即择吉进屋居
住管業，并阻未典之先，亦本家内外人等并无重叠不
明等情，如有自理，不干典人之事。其屋日后本家原價
取贖无辭。今欲有凭，立此出典屋契為據。

道光拾柒年十二月　日立出典楼屋契人李何氏（押）

房叔李顺禄（押）

中見　侄　李葵慶（押）

李兆慶（押）

李潤慶（押）

何勝高（押）

王有萬（押）

依口　汪汶甫（押）

江湾镇晓村 89 · 道光十七年 · 出典楼屋契 · 李何氏出典与☐

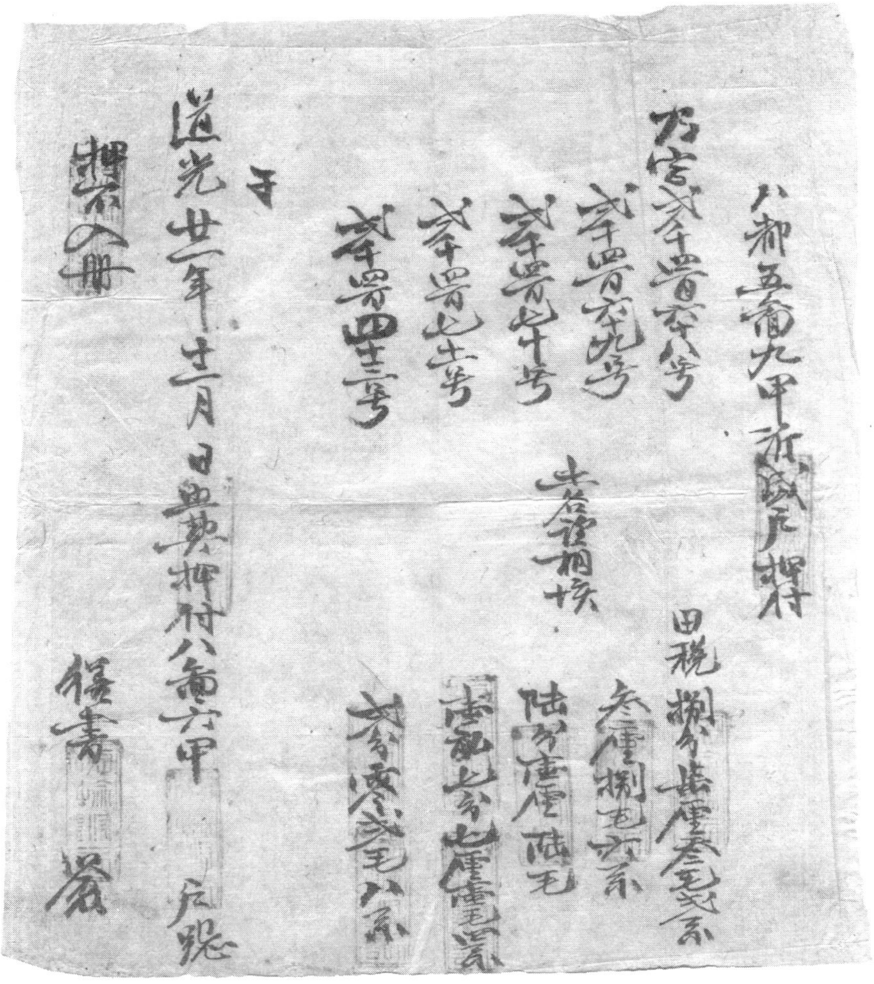

八都五图九甲沂盛户押付

方字弍千四百六十八号

弍千四百六十九号

弍千四百七十号

弍千四百七十一号

弍千四百四十三号

土名[illegible]相垓

田税捌分叁厘叁毛弍系

叁厘捌毛六系

陆分陆厘陆毛

壹亩七分七厘[illegible]毛弍系

弍分叁厘叁毛八系

于

道光廿一年十二月 日出契押付八图六甲 户[illegible]

押付入册

经书 [illegible]

江湾镇晓村 41 · 道光二十一年 · 推单 · 沂盛户押付▢户

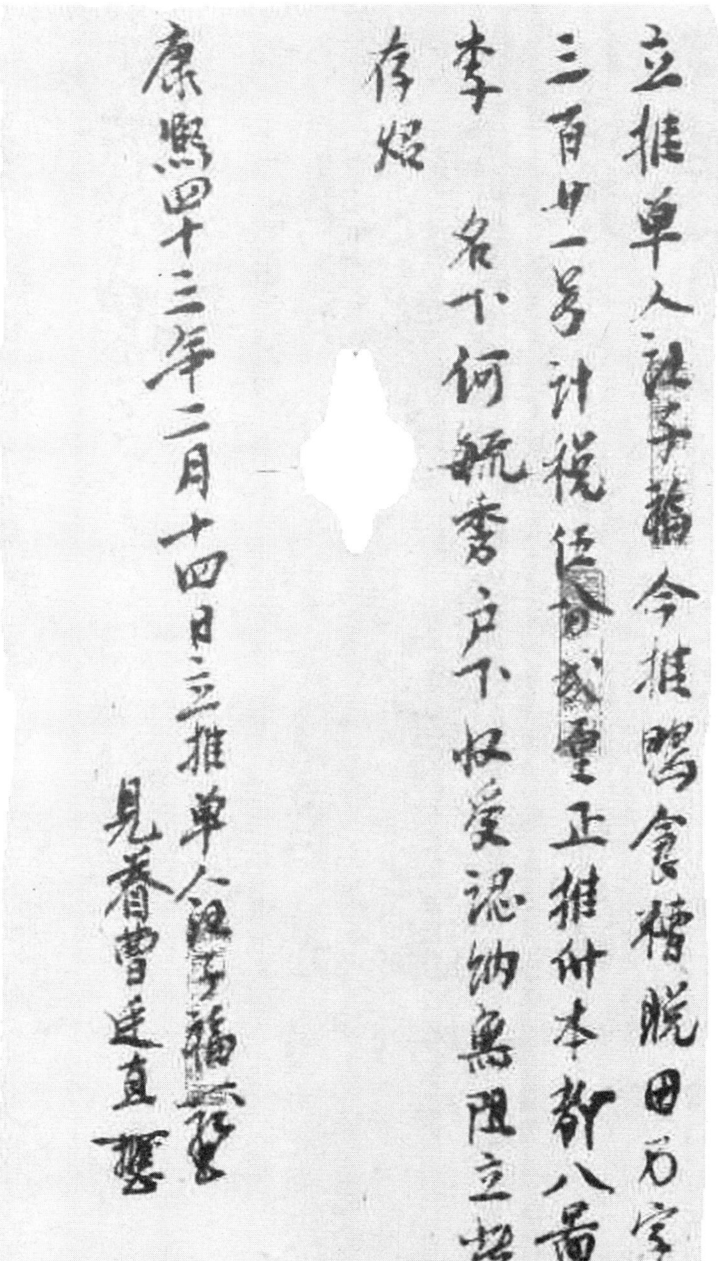

立推单人汪子福今推鸭仓塘既田万字一千
三百廿一号计税伍[illegible]壹正推付本都八图六甲
李名下何毓秀户下收受认纳无阻立此推单
存照
康熙四十三年二月十四日立推单人汪子福（押）
见胥曹廷直（押）

江湾镇晓村 47 · 康熙四十三年 · 推单 · 汪子福推入何毓秀户

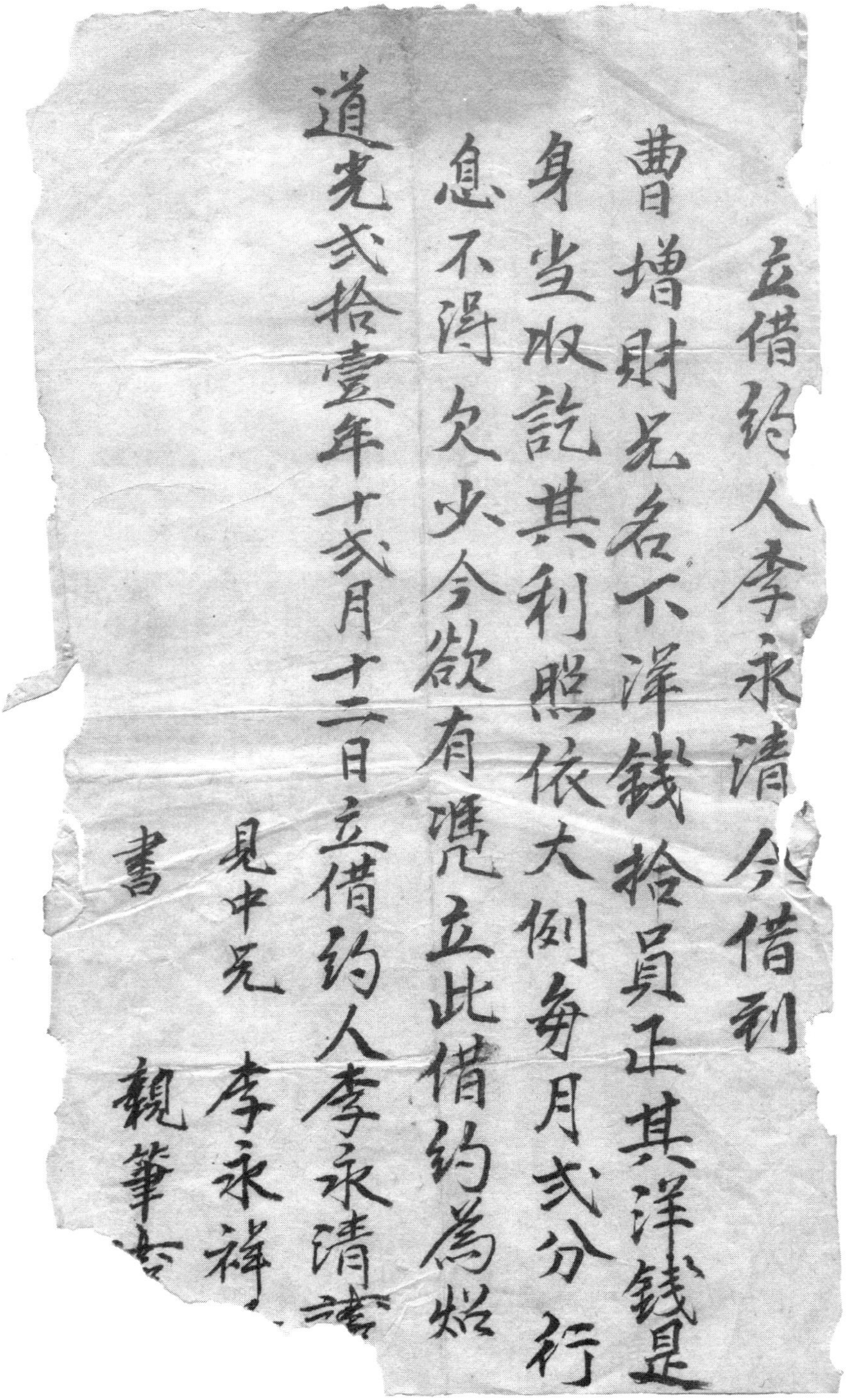

立借约人李永清今借到
曹增財兄名下洋錢拾員正其洋錢是
身當收訖其利照依大例每月弍分行
息不得欠少今欲有憑立此借约為炤
道光弍拾壹年十弍月十二日立借约人李永清
見中兄 李永祥
書 親筆

江湾镇晓村 47 · 道光二十一年 · 借约 · 李永清借到曹增财

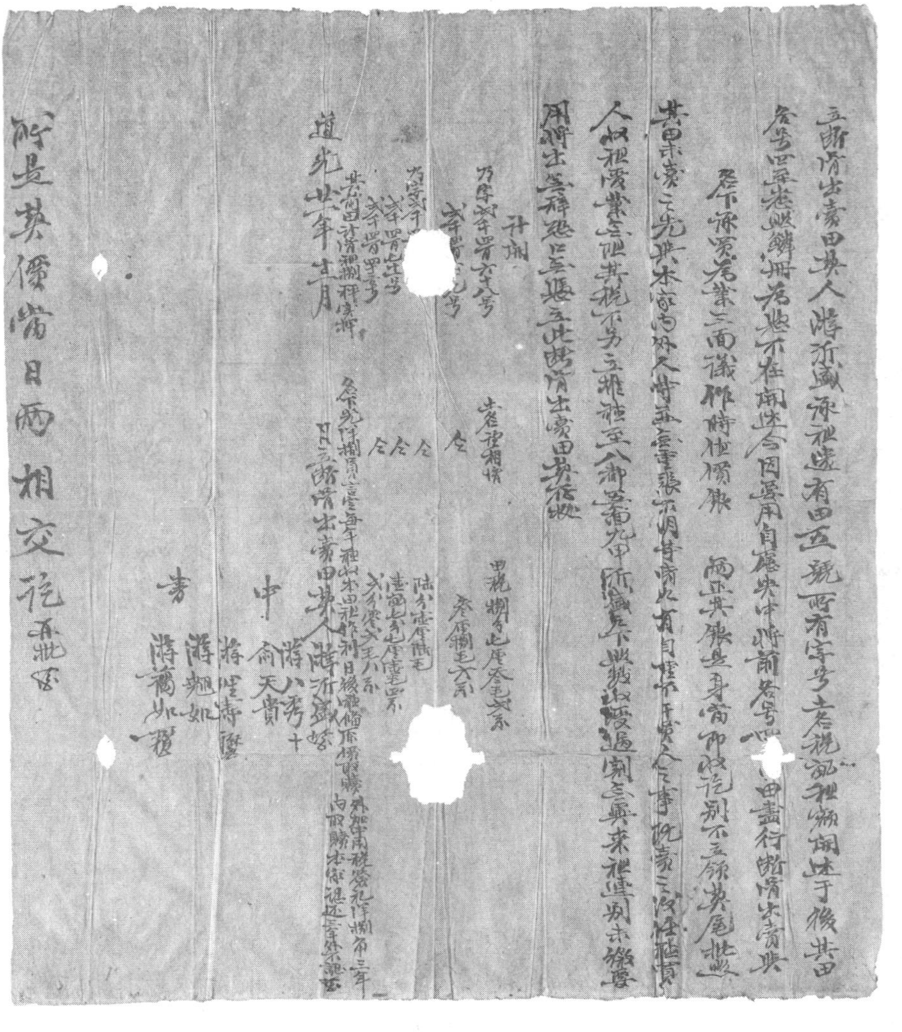
立断骨出卖田契人游沂盛，承祖遗有田五号，所有字号土名税亩租额开列于后。其田
各号四至悉照鳞册为照，不在开述。今因要用，自愿央中将前各号之田尽行断骨出卖与
名下为业，三面议定时值价银　两正，其银是身当即收讫，别不立领，契尾批照。
其田未卖之先，与本家内外人等并无重张不明等情，如有自理，不涉受人之事。此卖之后，任凭受
人收租管业无阻。其税不另立推单，至八都三图九甲游沂盛户下照数收割过户。其来祖遗契约未缴，要
用将出无辞。恐口无凭，立此断骨出卖田契存照。

计开

道光廿一年十二月　日立断骨出卖田契人游沂盛

中　游八秀　俞天贵　游隆寿

书　游鹤如

所是契价当日两相交讫　再批照

江湾镇晓村 76 · 道光二十一年 · 断骨出卖田契 · 游沂盛卖与☐

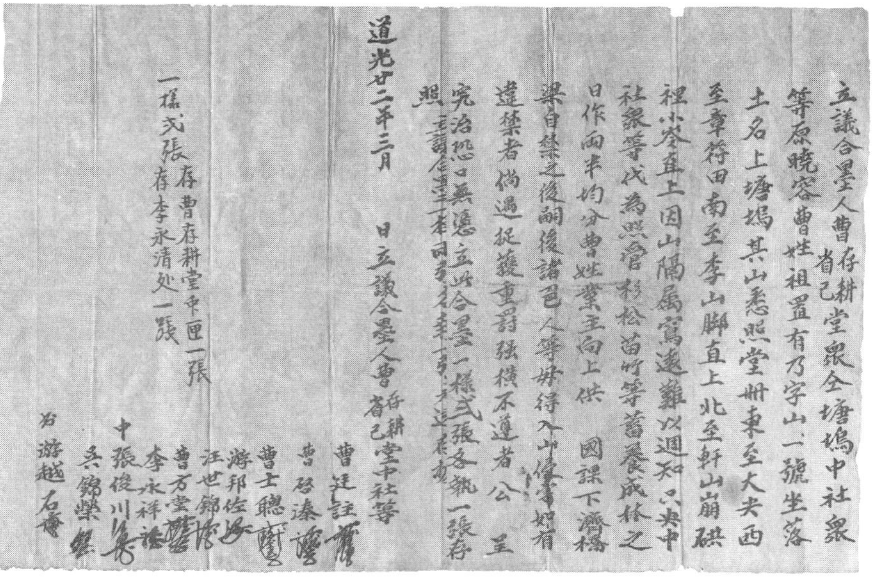
立議合墨人曹存耕堂省己衆仝塘塢中社衆
等原曉容曹姓祖置有乃字山一號坐落
土名上塘塢其山悉照堂冊東至大尖西
至章符田南至李山腳直上北至軒山崩磁
裡小塋直上因山隔屬窵遠難以週知只央中
社衆等代為照管杉松苗竹等蓄養成林之
日作兩半均分曹姓業主向上供　國課下濟橋
梁自禁之後嗣後諸色人等毋得入山係事如有
違禁者倘遇捉獲重罰强横不遵者公　呈
究治恐口無憑立此合墨一樣式張各執一張存
照
道光廿二年三月　日立議合墨人曹存耕堂省己中社等
曹廷註
曹啓溱
曹士聰
游邦佐
汪世鄉
曹方堂
李永祥
中　張俊川
吳錦榮
一樣式張存曹存耕堂中匣一張
存李永清處一張
書　游越石

江湾镇晓村 7 · 道光二十二年 · 议合墨 · 曹存耕、曹省己同塘坞中社众等与曹姓

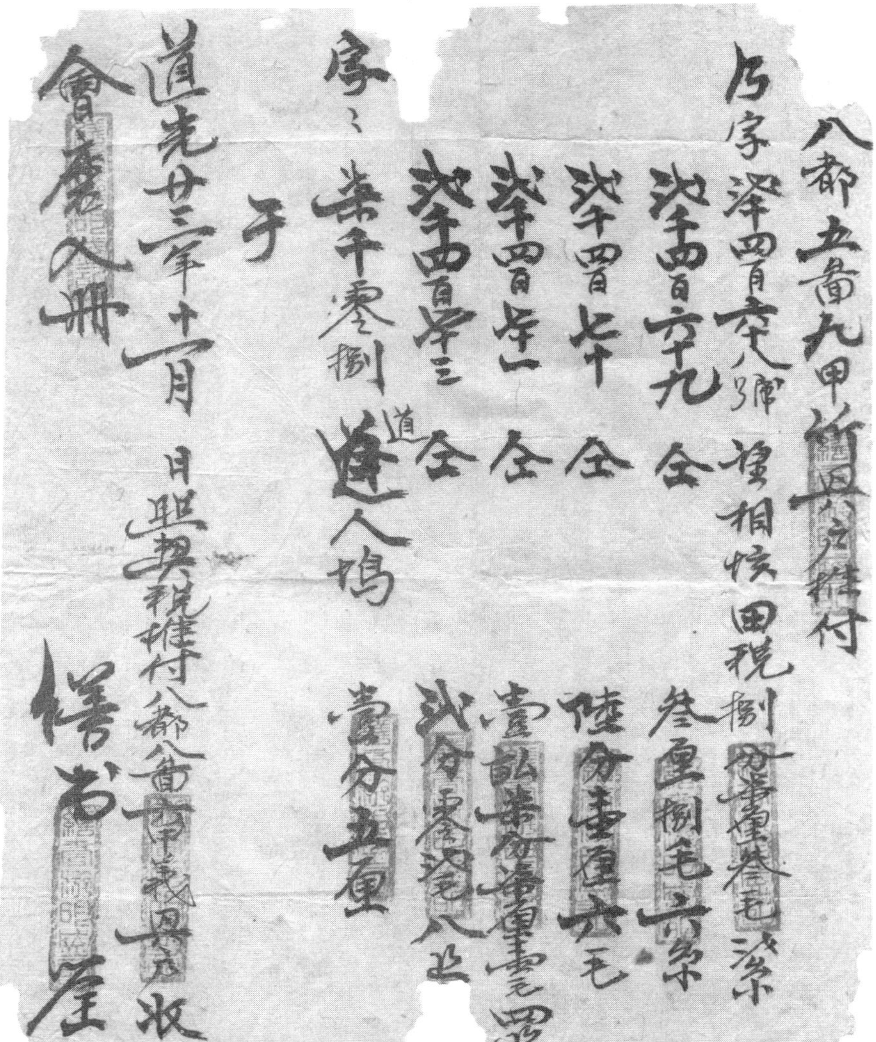
八都五啚九甲竹兴户推付
丙字泽四百六十八号 土名相悠 田税捌分壹厘叁毛弍系
泽四百六十九 仝 叁厘捌毛六系
泽四百七十 仝 陆分壹厘六毛
泽四百七十一 仝 壹亩柒分叁厘壹毛四
泽四百七十三 仝 弍分零弍毛八系
柒千零捌 道 遗人坞 壹分五厘
字字 于
道光廿三年十一月 日照契税推付八都八啚十甲义兴户收
会签入册 缮书 屋

江湾镇晓村 38 · 道光二十三年 · 推单 · 竹兴户推付义兴户

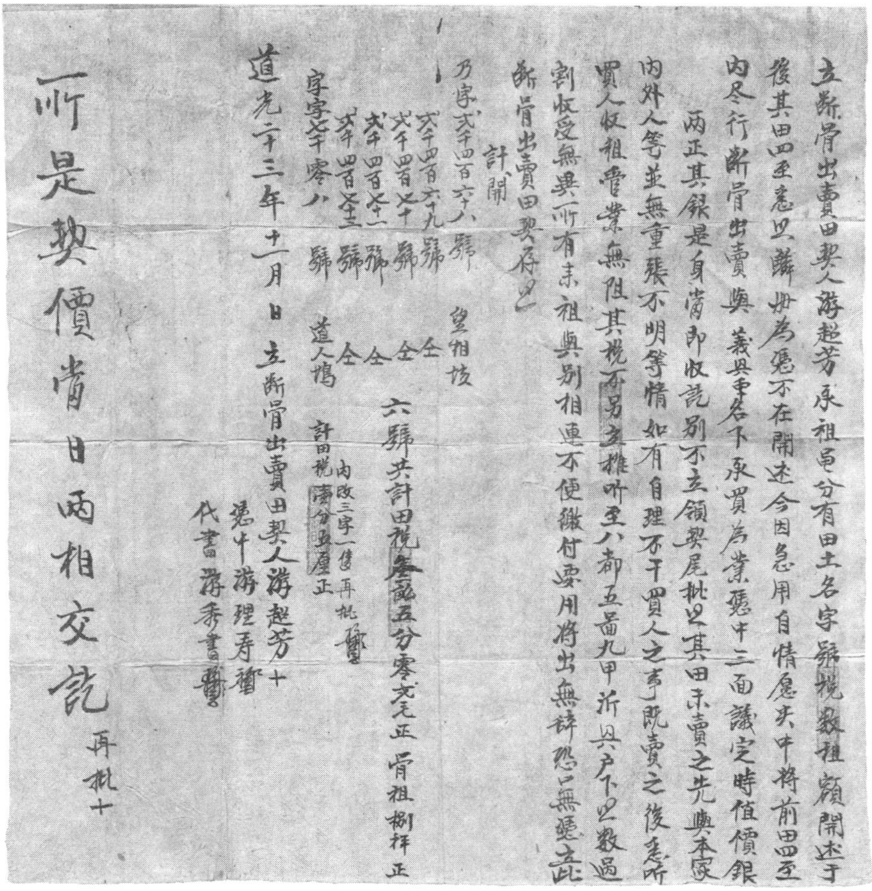
立斷骨出賣田契人游超芳承祖已分有田土名字號税数租額開述于
後其田四至悉照鱗册爲憑不在開述今因急用自情愿央中將前田四至
內尽行斷骨出賣與 義興眾名下承買爲業憑中三面議定時值價銀
兩正其銀是身當即收訖别不立領契尾批照其田未賣之先與本家
內外人等並無重張不明等情如有自理不干買人之事既賣之後悉聽
買人收租管業無阻其税不另立推聽至八都五啚九甲祈興戶下照数過
割收受無異所有来祖與别相連不便繳付要用將出無辭恐口無憑立
斷骨出賣田契存照
計開
乃字弌千四百六十八號 皇相坑
弌千四百六十九號 仝
弌千四百七十號 仝
弌千四百七十一號 仝
弌千四百七十三號 仝
字字弌千零八號 道人塢 計田税叁分五厘正
六號共計田税叁畝五分零弌毛正 骨租捌秤正
內改三字一併再批
道光二十三年十一月 日 立斷骨出賣田契人游超芳十
憑中游理寿
代書游秀書
所是契價當日兩相交訖 再批十

江湾镇晓村 71 · 道光二十三年 · 断骨出卖田契 · 游超芳卖与义兴众

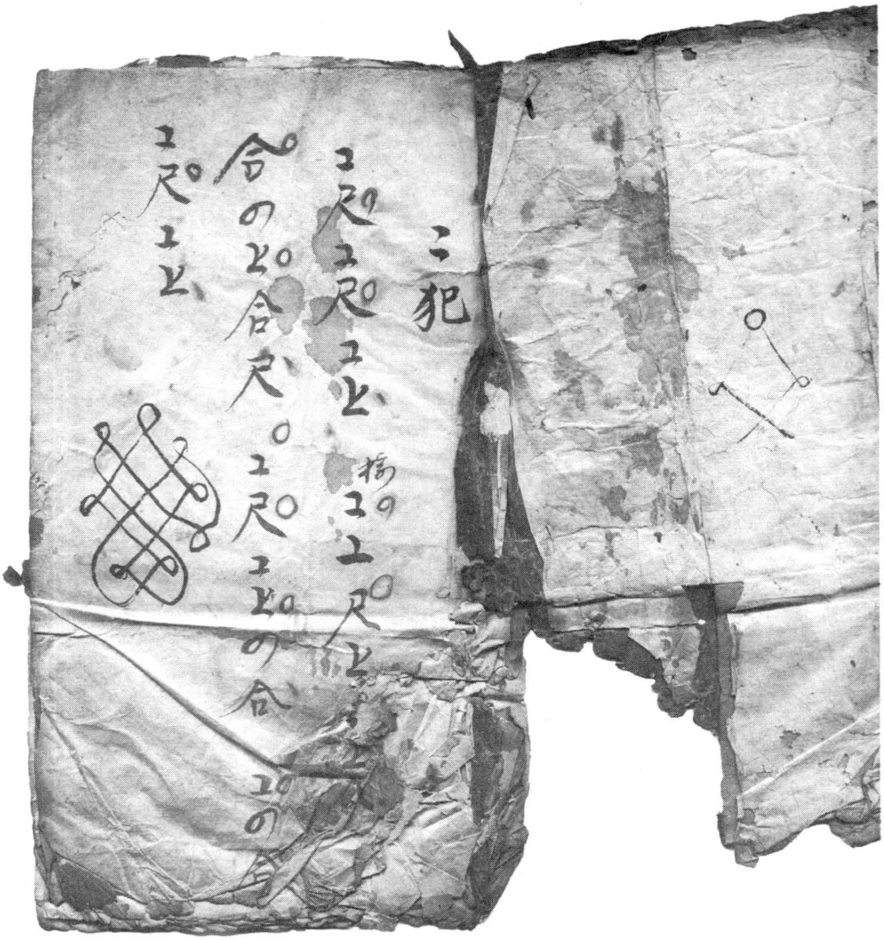

江湾镇晓村 3-1 · 道光二十七年 · 流水账

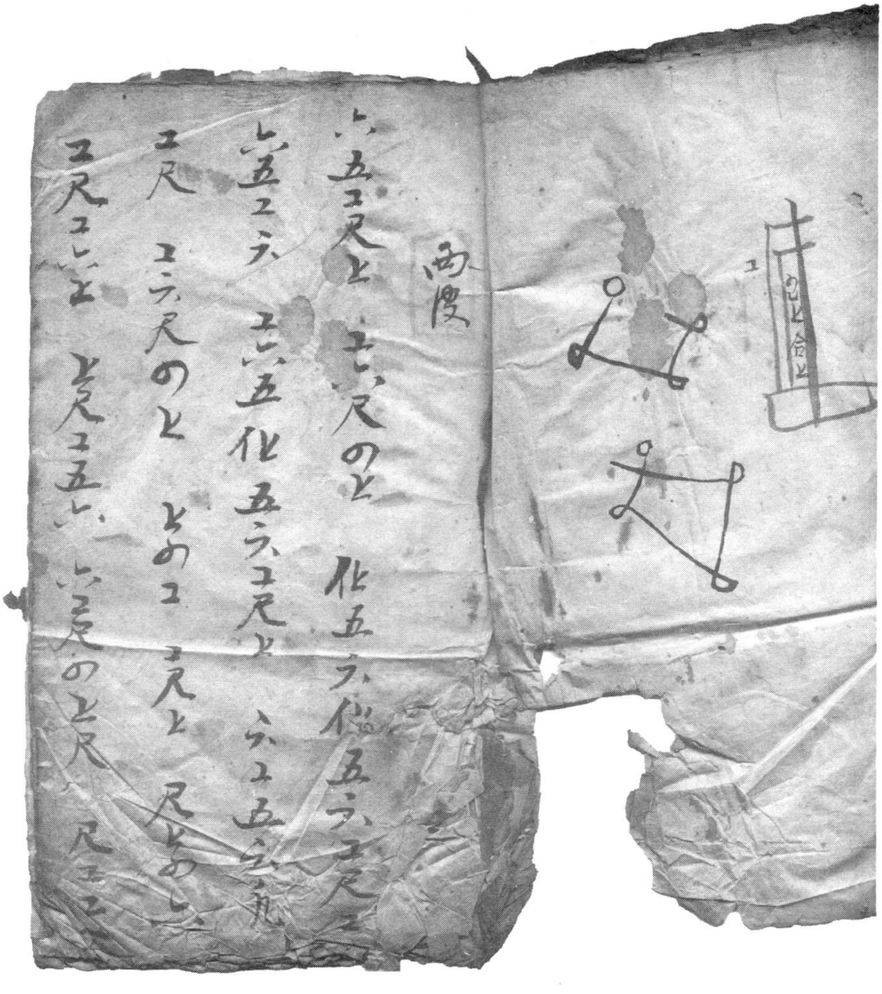

江湾镇晓村 3-2 · 道光二十七年 · 流水账

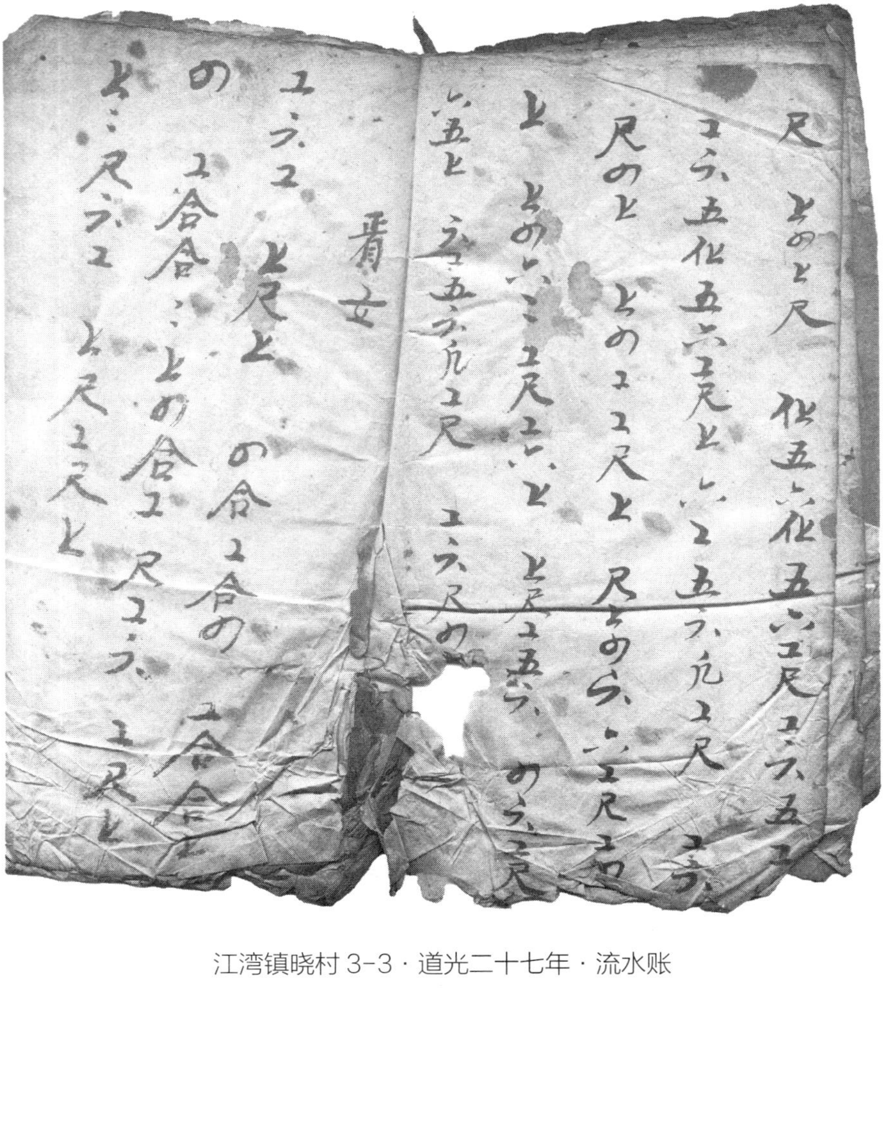

江湾镇晓村 3-3 · 道光二十七年 · 流水账

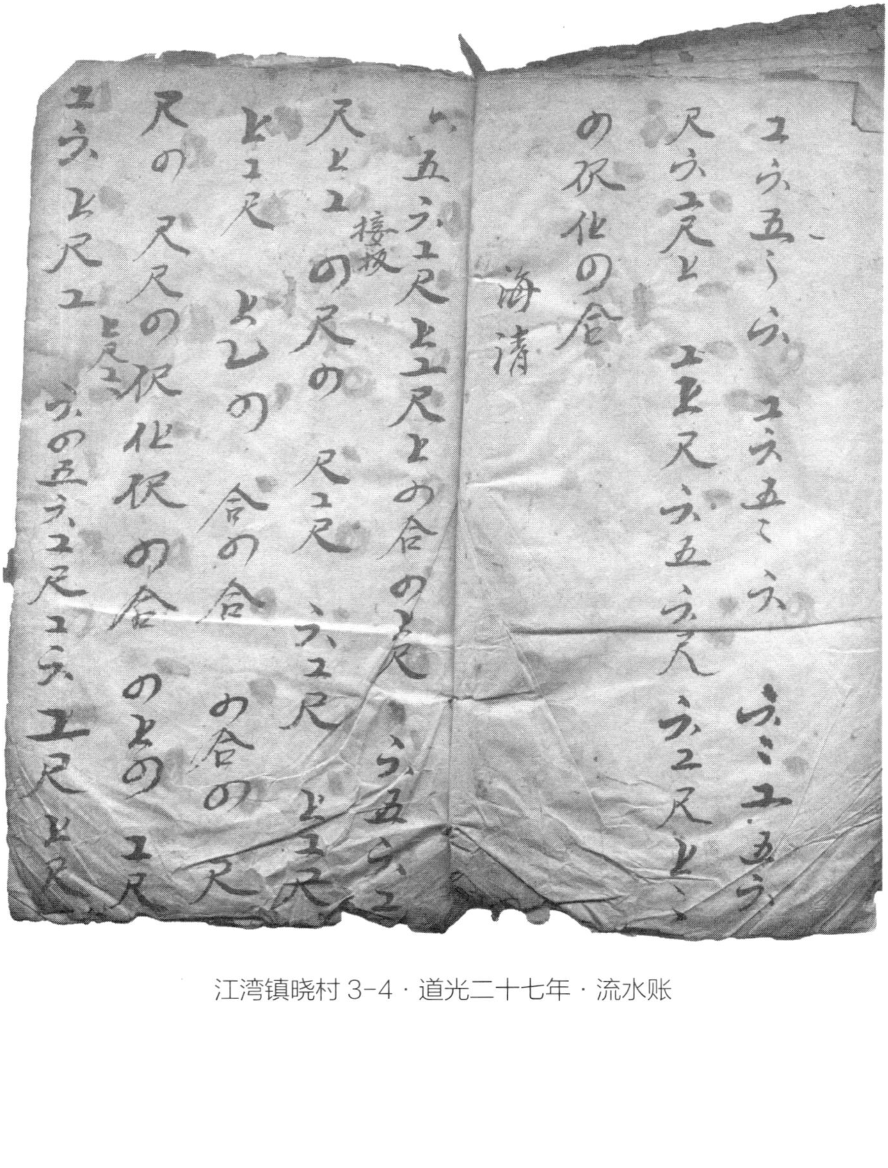

江湾镇晓村 3-4 · 道光二十七年 · 流水账

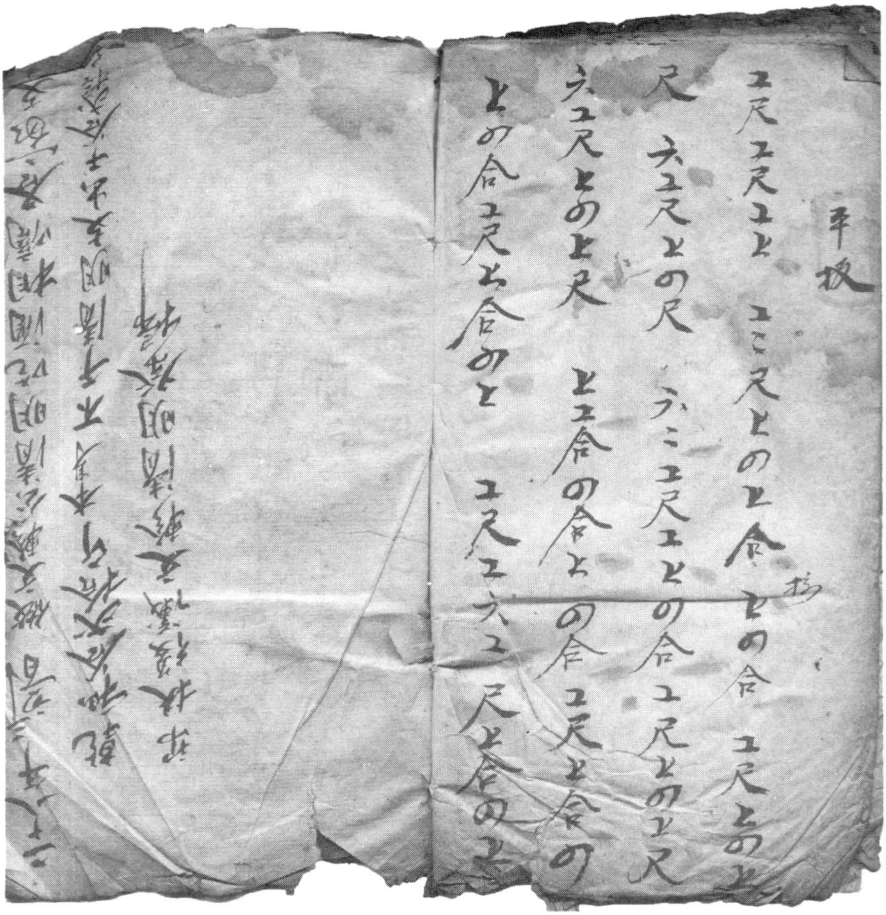

江湾镇晓村 3-5 · 道光二十七年 · 流水账

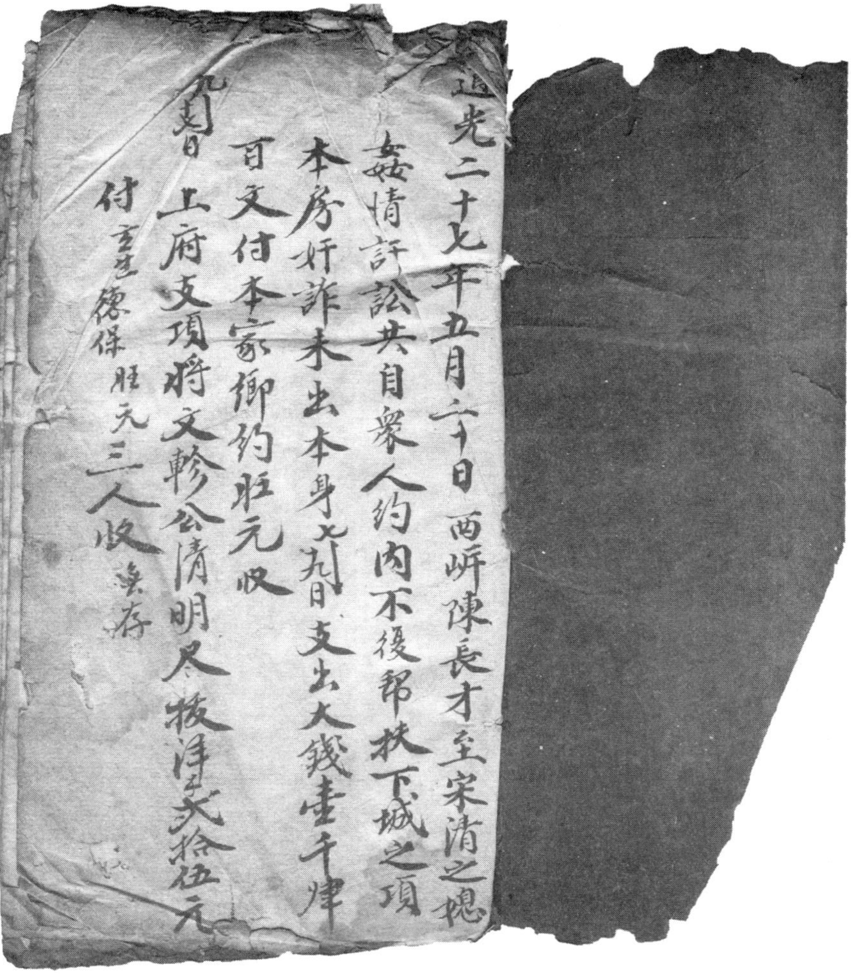
道光二十七年五月二十日西峤陳長才至宋清之槐
姦情許訟共自衆人约内不復帮扶下城之項
本房奸詐未出本身九月九日支出大錢壹千肆
百文付本家卿约莊元收
九月廿日上府支項將文軫公清明尺拔洋乙大拾伍元
付重慶德保莊元三人收兹存

江湾镇晓村 3-6 · 道光二十七年 · 流水账

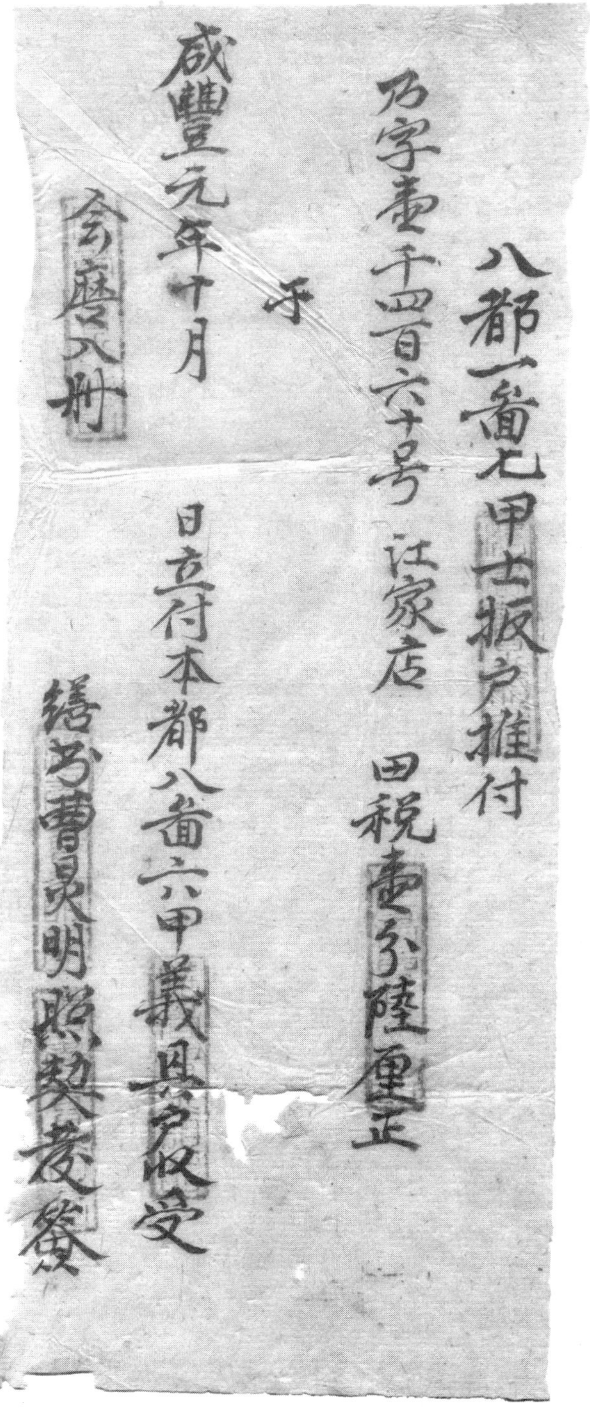

江湾镇晓村 31 · 咸丰元年 · 推单 · 士振户推入义兴户

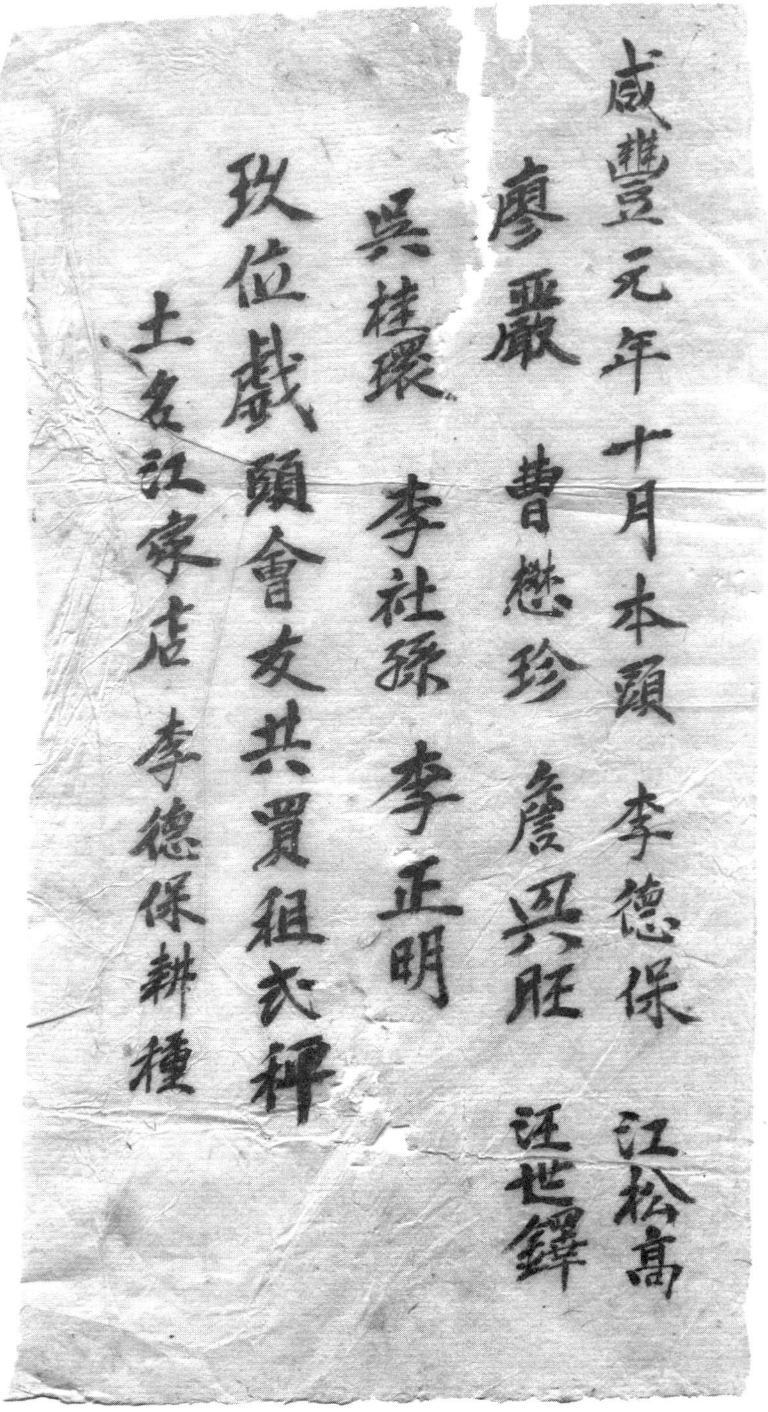
咸豐元年十月本頭 李德保 江松高
廖嚴 曹懋珍 詹興旺 汪世鐸
吳桂環 李社孫 李正明
玖位戲頭會友共買租弍秤
土名江家店 李德保耕種

江湾镇晓村 34 · 咸丰元年 · 会产单 · 本显等会友

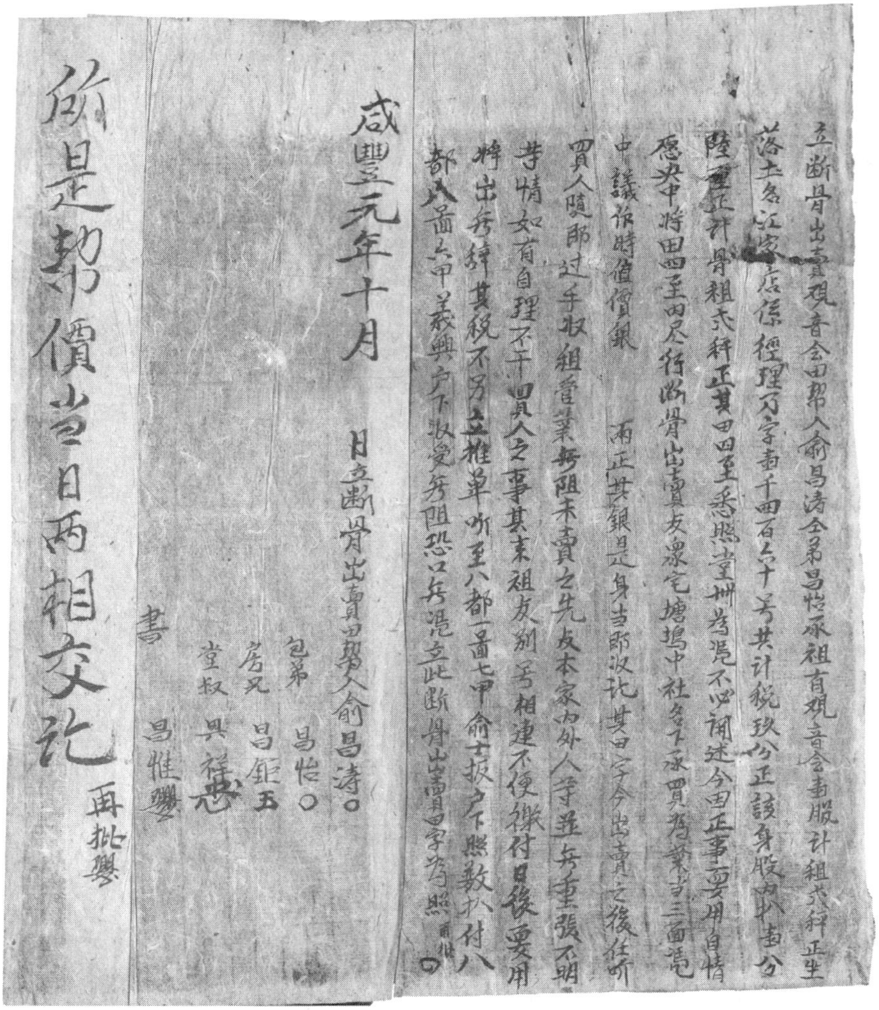
立断骨出賣观音会田契人俞昌涛仝弟昌怡承祖有观音会壹股计租式秤正坐
落土名江家店係經理万字壹千四百八十号共計税玖分正該身股内扒壹分
陸厘正計骨租式秤正其田四至悉照堂册為凭不必细述今因正事要用自情
愿央中將田四至田尽行断骨出賣与衆宅塘坞中社名下承買為業当三面凭
中議作時值價銀　两正其銀是身当即收讫其田字今出賣之後任听
買人随即过手收租管業無阻未賣之先与本家内外人等並無重張不明
等情如有自理不干買人之事其来祖契别号相連不便缴付日後要用
將出無辞其税不另立推单听至八都一图七甲俞士扳户下照数扒付八
都八图六甲義興户下收受無阻恐口無凭立此断骨出賣田字為照　再批〇

咸豐元年十月　日立断骨出賣田契人俞昌涛〇
胞弟　昌怡〇
房兄　昌鉦五
堂叔　具祥
書　昌椎

所是契價当日两相交讫　再批

江湾镇晓村 85 · 咸丰元年 · 断骨出卖观音会田契 ·
俞昌涛同弟昌怡卖与众宅塘坞中社

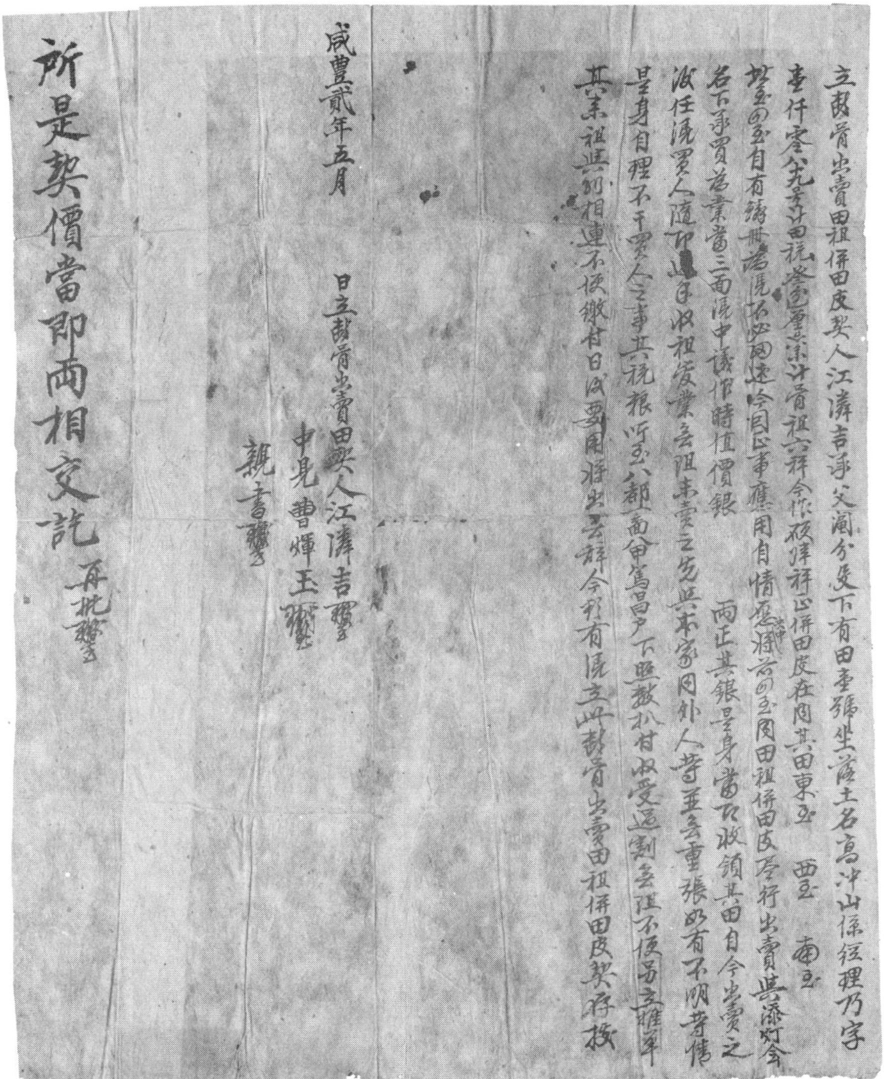

立断骨出賣田祖併田皮契人江漭吉，承父阄分受下有田壹號，坐落土名高冲山，係經理乃字
壹仟零八十九號，計田稅叁分壹厘正，計骨祖六秤，今作硬牌秤正，併田皮在內。其田東至　西至　南至
北至　四至自有鱗冊為憑，不必開述。今因正事應用，自情愿將前四至內田祖併田皮尽行出賣與添灯會
名下承買為業，當三面憑中議作時值價銀　兩正。其銀是身當即收領。其田自今出賣之
後，任憑買人隨即收祖發業無阻。未賣之先與本家內外人等並無重張。如有不明等情，
是身自理，不干買人之事。其稅粮听至八都一圖甲篤昌戶下照數扒付收受，過割無阻，不便另立推單。
其來祖與別相連，不便繳付，日後要用，將出無辭。今欲有憑，立此斷骨出賣田祖併田皮契存據。

咸豐貳年五月　日立斷骨出賣田契人江漭吉（押）
中見曹燁玉（押）
親書（押）

所是契價當即兩相交訖。再批（押）

江湾镇晓村 90 · 咸丰二年 · 断骨出卖田契 · 江漭吉卖与添灯会

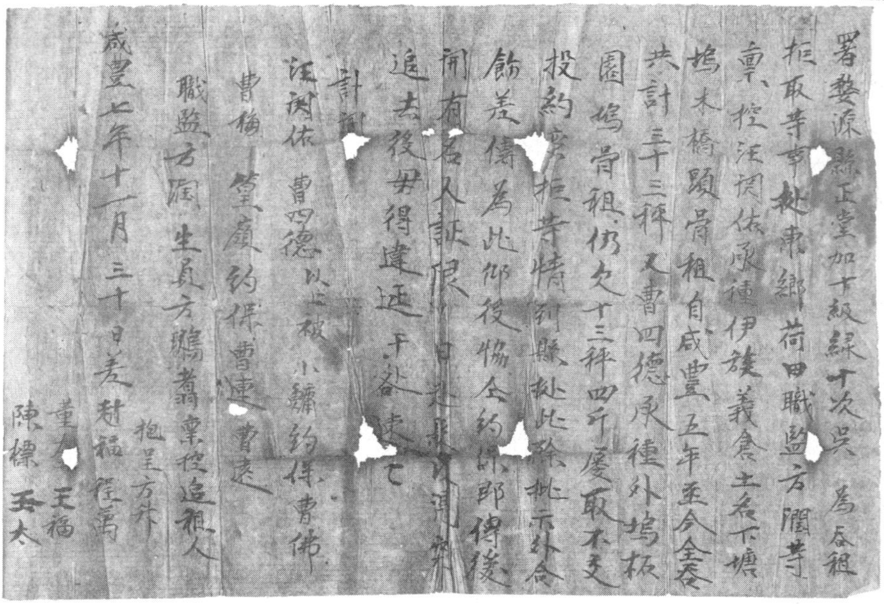

署婺源縣正堂加十級紀十次吳 為吞祖
拒取事。東鄉荷田職監方潤等
稟：控汪闵依、承德、伊族義倉士名下塘
塢木橋頭骨租，自咸豐五年至今，全吞
共計三十三秤。又曹四德承種外塢板
園塢骨租，仍欠十三秤四斤，屢取不交
投約[illegible]拒等情到縣。據此，除批示外，合
飭差。備為此仰役協仝約保，即傳後
開有名人證，限[illegible]
追去，役毋得違延干咎。速速

計開
汪闵依 曹四德 以上被 小鏞 約保 曹佛
曹梅 篁廣 約保 曹連 曹遠
職監方潤 生員方鵬翥 章程 追租人 抱呈方升

咸豐七年十一月三十日差 尉福 程萬
董太 王福
陳標 岳太

江湾镇晓村 10 · 咸丰七年 · 县正堂批文

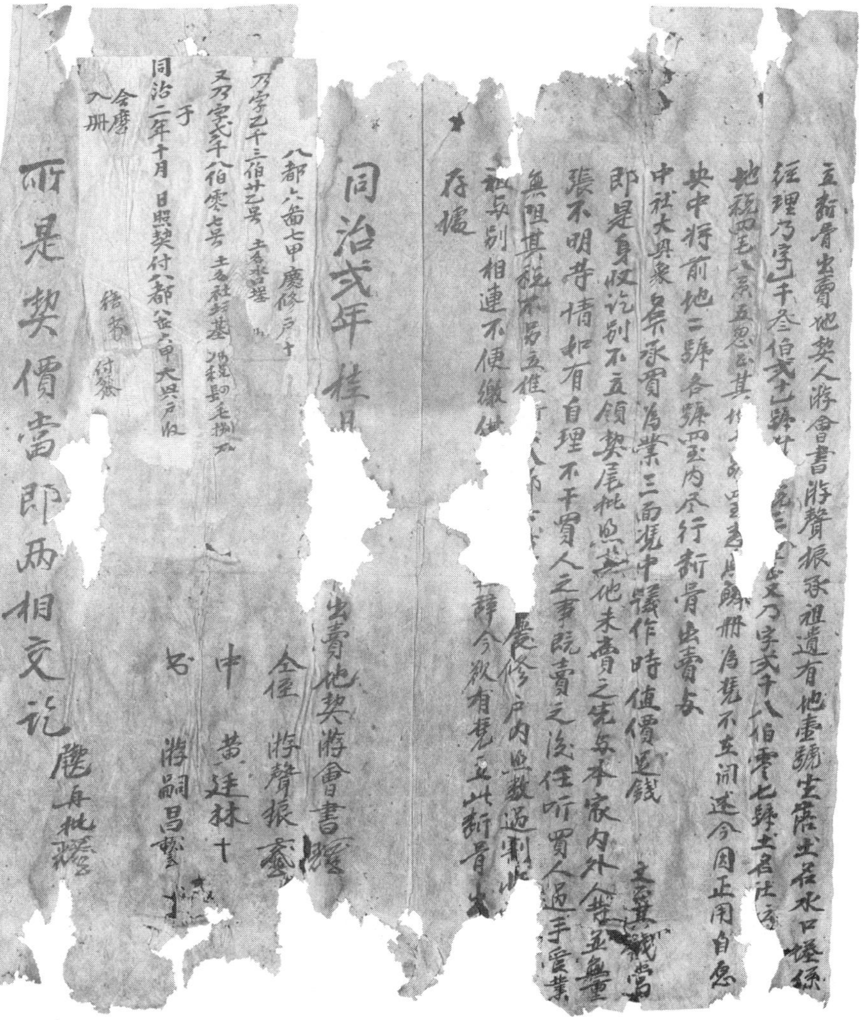

立断骨出卖地契人游会书、游声振，承祖遗有地壹号，坐落土名水口堘係
经理乃字□千叁伯弍十□号 [illegible] 又乃字弍千八伯零七号，土名社[illegible]
地税四毛八系五忽，其[illegible]册为凭，不在开述。今因正用，自急
央中将前地二号各号四至内尽行断骨出卖与
中社大兴众名下承买为业，三面凭中议作时值价足钱 文其钱当
即是身收讫，别不立领。契后批照。其他未卖之先，与本家内外人等並無重
张不明等情，如有，自理，不干买人之事。既卖之后，任听买人過手管業
無阻。其税不另立推[illegible]慶修户内照数過割此
税與別相連，不便缴付[illegible]辞。今欲有凭，立此断骨出
存據

同治弍年 桂月 日 立出卖地契 游会书（押）
仝侄 游声振（押）
中 黄廷林 十
书 游嗣昌（押）

所是契價當即兩相交讫 慶丹批（押）

八都六图七甲慶修户十
乃字乙千三伯廿乙号 土名[illegible]
又乃字弍千八伯零七号 土名社[illegible] 地税[illegible]
于
同治二年十月 日照契付八都六图六甲大兴户收
经手 付签
会慶入册

江湾镇晓村 77 · 同治二年 · 断骨出卖地契 · 游会书、游声振卖与中社大兴众

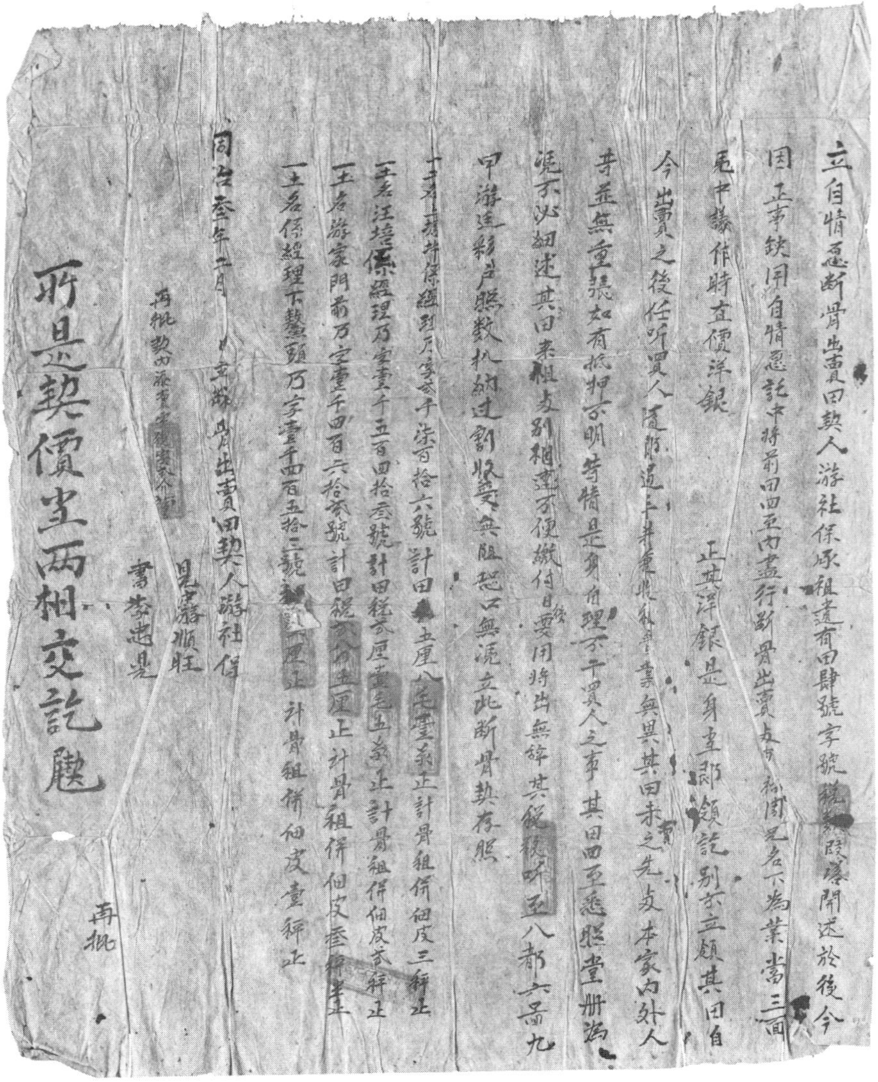

立自情愿断骨出賣田契人游社保，承祖遗有田肆號，字號税畝[illegible]開述於後。今

因正事缺用，自情愿託中將前田四至內盡行斷骨出賣與裕周兄名下為業。當三面

憑中議作時值價洋銀　正。其洋銀是身当即領訖，別不立領。其田自

今出賣之後，任听買人随即過手耕種收租管業無異。其田未賣之先，與本家內外人

等並無重張加有抵押不明等情，是身自理，不干買人之事。其田四至悉照堂冊為

準，不必細述。其田來租[illegible]別相連，不便繳付，日後要用將出無辞。其税听至八都六啚九

甲游進彩户照數扒納過割收受無阻。恐口無憑，立此斷骨契存照。

一土名[illegible]保經理万字壹千柒百拾六號，計田[illegible]五厘八毛壹系正，計骨租併佃皮三秤正

一土名汪培保經理万字壹千五百四拾叁號，計田税貳厘[illegible]毛五系正，計骨租併佃皮貳秤正

一土名游家門前万字壹千四百六拾貳號，計田税[illegible]分五厘正，計骨租併佃皮叁秤半正

一土名保經理下鑿頭万字壹千四百五拾三號[illegible]厘正，計骨租併佃皮壹秤正

同治叁年二月　日　立斷骨出賣田契人游社保

再批：[illegible]

見中　游順旺

書　李忠湜

所是契價當兩相交訖 [押]

再批

江湾镇晓村 84 · 同治三年 · 断骨出卖田契 · 游社保卖与裕周

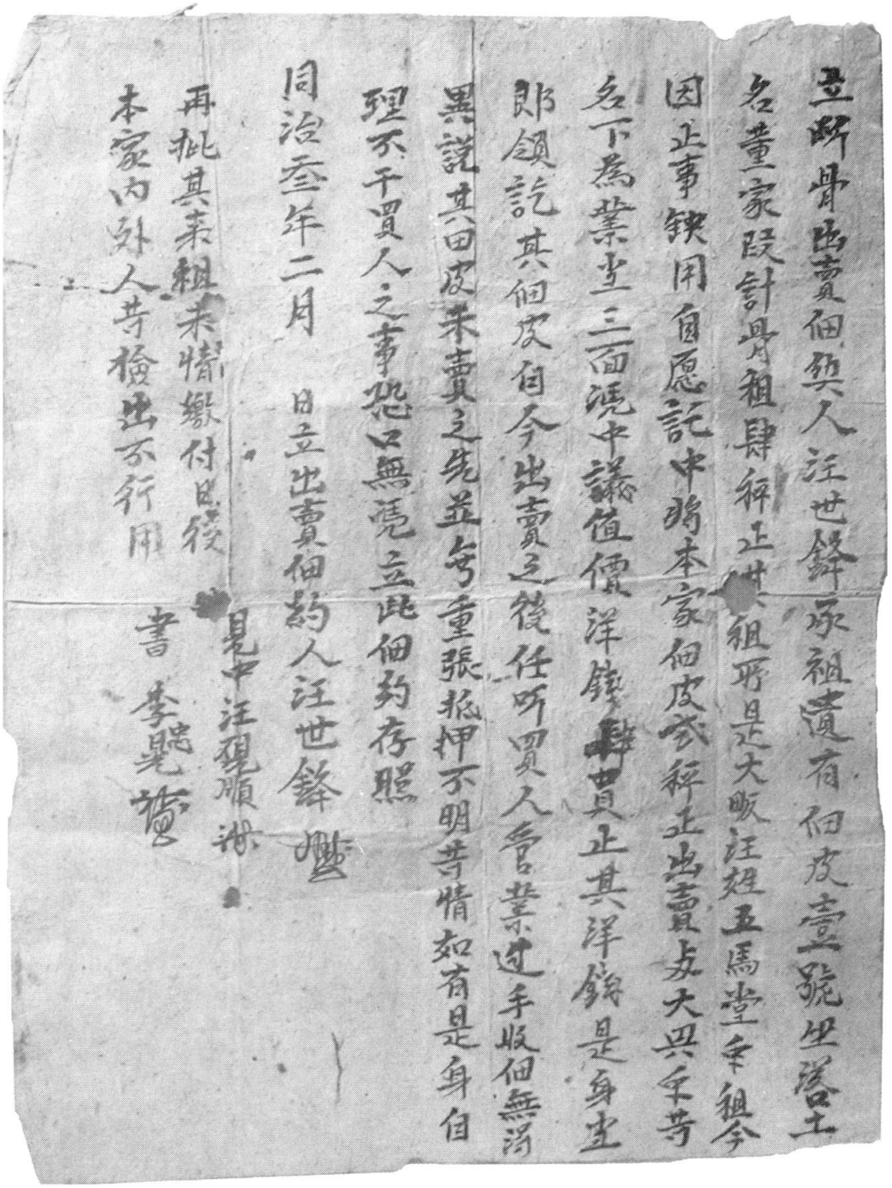
立断骨出賣佃契人汪世鋒承祖遺有佃皮壹號坐落土
名董家段計骨租肆秤正其租原是大畈汪姓五馬堂眾租今
因正事缺用自愿託中將本家佃皮貳秤正出賣與大興眾等
名下為業当三面憑中議值價洋錢肆貫正其洋錢是身当
即領訖其佃皮自今出賣之後任听買人會業過手收佃無得
異說其佃皮未賣之先並無重張抵押不明等情如有是身自
理不干買人之事恐口無憑立此佃約存照
同治叁年二月　日立出賣佃約人汪世鋒（押）
憑中汪觀順（押）
再批其來租未情繳付日後
本家內外人等檢出不行用
書　李熙光（押）

江湾镇晓村 95 · 同治三年 · 断骨出卖佃契 · 汪世锋卖与大兴众等

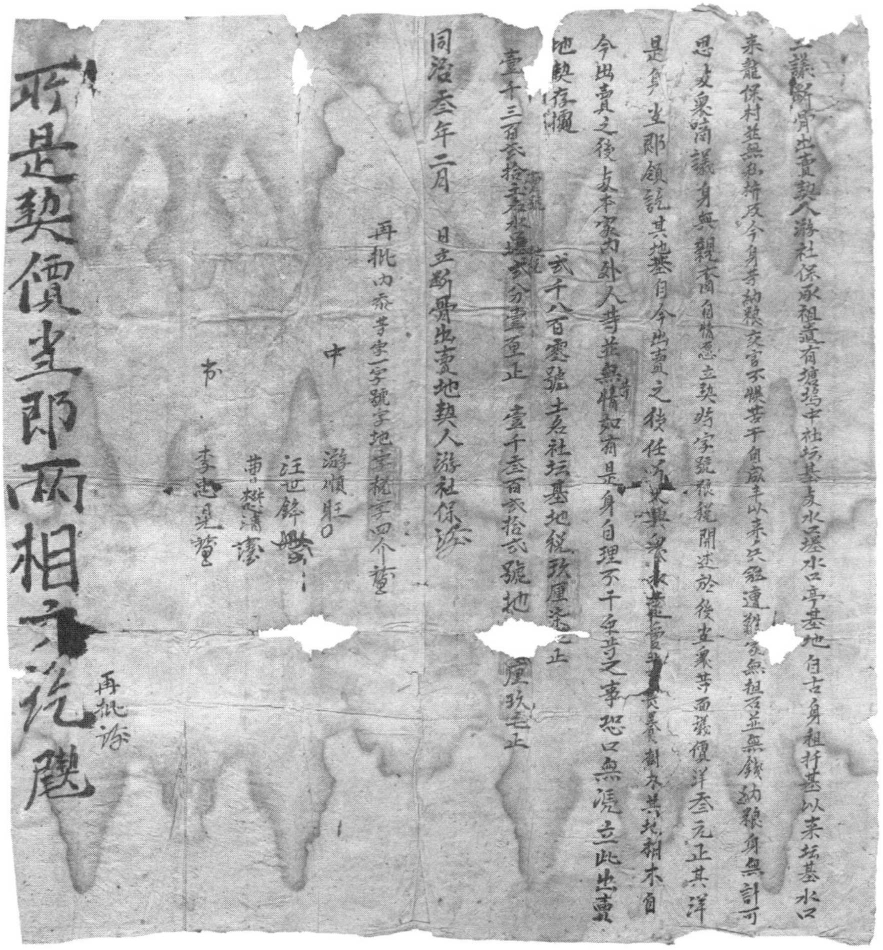

立議斷骨出賣契人游社保承祖遺有塘塢中社坛基及水口墈水口亭基地自古身祖打基以来坛基水口
来龍保村並無私捺及今身等納粮交官不堪苦干自咸丰以来兵燹連難家無租谷並無錢納粮身無計可
思只得商議身與親家商自情愿立契將字號粮稅開述於後出衆等面議價洋叁元正其洋
是身当即領訖其地基自今出賣之後任從[illegible]興[illegible]長養樹木其地樹木自
今出賣之後內外人等並無情如有是身自理不干衆等之事恐口無憑立此出賣
地契存據
貳千八百零號 土名社坛基地稅玖厘柒毛正
壹千三百叁拾[illegible]號[illegible]貳分壹厘正 壹千叁百弍拾弍號地 厘玖毛正
同治叁年二月 日立斷骨出賣地契人游社保
再批內添等字一字號字地字稅字四个
中 游順旺 汪世錦 黄樊清
書 李忠昆
所是契價当即兩相交訖
再批

江湾镇晓村 96-1 · 同治三年 · 断骨出卖地契 · 游社保卖与☑

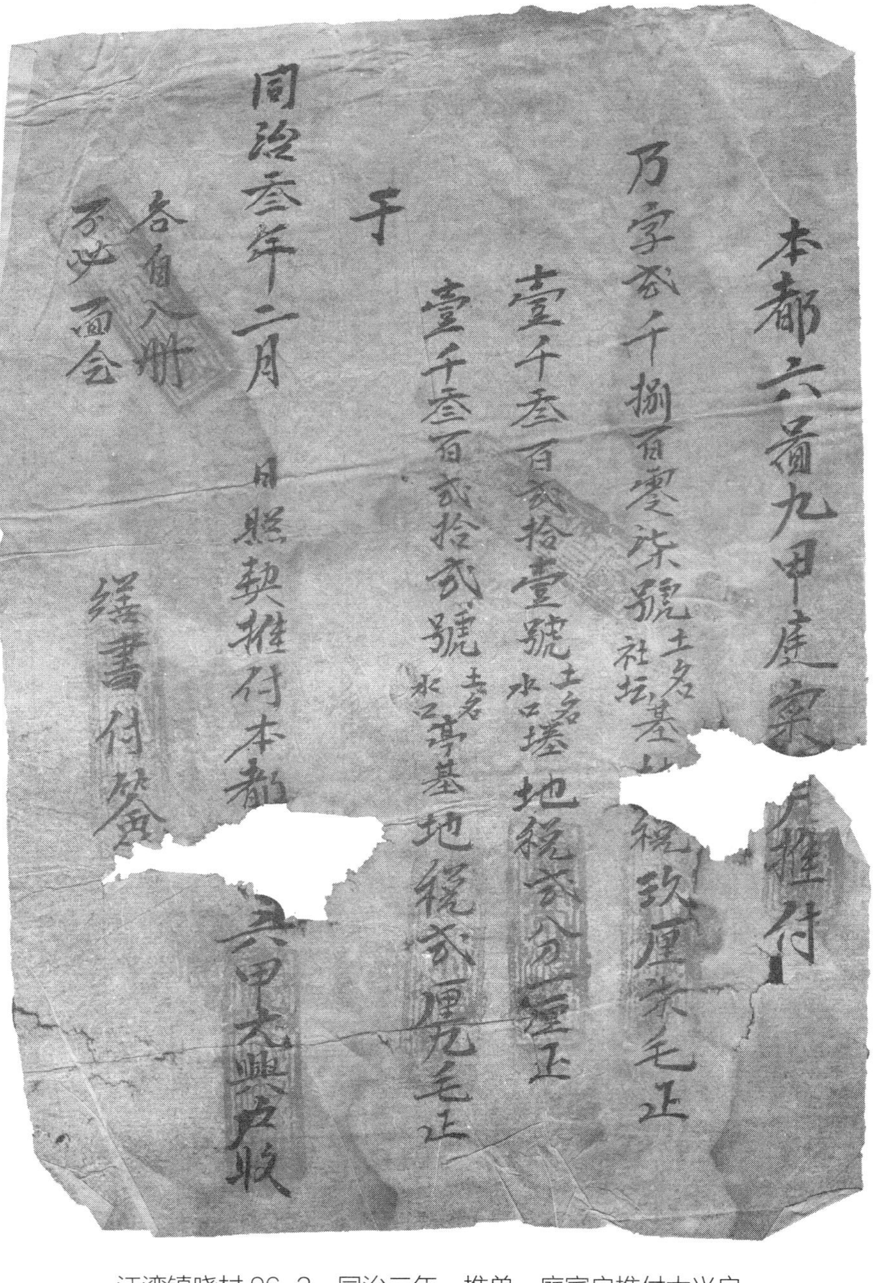

本都六啚九甲庭寀[illegible]户推付

万字叁千捌百零柒號土名社坛基[illegible]税玖厘柒毛正

壹千叁百贰拾壹號土名水口墪地税贰分壹正

壹千叁百贰拾贰號土名水口亭基地税贰厘九毛正

于

同治叁年二月　日照契推付本都[illegible]甲大興户收

各自入册

不必面会

缮書付[illegible]

江湾镇晓村 96-2 · 同治三年 · 推单 · 庭寀户推付大兴户

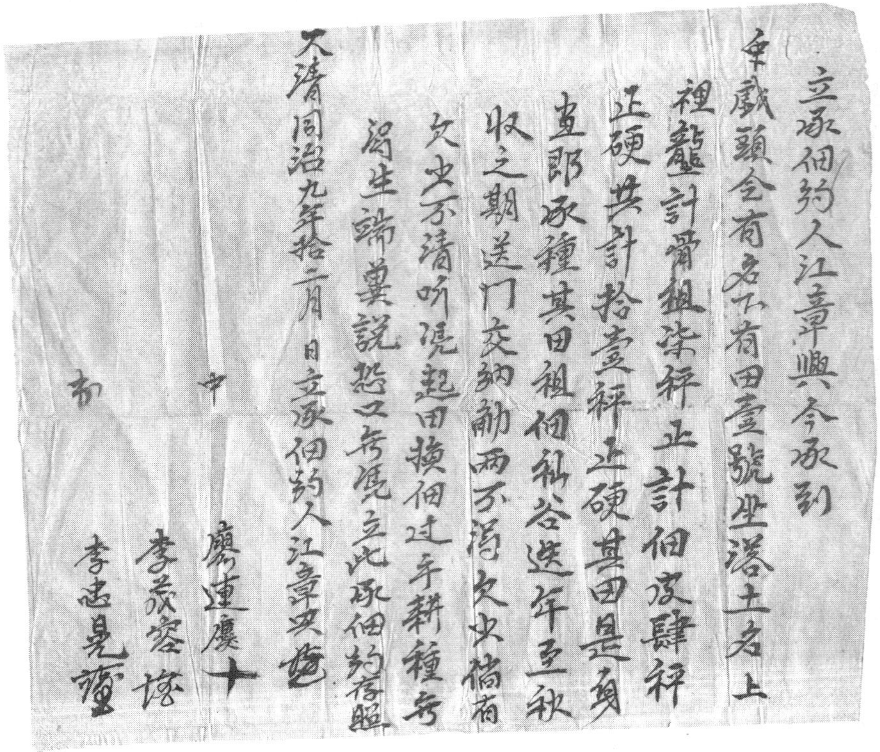
立承佃約人江章興今承到
衆戲頭會有名下有田壹號坐落土名上
裡壟計骨租柒秤正計佃皮肆秤
正硬共計拾壹秤正硬其田是身
自即承種其田租佃私谷递年至秋
收之期送门交纳前两不得欠少倘有
欠少不清听凭起田换佃过手耕種如
渴生端異説恐口無凭立此承佃約存照
大清同治九年拾二月　日立承佃約人江章興（押）
中　慶連慶（十）
李發容（押）
书　李忠星（押）

江湾镇晓村 40 · 同治九年 · 承佃约 · 江章兴承到众戏头会友

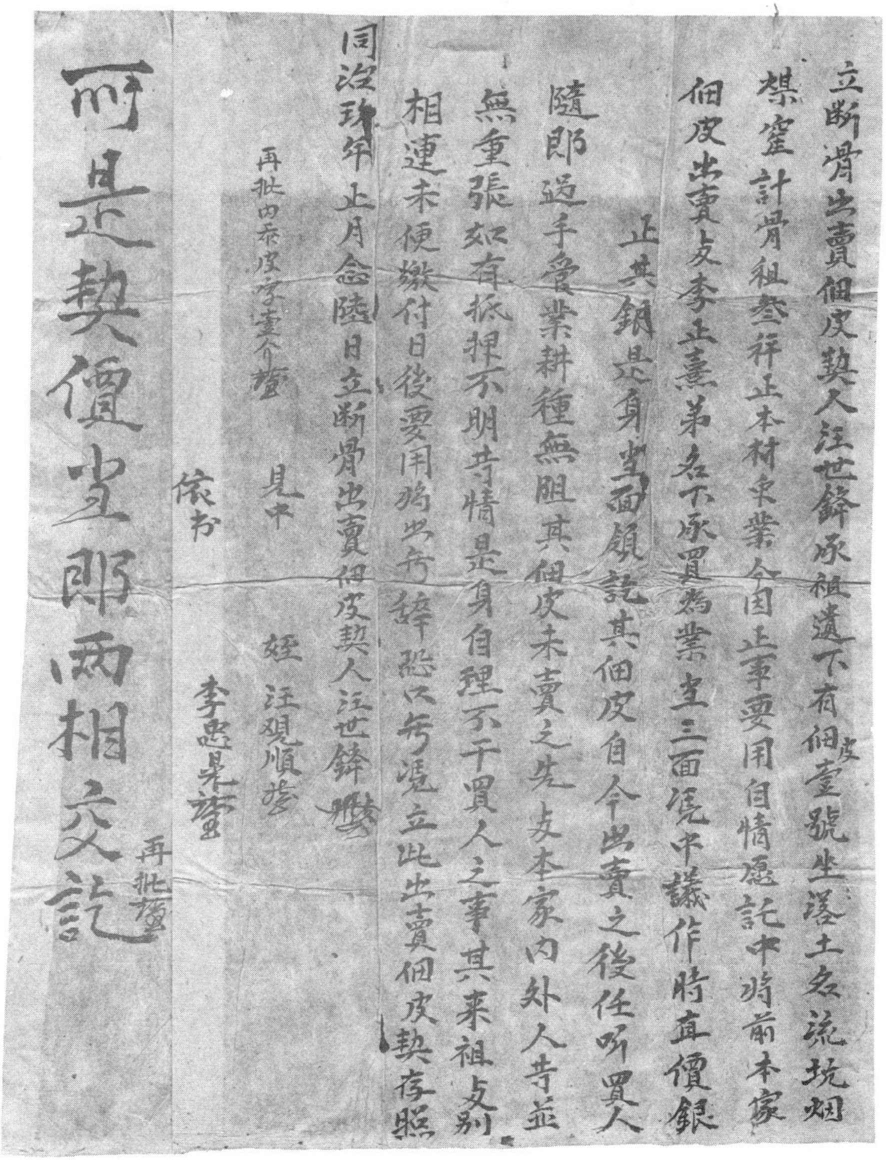

立断骨出賣佃皮契人汪世鋒承祖遺下有佃皮壹號坐落土名流坑烟
棵窟 計骨租叁秤正本村東業今因正事要用自情愿託中將前本家
佃皮出賣與李正熹弟名下承買為業 当三面憑中議作時值價銀
正其銀是身当面領訖其佃皮自今出賣之後任听買人
隨即過手管業耕種無阻其佃皮未賣之先與本家內外人等並
無重張如有抵押不明等情是身自理不干買人之事其来祖與別
相連未便繳付日後要用將出無辭恐口無憑立此出賣佃皮契存照
同治玖年正月念陸日立断骨出賣佃皮契人汪世鋒
再批四至皮字壹个
見中 姪 汪覌順
依书 李忠昊
两是契價当即两相交訖
再批

江湾镇晓村 70 · 同治九年 · 断骨出卖佃皮契 · 汪世锋卖与李正熹

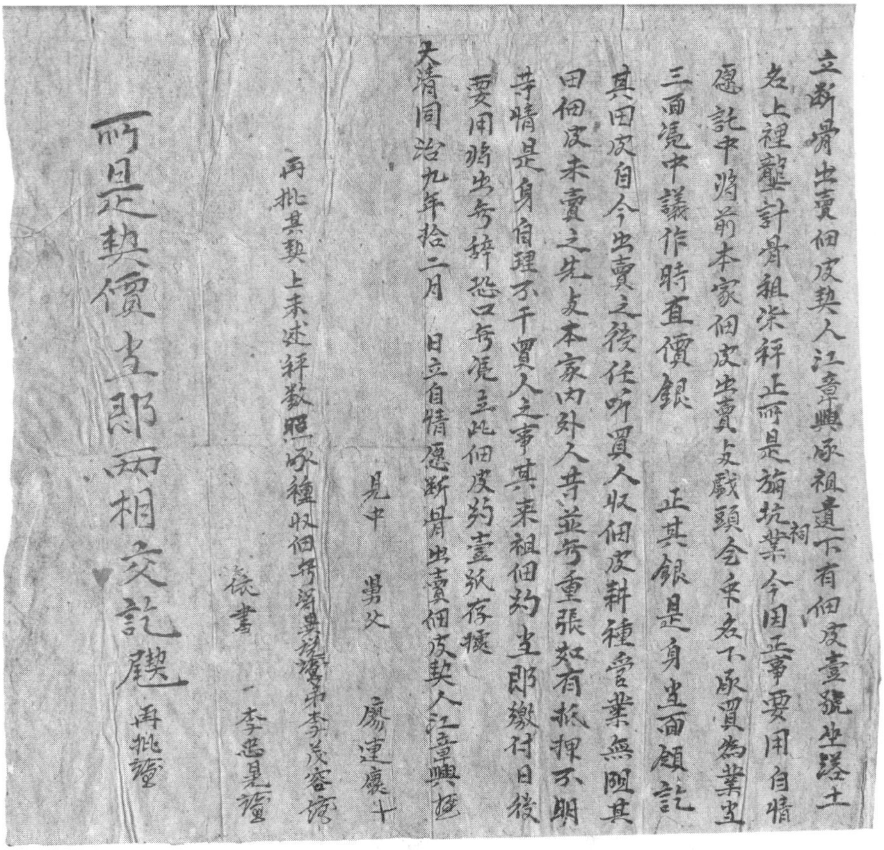

立断骨出賣佃皮契人江章興承祖遺下有佃皮壹號坐落土
名上裡壟尌骨祖衆秤上所是旃坑業祠今因正事要用自情
愿託中將前本家佃皮出賣与戲頭会衆名下承買為業当
三面憑中議作時直價銀　正其銀是身当面領訖
其田皮自今出賣之後任听買人收佃皮耕種管業無阻其
田佃皮未賣之先与本家内外人等並無重張如有抵押不明
等情是身自理不干買人之事其来祖佃均当即繳付日後
要用將出無辞恐口無憑立此佃皮契壹紙存據
大清同治九年拾二月　日立自情愿断骨出賣佃皮契人江章興押
見中　舅父　廖連褱十
再批其契上来述秤數照承種收佃[illegible]弟李茂容押
依書　李恩昱押
所是契價当即兩相交訖押
再批押

江湾镇晓村 79 · 同治九年 · 断骨出卖佃皮契 · 江章兴卖与戏头会众

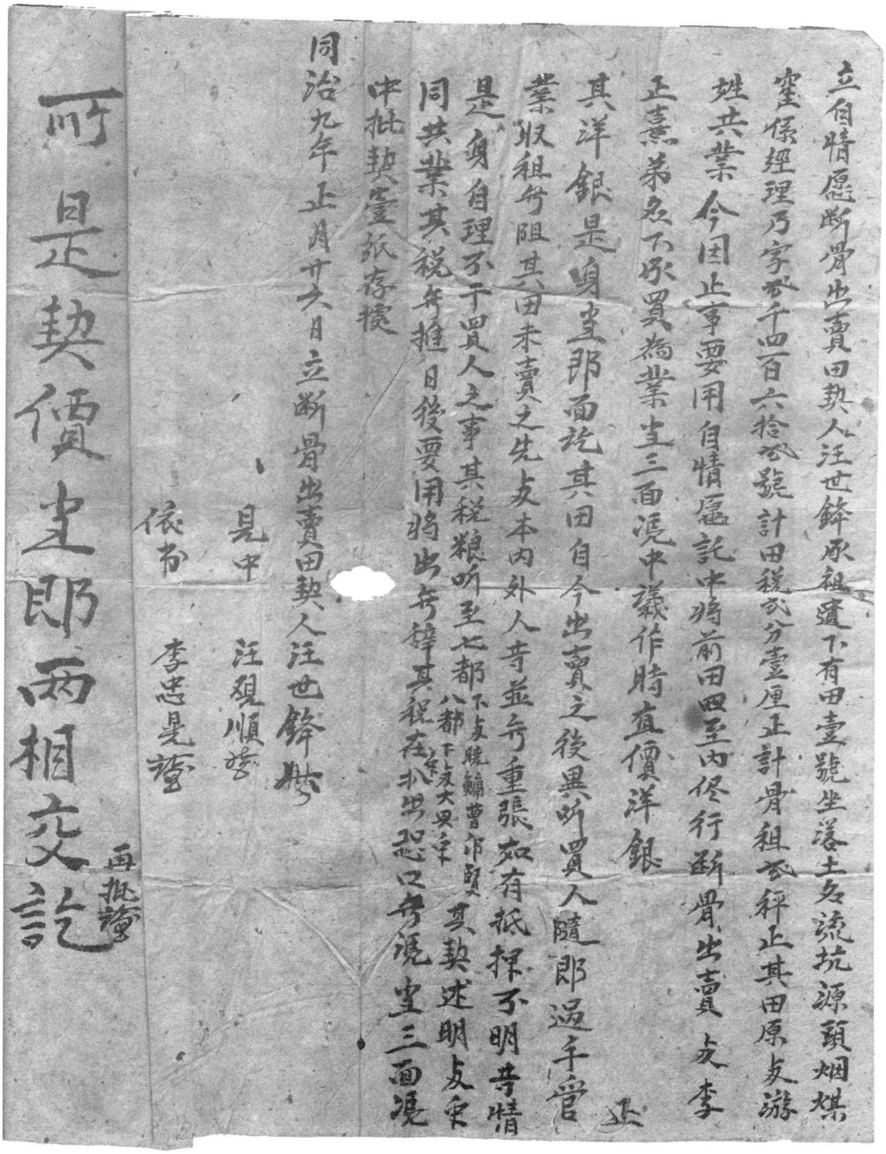

立自情愿断骨出賣田契人汪世鋒承祖遺下有田壹號坐落土名流坑源頭烟䕨
塆係經理乃字貳千四百六拾貳號計田稅貳分壹厘正計骨租貳秤正其田原與游
姓共業今因正事要用自情愿託中將前田四至內俱行斷骨出賣與李
正熹弟名下承買爲業当三面憑中議作時值價洋銀
其洋銀是身当郎面訖其田自今出賣之後異聽買人隨郎過手管
業收租無阻其田未賣之先與本內外人等並無重張如有抵挶不明等情
是身自理不干買人之事其稅粮聽至七都下與隴鰤曹作頭買入契述明與賣
同共業其稅無推日後要用將出無辞其稅在八都下與大吳宗扒出恐口無憑当三面憑
中批契壹紙存據

同治九年正月廿六日立斷骨出賣田契人汪世鋒（押）

見中　汪覌順（押）

依书　李忠是（押）

所是契價当郎兩相交訖

再批（押）

江湾镇晓村 91 · 同治九年 · 断骨出卖田契 · 汪世锋卖与李正熹

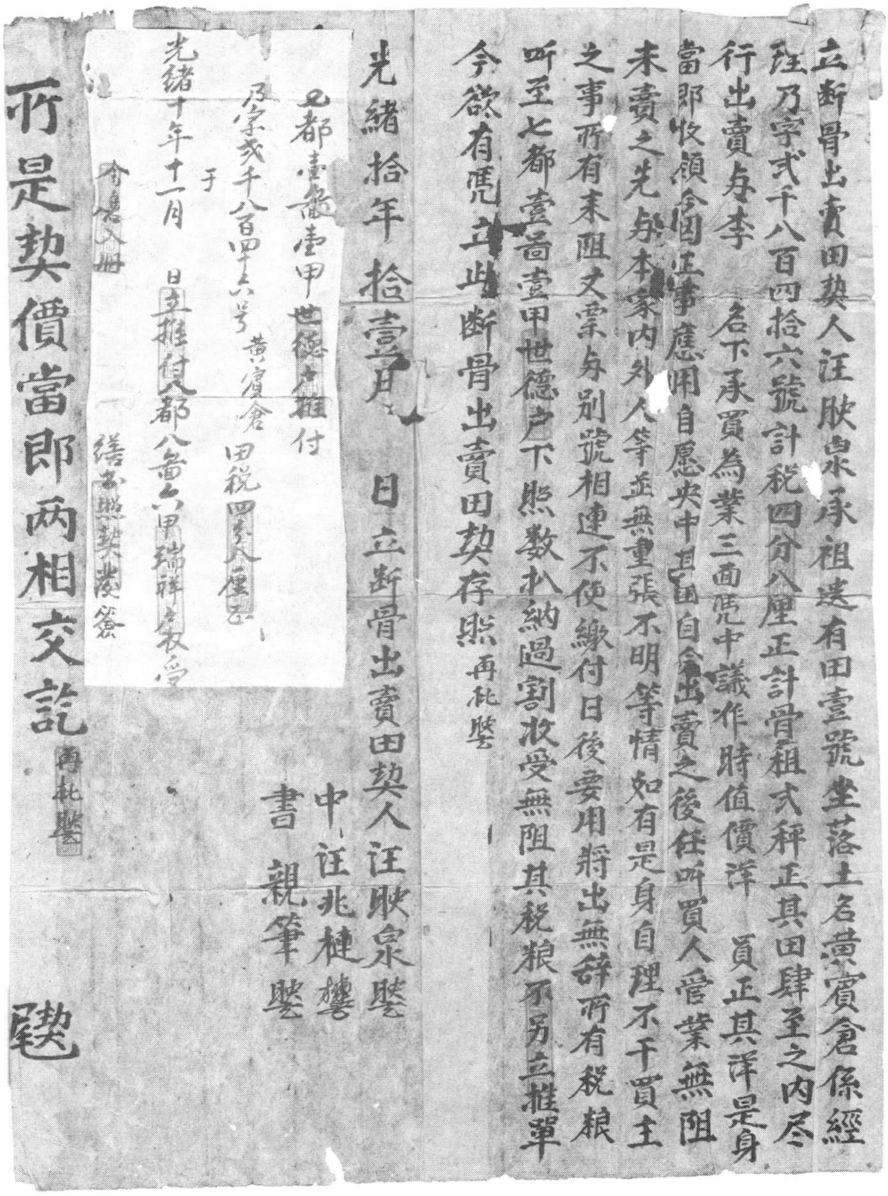
立断骨出賣田契人汪映泉承祖遗有田壹號坐落土名黄賓倉係經理乃字弍千八百四拾六號計税四分八厘正計骨租弍秤正其田肆至之内尽行出賣与李　名下承買為業三面憑中議作時值價洋　員正其洋是身當即收領今因正事應用自愿央中將田自今出賣之後任听買人管業無阻未賣之先與本家内外人等並無重張不明等情如有是身自理不干買主之事所有來歷文票與別號相連不便繳付日後要用將出無辭所有税粮听至七都壹啚壹甲世德户下照数扒納過割收受無阻其税粮不另立推單今欲有憑立此断骨出賣田契存照　再批墾

光緒拾年拾壹月　日立断骨出賣田契人汪映泉墾

中汪兆椿墾

書　親筆墾

七都壹啚壹甲世德户推付

乃字弍千八百四十六号　黄賓倉　田税四分八厘正

于

光緒十年十一月　日立推付人　八都八啚六甲瑞祥户收受

今照入冊

繕书照契收發

所是契價當即兩相交訖　再批墾

墾

江湾镇晓村 94 · 光绪十年 · 断骨出卖田契 · 汪映泉卖与李☐

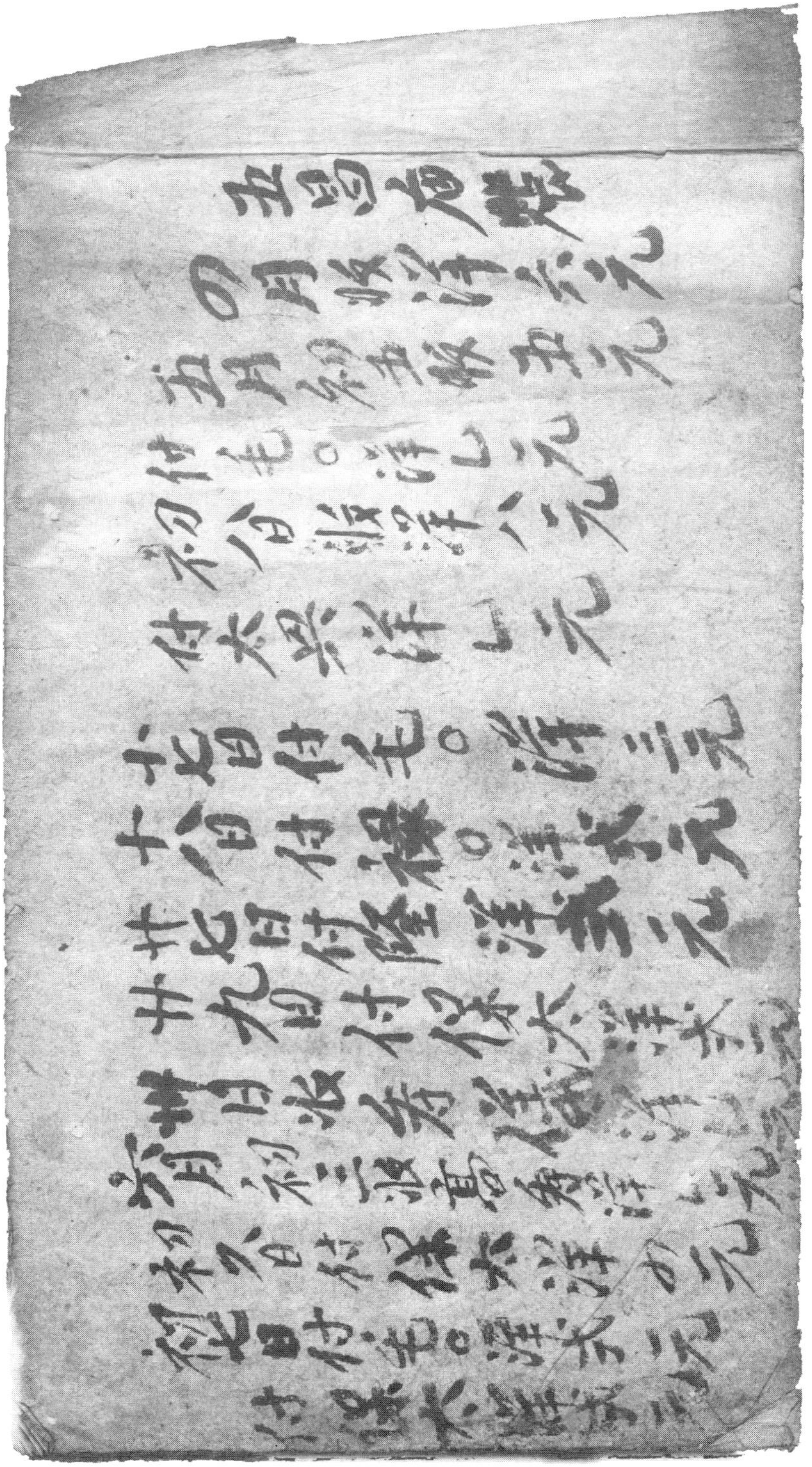

江湾镇晓村 1-1 · 光绪二十一年至民国六年 · 邦寿司工账簿

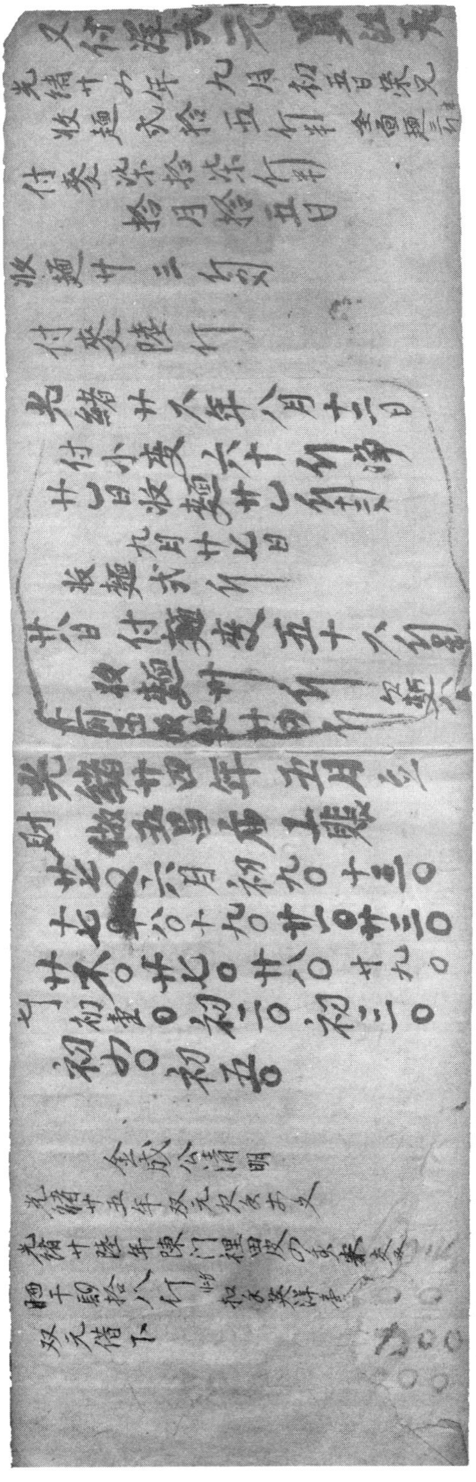

江湾镇晓村 1-2 · 光绪二十一年至民国六年 · 邦寿司工账簿

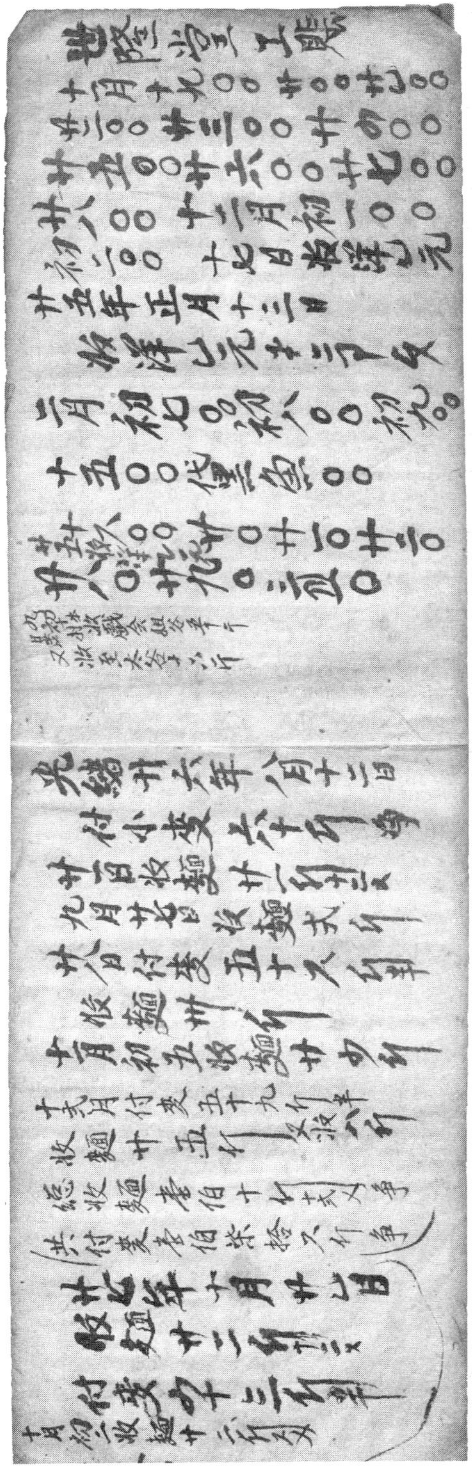
邦寿司工账

廿五年正月十三日

光绪廿六年八月十三日

江湾镇晓村 1-3 · 光绪二十一年至民国六年 · 邦寿司工账簿

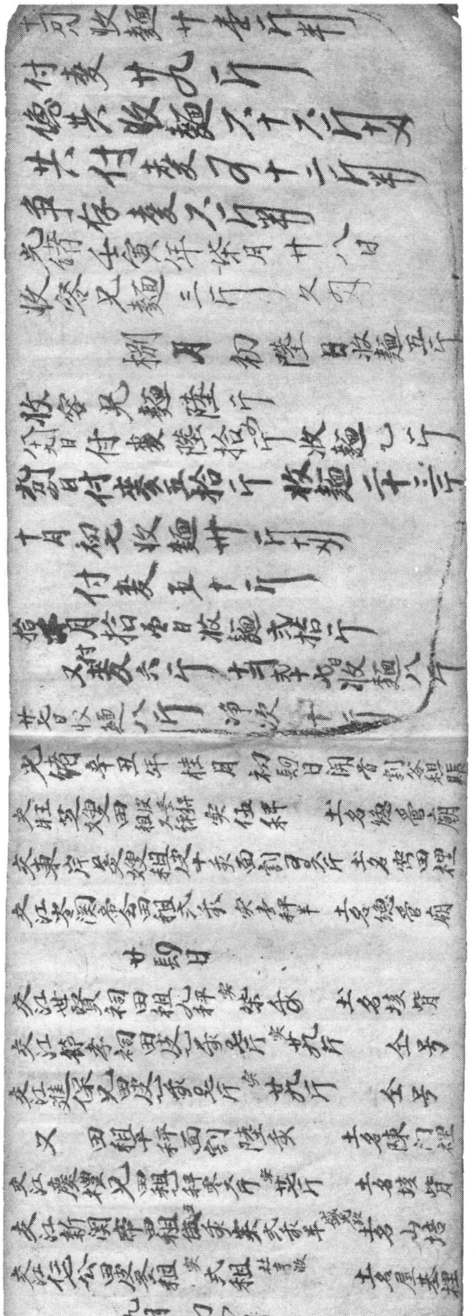

江湾镇晓村 1-4 · 光绪二十一年至民国六年 · 邦寿司工账簿

江湾镇晓村 1-5 · 光绪二十一年至民国六年 · 邦寿司工账簿

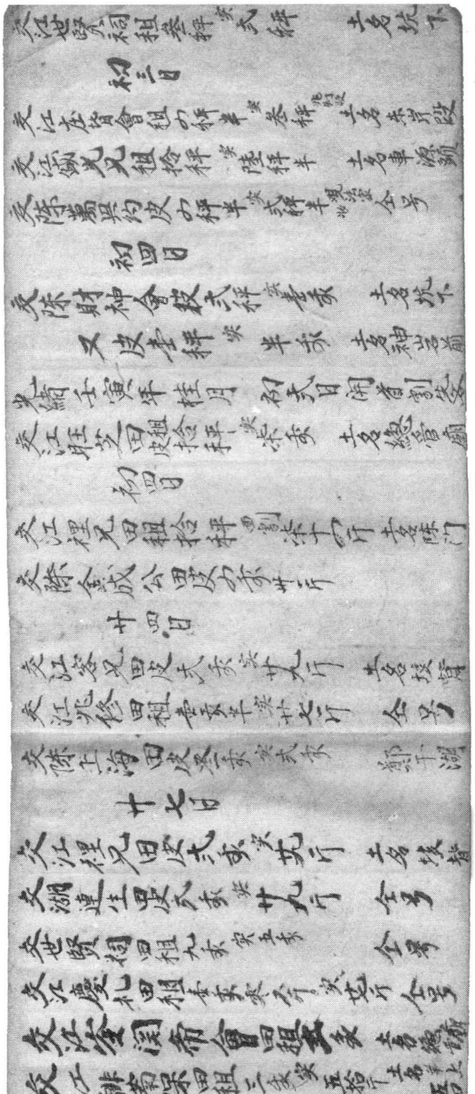

江湾镇晓村 1-6 · 光绪二十一年至民国六年 · 邦寿司工账簿

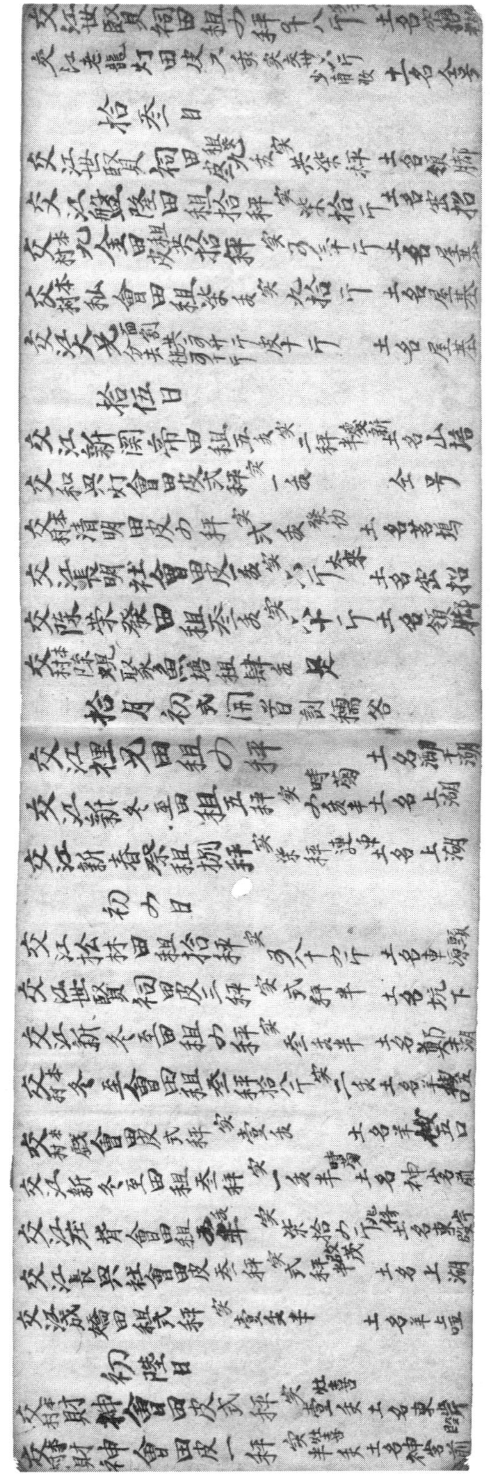

江湾镇晓村 1-7 · 光绪二十一年至民国六年 · 邦寿司工账簿

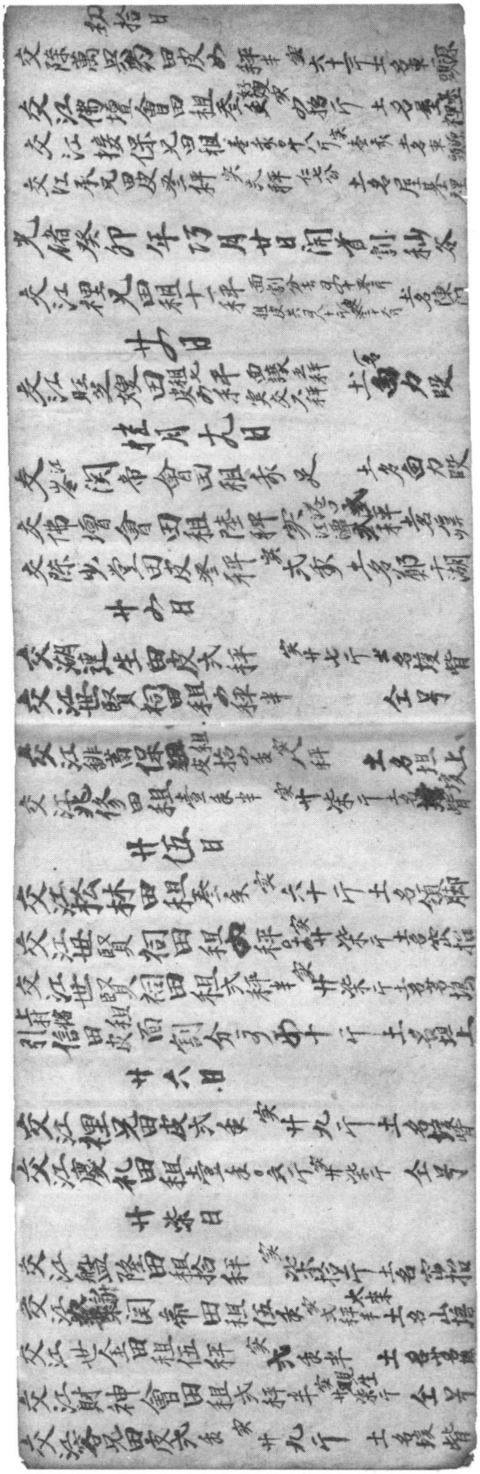

江湾镇晓村 1-8 · 光绪二十一年至民国六年 · 邦寿司工账簿

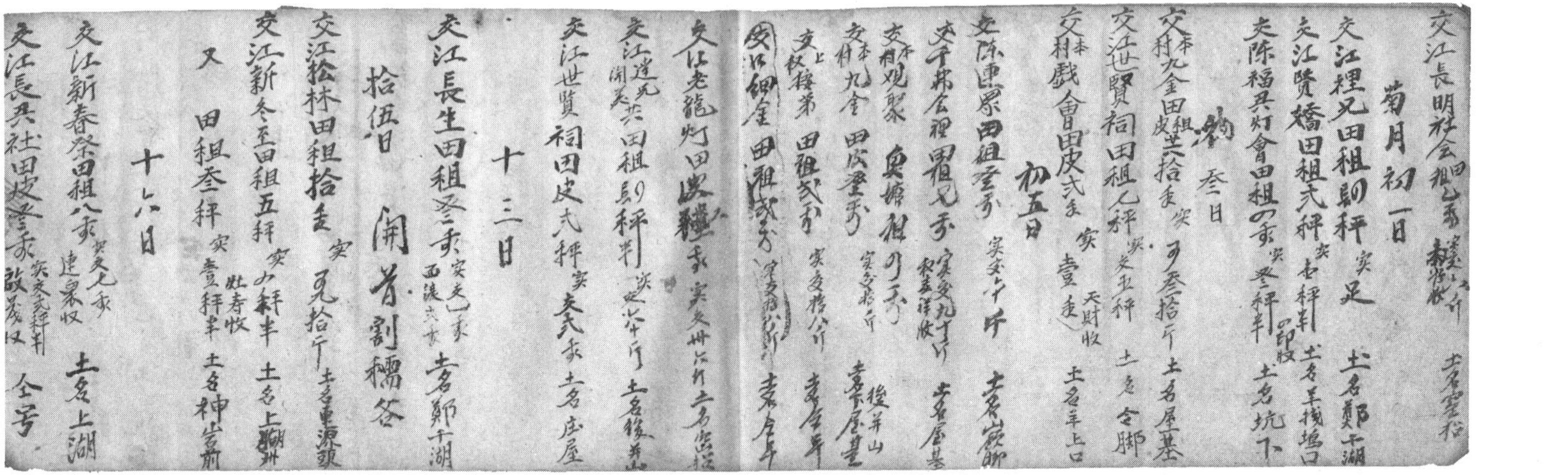

江湾镇晓村 1-9 · 光绪二十一年至民国六年 · 邦寿司工账簿

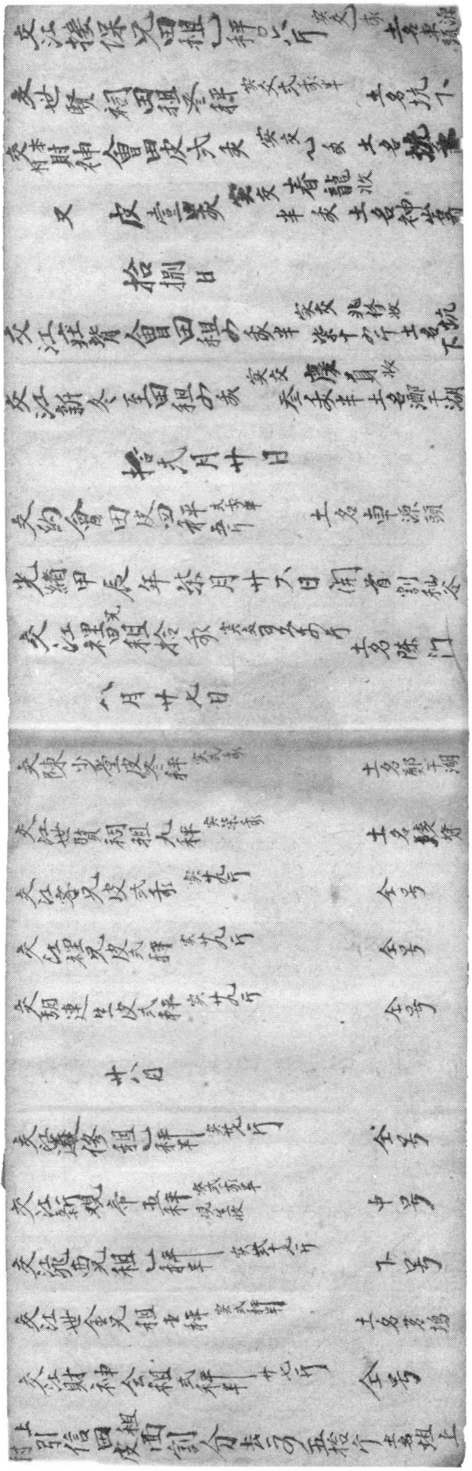

江湾镇晓村 1-10 · 光绪二十一年至民国六年 · 邦寿司工账簿

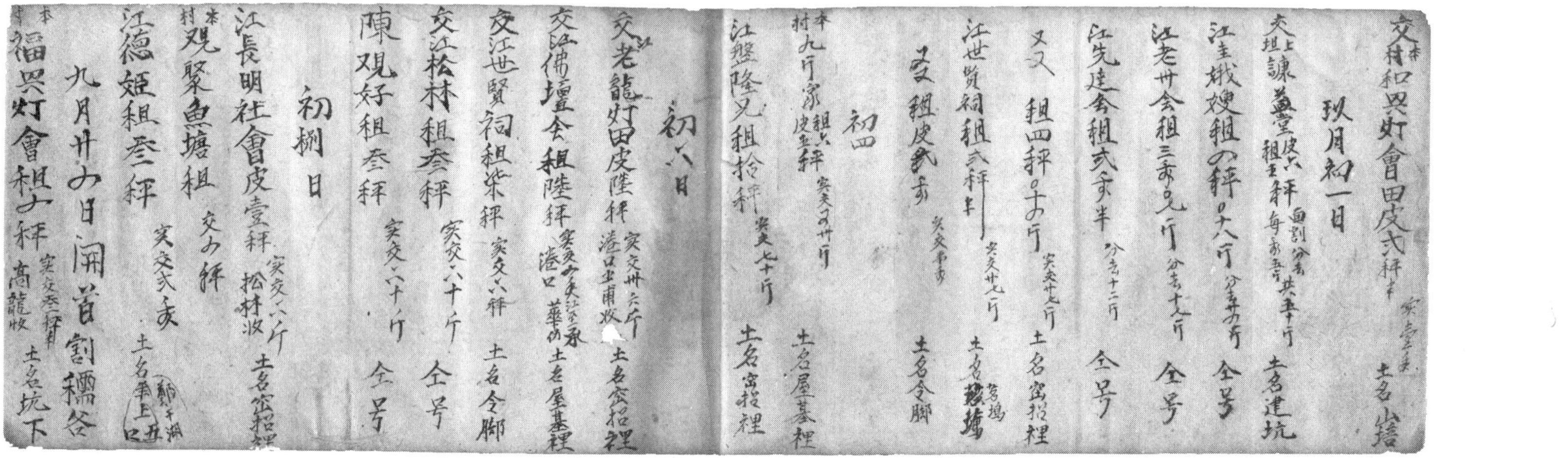

本村和兴灯會田皮弍秤半 实交壹秤 土名山塝
玖月初一日
交上坦諫萬豐皮六秤 祖壹秤 面割分去 每秤五斤 共五十斤 土名建坑
江圭娥嫂租四秤又十八斤 分去廿九斤 仝号
江老卅会租三秤又九斤 分去十八斤 仝号
江先達会租弍秤半 分去十二斤 仝号
又又 租四秤又十四斤 实交廿七斤 土名窑招裡
江世贤祠租六秤半 实交廿七斤 土名篱坞塝
交 租皮弍秤 实交弍秤 土名仝脚
初四
本村九斤家租六 皮五秤 实交四十九斤 土名屋基裡
江盤隆兄租拾秤 实交七十斤 土名窑招裡
初六日
交江老龍灯田皮陸秤 实交卅六斤 港口出浦收 土名窑招裡
交江佛壇会租陸秤 实交四十 港口 華仍 土名屋基裡
交江世賢祠租柒秤 实交六秤 土名仝脚
交江桧林租叁秤 实交六十斤 仝号
陳观好租叁秤 实交六十斤 仝号
初捌日
江長明社會皮壹秤 实交六斤 松林波 土名窑招裡
本村观聚魚塘租 交四秤
江德姪租叁秤 实交弍秤 土名南上口
九月廿四日開首割穤谷
本村福兴灯會租四秤 实交叁秤 高龍收 土名坑下

江湾镇晓村 1-11 · 光绪二十一年至民国六年 · 邦寿司工账簿

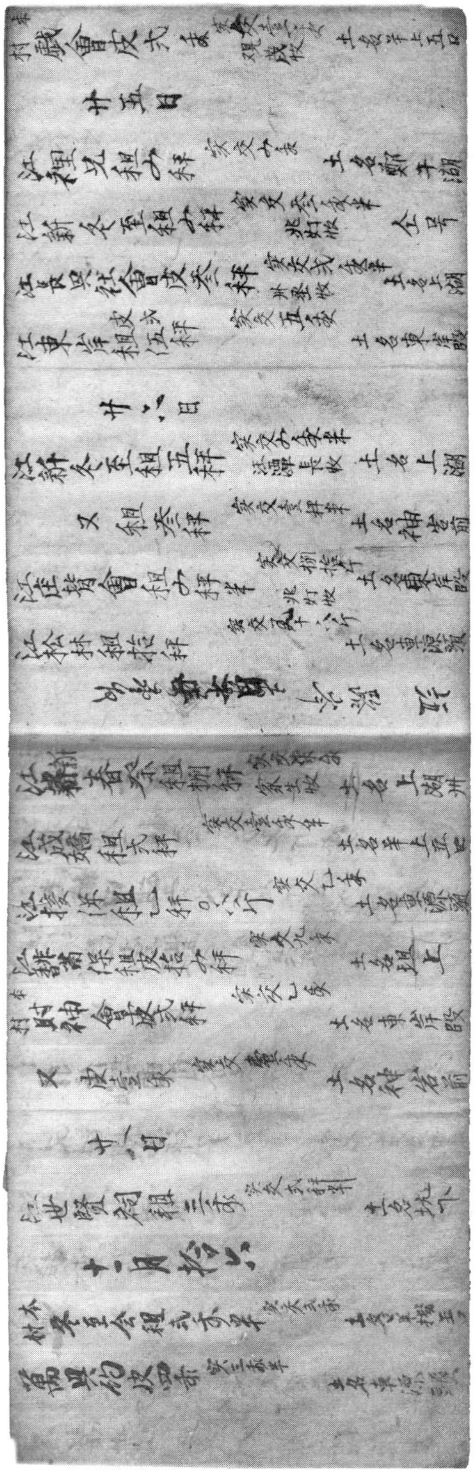

江湾镇晓村 1-12・光绪二十一年至民国六年・邦寿司工账簿

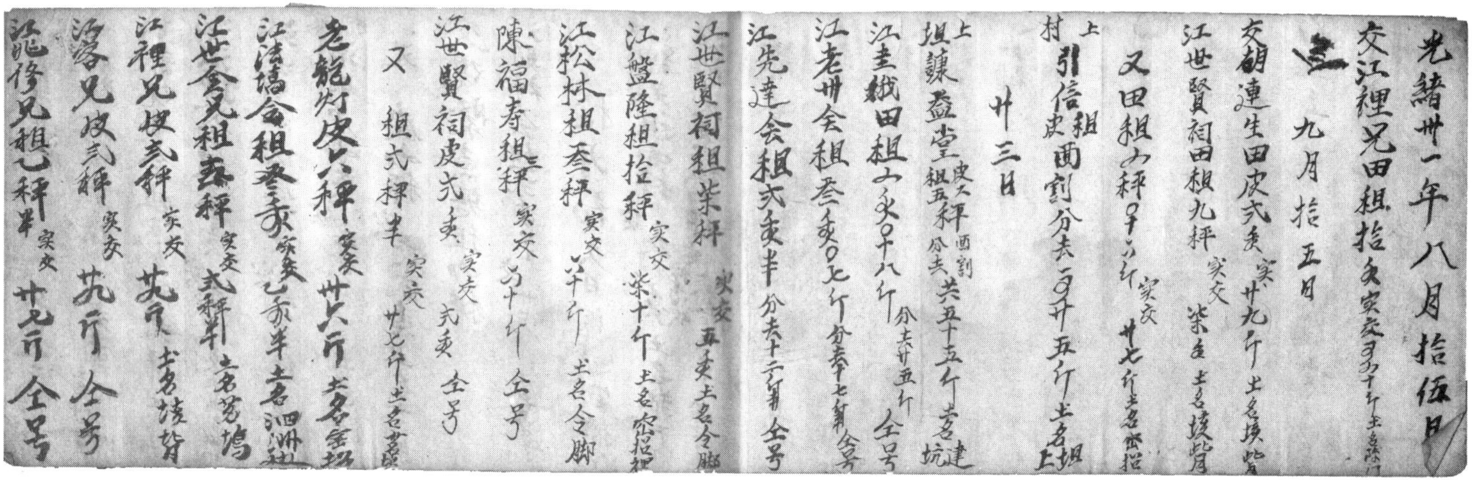
光緒卅一年八月拾伍日

江湾镇晓村 1-13 · 光绪二十一年至民国六年 · 邦寿司工账簿

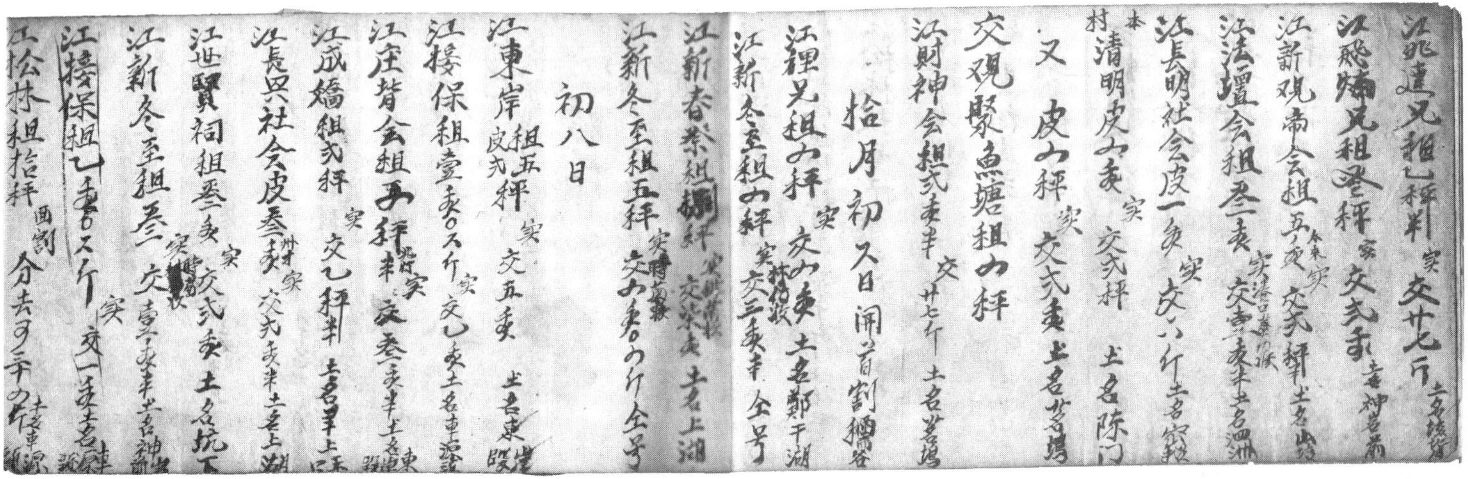

江湾镇晓村 1-14 · 光绪二十一年至民国六年 · 邦寿司工账簿

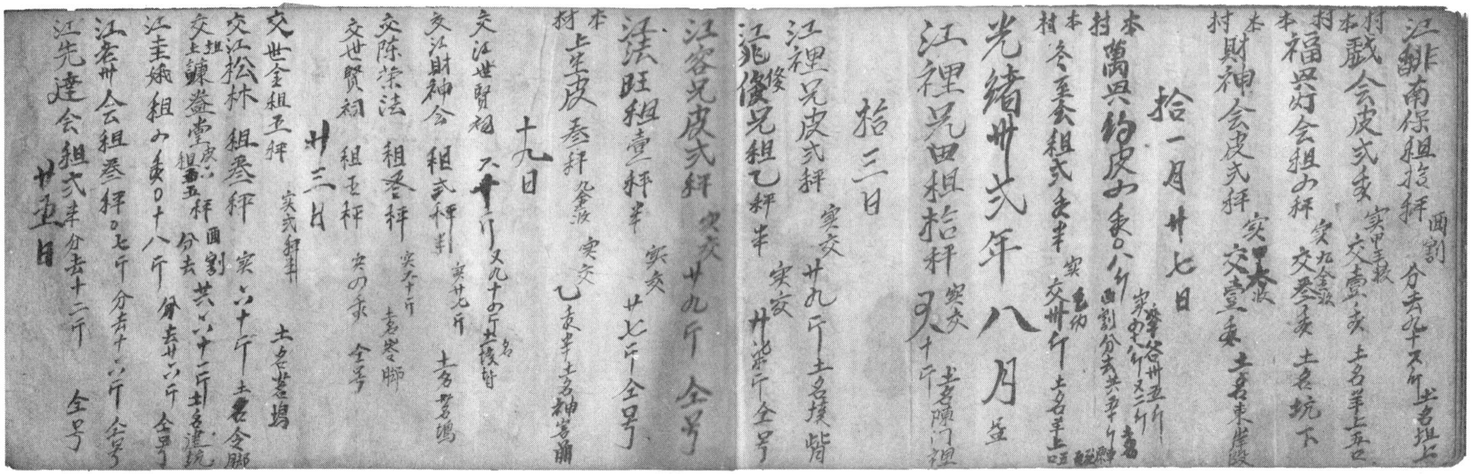

江湾镇晓村 1–15 · 光绪二十一年至民国六年 · 邦寿司工账簿

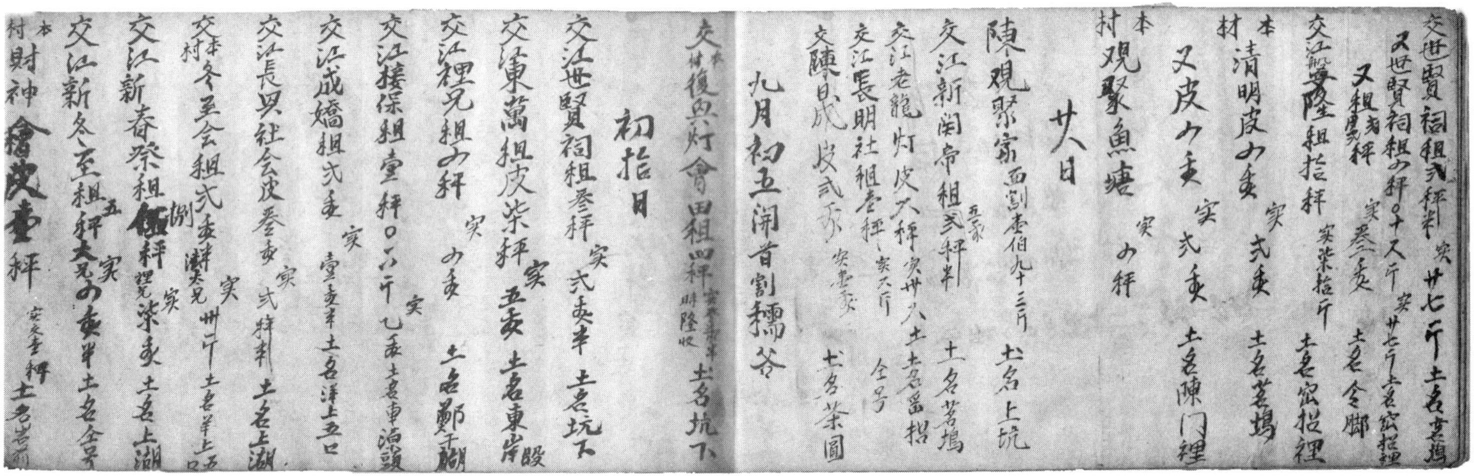

江湾镇晓村 1-16 · 光绪二十一年至民国六年 · 邦寿司工账簿

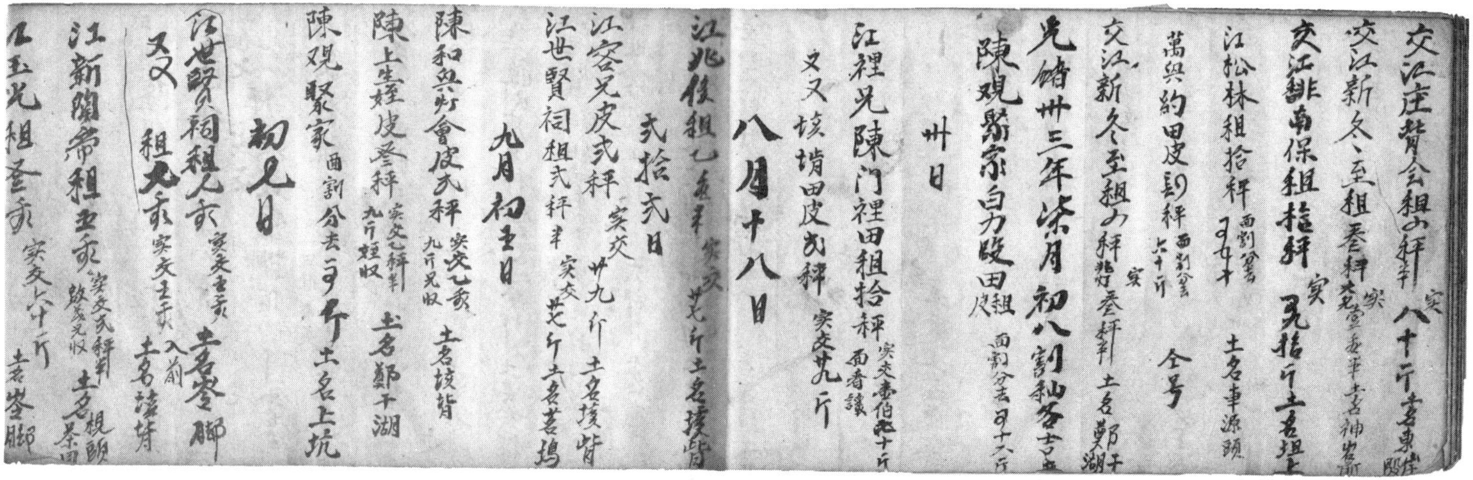

江湾镇晓村 1-17 · 光绪二十一年至民国六年 · 邦寿司工账簿

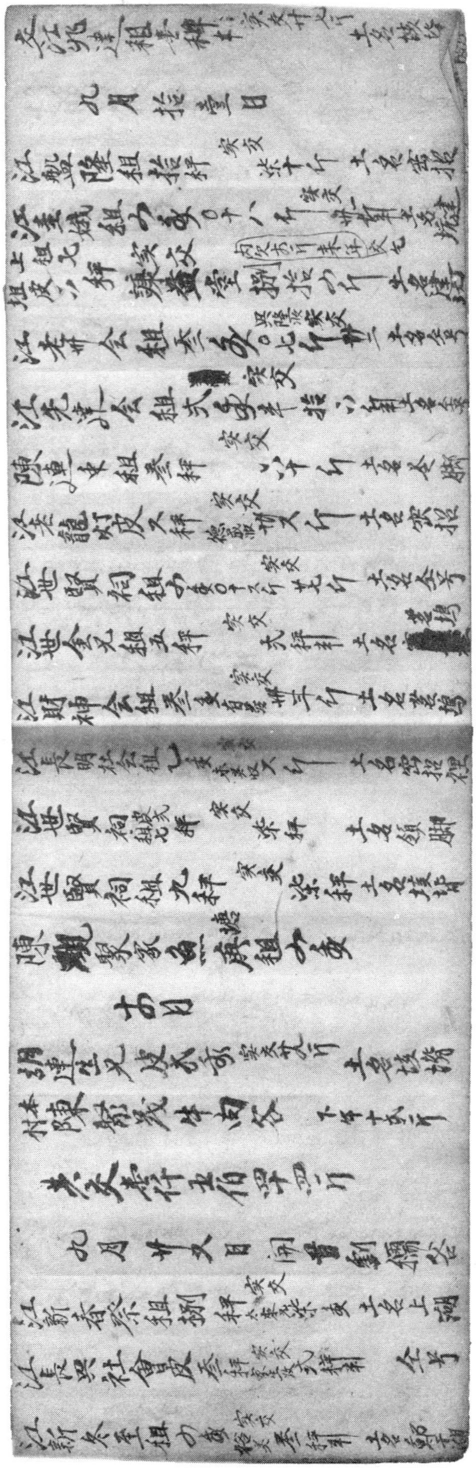

江湾镇晓村 1-18 · 光绪二十一年至民国六年 · 邦寿司工账簿

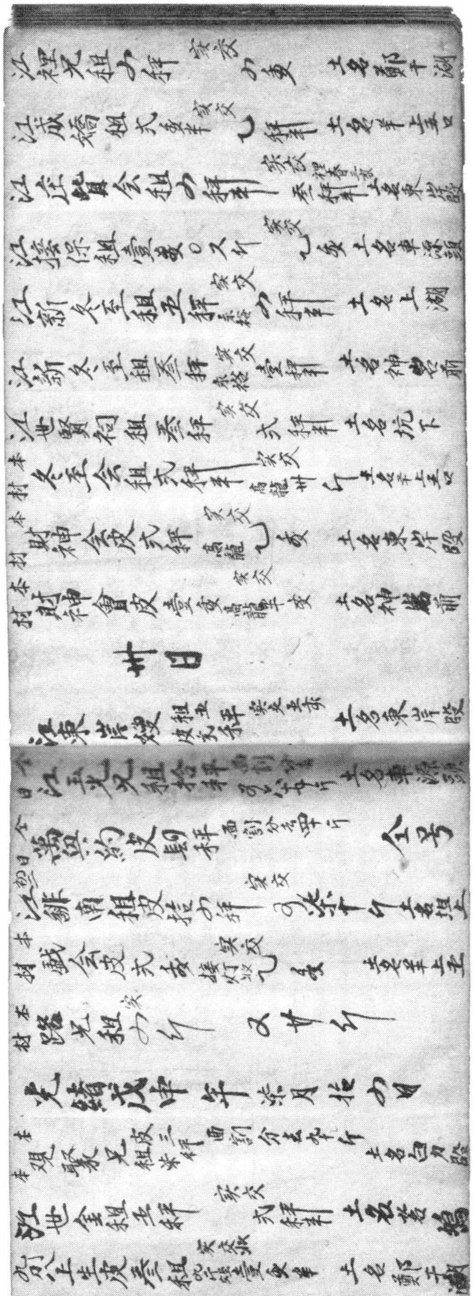

江湾镇晓村 1-19 · 光绪二十一年至民国六年 · 邦寿司工账簿

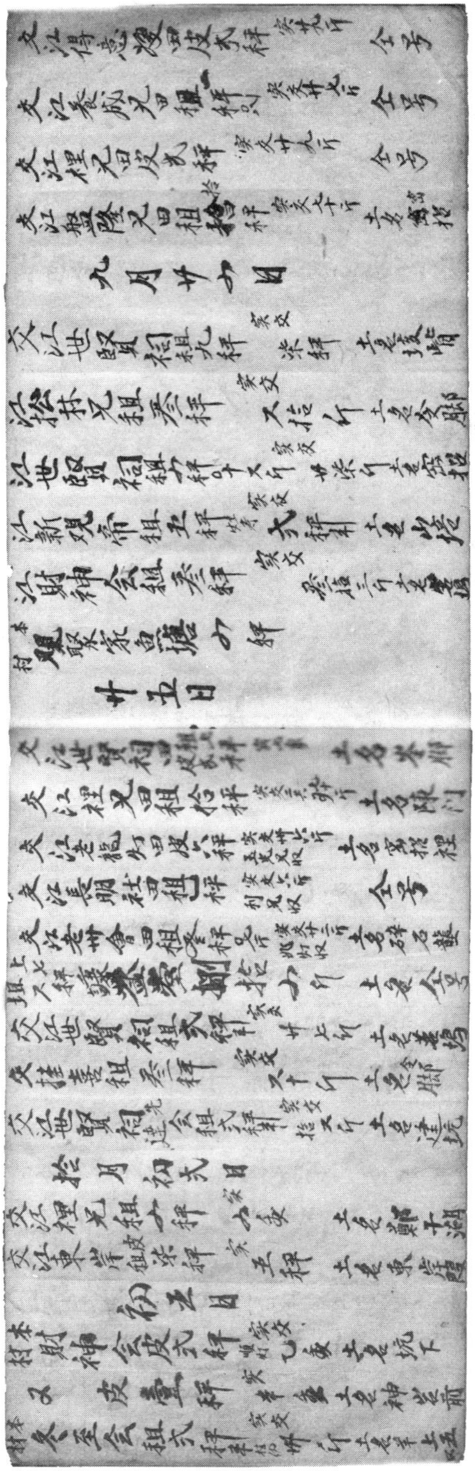

江湾镇晓村 1-20 · 光绪二十一年至民国六年 · 邦寿司工账簿

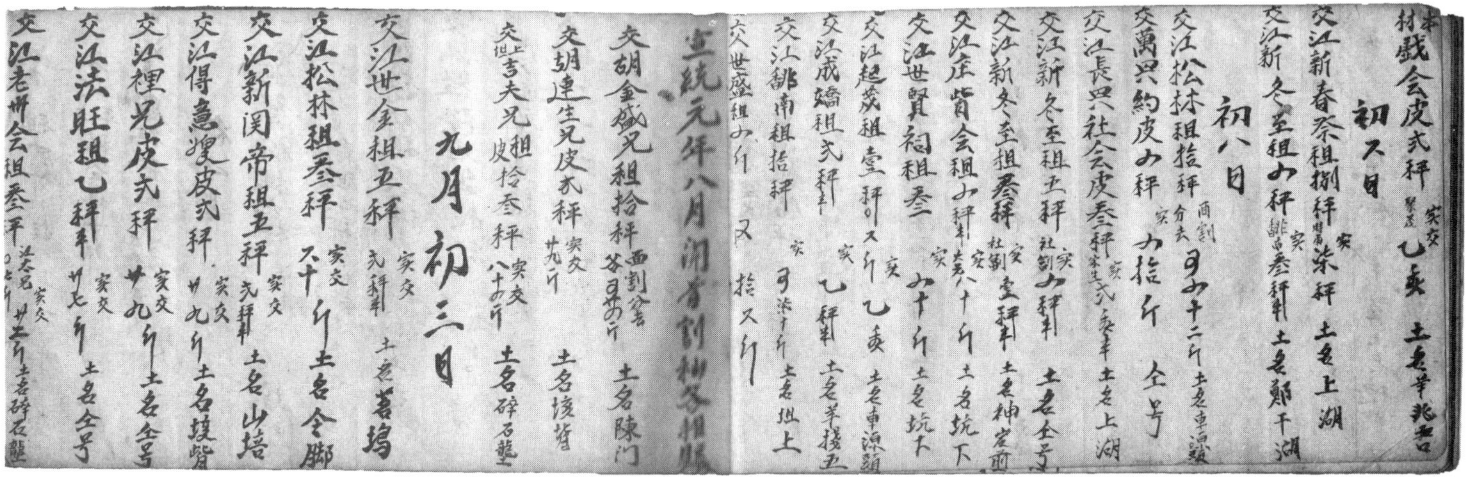

江湾镇晓村 1-21 · 光绪二十一年至民国六年 · 邦寿司工账簿

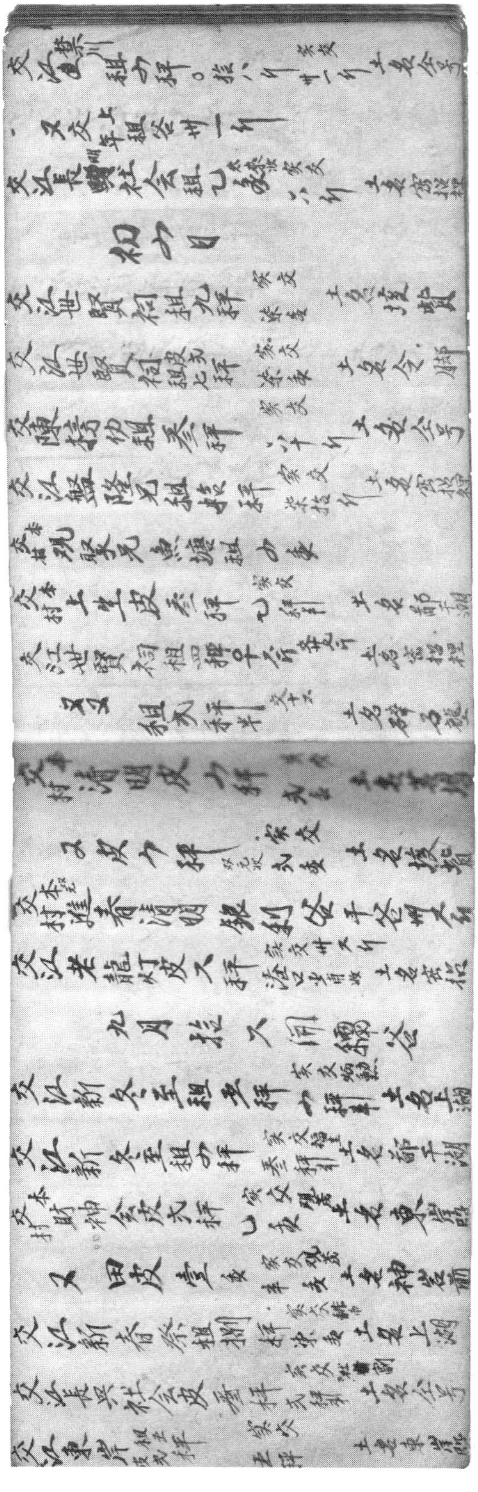

江湾镇晓村 1-22・光绪二十一年至民国六年・邦寿司工账簿

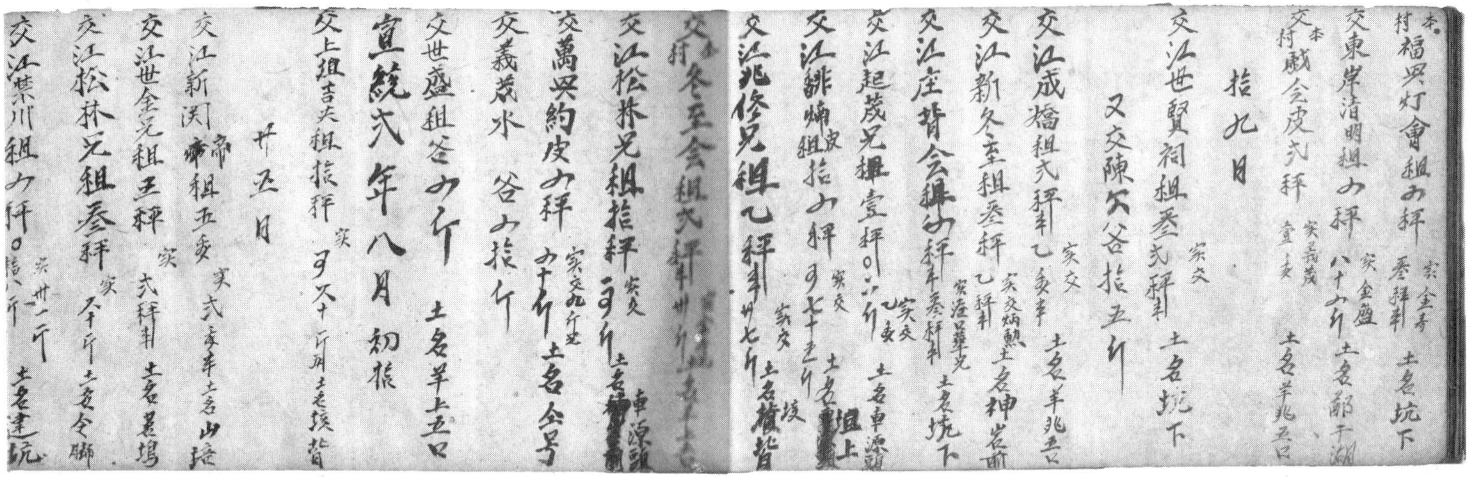

江湾镇晓村 1-23 · 光绪二十一年至民国六年 · 邦寿司工账簿

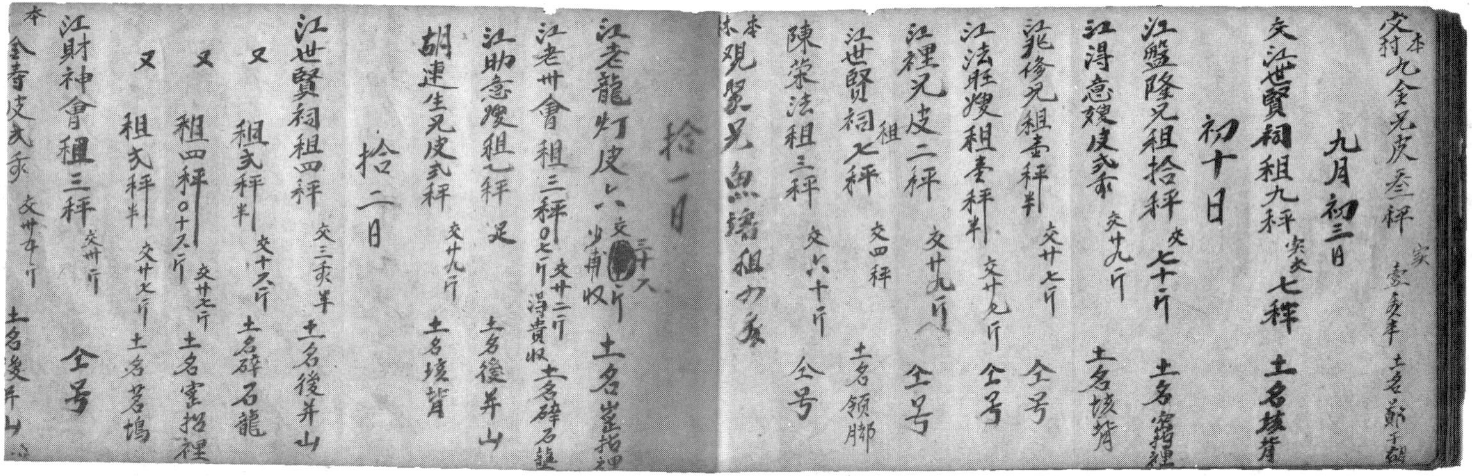

江湾镇晓村 1-24 · 光绪二十一年至民国六年 · 邦寿司工账簿

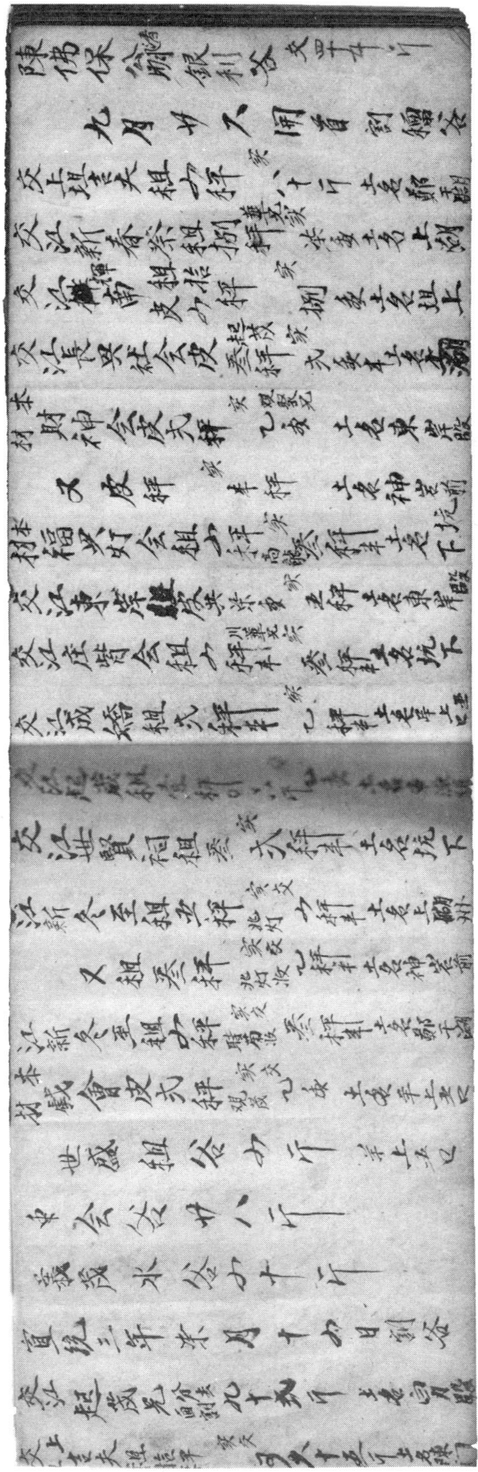

江湾镇晓村 1-25・光绪二十一年至民国六年・邦寿司工账簿

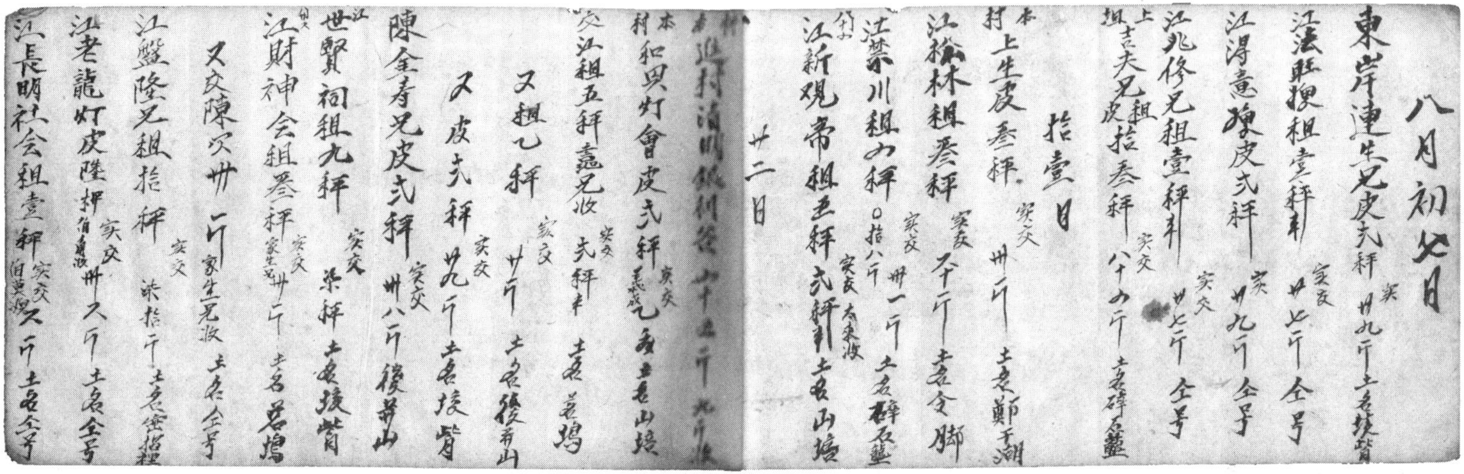

江湾镇晓村 1-26 · 光绪二十一年至民国六年 · 邦寿司工账簿

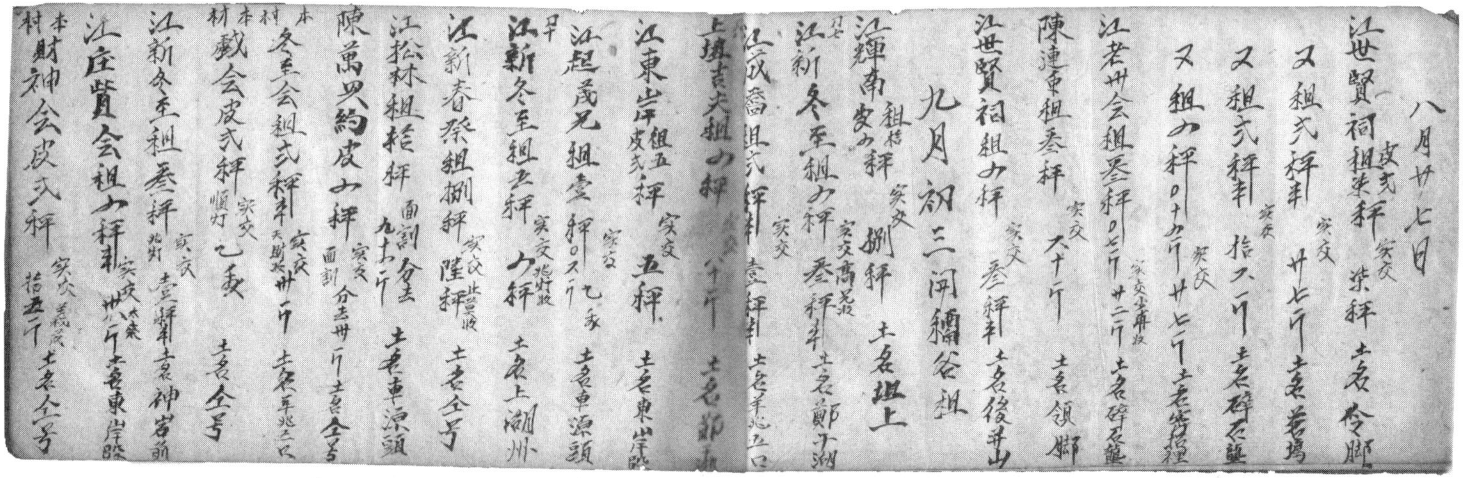
八月廿七日
江世賢祠租柒秤 实交 皮弍 柒秤 土名 冷脚
又租弍秤半 实交 廿七斤 土名 茗塢
又租弍秤半 实交 指八斤 土名 碎石壟
又租六秤0十九斤 实交 廿七斤 土名 塝程
江老卅会租叁秤0七斤 实交尖庫收 廿二斤 土名 碎石壟
陳連東租叁秤 实交 六十斤 土名 領脚
江世賢祠租六秤 实交 叁秤半 土名 後井山
九月初三開秤谷租
江輝南租梧安六秤 实交 捌秤 土名 塘上
江新冬至租六秤 实交高見收 叁秤半 土名 鄭子湖
江成喬租弍秤 实交 壹秤半 土名 羊兆五口
上塅吉夫租六秤 八十斤 土名 鄭□
江東岸租五 皮弍秤 实交 五秤 土名 東山岸畈
江起義兄租壹秤0又斤 实交 乙秤 土名 車源頭
早 江新冬至租五秤 实交北灯收 六秤 土名 上湖州
江新春祭租捌秤 实交北灯收 陞秤 土名 仝号
江松林租梧秤 面割 九十斤 分去 土名 車源頭
陳萬興約皮六秤 实交 面割 分去廿斤 土名 仝号
本村 冬至会租弍秤半 实交 天助收 卅一斤 土名 羊兆二口
本村 戴会皮弍秤 实交 順灯 乙秤 土名 仝号
江新冬至租叁秤 实交 北灯 壹秤半 土名 神塢前
江庄贊会租六秤半 实交 太乘 卅八斤 土名 東岸畈
本村 財神会皮弍秤 实交 義成 指五斤 土名 仝号

江湾镇晓村 1-27 · 光绪二十一年至民国六年 · 邦寿司工账簿

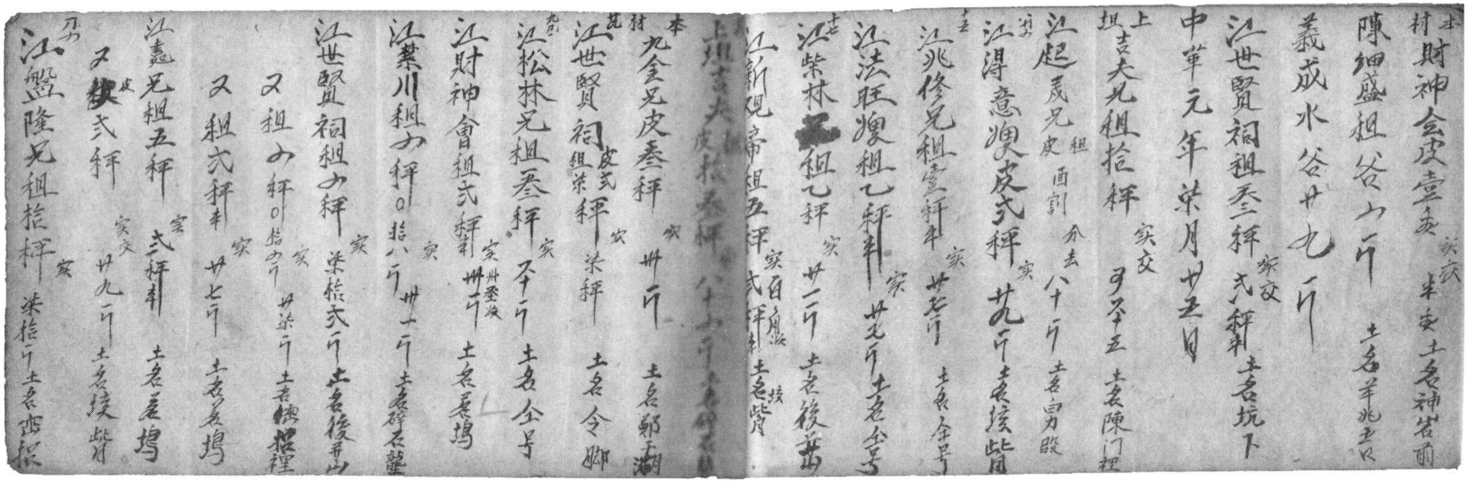

江湾镇晓村 1-28 · 光绪二十一年至民国六年 · 邦寿司工账簿

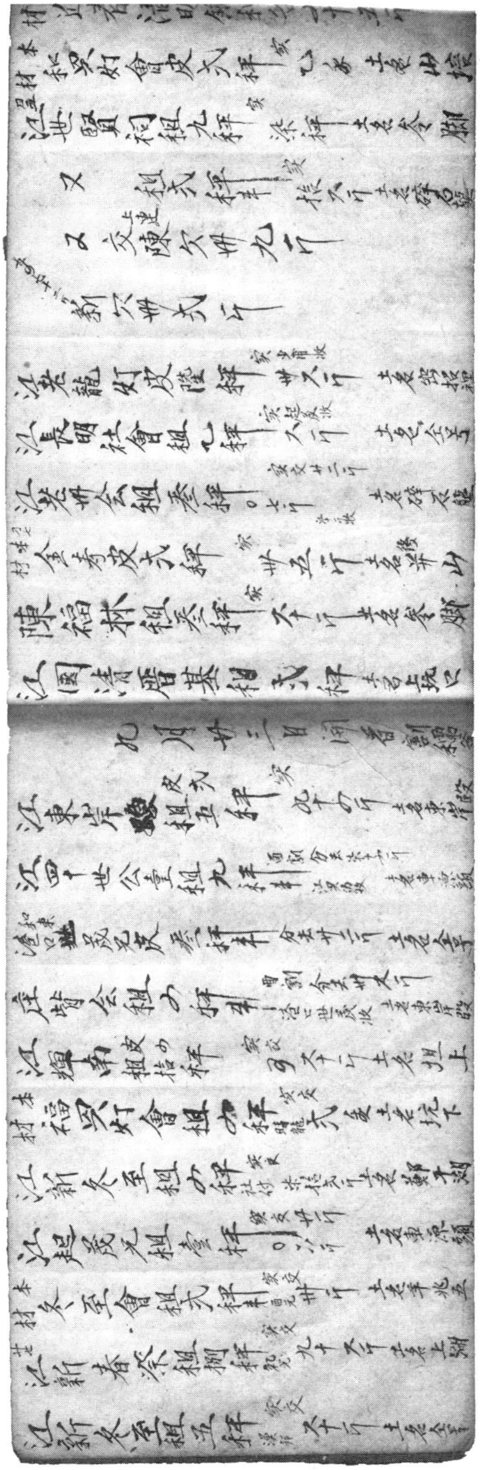

江湾镇晓村 1-29 · 光绪二十一年至民国六年 · 邦寿司工账簿

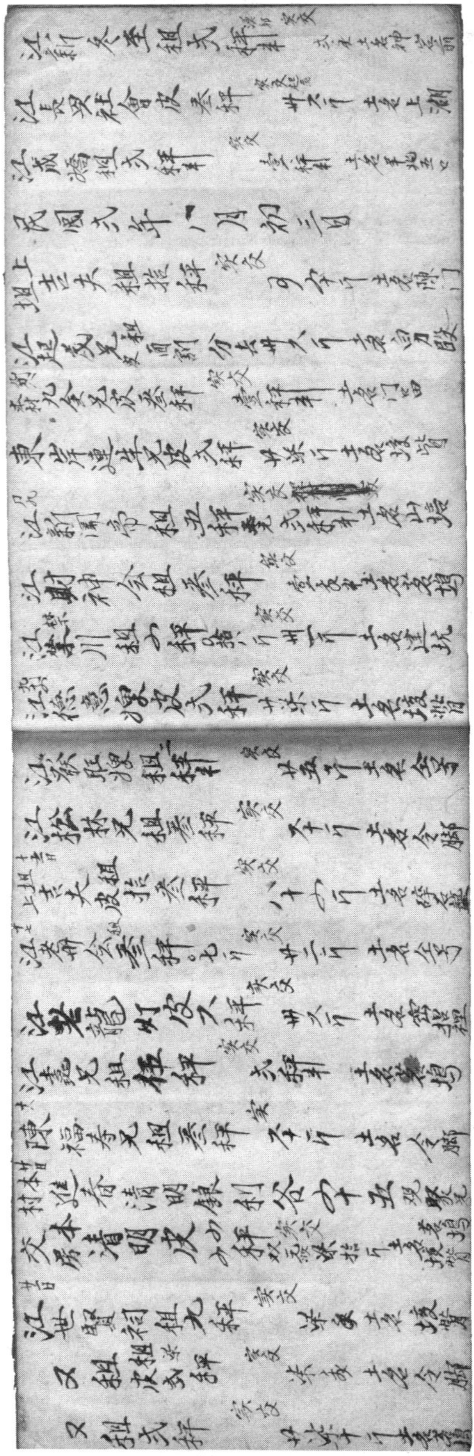

江湾镇晓村 1-30 · 光绪二十一年至民国六年 · 邦寿司工账簿

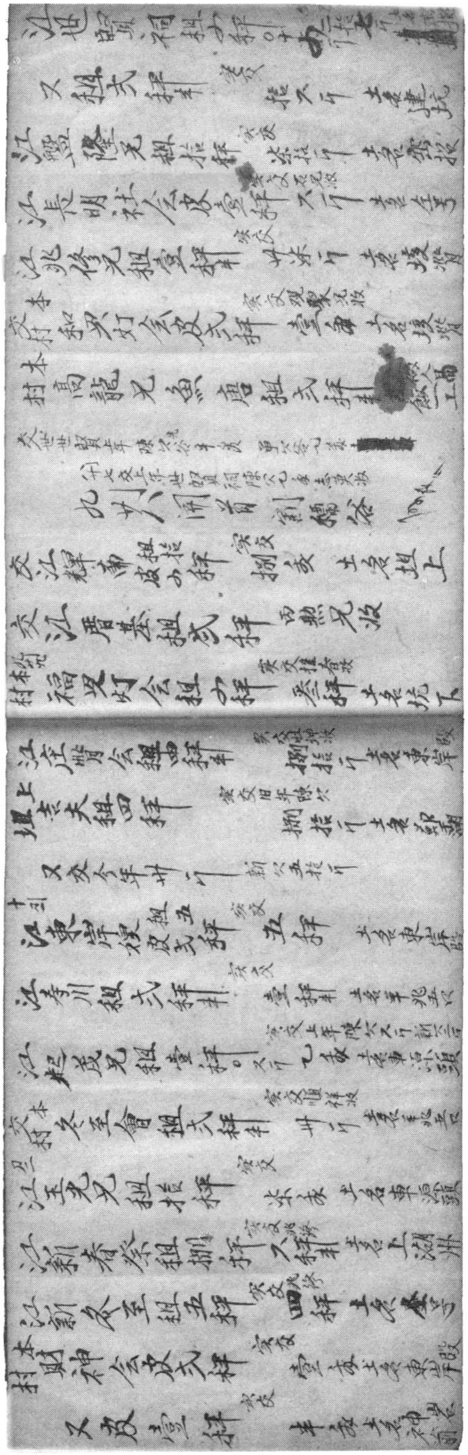

江湾镇晓村 1-31 · 光绪二十一年至民国六年 · 邦寿司工账簿

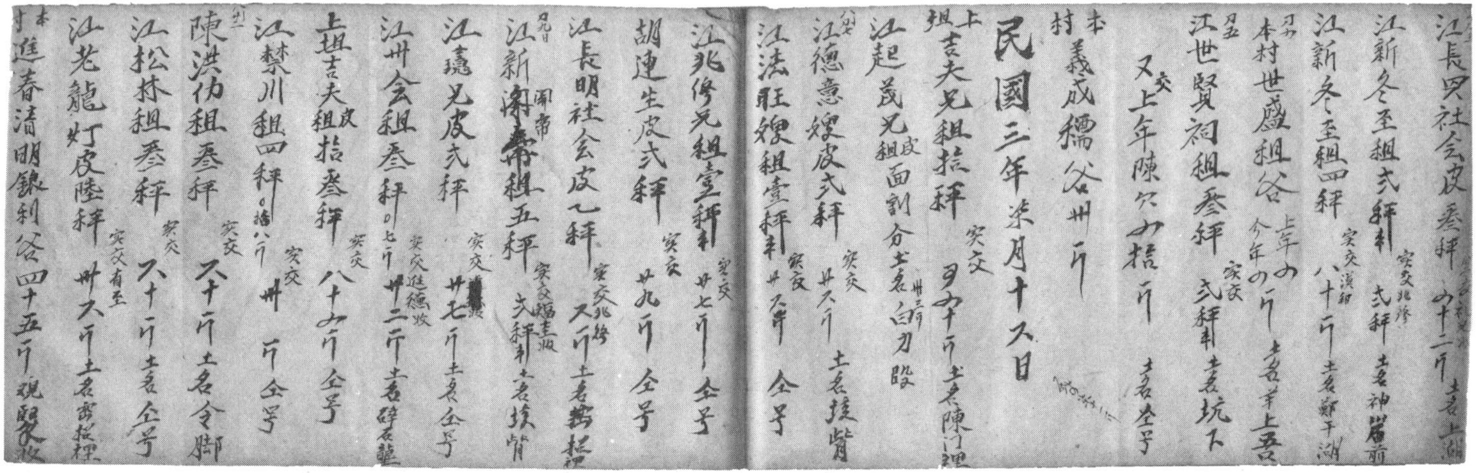

江湾镇晓村 1-32 · 光绪二十一年至民国六年 · 邦寿司工账簿

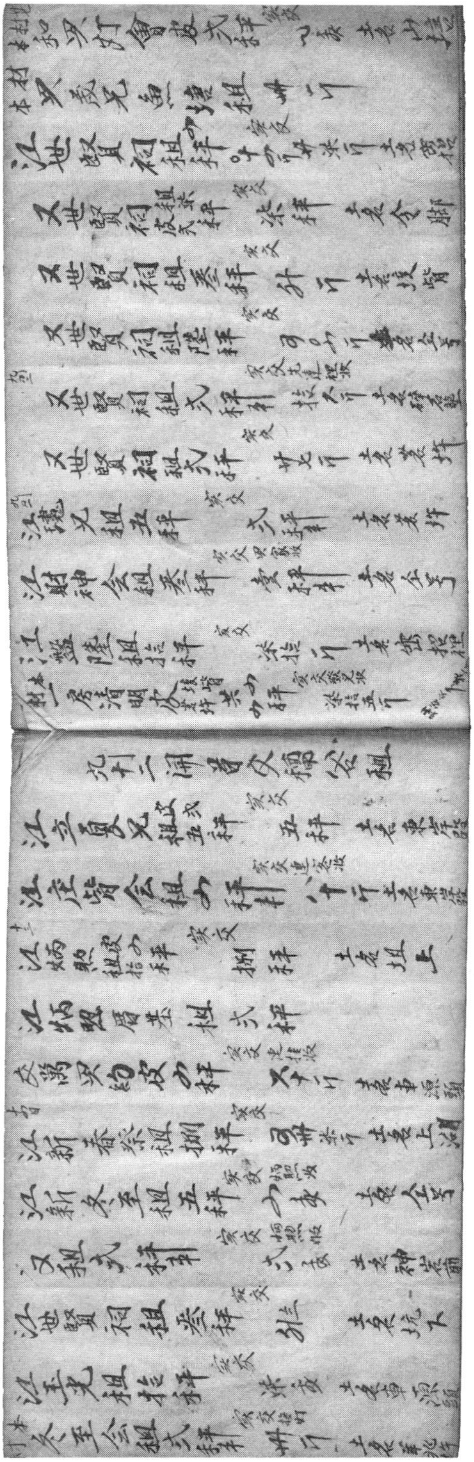

江湾镇晓村 1-33 · 光绪二十一年至民国六年 · 邦寿司工账簿

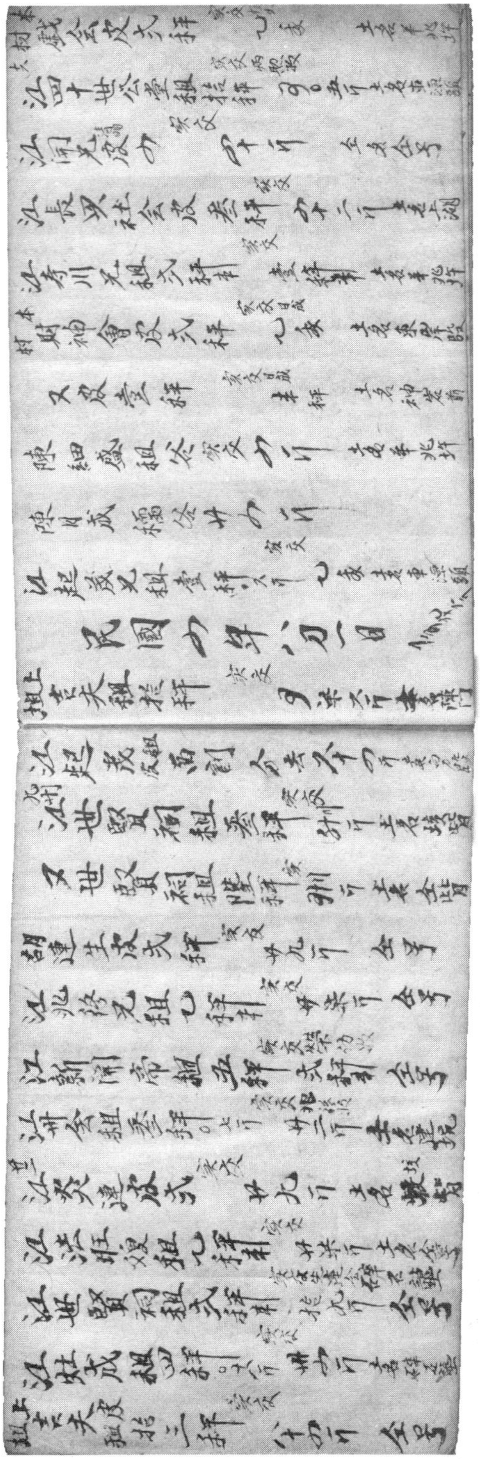

江湾镇晓村 1–34 · 光绪二十一年至民国六年 · 邦寿司工账簿

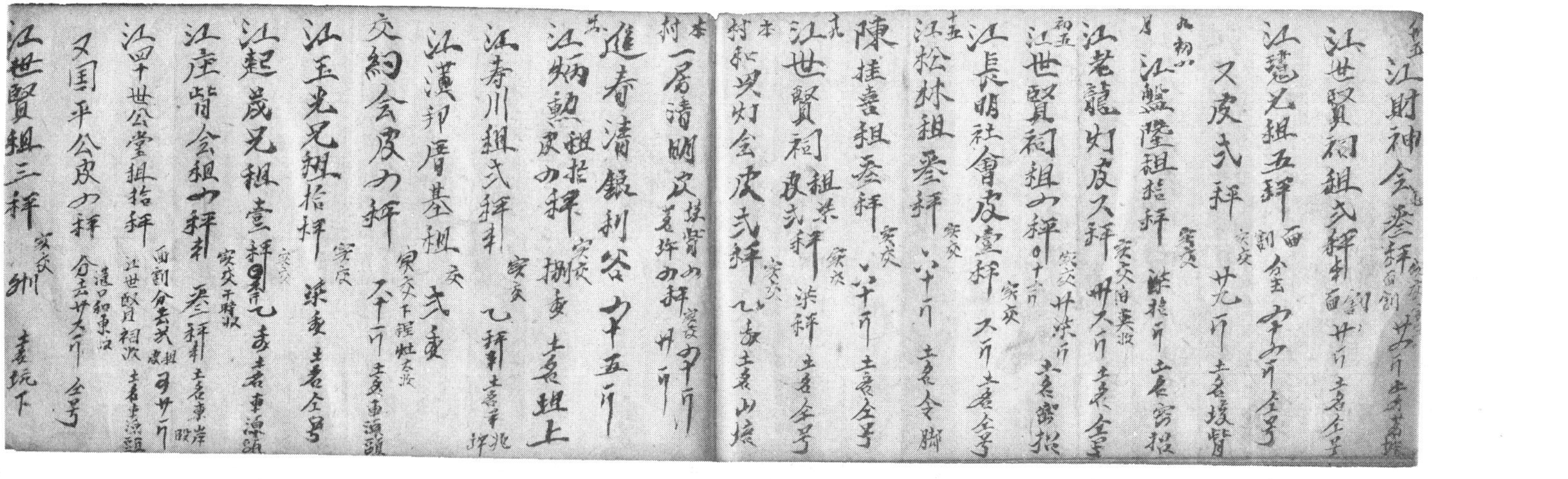

江湾镇晓村 1-35・光绪二十一年至民国六年・邦寿司工账簿

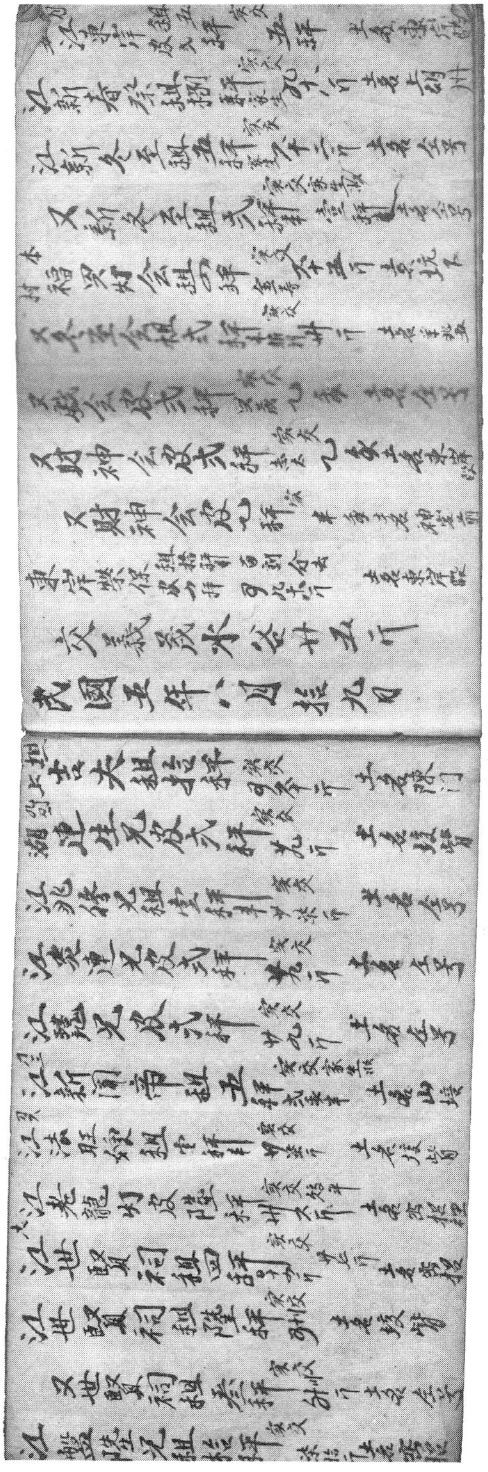

江湾镇晓村 1-36 · 光绪二十一年至民国六年 · 邦寿司工账簿

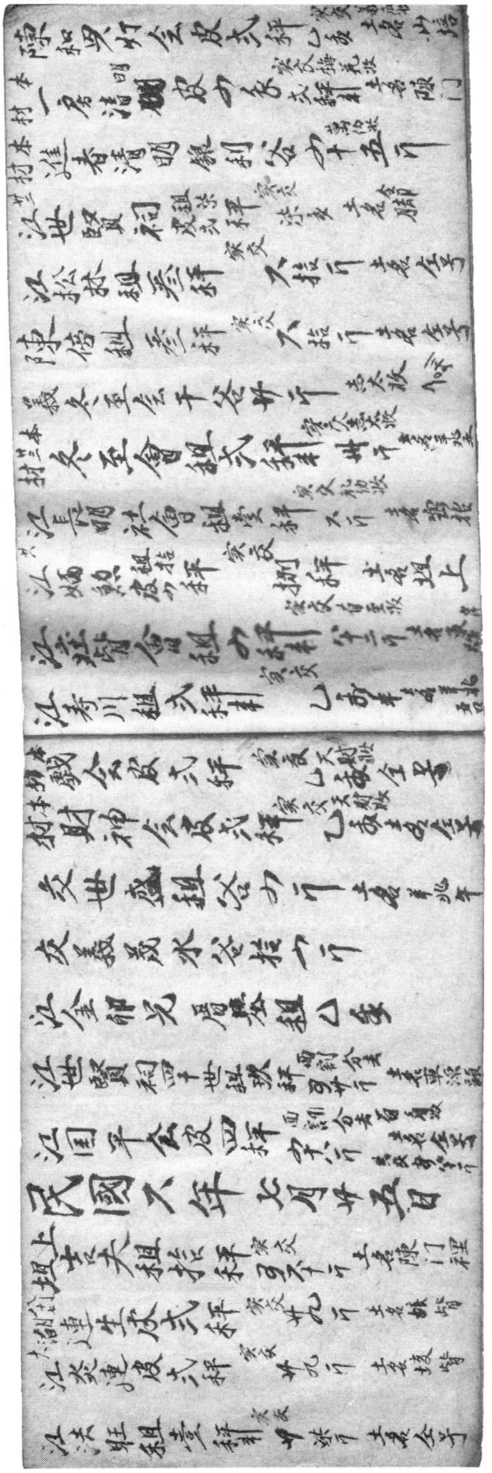

江湾镇晓村 1-37・光绪二十一年至民国六年・邦寿司工账簿

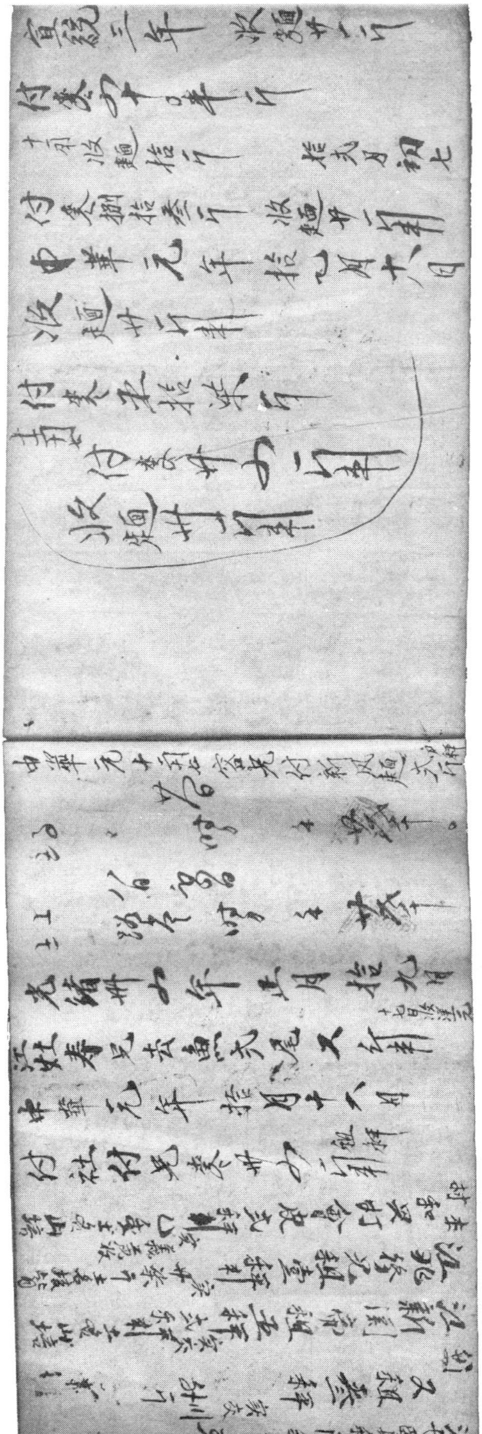

江湾镇晓村 1-38・光绪二十一年至民国六年・邦寿司工账簿

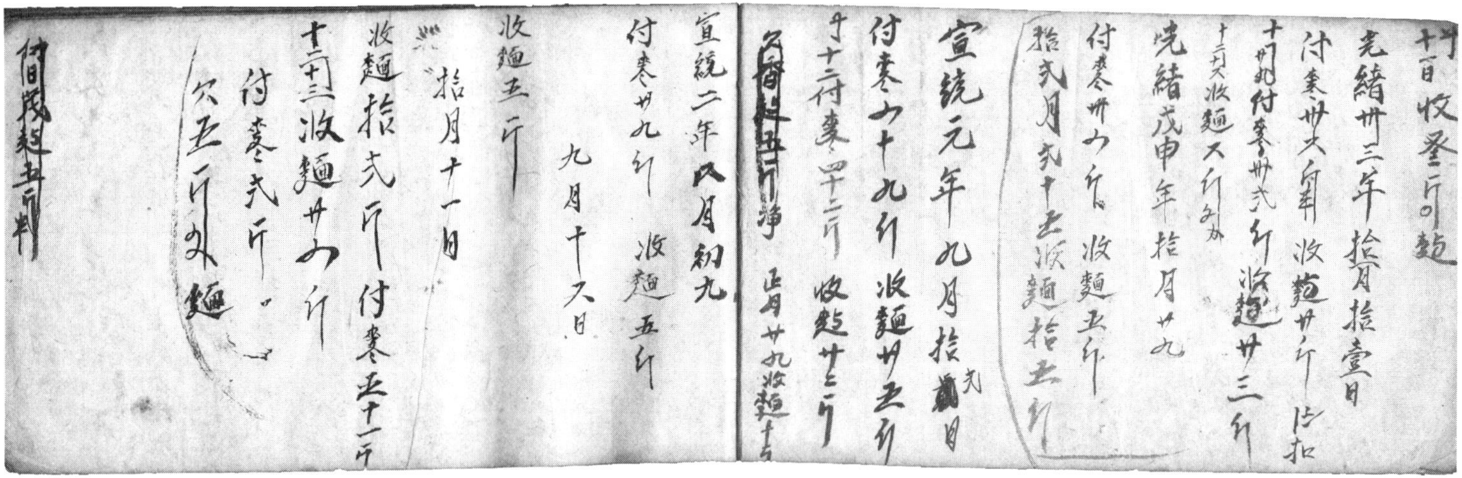

江湾镇晓村 1-39 · 光绪二十一年至民国六年 · 邦寿司工账簿

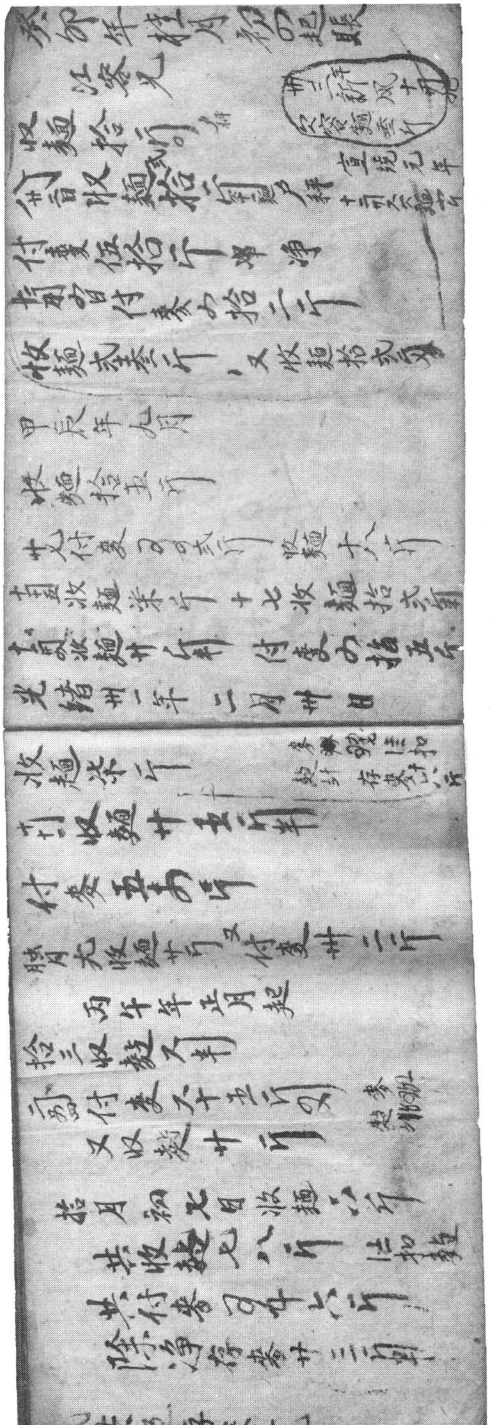

江湾镇晓村 1-40 · 光绪二十一年至民国六年 · 邦寿司工账簿

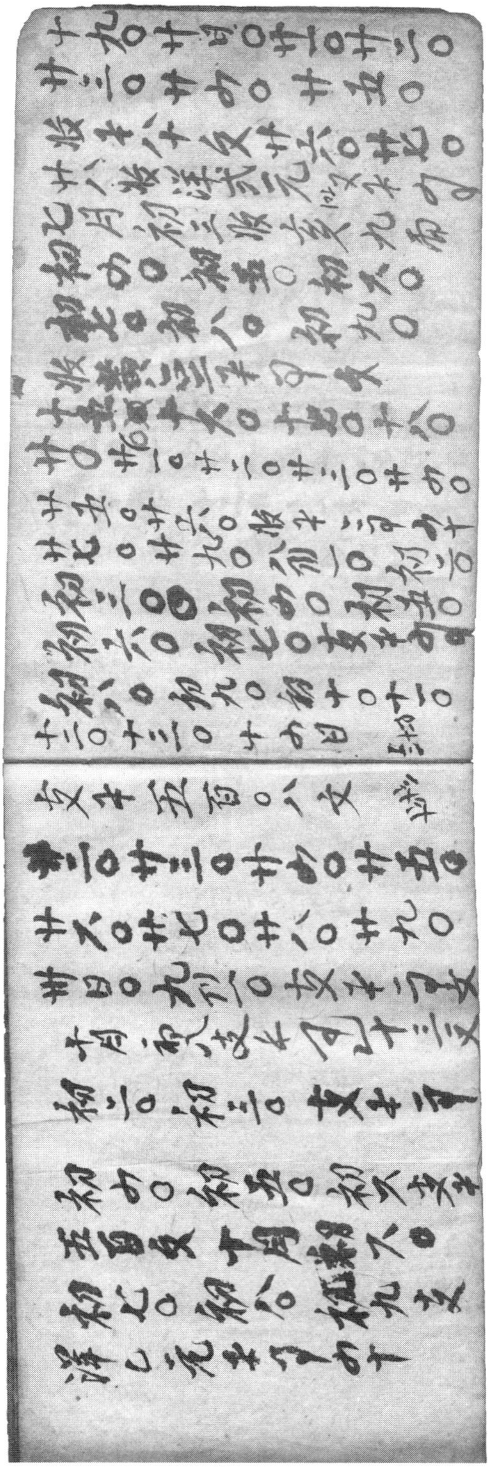

江湾镇晓村 1-41 · 光绪二十一年至民国六年 · 邦寿司工账簿

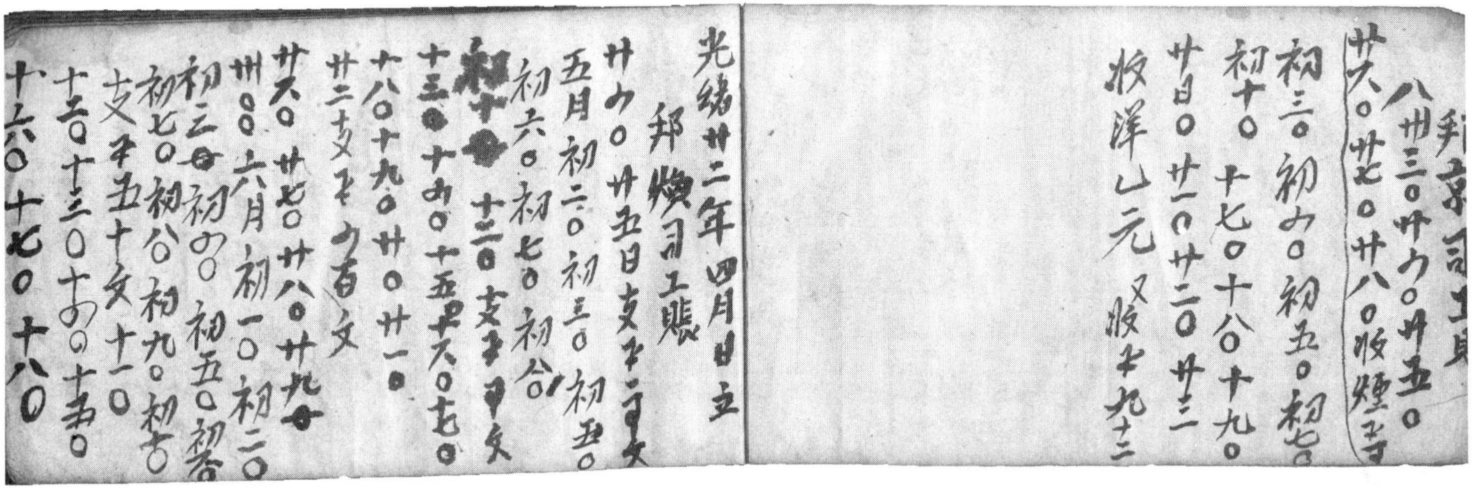

江湾镇晓村 1-42 · 光绪二十一年至民国六年 · 邦寿司工账簿

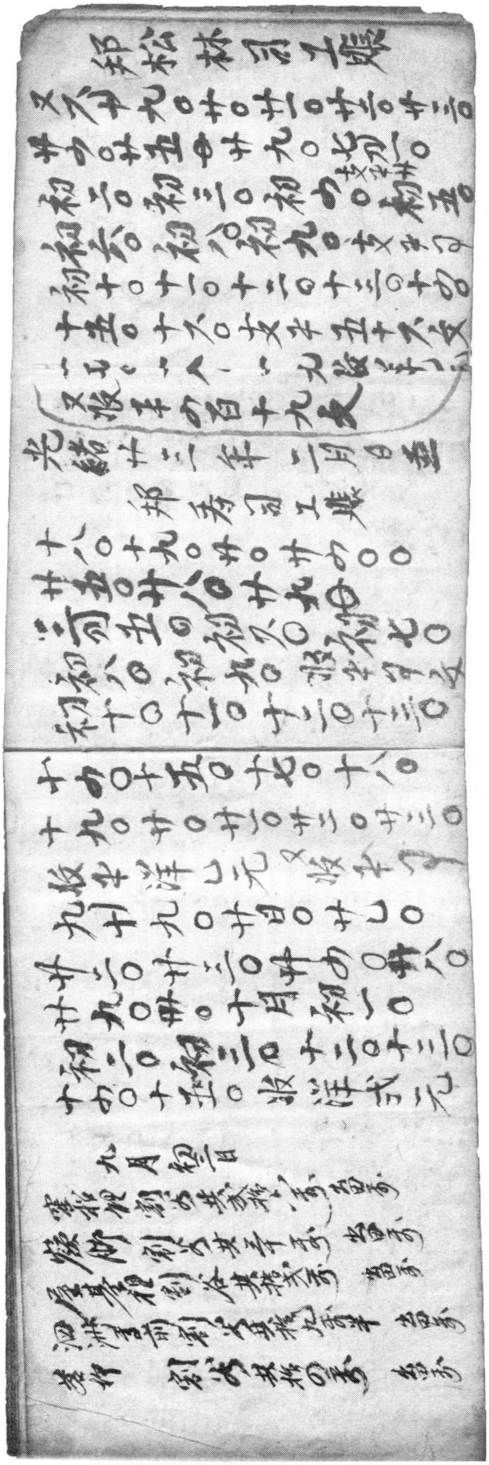

江湾镇晓村 1-43 · 光绪二十一年至民国六年 · 邦寿司工账簿

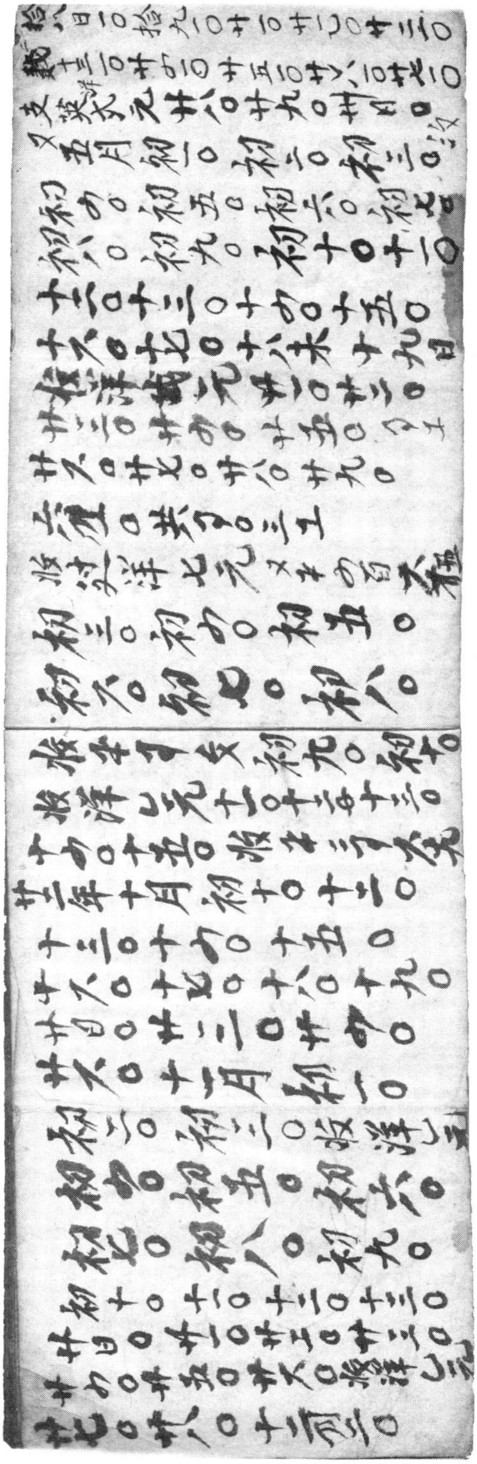

江湾镇晓村 1-44・光绪二十一年至民国六年・邦寿司工账簿

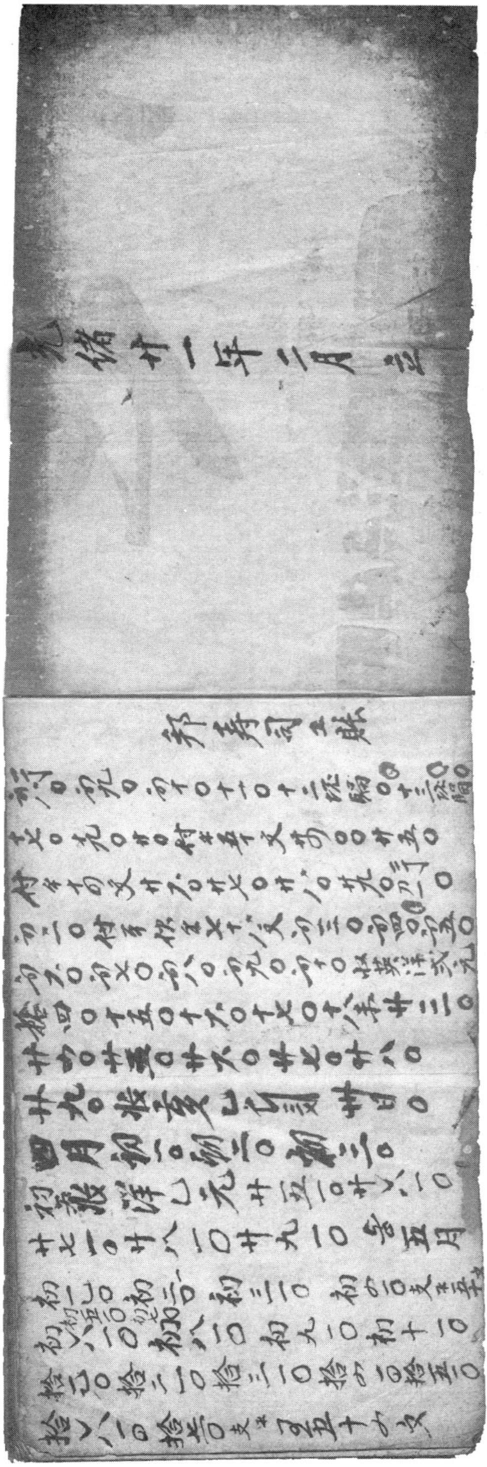

江湾镇晓村 1-45 · 光绪二十一年至民国六年 · 邦寿司工账簿

大清光緒念伍年歲次己亥年十一月初十日

閒邑鄭恒利客做長梢樹至大鏞嶺脚

乃卑租田壩堆租錢英洋壹員又至嶺脚

俞月家租房壹間房租錢英洋壹員正

此樹鎮呂黄柏塢作至嶺脚工食錢每百斤

壹伯陸拾文照算仍要包廿斤洋價厘錢九百廿

文以元因旗坑鄉約阻樹數百餘根嫡林客人

二月至宅去請要英洋貳員又至鎮頭要洋叁元

又至源口要洋五員 又至茶亭店金田人要洋來之

又至本村菊花要客批洋四員修水口亭客人只

先弍員 後又弍元共四員 光在黄楠手聪卞聚用

做客是難被人之虧厘錢另外開數千文裝力

[illegible]

江湾镇晓村 12 · 光绪二十五年 · 排日账

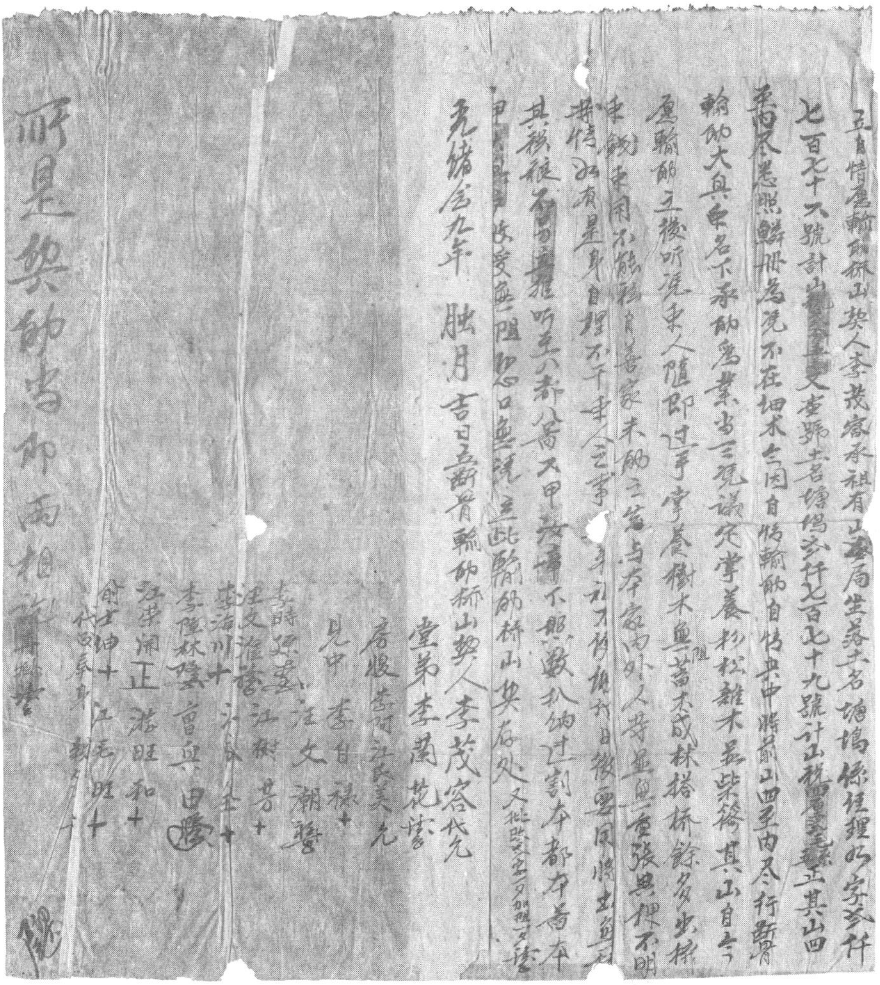

立自情愿输助桥山契人李茂容，承祖有山壹局，坐落土名塘塢，係經理吃字弍仟
七百七十八號，計山[illegible]又壹號，土名塘塢，弍仟七百七十九號，計山税[illegible]，立其山四
至，悉照鱗冊為憑，不在细述。今因自愿輸助，自情央中將前山四至内尽行斷骨
輸助大興眾名下承助為業，当三面議定，掌養杉松雜木，其柴薪，其山自今
凭輸助之後，听凭眾人随即过手掌養樹木，無阻，蓄木成林，搭桥餘多出拚
用錢，眾用，不能私自善家。未助之先，與本家内外人等並無重張典押，不明
等情，如有，是身自理，不干眾人之事。其[illegible]不[illegible]日後要用[illegible]
其税從[illegible]推听至八都八啚又甲[illegible]不照數扒納过割本都本啚本
甲[illegible]收受無阻。恐口無憑，立此輸助桥山契存処。又批：[illegible]

光绪念九年 臘月 吉日立斷骨輸助桥山契人李茂容 代允
堂弟李蘭花
居間[illegible]汪良美 允
見中 李自禄 + 汪文潮
李時[illegible] 汪文淮 江樹昔 +
姜海川 + 汪[illegible] +
李隆林 曾興田
汪[illegible]正 浩旺和 +
俞土[illegible] + 江毛旺 +
代[illegible]

所是契助当即两相[illegible]

江湾镇晓村 78 · 光绪二十九年 · 断骨轮助桥山契 · 李茂容卖与大兴众

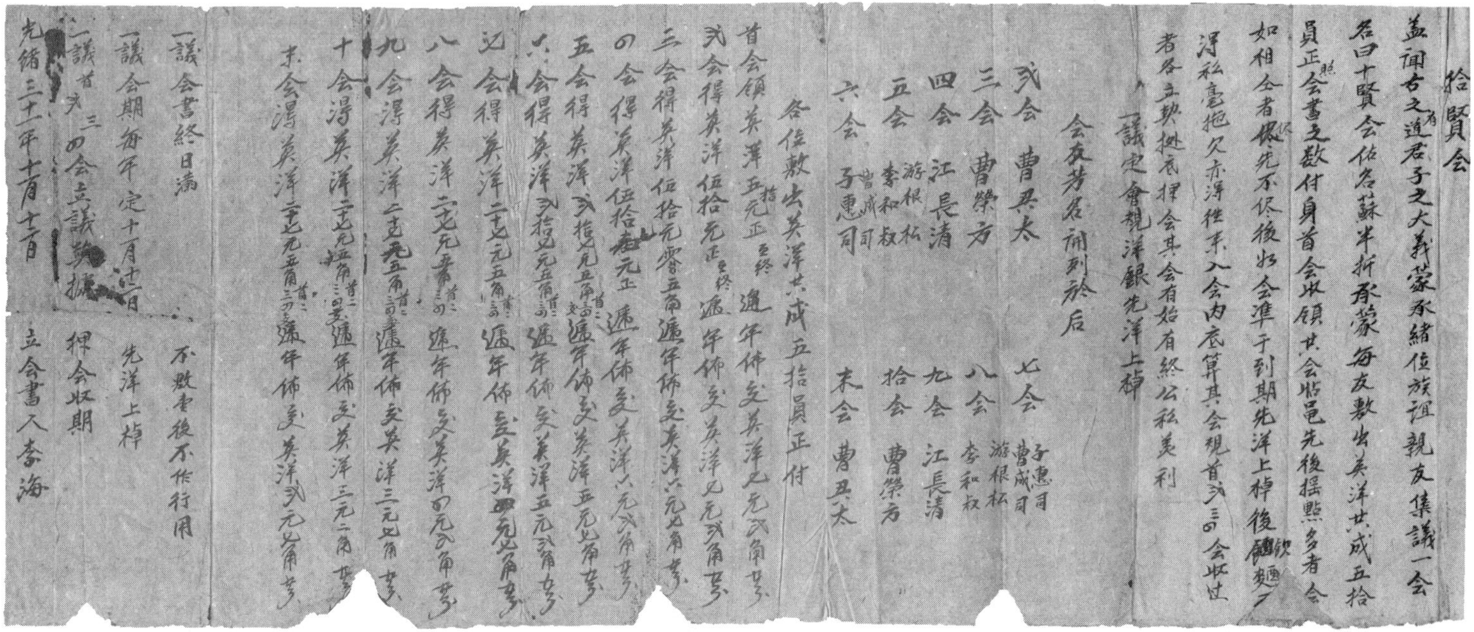

拾賢会

蓋聞古之道君子之大義，蒙承緒位族誼親友集議一会，名曰十賢会，佑名蘇半折承蒙每友數出英洋廿成五拾員正，照会書之數付身首会收領，共会照邑先後摇點，多者会，如相仝者，依先不依後，如会準于到期先洋上棹，後[illegible]，洋私毫拖欠，亦洋往来，八会内底算其会規首弍三四会收过者各立執挺衣押会，其会有始有終，公私美利。

一議定會規洋銀先洋上棹

会友芳名開列於后

弍会 曹兵太　　七会 子惠司 曹成司
三会 曹榮方　　八会 游根松 李和叔
四会 江長清　　九会 江長清
五会 游根松 李和叔　　拾会 曹榮方
六会 曹成司 子惠司　　末会 曹兵太

各位數出英洋廿成五拾員正付

首会領英洋五拾元正 首終 遞年佈交英洋九元弍角七分
弍会得英洋伍拾元正 首終 遞年佈交英洋九元弍角七分
三会得英洋伍拾元零五角 遞年佈交英洋六元七角七分
四会得英洋伍拾元正 遞年佈交英洋六元弍角七分
五会得英洋弍拾九元五角 首二三四 遞年佈交英洋五元七角七分
六会得英洋弍拾九元五角 首二三四 遞年佈交英洋五元弍角七分
七会得英洋二十九元五角 首二三四 遞年佈交英洋四元七角七分
八会得英洋二十九元五角 首二三四 遞年佈交英洋四元弍角七分
九会得英洋二十九元五角 首二三四 遞年佈交英洋三元七角七分
十会得英洋二十九元五角 首二三四 遞年佈交英洋三元二角七分
末会得英洋二十九元五角 首二三四 遞年佈交英洋弍元七角七分

一議会書終日滿 不敢重複不作行用
一議会期每年定十月廿日 先洋上棹
一議首弍三四会立議執據 押会收期

光緒三十一年十月十日 立会書人李海

江湾镇晓村 68 · 光绪三十一年 · 十贤会会书 · 李海

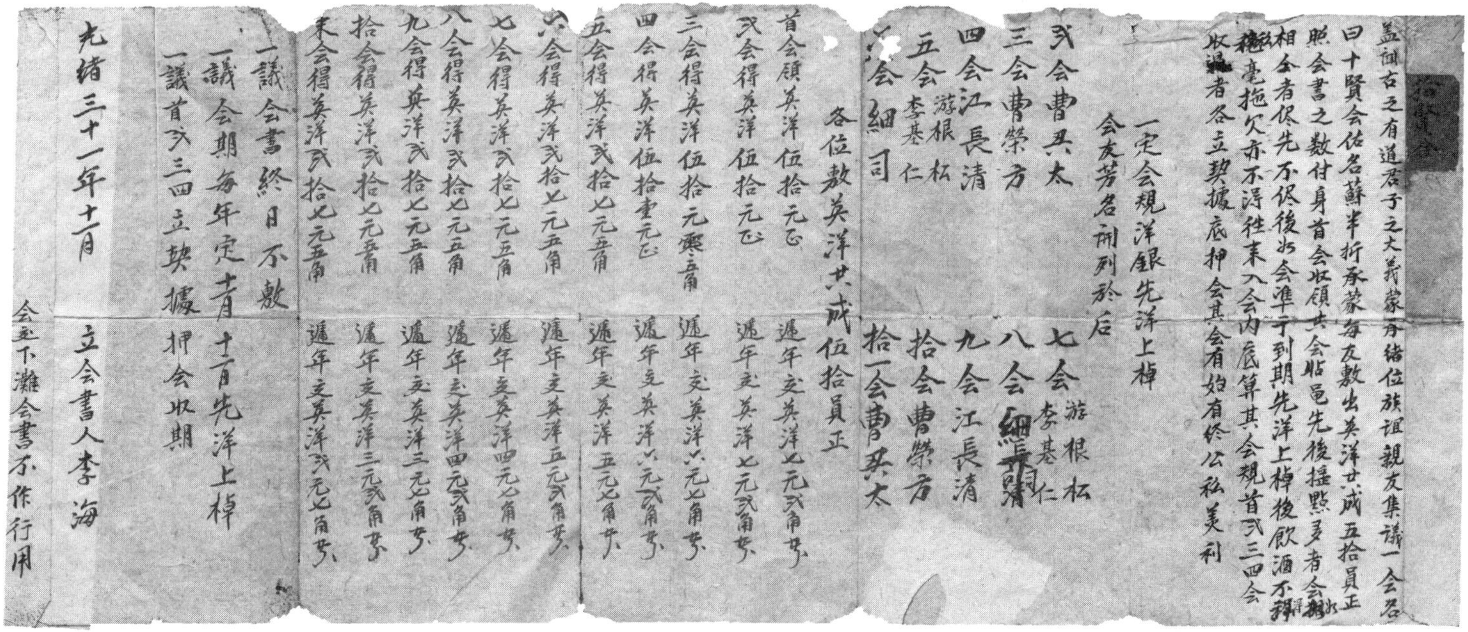

盖闻古之有道君子之大義，蒙承储位族谊親友集議一会，名
曰十賢会，佑名蘇半折，承蒙每友數出英洋廿〻成五拾員正，
照会書之數付身首会收領，其会貼邑先後摇點，多者会得，
相仝者依先不依後，以会準于到期先洋上棹，後飲酒，不得
絲毫拖欠，亦不得秕末。入会内底算其会規，首弍三四会
收過者各立契據底押会，其会有始有終，公私美利。

一定会規洋銀先洋上棹
会友芳名開列於后

弍会 曹𠀤太
三会 曹榮方
四会 江長清
五会 游根松 李基仁
六会 細司
七会 游根松 李基仁
八会 [illegible]
九会 江長清
拾会 曹榮方
拾一会 曹𠀤太

各位數英洋廿〻成伍拾員正

首会領英洋伍拾元正	遞年交英洋七元弍角五
弍会得英洋伍拾元正	遞年交英洋七元弍角五
三会得英洋伍拾元零五角	遞年交英洋六元七角五
四会得英洋伍拾壹元正	遞年交英洋六元弍角五
五会得英洋弍拾七元五角	遞年交英洋五元七角五
六会得英洋弍拾七元五角	遞年交英洋五元弍角五
七会得英洋弍拾七元五角	遞年交英洋四元七角五
八会得英洋弍拾七元五角	遞年交英洋四元弍角五
九会得英洋弍拾七元五角	遞年交英洋三元七角五
拾会得英洋弍拾七元五角	遞年交英洋三元弍角五
末会得英洋弍拾七元五角	遞年交英洋弍元七角五

一議会書終日不散
一議会期每年定十月十一月先洋上棹
一議首弍三四立契據押会收期

光緒三十一年十月　立会書人李海

会至下灘会書不作行用

江湾镇晓村 107 · 光绪三十一年 · 十贤会会书 · 李海

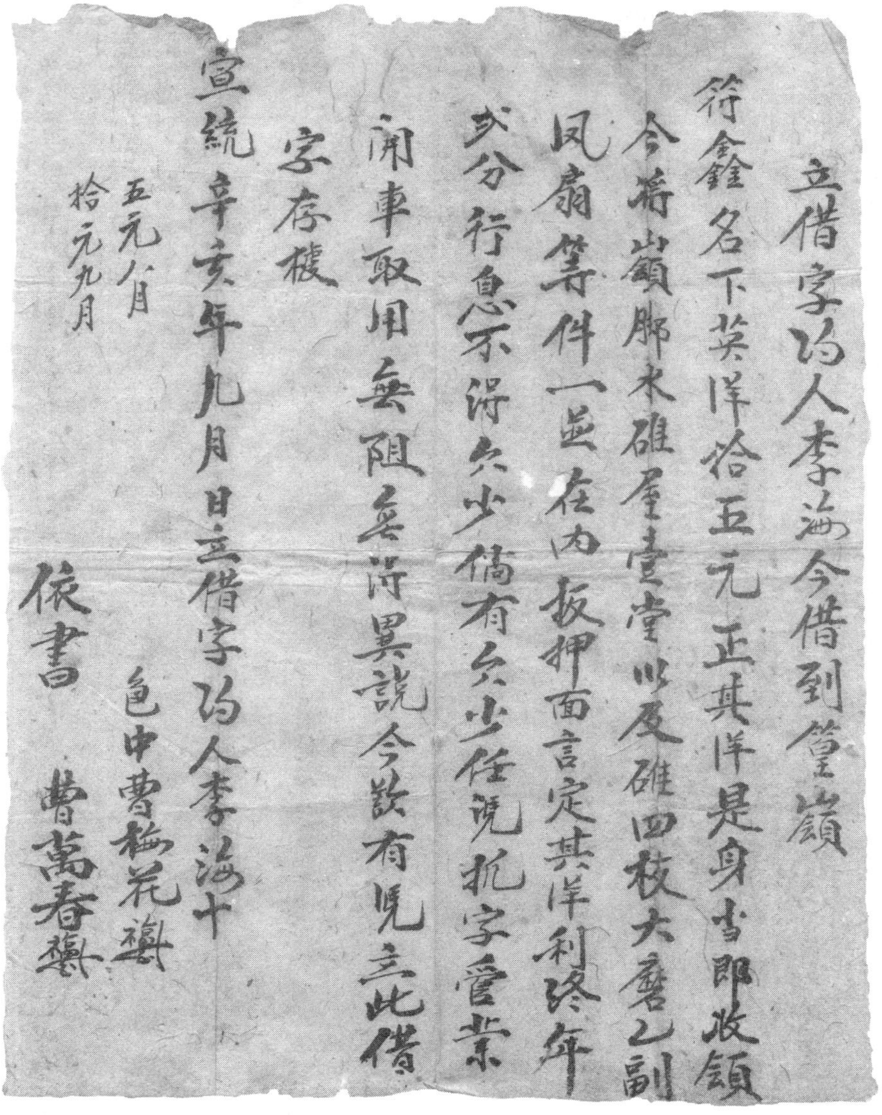
立借字约人李海今借到篁嶺
符鑫名下英洋拾五元正其洋是身当即收領
今将山嶺脚木碓屋壹堂以及碓四枚大磨乙副
风扇等件一並在内扳押面言定其洋利終年
弍分行息不得欠少倘有欠少任凭執字管業
開車取用無阻無得異說今欲有凭立此借
字存據
宣統辛亥年九月　日立借字约人李海十
憑中曹梅花押
五元八月
拾元九月
依書　曹萬春押

江湾镇晓村 103 · 宣统三年 · 借字约 · 李海借到符鑫

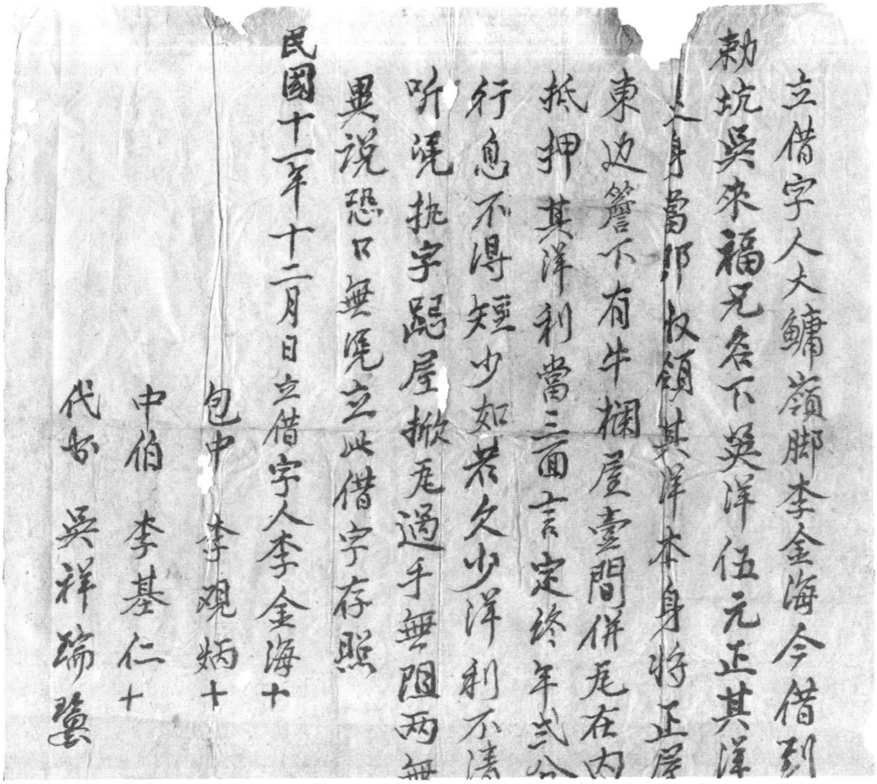
立借字人大鏞嶺脚李金海今借到
勅坑吴來福兄名下英洋伍元正其洋
是身當即收領其洋本身將正屋
東边簷下有牛欄屋壹間併厐在內
抵押其洋利當三面言定終年弍分
行息不得短少如若久少洋利不清
听凭执字起屋搬厐過手無阻兩無
異說恐口無凭立此借字存照
民國十一年十二月日立借字人李金海十
包中 李观炳十
中伯 李基仁十
代书 吴祥瑞書

江湾镇晓村 19 · 民国十一年 · 借字 · 李金海借到吴来福

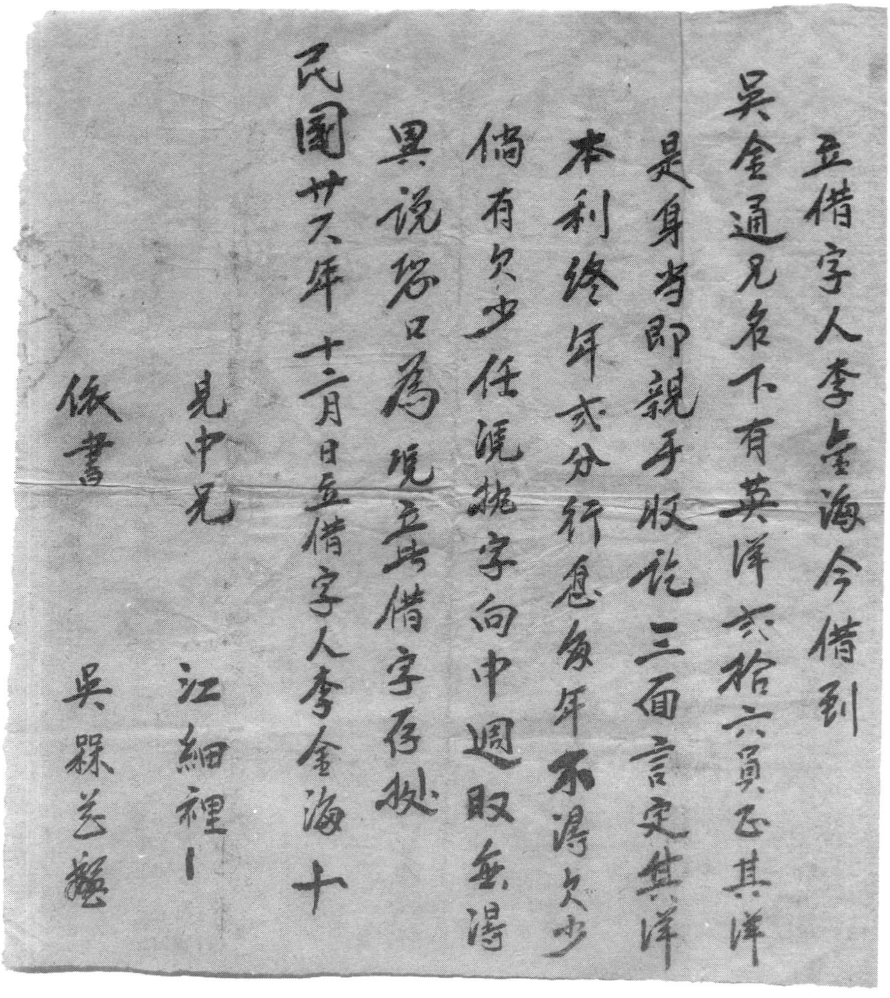

立借字人李金海今借到
吴金通兄名下有英洋贰拾六員正其洋
是身当即親手收訖三面言定其洋
本利終年式分行息多年不得欠少
倘有欠少任憑执字向中週取無得
異说恐口為憑立此借字存據
民國廿六年十二月日立借字人李金海十
見中兄 江細裡丨
依書 吴琛美

江湾镇晓村 105 · 民国二十六年 · 借字 · 李金海借到吴金通

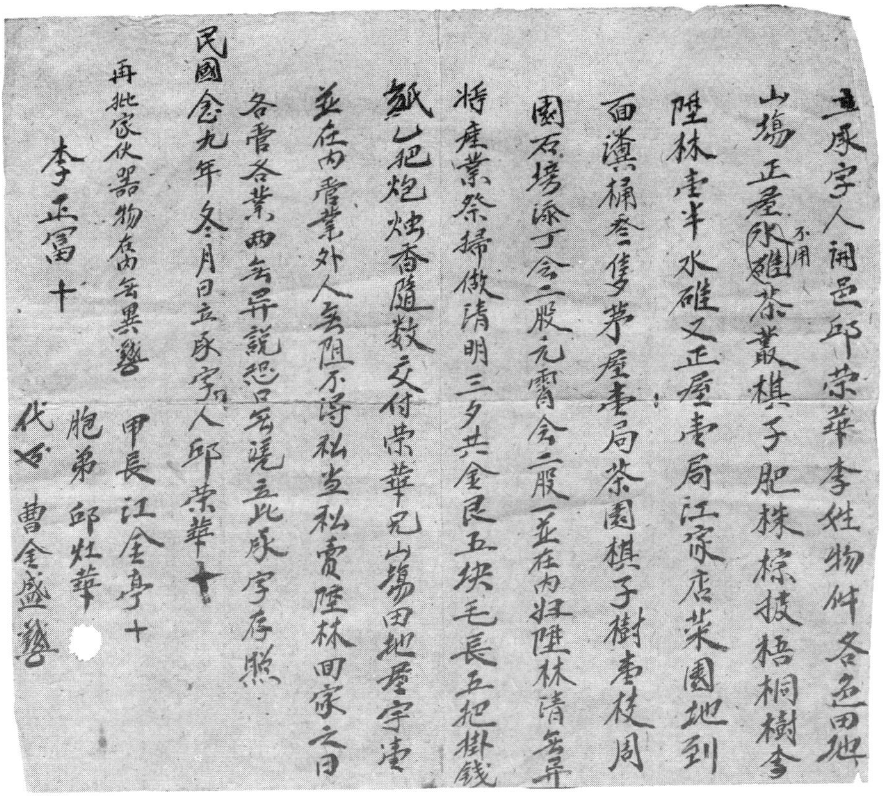

立承字人鄘邑邱荣華李姓物件各色田地
山塲正屋水碓（不用）茶叢棋子肥株棕拔梧桐樹李
陞林壹半水碓又正屋壹局江家店菜園地到
面瀵桶叁隻茅屋壹局茶園棋子樹壹枝周
園石塝添丁会二股元宵会二股一并在内将陞林清無异
将產業祭掃做清明三多共金艮五块毛長五把掛錢
紙乙把炮烛香隨数交付荣華兄山塲田地屋宇壹
並在内壹業外人無阻不得私当私賣陞林回家之日
各壹各業兩無异説恐口無凭立此承字存照
民國念九年冬月日立承字人邱荣華十
甲長 江金亭十
胞弟 邱灶華
再批家伙器物在内無異繳
李正富十
代筆 曹金盛繳

江湾镇晓村 14 · 民国二十九年 · 承字 · 邱荣华

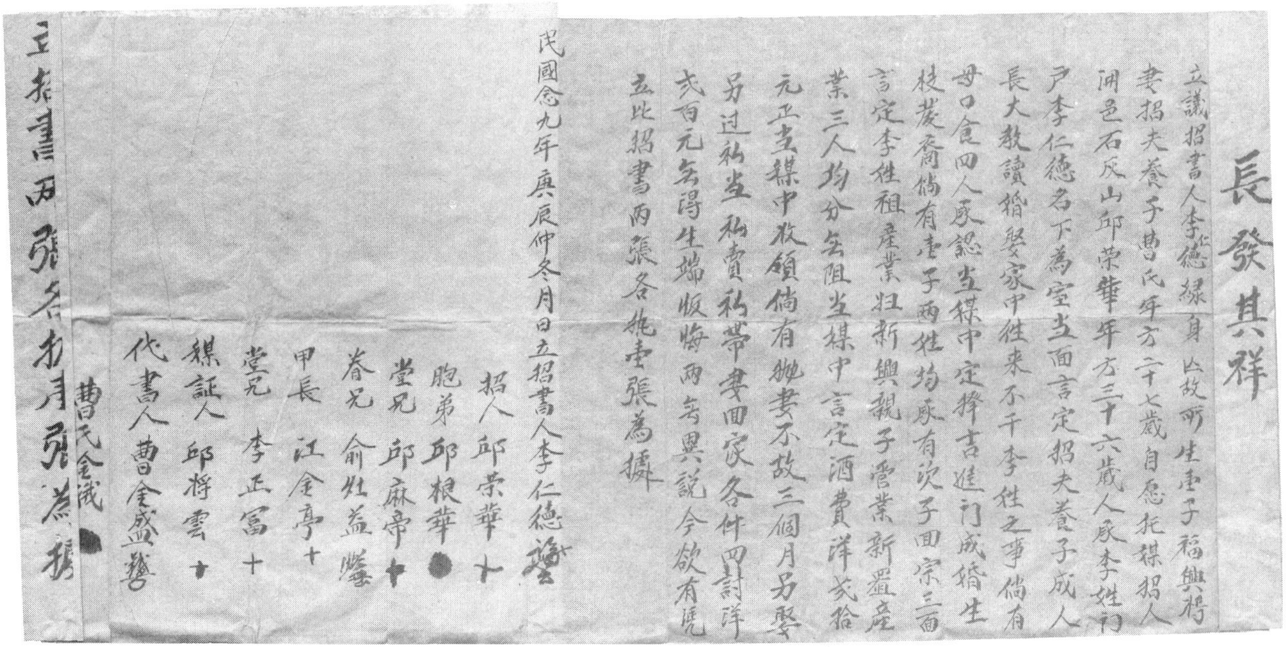

長發其祥

立議招書人李仁德緣身生故，所生一子福興，得妻招夫養子曹氏，年方二十七歲，自願托媒招入洞邑石灰山邱荣華，年方三十六歲，入承李姓門戶李仁德名下為室。當面言定招夫養子成人長大，教讀婚娶，家中往來不干李姓之事。倘有母口食四人承認。當媒中定擇吉進門成婚，生枝發裔，倘有一子兩姓均承，有次子田宗三畝。言定李姓祖產業歸新興親子營業，新置產業三人均分無阻。當媒中言定酒費洋式拾元正，當媒中收領。倘有拋妻不故三個月，另娶另過，私當私賣私帶妻田家各件，四討洋式百元，無得生端反悔，兩無異說。今欲有憑，立此招書兩張，各執一張為據。

民國念九年庚辰仲冬月　日立招書人李仁德（押）

招人　邱荣華　十
胞弟　邱根華（押）
堂兄　邱麻帝　十
眷兄　俞灶益（押）
甲長　江金亭　十
堂兄　李正富　十
媒証人　邱將雲　十
代書人　曹金盛（押）
曹氏金娥（押）

立招書兩張各執一張為據

江湾镇晓村 98 · 民国二十九年 · 议招书 · 李仁德等

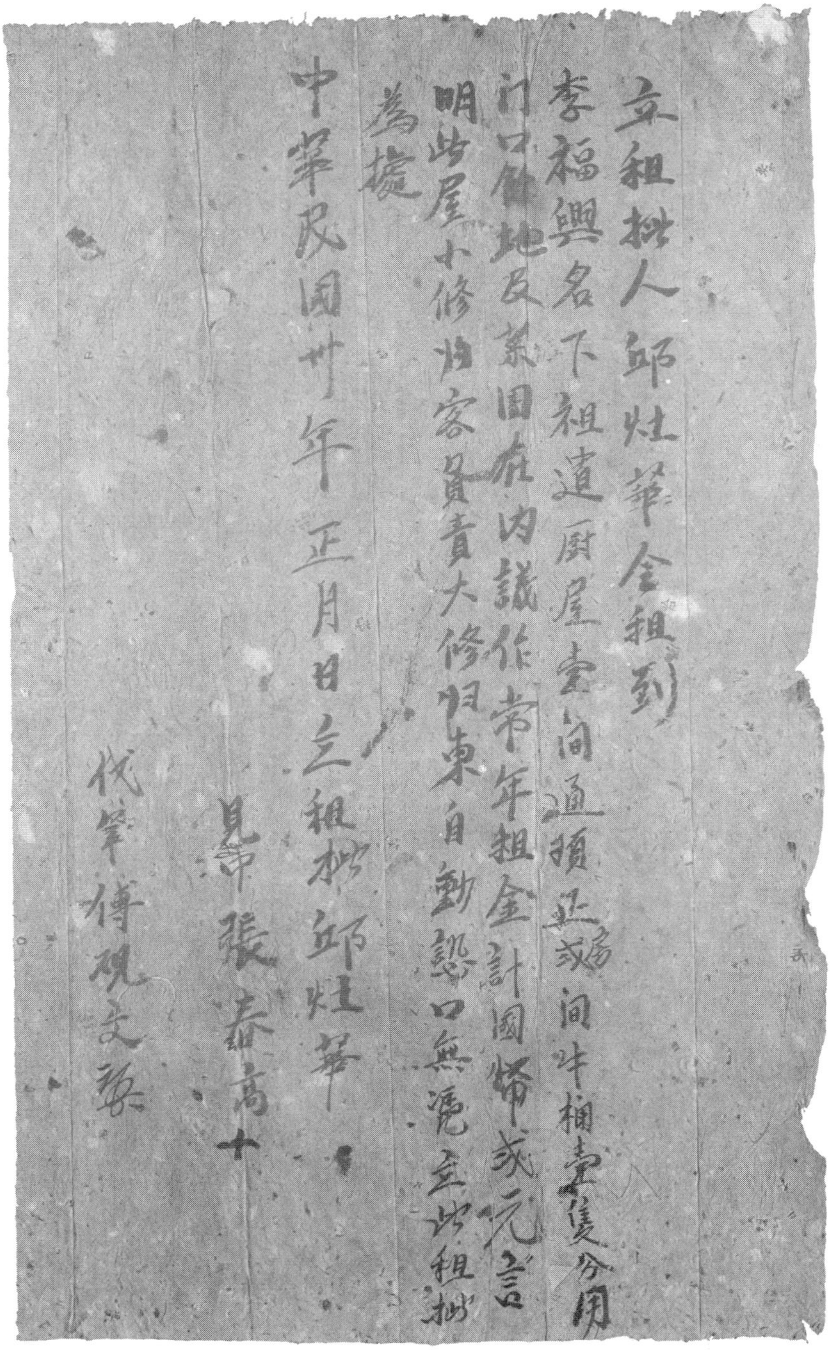
立租批人邱灶華今租到
李福興名下祖遺厨屋壹間通頂並弍間叶桶壹隻分用
门口餘地及菜園在內議作常年租金計國幣弍元言
明此屋如修均客負責大修歸東自動恐口無憑立此租批
為據
中華民國卅年正月日立租批邱灶華
見中張春高 十
代筆傅覌文親

江湾镇晓村 99 · 民国三十年 · 租批 · 邱灶华租到李福兴

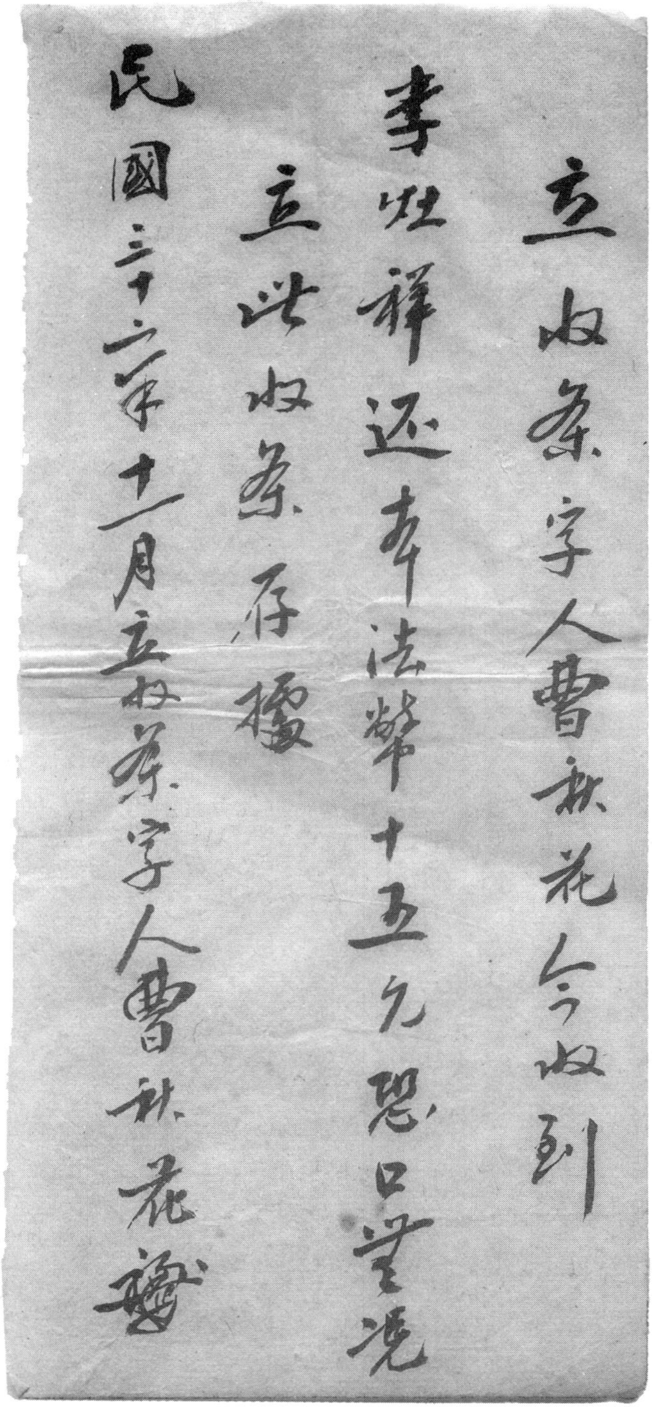
立收条字人曹秋花今收到
李灶祥还本法币十五元恐口无凭
立此收条存据
民國三十二年十一月立收条字人曹秋花

江湾镇晓村 102 · 民国三十二年 · 收条 · 曹秋花收到李灶祥

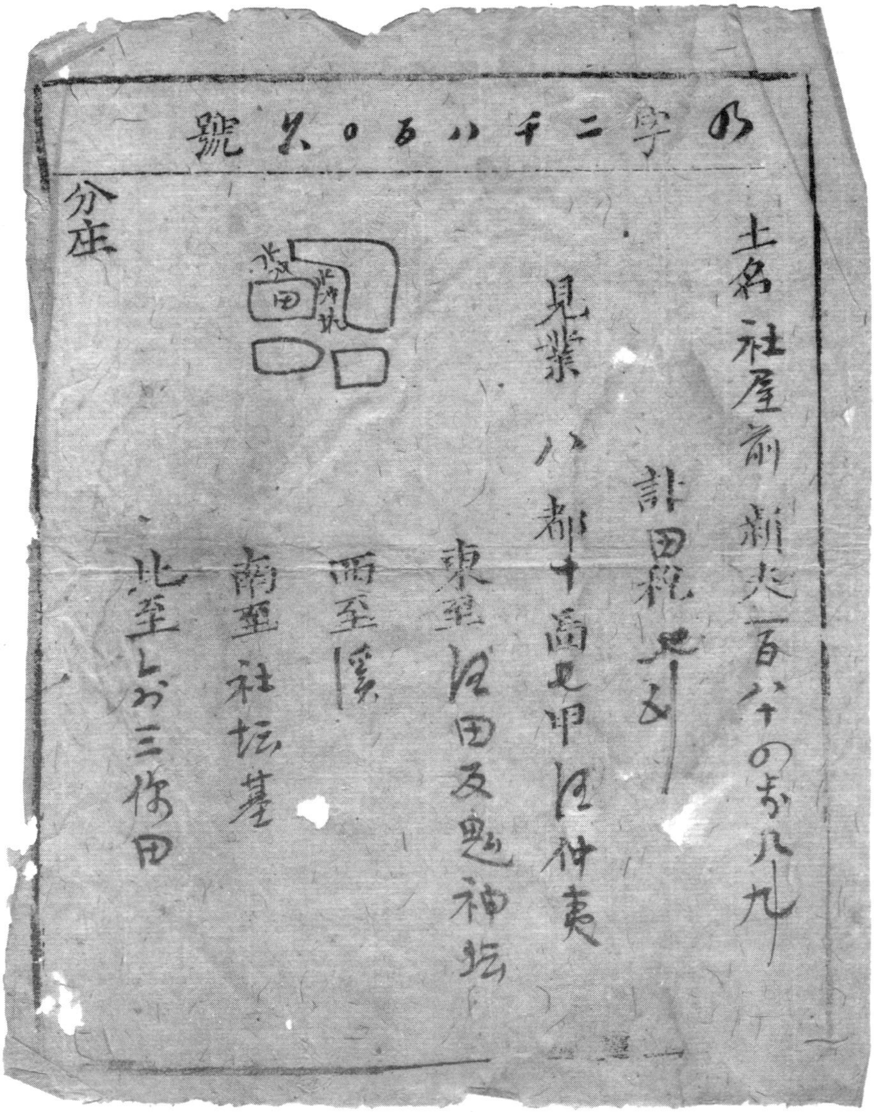

乃字二千八百〇〤號

土名社屋前　新丈一百八十〇步八九

計田税[illegible]

見業　八都十啚〤甲汪仲夷

東至汪田及魁神坛

西至溪

南至社坛基

北至[illegible]三保田

分庄

江湾镇晓村 4 · 土地四至说明书 · 汪仲夷

李震潘即方善餘户

成丁一丁 艮不六钱　不丁一丁 艮七钱三厘

田二十九亩七分四厘六毫 艮乙两八分九分四厘

地三亩三分七厘八 艮不一两九毫

山九分 艮六厘五

墳一亩二毫 艮一钱一厘

共艮式两二钱捌分五厘三毫

大口百 十月廿二

江湾镇晓村 5 · 账单 · 李震潘

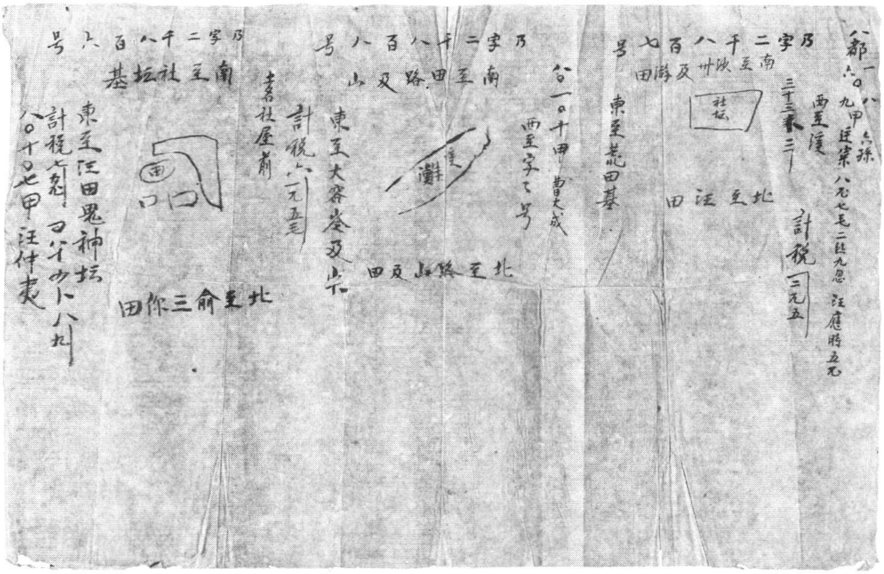

江湾镇晓村 6 · 地基图

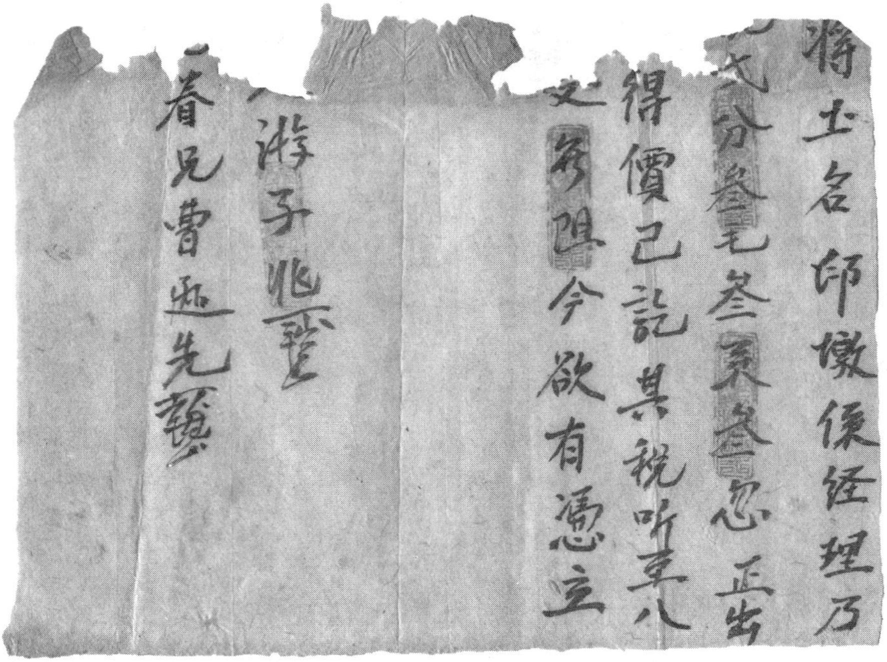
將土名印墩僕經理乃
弍分叁毛叁系叁忽正出
得價已訖其稅听草八
支無阻今欲有憑立
游子兆
春見曹遜先

江湾镇晓村 13 · 推单 · 曹逊生户推与游子兆户

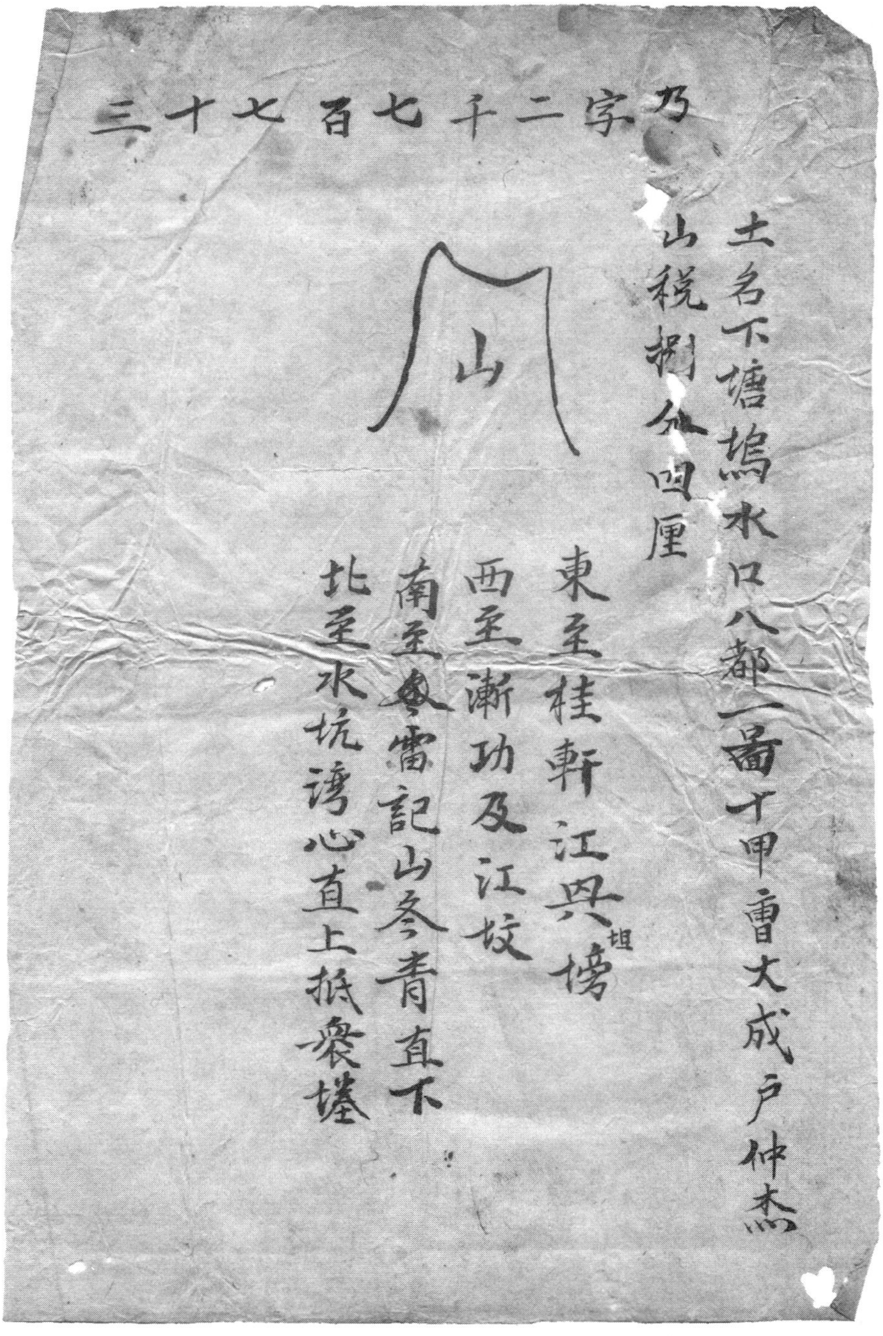

乃字二千七百七十三

土名下塘塢水口八都一啚十甲曹大成戶仲杰

山稅捌分四厘

山

東至桂軒江興坦塝

西至漸功及江坟

南至众雷記山參青直下

北至水坑湾心直上抵衆墶

江湾镇晓村 16 · 土地四至说明书 · 曹大成

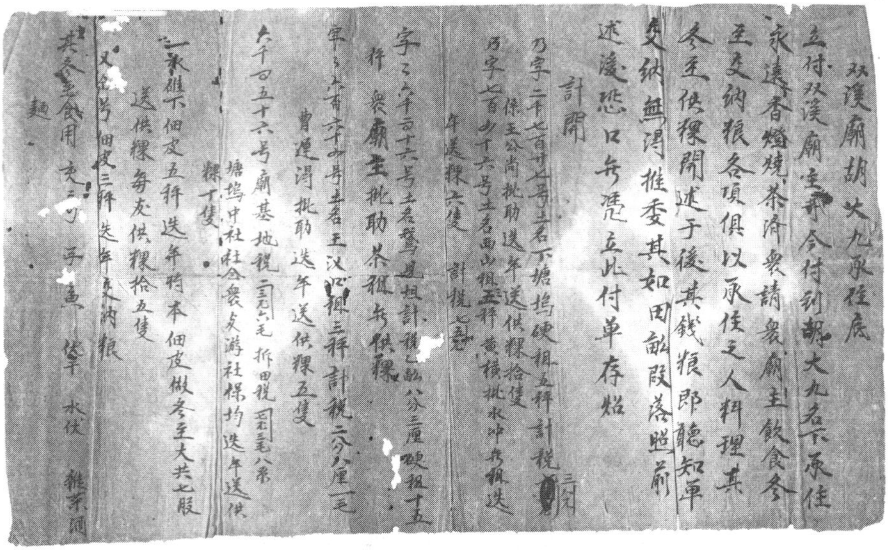

双溪庙胡大九承住底

立付双溪庙主弄今付到胡大九名下承住

永远香烛烧、茶济众请众庙主饮食冬

至交纳粮各项俱以承住之人料理其

冬至供粿開述于後其钱粮郎听知单

交纳無渇推委其如田亩段落照前

述後恐口無凭立此付单存炤

計開

乃字二千七百廿七号土名下塘坞硬租五秤計税

係王公尚批助送年送供粿拾隻

乃字七百廿六号土名西山租五秤黄積批水冲無租送

年送粿六隻 計税七分

字二千四百十六号土名鸳鸯坦租計税七畝八分三厘硬租十五

秤 衆廟主批助茶租無供粿

字三千六百六十四号土名王汉坑租三秤計税二分八厘一毛

曹蓮渇批助送年送供粿五隻

六千四百五十六号廟基地税三厘六毛 拆田税四厘三毛八系

塘坞中社社会众友游社粿均送年送供粿十隻

一承稚下佃皮五秤送年将本佃皮做冬至大共七股

送供粿每友供粿拾五隻

又全号佃皮三秤先年交纳粮

其冬至食用 交 手 水 杂菜酒

面

江湾镇晓村 17 · 付单 · 胡大九

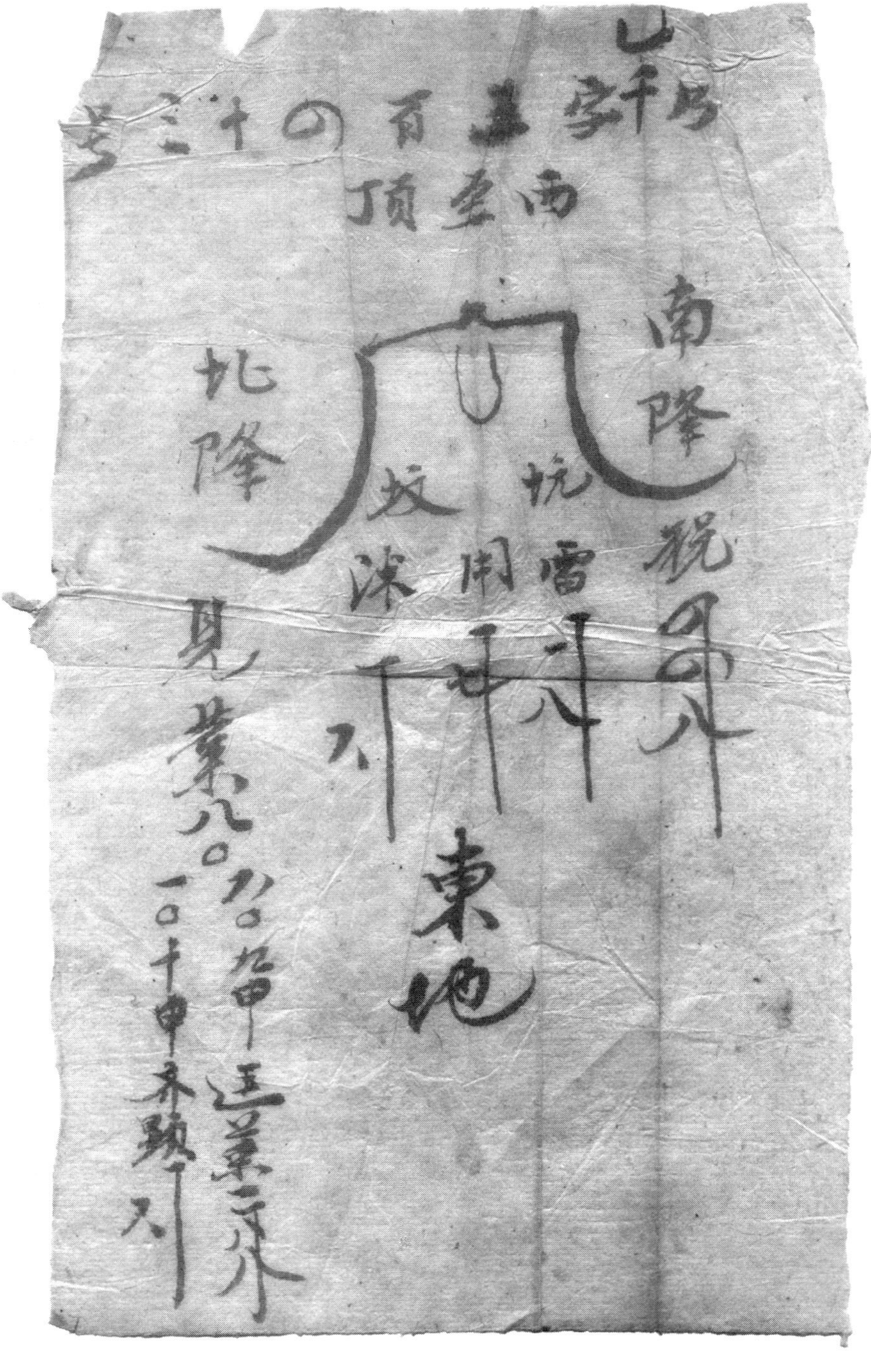

江湾镇晓村 33 · 土地四至图

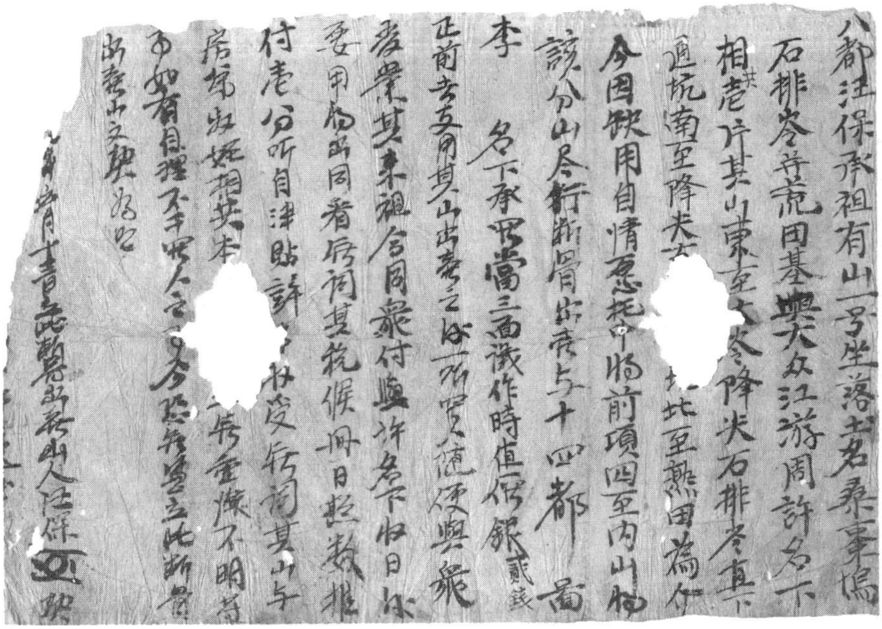

江湾镇晓村 35 · 断骨出卖山契 · 汪保卖与李☐

具禀人大鏞嶺□□永清　汪世錦等
禀爲欺懦故侵護碓掃撇就報移拘事。身村水口養蓄
雜木護蔭，向來無人伐侵。近年張再發遷居豐溪廟，恃
伊父子五虎，欺身人煙寥落，水口樹木暗被戕害凋零。未捉証據，隱忍在
心。現又乘機盜砍伐雜木三株，身等□□捉獲再發挖樹贓回家
跟踪到伊家，認看明抵實。投約向論，何等逞□□言水口不
峯掌立不完不休。身等居此苦地，何能久□□□爲此叩
報
總爺賞目拘移除兇杜害，以保鄉閭，□爲德，便上禀。

江湾镇晓村 43 · 具状词 · □永清、汪世锦等告张再发

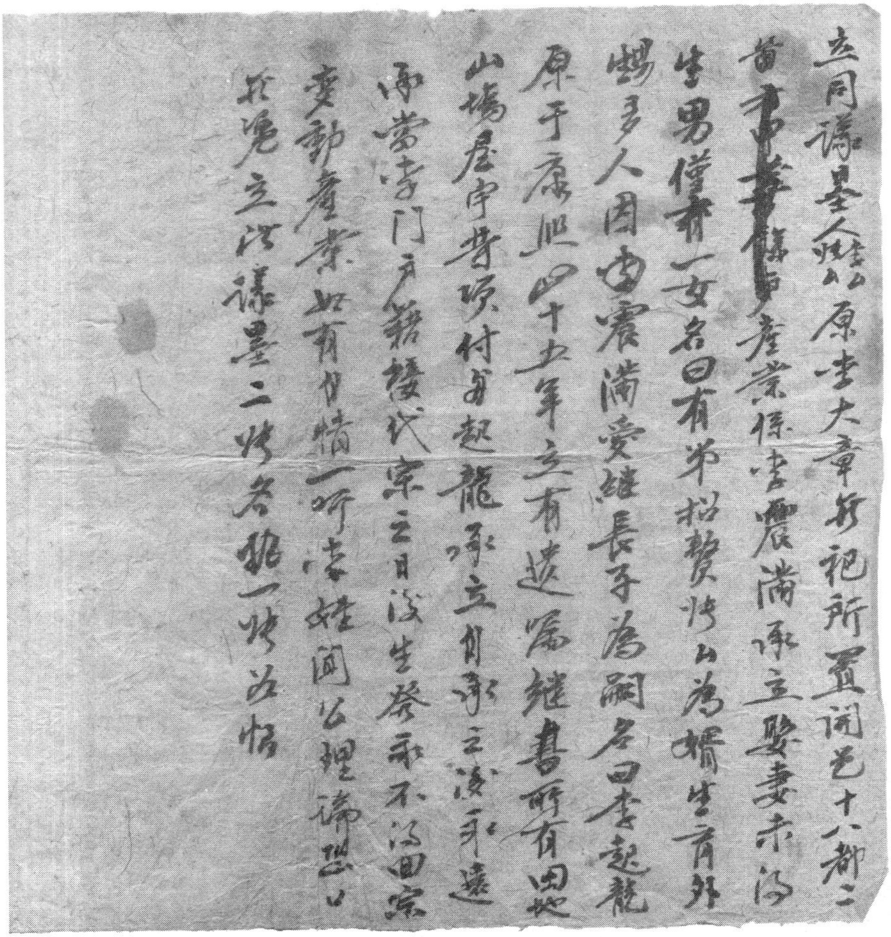
立同議墨人張公原生大章新祀所置词邑十八都二
啚[illegible]產業係李震滿承立娶妻張氏
生男僅有一女名曰有弟招贅張公為婿生育外
甥多人因李震滿愛繼長子為嗣名曰李起龍
原于康熙四十五年立有遺屬繼書所有田地
山場屋宇并項付與起龍承立自承立後永遠
承當李門户籍接代宗之日後生發永不得回宗
變動產業如有甘情一听李姓聞公理論恐口
無憑立此議墨二帋各執一帋為照

江湾镇晓村 44 · 同议墨 · 李〼与张〼

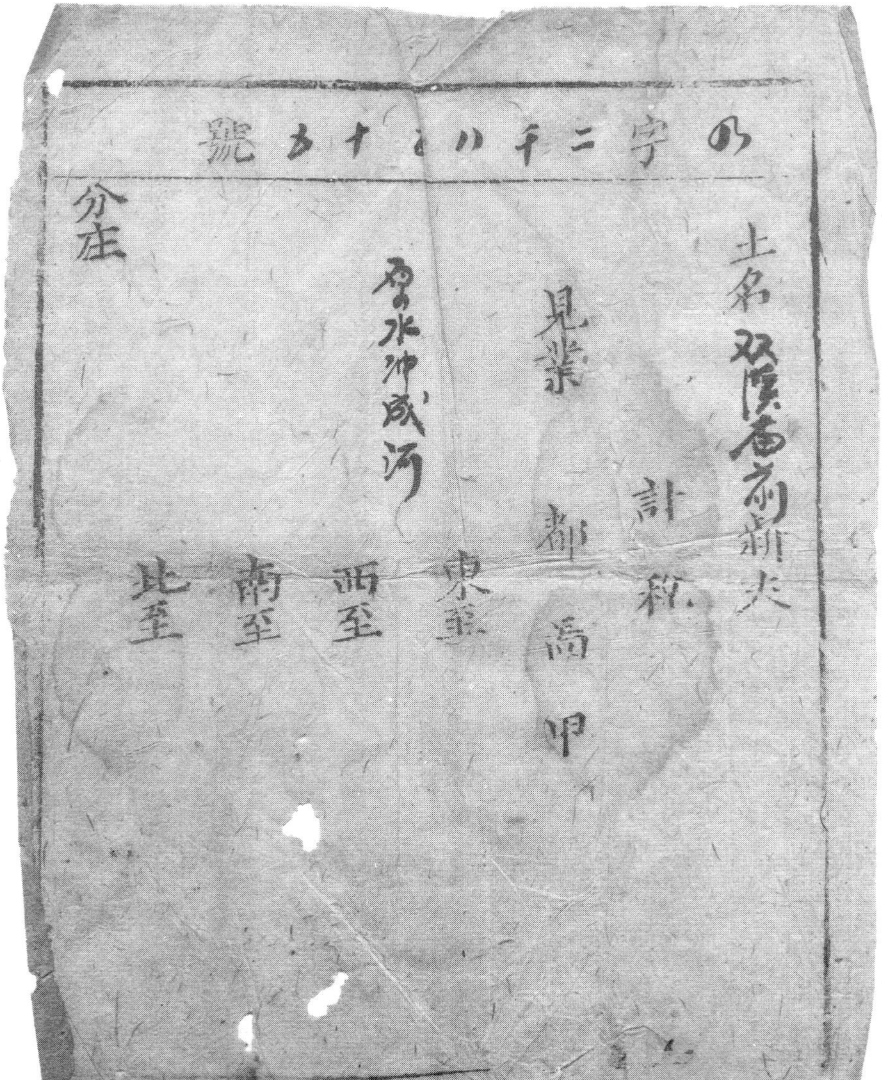

江湾镇晓村 57 · 土地四至说明

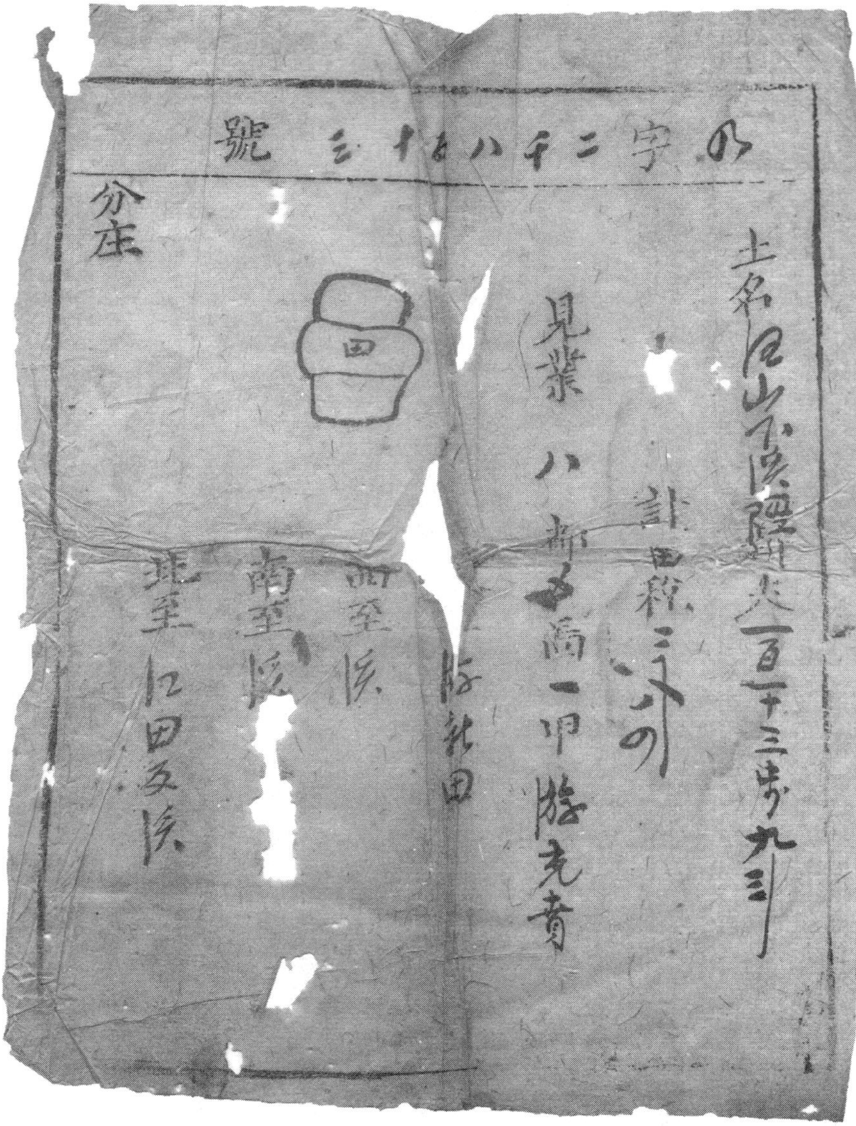

乃字二千八百十三號

土名旦山下塅[illegible]大一百十三步九厘

計田税三分□

見業八都五啚一甲滕光青

東至滕新田

西至塅

南至塅

北至江田及塅

分庄

江湾镇晓村 64 · 土地四至说明

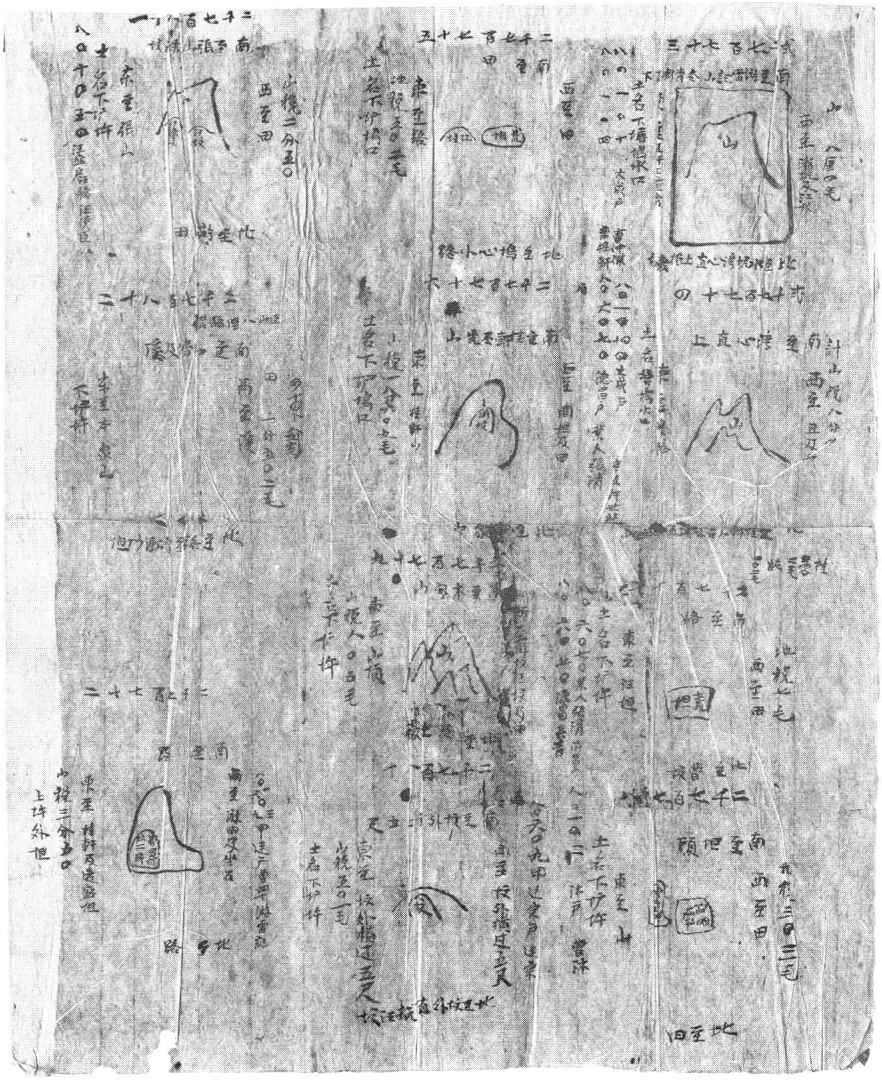

江湾镇晓村 80 · 地形图

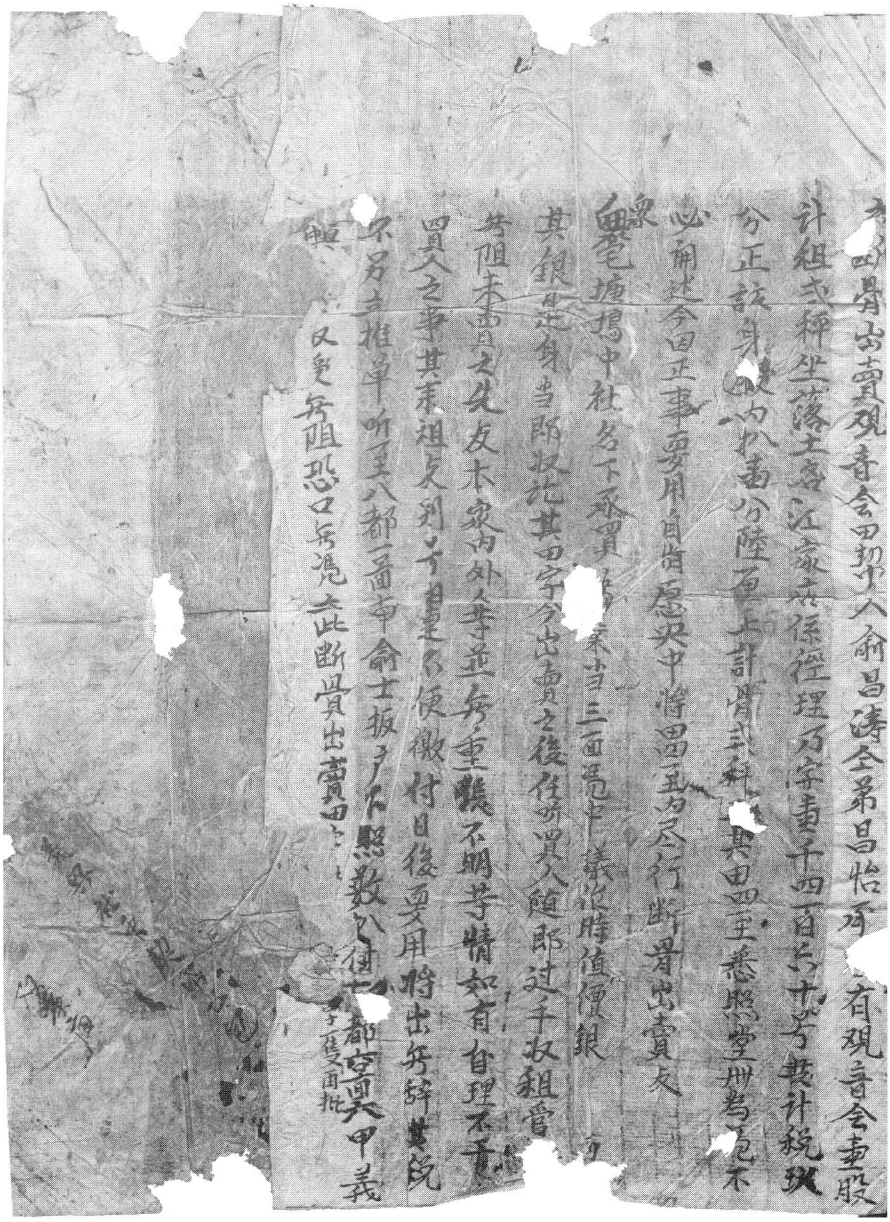
立斷骨出賣觀音會田契人俞昌涛仝弟昌怡，今有觀音會壹股
計租弍秤，坐落土名江家底，係經理乃字壹千四百六十二号，其計稅玖
分正，該身[illegible]內扒出分陸厘，土計骨弍秤，其田四至悉照堂冊為憑，不
必開述。今因正事要用，自情愿央中將四至內盡行斷骨出賣與
眾宅塘塢中社名下承買為業，當三面憑中議定時值價銀[illegible]
其銀是身當即收訖。其田字今出賣之後，任聽買人隨即過手收租管
業無阻。未賣之先，與本家內外人等並無重張不明等情，如有，自理，不干
買人之事。其來祖[illegible]不便繳付，日後要用，將出無辭。其稅
不另立推單，聽至八都一啚甲俞士振户下照數[illegible]都[illegible]甲義
[illegible]無阻。恐口無憑，立此斷骨出賣田契[illegible]

江湾镇晓村 83 · 断骨出卖观音会田契 ·
俞昌涛同弟昌怡卖与众宅塘坞中社

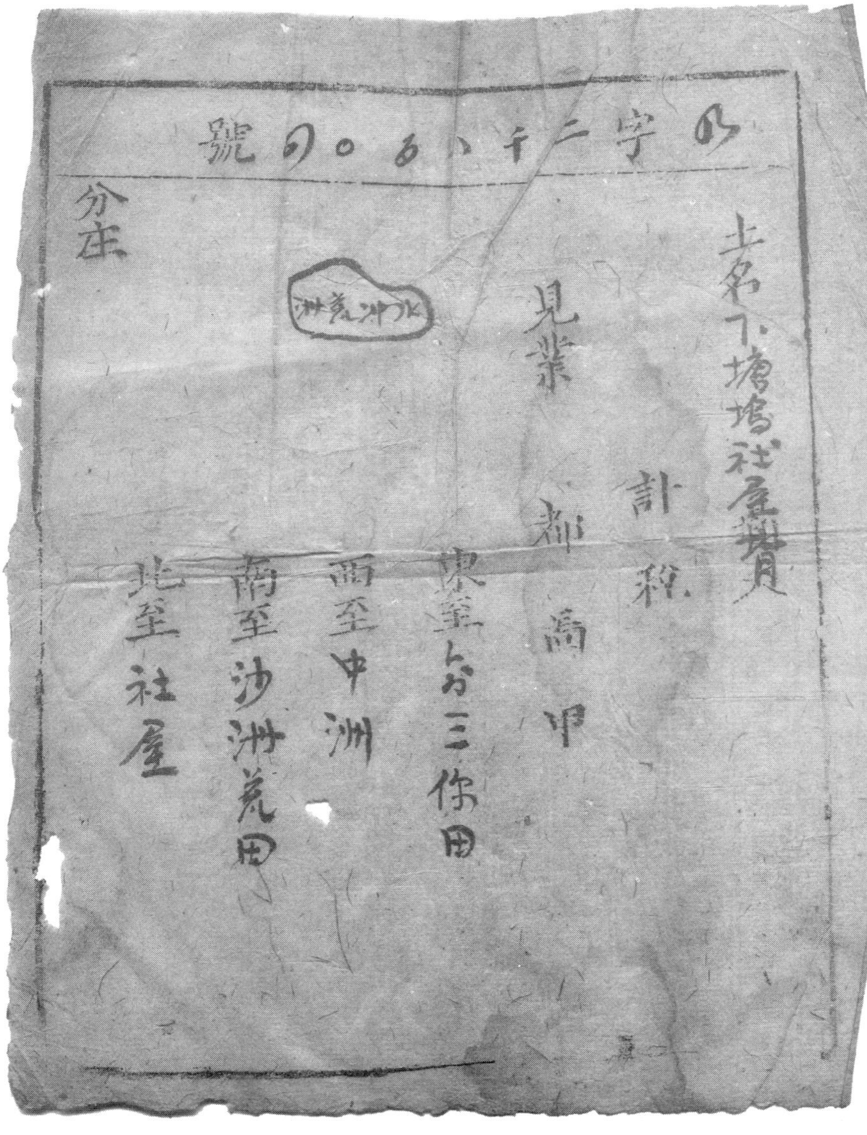

江湾镇晓村 104 · 土地活页 · 明字二千八百〇四号土名下塘坞社屋背

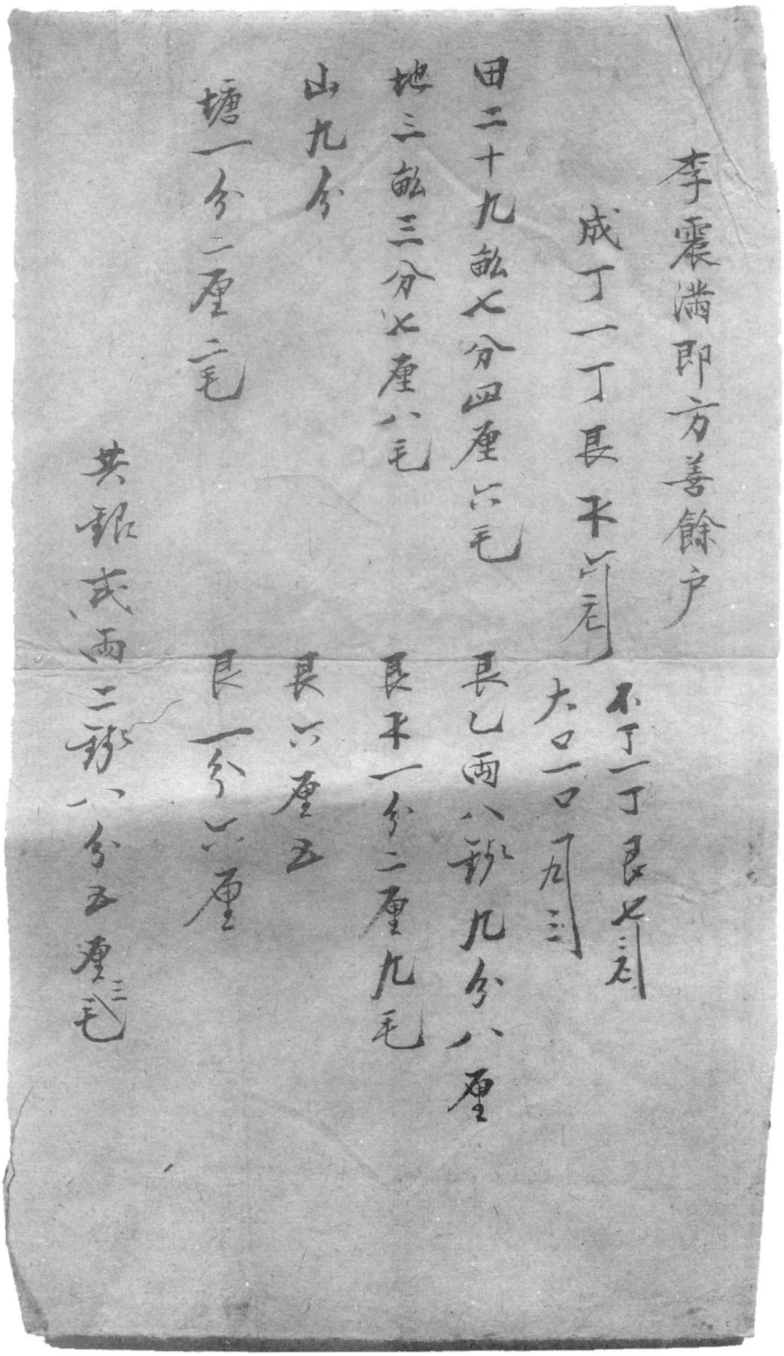
李震满即方善餘户

成丁一丁長米六石

不丁一丁長七三石

大口一口月九三

田二十九畝七分四厘六毛

地三畝三分七厘八毛

山九分

塘一分二厘二毛

長乙两八錢九分八厘

長米一分二厘九毛

長六厘五

長一分六厘

共銀弍两二錢八分五厘三毛

江湾镇晓村 106 · 纳税清单 · 李震满即方善余户

江湾镇晓起岭下村 1—5

江湾镇晓起岭下村 5-1 · 同治元年 · 增订见心集大全（江湖必读卷一）· 裘烈坤

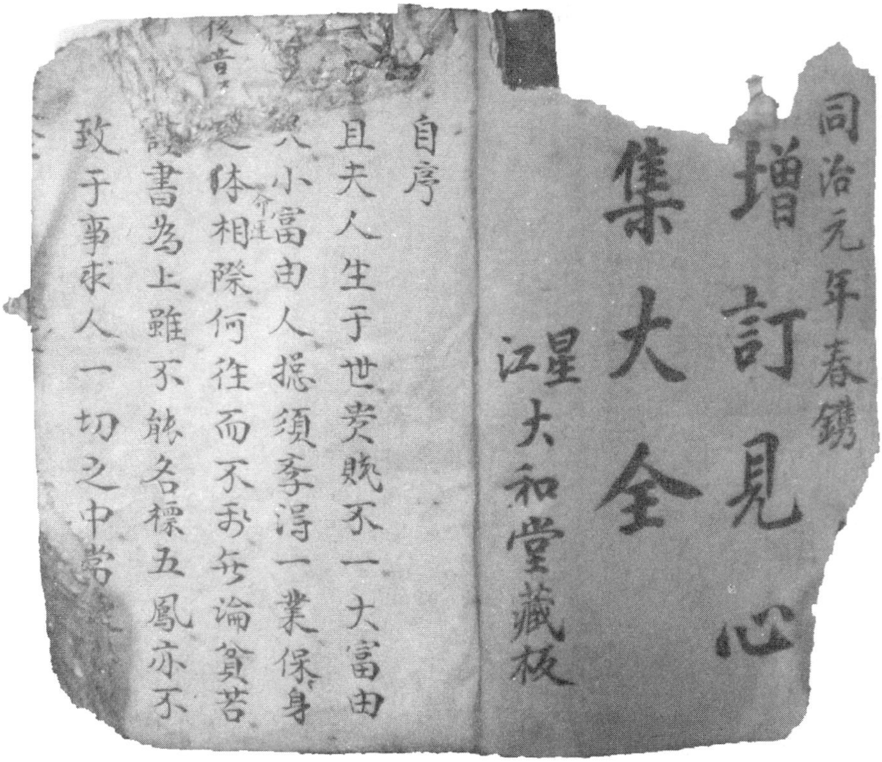

同治元年春鐫
增訂見心集大全
星江大和堂藏板
自序
且夫人生于世貴賤不一大富由
天小富由人總須學得一業保身
逐体相際何往而不利無論貧苦
讀書為上雖不能名標五鳳亦不
致于事求人一切之中常

江湾镇晓起岭下村 5-2 · 同治元年 · 增订见心集大全（江湖必读卷一）·
裘烈坤

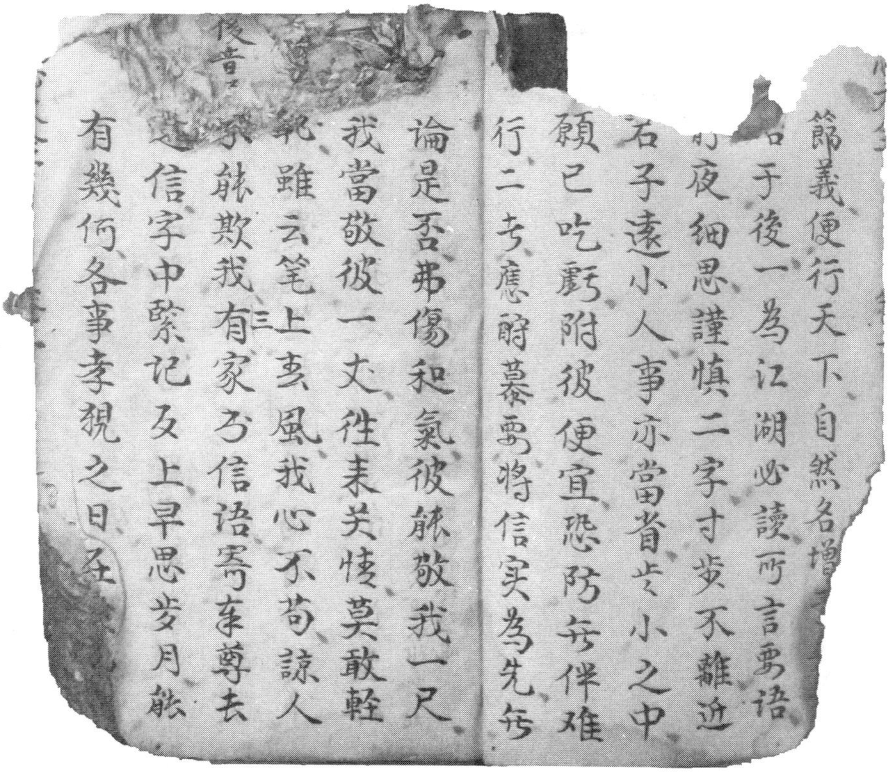
節義便行天下自然名增
于後一為江湖必讀所言要語
朝夜细思謹慎二字寸步不離迩
君子遠小人事亦當省些小之中
顧已吃虧附彼便宜恐防無伴难
行二者應酧慕要將信实為先無
論是否弗傷和氣彼能敬我一尺
我當敬彼一丈往来关情莫敢輕
視雖云笔上去風我心不苟諒人
豈能欺我有家子信語寄奉尊去
遠信字中際记及上早思歩月能
有幾何各事孝視之日丢

江湾镇晓起岭下村 5-3 · 同治元年 · 增订见心集大全（江湖必读卷一）·
裘烈坤

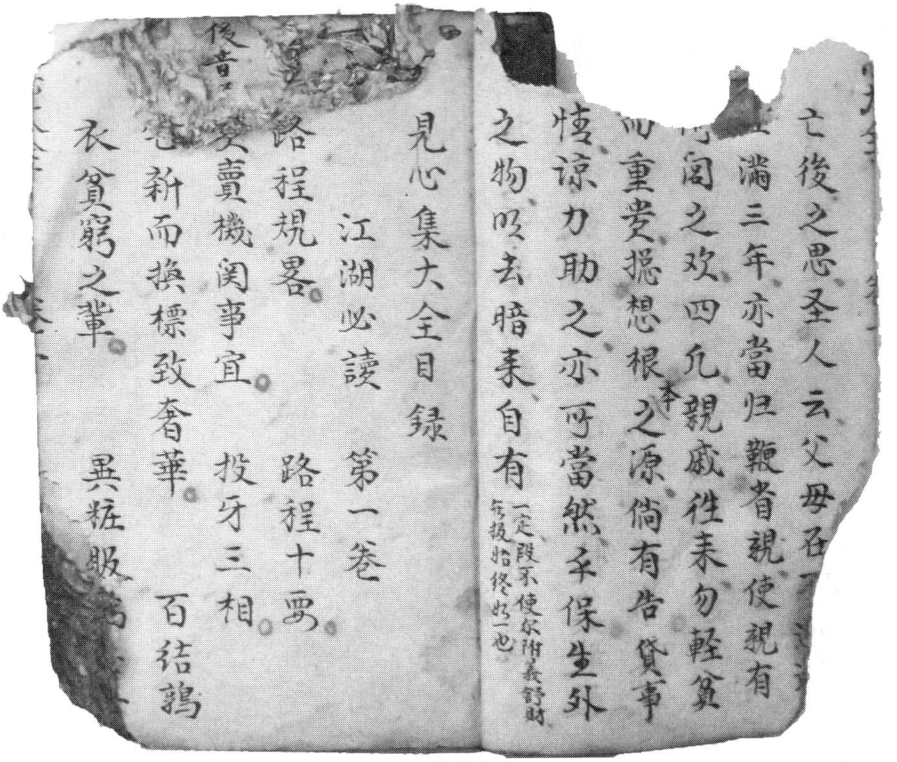
亡後之思圣人云父母在
滿三年亦當归觀省親使親有
閤之欢四凢親戚往来勿輕貧
而重貴摠想根本之源倘有告貸事
情諒力助之亦可當然乎保生外
之物以去皆来自有

見心集大全目録
江湖必讀　第一卷
路程規畧　路程十要
買賣機関事宜　投牙三相
新而換標致奢華　百结鵠
衣貧窮之輩　異粧服

江湾镇晓起岭下村 5-4 · 同治元年 · 增订见心集大全（江湖必读卷一）·
裘烈坤

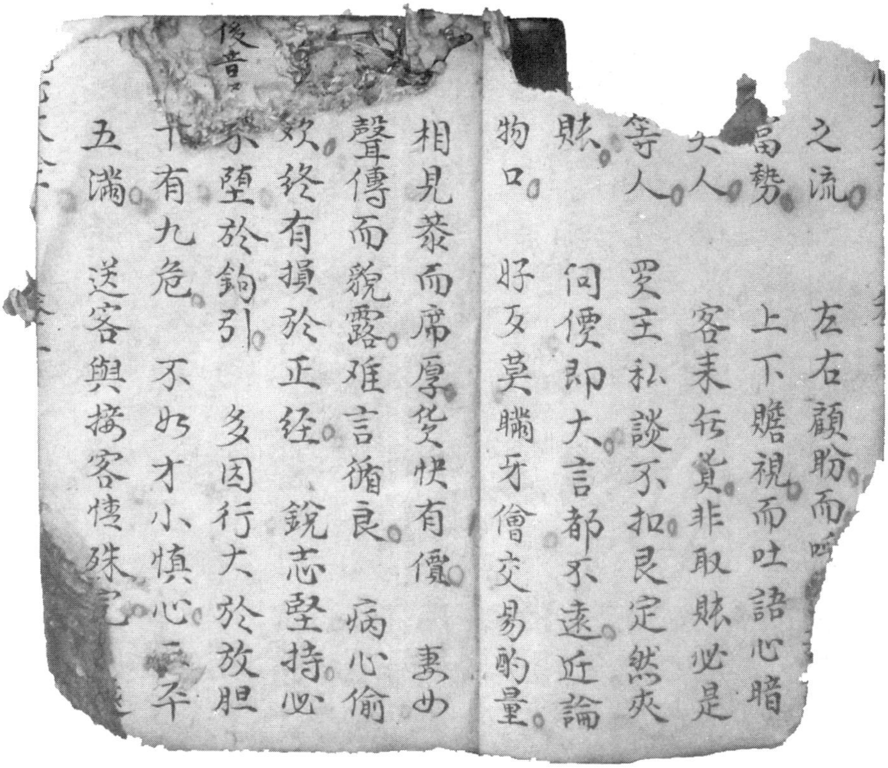
之流　左右顧盼而
富勢　上下瞻視而吐語心暗
丈人　客来缶貨非取賒必是
等人　罗主私談不扣良定然疾
賒　伺便即大言都不遠近論
物口　好歹莫瞞牙儈交易酌量
相見恭而席厚笑快有價　妻也
聲傳而貌露难言循良　病心偷
欸　終有損於正经　銳志堅持必
後音
求墮於鉤引　多因行大於放胆
十有九危　不如才小慎心無卒
五滿　送客與擒客情殊完

江湾镇晓起岭下村 5-5 · 同治元年 · 增订见心集大全（江湖必读卷一）·
裘烈坤

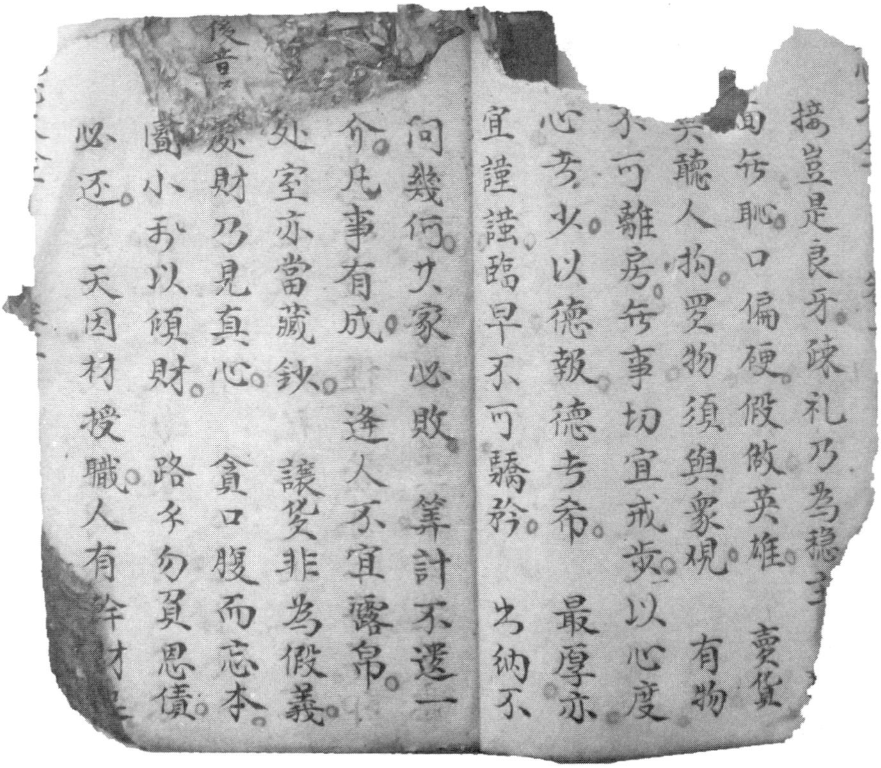

江湾镇晓起岭下村 5-6 · 同治元年 · 增订见心集大全（江湖必读卷一）· 裘烈坤

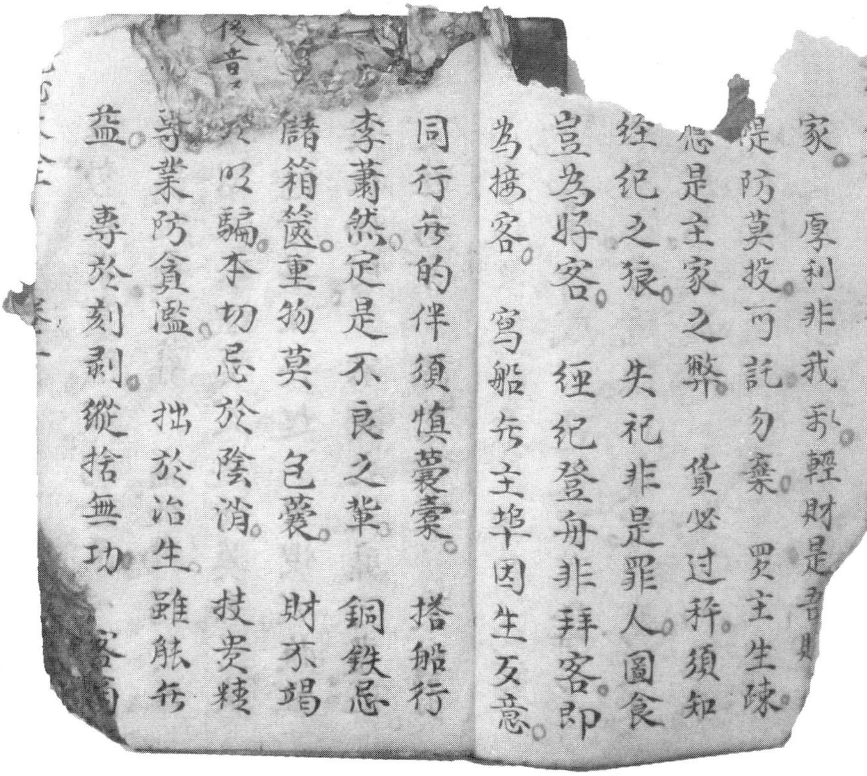
家　厚利非我私輕財是吾
隄防莫投可託勿棄　買主生疎
總是主家之弊　貨必过秤須知
經紀之狼　失祀非是罪人圖食
豈為好客　經紀登舟非拜客即
為接客　寫船无主埠因生反意
同行無的伴須慎囊橐　搭船行
李蕭然定是不良之輩　銅鐵忌
儲箱篋重物莫包囊　財不竭
人吹騙本切忌於陰消　技瓷精
守業防貪濫　拙於治生雖能無
益　專於刻剥縱捨無功　客商

江湾镇晓起岭下村 5-7 · 同治元年 · 增订见心集大全（江湖必读卷一）· 裘烈坤

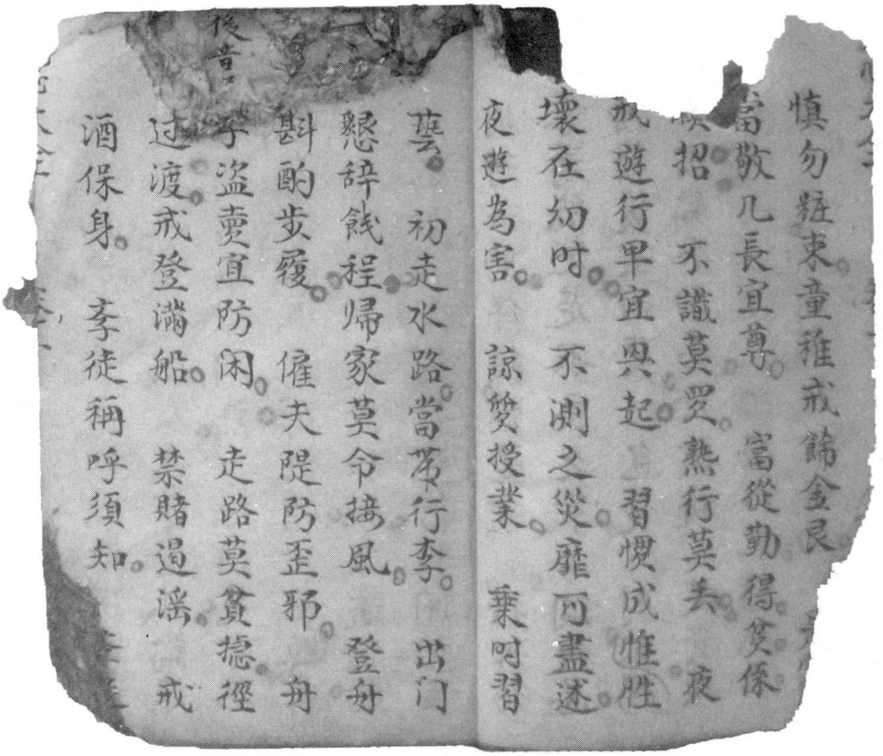
慎勿粧束童稚戒飾金艮
當敬几長宜尊。當從勤得莫係
[illegible]招。不識莫罗。熟行莫去。夜
戒遊行早宜與起。習慣成惟性
壞在幼时。不測之災雁可盡述
夜遊為害。諒發授業。秉时習
藝。初走水路當帶行李。出门
懇辞餞程歸家莫令掛風。登舟
斟酌步履。僱夫隄防歪邪。舟
[illegible]子盗賣宜防闲。走路莫貪捻徑
过渡戒登满船。禁賭遏淫。戒
酒保身。孝徒稱呼須知。

江湾镇晓起岭下村 5-8 · 同治元年 · 增订见心集大全（江湖必读卷一）· 裘烈坤

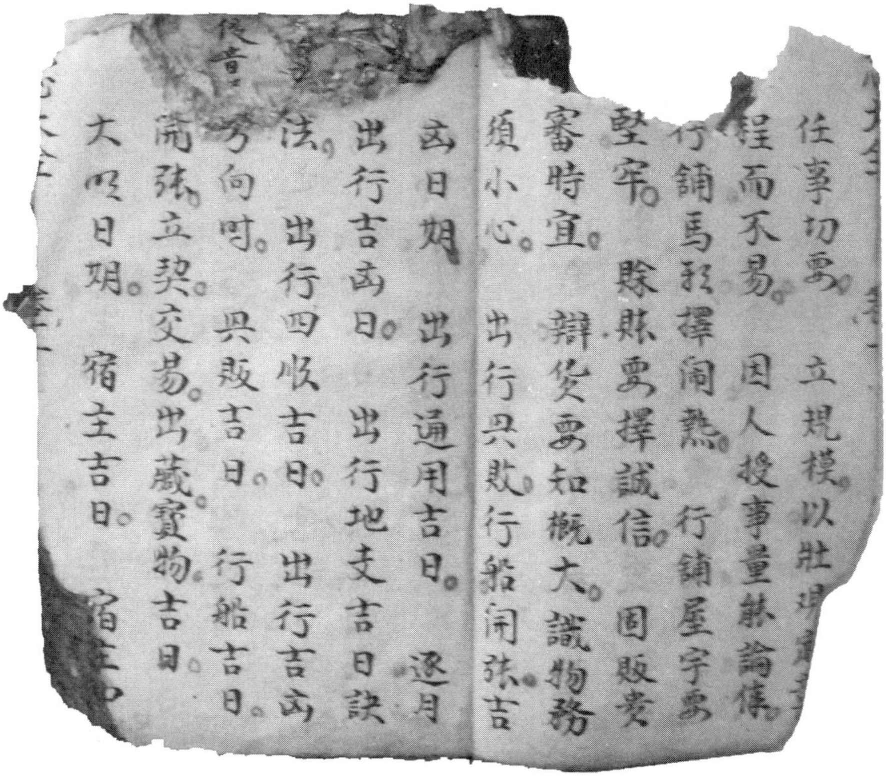

任事切要。立規模以壯場面

程而不易。因人授事量材論價

行鋪馬頭擇閙熱。行鋪屋宇要

堅牢。　賒賬要擇誠信。囤販貴

審時宜。　辦貨要知概大。識物務

須小心。　出行興販行船開張吉

凶日期　出行通用吉日。逐月

出行吉凶日。出行地支吉日訣

法。　出行四收吉日。出行吉凶

方向時。　興販吉日。行船吉日。

開張立契交易。出藏寶物吉日。

大明日期。　宿主吉日。　宿主

江湾镇晓起岭下村 5-9 · 同治元年 · 增订见心集大全（江湖必读卷一）·

裘烈坤

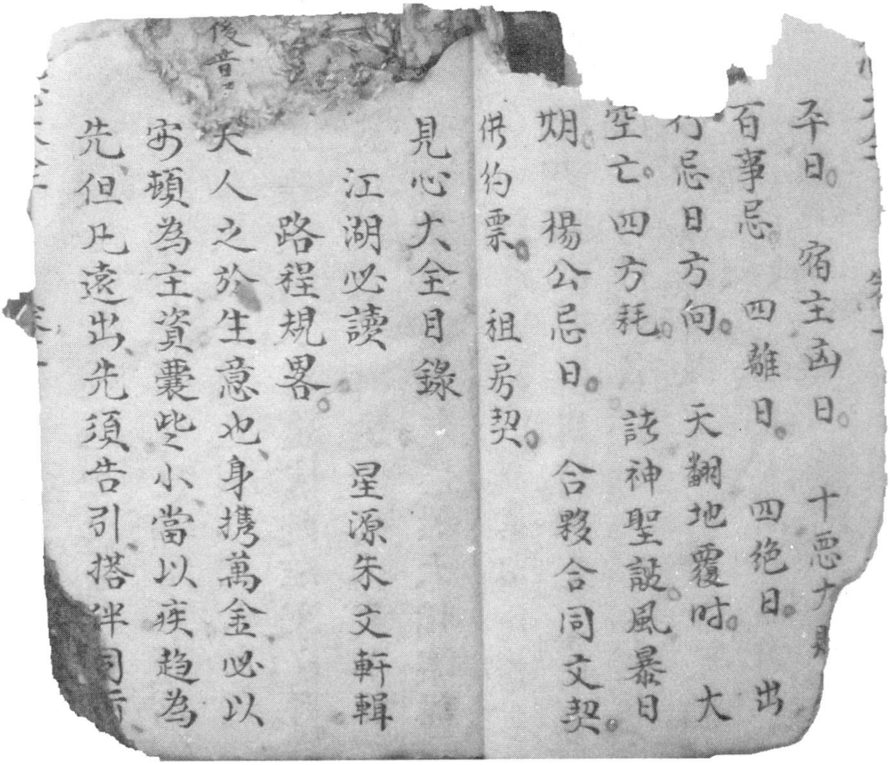

卒日。宿主凶日。十恶大
百事忌。四離日。四绝日。出
行忌日方向。天翻地覆时。大
空亡。四方耗。諸神聖誕。風暴日
炣。楊公忌日。合夥合同文契。
佛约票。祖房契。

見心大全目錄

江湖必讀　星源朱文軒輯

路程規畧。

夫人之於生意也、身携萬金必以
安頓為主資囊些小當以疾趋為
先但凡遠出、先須告引搭伴同

江湾镇晓起岭下村 5-10 · 同治元年 · 增订见心集大全（江湖必读卷一）·
裘烈坤

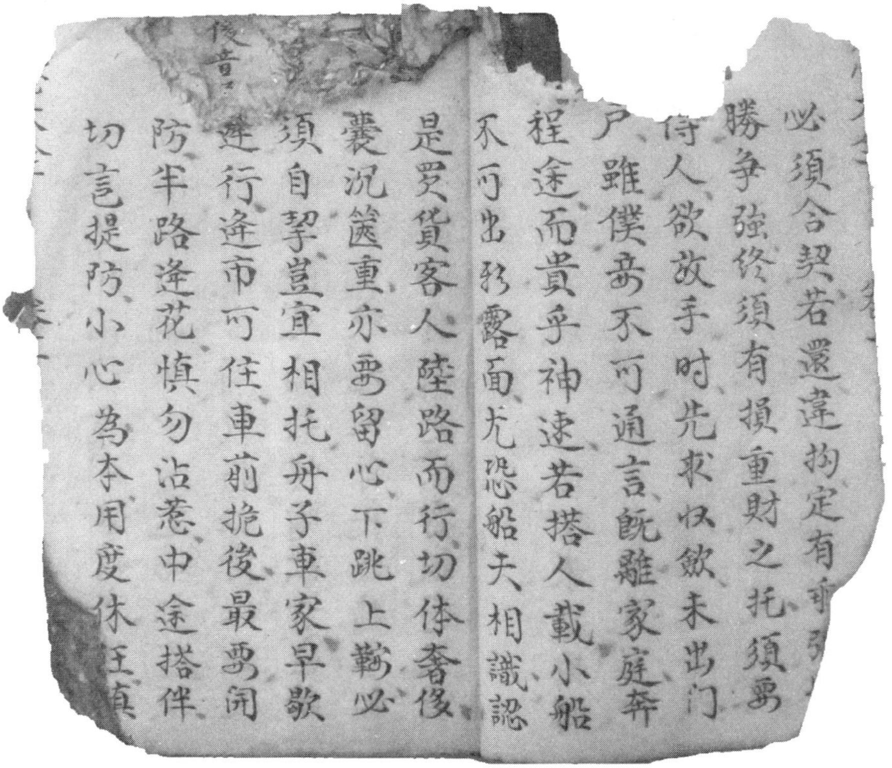
必須合契若還違拘定有
勝爭強終須有損重財之托須要
待人欲放手时先求收斂未出门
户雖僕要不可通言既離家庭奔
程途而貴乎神速若搭人載小船
不可出形露面尤恐船夫相識認
是要貨客人陸路而行切休奢侈
囊況篋重亦要留心下跳上鞍必
須自挈豈宜相托舟子車家早歇
遲行逢市可住車前撓後最要闲
防半路逢花慎勿沾惹中途搭伴
切宜提防小心為本用度休枉填

江湾镇晓起岭下村 5-11 · 同治元年 · 增订见心集大全（江湖必读卷一）·
裘烈坤

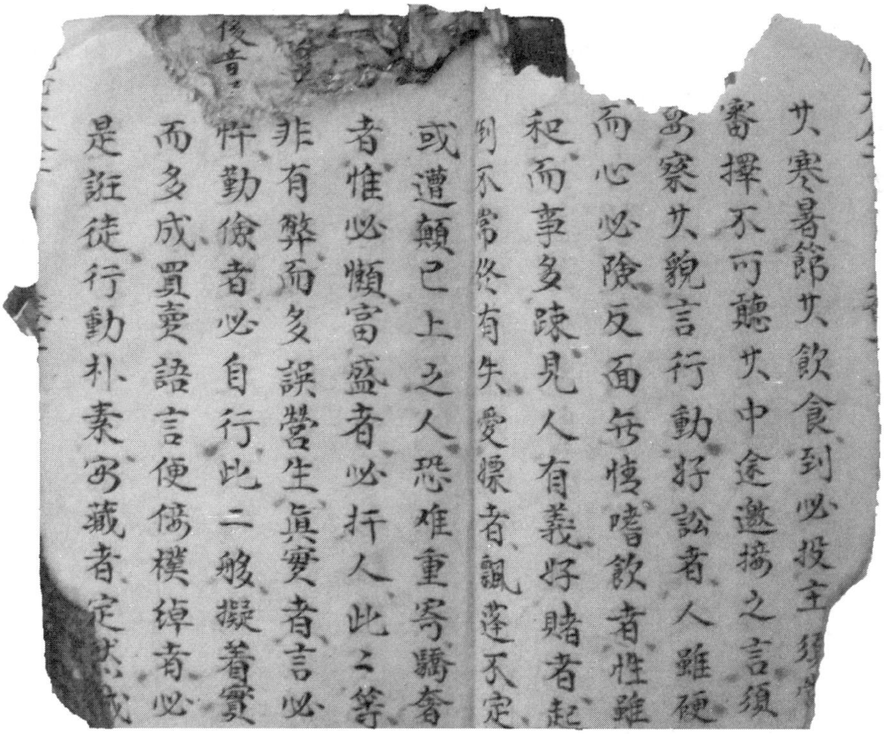
艹、寒暑節艹、飲食到必投主
審擇不可聽艹中途邀接之言須
要察艹貌言行動好訟者人雖硬
而心必險反面無情嗜飲者性雖
和而事多疎見人有義好賭者起
到不常終有失愛嫖者飄蓬不定
或遭顛已上之人恐难重寄驕奢
者惟必懶富盛者必折人此二等
非有弊而多誤營生眞實者言必
後言件勤儉者必自行此二般擬着實
而多成買賣語言便儀模綽者必
是誑徒行動朴素安藏者定然成

江湾镇晓起岭下村 5-12 · 同治元年 · 增订见心集大全（江湖必读卷一）· 裘烈坤

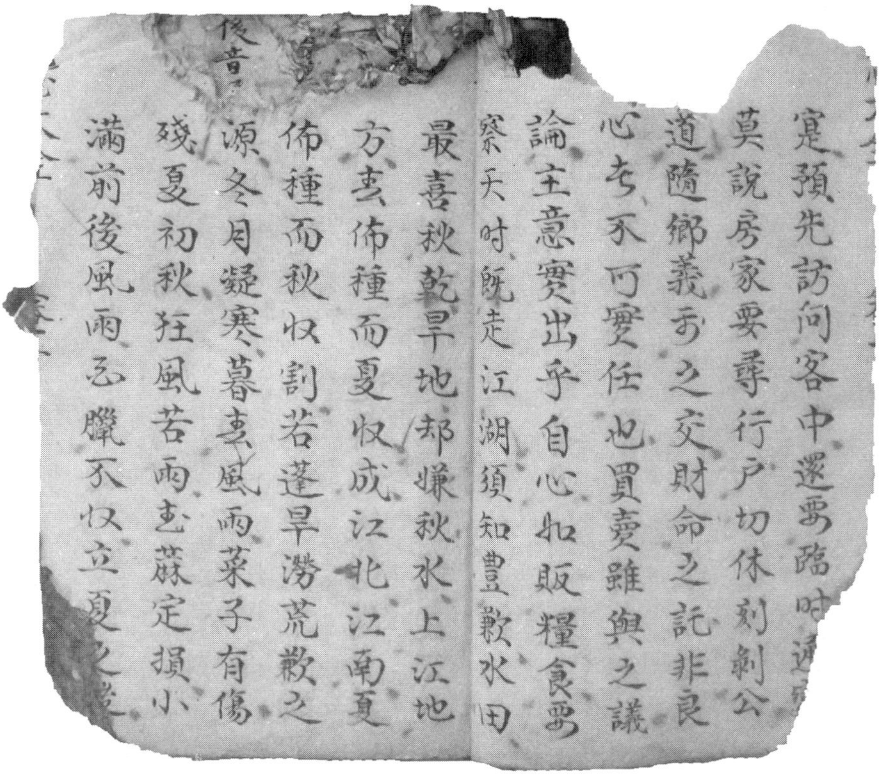
寔預先訪問客中還要臨时通
莫說房家要尋行户切休刻剝公
道隨鄉義而之交財命之託非良
心者不可實任也買賣雖與之議
論主意實出乎自心如販糧食要
察天时既走江湖須知豊歉水田
最喜秋乾旱地却嫌秋水上江地
方專佈種而夏收成江北江南夏
佈種而秋收割若逢旱澇荒歉之
源冬月凝寒暮春風雨菜子有傷
残夏初秋狂風若雨麦蘇定損小
滿前後風雨忌臘不收立夏之

江湾镇晓起岭下村 5-13 · 同治元年 · 增订见心集大全（江湖必读卷一）·
裘烈坤

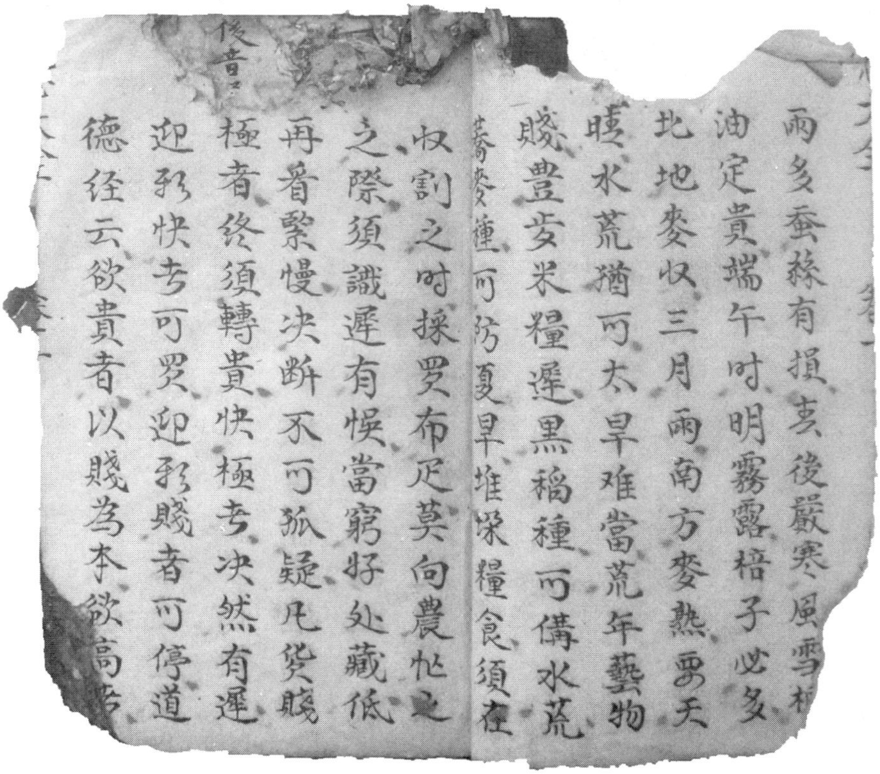
雨多蚕絲有損春後嚴寒風雪相
油定貴端午时明霧露梧子必多
北地麥收三月雨南方麥熟要天
晴水荒猶可太旱难當荒年藝物
賤豈要米糧遲黑稻種可備水荒
蕎麥種可防夏旱堆米糧食須在
收割之时採买布疋莫向農忙之
之際須識遲有悞當窮好处藏低
再看緊慢决断不可狐疑凡货賤
極者终須轉貴快極者决然有遲
迎私快者可买迎私賤者可停道
德经云欲貴者以賤為本欲高者

江湾镇晓起岭下村 5-14 · 同治元年 · 增订见心集大全（江湖必读卷一）· 裘烈坤

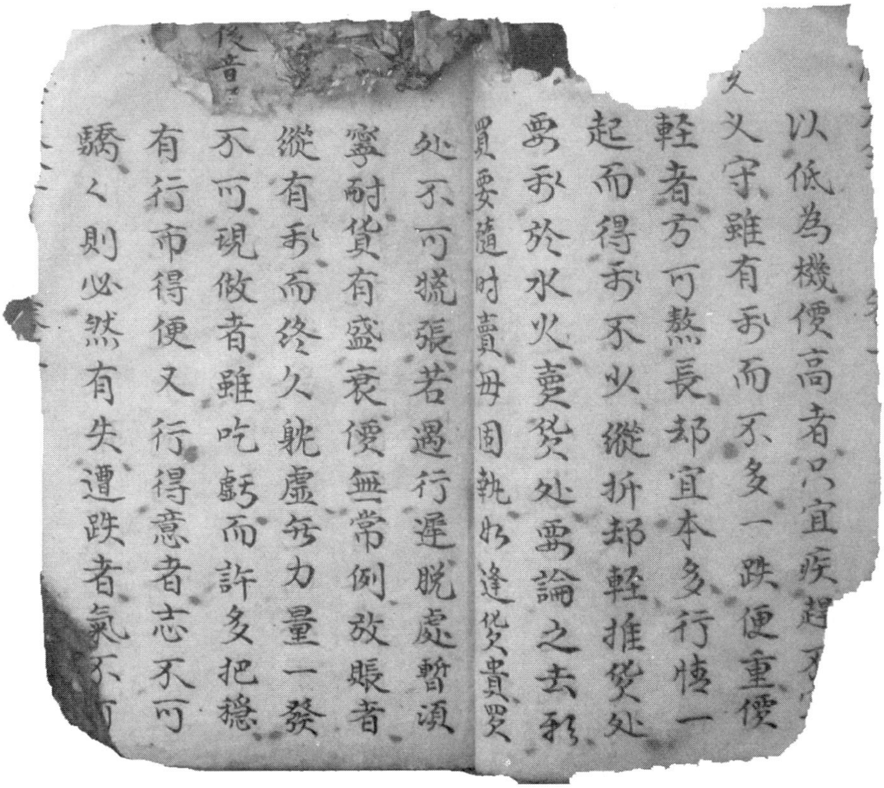
以低為機便高者只宜疾起不
又守雖有利而不多一跌便重便
輕者方可熬長却宜本多行情一
起而得利不必縱折却輕推貨处
要利於水火變貨处要論之去利
買要隨时賣毋固執好逢貨貴買
处不可慌張若遇行遲脫處暫須
寧耐貨有盛衰便無常例放賬者
縱有利而終久就虛無力量一發
不可現做者雖吃虧而許多把穩
有行市得便又行得意者忘不可
驕〻則必然有失遭跌者氣不可

江湾镇晓起岭下村 5-15 · 同治元年 · 增订见心集大全（江湖必读卷一）·
裘烈坤

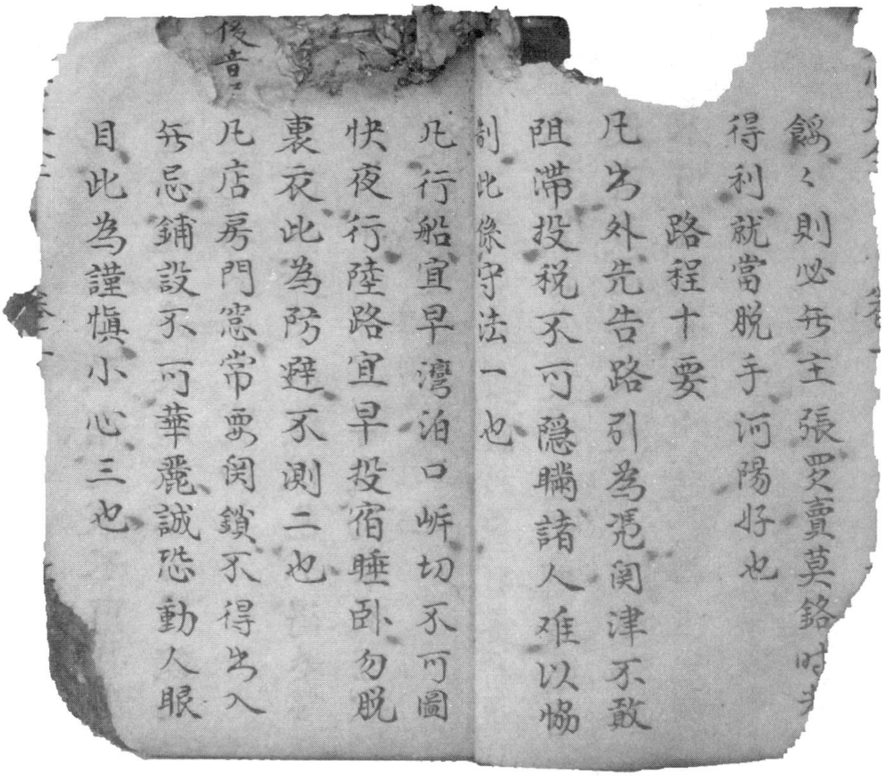

餘〻則必無主張買賣莫銘時
得利就當脫手河陽好也
路程十要
凡出外先告路引為憑關津不敢
阻滯投稅不可隱瞞諸人難以協
制此係守法一也
凡行船宜早灣泊口岸切不可圖
快夜行陸路宜早投宿睡卧勿脫
裏衣此為防避不測二也
凡店房門窗常要關鎖不得出入
無忌鋪設不可華麗誠恐動人眼
目此為謹慎小心三也

江湾镇晓起岭下村 5-16 · 同治元年 · 增订见心集大全（江湖必读卷一）·
裘烈坤

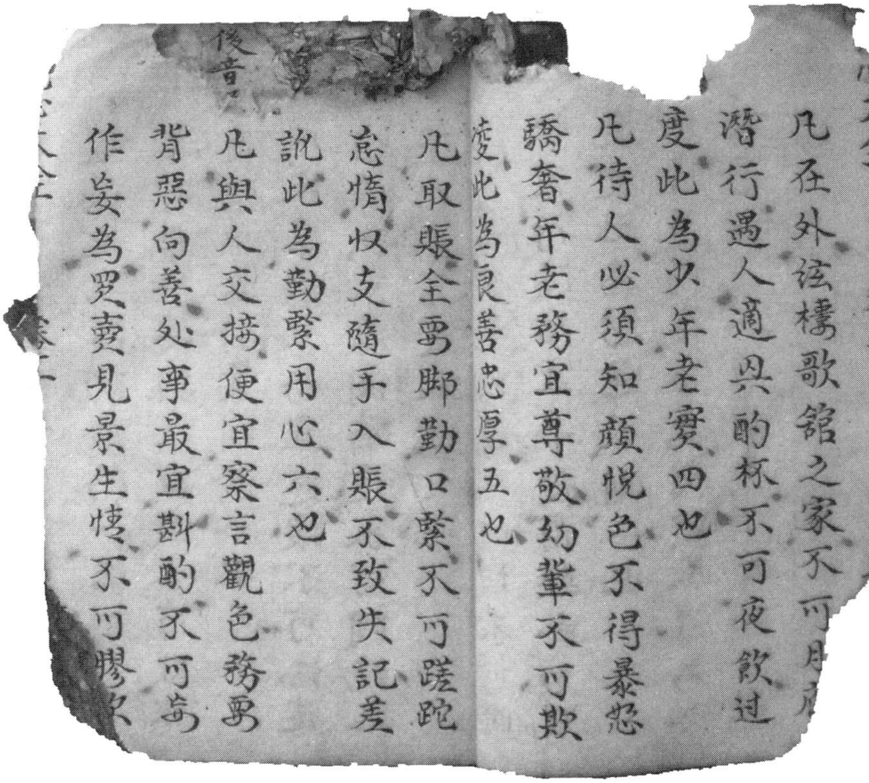
凡在外絃樓歌舘之家不可
潛行遇人適興酌杯不可夜飲过
度此為少年老實四也
凡待人必須知顏悅色不得暴怒
驕奢年老務宜尊敬幼輩不可欺
変此為良善忠厚五也
凡取賬全要脚勤口緊不可蹉跎
怠惰收支隨手入賬不致失記差
訛此為勤緊用心六也
凡與人交接便宜察言觀色務要
背惡向善处事最宜斟酌不可妄
作妄為罵賣見景生情不可膠

江湾镇晓起岭下村 5–17 · 同治元年 · 增订见心集大全（江湖必读卷一）· 裘烈坤

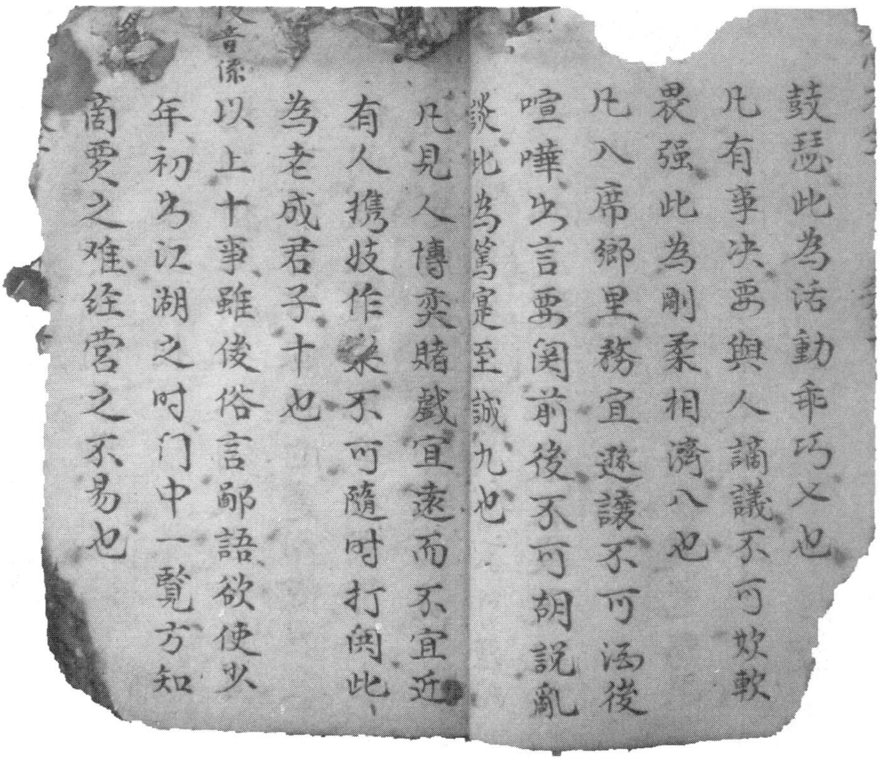
鼓瑟此為活動乖巧七也
凡有事決要與人謫議不可欺軟
畏強此為剛柔相濟八也
凡入席鄉里務宜遜讓不可酒後
喧嘩出言要閔前後不可胡說亂
談此為篤寔至誠九也
凡見人博奕賭戲宜遠而不宜近
有人攜妓作樂不可隨时打鬨此
為老成君子十也
以上十事雖俊俗言鄙語欲使少
年初出江湖之时门中一覽方知
商賈之难经营之不易也

江湾镇晓起岭下村 5-18 · 同治元年 · 增订见心集大全（江湖必读卷一）·裘烈坤

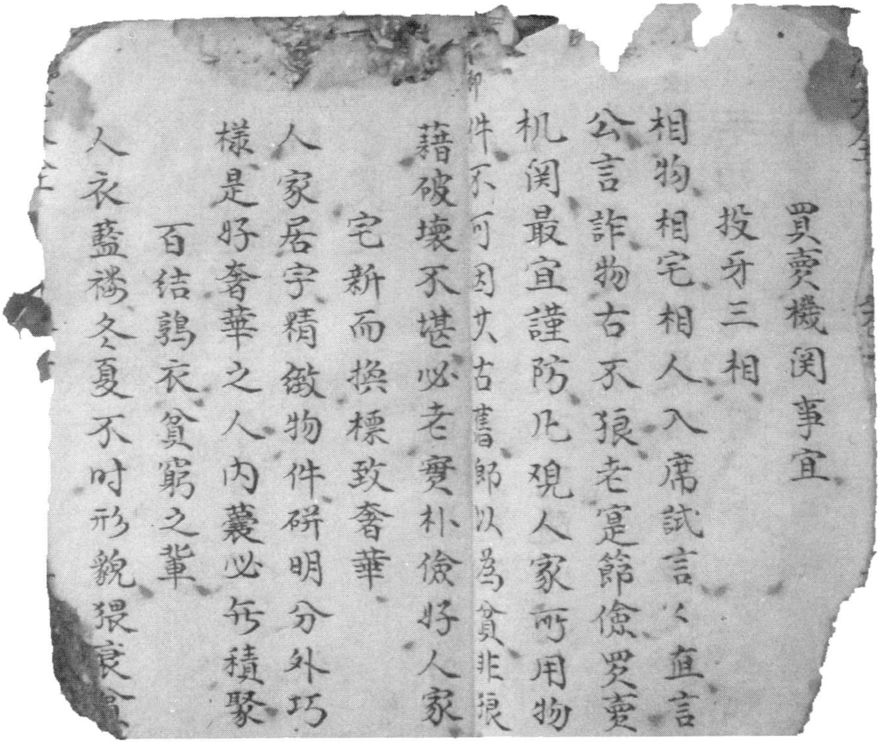
買賣機関事宜

投牙三相

相物相宅相人入席試言〻直言

公言詐物古不狼老寔節儉買賣

机関最宜謹防凡覌人家所用物

件不可因其古舊即以為貧非狼

藉破壞不堪必老實朴儉好人家

宅新而換標致奢華

人家居宇精緻物件研明分外巧

樣是好奢華之人内囊必乏積聚

百结鶉衣貧窮之輩

人衣藍褸冬夏不时形貌猥衰貪

江湾镇晓起岭下村 5-19 · 同治元年 · 增订见心集大全（江湖必读卷一）· 裘烈坤

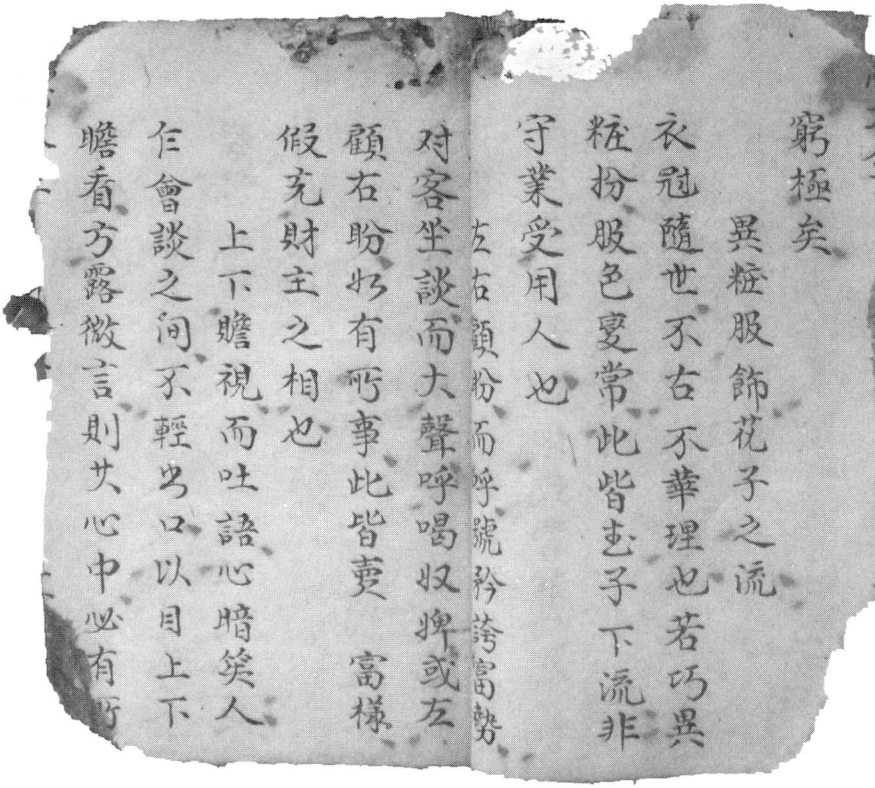
窮極矣
　異粧服飾花子之流
衣冠隨世不古不華理也若巧異
粧扮服色更常此皆戏子下流非
守業受用人也
左右顧盼而呼號矜誇富勢
对客坐談而大聲呼喝奴婢或左
顧右盼好有所事此皆叓　富樣
假充財主之相也
　上下瞻視而吐語心暗笑人
在會談之间不輕出口以目上下
瞻看方露微言則其心中必有所

江湾镇晓起岭下村 5-20 · 同治元年 · 增订见心集大全（江湖必读卷一）·
裘烈坤

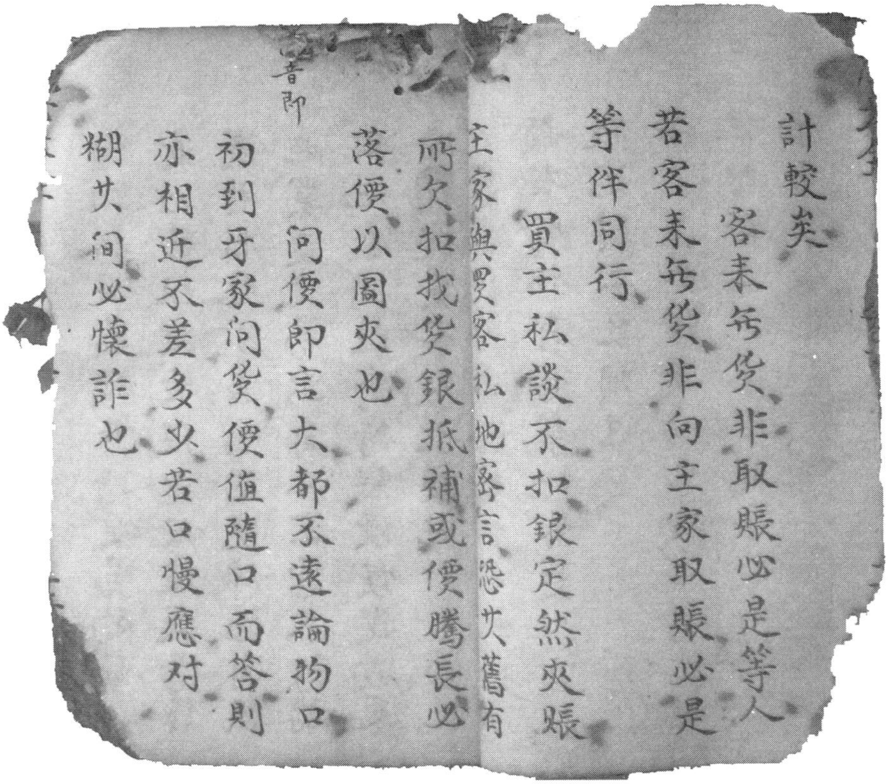

音即

計較矣
客来無貨非取賬必是等人
若客来無貨非向主家取賬必是
等伴同行
買主私談不扣銀定然夾賬
主家與買客私地密言恐其舊有
所欠扣找貨銀抵補或便騰長必
落便以圖夾也
問便即言大都不遠論物口
初到牙家問貨便值隨口而答則
亦相近不差多少若口慢應对
糊其间必懷詐也

江湾镇晓起岭下村 5-21 · 同治元年 · 增订见心集大全（江湖必读卷一）· 裘烈坤

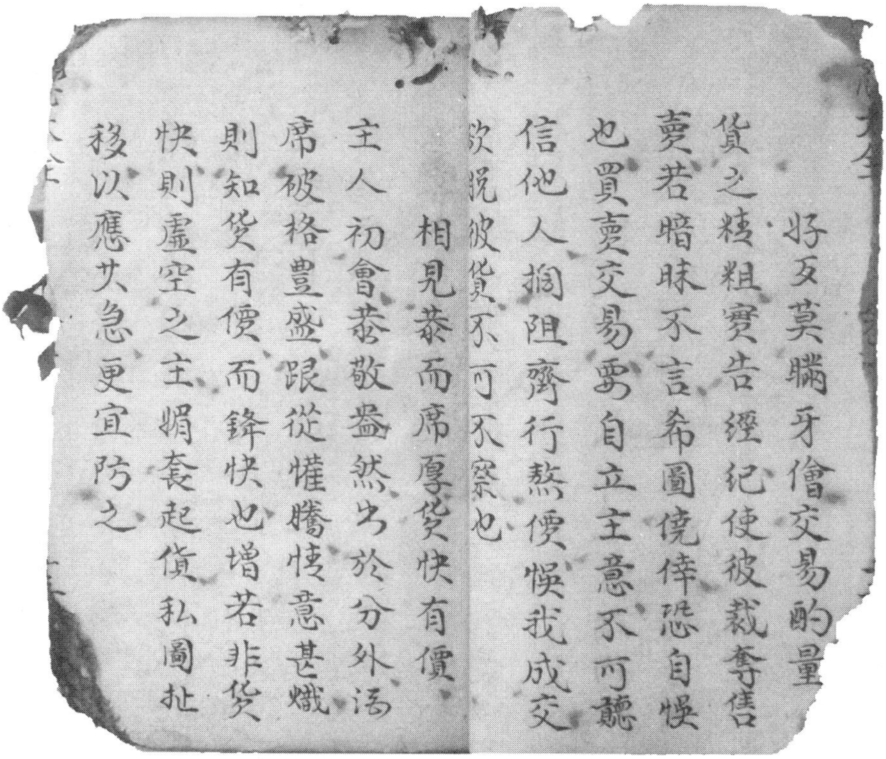
好歹莫瞞牙儈交易酌量
貨之精粗實告經紀使彼裁奪售
賣若暗昧不言希圖僥倖恐自悮
也買賣交易要自立主意不可聽
信他人摑阻齊行熬價悮我成交
欲脫彼貨不可不察也
相見恭而席厚貨快有價
主人初會恭敬盡然出於分外湯
席破格豐盛跟從懽騰情意甚熾
則知貨有價而銷快也增若非貨
快則虛空之主娟套起價私圖扯
移以應其急更宜防之

江湾镇晓起岭下村 5-22 · 同治元年 · 增订见心集大全（江湖必读卷一） · 裘烈坤

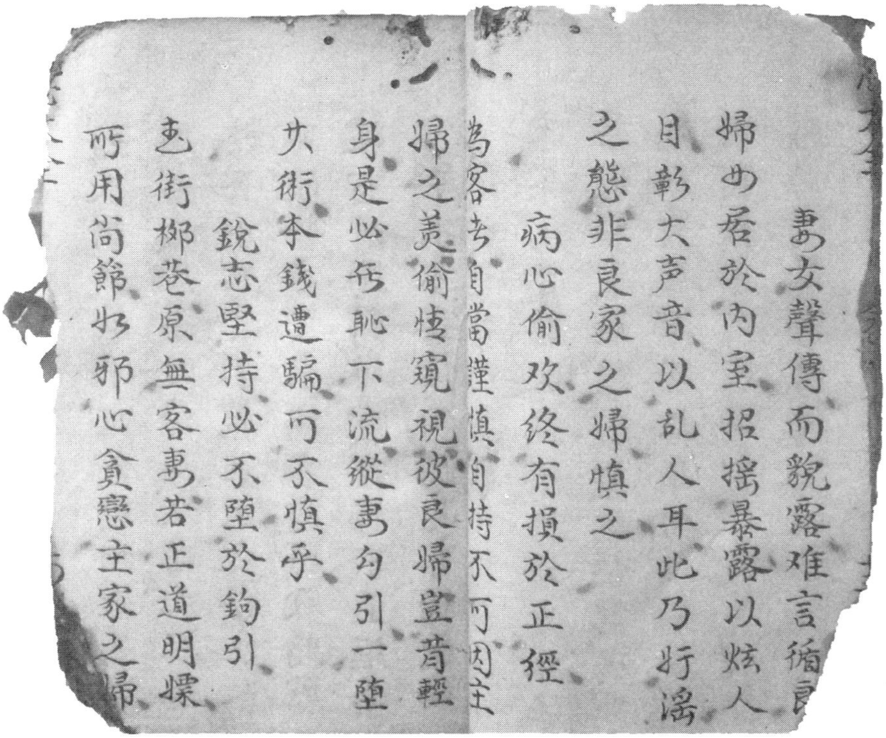
事女聲傳而貌露难言循良
婦女居於內室招搖暴露以炫人
目彰大声音以乱人耳此乃奸淫
之態非良家之婦慎之
病心偷欢終有損於正經
為客者自當謹慎自持不可因主
婦之美偷悻窺視彼良婦豈肯輕
身是必羞耻下流縱事勾引一墮
失術本錢遭騙可不慎乎
銳志堅持必不墮於鉤引
走街榔巷原無客事若正道明嫖
所用尚節收邪心貪戀主家之婦

江湾镇晓起岭下村 5-23 · 同治元年 · 增订见心集大全（江湖必读卷一）·
裘烈坤

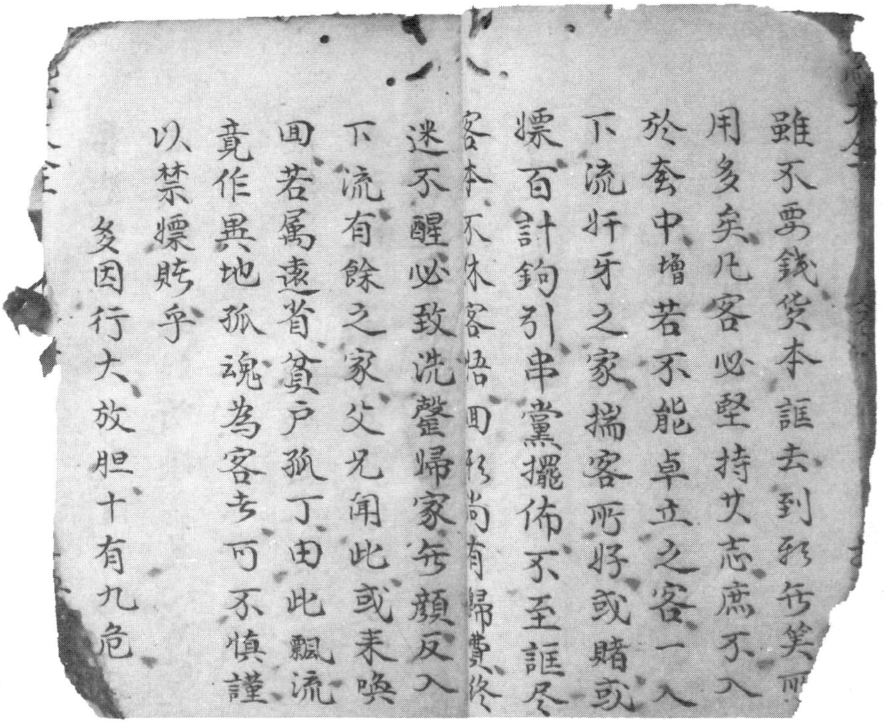
雖不要錢貨本誆去到頭無笑可
用多矣凡客必堅持丈志庶不入
於套中增若不能卓立之客一入
下流奸牙之家揣客所好或賭或
嫖百計鈎引串黨擺佈不至誆尽
客本不休客悟回頭尚有歸費終
迷不醒必致洗罄歸家無顏反入
下流有餘之家父兄聞此或来喚
回若屬遠省貧戶孤丁由此飄流
竟作異地孤魂為客者可不慎謹
以禁嫖賭乎
多因行大放胆十有九危

江湾镇晓起岭下村 5-24 · 同治元年 · 增订见心集大全（江湖必读卷一）·
裘烈坤

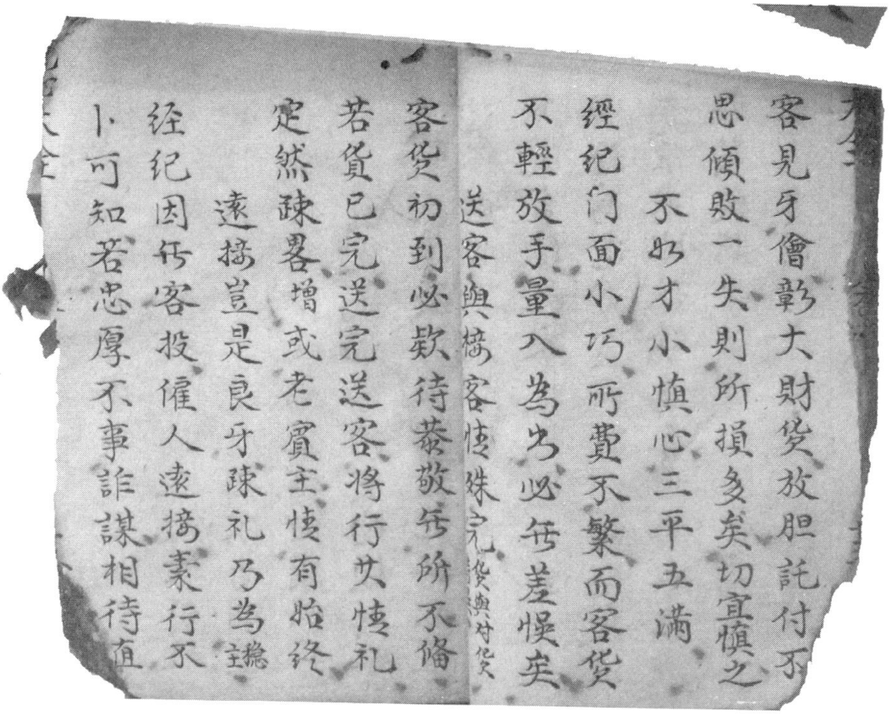
客見牙儈彰大財貨放胆託付不
思傾敗一失則所損多矣切宜慎之
不如才小慎心三平五滿
經紀門面小巧所費不繁而客貨
不輕放手量入為出必無差悮矣
送客與接客情殊完礼後與付貨
客貨初到必欵待恭敬無所不備
若貨已完送完送客將行共情礼
定然疎畧增或老實主情有始終
遠接豈是良牙疎礼乃為主總
經紀因無客投僱人遠接素行不
卜可知若忠厚不事詐謀相待直

江湾镇晓起岭下村 5-25 · 同治元年 · 增订见心集大全（江湖必读卷一）·
裘烈坤

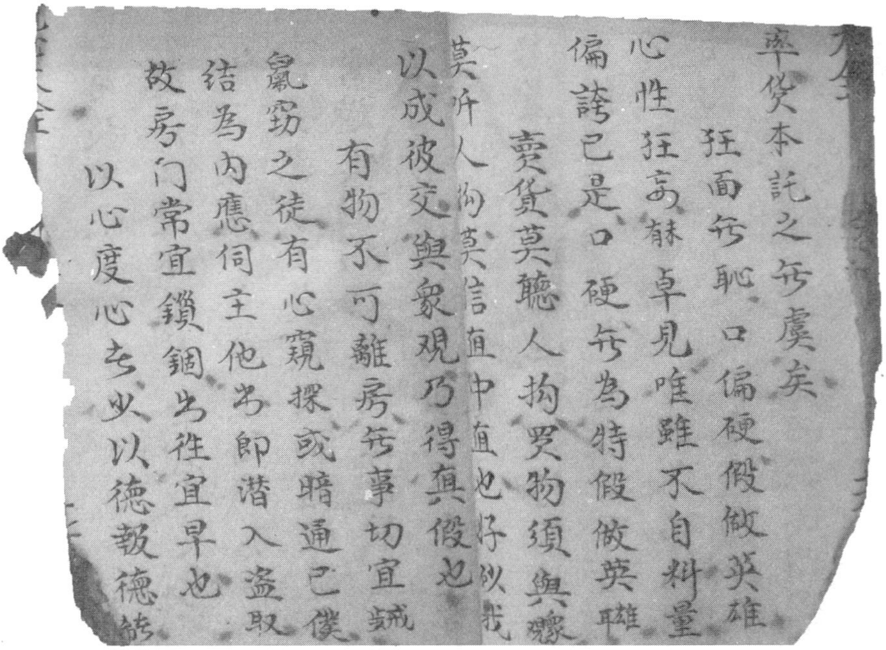

卒貸本託之无處矣
狂面无恥口偏硬假做英雄
心性狂高赫卓見唯雖不自料量
偏誇已是口硬无為特假做英雄
賣貨莫聽人拘買物須與衆
莫听人詢莫信直中直也仔細我
以成彼交與衆观乃得真假也
有物不可離房无事切宜誡
鼠竊之徒有心窺探或暗通已僕
结為內應伺主他出即潜入盗取
故房门常宜鎖錮出往宜早也
以心度心无少以德報德能

江湾镇晓起岭下村 5-26 · 同治元年 · 增订见心集大全（江湖必读卷一）· 裘烈坤

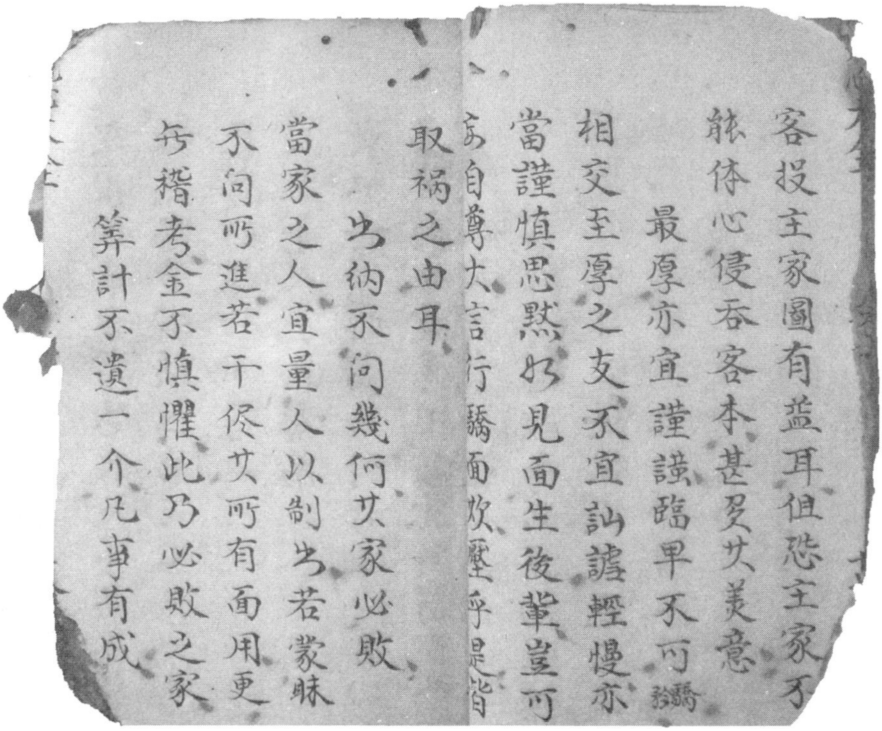

客投主家圖有益耳但恐主家不
能体心侵吞客本甚負其美意
最厚亦宜謹謙臨卑不可驕矜
相交至厚之友不宜訕謔輕慢亦
當謹慎思默如見面生後輩豈可
妄自尊大言行驕面欺壓乎是皆
取禍之由耳
出納不問幾何其家必敗
當家之人宜量入以制出若蒙昧
不問所進若干侭其所有面用更
无稽考金不慎懼此乃必敗之家
筭計不遺一个凡事有成

江湾镇晓起岭下村 5-27 · 同治元年 · 增订见心集大全（江湖必读卷一）· 裘烈坤

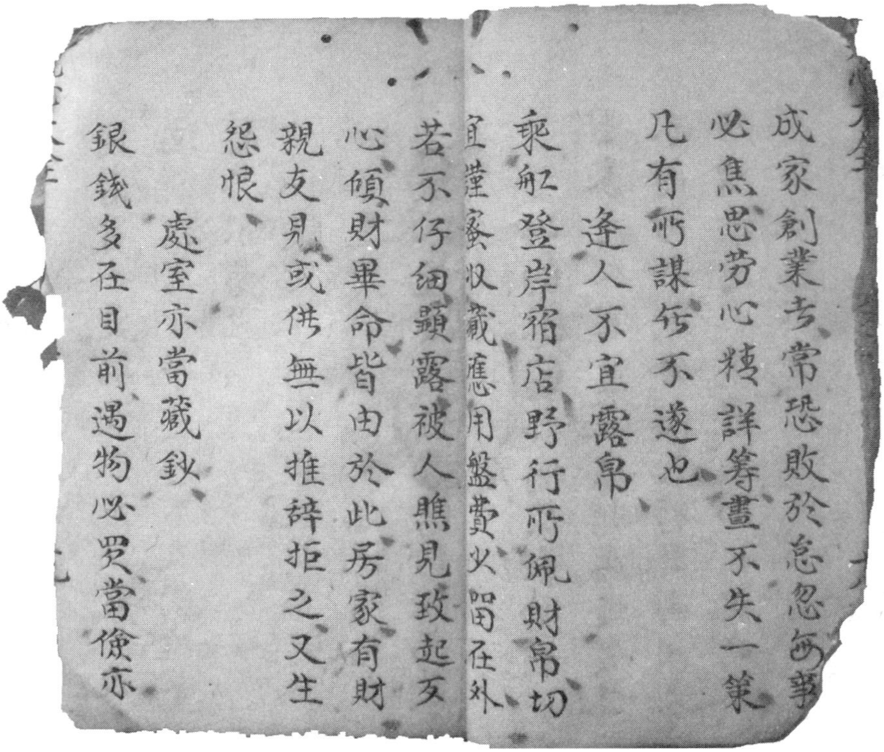
成家創業者常恐敗於怠忽每事
必焦思劳心精詳籌畫不失一策
凡有所謀無不遂也
逢人不宜露帛
乘船登岸宿店野行所佩財帛切
宜謹密收藏應用盤費少留在外
若不仔细顯露被人瞧見致起歹
心傾財畢命皆由於此房家有財
親友見或借無以推辞拒之又生
怨恨
處室亦當藏斂
銀錢多在目前遇物必買當儉亦

江湾镇晓起岭下村 5-28 · 同治元年 · 增订见心集大全（江湖必读卷一）· 裘烈坤

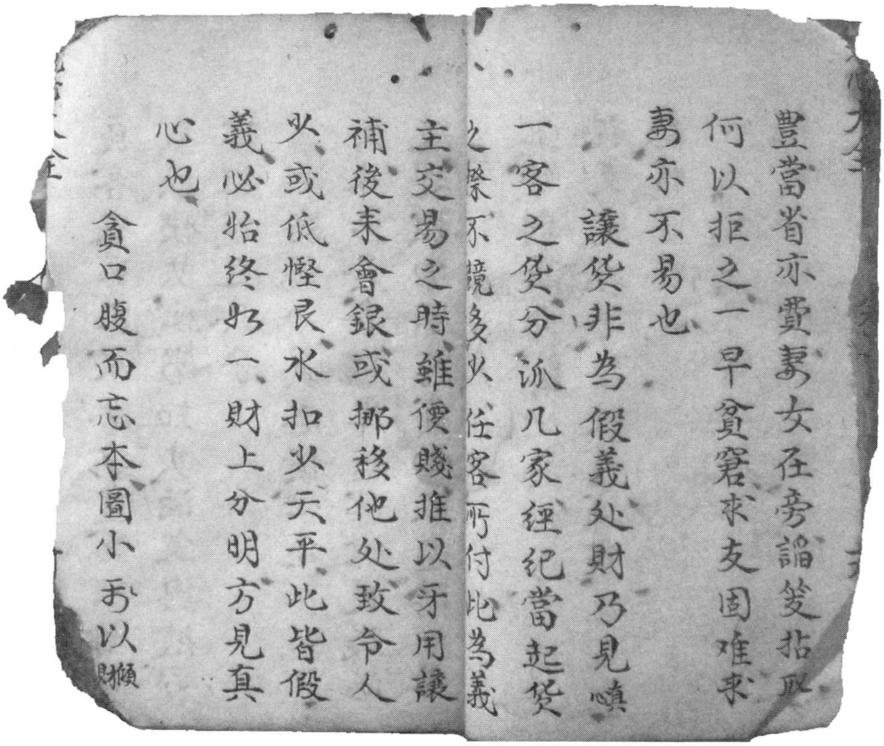
豈當省亦覔妻女在旁謟笑拈取
何以拒之一早貧窘求友困难求
妻亦不易也
讓笑非為假義处財乃見嗔
一客之笑分派几家经纪當起笑
之際不覺多火任客所付此為義
主交易之時雖便賤推以牙用讓
補後来會銀或挪移他处致令人
火或低慳艮水扣火天平此皆假
義必始終如一財上分明方見真
心也
貪口腹而忘本圖小利以賭頫

江湾镇晓起岭下村 5-29 · 同治元年 · 增订见心集大全（江湖必读卷一）· 裘烈坤

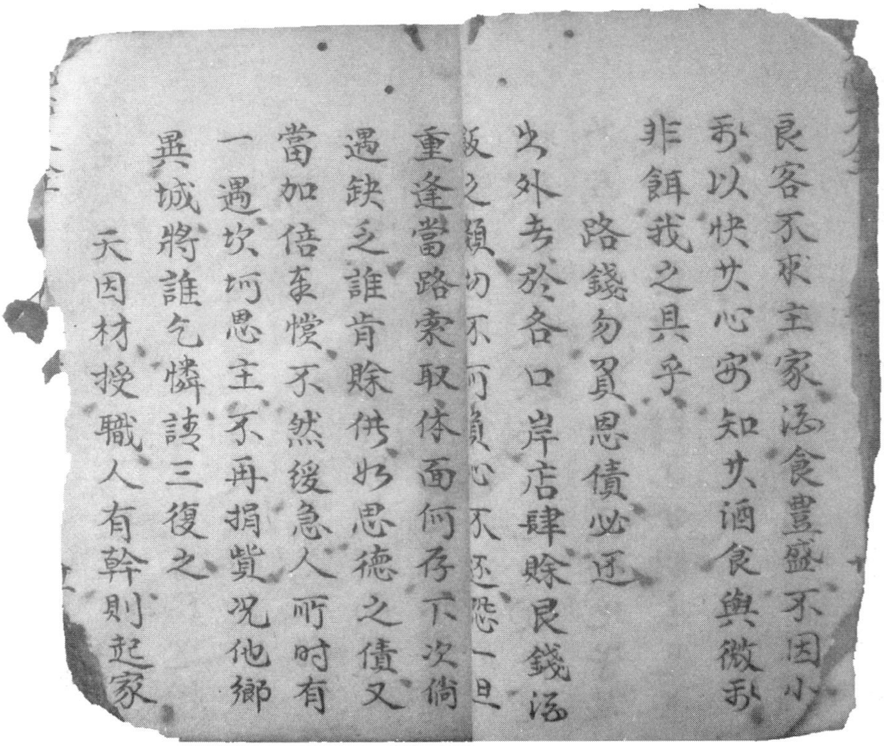
良客不求主家酒食豊盛不因小
利以快其心安知其酒食與微利
非餌我之具乎
路錢勿買恩債必还
出外寄於各口岸店肆賒艮錢酒
飯之類切不可負心不还恐一旦
重逢當路索取体面何存下次倘
遇缺乏誰肯賒借如思德之債又
當加倍奉償不然緩急人所时有
一遇坎坷恩主不再捐貲况他鄉
異城將誰乞憐請三復之
天因材授職人有幹則起家

江湾镇晓起岭下村 5-30 · 同治元年 · 增订见心集大全（江湖必读卷一）·
裘烈坤

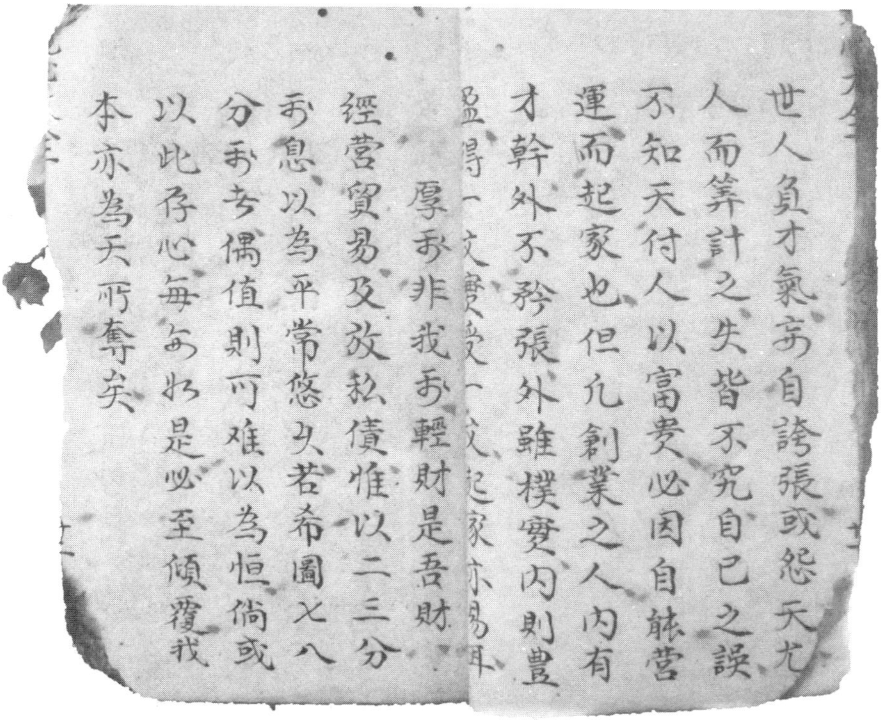
世人負才氣者自誇張或怨天尤
人而算計之失皆不究自己之誤
不知天付人以富貴必因自能營
運而起家也但凡創業之人內有
才幹外不矜張外雖樸實內則豈
盈得一文費一文起家亦易耳
厚者非我者輕財是吾財
經營貿易及放私債惟以二三分
者息以為平常悠久若希圖七八
分者者偶值則可難以為恒倘或
以此存心每每如是必至傾覆我
本亦為天所奪矣

江湾镇晓起岭下村 5-31 · 同治元年 · 增订见心集大全（江湖必读卷一）·
裘烈坤

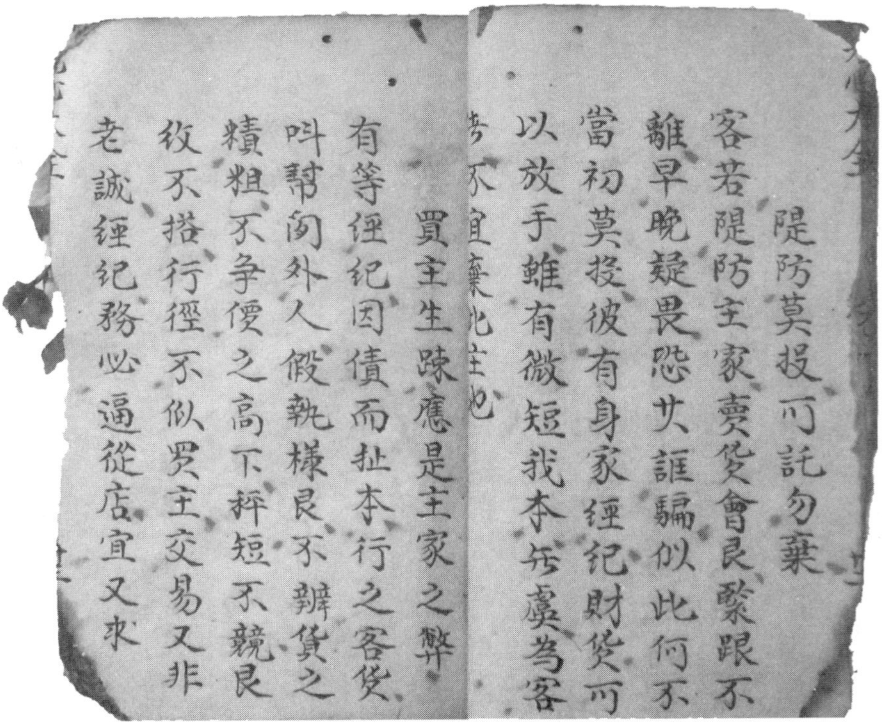

隄防莫投可託勿棄
客若隄防主家賣貨會良縈跟不
離早晚疑畏怨艾誆騙似此何不
當初莫投彼有身家經紀財貨可
以放手雖有微短我本無虞為客
者不宜棄此往彼
買主生疎應是主家之弊
有等經紀因債而扯本行之客貨
吽幫閒外人假執樣良不辨貨之
精粗不爭價之高下秤短不競良
欲不搭行徑不似買主交易又非
老誠經紀務必逼從店宜又求

江湾镇晓起岭下村 5-32 · 同治元年 · 增订见心集大全（江湖必读卷一）·
裘烈坤

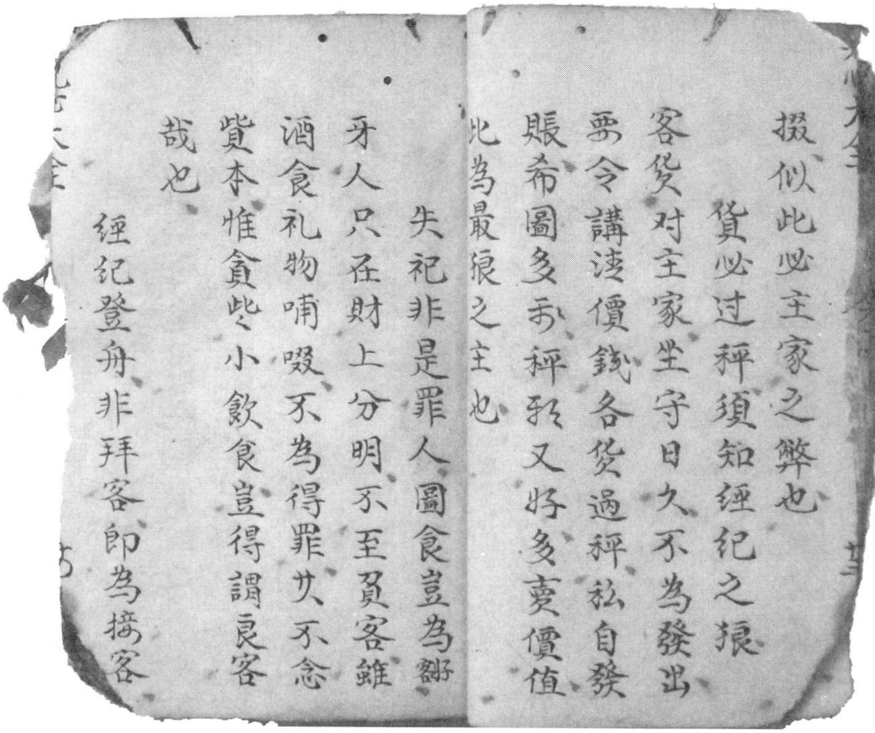
擬似此必主家之弊也
貨必过秤須知經纪之狠
客貨对主家坐守日久不為發出
要令講凑價錢各貨過秤私自發
賬希圖多扣秤頭又好多賣價值
此為最狠之主也
失祀非是罪人圖食豈為鄙
牙人只在財上分明不至負客雖
酒食礼物哺啜不為得罪艾不念
貲本惟貪些小飲食豈得謂良客
哉也
經纪登舟非拜客即為接客

江湾镇晓起岭下村 5-33 · 同治元年 · 增订见心集大全（江湖必读卷一）·
裘烈坤

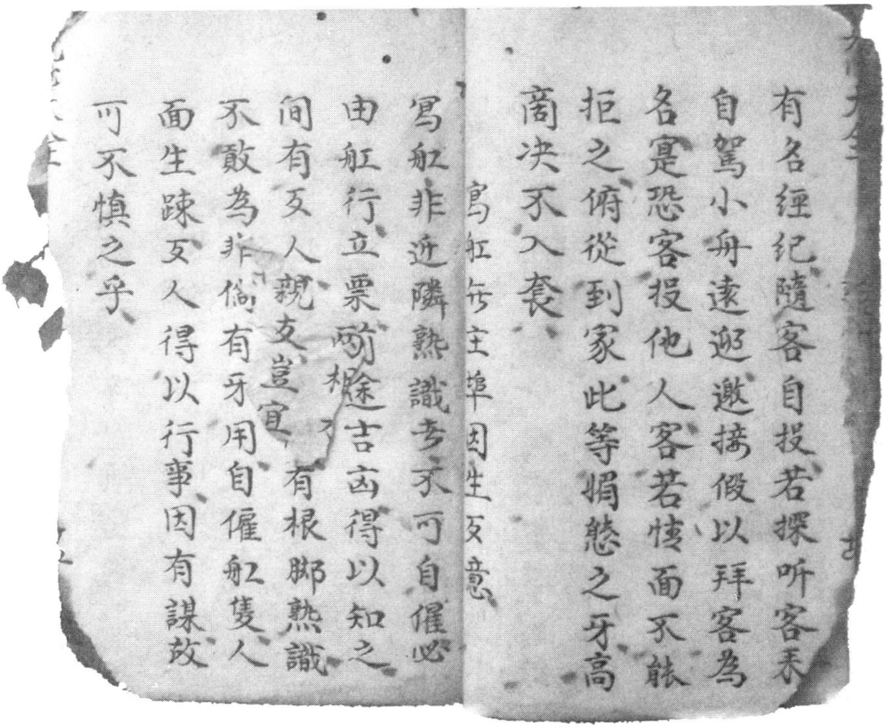
有名经纪隨客自投若探听客表
自駕小舟遠迎邀擒假以拜客為
名寔恐客投他人客若情面不能
拒之俯從到家此等娟態之牙高
商决不入套
寫舡無主埠因生歹意
寫舡非近隣熟識者不可自僱必
由舡行立票硝途吉凶得以知之
間有歹人親友豈宜　有根脚熟識
不敢為非倘有牙用自僱舡隻人
面生踈歹人得以行事因有謀故
可不慎之乎

江湾镇晓起岭下村 5-34 · 同治元年 · 增订见心集大全（江湖必读卷一）·
裘烈坤

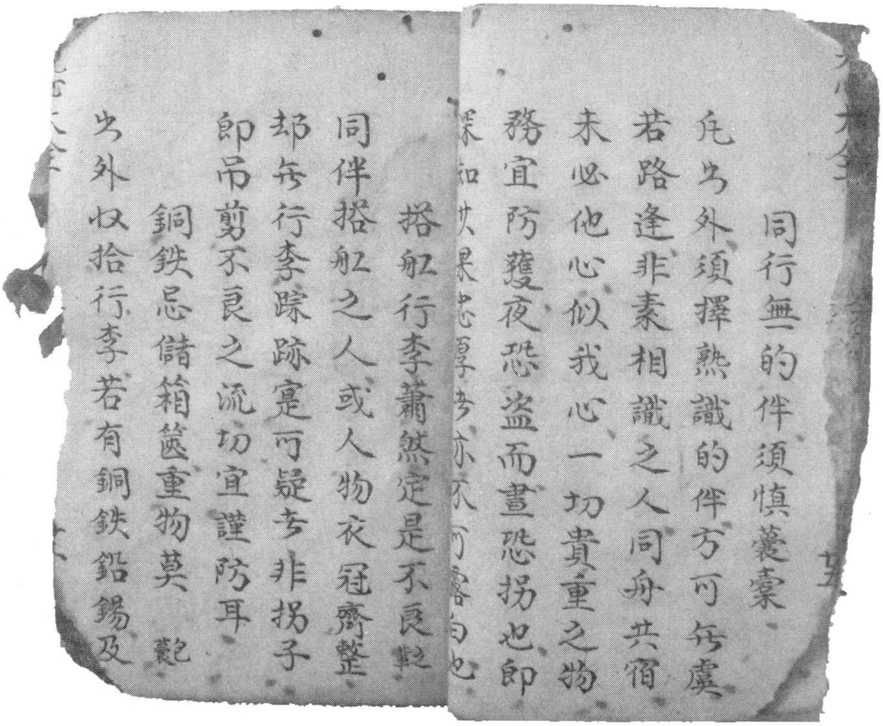
同行無的伴須慎囊橐
凡出外須擇熟識的伴方可無虞
若路逢非素相識之人同舟共宿
未必他心似我心一切貴重之物
務宜防護夜恐盜而晝恐拐也即
深知其果忠厚者亦不可露白也
搭舡行李蕭然定是不良之輩
同伴搭舡之人或人物衣冠齊整
却無行李踪跡寔可疑者非拐子
即吊剪不良之流切宜謹防耳
銅鉄忌儲箱篋重物莫帶
出外收拾行李若有銅鉄鉛錫及

江湾镇晓起岭下村 5-35 · 同治元年 · 增订见心集大全（江湖必读卷一）· 裘烈坤

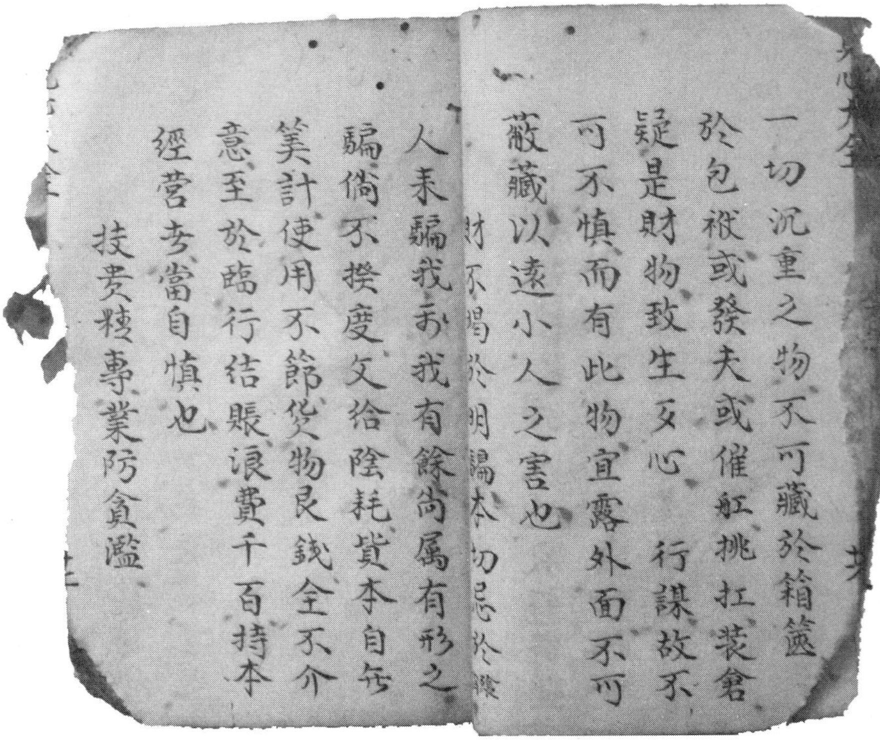

一切沉重之物不可藏於箱籠
於包袱或發夫或催舡挑扛裝倉
疑是財物致生歹心 行謀故不
可不慎而有此物宜露外面不可
蔽藏以遠小人之害也
財不謁於明渴本切忌於[illegible]

人來騙我我有餘尚屬有形之
騙倘不撥度文給陰耗貲本自無
算計使用不節貨物艮錢全不介
意至於臨行結賬浪費千百持本
經营亦當自慎也
技貴精專業防貧濫

江湾镇晓起岭下村 5-36 · 同治元年 · 增订见心集大全（江湖必读卷一）·
裘烈坤

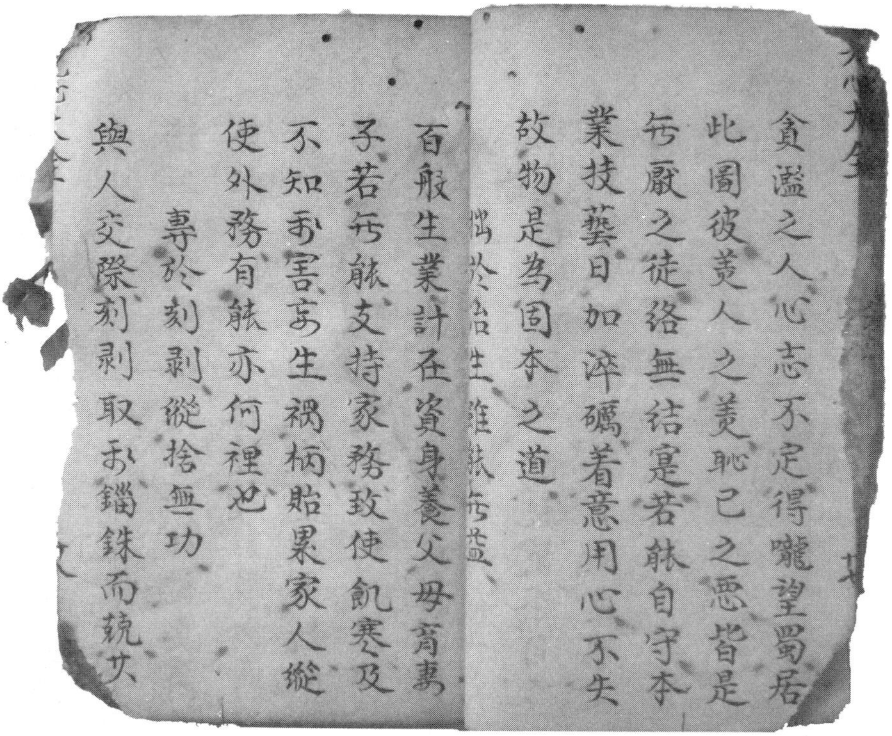

貪盜之人心志不定得隴望蜀居
此圖彼羨人之羨恥己之惡皆是
無厭之徒路無結寔若能自守本
業技藝日加淬礪着意用心不失
故物是為固本之道
拙於治生雖能無盜
百般生業計在資身養父母育妻
子若無能支持家務致使飢寒及
不知利害妄生禍柄貽累家人縱
使外務有能亦何裡也
專於刻剝縱捨無功
與人交際刻剝取利錙銖而競艾

江湾镇晓起岭下村 5-37 · 同治元年 · 增订见心集大全（江湖必读卷一）·
裘烈坤

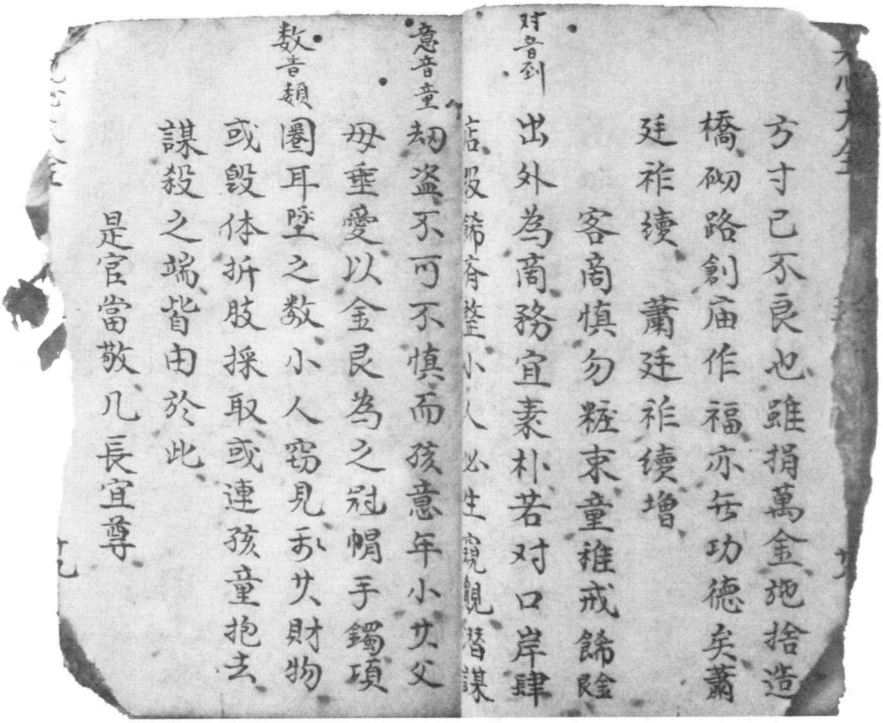
方寸已不良也雖捐萬金拋捨造
橋砌路創廟作福亦无功德矣蕭
廷祚纉　蕭廷祚纉增
客商慎勿粧束童稚戒飾陰
对音刮
出外為商務宜素朴若对口岸肆
害殺飾齊整小人必生窺覦潛謀
急音童
刼盜不可不慎而孩意年小丈父
毋垂愛以金艮為之冠帽手鐲項
数音頻
圈耳墜之数小人窃見乘其財物
或毀体折肢採取或連孩童抱去
謀殺之端皆由於此
是宜當敬凡長宜尊

江湾镇晓起岭下村 5-38 · 同治元年 · 增订见心集大全（江湖必读卷一）· 裘烈坤

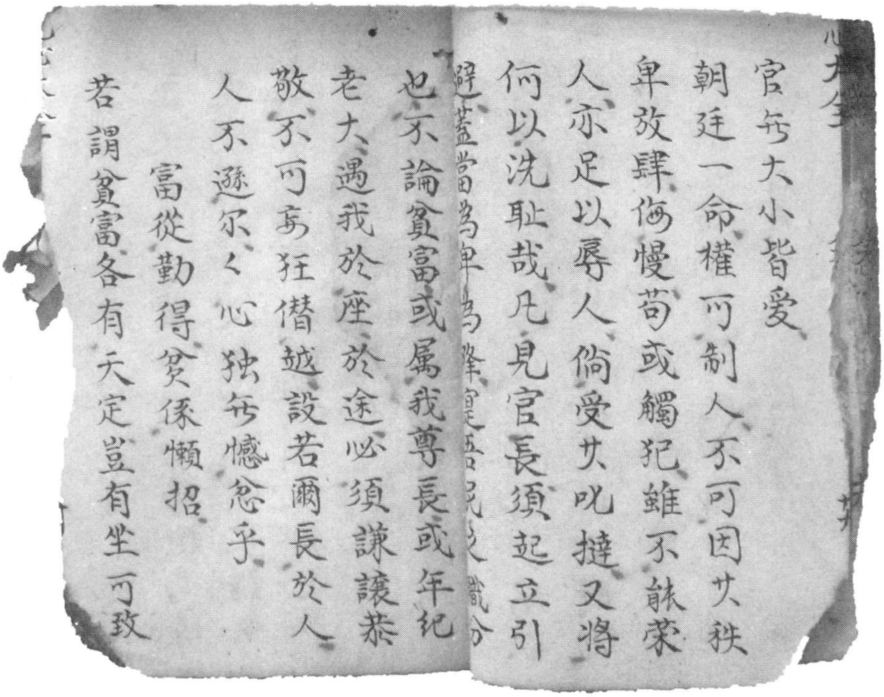
官無大小皆愛
朝廷一命權可制人不可因此挾
卑放肆侮慢苟或觸犯雖不能榮
人亦足以辱人倘受此叱撻又將
何以洗耻哉凡見官長須起立引
避蓋當爲卑爲降寔吾民之職分
也不論貧富或屬我尊長或年紀
老大遇我於座於途必須謙讓恭
敬不可妄狂僭越設若爾長於人
人不遜爾爾心獨無憾忿乎
富從勤得貧係懶招
若謂貧富各有天定豈有坐可致

江湾镇晓起岭下村 5-39 · 同治元年 · 增订见心集大全（江湖必读卷一）·
裘烈坤

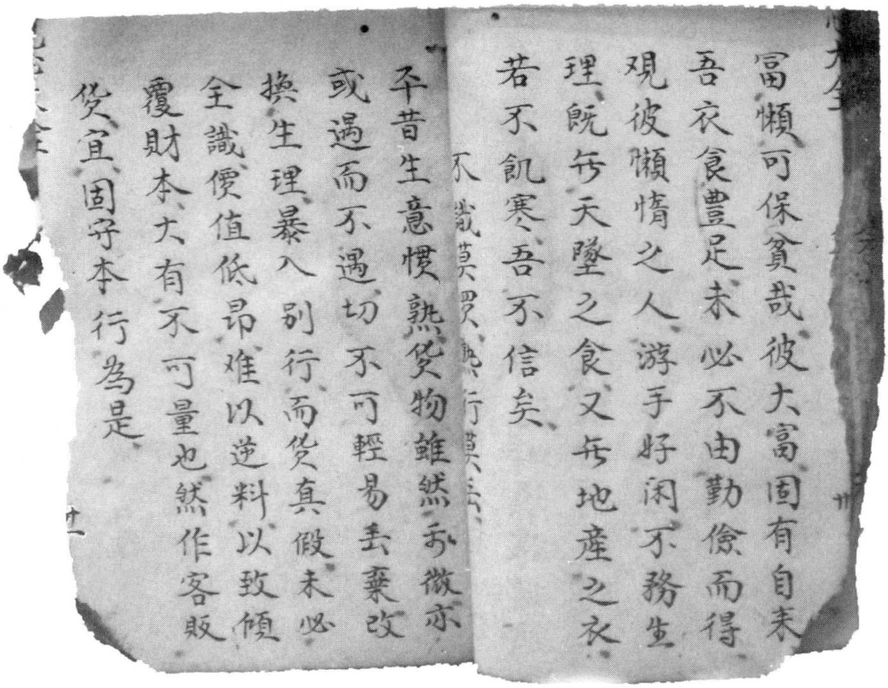

富懶可保貧哉彼大富固有自来吾衣食豐足未必不由勤儉而得观彼懶惰之人游手好闲不務生理既无天墜之食又无地產之衣若不飢寒吾不信矣

不識莫買熟行莫丟

平昔生意慣熟貨物雖然手微亦或遇而不遇切不可輕易丟棄改換生理暴入别行而貨真假未必全識價值低昂难以逆料以致傾覆財本大有不可量也然作客販貨宜固守本行為是

江湾镇晓起岭下村 5-40 · 同治元年 · 增订见心集大全（江湖必读卷一）· 裘烈坤

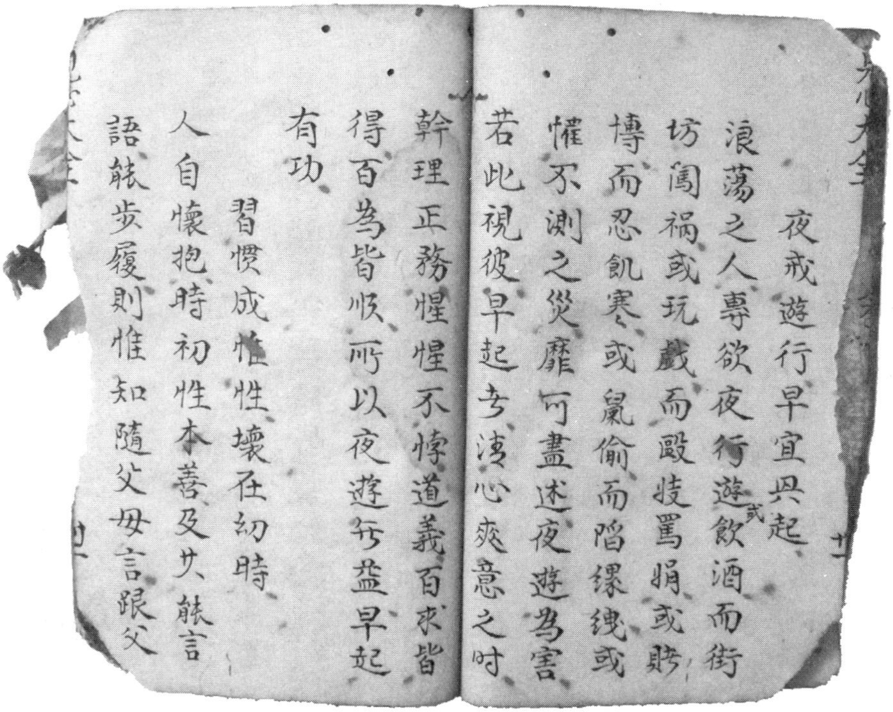

夜戒遊行早宜興起
浪蕩之人專欲夜行遊飲酒而街
坊闖禍或玩戲而毆撻罵捐或賭
博而忍飢寒或鼠偷而陷縲絏或
懼不測之災靡可盡述夜遊為害
若此視彼早起者清心爽意之时
幹理正務惺惺不悖道義百求皆
得百為皆順所以夜遊無益早起
有功
習慣成性性壞在幼時
人自懷抱時初性本善及廿能言
語能步履則惟知隨父母言跟父

江湾镇晓起岭下村 5-41 · 同治元年 · 增订见心集大全（江湖必读卷一）·
裘烈坤

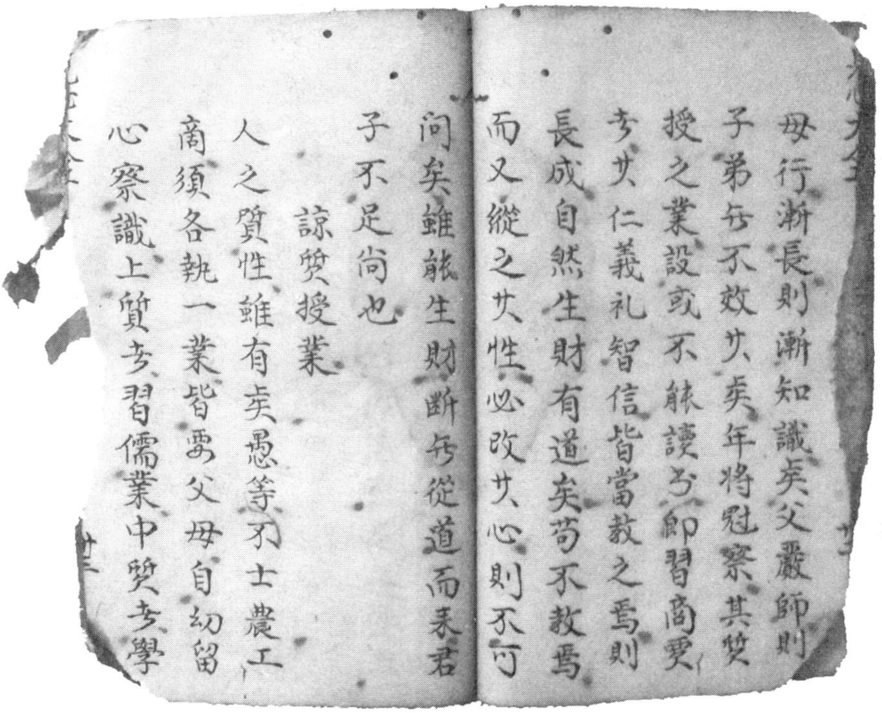
毋行漸長則漸知識矣父嚴師則
子弟無不效其矣年将冠察其質
授之業設或不能讀書即習商賈
者其仁義礼智信皆當教之焉則
長成自然生財有道矣苟不教焉
而又縱之其性必改其心則不可
問矣雖能生財斷無從道而事君
子不足尚也
諒質授業
人之質性雖有矣愚等別士農工
商須各執一業皆要父母自幼留
心察識上質者習儒業中質者學

江湾镇晓起岭下村 5-42 · 同治元年 · 增订见心集大全（江湖必读卷一）· 裘烈坤

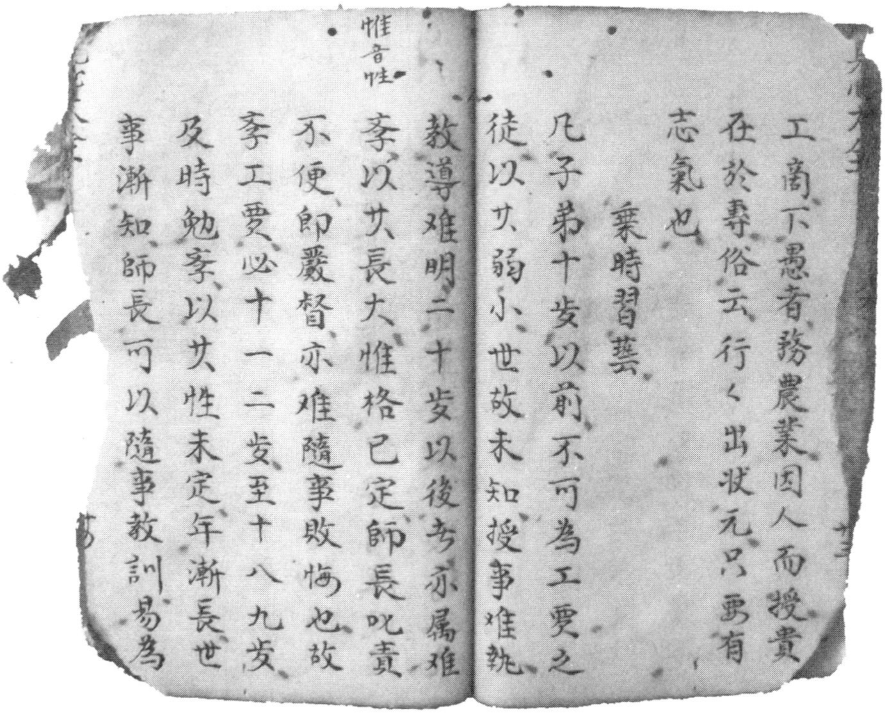
工商下愚者務農業因人而授貴
在於專俗云行行出狀元只要有
志氣也
乘時習藝
凡子弟十歲以前不可為工要之
徒以其弱小世故未知授事難執
帷音性
教導难明二十歲以後者亦屬难
学以其長大惟格已定師長叱責
不便即嚴督亦难隨事敗悔也故
学工要必十一二歲至十八九歲
及時勉学以其性未定年漸長世
事漸知師長可以隨事教訓易為

江湾镇晓起岭下村 5-43 · 同治元年 · 增订见心集大全（江湖必读卷一）·
裘烈坤

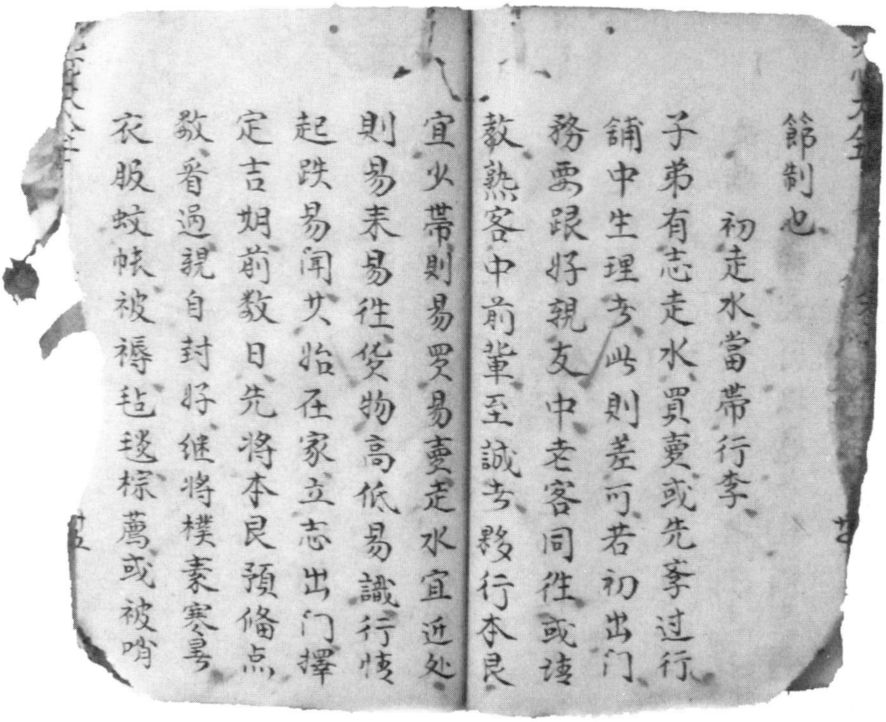
節制也
初走水當帶行李
子弟有志走水買賣或先斈过行
鋪中生理者此則差可若初出门
務要跟好親友中老客同往或請
教熟客中前輩至誠者殷行本艮
宜少帶則易買易賣走水宜近处
則易来易往貨物高低易識行情
起跌易闻艾始在家立志出门擇
定吉期前数日先將本艮預備点
数看過親自封好继將樸素寒暑
衣服蚊帐被褥毡毯棕薦或被哨

江湾镇晓起岭下村 5-44 · 同治元年 · 增订见心集大全（江湖必读卷一）·
裘烈坤

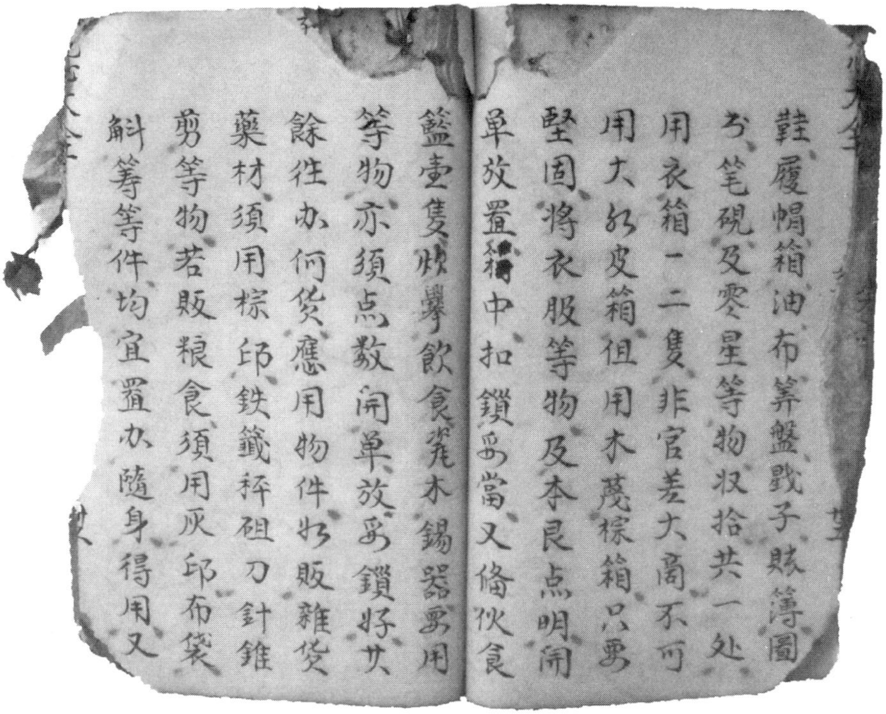
鞋履帽箱油布算盤戥子賬簿圖
书笔硯及零星等物収拾共一处
用衣箱一二隻非官差大商不可
用大紅皮箱但用木篾條箱只要
堅固將衣服等物及本艮点明開
单放置箱中扣鎖要當又備伙食
籃壺隻脚擧飲食瓷木錫器要用
等物亦須点數開单放要鎖好其
餘往亦何貨應用物件如販雜貨
藥材須用棕印鉄籤秤砣刀針錐
剪等物若販粮食須用灰印布袋
斛等等件均宜置亦隨身得用又

江湾镇晓起岭下村 5-45 · 同治元年 · 增订见心集大全（江湖必读卷一）·
裘烈坤

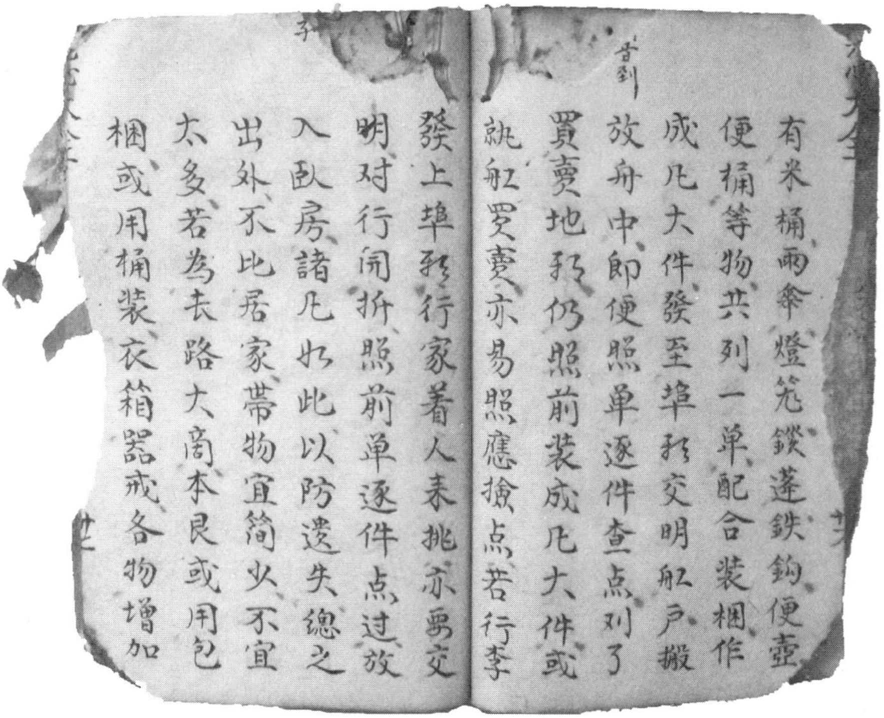
有米桶雨傘燈笼鍬蓬鉄鈎便壺
便桶等物共列一单配合裝捆作
成凡大件發至埠秤交明舡戶搬
放舟中即便照单逐件查点到了
買賣地秤仍照前裝成凡大件或
就舡買賣亦易照應撿点若行李
發上埠秤行家着人来挑亦要交
明对行開拆照前单逐件点过放
入卧房諸凡如此以防遗失總之
出外不比居家帶物宜简必不宜
太多若為去路大商本艮或用包
捆或用桶裝衣箱器戒各物增加

江湾镇晓起岭下村 5-46 · 同治元年 · 增订见心集大全（江湖必读卷一）· 裘烈坤

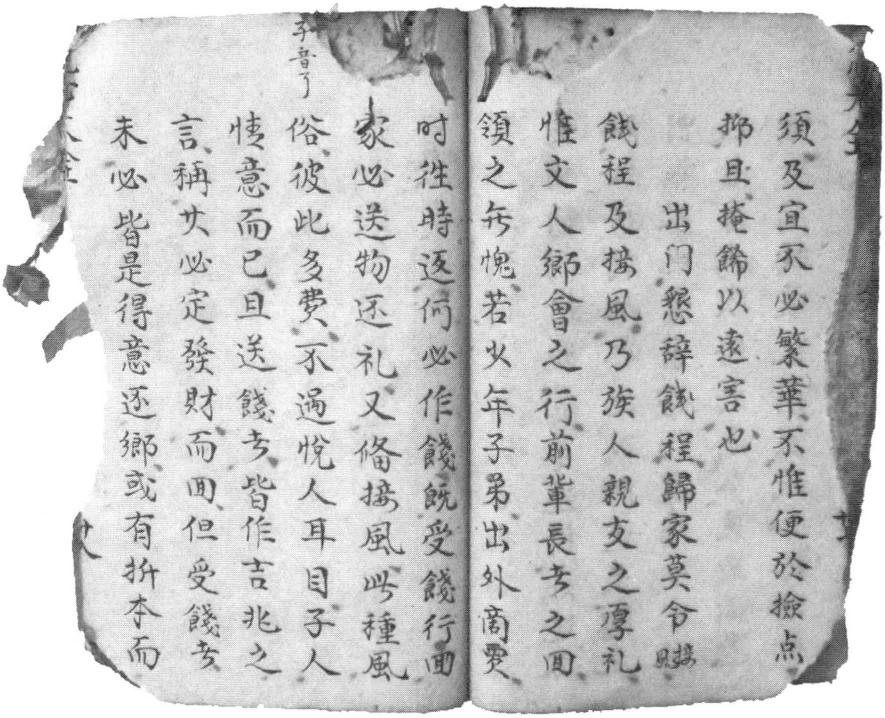

須及宜不必繁華不惟便於撿点
抑且掩飾以遠害也
出门懇辭餞程歸家莫令賧
餞程及接風乃族人親友之厚礼
惟文人鄉會之行前輩長者之回
頒之無愧若少年子弟出外商贾

子音了

时往時还何必作餞既受餞行回
家必送物还礼又備接風此種風
俗彼此多费不過悅人耳目子人
情意而已且送餞者皆作吉兆之
言稱其必定發財而回但受餞者
未必皆是得意还鄉或有折本而

江湾镇晓起岭下村 5-47 · 同治元年 · 增订见心集大全（江湖必读卷一）· 裘烈坤

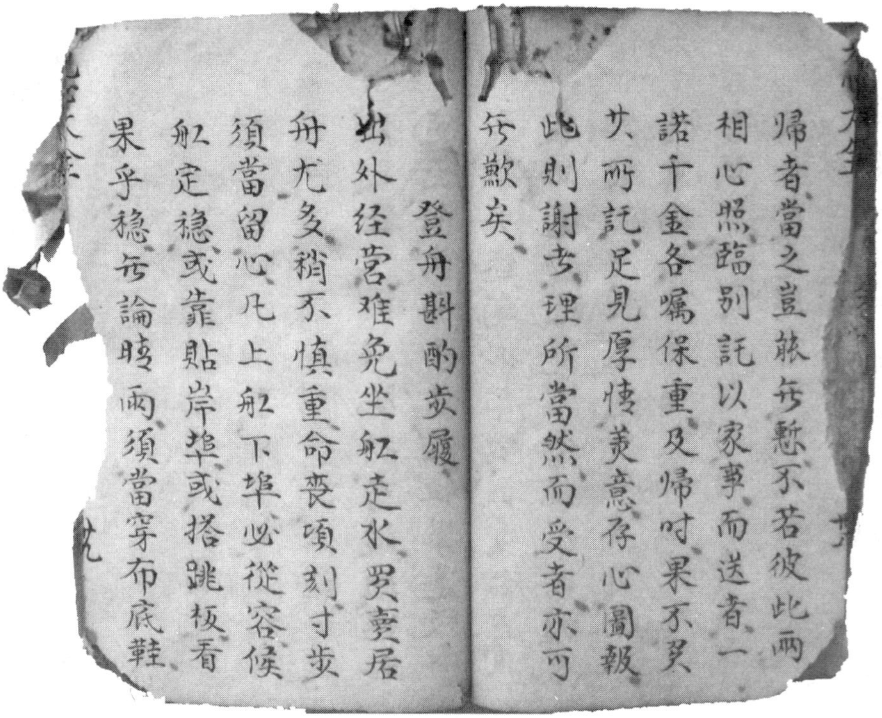

歸者當之豈旅無愁不若彼此兩相心照臨别託以家事而送者一諾千金各囑保重及歸时果不負其所託足見厚情美意存心圖報此則謝吉理所當然而受者亦可無歉矣

登舟斟酌步履

出外经營难免坐舡走水貿賣居舟尤多稍不慎重命喪頃刻寸步須當留心凡上舡下埠必從容候舡定穩或靠貼岸埠或搭跳板看果乎穩無論睛雨須當穿布底鞋

江湾镇晓起岭下村 5-48 · 同治元年 · 增订见心集大全（江湖必读卷一）· 裘烈坤

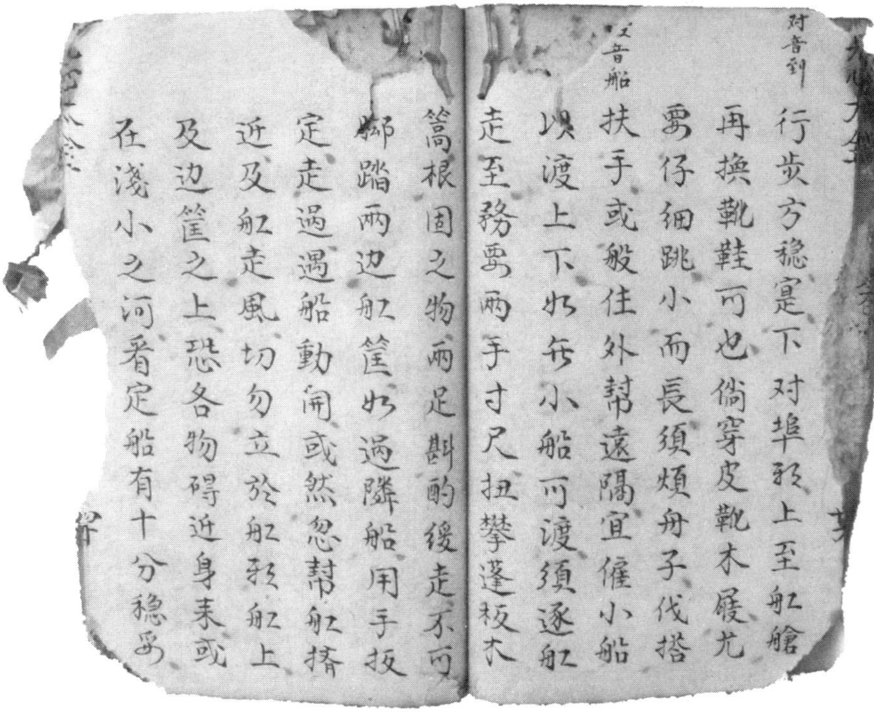

对音到
行步方稳寔下对埠趂上至舡艙
再換靴鞋可也倘穿皮靴木屐尤
要仔细跳小而長須煩舟子伐搭
又音船
扶手或般住外帮遠隔宜僱小船
以渡上下如無小船可渡須逐舡
走至務要兩手寸尺扭攀篷板木
篙根固之物兩足斟酌緩走不可
踯蹈兩边舡篷如過隣船用手扳
定走過遇船動開或然忽帮舡搭
近及舡走風切勿立於舡趂舡上
及边篷之上恐各物碍近身来或
在淺小之河看定船有十分稳妥

江湾镇晓起岭下村 5-49 · 同治元年 · 增订见心集大全（江湖必读卷一）·
裘烈坤

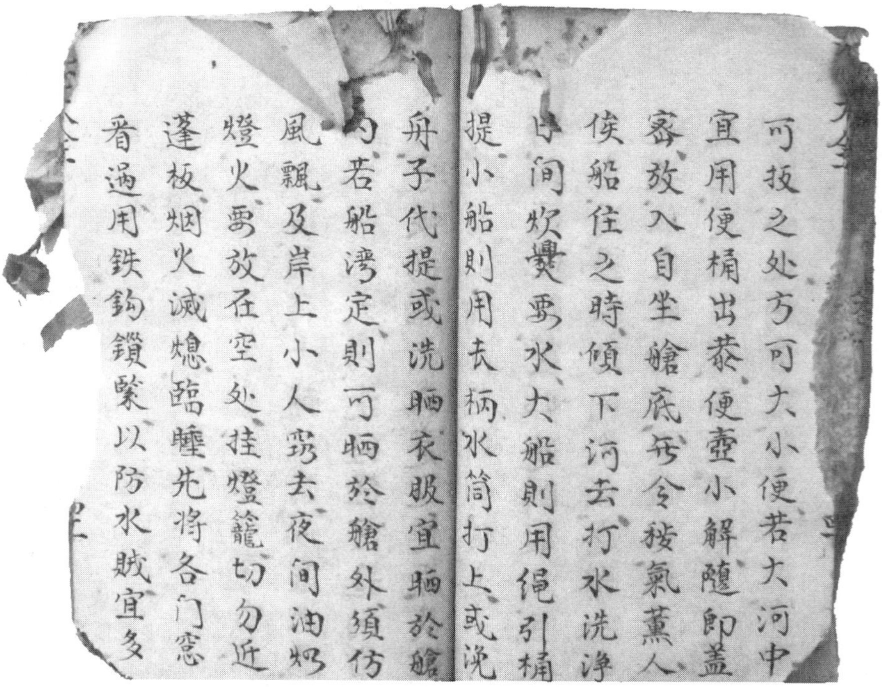
可抜之处方可大小便若大河中
宜用便桶出恭便壺小解隨即盖
密放入自坐艙底毋令穢氣薫人
俟船住之時傾下河去打水洗淨
日间炊爨要水大船則用绳引桶
提小船則用去柄水筒打上或浇
舟子代提或洗晒衣服宜晒於艙
内若船湾定則可晒於艙外須仿
風飄及岸上小人窃去夜间油炒
燈火要放在空处挂燈籠切勿近
蓬板烟火滅熄臨睡先将各门窓
看過用鉄鈎鎖繫以防水賊宜多

江湾镇晓起岭下村 5-50 · 同治元年 · 增订见心集大全（江湖必读卷一）· 裘烈坤

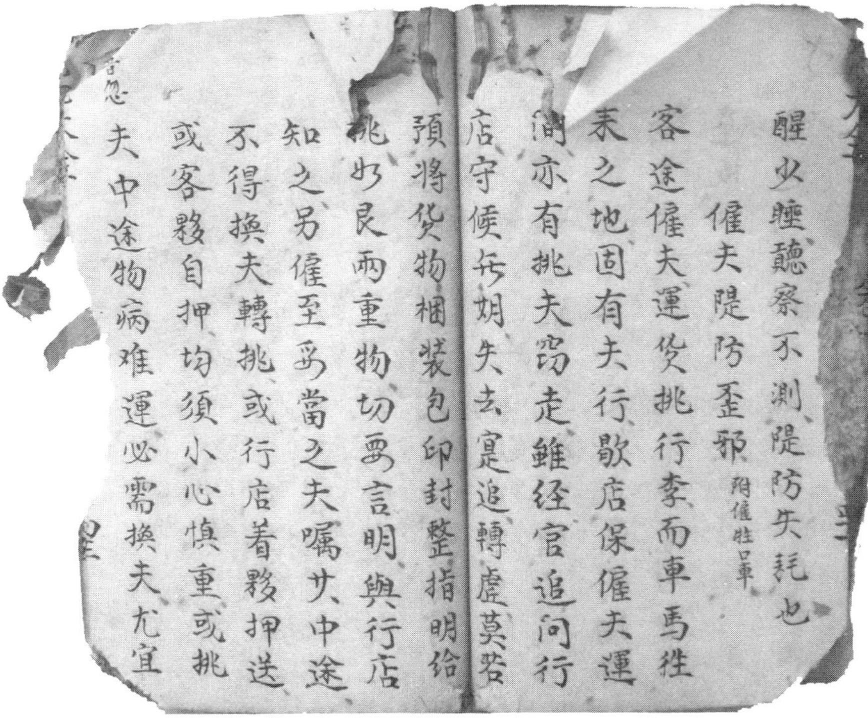

江湾镇晓起岭下村 5-51 · 同治元年 · 增订见心集大全（江湖必读卷一）· 裘烈坤

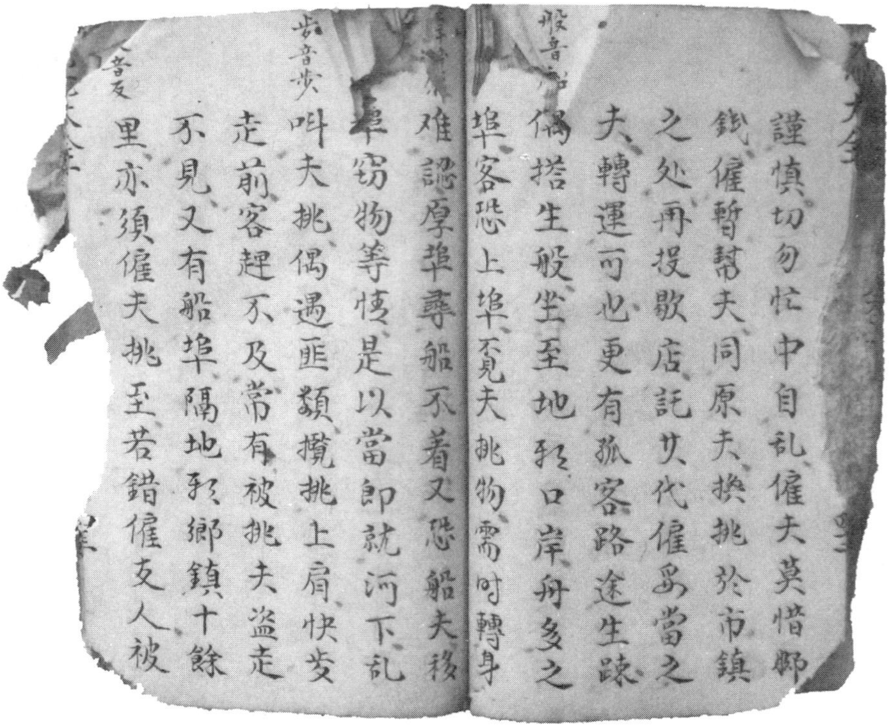

謹慎切勿忙中自乱僱夫莫惜鄉
錢僱暫幫夫同原夫換挑於市鎮
之処再投歇店託其代僱妥當之
夫轉運可也更有孤客路途生疎
偶搭生般坐至地頭口岸舟多之
埠客恐上埠覔夫挑物需时轉身
难認厚埠尋船不着又恐船夫移
埠窃物等情是以當即就河下乱
叫夫挑偶遇匪類攬挑上肩快步
走前客趕不及常有被挑夫盜走
不見又有船埠隔地頭鄉鎮十餘
里亦須僱夫挑至若錯僱歹人被

江湾镇晓起岭下村 5-52 · 同治元年 · 增订见心集大全（江湖必读卷一）· 裘烈坤

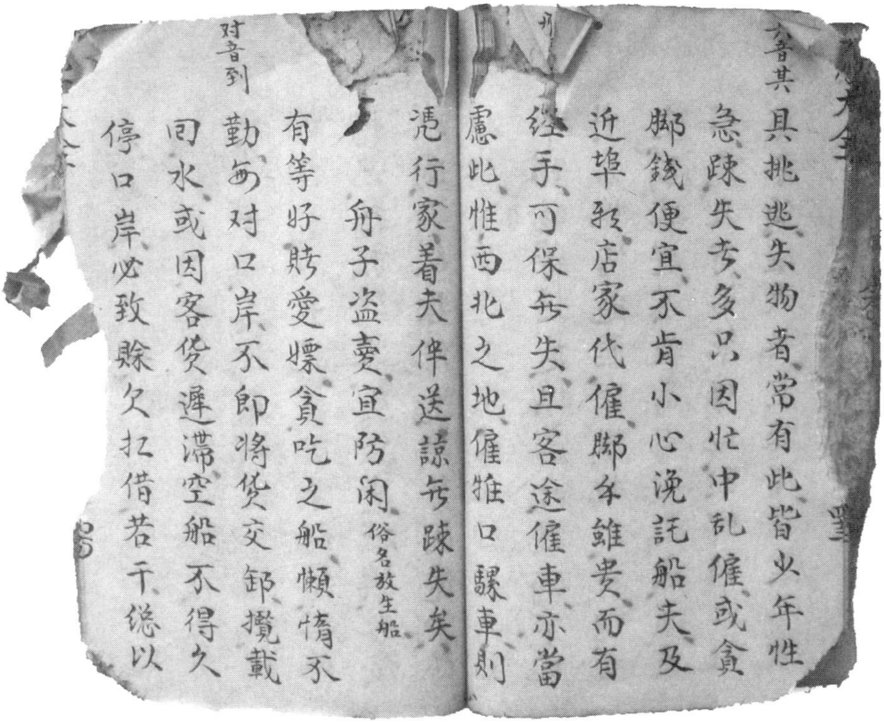
音其
具挑逃失物者常有此皆少年性
急踈失兮多只因壮中乱僱或貪
脚錢便宜不肯小心浼託船夫及
近埠私店家代僱脚夫雖貴而有
经手可保無失且客途僱車亦當
慮此惟西北之地僱推口騾車則
凴行家着夫伴送諒無踈失矣
舟子盗賣宜防闲 俗名放生船
有等好賭愛嫖貪吃之船懶惰不
对音到
勤無对口岸不即将貨交卸攬載
回水或因客貨遲滞空船不得久
停口岸必致賒欠扛借若干繞以

江湾镇晓起岭下村 5-53 · 同治元年 · 增订见心集大全（江湖必读卷一）· 裘烈坤

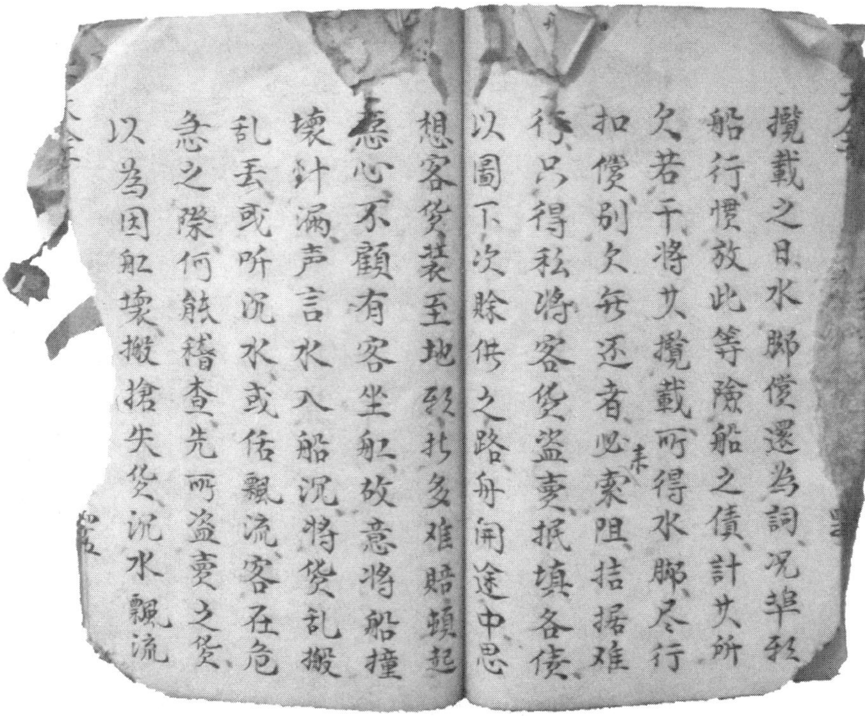

攬載之日水脚償還為詞况埠私
船行慣放此等險船之債計艾所
欠若干將艾攬載所得水脚尽行
扣償別欠無还者必索阻拮据难
行只得私將客貨盗賣抵填各債
以圖下次賒借之路舟開途中思
想客貨裝至地頭折多难賠頓起
惡心不顧有客坐舡故意將船撞
壞針漏声言水入船沉將貨乱搬
乱丢或所沉水或任飄流客在危
急之際何能稽查先所盗賣之貨
以為因舡壞搬搶失貨沉水飄流

江湾镇晓起岭下村 5-54 · 同治元年 · 增订见心集大全（江湖必读卷一）·裘烈坤

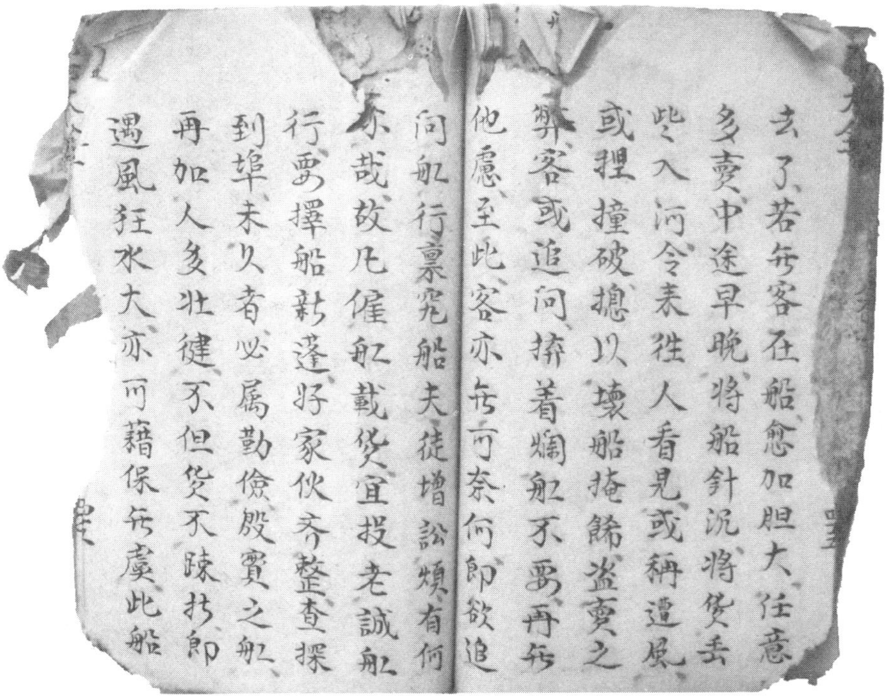
去了若無客在船愈加胆大任意
多賣中途早晚將船針沉將貨丢
些入河令來往人看見或稱遭風
或裡撞破摠以壞船掩飾盜賣之
弊客或追問推着艄舡不要再無
他處至此客亦無可奈何即欲追
問舡行稟究船夫徒增訟煩有何
益哉故凡僱舡載貨宜投老誠舡
行要擇船新蓬好家伙齊整查探
到埠未以者必屬勤儉殷實之舡
再加人多壯健不但貨不踈於即
遇風狂水大亦可藉保無虞此船

江湾镇晓起岭下村 5-55 · 同治元年 · 增订见心集大全（江湖必读卷一）·
裘烈坤

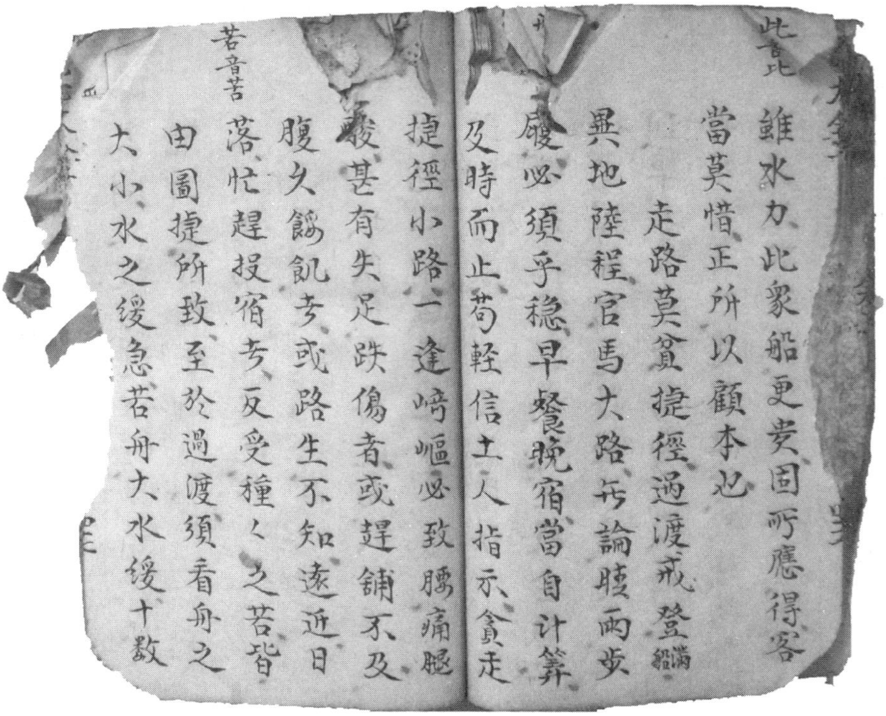
比音比

雖水力此象船更要固所應得客
當莫惜正所以顧本也
走路莫貪捷徑過渡戒登船滿
異地陸程官馬大路須論驛兩要
履必須乎穩早餐晚宿當自計算
及時而止苟輕信土人指示貪走

苦音苦

捷徑小路一逢崎嶇必致腰痛腿
痠甚有失足跌傷者或趕鋪不及
腹久飢餓或路生不知遠近日
落忙趕投宿或反受種種之苦皆
由圖捷所致至於過渡須看舟之
大小水之緩急若舟大水緩十數

江湾镇晓起岭下村 5-56 · 同治元年 · 增订见心集大全（江湖必读卷一）·
裘烈坤

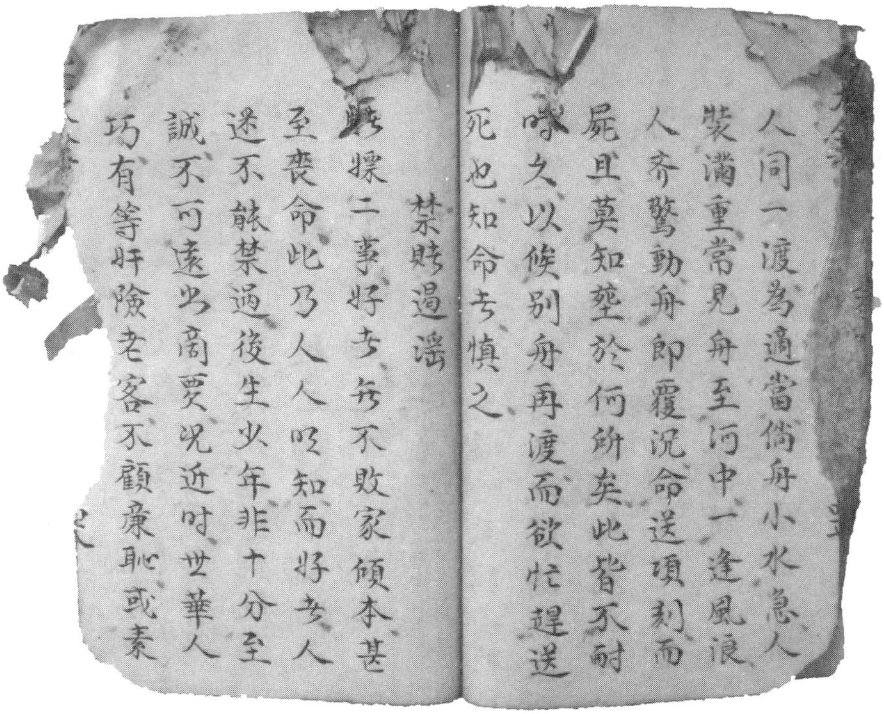
人同一渡為適當倘舟小水急人
裝滿重常見舟至河中一逢風浪
人齊驚動舟即覆況命送頃刻而
屍且莫知瘞於何所矣此皆不耐
時久以候別舟再渡而欲忙趕送
死也知命者慎之

禁賭過遥

賭嫖二事好者無不敗家傾本甚
至喪命此乃人人所知而好者人
迷不能禁過後生少年非十分至
誠不可遠出商賈況近時世華人
巧有等奸險老客不顧廉恥或素

江湾镇晓起岭下村 5-57 · 同治元年 · 增订见心集大全（江湖必读卷一）·
裘烈坤

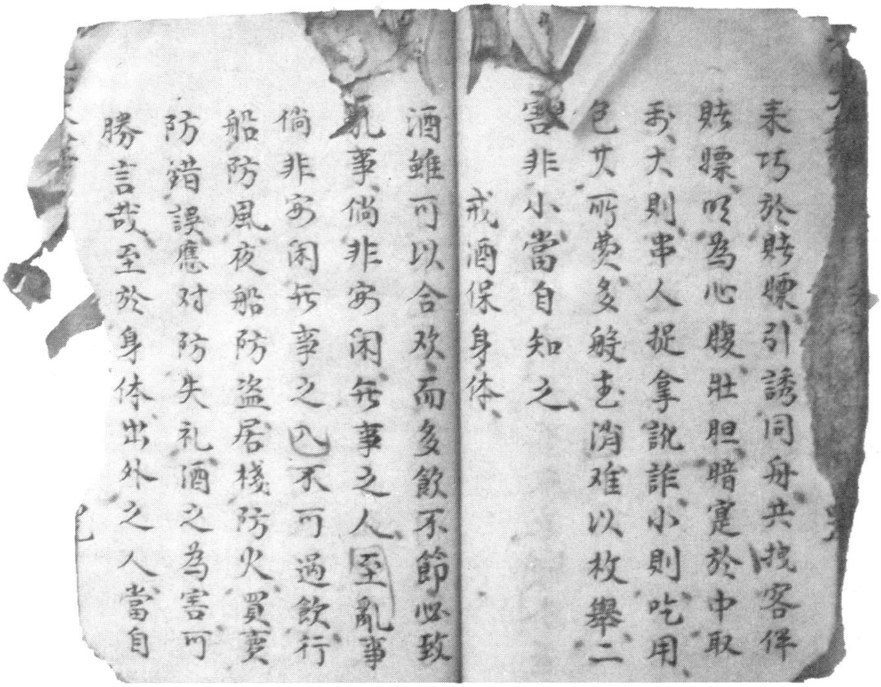

來巧於賭嫖引誘同舟共艘客伴
賭嫖吃為心腹壯胆暗寔於中取
弄大則串人捉拿訛詐小則吃用
色艾所費多般甚消难以枚舉二
害非小當自知之
戒酒保身体
酒雖可以合欢而多飲不節必致
亂事倘非安闲無事之人至亂事
倘非安闲無事之亦不可過飲行
船防風夜船防盜居棧防火買賣
防錯誤應对防失礼酒之為害可
勝言哉至於身体出外之人當自

江湾镇晓起岭下村 5-58 · 同治元年 · 增订见心集大全（江湖必读卷一）·
裘烈坤

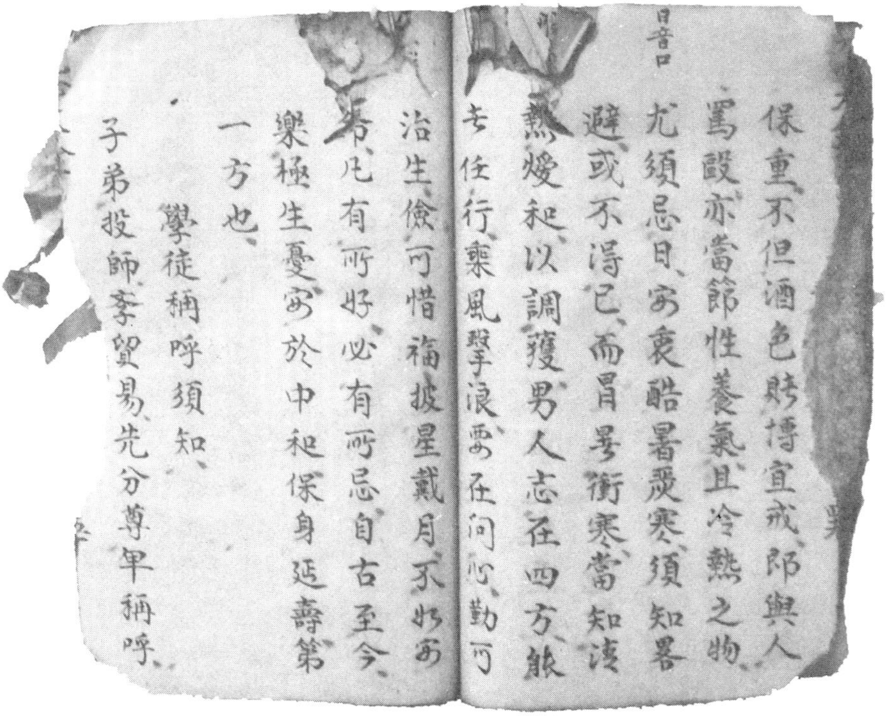
保重不但酒色賭博宜戒郎與人
罵毆亦當節性養氣且冷熱之物
尤須忌日、安衷酷暑嚴寒須知暑
避或不得已、而冒暑衝寒當知凉
熱煖和以調獲男人志在四方能
专任行乘風擧浪要在问心勤可
治生儉可惜福披星戴月不好安
者凡有所好必有所忌自古至今
樂極生憂安於中和保身延壽第
一方也、
學徒稱呼須知、
子弟投師多貿易先分尊卑稱呼、

江湾镇晓起岭下村 5-59 · 同治元年 · 增订见心集大全（江湖必读卷一）· 裘烈坤

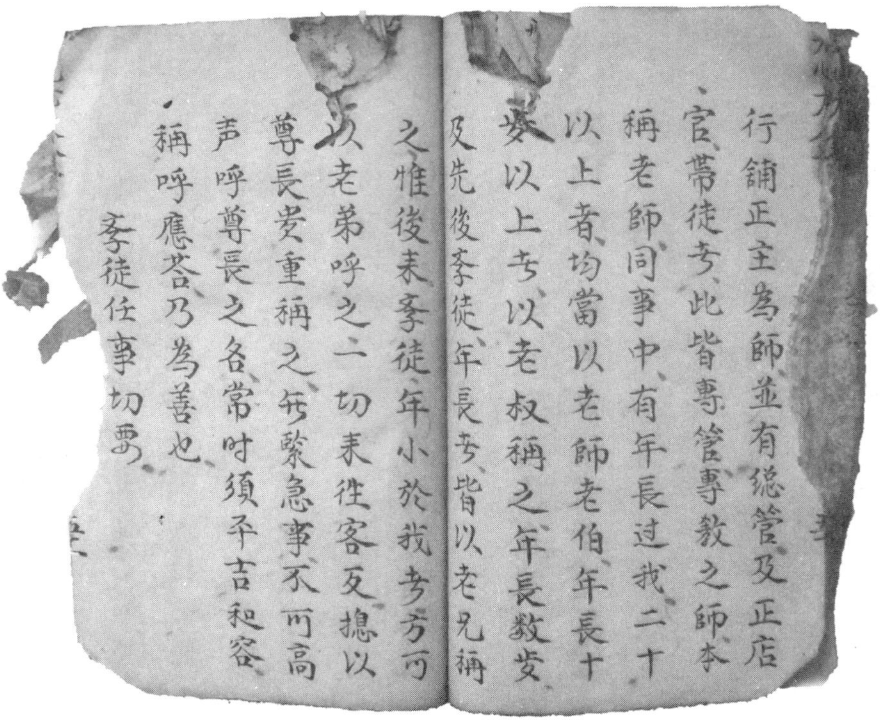
行舖正主為師並有總管及正店
官帶徒者此皆專管專教之師本
稱老師同事中有年長过我二十
以上者均當以老師老伯年長十
歲以上者以老叔稱之年長數歲
及先後拜徒年長者皆以老兄稱
之惟後來拜徒年小於我者方可
以老弟呼之一切来往客反摠以
尊長貴重稱之雖緊急事不可高
声呼尊長之名常时須平吉和容
稱呼應答乃為善也
拜徒任事切要

江湾镇晓起岭下村 5-60 · 同治元年 · 增订见心集大全（江湖必读卷一）·
裘烈坤

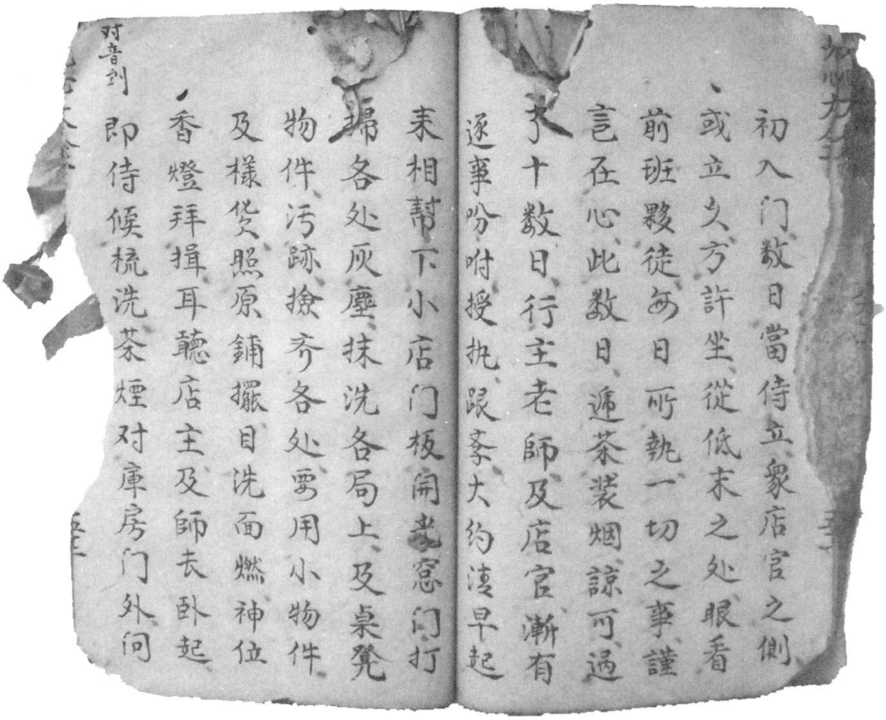

初入门数日當侍立象店官之側
或立久方許坐從低末之处眼看
前班夥徒每日所執一切之事謹
記在心此数日遞茶装烟諒可過
了十数日行主老師及店官漸有
逐事吩咐授執跟客大约清早起
来相幫下小店门板開歩窓门打
掃各处灰塵抹洗各局上及桌凳
物件污跡撿齊各处要用小物件
及樣货照原鋪擺目洗面燃神位
香燈拜揖耳聽店主及師長卧起
即侍候梳洗茶煙对庫房门外问

对音刿

江湾镇晓起岭下村 5-61 · 同治元年 · 增订见心集大全（江湖必读卷一）· 裘烈坤

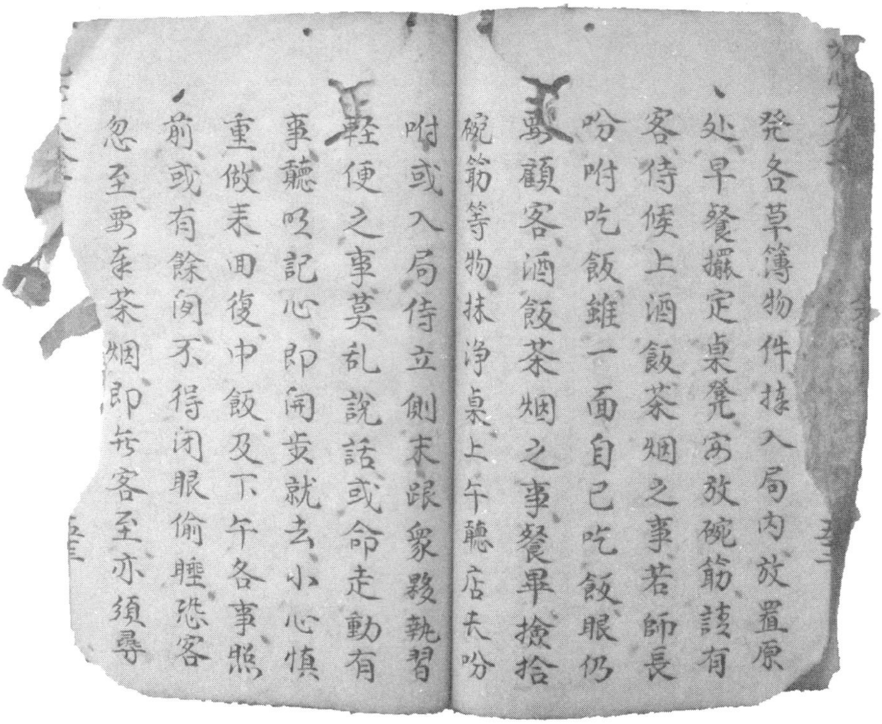
發各草簿物件搬入局内放置原
处早餐擺定桌凳安放碗筯該有
客侍候上酒飯茶烟之事若師長
吩咐吃飯雖一面自己吃飯服仍
要顧客酒飯茶烟之事餐畢撿拾
碗筯等物抹淨桌上午聽店夫吩
咐或入局侍立側末跟象毉執習
輕便之事莫乱說話或命走動有
事聽吩記心即開步就去小心慎
重做末回復中飯及下午各事照
前或有餘閑不得閉眼偷睡恐客
忽至要來茶烟即無客至亦須尋

江湾镇晓起岭下村 5-62 · 同治元年 · 增订见心集大全（江湖必读卷一）· 裘烈坤

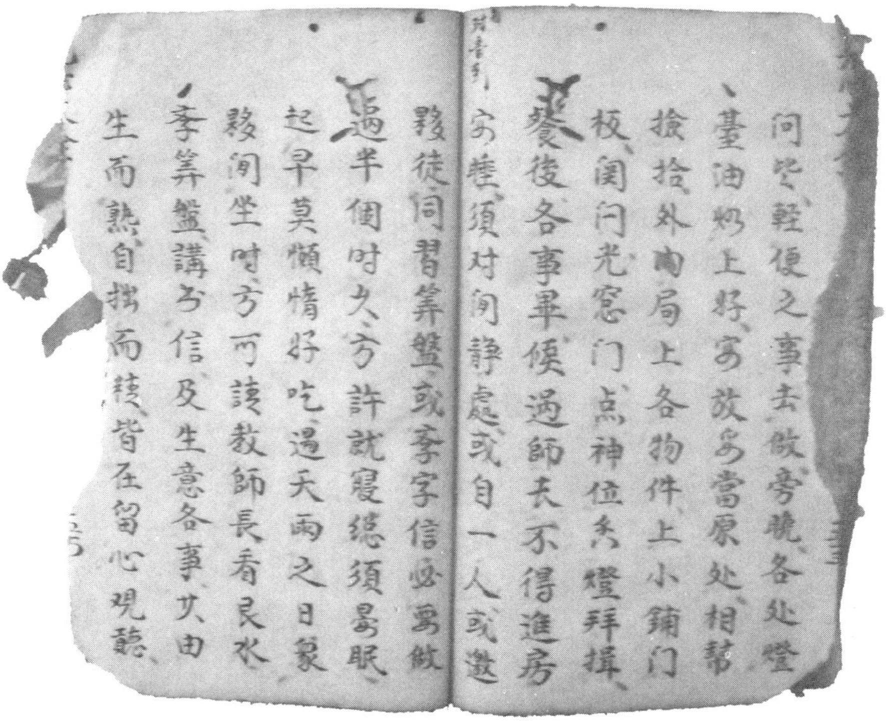

江湾镇晓起岭下村 5-63 · 同治元年 · 增订见心集大全（江湖必读卷一）· 裘烈坤

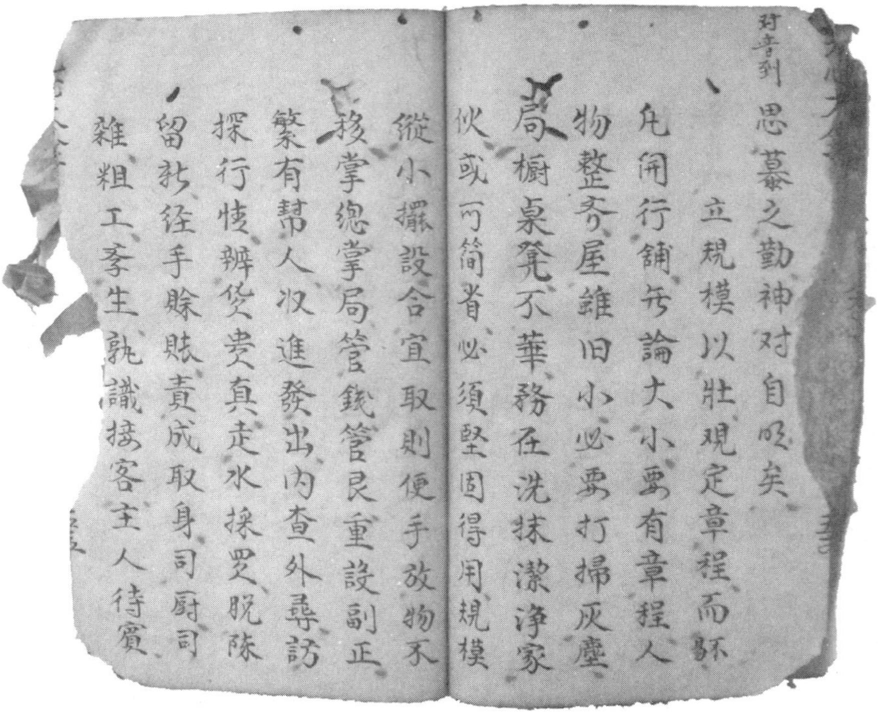

思慕之勤神对自叹矣

立規模以壯觀定章程而駓

凡開行鋪毋論大小要有章程人

物整齊屋雖旧小必要打掃灰塵

廚櫥桌凳不華務在洗抹潔淨家

伙或可簡省必須堅固得用規模

從小擺設合宜取則便手放物不

務掌總掌局管錢管艮重設副正

繁有幫人收進發出內查外尋訪

探行情辦貨貴真走水採買脫陈

留新經手賒賬責成取身司廚司

雜粗工季生熟識接客主人待賓

江湾镇晓起岭下村 5-64 · 同治元年 · 增订见心集大全（江湖必读卷一）· 裘烈坤

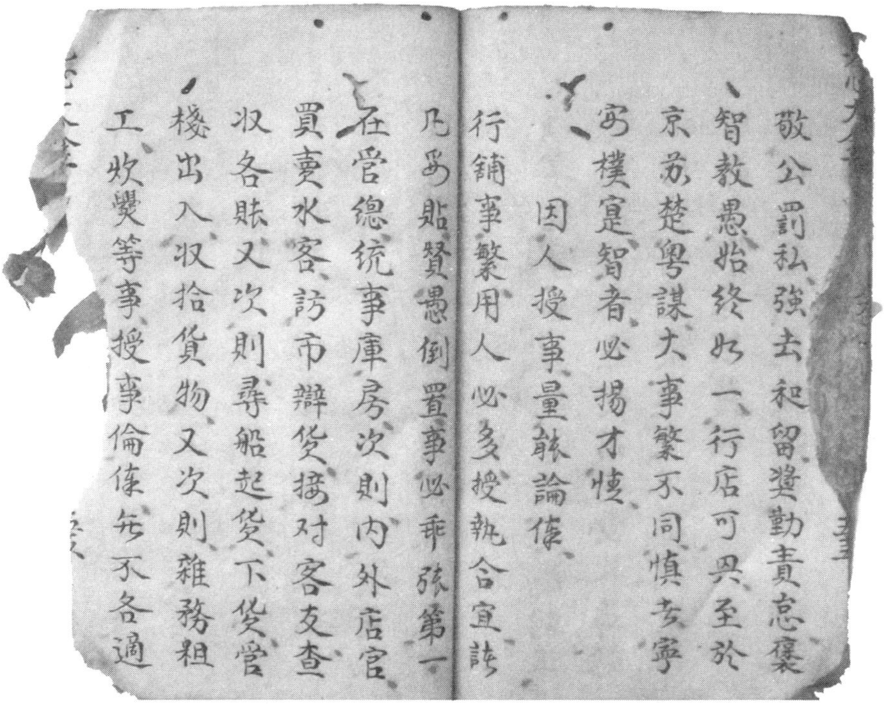

敬公罰私強去和留獎勤責怠褒
智教愚始終如一行店可與至於
京蘇楚粵謀大事繁不同慎支寧
安樸寔智者必揚才性
因人授事量能論俸
行鋪事繁用人必多授執合宜該
凡爲貼贄愚倒置事必乖張第一
在營總統事庫房次則內外店官
買賣水客訪市辦貨接对客支查
收各賬又次則尋船起貨下貨管
棧出入收拾貨物又次則雜務粗
工炊爨等事授事倫條無不各適

江湾镇晓起岭下村 5-65 · 同治元年 · 增订见心集大全（江湖必读卷一）· 裘烈坤

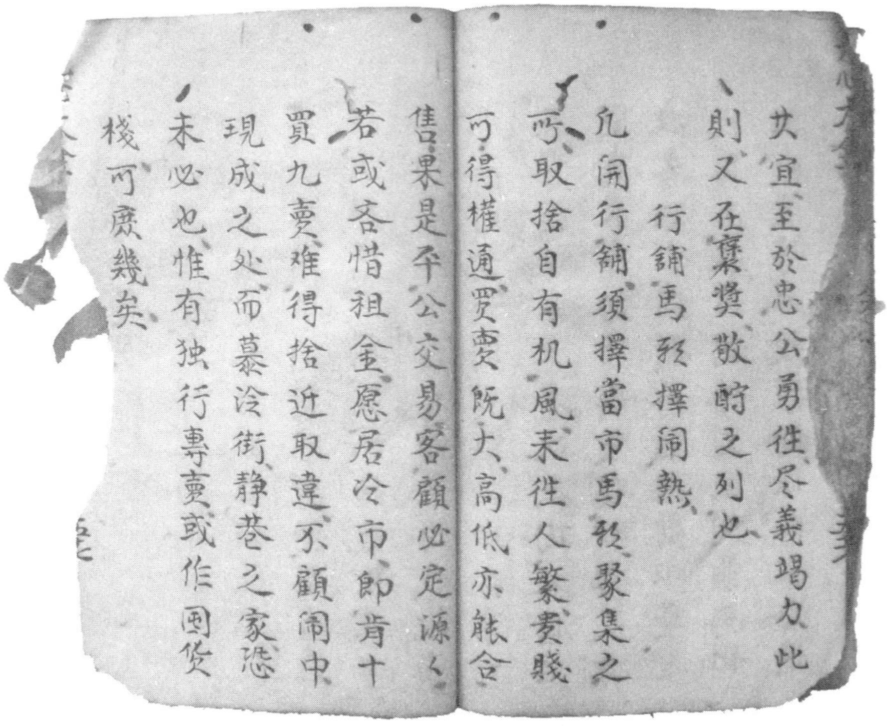

江湾镇晓起岭下村 5-66 · 同治元年 · 增订见心集大全（江湖必读卷一）·
裘烈坤

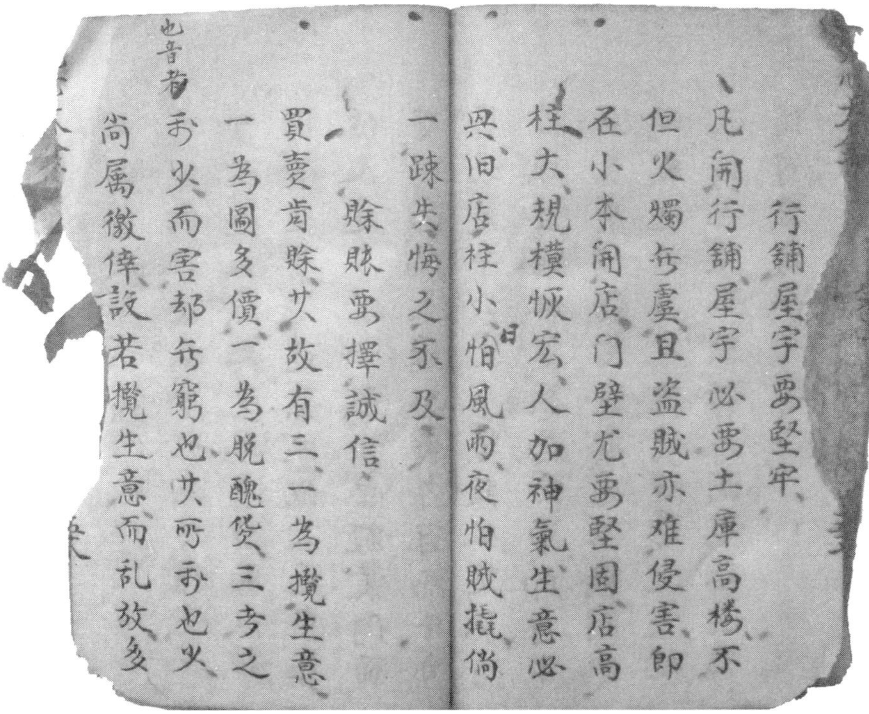
行鋪屋宇要堅牢
凡開行鋪屋宇必要土庫高樓不但火燭無虞且盜賊亦难侵害即在小本開店门壁尤要堅固店高柱大規模恢宏人加神氣生意必興旧店柱小怕風雨夜怕賊撬倘一跌失悔之不及
賒賬要擇誠信
買賣肯賒者故有三一為攬生意一為圖多價一為脱醜貨三者之無火而害却無窮也者所無也火尚屬徼倖設若攬生意而乱放多

江湾镇晓起岭下村 5-67 · 同治元年 · 增订见心集大全（江湖必读卷一）·裘烈坤

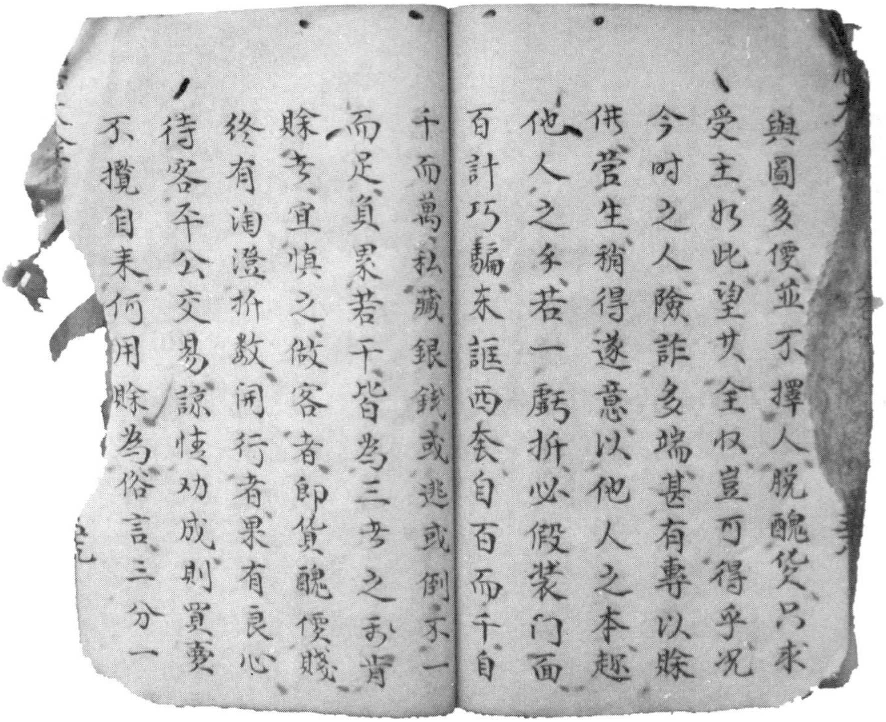
與圖多便並不擇人脱醜貨只求
受主如此望其全收豈可得乎況
今时之人險詐多端甚有專以賒
借营生稍得遂意以他人之本趣
他人之手若一虧折必假装门面
百計巧騙东誆西套自百而千自
千而萬私藏銀錢或逃或倒不一
而足負累若干皆為三者之不肖
賒者宜慎之做客者即貨醜價賤
終有淘澄折数閑行者果有良心
待客平公交易諒情劝成則買賣
不攪自来何用賒為俗言三分一

江湾镇晓起岭下村 5-68 · 同治元年 · 增订见心集大全（江湖必读卷一） · 裘烈坤

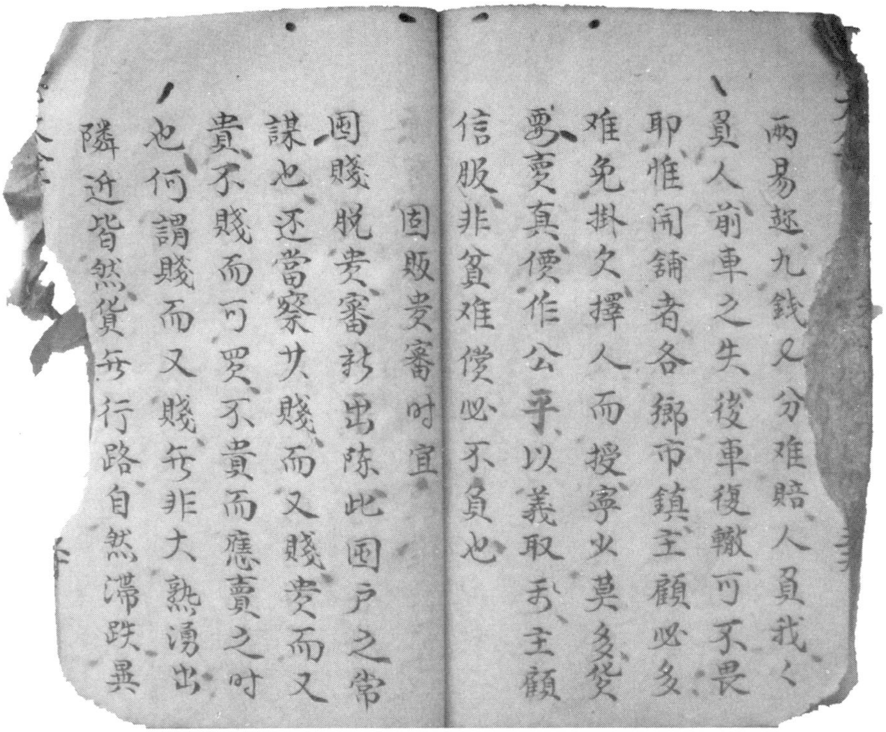
两易趣九錢又分难賠人負我々
、負人前車之失後車復轍可不畏
恥惟開舖者各鄉市鎮主顧必多
难免掛欠擇人而授寧少莫多賒
要更真便作公平以義取我主顧
信服非貧难償必不負也

囤販貴賽时宜
囤賤脫貴審於出陈此囤户之常
謀也还當察其賤而又賤貴而又
貴不賤而可買不貴而應賣之时
、也何謂賤而又賤無非大熟湧出
隣近皆然貨無行路自然滯跌異

江湾镇晓起岭下村 5-69 · 同治元年 · 增订见心集大全（江湖必读卷一）· 裘烈坤

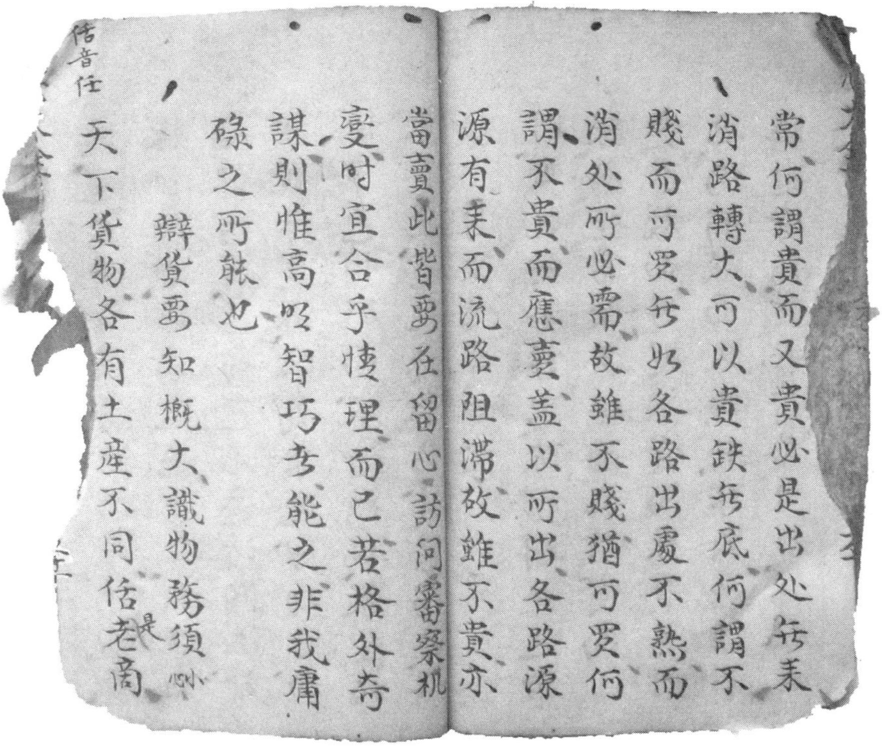

估音任

常何謂貴而又貴必是出处無来消路轉大可以貴鉄無底何謂不賤而可罢無如各路出處不熟而消处所必需故雖不賤猶可罢何謂不貴而應賣盖以所出各路源源有来而流路阻滞故雖不貴亦當賣此皆要在留心訪問審察机變时宜合乎情理而已若格外奇謀則惟高明智巧者能之非我庸碌之所能也

辯貨要知概大識物務須心小

天下貨物各有土産不同估老商是

江湾镇晓起岭下村 5-70 · 同治元年 · 增订见心集大全（江湖必读卷一）·
裘烈坤

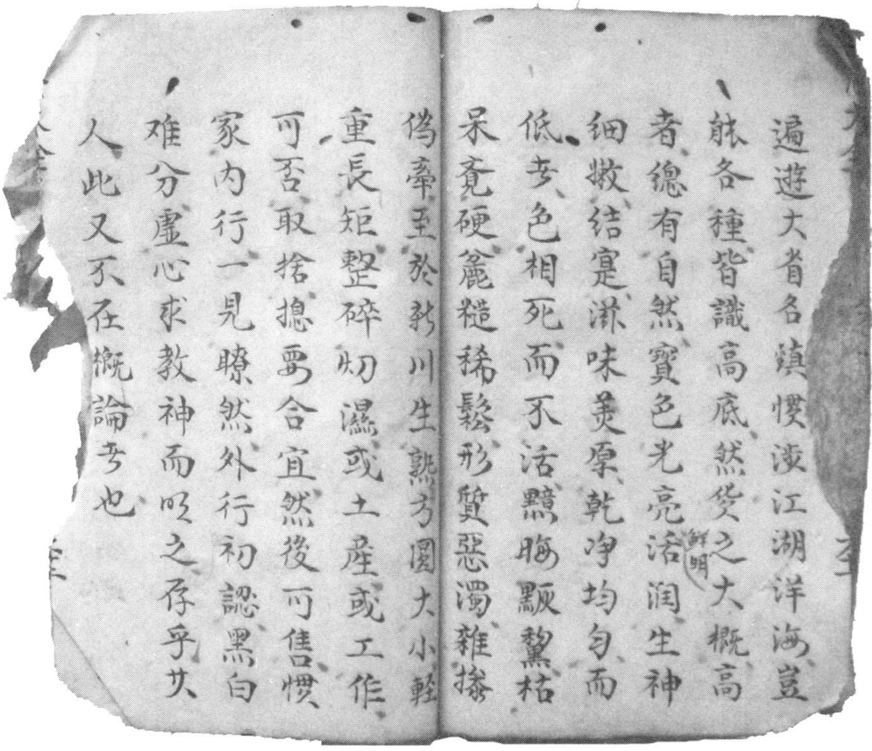
遍遊大省名鎮慣涉江湖詳海豈財各種皆識高底然貨之大概高者總有自然寶色光亮活（鮮明）潤生神细嫩结寔滋味羙厚乾净均匀而低歹色相死而不活黯晦黝黧枯呆竟硬麁糙稀鬆形質惡濁雜攙偽牽至於新川生熟方圓大小輕重長短整碎切濕或土産或工作可否取捨揔要合宜然後可售慣家内行一見瞭然外行初認黑白难分虚心求教神而明之存乎其人此又不在概論者也

江湾镇晓起岭下村 5-71 · 同治元年 · 增订见心集大全（江湖必读卷一）·
裘烈坤

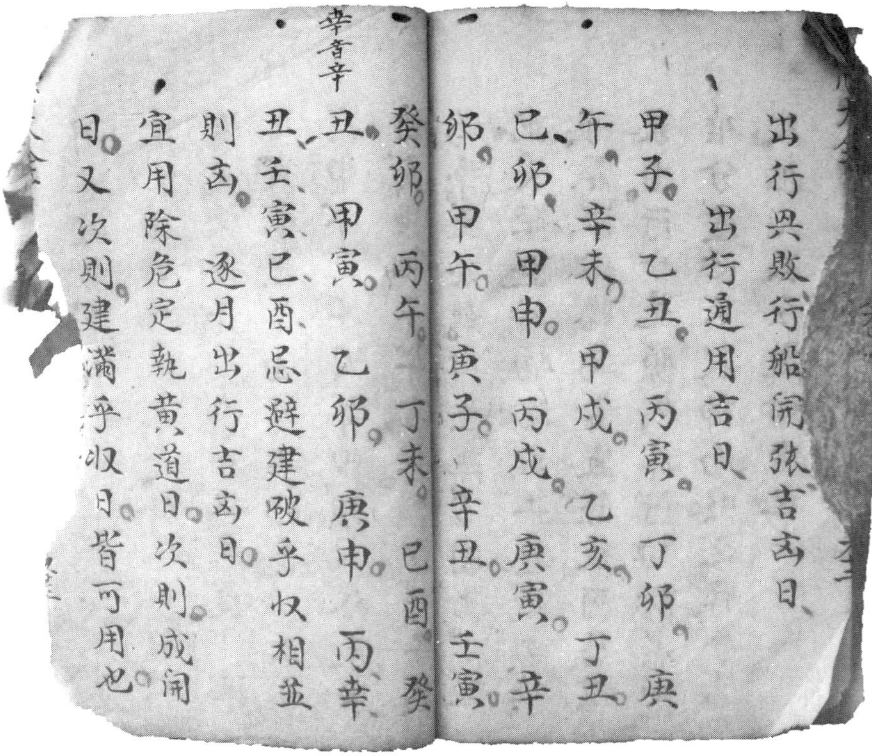
出行興敗行船開張吉凶日、
出行通用吉日、
甲子、乙丑、丙寅、丁卯、庚
午、辛未、甲戌、乙亥、丁丑、
己卯、甲申、丙戌、庚寅、辛
卯、甲午、庚子、辛丑、壬寅、
癸卯、丙午、丁未、己酉、癸
辛音辛
丑、甲寅、乙卯、庚申、丙、辛
丑、壬寅、己酉、忌避建破平收相並
則凶、逐月出行吉凶日、
宜用除危定執黃道日、次則成開
日、又次則建滿平收日、皆可用也、

江湾镇晓起岭下村 5-72 · 同治元年 · 增订见心集大全（江湖必读卷一）·
裘烈坤

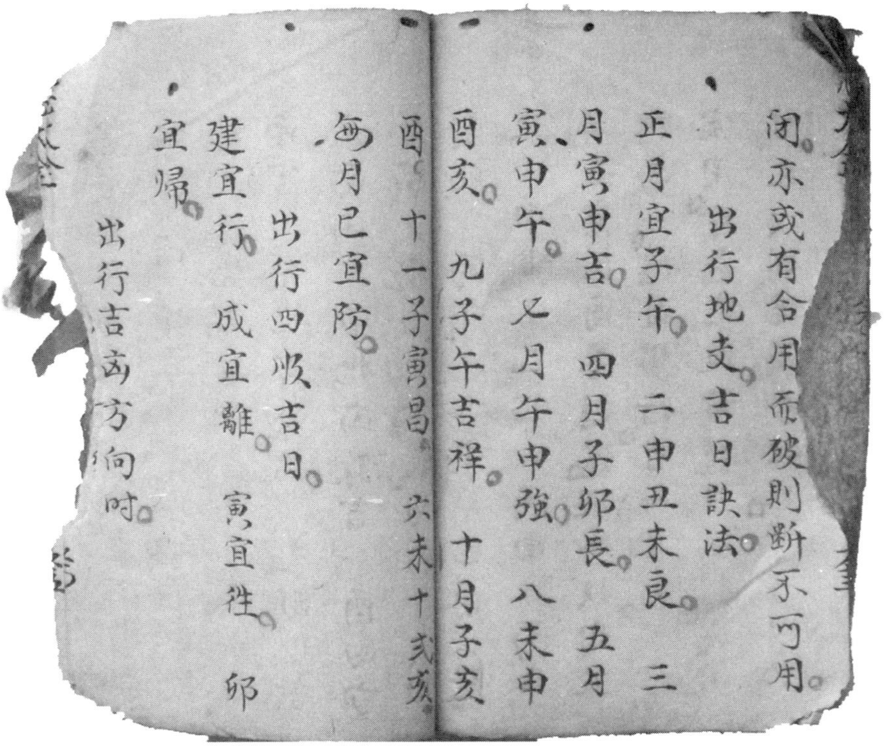

閉亦或有合用而破則斷不可用

出行地支吉日訣法

正月宜子午　二申丑未艮　三

月寅申吉　四月子卯辰　五月

寅申午　七月午申強　八未申

酉亥　九子午吉祥　十月子亥

酉　十一子寅昌　六未十弍亥

每月巳宜防

出行四收吉日

建宜行　成宜離　寅宜往　卯

宜歸

出行吉凶方向时

江湾镇晓起岭下村 5-73 · 同治元年 · 增订见心集大全（江湖必读卷一）· 裘烈坤

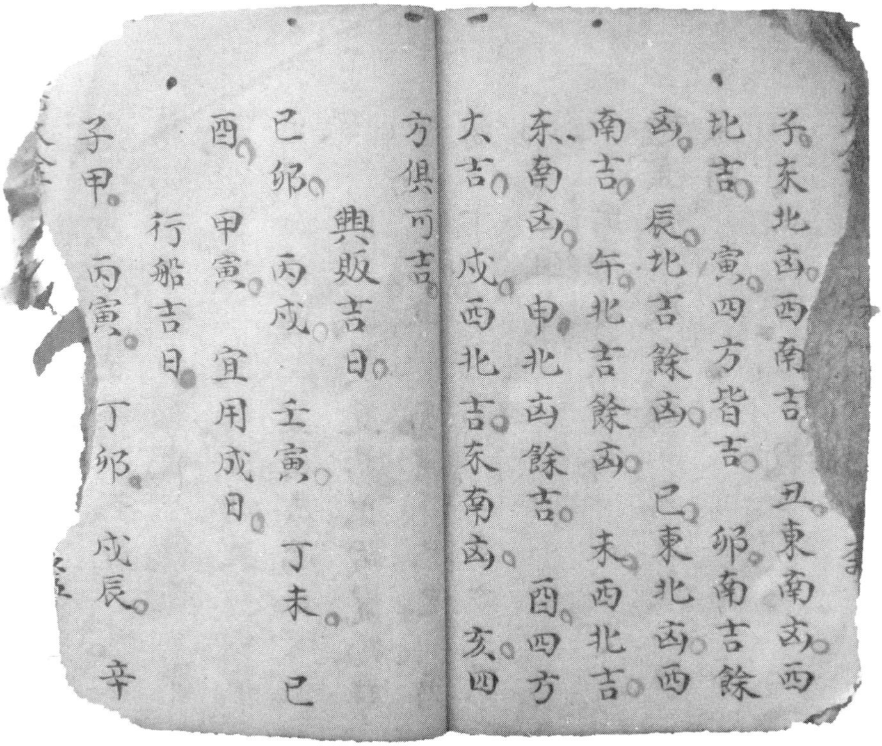

江湾镇晓起岭下村 5-74 · 同治元年 · 增订见心集大全（江湖必读卷一）·
裘烈坤

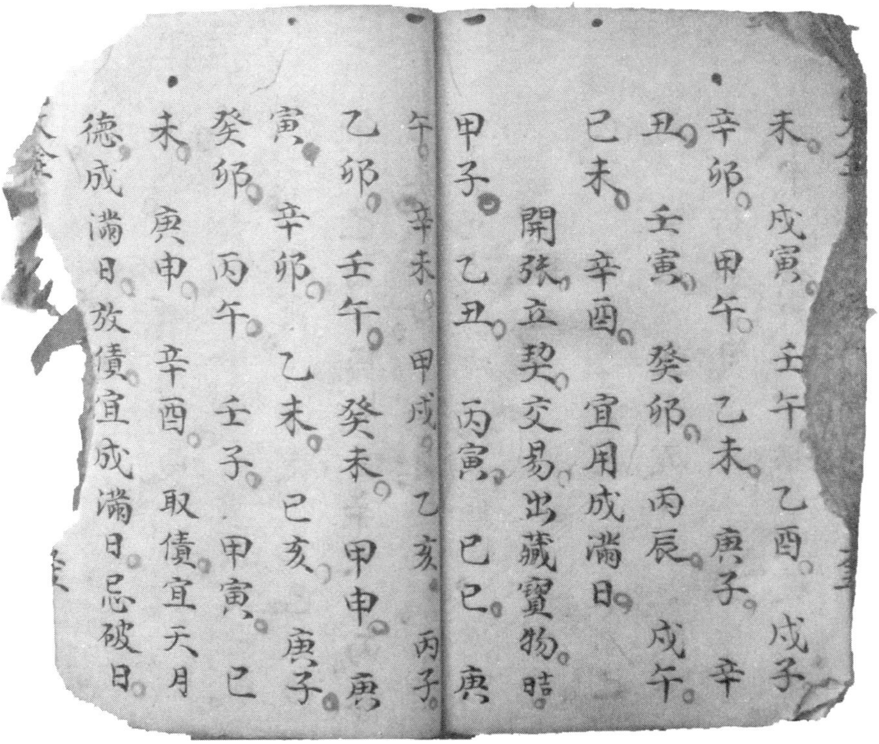
未　戌寅　壬午　乙酉　戊子
辛卯　甲午　乙未　庚子　辛
丑　壬寅　癸卯　丙辰　戊午
己未　辛酉　宜用成滿日
開張立契交易出藏寶物日吉
甲子　乙丑　丙寅　己巳　庚
午　辛未　甲戌　乙亥　丙子
乙卯　壬午　癸未　甲申　庚
寅　辛卯　乙未　己亥　庚子
癸卯　丙午　壬子　甲寅　己
未　庚申　辛酉　取債宜天月
德成滿日放債宜成滿日忌破日

江湾镇晓起岭下村 5-75 · 同治元年 · 增订见心集大全（江湖必读卷一）· 裘烈坤

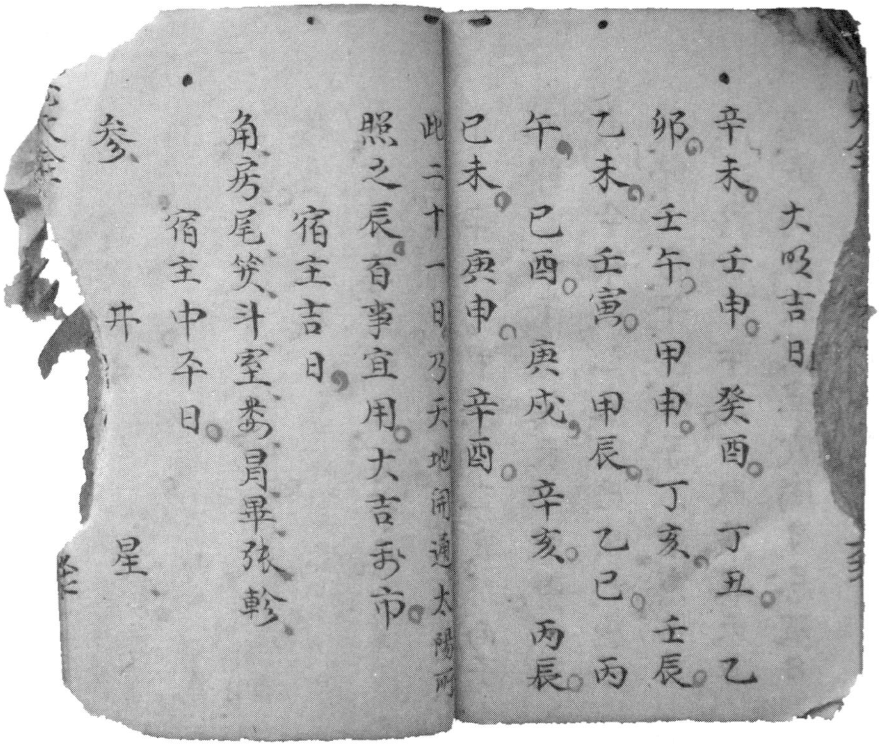

江湾镇晓起岭下村 5-76 · 同治元年 · 增订见心集大全（江湖必读卷一）· 裘烈坤

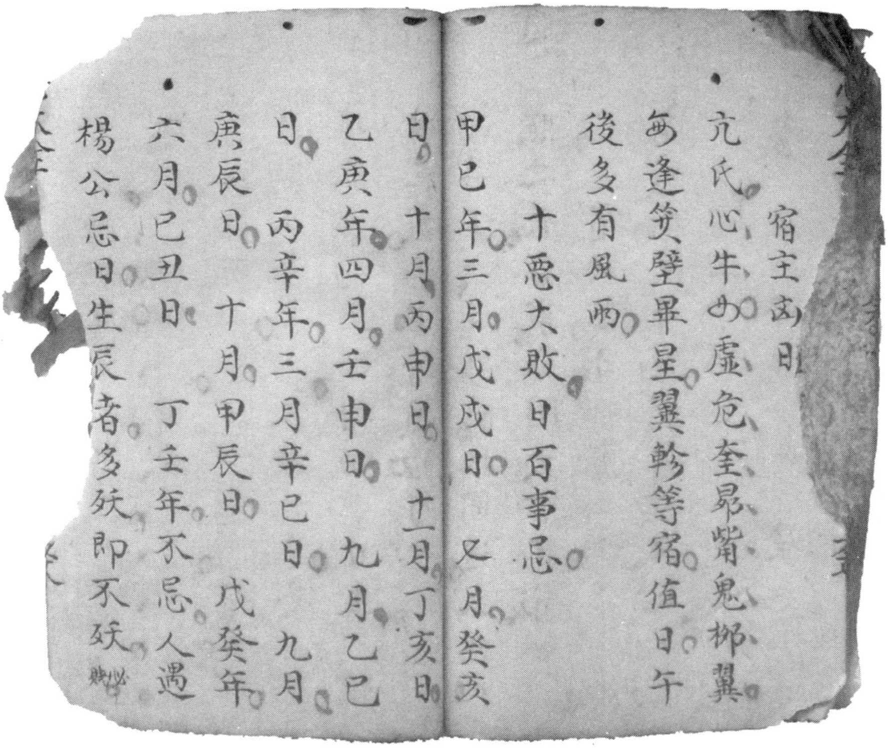
宿主凶日
亢氐心牛女虛危奎昴觜鬼柳翼
每逢箕壁畢星翼軫等宿值日午
後多有風雨
十惡大敗日百事忌
甲己年三月戊戌日 七月癸亥
日 十月丙申日 十一月丁亥日
乙庚年四月壬申日 九月乙巳
日 丙辛年三月辛巳日 九月
庚辰日 十月甲辰日 戊癸年
六月己丑日 丁壬年不忌人遇
楊公忌日生辰者多妖即不妖

江湾镇晓起岭下村 5-77 · 同治元年 · 增订见心集大全（江湖必读卷一）·
裘烈坤

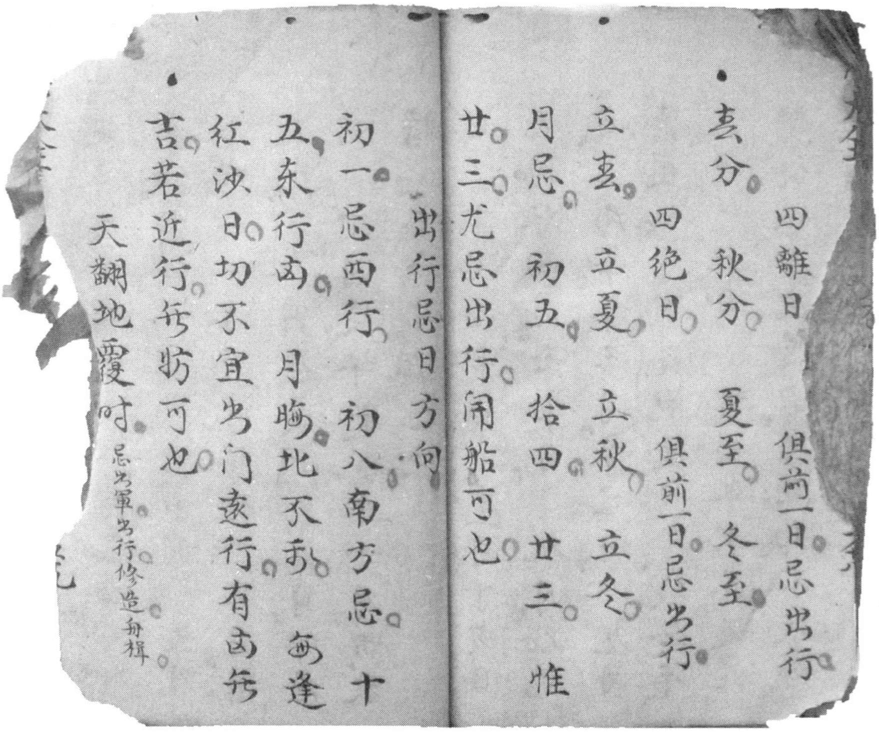

江湾镇晓起岭下村 5-78 · 同治元年 · 增订见心集大全（江湖必读卷一）· 裘烈坤

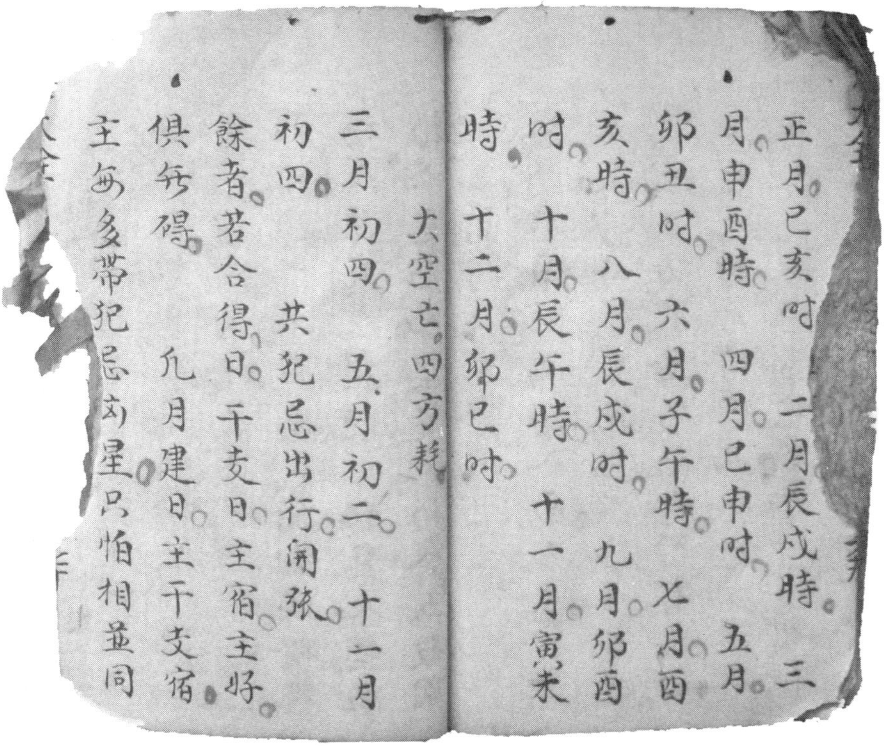
正月巳亥时。二月辰戌時。三
月。申酉時。四月巳申时。五月
卯丑时。六月子午時。七月酉
亥時。八月辰戌时。九月卯酉
时。十月辰午時。十一月寅未
時。十二月卯巳时。

大空亡。四方耗
三月初四。五月初二。十一月
初四。共犯忌出行開張
餘者。若合得日。干支日主宿主好
俱無得。凡月建日主干支宿
主無多帶犯忌凶星只怕相並同

江湾镇晓起岭下村 5-79 · 同治元年 · 增订见心集大全（江湖必读卷一）·
裘烈坤

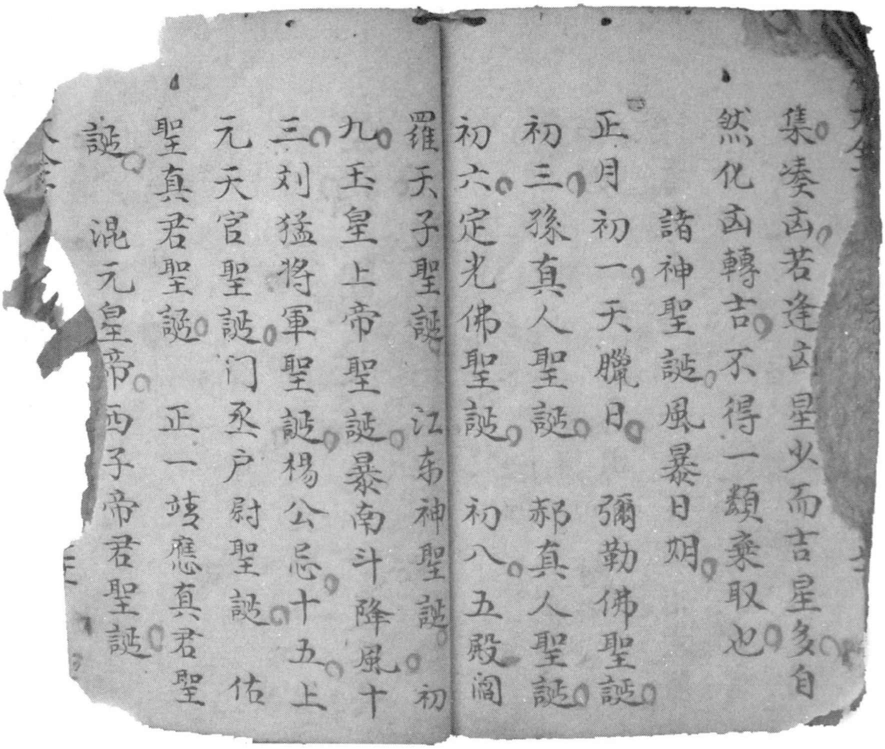
集湊凶若逢凶星必而吉星多自
然化凶轉吉不得一類兼取也
諸神聖誕風暴日期
正月初一天臘日　彌勒佛聖誕
初三孫真人聖誕　郝真人聖誕
初六定光佛聖誕　初八五殿閻
羅天子聖誕　江东神聖誕　初
九玉皇上帝聖誕暴南斗降風十
三刘猛將軍聖誕楊公忌十五上
元天官聖誕门丞户尉聖誕　佑
聖真君聖誕　正一靖應真君聖
誕　混元皇帝西子帝君聖誕

江湾镇晓起岭下村 5-80 · 同治元年 · 增订见心集大全（江湖必读卷一）· 裘烈坤

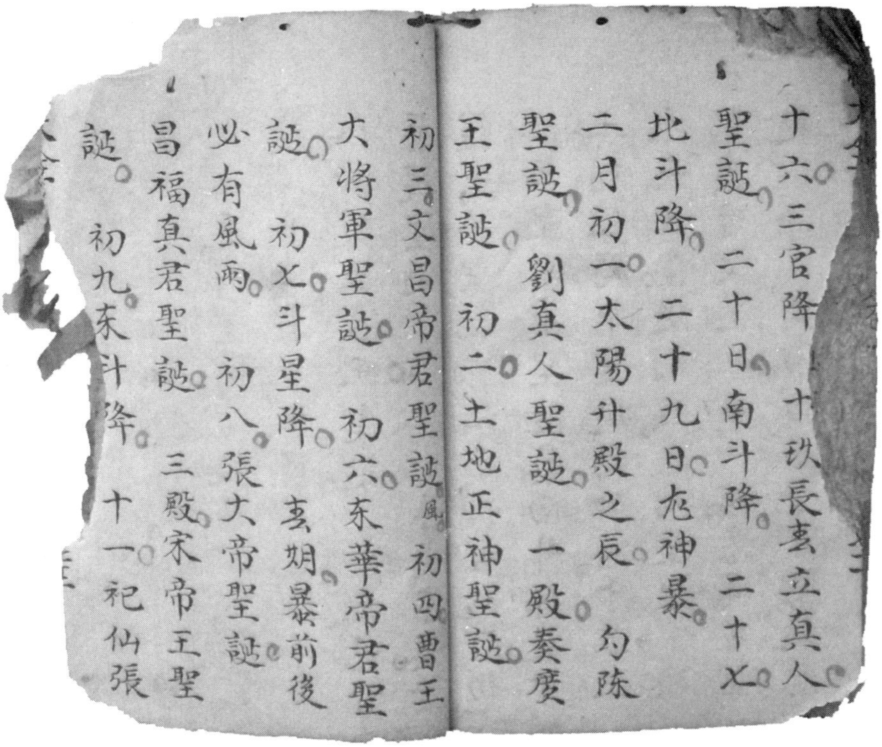
十六三官降 十玖長春丘真人
聖誕 二十日南斗降 二十七
北斗降 二十九日龙神暴
二月初一太陽升殿之辰 勾陈
聖誕 劉真人聖誕 一殿秦廣
王聖誕 初二土地正神聖誕
初三文昌帝君聖誕風 初四曹王
大將軍聖誕 初六东華帝君聖
誕 初七斗星降 春朋暴前後
必有風雨 初八張大帝聖誕
昌福真君聖誕 三殿宋帝王聖
誕 初九东斗降 十一祀仙張

江湾镇晓起岭下村 5-81 · 同治元年 · 增订见心集大全（江湖必读卷一）·
裘烈坤

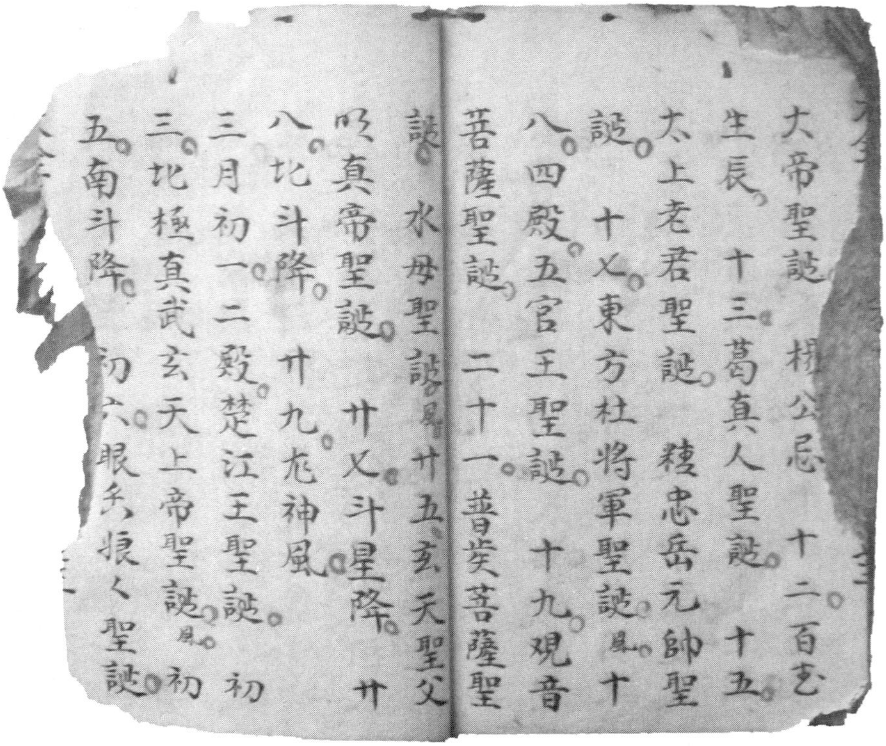

江湾镇晓起岭下村 5-82 · 同治元年 · 增订见心集大全（江湖必读卷一）· 裘烈坤

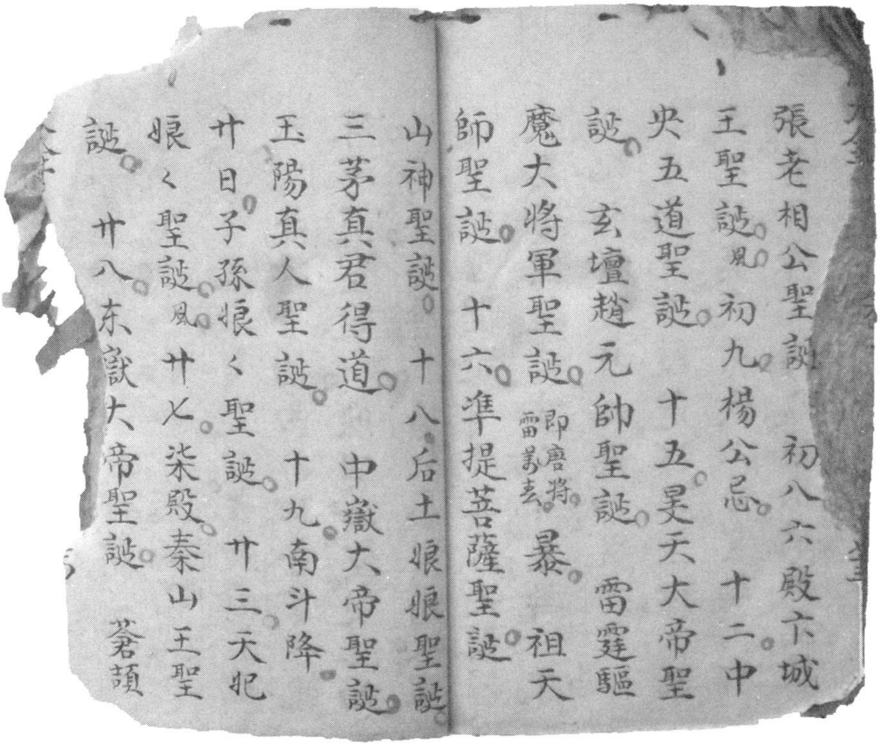
張老相公聖誕 初八六殿卞城
王聖誕夙 初九楊公忌 十二中
央五道聖誕 十五昊天大帝聖
誕 玄壇趙元帥聖誕 雷霆驅
魔大將軍聖誕 即唐將雷萬春 暴祖天
師聖誕 十六準提菩薩聖誕
山神聖誕 十八后土娘娘聖誕
三茅真君得道 中嶽大帝聖誕
玉陽真人聖誕 十九南斗降
廿日子孫娘〻聖誕 廿三天妃
娘〻聖誕夙 廿七柒殿秦山王聖
誕 廿八东嶽大帝聖誕 著頭

江湾镇晓起岭下村 5-83 · 同治元年 · 增订见心集大全（江湖必读卷一）·
裘烈坤

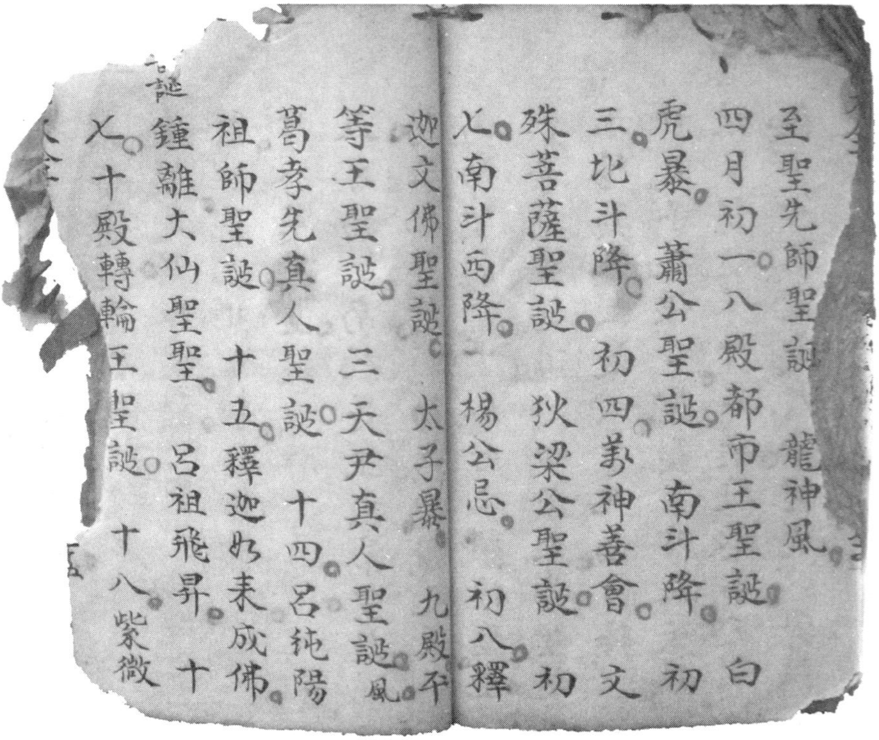
至聖先師聖誕 龍神風
四月初一 八殿都市王聖誕 白
虎暴 蕭公聖誕 南斗降 初
三 北斗降 初四 萬神善會 文
殊菩薩聖誕 狄梁公聖誕 初
七 南斗西降 楊公忌 初八 釋
迦文佛聖誕 太子暴 九殿平
等王聖誕 三天尹真人聖誕 風
葛孝先真人聖誕 十四 呂純陽
祖師聖誕 十五 釋迦如來成佛
鍾離大仙聖聖 呂祖飛昇 十
七 十殿轉輪王聖誕 十八 紫微

江湾镇晓起岭下村 5-84 · 同治元年 · 增订见心集大全（江湖必读卷一）· 裘烈坤

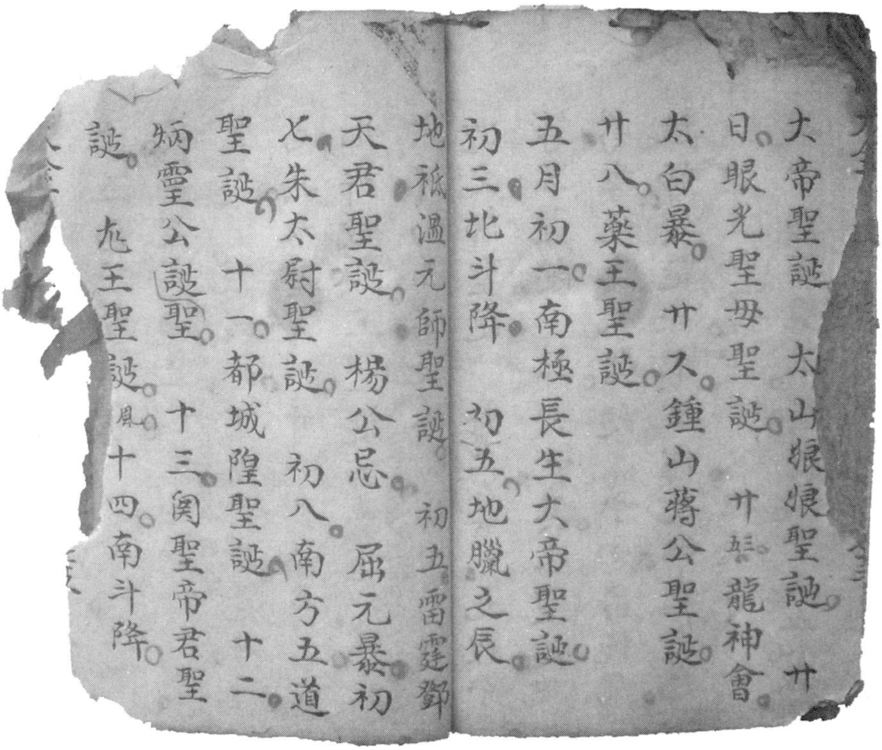

江湾镇晓起岭下村 5-85 · 同治元年 · 增订见心集大全（江湖必读卷一）·
裘烈坤

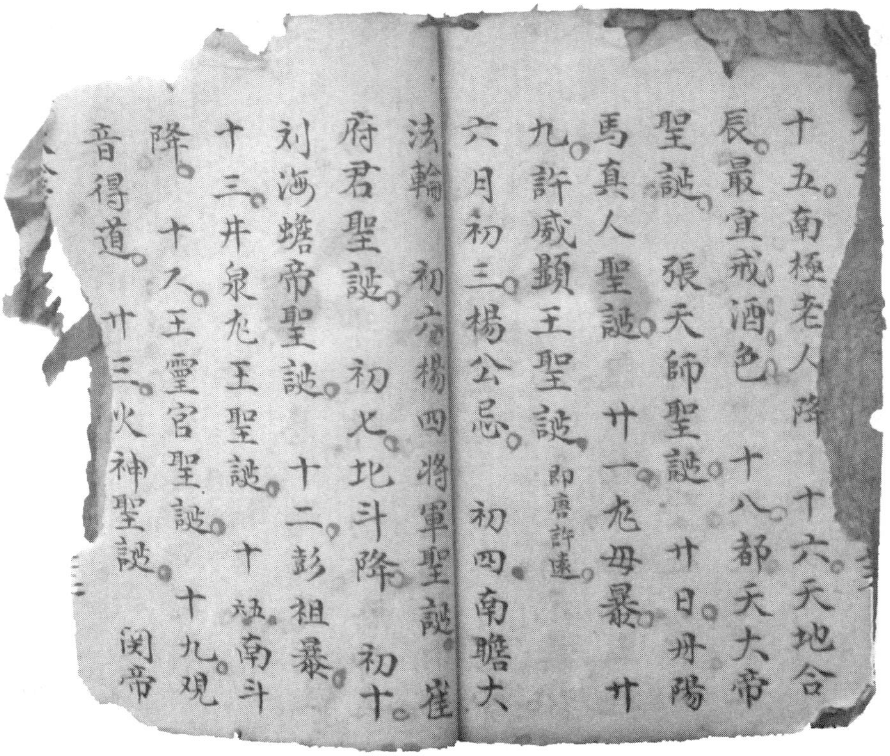

江湾镇晓起岭下村 5-86 · 同治元年 · 增订见心集大全（江湖必读卷一）· 裘烈坤

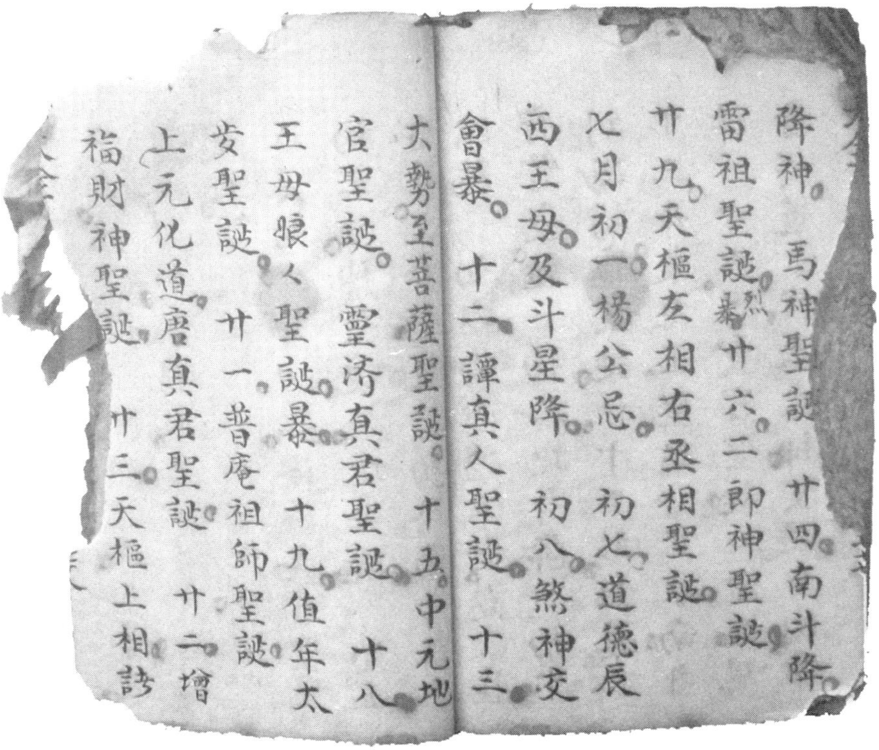
降神。馬神聖誕　廿四南斗降
雷祖聖誕暴烈　廿六二郎神聖誕
廿九天樞左相右丞相聖誕
七月初一楊公忌　初七道德辰
西王母及斗星降　初八煞神交
會暴。十二譚真人聖誕　十三
大勢至菩薩聖誕　十五中元地
官聖誕。靈濟真君聖誕　十八
王母娘人聖誕暴　十九值年太
安聖誕　廿一普庵祖師聖誕
上元化道唐真君聖誕　廿二增
福財神聖誕　廿三天樞上相誥

江湾镇晓起岭下村 5-87 · 同治元年 · 增订见心集大全（江湖必读卷一）·
裘烈坤

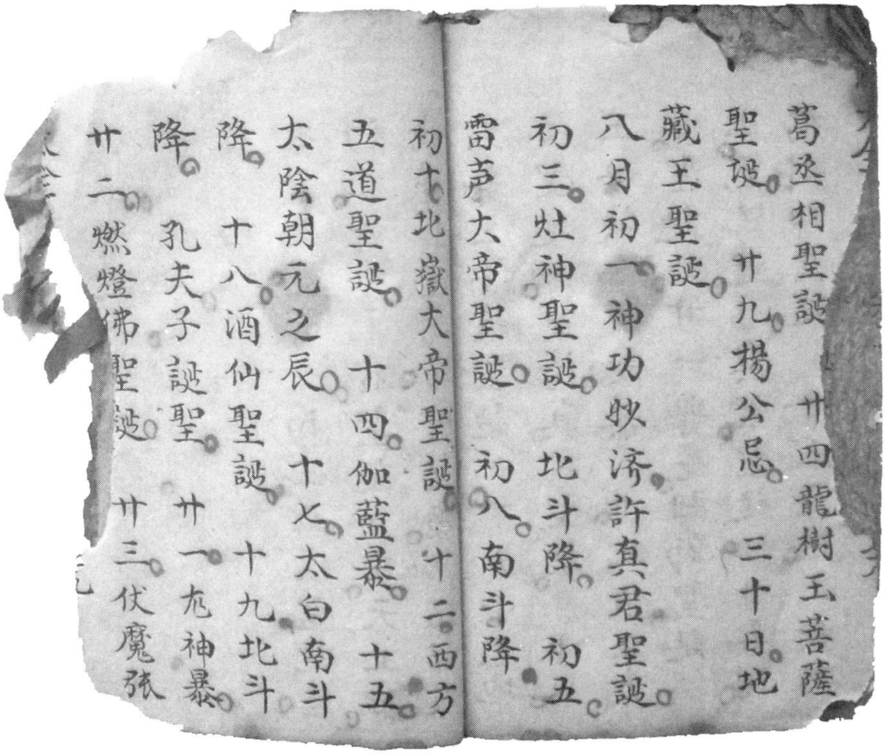
葛丞相聖誕 廿四龍樹王菩薩
聖誕 廿九楊公忌 三十日地
藏王聖誕
八月初一神功妙济許真君聖誕
初三灶神聖誕 北斗降 初五
雷声大帝聖誕 初八南斗降
初七北嶽大帝聖誕 十二西方
五道聖誕 十四伽藍暴 十五
太陰朝元之辰 十七太白南斗
降 十八酒仙聖誕 十九北斗
降 孔夫子誕聖 廿一九神暴
廿二燃燈佛聖誕 廿三伏魔張

江湾镇晓起岭下村 5-88 · 同治元年 · 增订见心集大全（江湖必读卷一）·裘烈坤

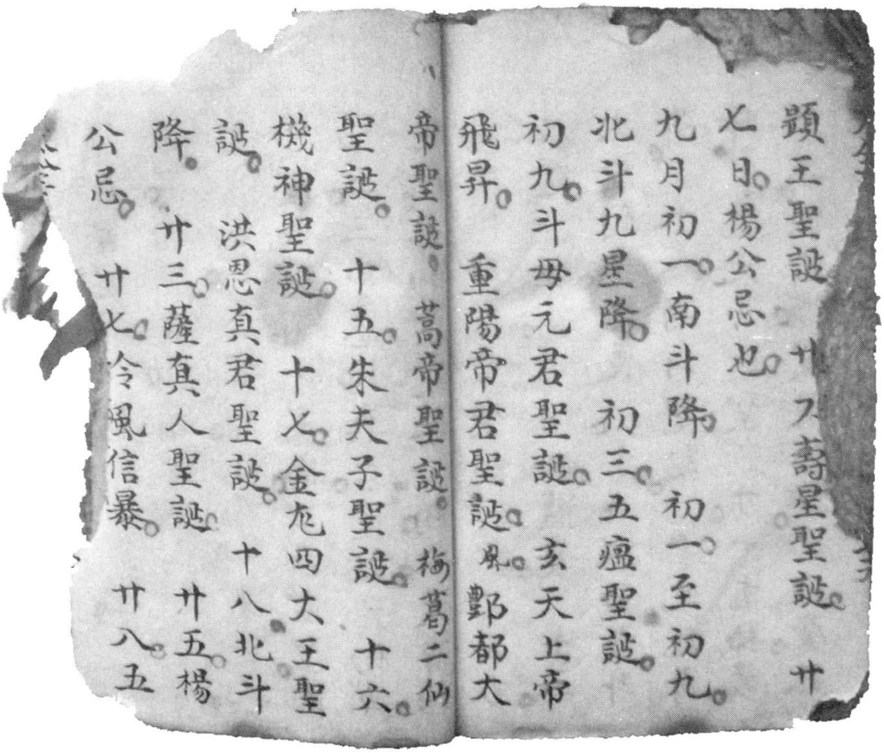

顯王聖誕。廿八壽星聖誕。廿
七日。楊公忌也
九月初一。南斗降　初一至初九。
北斗九星降。初三。五瘟聖誕。
初九。斗母元君聖誕。玄天上帝
飛昇。重陽帝君聖誕。鄷都大
帝聖誕　葛帝聖誕　梅葛二仙
聖誕。十五。朱夫子聖誕。十六。
機神聖誕。十七。金龙四大王聖
誕。洪恩真君聖誕。十八。北斗
降。廿三。薩真人聖誕。廿五。楊
公忌。廿七。冷風信暴。廿八。五

江湾镇晓起岭下村 5-89 · 同治元年 · 增订见心集大全（江湖必读卷一）·
裘烈坤

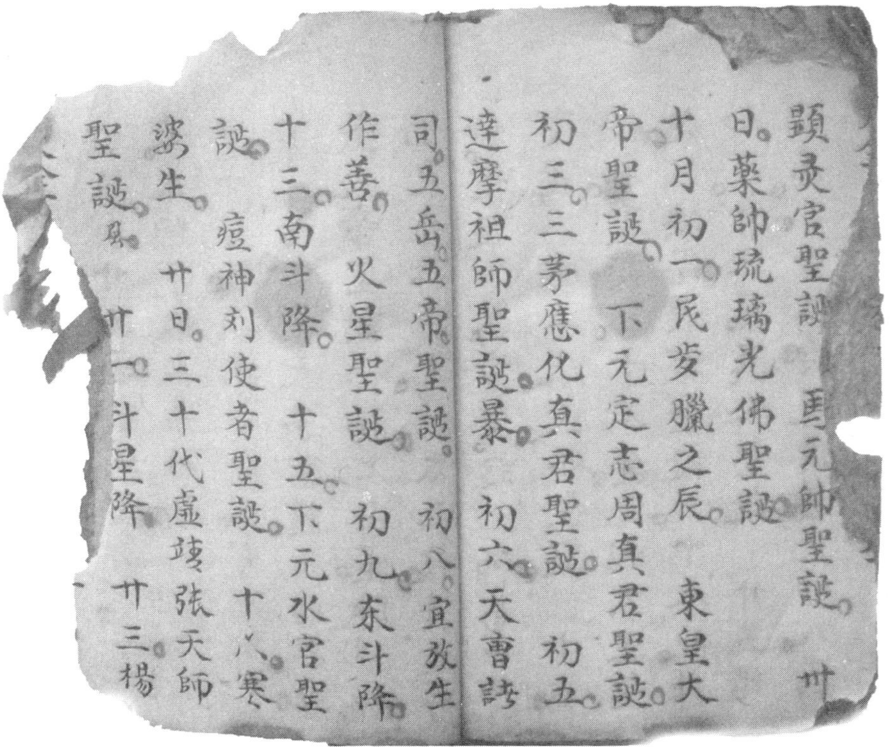

江湾镇晓起岭下村 5-90 · 同治元年 · 增订见心集大全（江湖必读卷一）· 裘烈坤

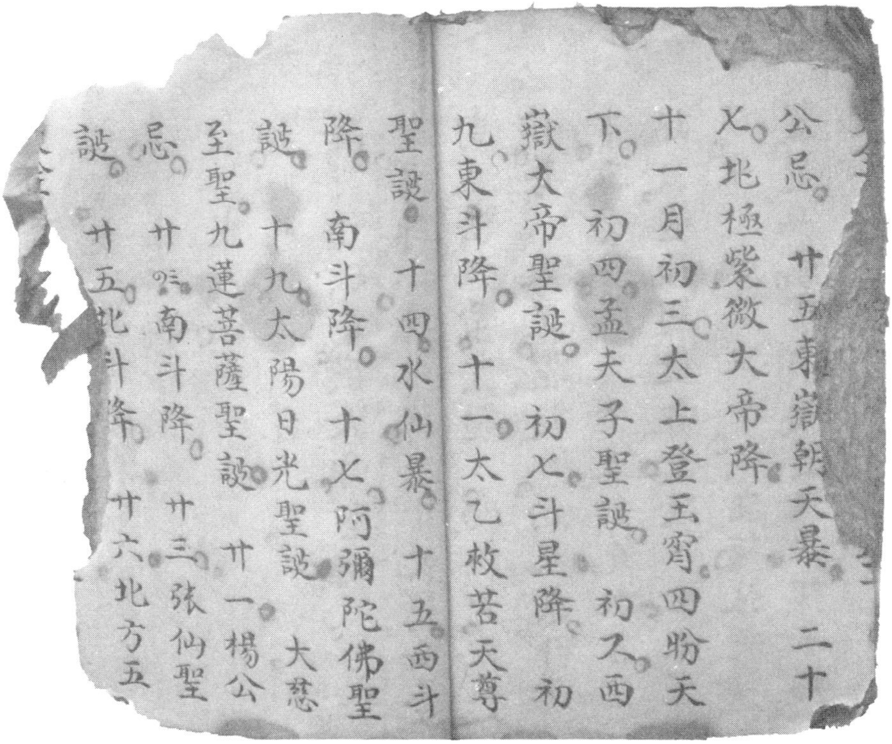
公忌 廿五東嶽朝天暴 二十
七北極紫微大帝降
十一月初三太上登玉宵四盼天
下 初四孟夫子聖誕 初六西
嶽大帝聖誕 初七斗星降 初
九東斗降 十一太乙救苦天尊
聖誕 十四水仙暴 十五西斗
降 南斗降 十七阿彌陀佛聖
誕 十九太陽日光聖誕 大慈
至聖九蓮菩薩聖誕 廿一楊公
忌 廿二南斗降 廿三張仙聖
誕 廿五北斗降 廿六北方五

江湾镇晓起岭下村 5-91 · 同治元年 · 增订见心集大全（江湖必读卷一）·
裘烈坤

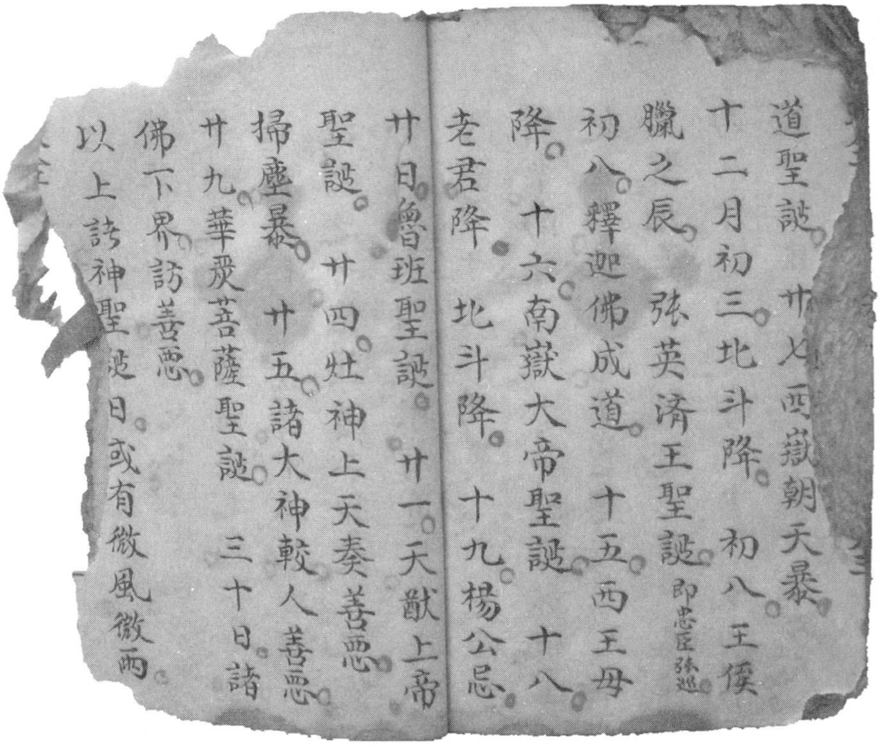
道聖誕　廿七西嶽朝天暴
十二月初三北斗降　初八王侯
臘之辰　張英濟王聖誕即忠臣張巡
初八釋迦佛成道　十五西王母
降　十六南嶽大帝聖誕　十八
老君降　北斗降　十九楊公忌
廿日魯班聖誕　廿一天猷上帝
聖誕　廿四灶神上天奏善惡
掃塵暴　廿五諸大神較人善惡
廿九華嚴菩薩聖誕　三十日諸
佛下界訪善惡
以上諸神聖誕日或有微風微雨

江湾镇晓起岭下村 5-92 · 同治元年 · 增订见心集大全（江湖必读卷一）·
裘烈坤

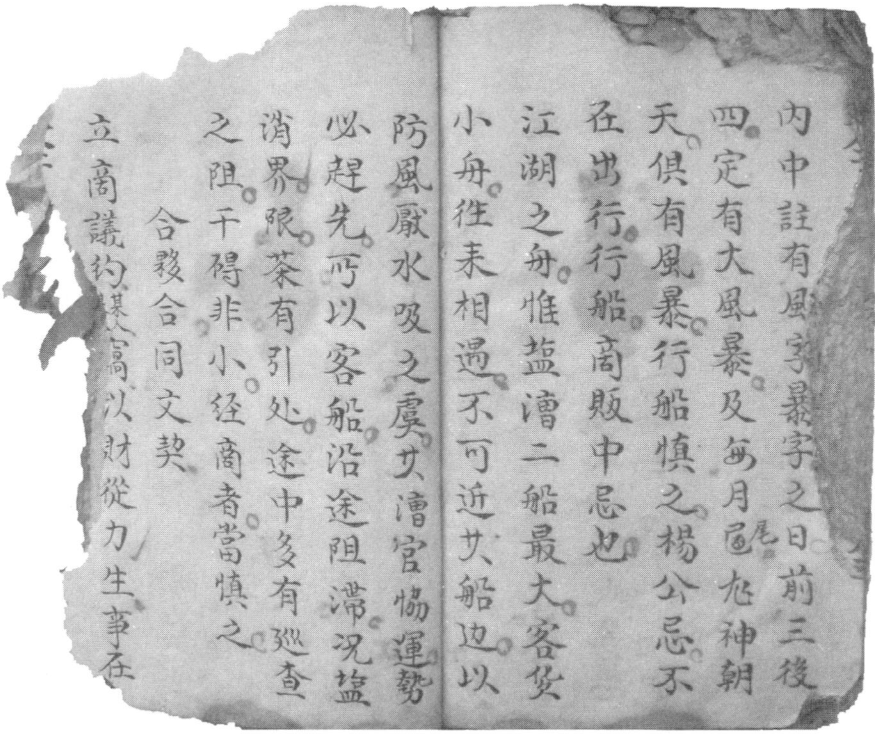
内中註有風字暴字之日前三後
四定有大風暴及每月逢尾龍神朝
天俱有風暴行船慎之楊公忌不
在出行行船商販中忌也
江湖之舟惟盐漕二船最大客貨
小舟往来相遇不可近其船边以
防風厭水吸之處其漕官協運勢
必趕先丐以客船沿途阻滞况盐
消界限茶有引处途中多有巡查
之阻干得非小经商者當慎之
合夥合同文契
立商議約某寫以財從力生事在

江湾镇晓起岭下村 5-93 · 同治元年 · 增订见心集大全（江湖必读卷一）·
裘烈坤

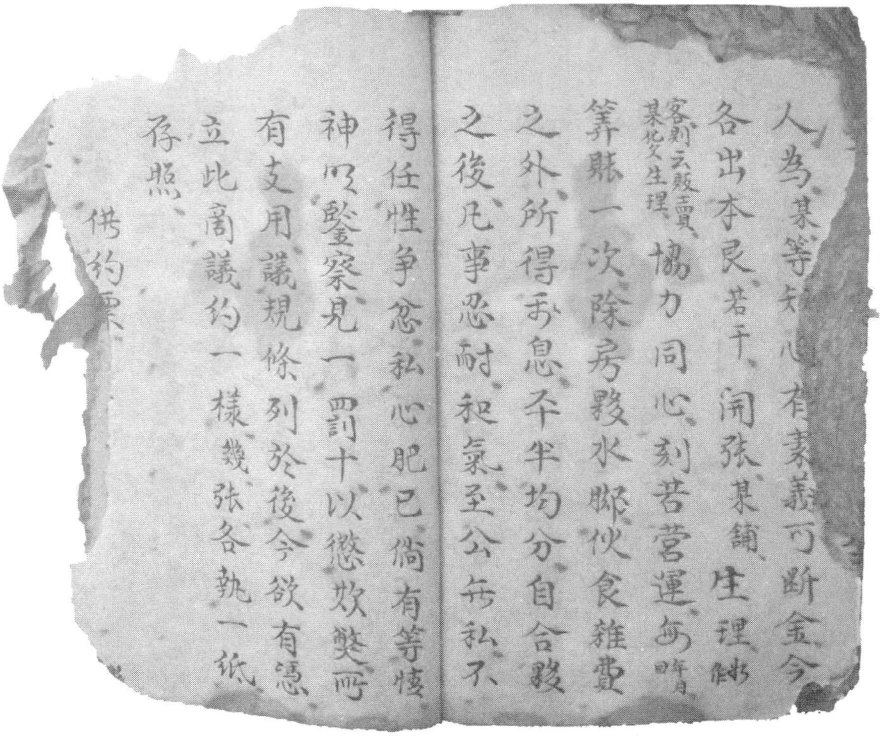
人為某等知心有素義可断金今各出本艮若干，開張某鋪，生理做客則云販賣某貨生理協力同心刻苦營運每年月筭賬一次除房夥水脚伙食雜費之外所得利息平半均分自合夥之後凡事忍耐和氣至公無私不得任性爭忿私心肥己倘有等情神明鑒察見一罰十以懲欺弊而有支用議規條列於後今欲有憑立此閤議約一樣幾張各執一紙存照

伙約票

江湾镇晓起岭下村 5–94 · 同治元年 · 增订见心集大全（江湖必读卷一）·裘烈坤

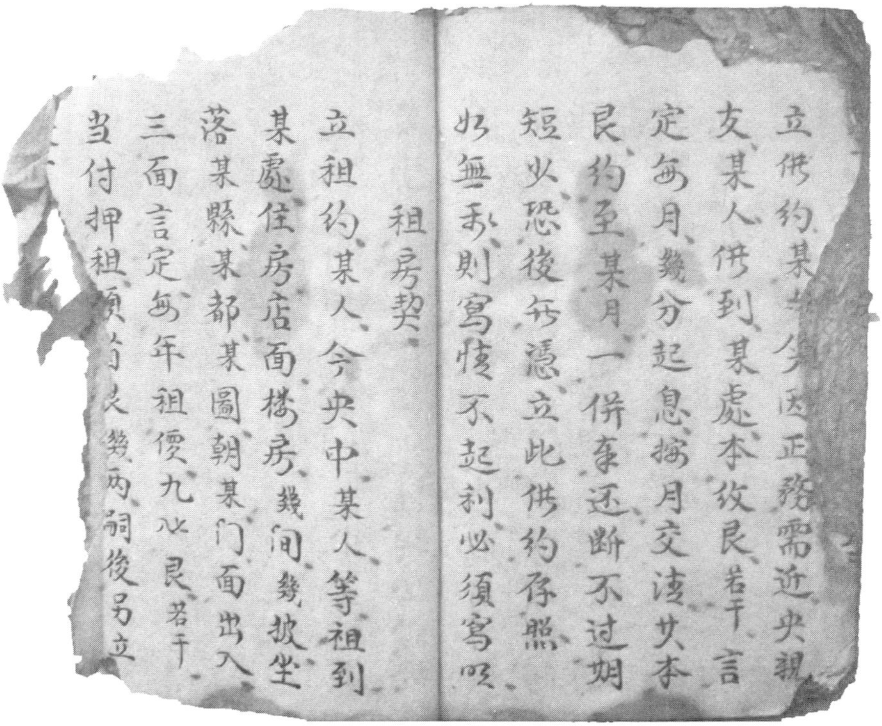

立借约某人因正務需近央親
友某人借到某處本紋艮若干言
定每月幾分起息按月交清其本
艮約至某月一併奉还斷不过期
短少恐後無憑立此借约存照
如無利則寫情不起利必須寫明

租房契

立租约某人今央中某人等租到
某處住房店面楼房幾间幾披坐
落某縣某都某圖朝某门面出入
三面言定每年租價九八艮若干
当付押租價首艮幾兩嗣後另立

江湾镇晓起岭下村 5-95 · 同治元年 · 增订见心集大全（江湖必读卷一）· 裘烈坤

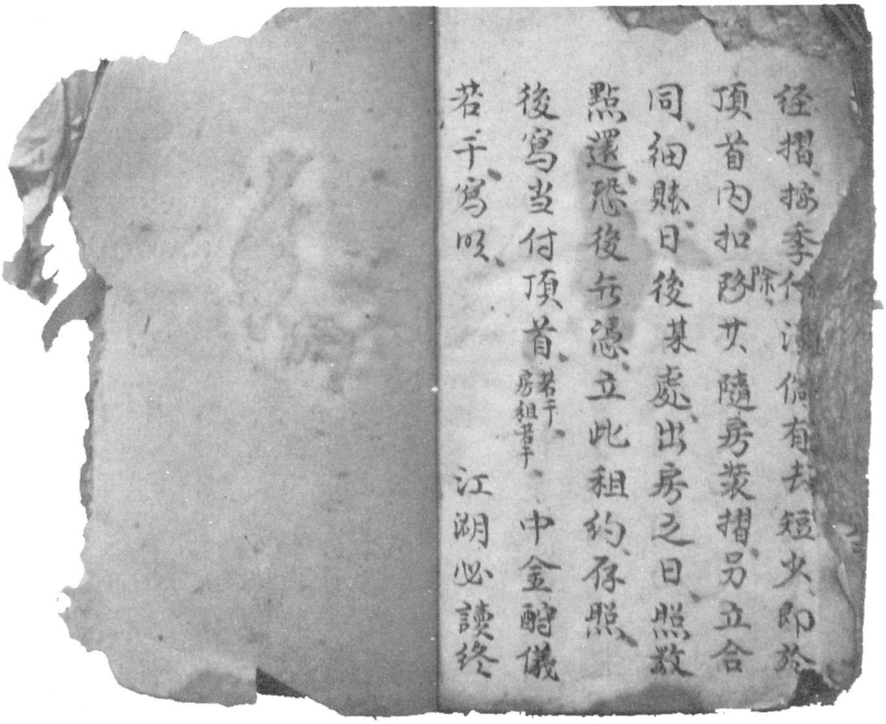
徑揭撥季仁[illegible]倘有去短少、即於頂首內扣除陸艾、隨房裝揭另立合同、細賬日後某處、出房之日照数點還、恐後無憑、立此租約存照、後寫当付頂首、若干房租若干、中金酬儀若干、寫明、

江湖必讀終

江湾镇晓起岭下村 5-96 · 同治元年 · 增订见心集大全（江湖必读卷一）· 裘烈坤

廣進錢粮

江湾镇晓起岭下村 1-1 · 同治二年至十一年 · 税粮实征册 · 德兴户

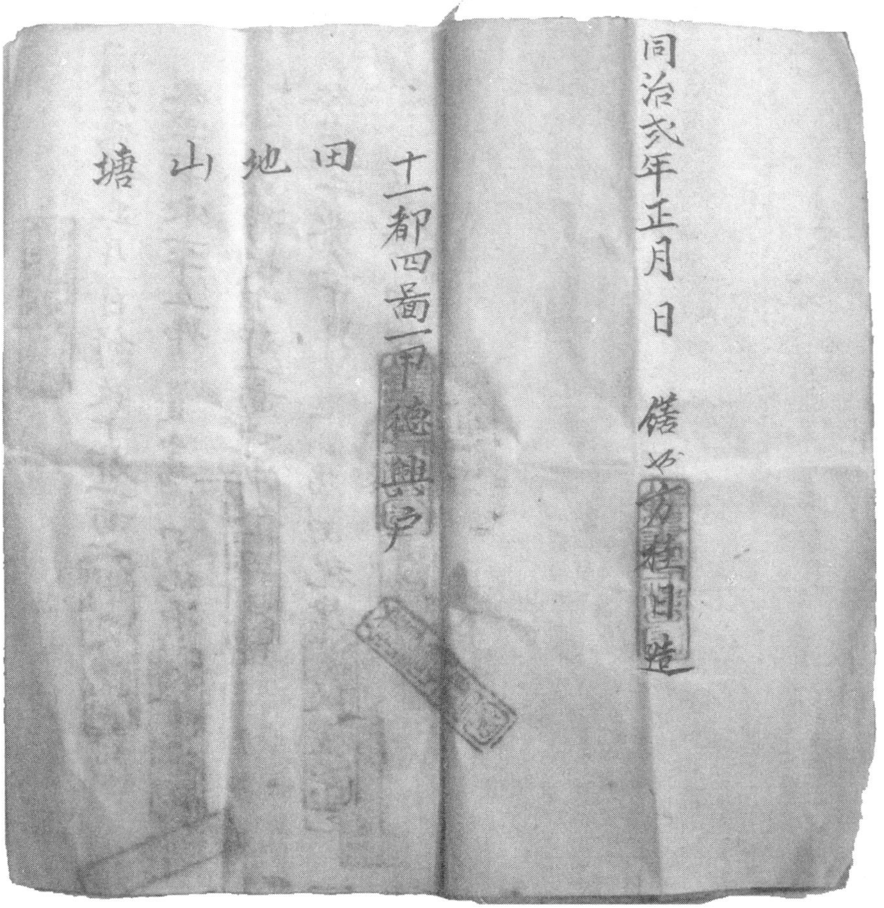

江湾镇晓起岭下村 1-2 · 同治二年至十一年 · 税粮实征册 · 德兴户

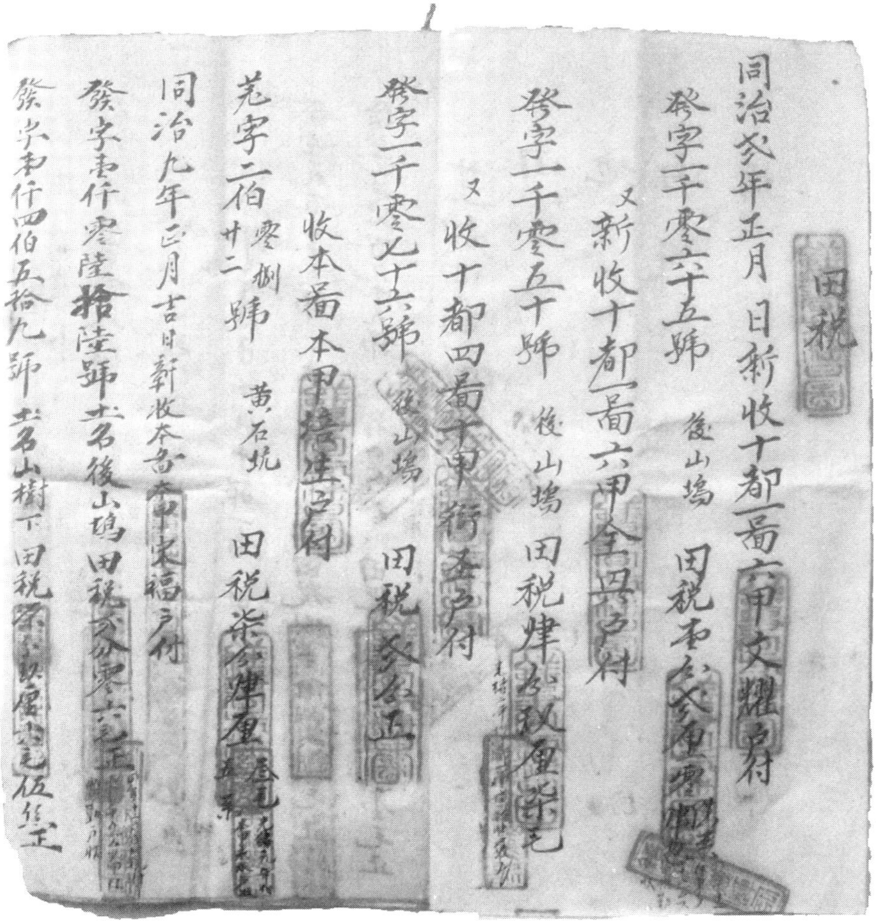

田税

同治叁年正月 日新收十都一啚六甲文耀户付

發字一千零六十五號 後山塢 田税壹分[illegible]

又新收十都一啚六甲金旺户付

發字一千零五十號 後山塢 田税肆分玖厘[illegible]毛

又收十都四啚十甲[illegible]户付

發字一千零七十六號 後山塢 田税叁分[illegible]

收本啚本甲德生户付

荒字二伯廿二號 零捌 黄石坑 田税柒分肆厘[illegible]毛

同治九年正月吉日新收本啚本甲宋福户付

發字壹仟零陸拾陸號 土名後山塢 田税[illegible]

發字壹仟四伯五拾九號 土名山樹下 田税[illegible]伍絲[illegible]

江湾镇晓起岭下村 1-3 · 同治二年至十一年 · 税粮实征册 · 德兴户

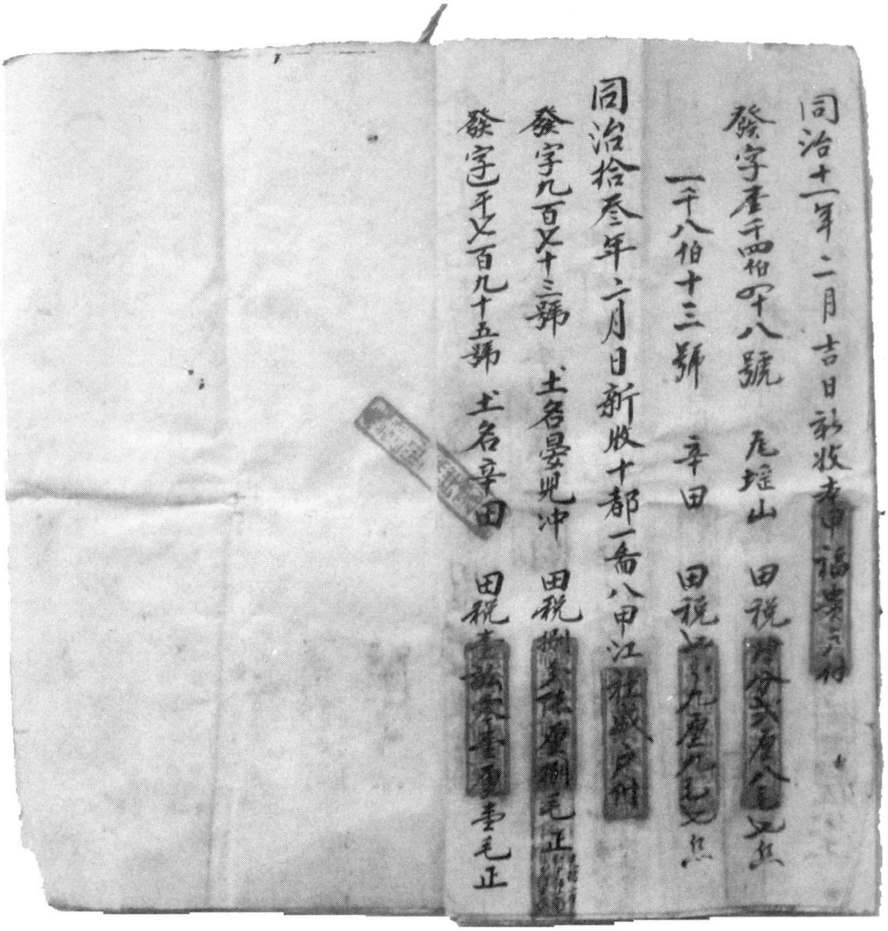

江湾镇晓起岭下村 1-4 · 同治二年至十一年 · 税粮实征册 · 德兴户

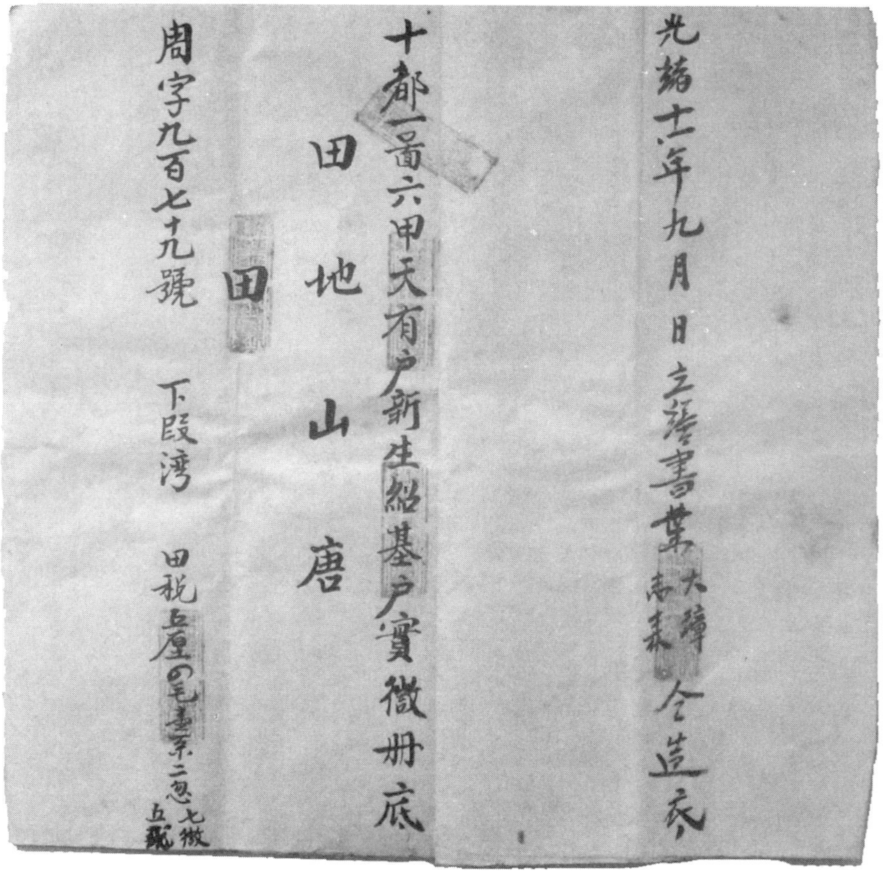

江湾镇晓起岭下村 2-1 · 光绪十一年 · 税粮实征册 · 天有户新生绍基户

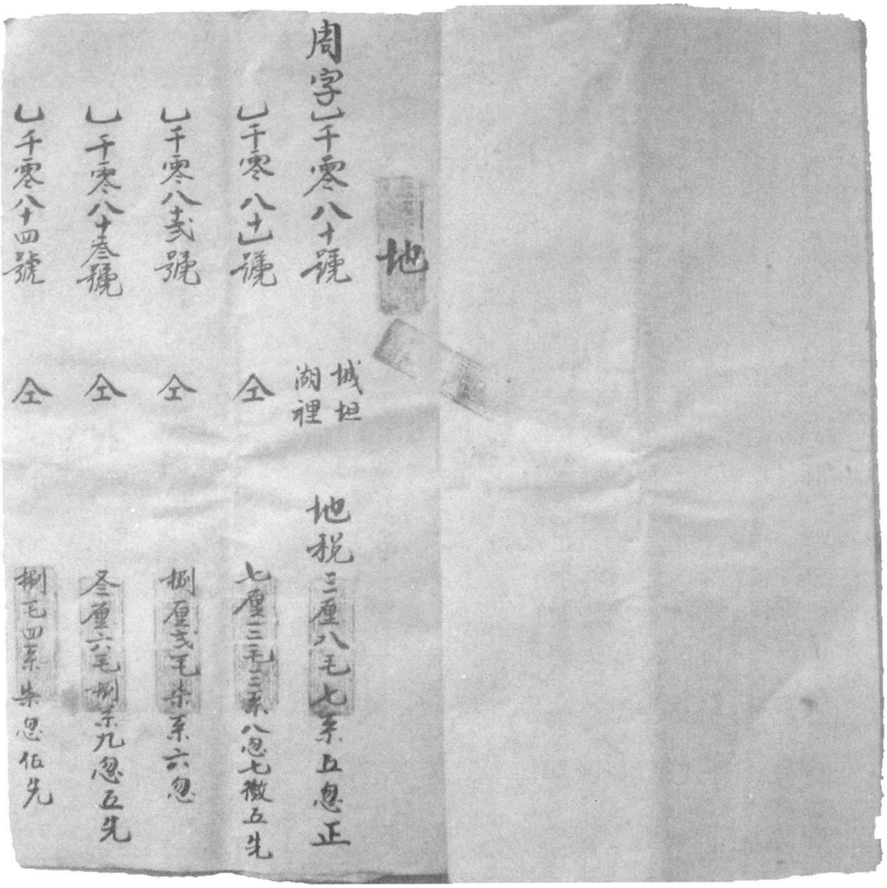

江湾镇晓起岭下村 2-2 · 光绪十一年 · 税粮实征册 · 天有户新生绍基户

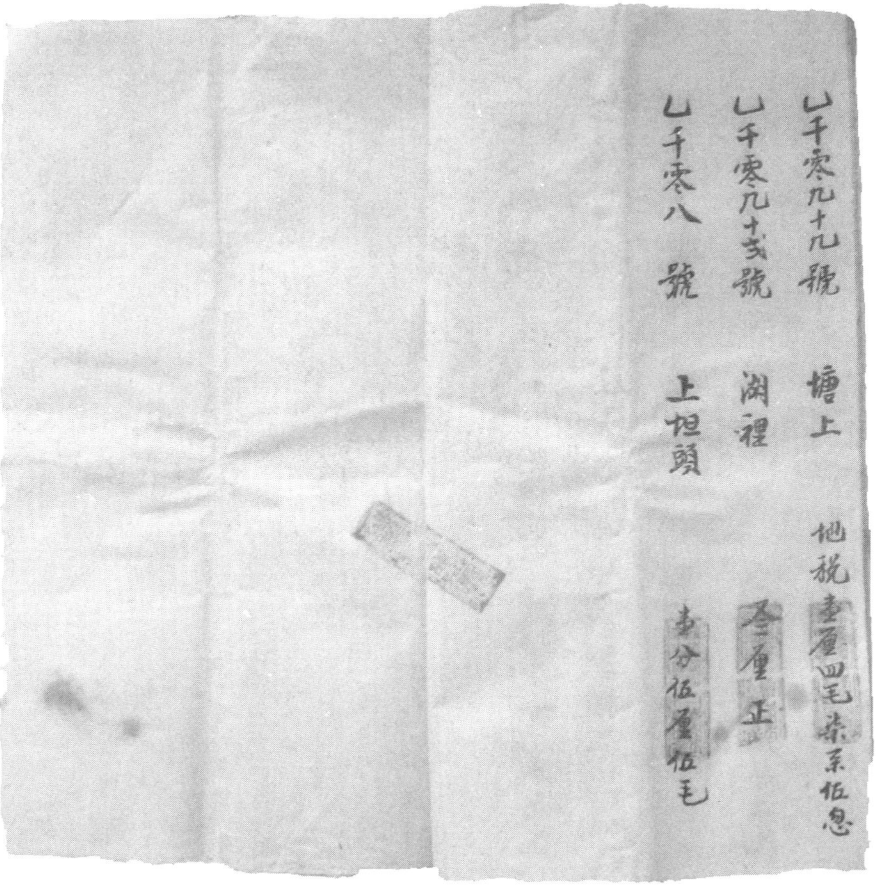

乚千零九十九號　塘上　地稅壹厘四毛柒系伍息

乚千零九十弍號　湖裡　叁厘正

乚千零八號　上坦頭　壹分伍厘伍毛

江湾镇晓起岭下村 2-3 · 光绪十一年 · 税粮实征册 · 天有户新生绍基户

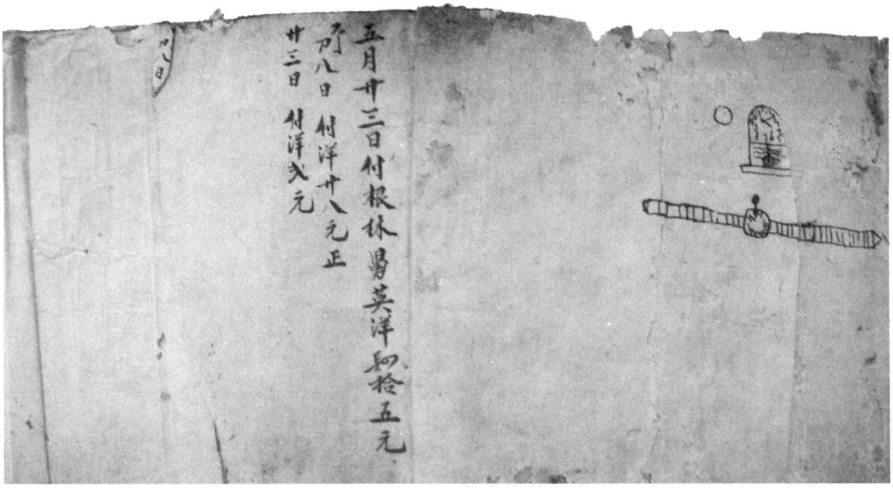
五月廿三日付根林舅英洋贰拾五元
六月八日 付洋廿八元正
廿三日 付洋弍元

江湾镇晓起岭下村 3-1 · 流水账 · 伯富等

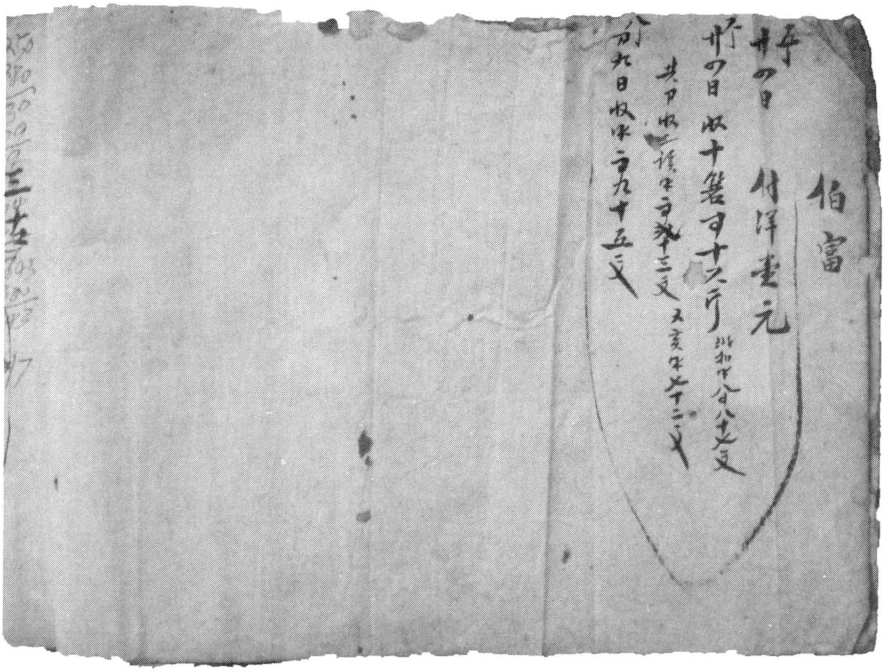

伯富

廿四日 付洋壹元

九日 收

江湾镇晓起岭下村 3-2 · 流水账 · 伯富等

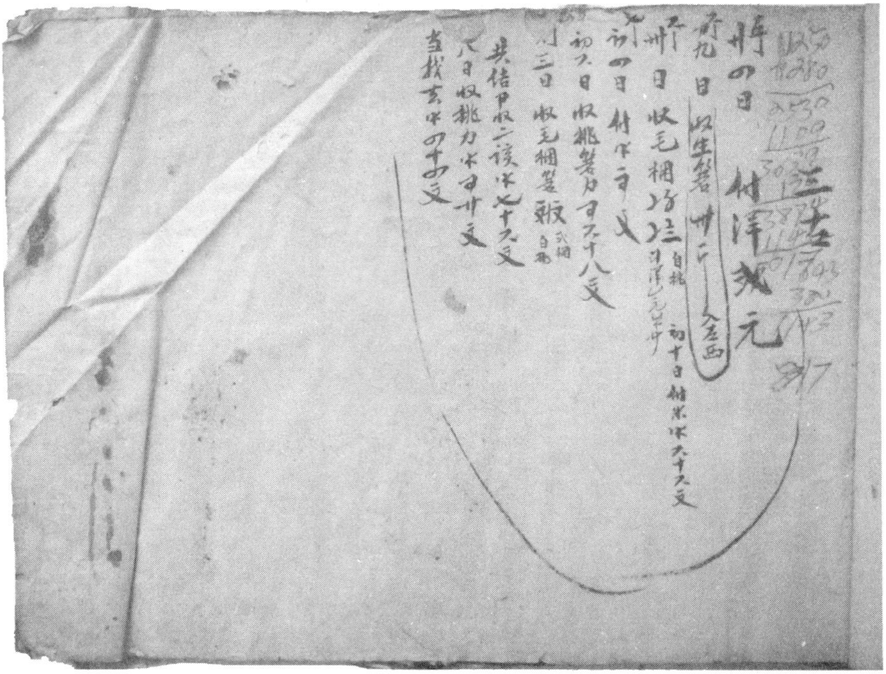

江湾镇晓起岭下村 3-3 · 流水账 · 伯富等

银[illegible]
[illegible]付洋壹元
[illegible]廿八日 收毛捆箬[illegible]又毛捆[illegible]壹元

江湾镇晓起岭下村 3-4 · 流水账 · 伯富等

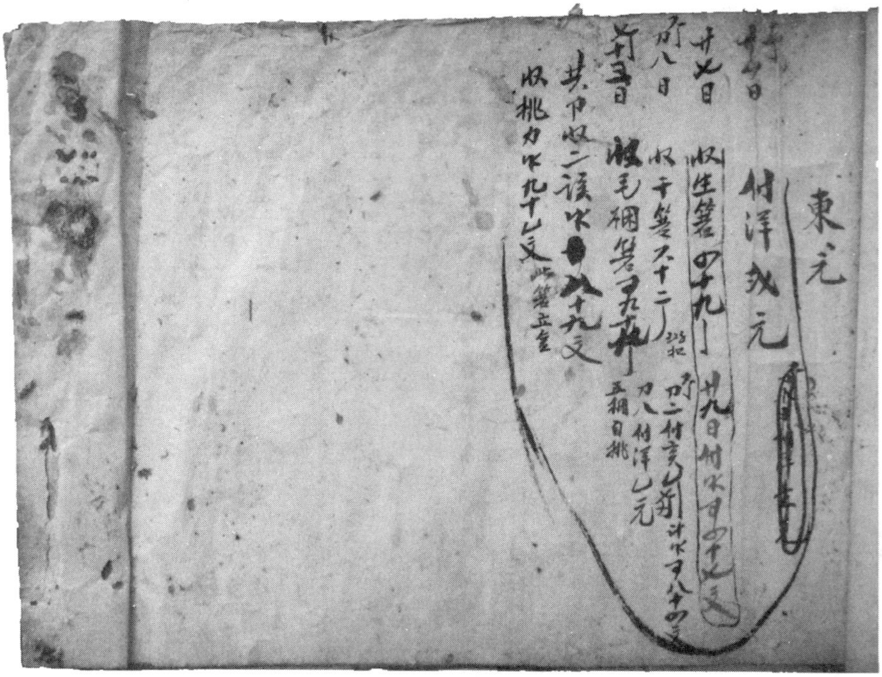

江湾镇晓起岭下村 3-5 · 流水账 · 伯富等

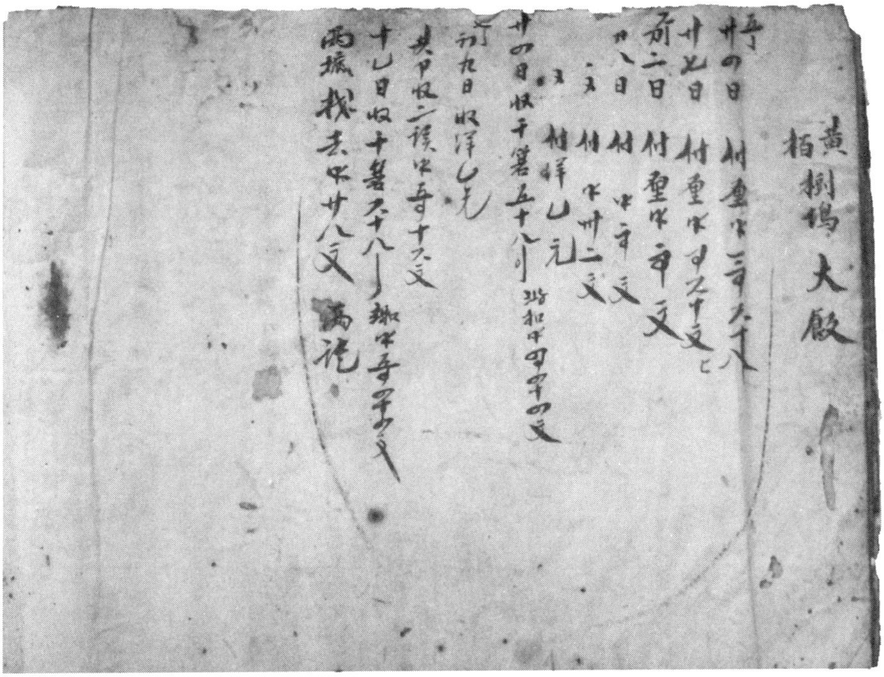

江湾镇晓起岭下村 3-6 · 流水账 · 伯富等

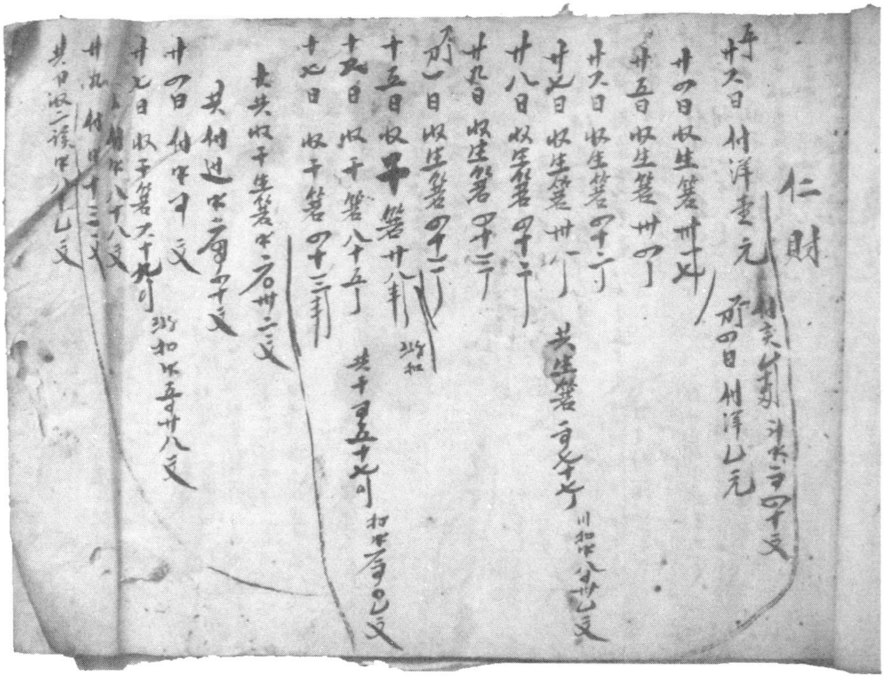

江湾镇晓起岭下村 3-7 · 流水账 · 伯富等

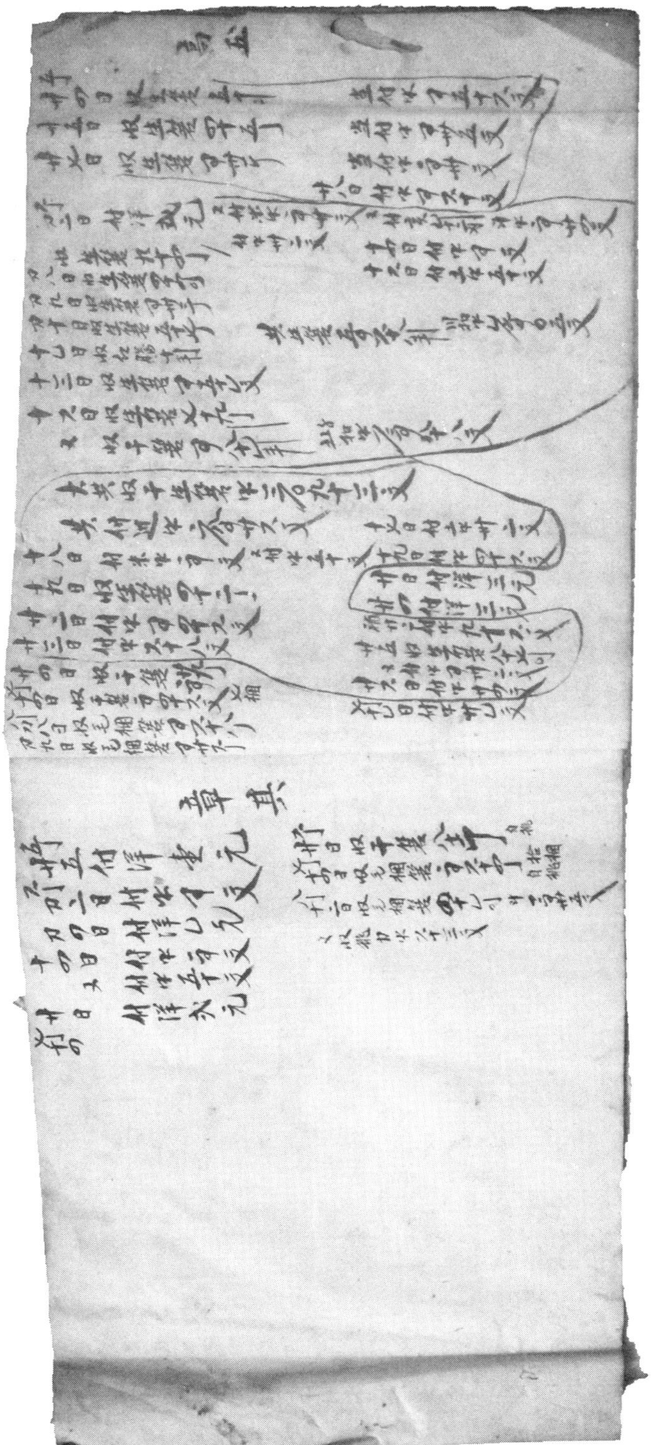

江湾镇晓起岭下村 3-8 · 流水账 · 伯富等

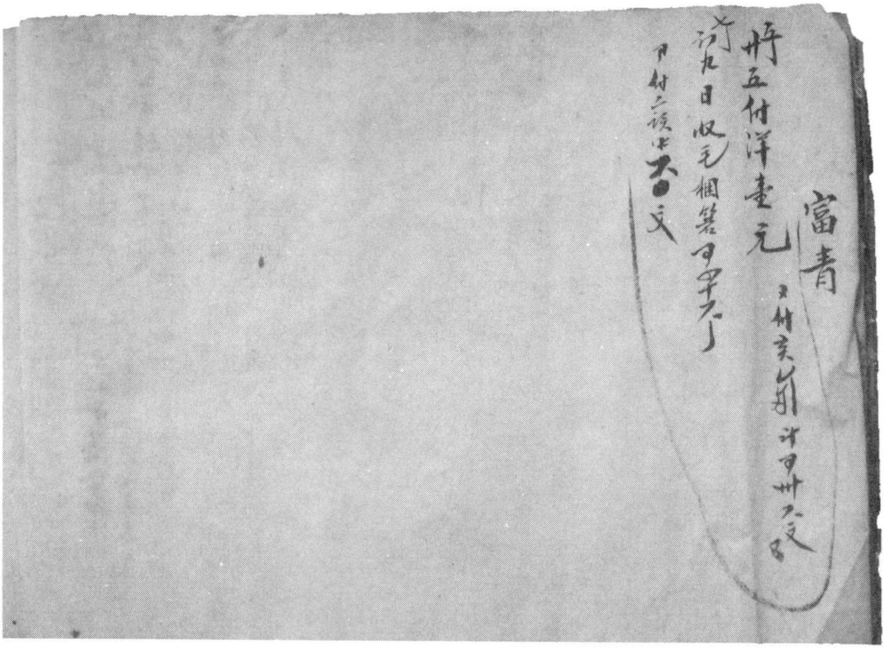

江湾镇晓起岭下村 3-9 · 流水账 · 伯富等

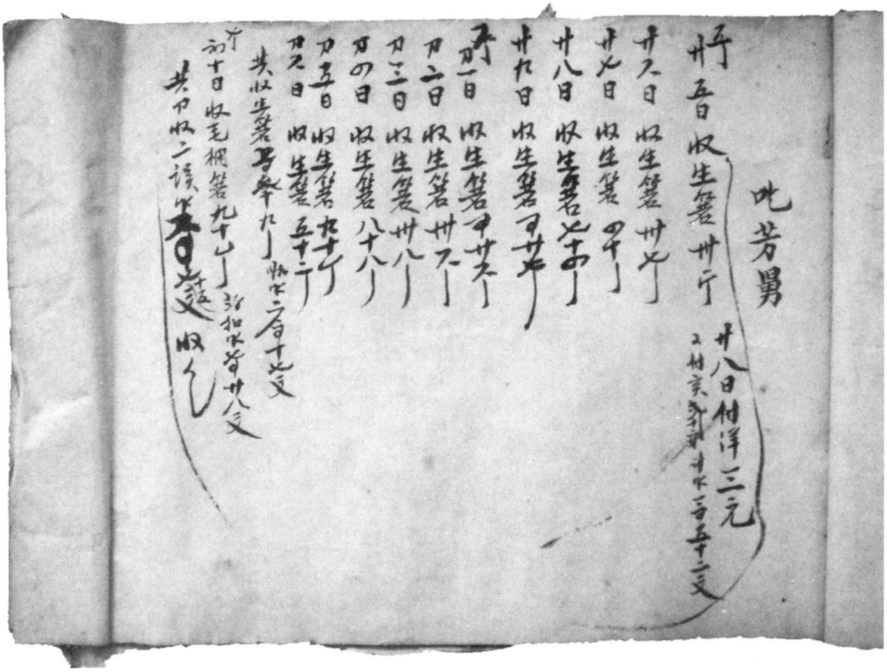

江湾镇晓起岭下村 3-10 · 流水账 · 伯富等

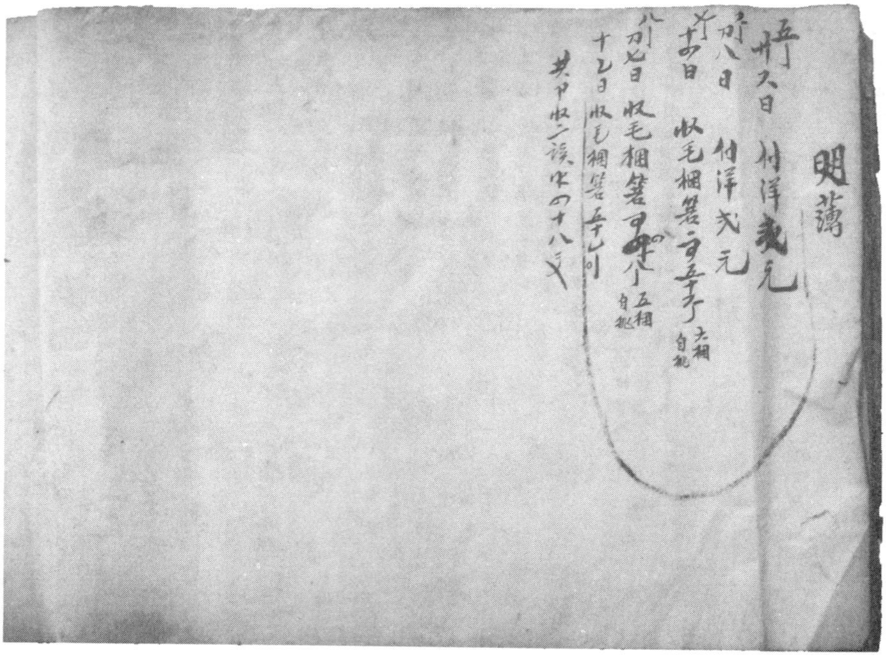

江湾镇晓起岭下村 3-11 · 流水账 · 伯富等

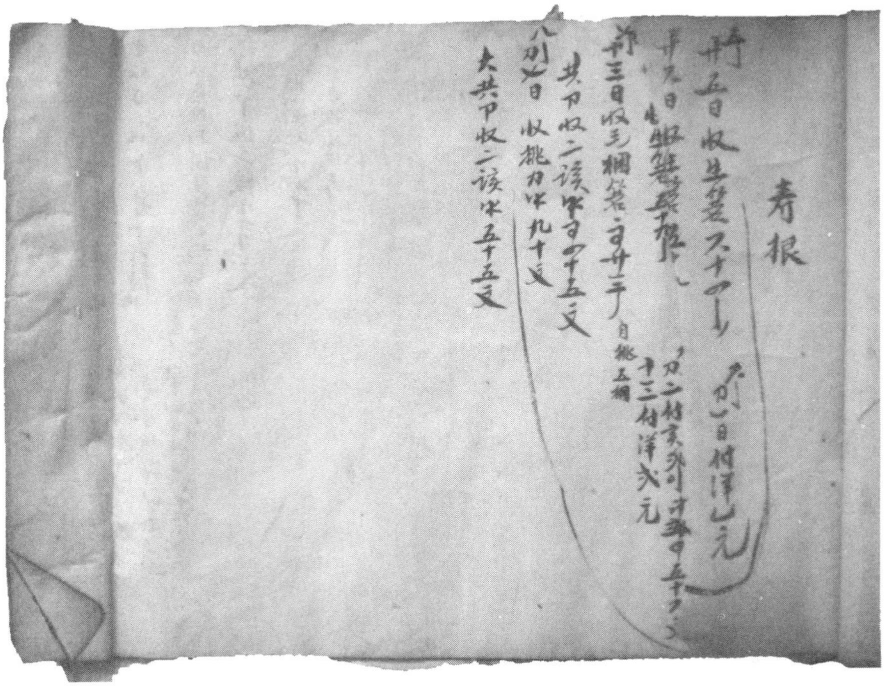

江湾镇晓起岭下村 3-12 · 流水账 · 伯富等

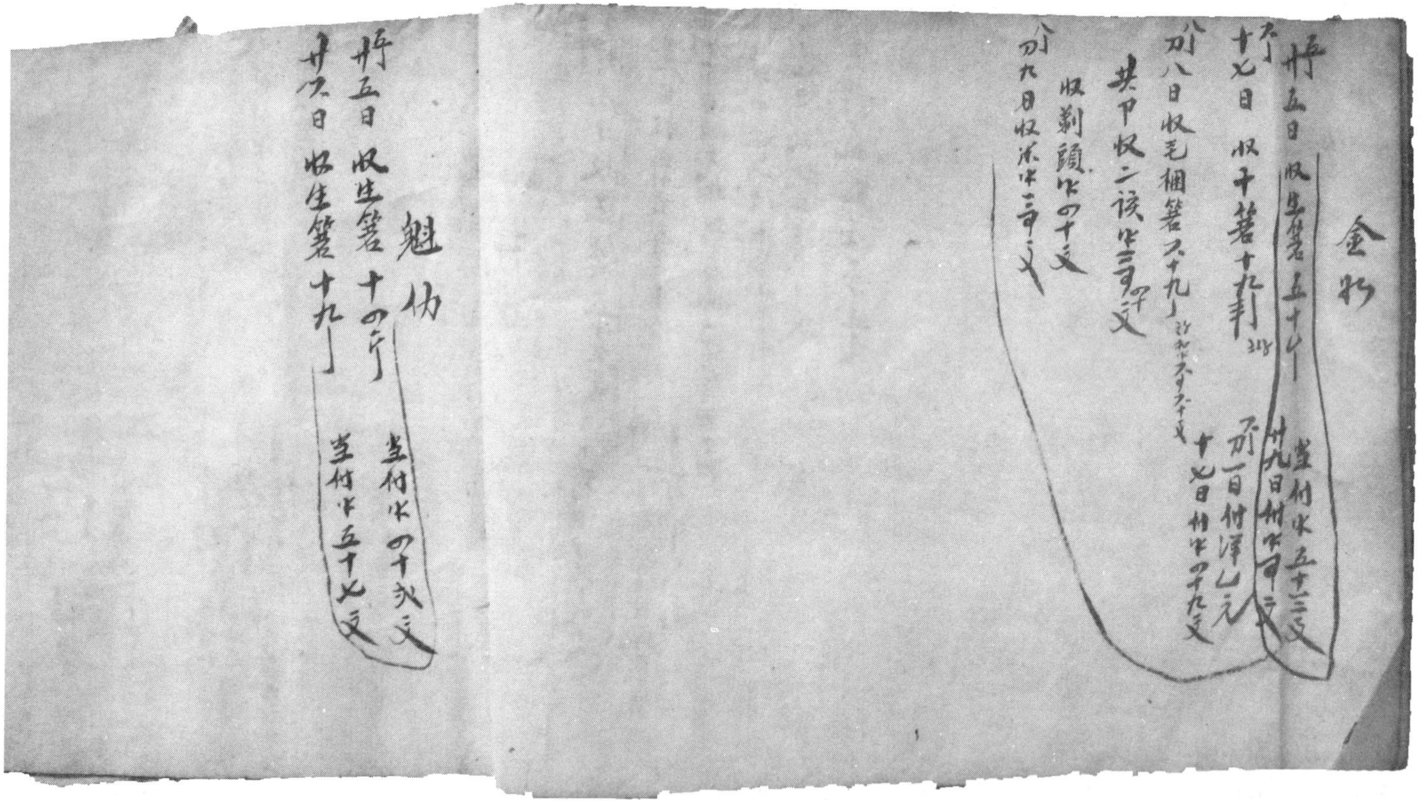

江湾镇晓起岭下村 3-13 · 流水账 · 伯富等

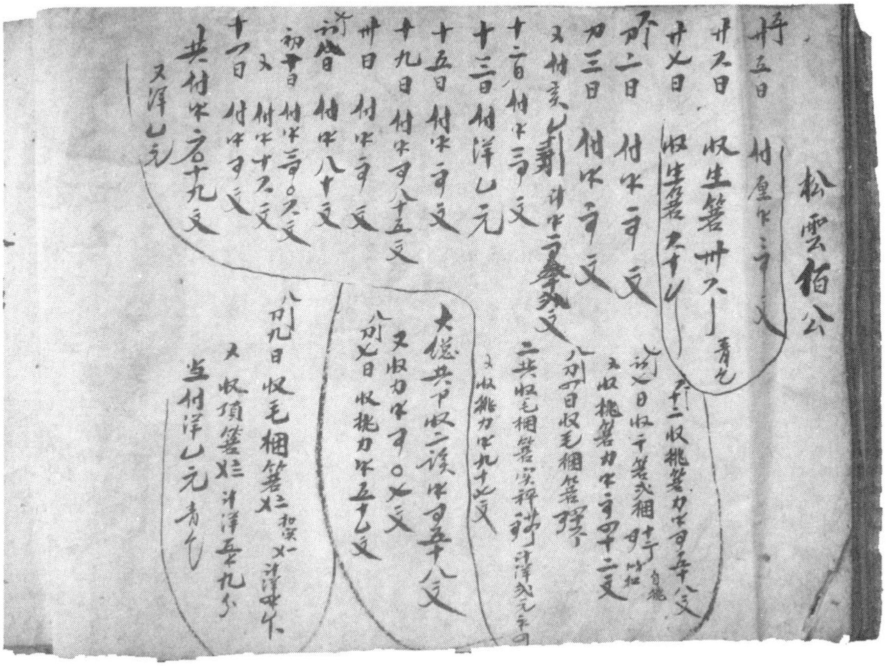

江湾镇晓起岭下村 3-14 · 流水账 · 伯富等

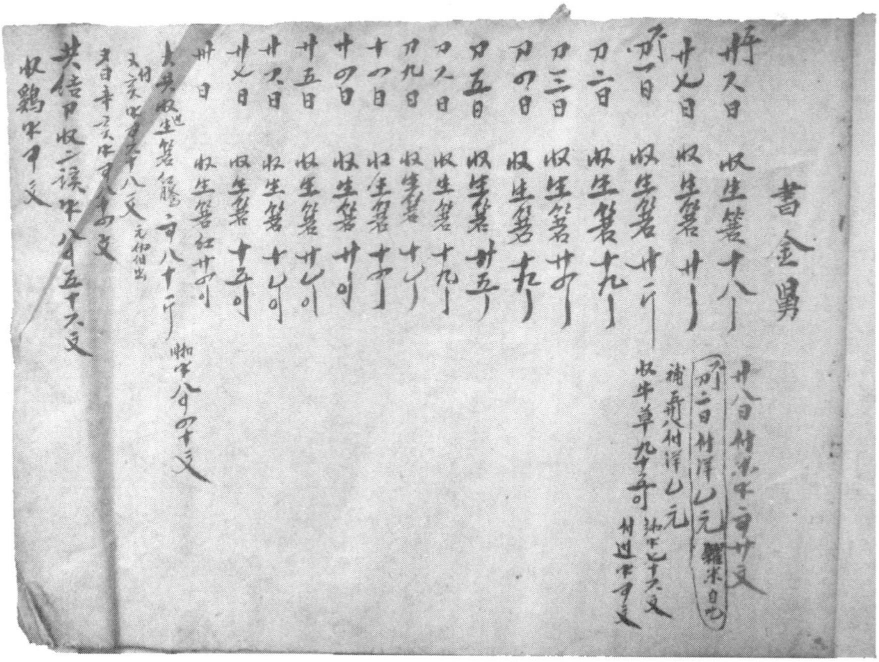

江湾镇晓起岭下村 3-15 · 流水账 · 伯富等

江湾镇晓起岭下村 3-16 · 流水账 · 伯富等

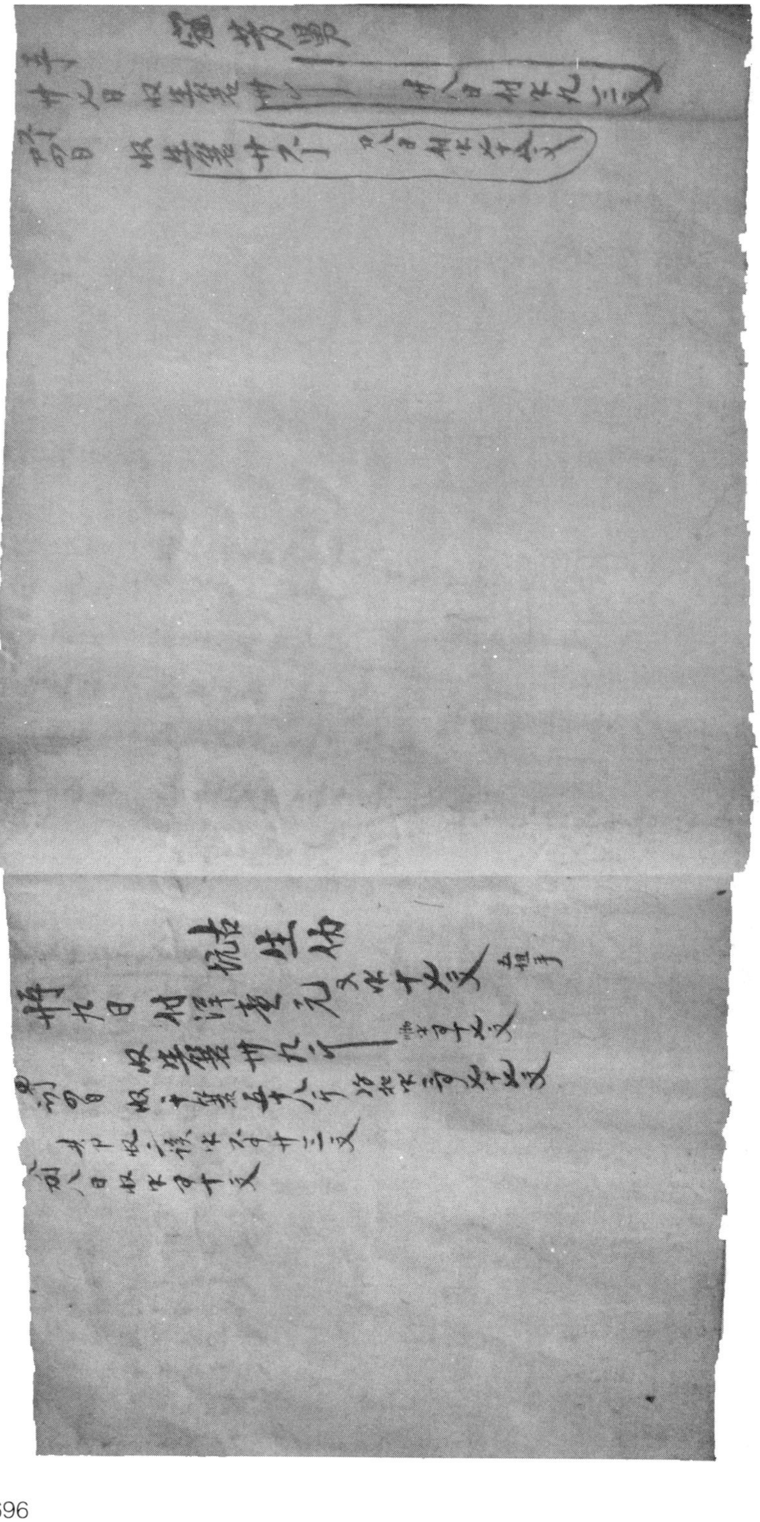

江湾镇晓起岭下村 3-17 · 流水账 · 伯富等

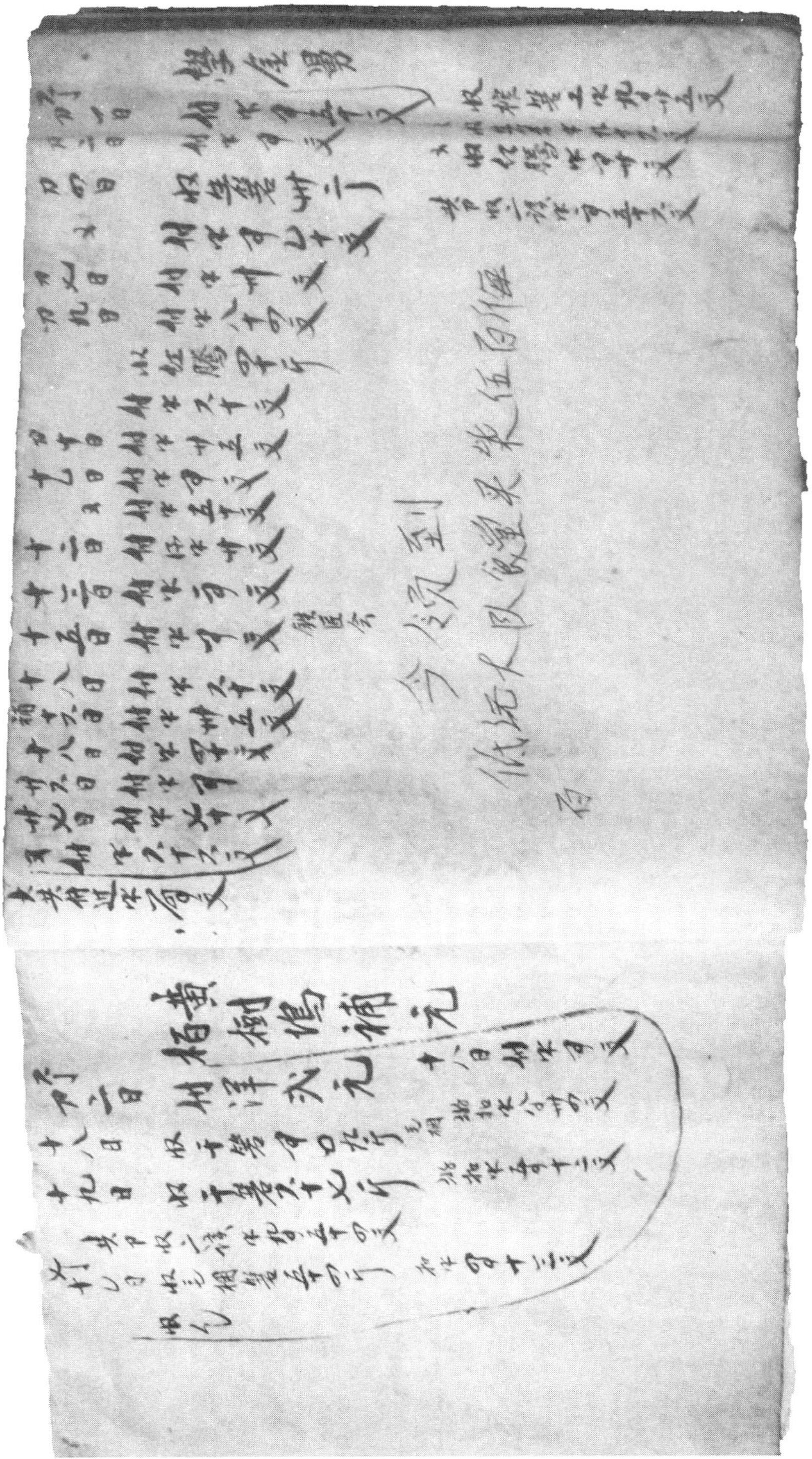

江湾镇晓起岭下村 3-18 · 流水账 · 伯富等

金保
十月三日　付洋乙元
十月六日　收毛捆箸田廿二丁　自挑
当找去洋六十六文

江湾镇晓起岭下村 3-19 · 流水账 · 伯富等

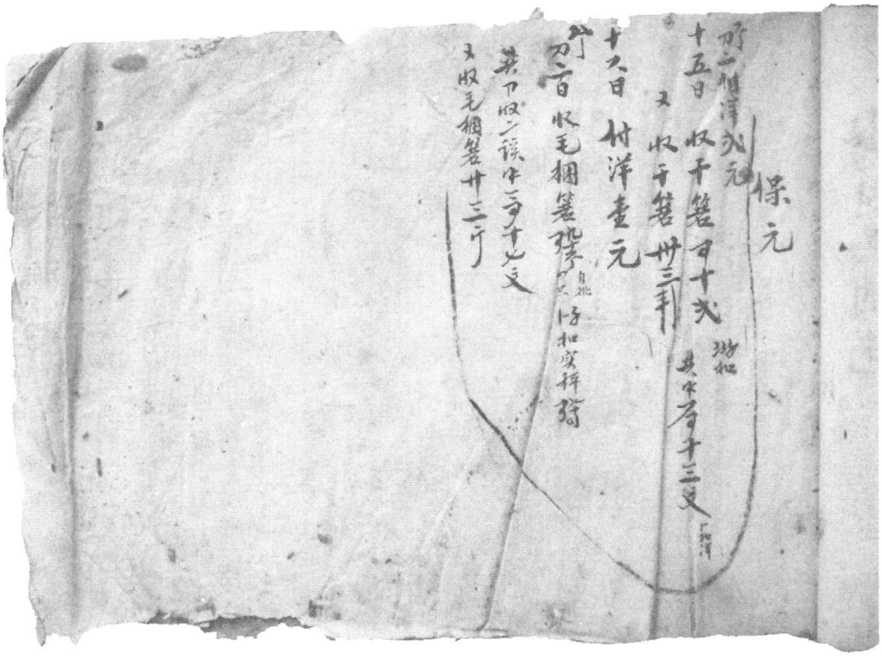
保元
付二佰洋九元
十五日 收干箬廿十弍
共作九千三文
又收干箬廿三斤
十六日 付洋壹元
廿日 收毛捆箬拾斤
共卩收二误作三千十九文
又收毛捆箬廿三斤

江湾镇晓起岭下村 3-20 · 流水账 · 伯富等

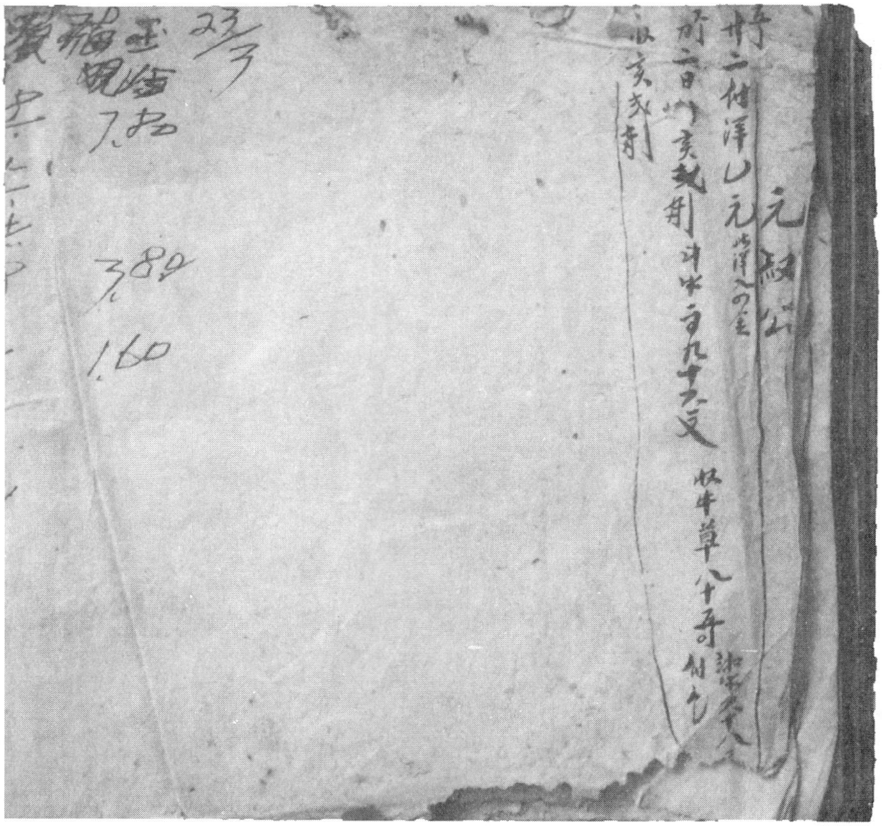

江湾镇晓起岭下村 3-21 · 流水账 · 伯富等

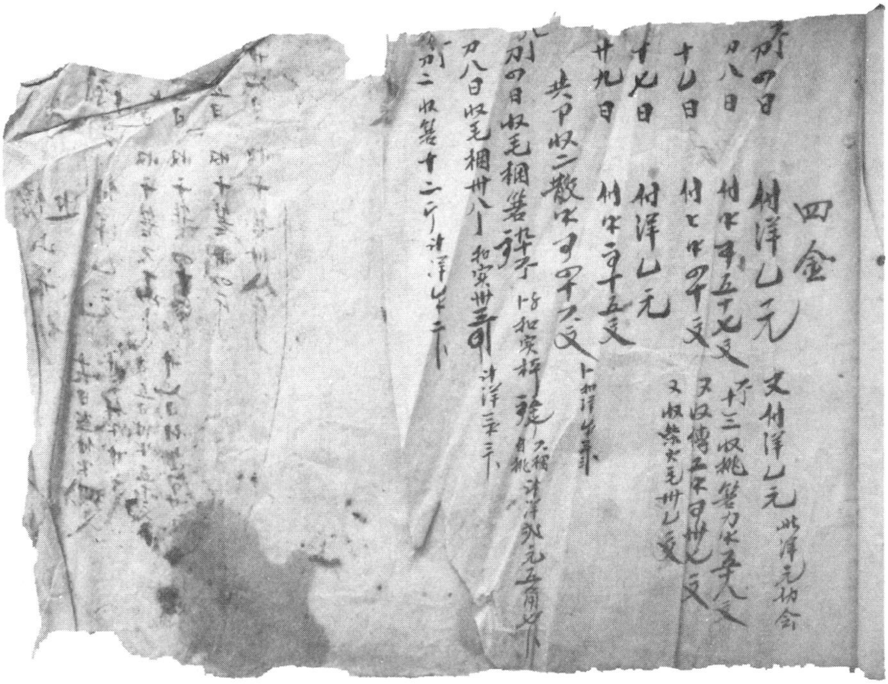

江湾镇晓起岭下村 3-22 · 流水账 · 伯富等

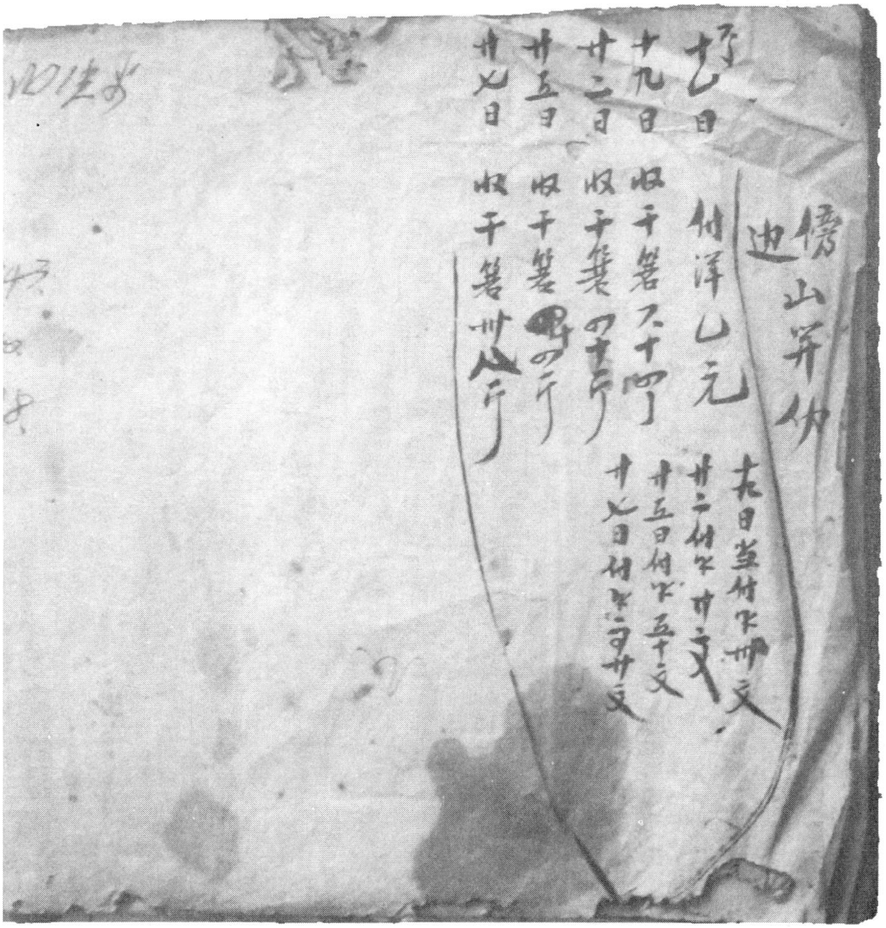
傍山弃仂边
十七日付洋乙元
十九日收干箬六十四斤
廿二日收干箬四十二斤
廿五日收干箬四十四斤
廿七日收干箬卅八斤
十七日并付小卅文
廿二付小廿文
廿五日付小五十文
廿七日付小□□廿文

江湾镇晓起岭下村 3-23 · 流水账 · 伯富等

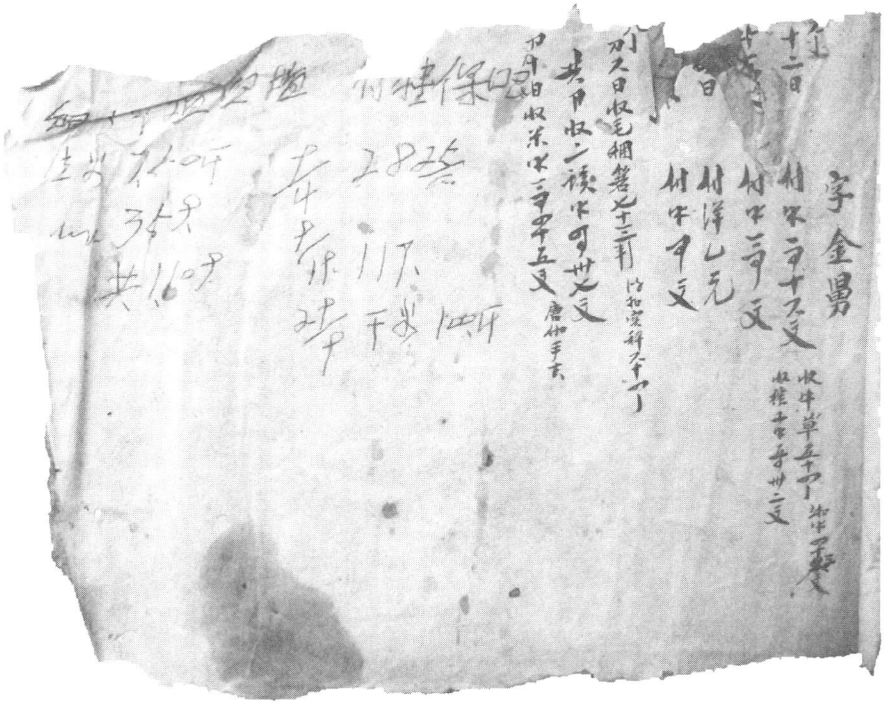
字金勇
十二日 付米[illegible]文
付米[illegible]文
[illegible]日 付洋[illegible]元
付米[illegible]文
收牛草[illegible] 收牛[illegible]文
收稻[illegible]廿二文
八月六日收毛捆箬[illegible] 付和泉祥[illegible]
共八月收[illegible]廿[illegible]文
八月廿日收米[illegible]五文 唐伯手[illegible]

江湾镇晓起岭下村 3-24 · 流水账 · 伯富等

江湾镇晓起岭下村 4-1 · 税粮实征册 · 庆成户

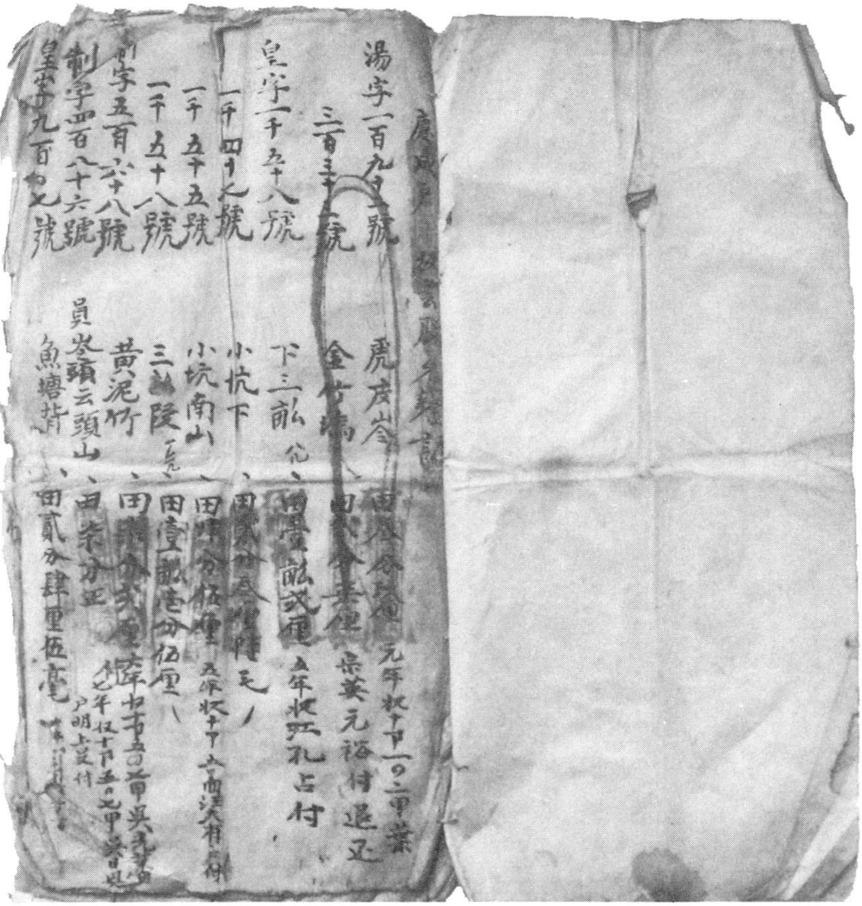

江湾镇晓起岭下村 4-2 · 税粮实征册 · 庆成户

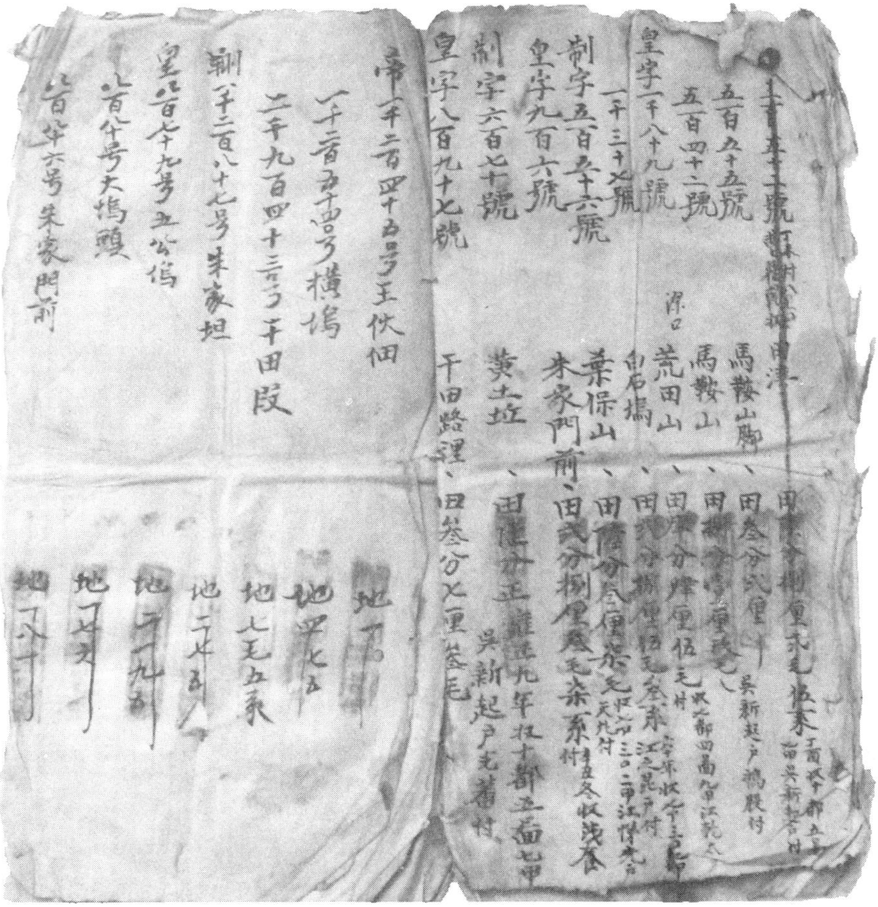

江湾镇晓起岭下村 4-3 · 税粮实征册 · 庆成户

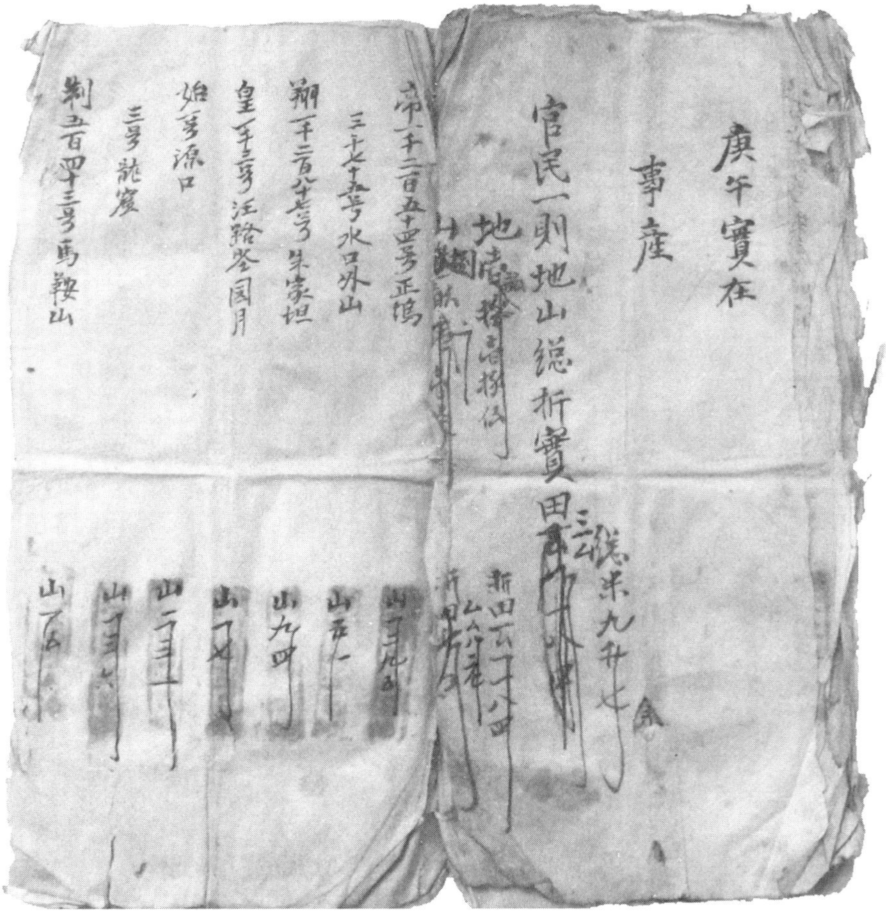

江湾镇晓起岭下村 4-4 · 税粮实征册 · 庆成户

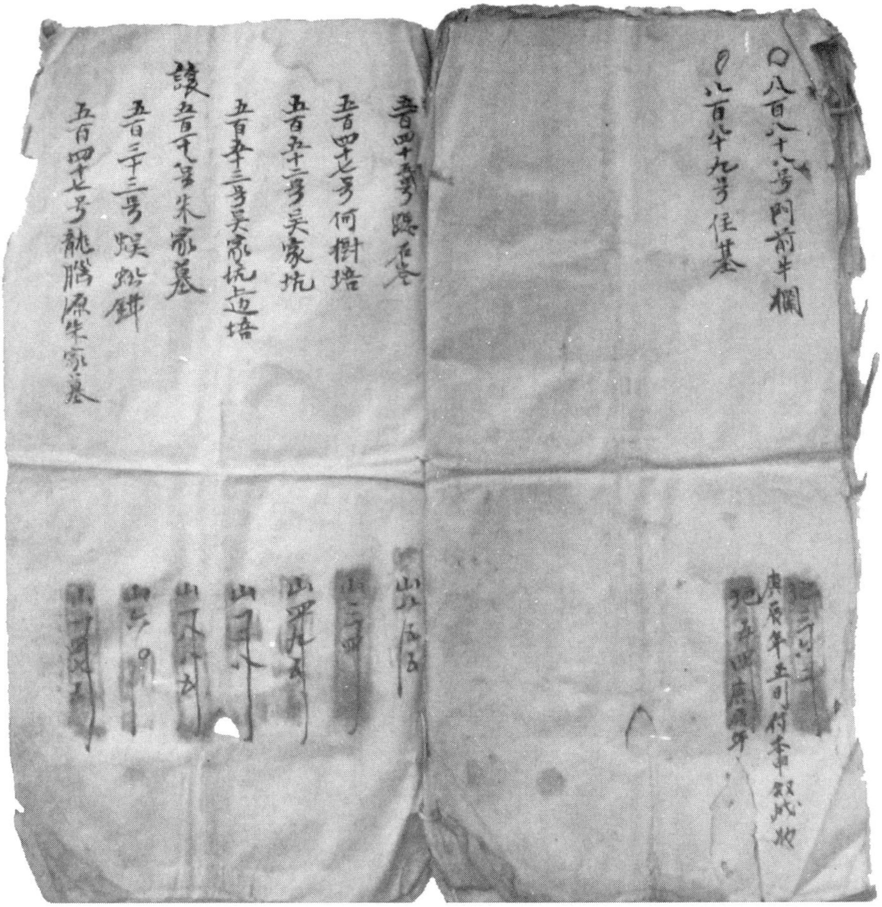

江湾镇晓起岭下村 4-5 · 税粮实征册 · 庆成户

江湾镇中［钟］吕村 1—138

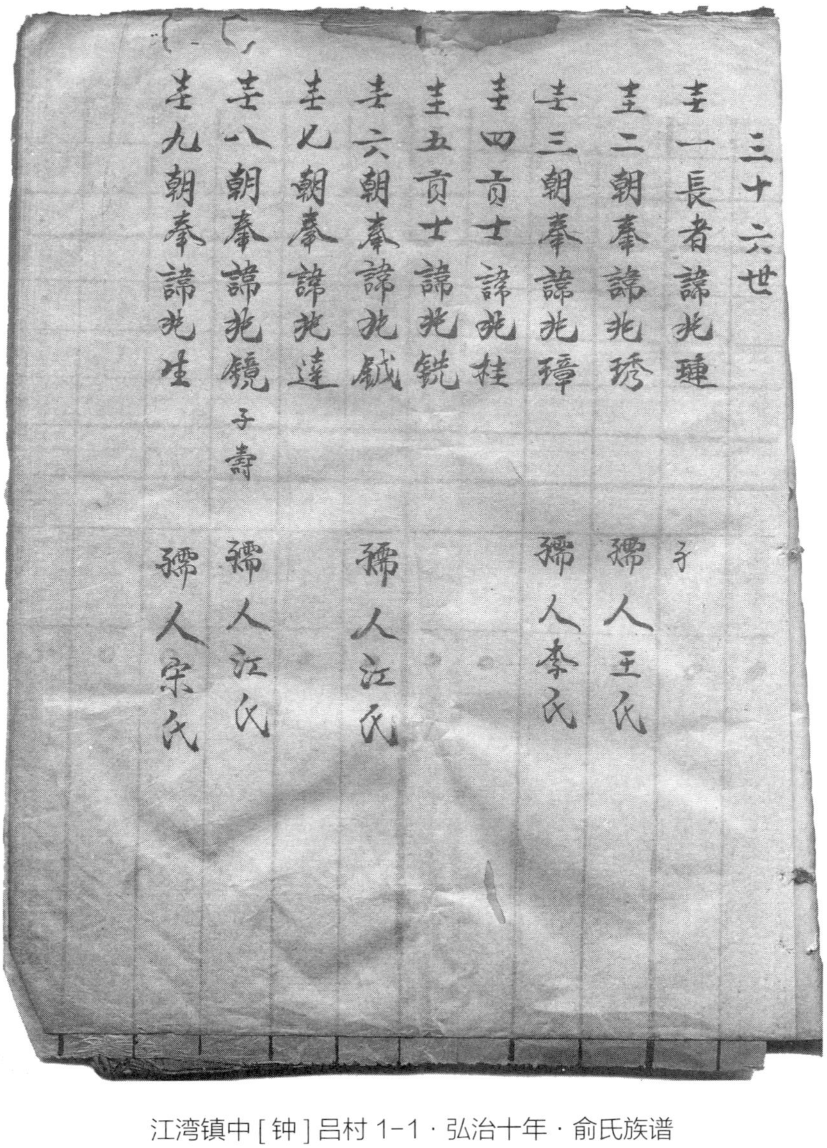
三十六世
圭一長者諱兆璉 子
圭二朝奉諱兆琇 孺人王氏
圭三朝奉諱兆璋 孺人李氏
圭四貢士諱兆桂
圭五貢士諱兆銑
圭六朝奉諱兆鉞 孺人江氏
圭七朝奉諱兆達
圭八朝奉諱兆鏡 子壽 孺人江氏
圭九朝奉諱兆[illegible] 孺人宋氏

江湾镇中［钟］吕村 1-1 · 弘治十年 · 俞氏族谱

爗八十八
爗八十九貢士諱士莘
爗九十
爗九十一貢士諱士炬
爗九十二朝奉諱士祠
爗九十三貢士諱士舊
爗九十四
爗九十五
爗九十六
爗九十七
爗九十八
爗九十九

江湾镇中[钟]吕村 1-2 · 弘治十年 · 俞氏族谱

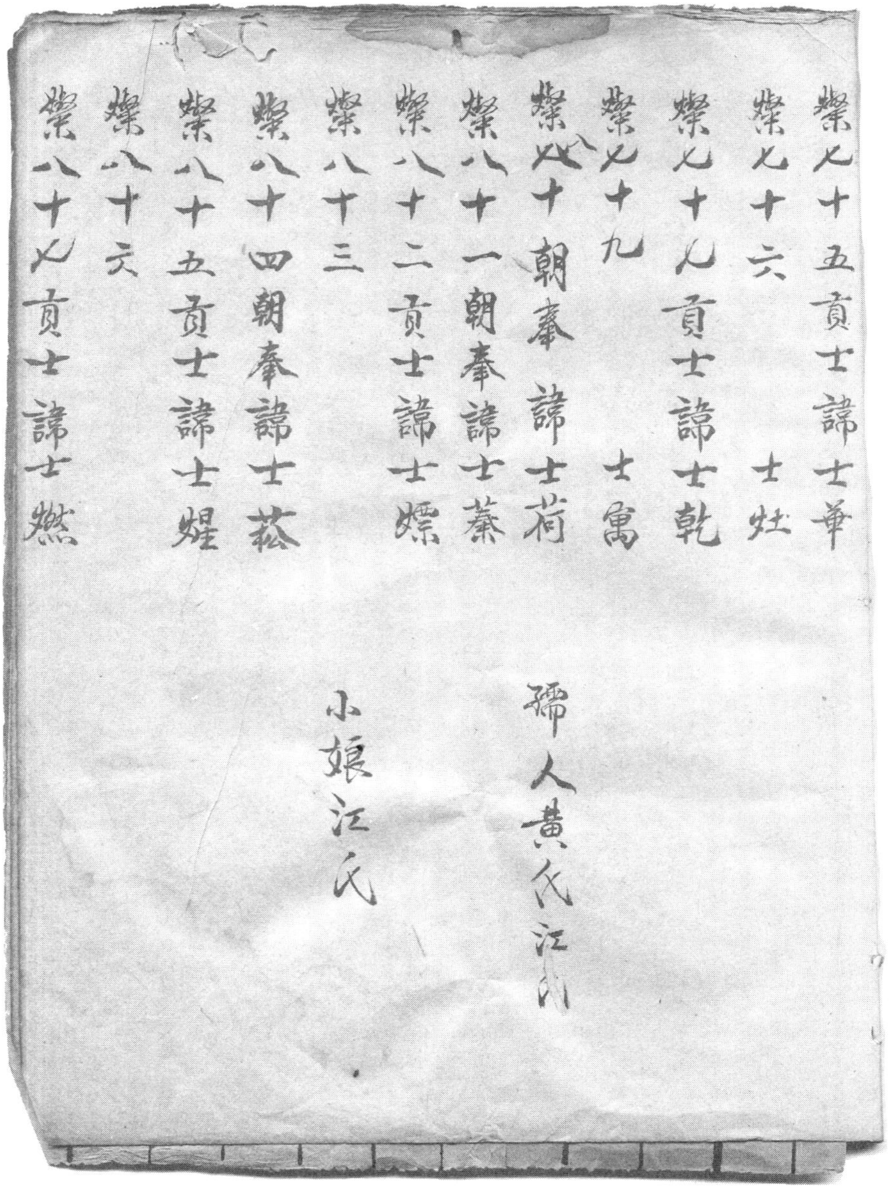
檠七十五貢士諱士華
檠七十六　士灶
檠七十七貢士諱士乾
檠七十九　士禹
檠八十朝奉諱士荷
檠八十一朝奉諱士蓁
檠八十二貢士諱士熛
檠八十三
檠八十四朝奉諱士菘
檠八十五貢士諱士煋
檠八十六
檠八十七貢士諱士燃

孺人黃氏江氏

小娘江氏

江湾镇中[钟]吕村 1-3 · 弘治十年 · 俞氏族谱

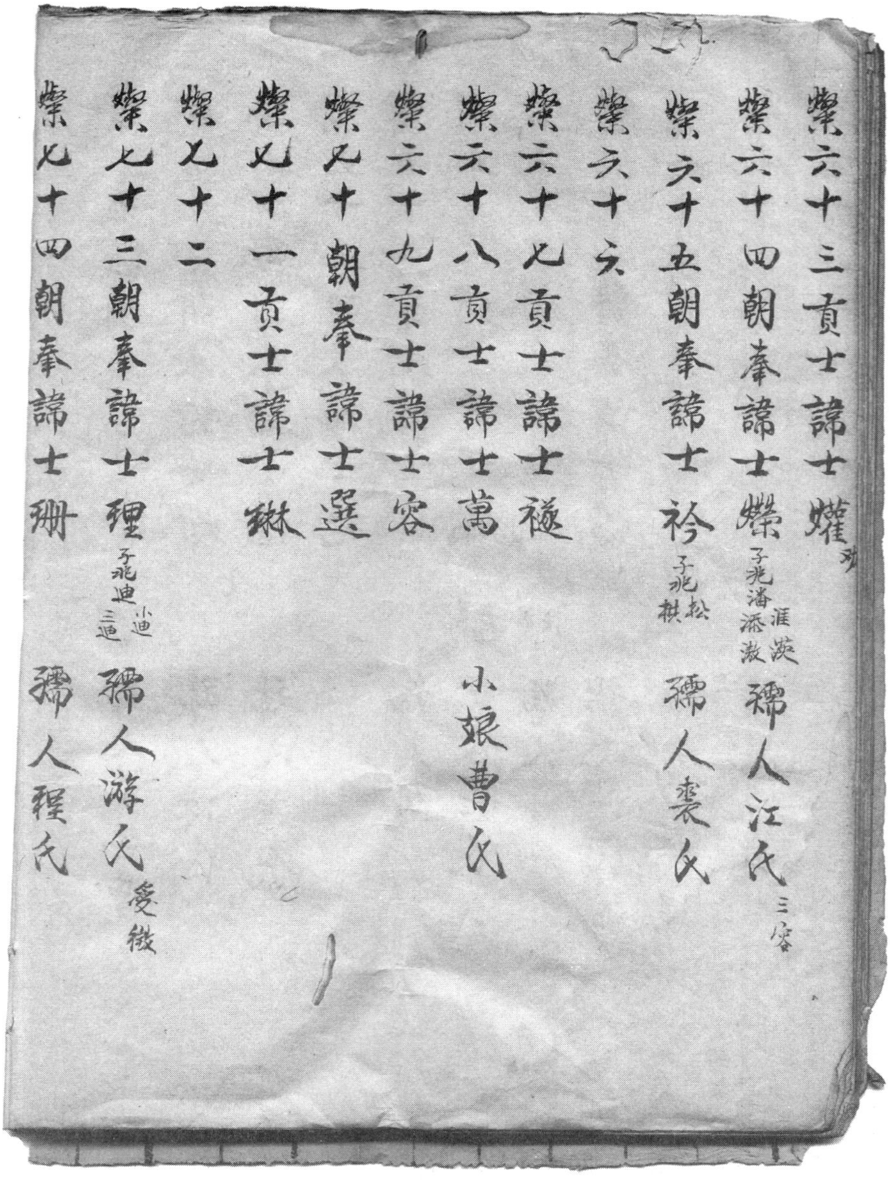
縈六十三貢士諱士燿 功
縈六十四朝奉諱士縈 子兆潘 涯 添 漩 激 孺人江氏 三容
縈六十五朝奉諱士衿 子兆松 棋 孺人袁氏
縈六十六
縈六十七貢士諱士禔
縈六十八貢士諱士萬 小娘曹氏
縈六十九貢士諱士容
縈七十朝奉諱士選
縈七十一貢士諱士琳
縈七十二
縈七十三朝奉諱士理 子兆迪 小迪 三迪 孺人游氏 受繳
縈七十四朝奉諱士珊 孺人程氏

江湾镇中 [钟] 吕村 1–4 · 弘治十年 · 俞氏族谱

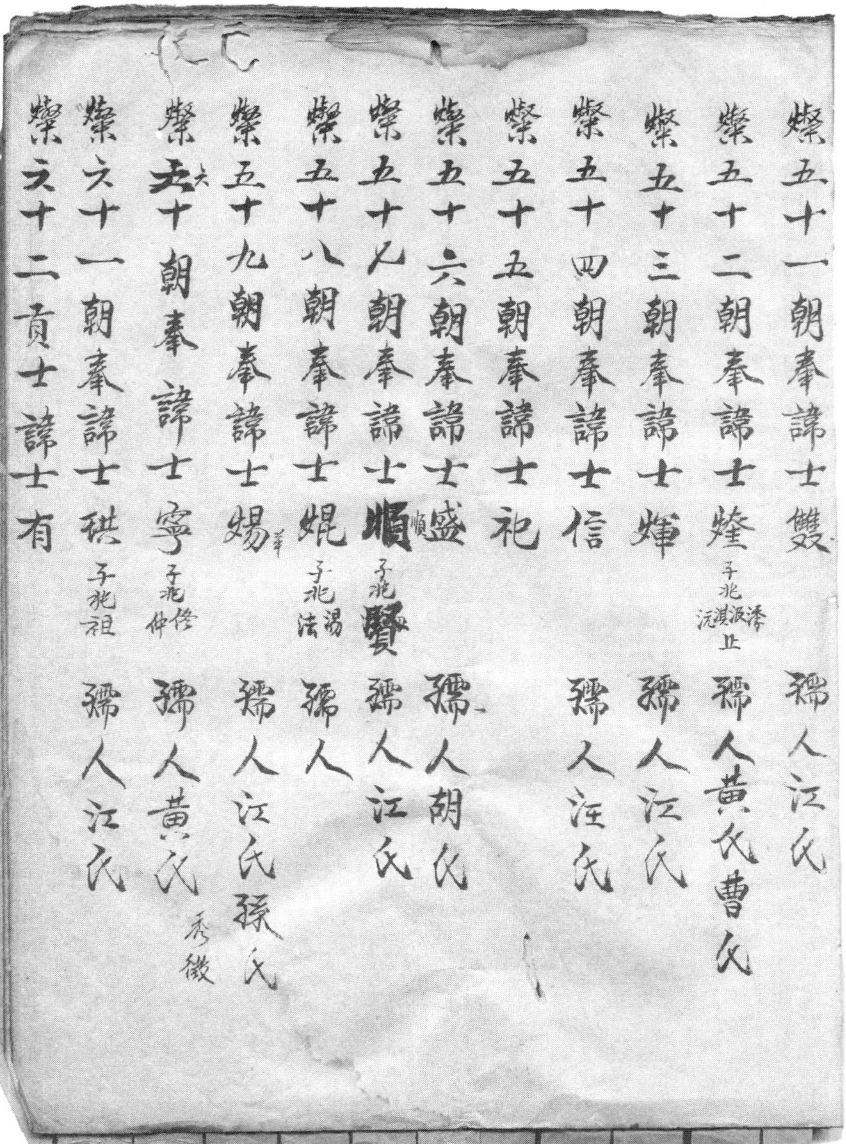

爕五十一朝奉諱士雙　孺人江氏
爕五十二朝奉諱士燧　子兆湊汲淇沅止　孺人黄氏曹氏
爕五十三朝奉諱士煇　孺人江氏
爕五十四朝奉諱士信　孺人汪氏
爕五十五朝奉諱士祀
爕五十六朝奉諱士盛（順）　孺人胡氏
爕五十七朝奉諱士順　子兆賢　孺人江氏
爕五十八朝奉諱士焜　子兆湯法　孺人
爕五十九朝奉諱士煬（華）　孺人江氏孫氏
爕五（六）十朝奉諱士寧　子兆佺仲　孺人黄氏　秀徵
爕六十一朝奉諱士琪　子兆祖　孺人江氏
爕六十二貢士諱士有

江湾镇中［钟］吕村 1-5 · 弘治十年 · 俞氏族谱

爕三十九朝奉諱士瑛　孺人李氏

爕四十朝奉諱士[illegible]　孺人汪氏

爕四十一朝奉諱士瑰　孺人江氏

爕四十二朝奉諱士先　孺人汪氏

爕四十三朝奉諱士祜　孺人洪氏 章男

爕四十四朝奉諱士任

爕四十五朝奉諱士燈 乔　孺人江氏

爕四十六貢士諱士顔

爕四十七貢士諱士昌

爕四十八朝奉諱士定　孺人曹氏

爕四十九貢士諱士珍

爕五十朝奉諱士祥　孺人葉氏葉氏

江湾镇中[钟]吕村 1-6 · 弘治十年 · 俞氏族谱

燦二十七朝奉諱士雲

燦二十八朝奉諱士炳　孺人汪氏

燦二十九貢士諱士初

燦三十朝奉諱士祖　孺人孫氏

燦三十一朝奉諱士祐　孺人汪氏

燦三十二朝奉諱士福　孺人葉氏

燦三十三朝奉諱士志　孺人曹氏

燦三十四朝奉諱士煜　孺人江氏

燦三十五朝奉諱士裉　孺人江氏

燦三十六朝奉諱士祺　孺人王氏胡氏

燦三十七朝奉諱士煥　孺人汪氏

燦三十八朝（貢士）奉諱士高

江湾镇中[钟]吕村 1-7 · 弘治十年 · 俞氏族谱

爕十四
爕十五朝奉諱士弘
爕十六貢士諱士祈
爕十七朝奉諱士舋
爕十八貢士諱士弦
爕十九朝奉諱士郛
爕二十朝奉諱士禝
爕二十一貢士諱士禧
爕二十二貢士諱士通
爕二十三貢士諱士美
爕二十四朝奉諱士爕
爕二十五貢士諱士傅
爕二十六朝奉諱士裕

孺人江氏
孺人程氏
孺人葉氏 王氏
孺人王氏 先容
孺人江氏

江湾镇中［钟］吕村 1-8 · 弘治十年 · 俞氏族谱

燦一朝奉諱士魁　孺人張氏

燦二朝貢士奉諱士俊

燦三朝奉諱士傑　孺人湯氏

燦四

燦五貢士諱士禎

燦六朝奉諱煥文　孺人程氏

燦七朝奉諱士禮　孺人夏氏

燦八朝奉諱士祥　孺人洪氏

燦九

燦十貢士諱士義

燦十一貢士諱士芬

燦十二貢士諱士福

燦十三朝奉諱士章　孺人孫氏

江湾镇中 [钟] 吕村 1-9 · 弘治十年 · 俞氏族谱

懋八十六貢士諱之養

懋八十七朝奉諱之賃 任　孺人汪氏

懋八十八朝奉諱之親

懋八十九貢士諱之太

懋九十貢士諱之暌 其

懋九十一朝奉諱之賔　孺人汪氏

懋九十二朝奉諱之橋　孺人江氏

懋九十三貢士諱之魁

懋九十四朝奉諱之松　孺人李氏

懋九十五朝奉諱之奇　孺人江氏 旺桂

懋九十六朝奉諱之梅

懋九十七朝奉諱之斗

三十五世祖

江湾镇中[钟]吕村 1-10 · 弘治十年 · 俞氏族谱

懋七十三朝奉諱之昌
懋七十四貢士諱之鳳
懋七十五貢士諱之資
懋七十六貢士諱之盛
懋七十七朝奉諱之凰
懋七十八朝奉諱之星
懋七十九朝奉諱之談
懋八十朝奉諱之積
懋八十一朝奉諱之權
懋八十二貢士諱之槐 華
懋八十三朝奉諱之贇
懋八十四朝奉諱之勝
懋八十五朝奉諱之榮

小娘滕氏
孺人江氏
孺人李氏
小娘江氏
孺人江氏 江氏
孺人江氏
孺人李氏

江湾镇中[钟]吕村 1-11 · 弘治十年 · 俞氏族谱

懋六十朝奉諱之和 孺人江氏

懋六十一朝奉諱之貢 孺人吴氏 胡氏

懋六十二貢士諱之林

懋六十三朝奉諱之禄 孺人江氏

懋六十四貢士諱之基

懋六十五朝奉諱之賡更 孺人王氏

懋六十六朝奉諱之暹先 孺人王氏 王氏

懋六十七貢士諱之寶

懋六十八朝奉諱之訪柱 孺人江氏

懋六十九朝奉諱之貿 孺人孫氏

懋七十朝奉諱之員 孺人江氏

懋七十一貢士諱之桂 小娘汪氏

懋七十二貢士諱之旻氏

江湾镇中[钟]吕村 1-12 · 弘治十年 · 俞氏族谱

懋四十七朝奉諱之春　孺人葉氏
懋四十八朝奉諱之成　孺人李氏
懋四十九貢士諱之秀
懋五十貢士諱之燧
懋五十一貢士諱之靖
懋五十二貢士諱之諒
懋五十三朝奉諱之新　孺人程氏
懋五十四貢士諱之坤
懋五十五朝奉諱之賢　孺人黃氏
懋五十六朝奉諱之嚴　孺人江氏　余氏
懋五十七貢士諱之昱　又
懋五十八貢士諱之欣
懋五十九朝奉諱之楠　孺人葉氏　江氏

江湾镇中[钟]吕村 1-13 · 弘治十年 · 俞氏族谱

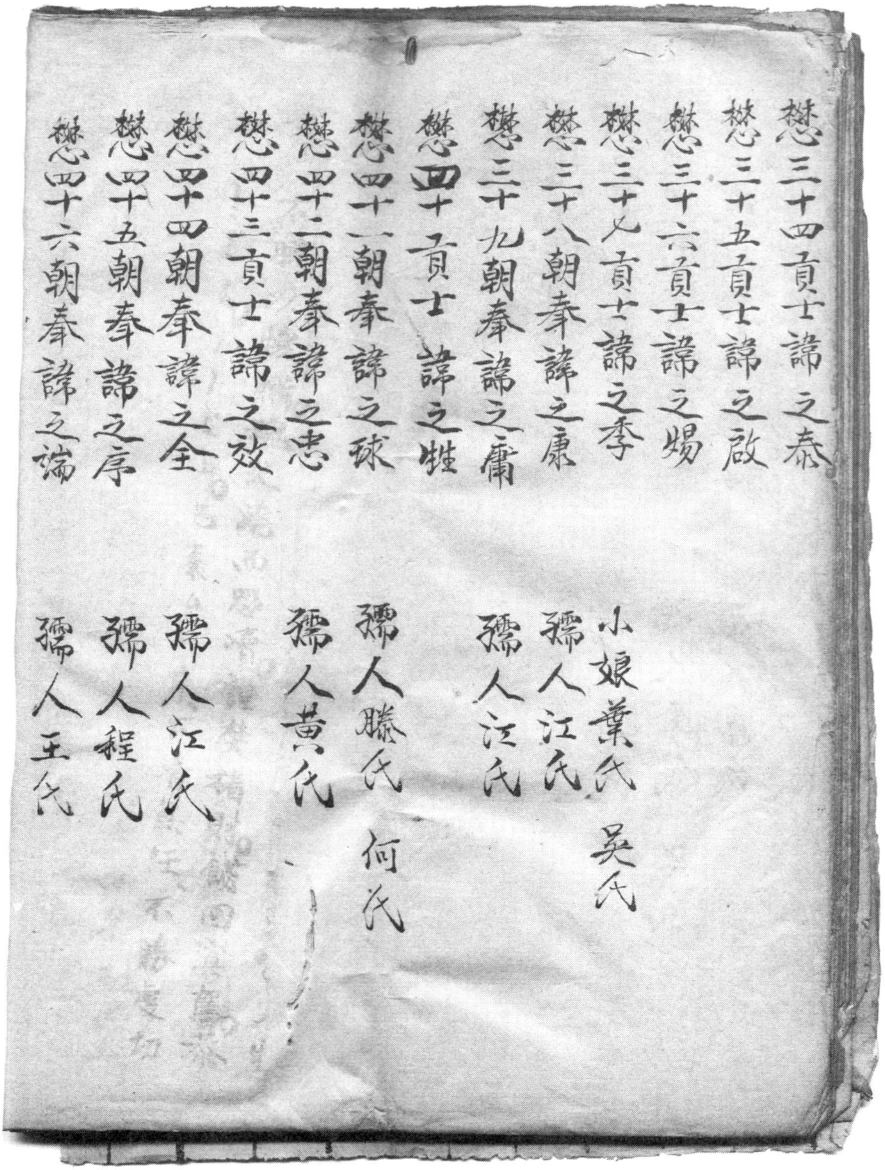
懋三十四貢士諱之泰
懋三十五貢士諱之啟
懋三十六貢士諱之煬
懋三十七貢士諱之季
懋三十八朝奉諱之康
懋三十九朝奉諱之庸
懋四十貢士諱之雄
懋四十一朝奉諱之球
懋四十二朝奉諱之忠
懋四十三貢士諱之效
懋四十四朝奉諱之全
懋四十五朝奉諱之序
懋四十六朝奉諱之端

小娘葉氏 吳氏
孺人江氏
孺人汪氏
孺人滕氏 何氏
孺人黃氏
孺人江氏
孺人程氏
孺人王氏

江湾镇中[钟]吕村 1-14 · 弘治十年 · 俞氏族谱

一、

懋二十一貢士諱之亨

懋二十二貢士諱之輝

懋二十三朝奉諱之璠

懋二十四貢士諱之騏

懋二十五貢士諱之雷

懋二十六朝奉諱之仲

懋二十七貢士諱之驊

懋二十八貢士諱之衡

懋二十九貢士諱之霖

懋三十朝奉諱之瑞

懋三十一朝奉諱之詹

懋三十二朝奉諱之曾

懋三十三貢士諱之⿰火幾

孺人游氏 是有

孺人李氏

孺人李氏 洪氏

孺人詹氏

江湾镇中[钟]吕村 1-15 · 弘治十年 · 俞氏族谱

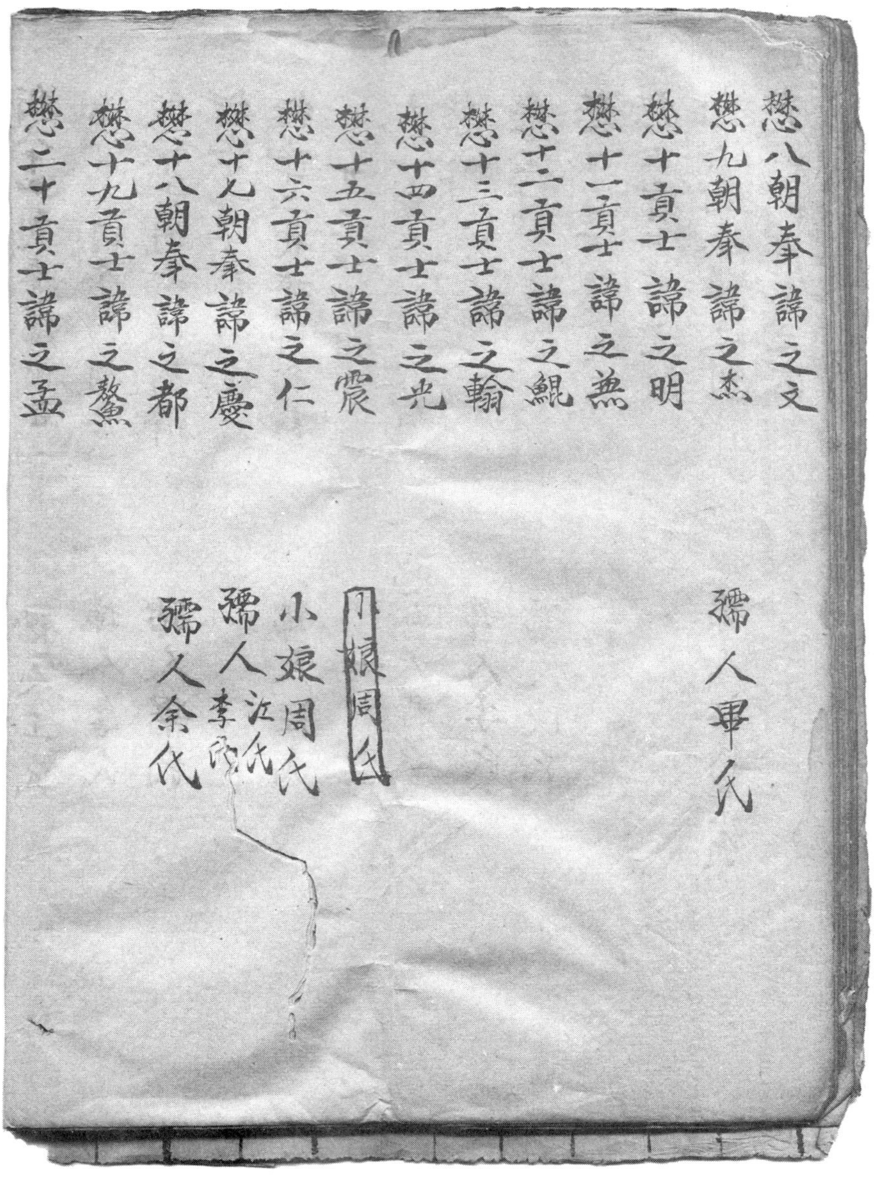
懋八朝奉諱之文
懋九朝奉諱之杰
懋十貢士諱之明
懋十一貢士諱之燕
懋十二貢士諱之鯤
懋十三貢士諱之輸
懋十四貢士諱之光
懋十五貢士諱之震
懋十六貢士諱之仁
懋十七朝奉諱之慶
懋十八朝奉諱之都
懋十九貢士諱之鰲
懋二十貢士諱之孟

孺人畢氏
小娘周氏
小娘周氏
孺人江氏
孺人李氏
孺人余氏

江湾镇中 [钟] 吕村 1-16 · 弘治十年 · 俞氏族谱

衍八十四朝奉諱衍舍

衍八十五朝奉諱衍嘉

衍八十六朝奉諱衍濟

衍九十貢士諱衍高

衍九十二朝奉諱衍論

三十四祖

懋一朝奉諱之瑋

懋二朝奉諱之玄

懋三朝奉諱之鮫

懋四貢士諱之高

懋五貢士諱之勲

懋六朝奉諱之烈

懋七朝奉諱之大

孺人王氏

孺人詹氏

孺人畢氏

孺人汪氏

孺人程氏

孺人李氏

孺人陳氏

孺人江氏葉氏

江湾镇中[钟]吕村 1-17 · 弘治十年 · 俞氏族谱

二十九朝奉諱兆澄

朝奉諱兆梅

二十四 諱昌城

二十五

二十六 朝奉 諱兆洲

三十世 鋻 諱昌鏊

鉅一 貢士諱昌國

鉅四十九 諱昌京

鉅八朝奉諱昌駁

小娘李氏 旺璋

孺人江氏 樓英

孺人江氏

江湾镇中 [钟] 吕村 1-18 · 弘治十年 · 俞氏族谱

圭七　朝奉諱兆澄

圭　貢士諱兆銑

圭　貢士諱兆新

圭七　貢士諱兆林

圭十一朝奉諱兆威

圭八朝奉諱兆鏡

圭九朝奉兆棒

圭十二朝奉諱兆滴

圭十朝奉諱兆鍾

圭十三朝奉諱兆樫

圭

孺人江氏美英

孺人江氏

孺人江氏

孺人江氏圭玉

小娘洪氏美嬋

江湾镇中 [钟] 吕村 1-19 · 弘治十年 · 俞氏族谱

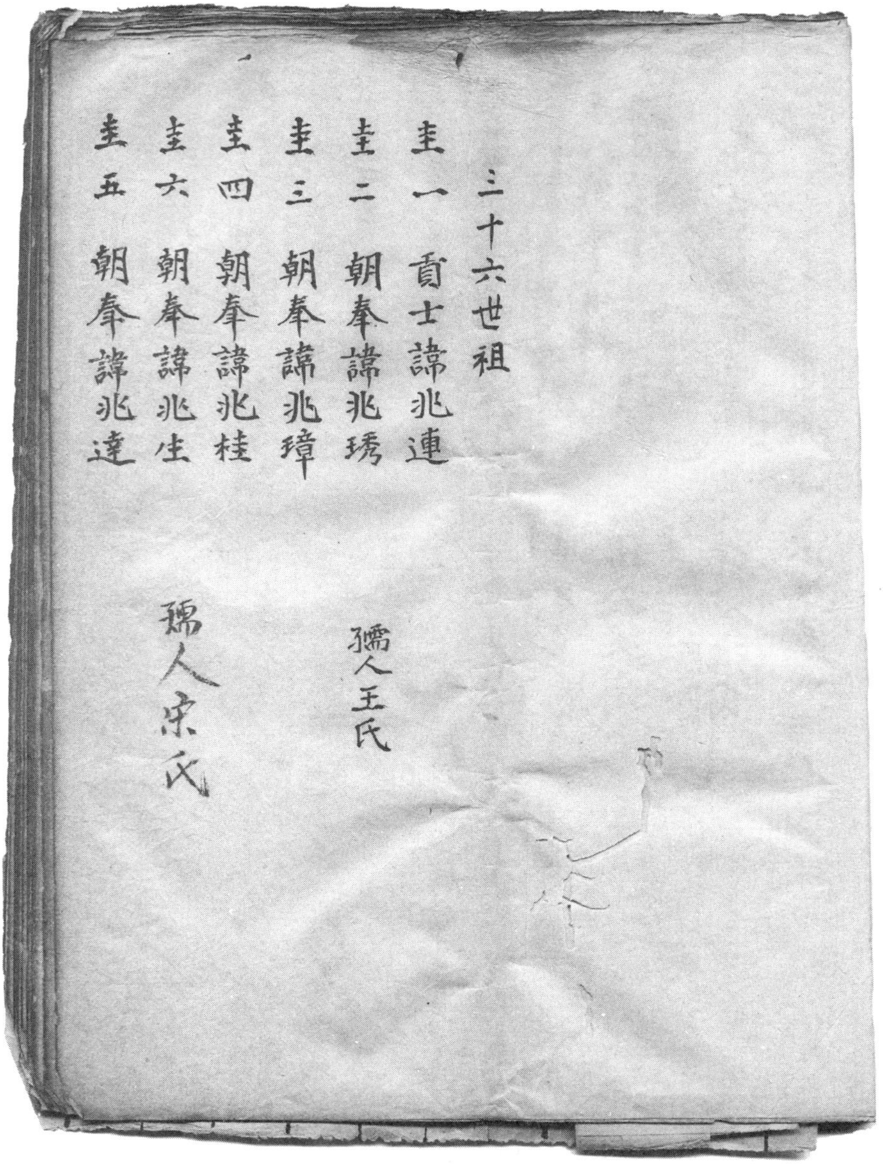
三十六世祖

圭一　貢士諱兆連

圭二　朝奉諱兆琇

圭三　朝奉諱兆璋

圭四　朝奉諱兆桂

圭六　朝奉諱兆生

圭五　朝奉諱兆達

孺人王氏

孺人宋氏

江湾镇中［钟］吕村 1-20 · 弘治十年 · 俞氏族谱

燦五十貢士諱士珍
燦五十一朝奉諱士蔣
燦五十二朝奉諱士珙
燦八二貢士諱士熛
燦六十貢士諱士鄉
燦六十一貢士諱士穟
燦八九貢士諱士華

孺人黄氏 継娶 江氏
孺人江氏
燦九一貢士諱士炬
燦九二貢士諱士祠

江湾镇中[钟]吕村 1-21 · 弘治十年 · 俞氏族谱

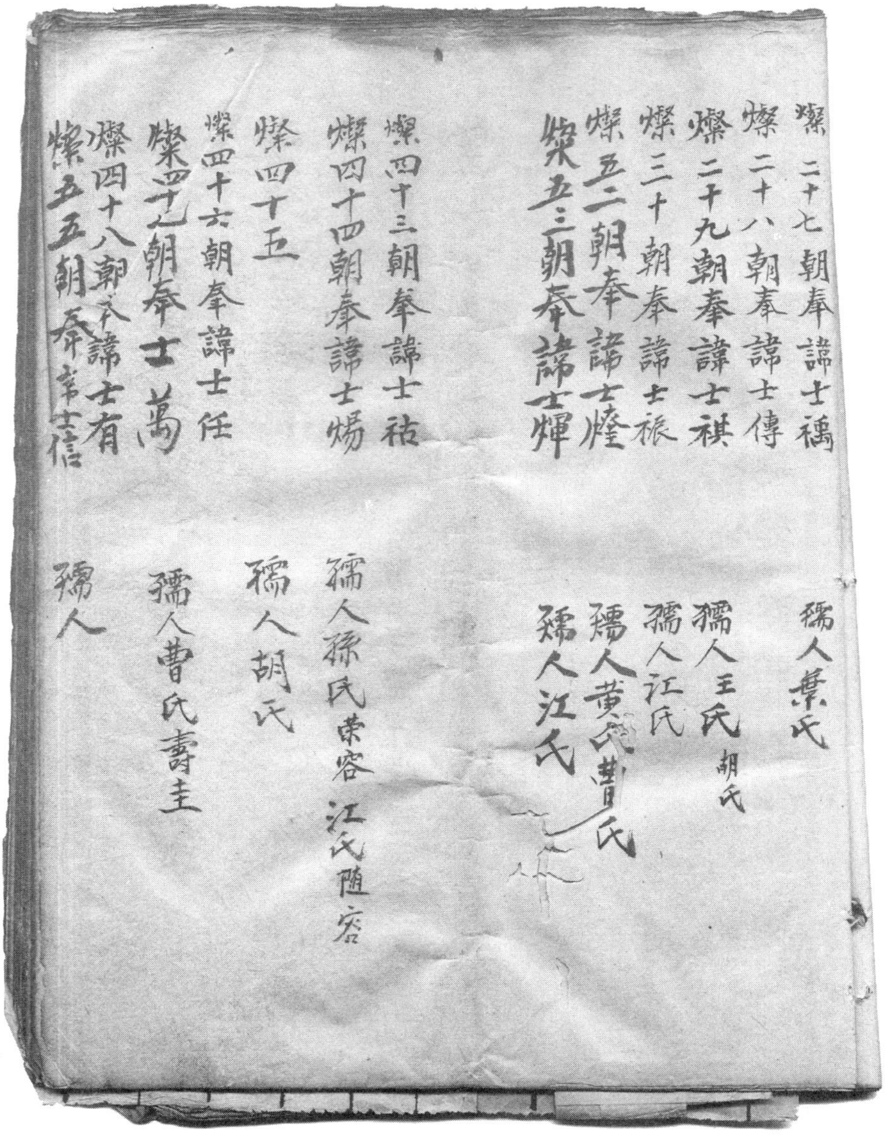

燦二十七朝奉諱士禡
燦二十八朝奉諱士傳
燦二十九朝奉諱士祺
燦三十朝奉諱士裉
燦五二朝奉諱士[illegible]
燦五三朝奉諱士燀
燦四十三朝奉諱士祜
燦四十四朝奉諱士煬
燦四十五
燦四十六朝奉諱士任
燦四十七朝奉士萬
燦四十八朝奉諱士有
燦五五朝奉諱士信

孺人葉氏
孺人王氏 胡氏
孺人江氏
孺人黃氏 曹氏
孺人江氏
孺人孫氏榮容 江氏隨容
孺人胡氏
孺人曹氏壽圭
孺人

江湾镇中[钟]吕村 1-22 · 弘治十年 · 俞氏族谱

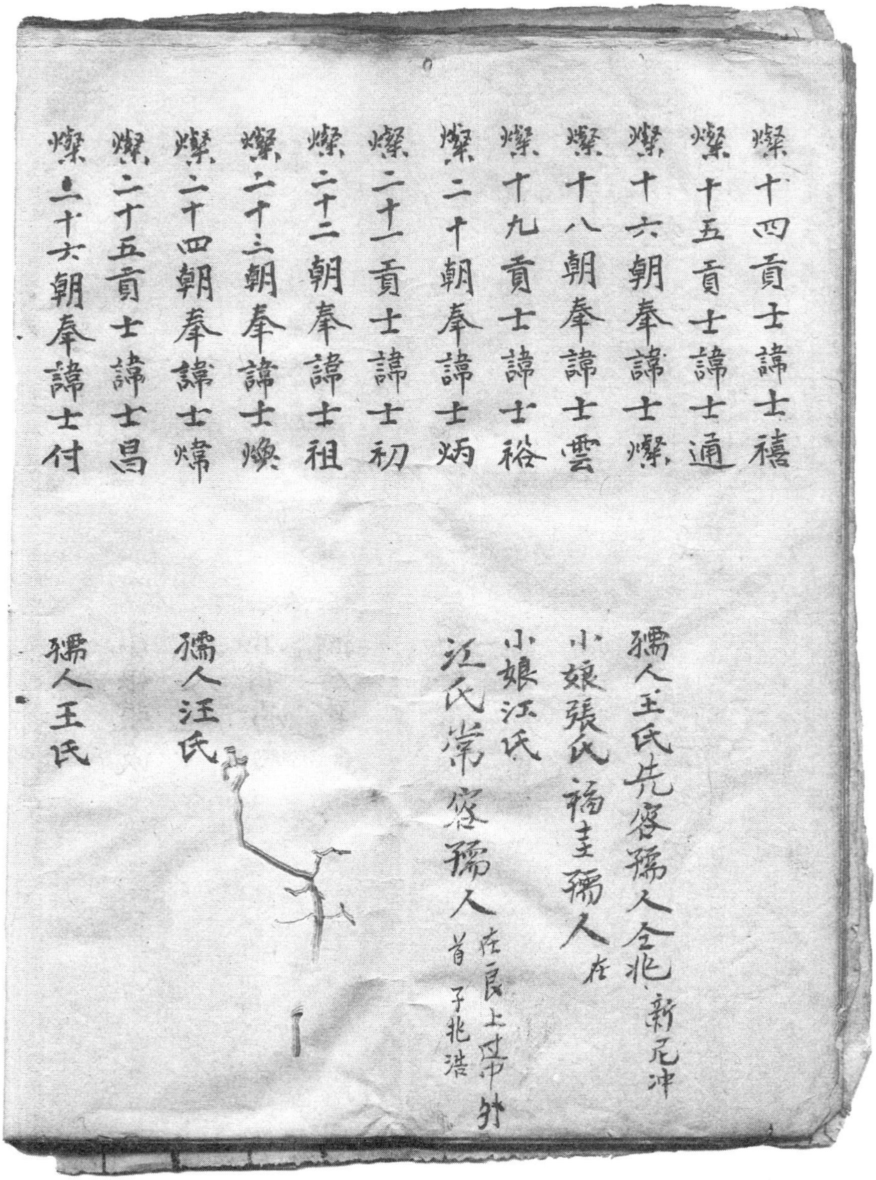

爍十四貢士諱士禧
爍十五貢士諱士通
爍十六朝奉諱士爍
爍十八朝奉諱士雲
爍十九貢士諱士裕
爍二十朝奉諱士炳
爍二十一貢士諱士初
爍二十二朝奉諱士祖
爍二十三朝奉諱士煥
爍二十四朝奉諱士煒
爍二十五貢士諱士昌
爍二十六朝奉諱士付

孺人王氏先容孺人仝兆、新尼冲
小娘張氏福圭孺人在
小娘江氏
江氏常容孺人在良上塘外
首子兆港
孺人汪氏
孺人王氏

江湾镇中 [钟] 吕村 1-23 · 弘治十年 · 俞氏族谱

三十五世祖

燦一 貢士諱士魁
燦二 朝奉諱煥文
燦三 朝奉諱士傑
燦四 朝奉諱士禮
燦五 朝奉諱士弘
燦六 朝奉諱士章
燦八 朝奉諱士釁
燦十 朝奉諱士邦
燦十一 朝奉諱士稷
燦十二 貢士諱士禎
燦十三 貢士諱士美

小娘張氏
孺人程氏
小娘湯氏
孺人夏氏
孺人孫氏
孺人江氏
孺人程氏
孺人
小娘葉氏 壽徵

江湾镇中[钟]吕村 1-24 · 弘治十年 · 俞氏族谱

二十貢士諱之孟

懋七十二朝奉諱之榮

八十七朝奉諱之賢

八十八朝奉諱之親

八十九貢士諱之太

懋九十貢士諱之族

懋九十一貢士諱之魁

九十三

九十二貢士諱之泰

懋七十七朝奉諱之橋

懋九四朝奉諱之松

懋九十五朝奉諱之奇

懋九十六朝奉諱之梅

懋九十七朝奉諱之斗

孺人李氏

孺人汪氏

孺人江氏

孺人李氏

江湾镇中 [钟] 吕村 1-25 · 弘治十年 · 俞氏族谱

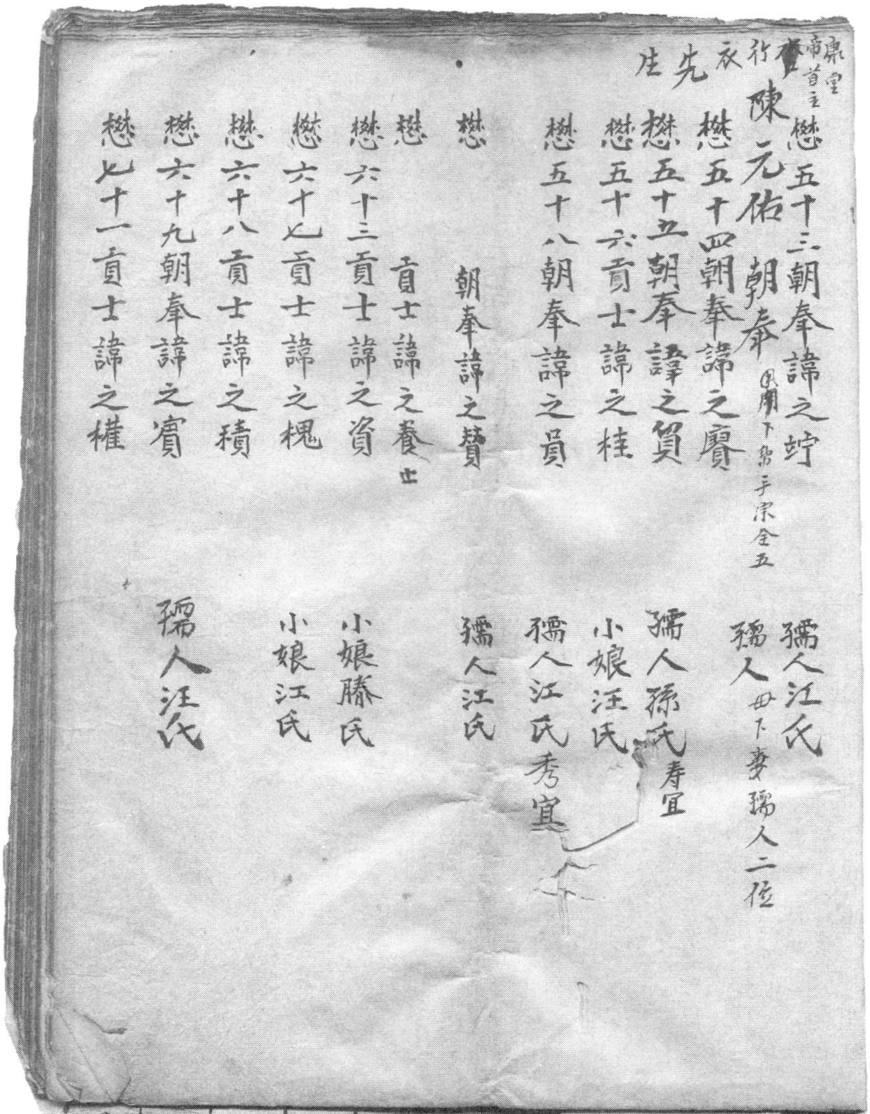

鼎堂
帝首主
奮衍衣先生
懋五十三朝奉諱之玗
陳元佑朝奉 風簡下第手冢全五
懋五十四朝奉諱之賡
懋五十五朝奉諱之貿
懋五十六貢士諱之桂
懋五十八朝奉諱之員
懋 朝奉諱之贊
懋 貢士諱之養 止
懋六十三貢士諱之資
懋六十七貢士諱之槐
懋六十八貢士諱之積
懋六十九朝奉諱之賓
懋七十一貢士諱之權

孺人江氏
孺人 毋下娶孺人二位
孺人孫氏寿宜
小娘汪氏
孺人江氏秀宜
孺人江氏
小娘滕氏
小娘江氏
孺人汪氏

江湾镇中[钟]吕村 1–26 · 弘治十年 · 俞氏族谱

懋三十四貢士諱之秀
懋三十五朝奉諱之球
懋三十六貢士諱之燧
懋三十七貢士諱之靖
懋三十八朝奉諱之承
懋四十一朝奉諱之全
懋四十六朝奉諱之賢
懋四十四朝奉諱之楠
懋四十三朝奉諱之和
懋四十五朝奉諱之貢
懋五十一朝奉諱之禄
懋五十二貢士諱之寶

孺人滕氏 何氏
孺人李氏
孺人江氏
孺人黄氏 敕宜孺人唐多賢坦 冬進 承嗜無棗
孺人江氏 小娘葉氏
孺人汪氏
孺人吴氏 胡氏
孺人江氏 福宜

江湾镇中[钟]吕村 1-27 · 弘治十年 · 俞氏族谱

十九朝奉諱之鰲
懋二十朝奉諱之曾
懋二十一朝奉諱之煥 止
懋二十二朝奉諱之儋
懋二十三朝奉諱之旺 止
懋二十四朝奉諱之季 止
懋二十五朝奉諱之康
懋二十六朝奉諱之庸
懋二十七朝奉諱之甡 止
懋二十九朝奉諱之忠
懋三十朝奉諱之新
懋三十一朝奉諱之亭
懋三十二朝奉諱之端

孺人詹氏 士芳
孺人李氏 洪氏
孺人葉氏 吴氏
孺人江氏 文芳
孺人江氏 順芳
孺人黄氏
孺人程氏
孺人程氏
孺人王氏

江湾镇中[钟]吕村 1-28 · 弘治十年 · 俞氏族谱

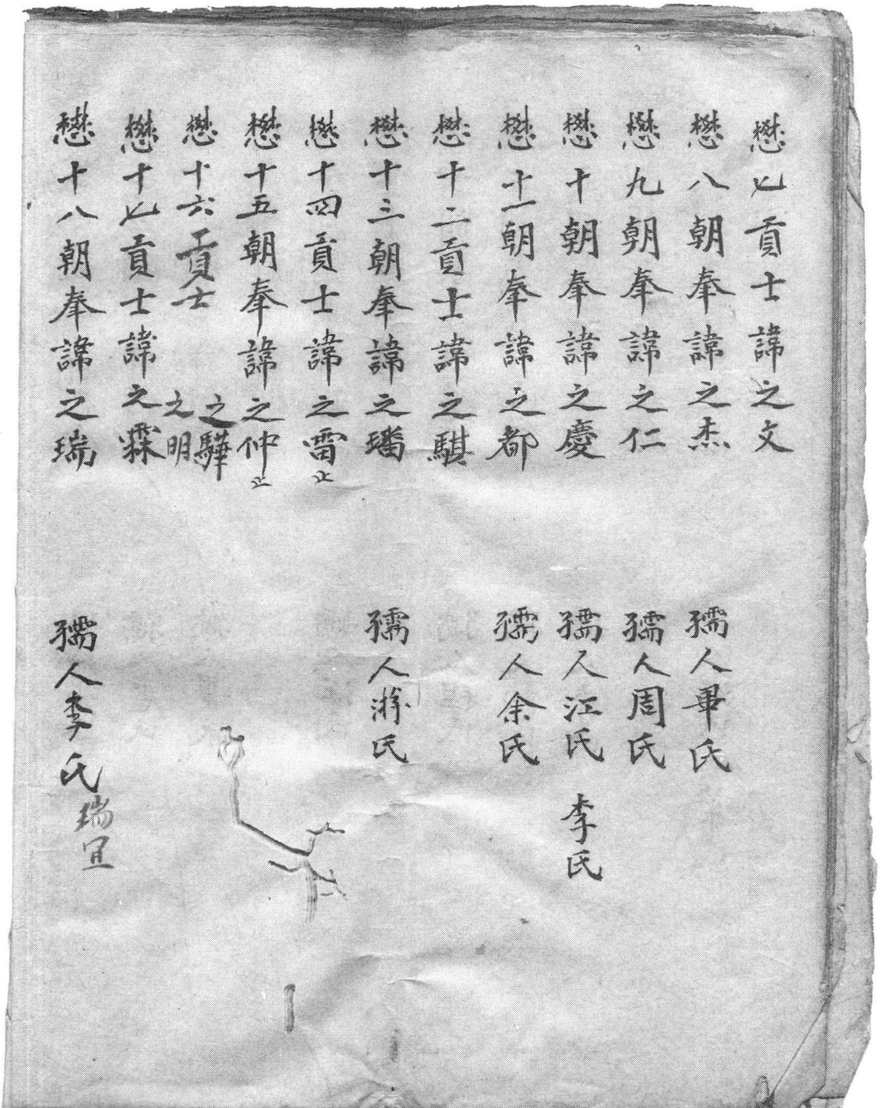
懋七貢士諱之文
懋八朝奉諱之杰
懋九朝奉諱之仁
懋十朝奉諱之慶
懋十一朝奉諱之都
懋十二貢士諱之騏
懋十三朝奉諱之璠
懋十四貢士諱之雷 止
懋十五朝奉諱之仲 止
懋十六貢士 之驊 之明
懋十七貢士諱之霖
懋十八朝奉諱之瑞

孺人畢氏
孺人周氏
孺人江氏 李氏
孺人余氏
孺人游氏
孺人李氏 瑞置

江湾镇中 [钟] 吕村 1–29 · 弘治十年 · 俞氏族谱

衍八十四朝奉諱衍舍
孺人王氏

衍八十五朝奉諱衍嘉
孺人詹氏

衍八十六朝奉諱衍濟
孺人畢氏

衍九十貢士諱衍高

衍九十二朝奉諱衍論
孺人汪氏

三十四世祖

懋一朝奉諱之璋
孺人程氏

懋二朝奉諱之蛟
孺人陳氏

懋三朝奉諱之玄
孺人李氏

懋四朝奉諱之勳

懋五朝奉諱之烈
孺人汪氏
葉氏

懋六朝奉諱之大

貢士諱之高

江湾镇中[钟]吕村 1-30 · 弘治十年 · 俞氏族谱

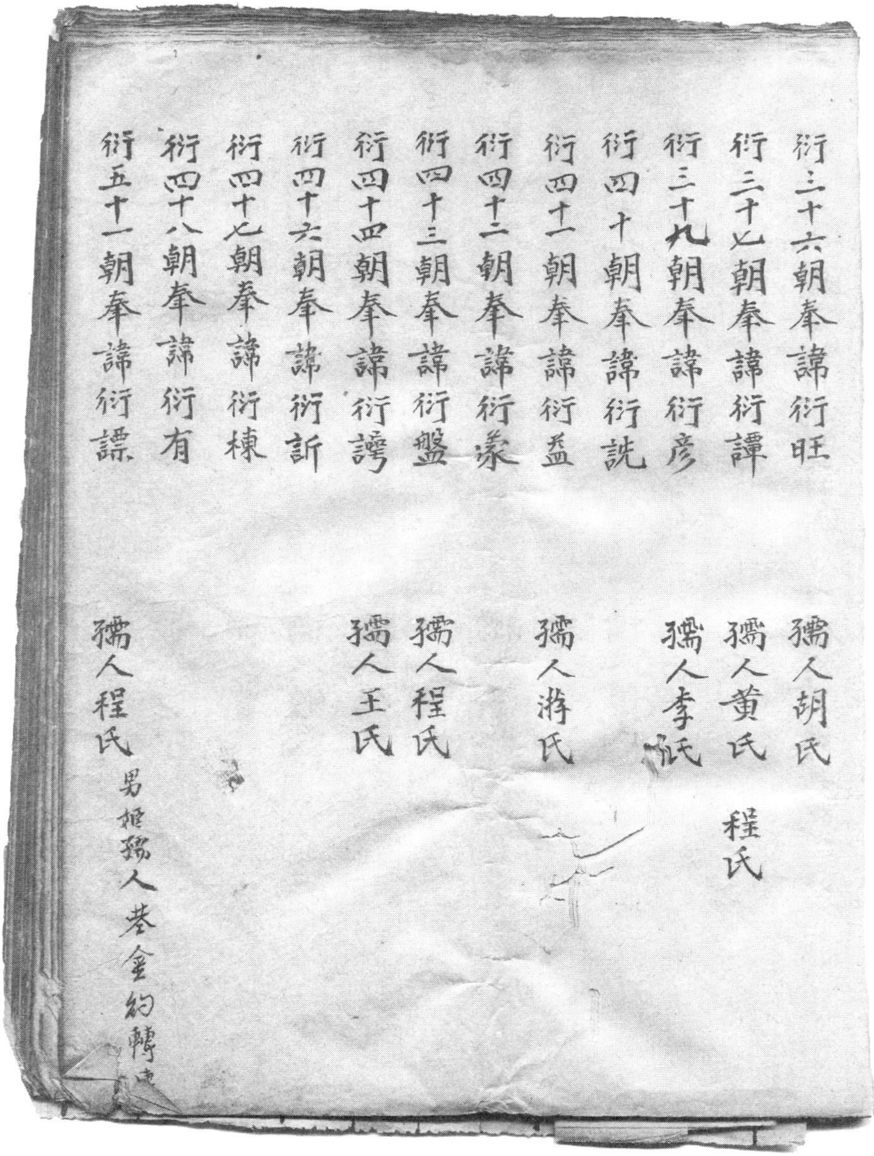
衍三十六朝奉諱衍旺
衍三十七朝奉諱衍譚
衍三十九朝奉諱衍彥
衍四十朝奉諱衍詵
衍四十一朝奉諱衍益
衍四十二朝奉諱衍彖
衍四十三朝奉諱衍盤
衍四十四朝奉諱衍謗
衍四十六朝奉諱衍訢
衍四十七朝奉諱衍棟
衍四十八朝奉諱衍有
衍五十一朝奉諱衍譔

孺人胡氏
孺人黄氏 程氏
孺人李氏
孺人游氏
孺人程氏
孺人王氏
孺人程氏 男姪孫人巷金約轉[illegible]

江湾镇中[钟]吕村 1-31 · 弘治十年 · 俞氏族谱

衍二十四朝奉諱衍豫　孺人王氏

衍二十五文學公諱衍蕃　孺人曹氏

衍二十六朝奉諱衍恒

文祥子　衍二十七朝奉諱衍奇　孺人石氏

文慶子　衍二十八朝奉諱衍韶　字文善　孺人詹氏　德弟

文立子　衍二十九朝奉諱衍謐　孺人曹氏

衍三十朝奉諱衍興　孺人王氏

衍三十一朝奉諱衍廉

衍三十二朝奉諱衍評　孺人李氏

衍三十三朝奉諱衍露

衍三十四朝奉諱衍盟

衍三十五朝奉諱衍諶　孺人葉氏　李氏

江湾镇中[钟]吕村 1-32 · 弘治十年 · 俞氏族谱

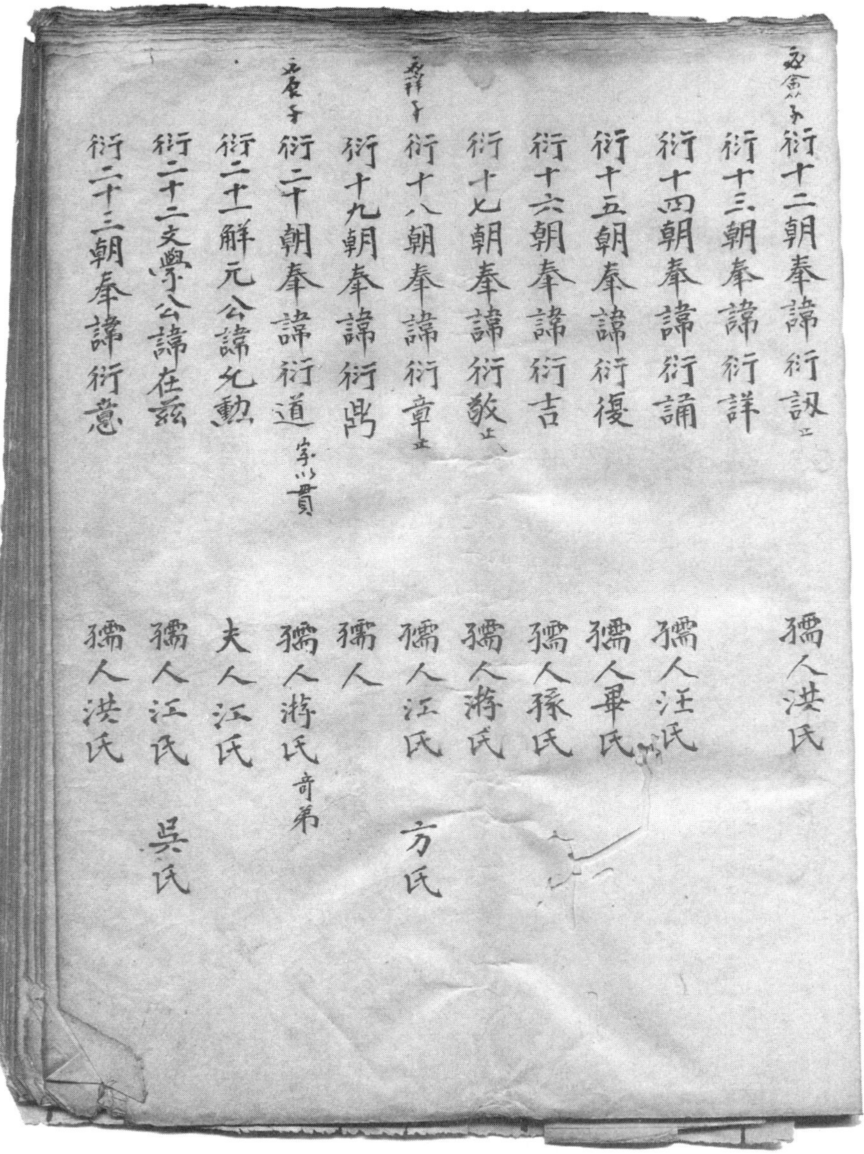
丞禽以子衍十二朝奉諱衍謏

衍十三朝奉諱衍詳

衍十四朝奉諱衍誦

衍十五朝奉諱衍復

衍十六朝奉諱衍吉

衍十七朝奉諱衍敬

丞祥子衍十八朝奉諱衍章

衍十九朝奉諱衍昺

丞良子衍二十朝奉諱衍道 字以貫

衍二十一解元公諱允勳

衍二十二文學公諱在茲

衍二十三朝奉諱衍意

孺人洪氏

孺人汪氏

孺人畢氏

孺人孫氏

孺人游氏

孺人江氏 方氏

孺人

孺人游氏 奇弟

夫人江氏

孺人江氏 吳氏

孺人洪氏

江湾镇中[钟]吕村 1-33 · 弘治十年 · 俞氏族谱

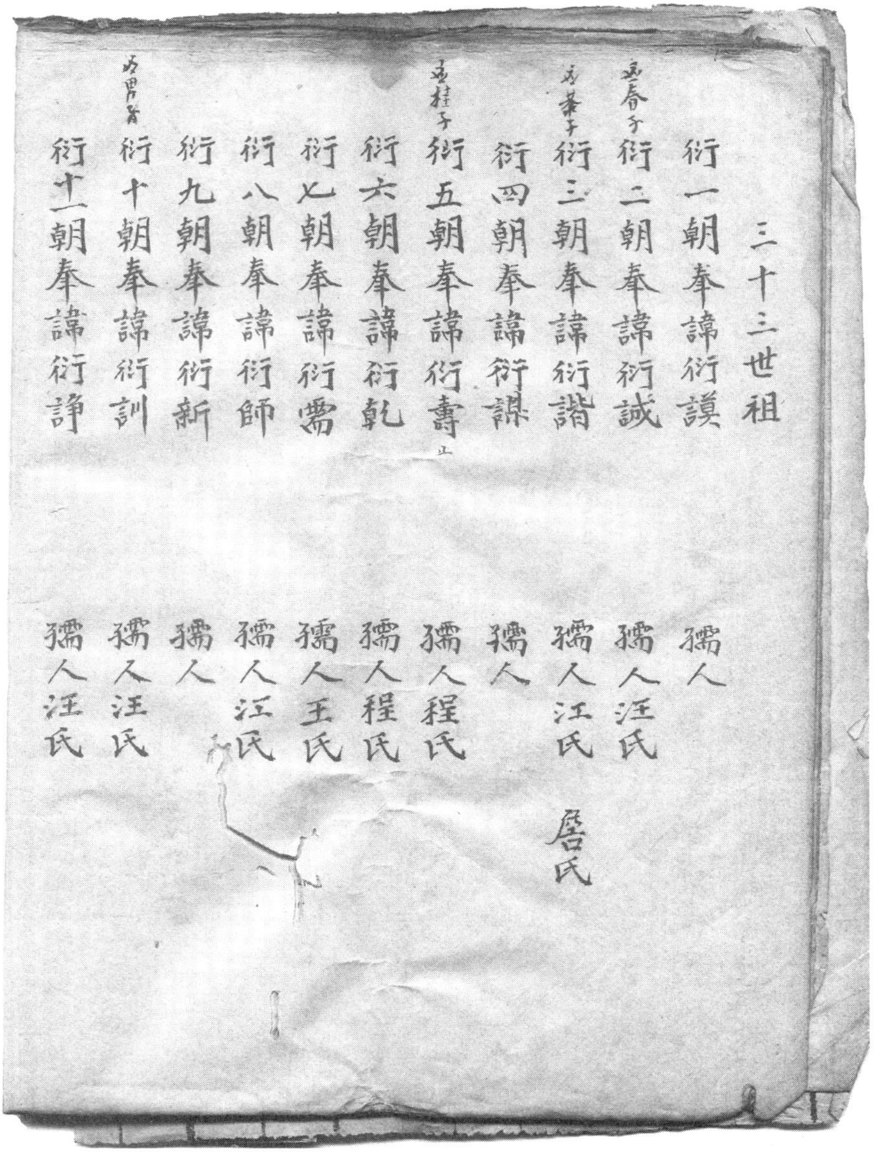

三十三世祖

衍一朝奉諱衍謨　孺人

出春子　衍二朝奉諱衍誠　孺人汪氏

出菶子　衍三朝奉諱衍諧　孺人江氏　詹氏

衍四朝奉諱衍謀　孺人

出桂子　衍五朝奉諱衍壽　止　孺人程氏

衍六朝奉諱衍乾　孺人程氏

衍七朝奉諱衍需　孺人王氏

衍八朝奉諱衍師　孺人江氏

衍九朝奉諱衍新　孺人

出男貴　衍十朝奉諱衍訓　孺人汪氏

衍十一朝奉諱衍諍　孺人汪氏

江湾镇中［钟］吕村 1-34 · 弘治十年 · 俞氏族谱

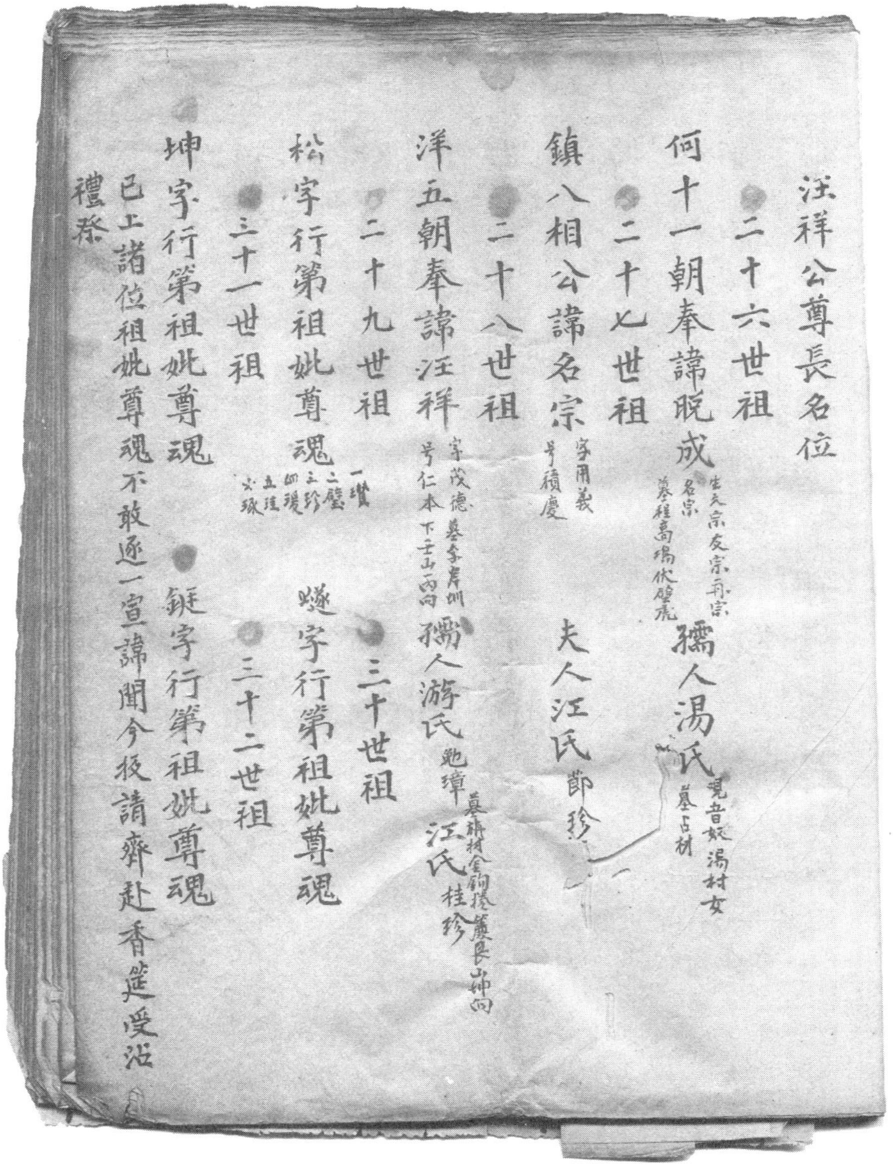

汪祥公尊長名位

二十六世祖

何十一朝奉諱晲成 生元宗友宗再宗 名宗 墓程高塢伏龍虎

孺人湯氏 晛音妧 湯村女 墓占村

二十七世祖

鎮八相公諱名宗 字用義 号積慶

夫人汪氏 節珍

二十八世祖

洋五朝奉諱汪祥 字茂德 号仁本 墓李考圳下壬山丙向

孺人游氏 勉璋

江氏 桂珍 墓前村金銅塆簾長山坤向

二十九世祖

松字行第祖妣尊魂 一墳 二璧 三珍 四瑗 五注 六琢

三十世祖

燧字行第祖妣尊魂

三十一世祖

坤字行第祖妣尊魂

三十二世祖

鋌字行第祖妣尊魂

已上諸位祖妣尊魂不敢逐一宣諱聞今投請齊赴香筵受沾

禮祭

江湾镇中[钟]吕村 1-35 · 弘治十年 · 俞氏族谱

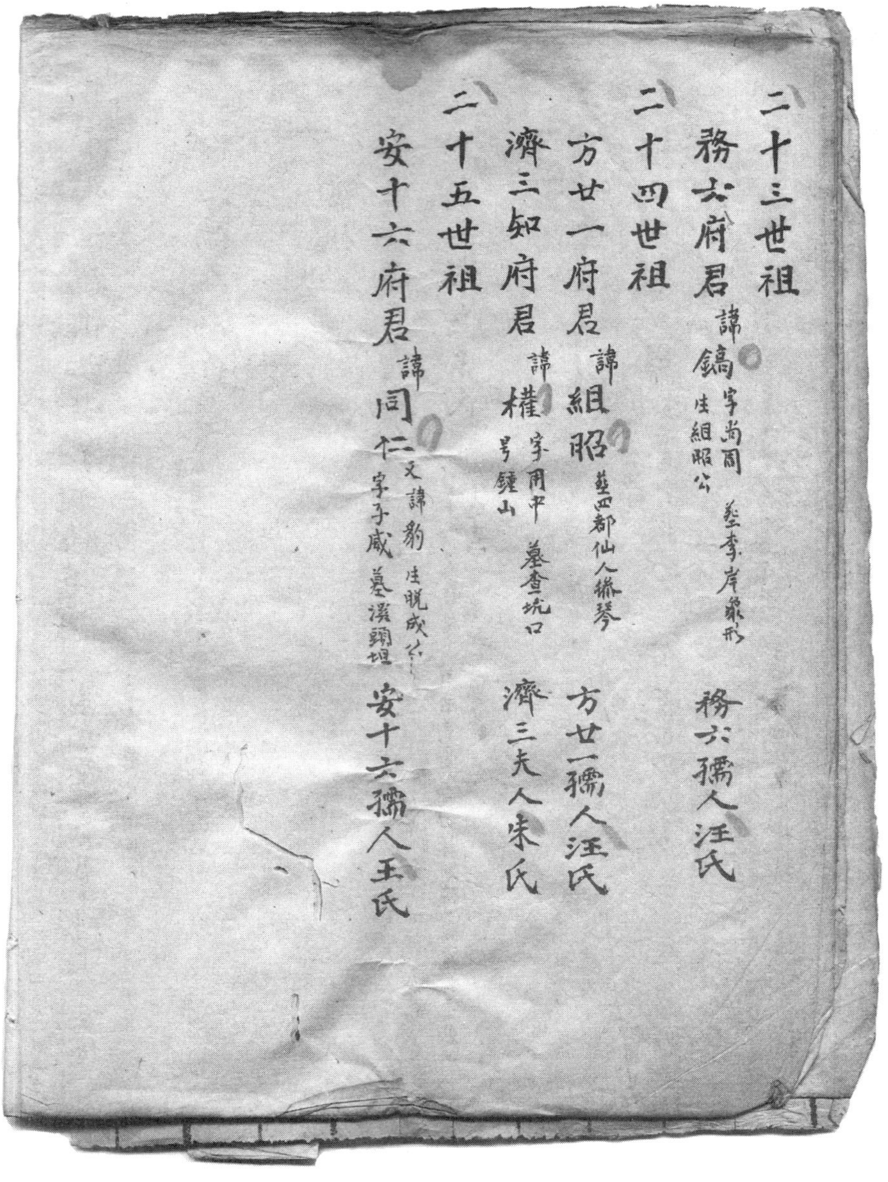

二十三世祖
務六府君 諱鎬 字尚周 生組昭公 墓李岸象形
務六孺人汪氏
二十四世祖
方廿一府君 諱組昭 墓四都仙人撫琴
方廿一孺人汪氏
濟三知府君 諱權 字用中 号鍾山 墓查坑口
濟三夫人朱氏
二十五世祖
安十六府君 諱同仁 文諱豹 字子威 生睨成公 墓溪頭坦
安十六孺人王氏

江湾镇中 [钟] 吕村 1-36 · 弘治十年 · 俞氏族谱

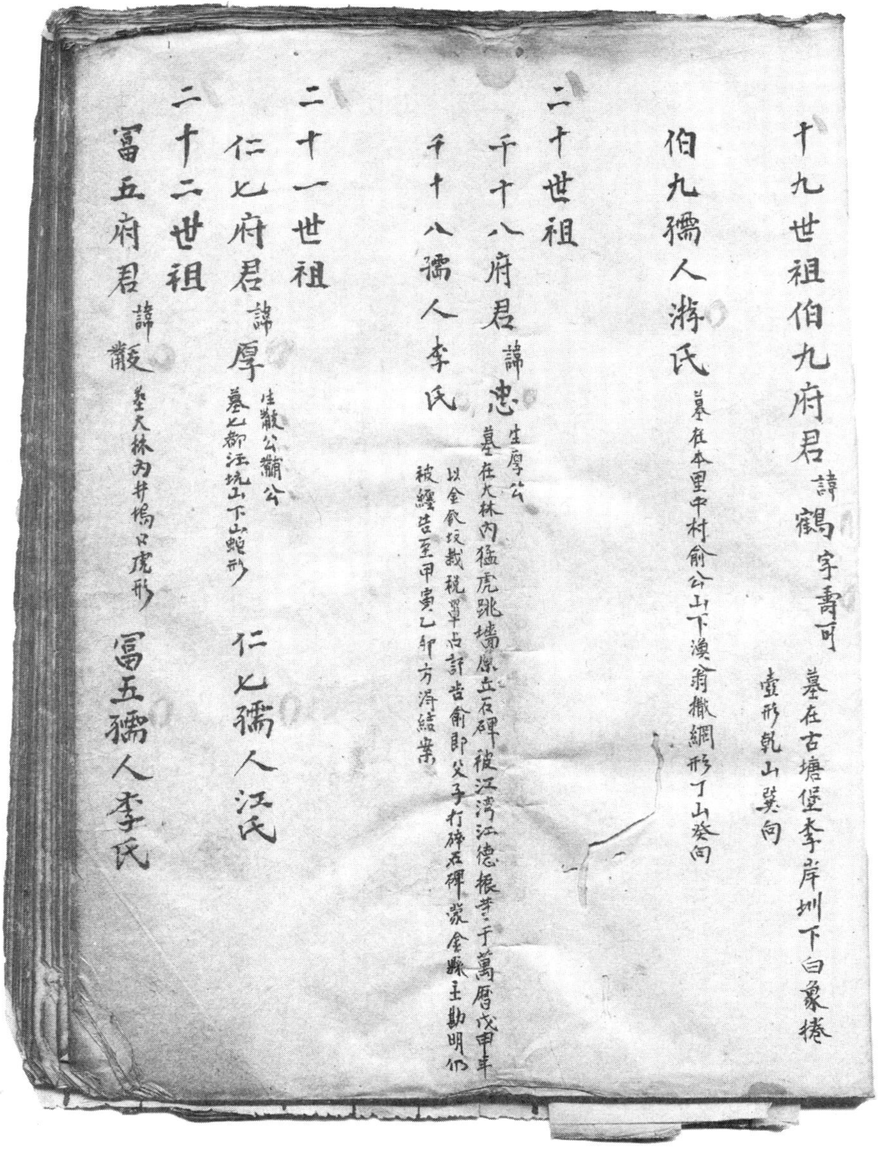
十九世祖伯九府君諱鶴字壽可 墓在古塘堡李岸圳下白象捲壺形乾山巽向
伯九孺人游氏 墓在本里中村俞公山下漁翁撒網形丁山癸向
二十世祖
千十八府君諱忠 生厚公 墓在大林内猛虎跳墻原立石碑被江湾江德振等于萬曆戊申年以金釵坟裁税單占訐告俞郎父子打碎石碑蒙金縣主勘明仍被纏告至甲寅乙卯方滑結案
千十八孺人李氏
二十一世祖
仁七府君諱厚 生濈公灛公 墓七都汪坑山下山蛇形
仁七孺人江氏
二十二世祖
富五府君諱濈 墓大林内井塢口虎形
富五孺人李氏

江湾镇中［钟］吕村 1-37 · 弘治十年 · 俞氏族谱

小三助教朝奉諱行 字仲亨

妣趙氏

公妣仝葬李寨坑即本里土名黄雀岺

黄牛山欄形亥山巳向

江湾镇中 [钟] 吕村 1-38 · 弘治十年 · 俞氏族谱

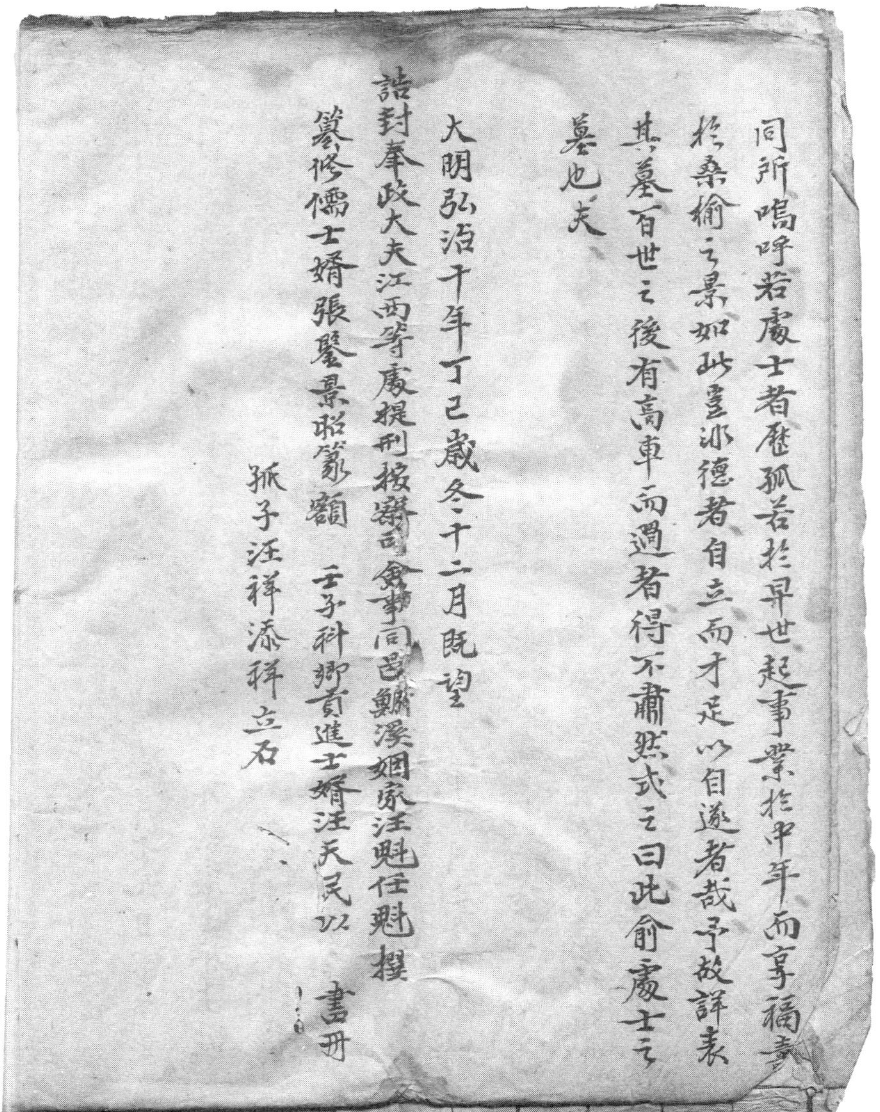
同所嗚呼若處士者歷孤苦於早世起事業於中年而享福壽
於桑榆之景如此豈非德者自立而才足以自遂者哉予故詳表
其墓百世之後有高車而過者得不肅然式之曰此俞處士之
墓也夫
大明弘治十年丁巳歲冬十二月既望
誥封奉政大夫江西等處提刑按察司僉事同邑鰣溪姻家汪魁任魁撰
纂修儒士婿張鑒景昭篆額　壬子科鄉貢進士婿汪天民以　書丹
孤子汪祥添祥立石

江湾镇中[钟]吕村 1-39 · 弘治十年 · 俞氏族谱

化丁未夏壽八十幸遇
聖朝恩例得領冠帶之榮卜距其生永樂己丑三月十九日寅時享
壽八十有三于弘治辛亥正月八日己時以天年終處士平生性
樂易待雖直惟信治家有法教子孫必有常業至於藏獲耕藝
之務亦躬調度之而无愛好朋友過其鄉者必訪焉處士隨其人
高下而款遇之莫不曲有禮意配江氏即琢生於永樂戊戌三月
二十九日辰時有淑行善內助先處士于戊申正月十六日卯時
卒子二長即汪祥娶游氏次添祥娶汪氏俱善繼述女二長府琢
嫁城西張鑾次泗琢嫁即予子天民孫男九瓚璧瑱瑷璠琢璉玑
玖孫女二鑿璋嫁濟川游文修次再璋曾孫男六女三俱幼其墓
在四都苦株樹嶺即蛇嶺之源山地周圍置完扦癸山丁向于弘
治辛亥二月十八日辰時歸殯處士暨安人與族人友宗公[illegible]

江湾镇中 [钟] 吕村 1-40 · 弘治十年 · 俞氏族谱

國朝初穰若征禦洪都行樞密院判官撫軍安民保障吉之安成三
移鎮守永新總帥院判崇字子懋迺溪西宗子也若河南府府尹
用中陝西省司都事仲祥本府教學教諭子恒本郡庠助教春五
温州盤石衛百户伯華後先相望皆有勳業名檢若博學經儒鳴
世朝英天爵兄中希尹公正公謹祖同仁隱德不仕常與左春坊
仲魯汪公交接遊詠詩章焉至父既成娶湯氏方娠處士既成公
遽已早世處士毅焉遺腹之孤孑然無強近可倚之親母志竟為
舅氏所奪家產蕩破伶仃孤苦年至二十始克樹立於是慨然有
光宗之志遂以郡椽起家在郡數年未嘗少有過舉守福山孫公
器重之二考役滿給由赴吏部辦事當有臻任之及乃不樂就托
疾告歸安厝祖父兩世之喪以其勤儉率其子墾于田植于山築室
產事業一新蓋俞氏實於是中興焉晚年家豫事足康寧佚豫成

江湾镇中[钟]吕村 1-41 · 弘治十年 · 俞氏族谱

抄恩賜壽官俞公墓表

明故處士俞公墓表

處士姓俞氏諱名宗字用義塟已亡年矣今年冬其子汪祥手具行狀詣予拜且言曰世之不泯其親者率有表著于墓先君下世悠久而不肖不能圖不朽於縉紳先生文字闕是不孝也謹以召工礱石墓前惟托姻好之尊為知先君者莫執事若敢以請

早　蓋予子天民處士婿也義不當辭按狀禮曰古之君子論譔其先祖之美而明著之後世者也其祖無善而稱之是誣也有善而弗知不明也知而弗傳不仁也俞之先自唐始祖三府君居邑東長田再遷古坑至于三府君贅居古塘王氏厥後其二府君遷鍾呂子孫遂立茲土登仕版者世不乏人在宋若餘千尉君諱在元若隆安德州判師曾若謫徽州副使緣峯任

江湾镇中[钟]吕村 1-42 · 弘治十年 · 俞氏族谱

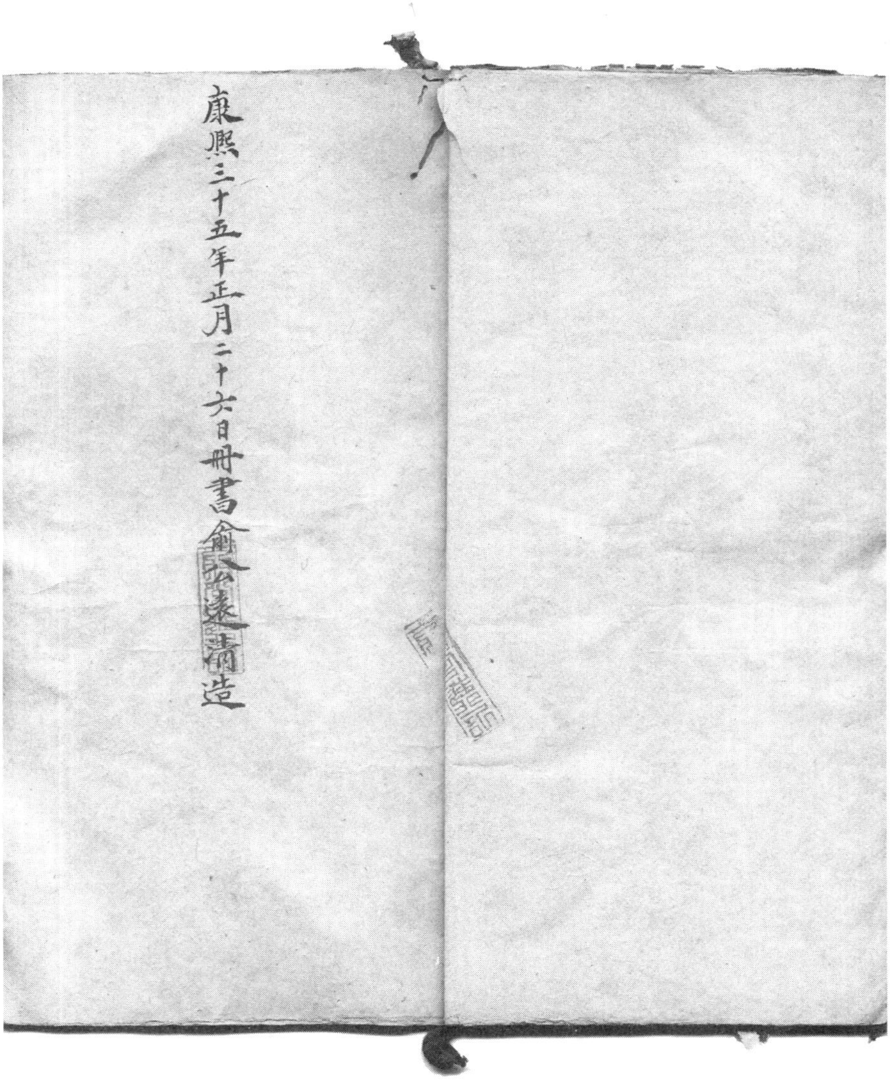

江湾镇中[钟]吕村 4-1 · 康熙三十五年 · 税粮实征册 · 俞九和户

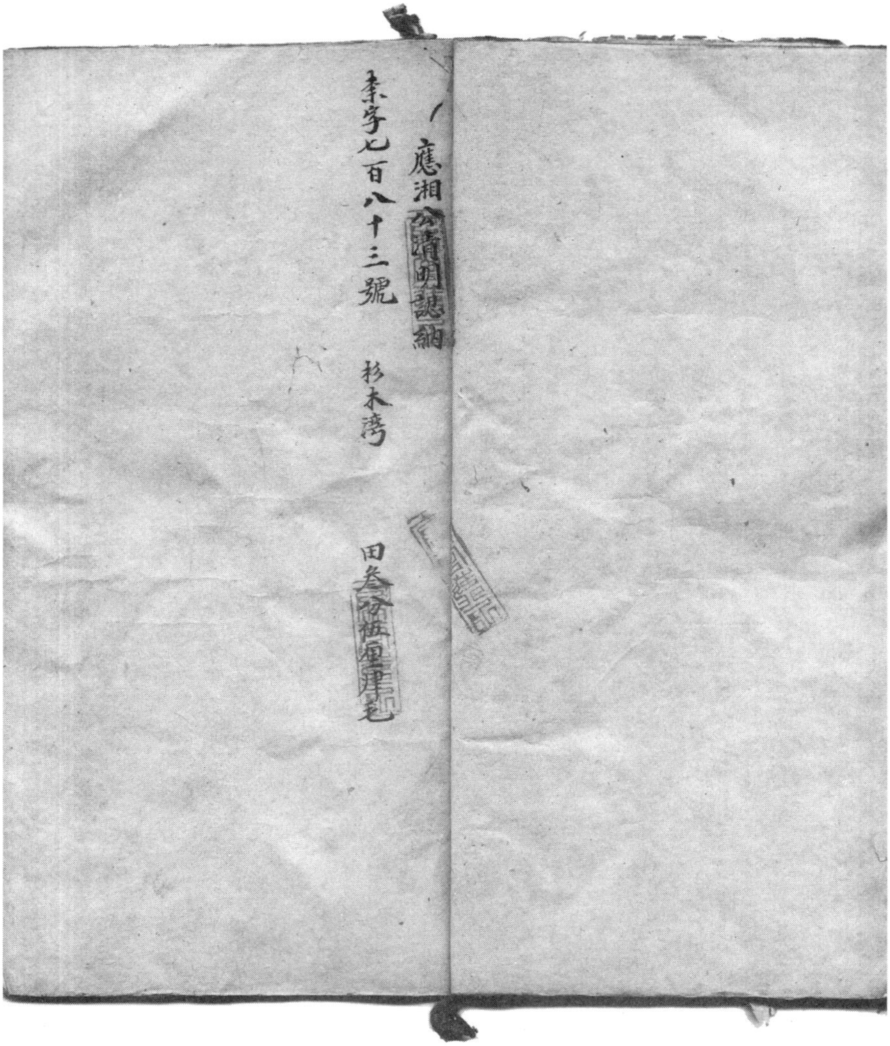
應湘公清明認納
來字乙百八十三號
杉木灣
田叁分伍厘肆毛

江湾镇中[钟]吕村 4-2 · 康熙三十五年 · 税粮实征册 · 俞九和户

李字一百八十三號 塘塢墨 山叁分叁厘叁毛叁系叁忽 十庚己股收

李字九百八號 油麻塢 山貳分肆厘叁毛伍系

七百九十二號 李岸圳 山貳厘貳毛貳系貳忽貳微

七百六十九號 李岸塢 山伍毛

仝 山壹厘

八百二十二號 二大房公儲 山玖厘叁毛

社會 山叁毛

江湾镇中 [钟] 吕村 4-3 · 康熙三十五年 · 税粮实征册 · 俞九和户

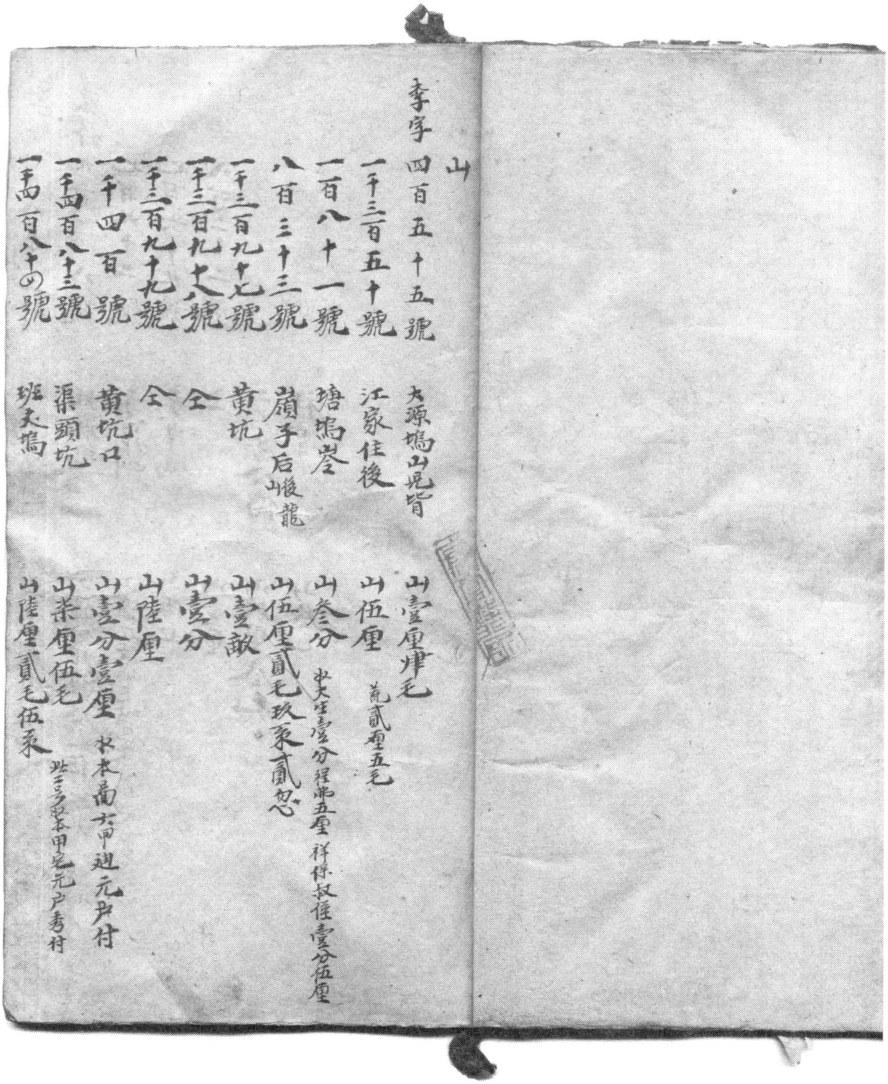
山
李字四百五十五號　大源塢山見皆　山壹厘肆毛
一千三百五十號　江家住後　山伍厘　荒貳厘五毛
一百八十一號　塘塢岑　山叁分　内大生壹分　程弟五厘　祥保叔侄壹分伍厘
八百三十三號　嶺手后山後龍　山伍厘貳毛玖系貳忽
一千三百九十七號　黄坑　山壹畝
一千三百九十八號　仝　山壹分
一千三百九十九號　仝　山陸厘
一千四百號　黄坑口　山壹分壹厘　收本甸七甲趙元户付
一千四百八十三號　渠頭坑　山柒厘伍毛
一千四百八十四號　班丈塢　山陸厘貳毛伍系　收十三都本甲宅元户秀付

江湾镇中［钟］吕村 4-4 · 康熙三十五年 · 税粮实征册 · 俞九和户

一百一十二號　鍾呂坦心　地肆厘

一百一十三號　仝　地捌厘　此二号係李堂住基

柰字九百十號　油麻塢　地貳分貳厘柒毛伍系

三百四十九號　石堂前　地伍毛柒系陸忽

社會　地壹毛陸系

二大房公儲　地柒厘陸毛陸系貳忽

李字一百三十一號　鍾呂坦心　地伍厘

仝　號　仝　地肆分柒厘

卅九甲俞和文直戶起陽付

李字一百三十三號　溪边　地伍厘　店基
一百三十六號　背後山　地陸厘
一千二百七十三號　倉塢　地肆毛肆系肆忽
一千三百五十一號　江家住后　地貳毛伍系
一千三百四十二號　黄土巻　地壹毛玖系
新收
八百三十三號　嶺手后　地壹厘捌毛柒系伍忽
一百七十四號　西岸　地壹分
二十八號　鍾呂坦心　地捌厘　收本啚一甲呂舜户衍秀付
仝號　仝　地捌厘　收一甲呂舜户子礼付
李字九十三號　漢翁山下　地伍厘　收本甲邑元户衍秀付

江湾镇中[钟]吕村 4-6 · 康熙三十五年 · 税粮实征册 · 俞九和户

地

李字一十九號　坦禾　地捌毛捌系玖忽

三十四號　大林内　地叁厘柒毛柒系陸忽

三十五號　仝　地壹分陸厘貳毛貳系貳忽

三十六號　大園内　地貳分叁厘叁毛叁系叁忽

五十二號　門前溪　地肆毛肆系陸忽

八十六號　俞翁山下　地壹厘柒毛柒系捌忽

一百二十八號　溪边　地捌厘貳毛貳系　仝户国貴付

仝號　仝　地肆厘　丙子春收四甲塾户国宝賛全付

一百二十七號　坦心　地貳分肆厘

一百二十九號　坦心溪边　地叁分　係住基

江湾镇中[钟]吕村 4-7·康熙三十五年·税粮实征册·俞九和户

二百五十號　獺龍口
一千三百號　王三坵
二百五十號　獺龍口

田肆分陸厘壹毛伍系　收本户全貿付　煥
田貳分捌厘伍毛　烽
田陸分貳厘伍毛　收本啚[illegible]俞應盛[illegible]之[illegible]付　烽

江湾镇中［钟］吕村 4-8 · 康熙三十五年 · 税粮实征册 · 俞九和户

社會 田柒厘貳毛壹系貳忽

老關帝會 田叁分柒厘柒毛 山户叁分叁厘

燈會 田玖毛

嫩張仙會 田貳分肆厘叁毛

周王會 田壹分捌厘

二大房公儲 田捌厘叁系壹忽

辛泥坪 田壹畝貳分伍厘 燦

新收 李字一千四百六十號

一千二百廿九號 倉塢巻 田肆分肆厘捌毛

一千二百六十八號 倉塢巻 田貳分肆厘捌毛 煥

八百六十九號 四畝坵 田肆分伍厘

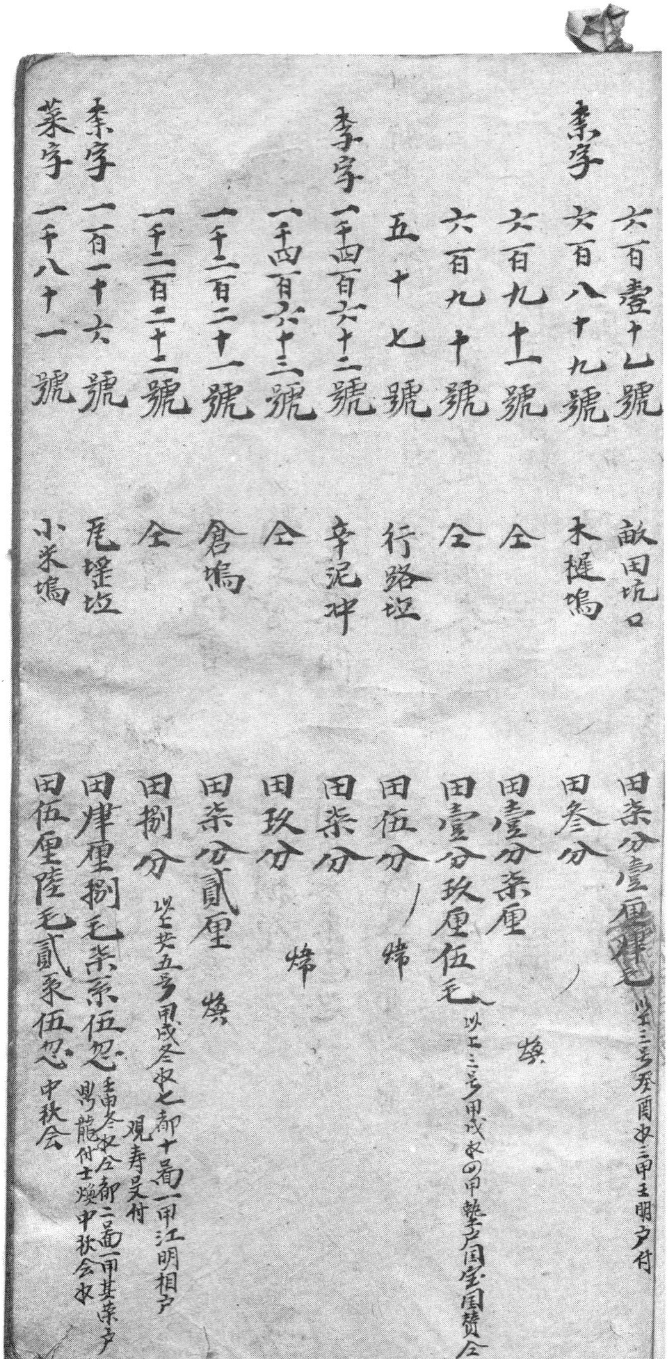

江湾镇中[钟]吕村 4-10 · 康熙三十五年 · 税粮实征册 · 俞九和户

柰字七百三十七號　楓樹坑　田捌分伍厘柒毛伍系　炜

七百九十三號　李岸圳　田貳系柒忽柒微

三號　水口山　田玖分肆厘玖毛　戊辰年收李甲宅元户秀付田三一四三三　山支年收　全户之荞付田一三四女

五號　仝　田貳畝壹分柒厘陸毛　戊辰收宅元户秀付之三五三三　山支收　全户之荞付山畝田五〇女付

六號　仝　田壹分貳厘壹毛　戊辰收宅元户秀付田四三上　山支收　之荞付田八六女四

二百號　麻擦鳩　田捌分伍厘玖毛陸系　綠炜　收申曹汝和户衆付

二百一號　仝　田叁分伍厘貳毛陸系陸忽、

李字二百四十九號　瀨龍口　田壹畝陸分陸厘柒毛　收乙都五啚七甲江東振户世㮾付

仝號　仝　田捌分叁厘叁毛叁系、　收乙都二啚　然

萊字一千四十二號　烏枷木底　田壹畝肆分陸厘柒毛　/

八百一十二號　沙坟　田玖分叁厘肆毛　三三叉共

江湾镇中［钟］吕村 4-11 · 康熙三十五年 · 税粮实征册 · 俞九和户

一百九十號　仝　田叁分　奐書

八百七十五號　前田段　田壹分叁厘陸毛　奐

八百七十六號　青山塢　田壹分　奐

八百二十七號　金竹塢　田伍厘伍毛　煉

一百八十九號　塘塢巻　田壹畝叁分壹厘　奐書

八百二十九號　巻手後　田叁厘捌毛捌系捌忽陸微貳纖

柰字九十一號　獅石灘　田捌分　煥

一百三十三號　埋塘口　田壹畝叁分陸厘

一百二十六號　代納垅　田叁分玖厘伍毛　烰

一百七十七號　古塘未工　田貳分

五百四十二號　下段　田叁分肆厘　煥

江湾镇中［钟］吕村 4-12 · 康熙三十五年 · 税粮实征册 · 俞九和户

各字號土名具後

田季字八百五十二號　馬蹄坵　田壹分貳厘叁毛　之竇清明

八百六十七號　前田段　田肆分　煒

八百六十九號　四畝坵　田壹畝伍厘　兵常

一千四百七十九號　渠頭坑　田壹畝貳分　煥

一千二百四十三號　鱔魚泥坵　田玖分伍厘　煠

一千一百七十一號　禾頭　田貳分伍厘

一千一百七十二號　田壹分　中四甲自賣付　煠

一千一百七十三號　公仝　田陸分

一千二百六十一號　宅坵　田壹畝

八百一十三號　嶺子後　田陸分柒厘　煠

一百八十四號　塘塢岺　田肆分　兵常

江湾镇中[钟]吕村 4-13 · 康熙三十五年 · 税粮实征册 · 俞九和户

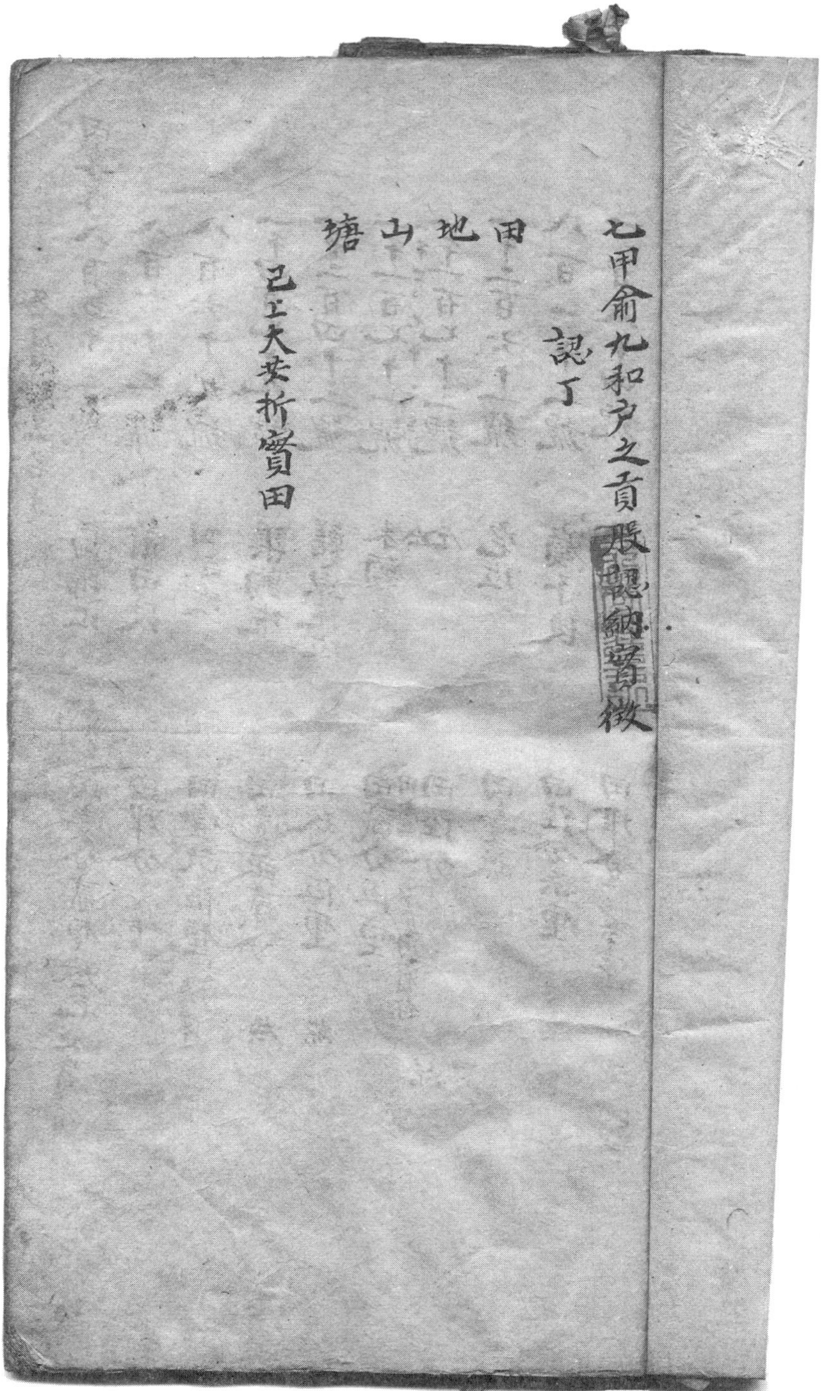

七甲俞九和户之貢賦糧納實徵

認丁

田

地

山

塘

已上大安折實田

江湾镇中［钟］吕村 4-14 · 康熙三十五年 · 税粮实征册 · 俞九和户

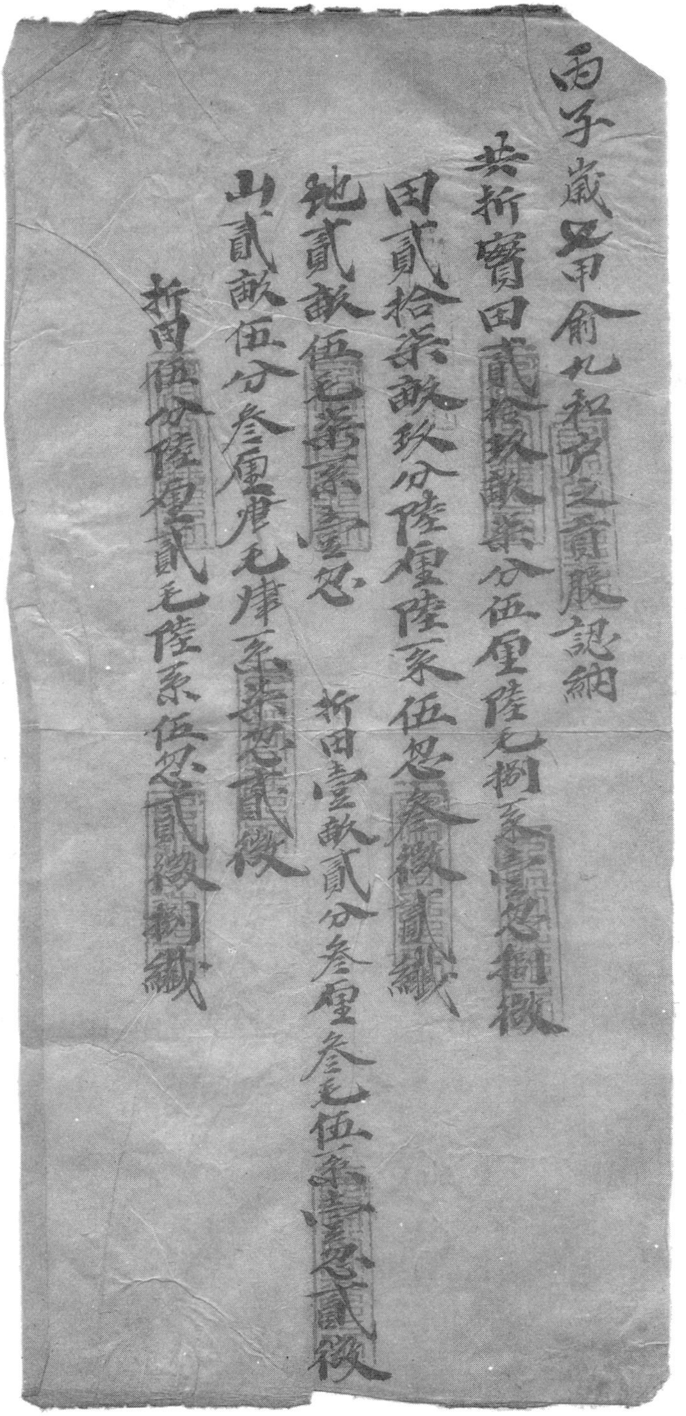
丙子歲又甲俞九和户之貢股認納
共折實田貳拾玖畝柒分伍厘陸毛捌系壹忽捌微
田貳拾柒畝玖分陸厘陸系伍忽叁微貳纖
地貳畝伍毛柒系壹忽
折田壹畝貳分叁厘叁毛伍系壹忽貳微
山貳畝伍分叁厘肆毛肆系柒忽貳微
折田伍分陸厘貳毛陸系伍忽貳微捌纖

江湾镇中[钟]吕村4附·康熙二十一年·税粮实征册·俞九和户

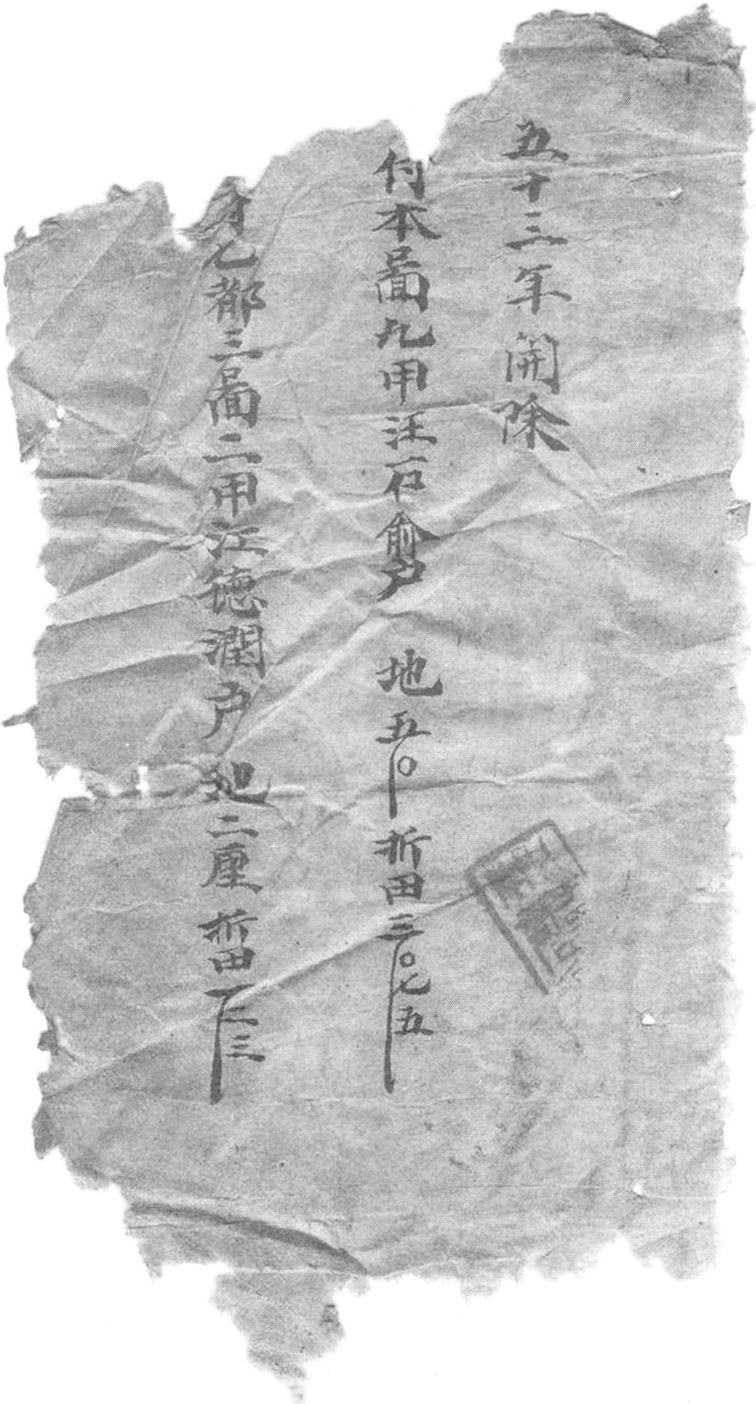
五十三年開除
付本啚九甲汪石俞户 地五〇卜 折田三〇七伍卜
付九都三啚二甲汪德潤户 地二厘 折田丅二三

江湾镇中[钟]吕村 8-1 · 康熙二十一年至五十六年 · 税粮实征册及阄书

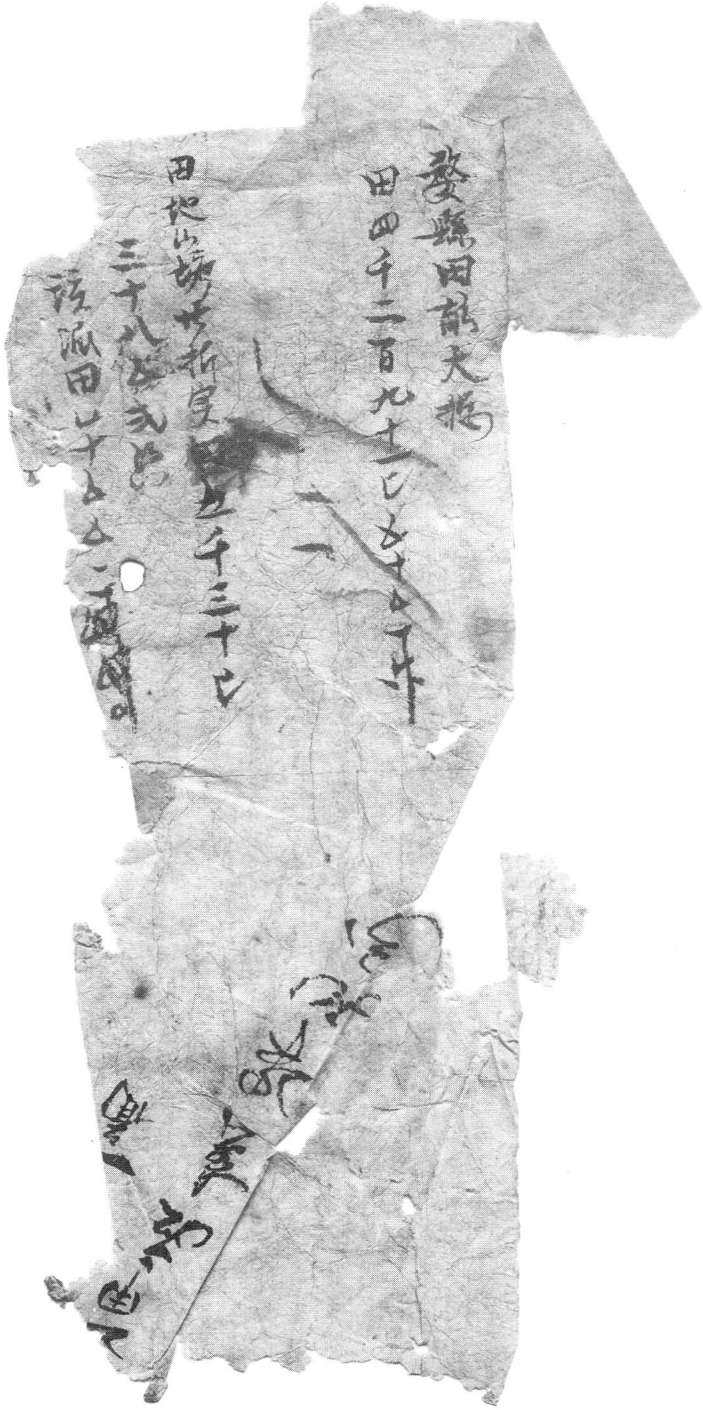

江湾镇中[钟]吕村 8-2 · 康熙二十一年至五十六年 · 税粮实征册及阄书

五十二年新收

石雲户收一都二啚十甲王筠野户田贰畝乙九八 子亮付

五十三年入册新收

石書户收城都九啚乙甲王君明户 地九八 折田三一乙乙

收城都九〇乙甲王祠户 地伍〇六四五 折田三十四六八乙五

收一都二啚十甲王廷錦户 地五四五 折田三三五乙五

已上新收折實田四六八乙五四二五

都乙啚六甲石起富户

江湾镇中[钟]吕村 8-3 · 康熙二十一年至五十六年 · 税粮实征册及阄书

乙甲俞九和户贵公储認納實徵

田叁畝叁分叁厘柒毫貳系叁微

地

山貳畝壹分貳厘伍毫壹系肆忽

折田肆分柒厘壹毛柒系捌忽壹微伍纖

共折实田叁畝捌分玖毫

三分
仍存壹畝貳
五

今將字號土名計開

李字八百二十九號　叄子後　田叁厘捌毛捌系捌忽陸微貳纖

○八百五十二號　馬蹄坵　田壹分貳厘叁毛

一千一百七十一號　○　朮頭　田貳分伍厘

一千一百七十二號　○　仝　田壹分

一千一百七十三號　○　仝　田陸分

柰字一百七十七號　○　古塘朮上　田貳分　扒付孫兆潑兄弟

七百九十三號　李岸圳　田貳系柒忽柒微

社會　田弍厘貳毛壹系貳忽

燈會　田細毫

李字一百六十四號　○　古塘布袋垃　田壹畝玖毛貳忽　乾四十二年付孝思户

柰字乙十一號　○　畢村段　田貳分

李字一千二百四十七號　○　沙垃　田柒分伍厘

一千二百四十五六號　○　仝　對换吴泗塢　田壹分捌厘伍毛　丁酉年收四甲細女户茂文付

丁酉冬新收一千二百四十五六號　○　仝　田捌分叁厘貳毛伍系　收四甲余細女户茂文付

柰字五百九十七八號　○　吴泗塢　田柒分貳厘

捌分捌厘　辛丑年内扒鋨五分乙厘五毛换俞若三股

土名大月坵眉田

仍存壹畝叁厘伍毛

江湾镇中［钟］吕村 8-6 · 康熙二十一年至五十六年 · 税粮实征册及阄书

新收 柰字一百十二號

○大月坵

田貳分柒厘柒毛伍系 收二啚九甲俞時和

李字八百六十號

前田段

田壹分捌厘叁毛叁系叁忽 收六甲俞戴盛付

李字一百三十一號

坦心溪邊

地伍厘 收四甲俞塾户興付

江湾镇中［钟］吕村 8-7 · 康熙二十一年至五十六年 · 税粮实征册及阄书

山

李字四百五十五號　大源塢山見背　山壹厘肆毛

一千三百五十號　江家住後　山伍厘　荒貳厘伍毛

一百八十一號　塘塢岑　山叁分

八百三十三號　嶺子後後龍　山伍厘貳毛玖系貳忽

一千三百九十七號　黃坑　山壹畝

一千三百九十八號　仝　山壹分

一千三百九十九號　仝　山陸厘

李字一千四百號　黃坑口　山壹分壹厘

此税于嘉慶十二年始郑和甲由之裔孫昌銑并復裁税四厘並
仝繕書面落甘後不得混估合削
添順親批
貞公家買邊天戶税壹分壹厘

一千四百八十三號　渠頭坑　山柒厘伍毛

一千四百八十四號　班夫塢　山陸厘貳毛伍系

柰字九百八號　油蔴塢　山貳分肆厘叁毛伍系

七百九十二號　李岸圳　山貳厘弍毛貳系弍忽貳微

七百六十九號　李岸塢　山伍毛

八百二十二號　仝　山壹厘

李字九百七號　塘塢　山貳厘

江湾镇中[钟]吕村 8-9 · 康熙二十一年至五十六年 · 税粮实征册及阄书

柰字一百三十六號

古塘裡

山肆厘

戊申年找收本户員贊二是付

江湾镇中[钟]吕村 8-10 · 康熙二十一年至五十六年 · 税粮实征册及阄书

貢公新收田加慶五年收本常世桃村捐入積慶堂祠坟又復
轉收入貢公自納

○李字一百八十四號 塘塢叁 田壹分正

○一百九十號 公 田柒釐伍毛

○一百八十九號 公 田叁分弍釐柒毛伍系

○乙千○三號 王三坵 田壹分肆釐弍毛伍系

○柰字十七號 井坵 田玖釐壹毛伍系

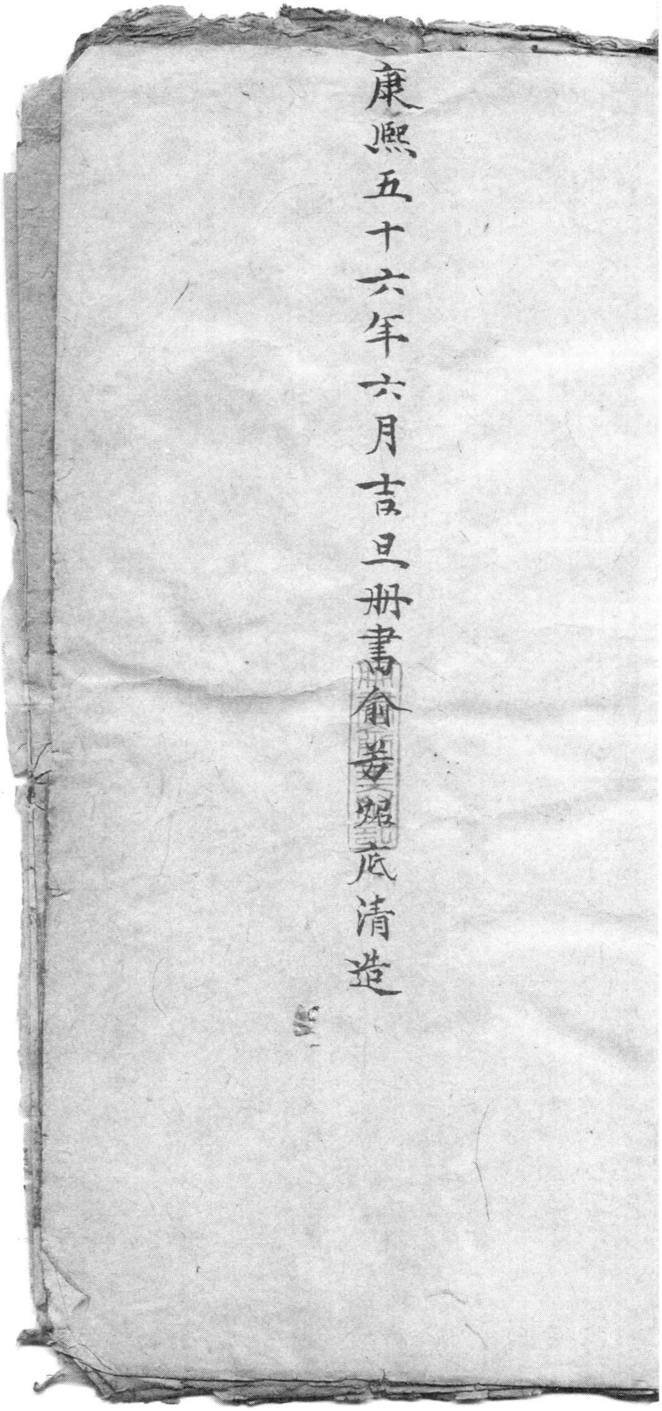

康熙五十六年六月吉旦册書俞姜紹底清造

江湾镇中[钟]吕村 8-12 · 康熙二十一年至五十六年 · 税粮实征册及阄书

謄清新收開除

伍拾壹年札

庞盛户阄除
五十一年 付本都本图八甲洪成户 田 候查
付本甲建元户 田 候查
此二号田因查 足龙付有未知前情书何意思
一付本图九甲九和户 田
一付六都二图九甲俞敬昌户田
一付本图乙甲九和户 拨阄帝会田 北活税
五十二年 汪继宗户
付乙都二○六甲江世兴户 田
五十三年 庞盛户阄除
付本图乙甲九和户 田柒分
五十三年付本都二图五甲俞子真 田 系元发付
一付六都二○一甲宋金户 地 折田
王成户
俞迪元户 元宵会付
五十三年 付本图乙甲守元户地 折田

江湾镇中［钟］吕村 8-14 · 康熙二十一年至五十六年 · 税粮实征册及阄书

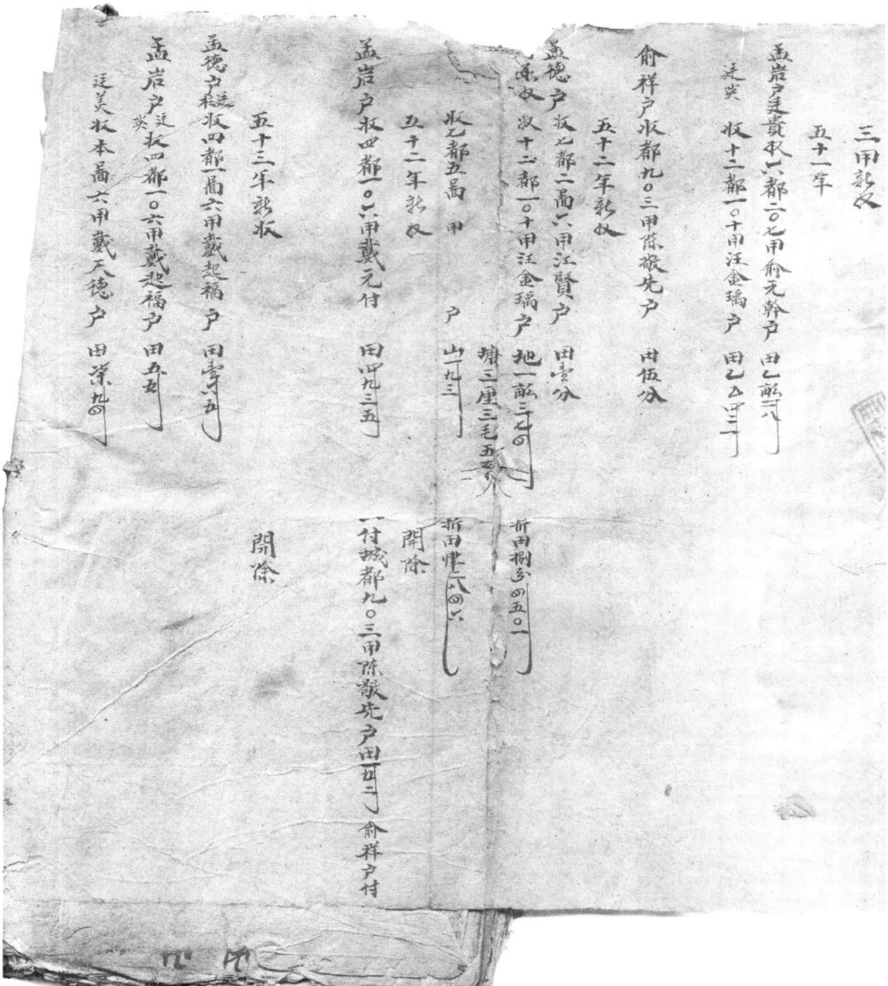

江湾镇中 [钟] 吕村 8-15 · 康熙二十一年至五十六年 · 税粮实征册及阄书

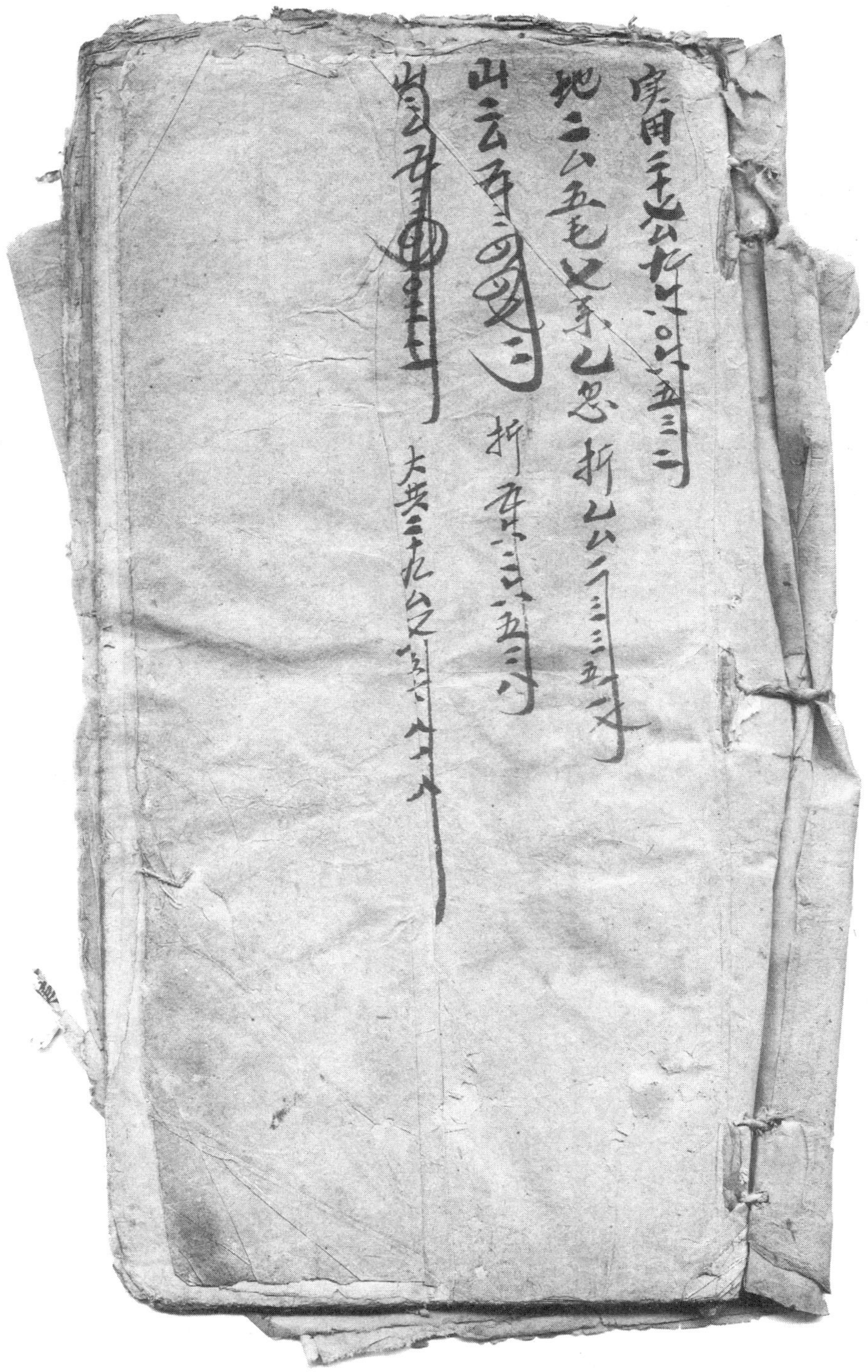

江湾镇中[钟]吕村 8-16 · 康熙二十一年至五十六年 · 税粮实征册及阄书

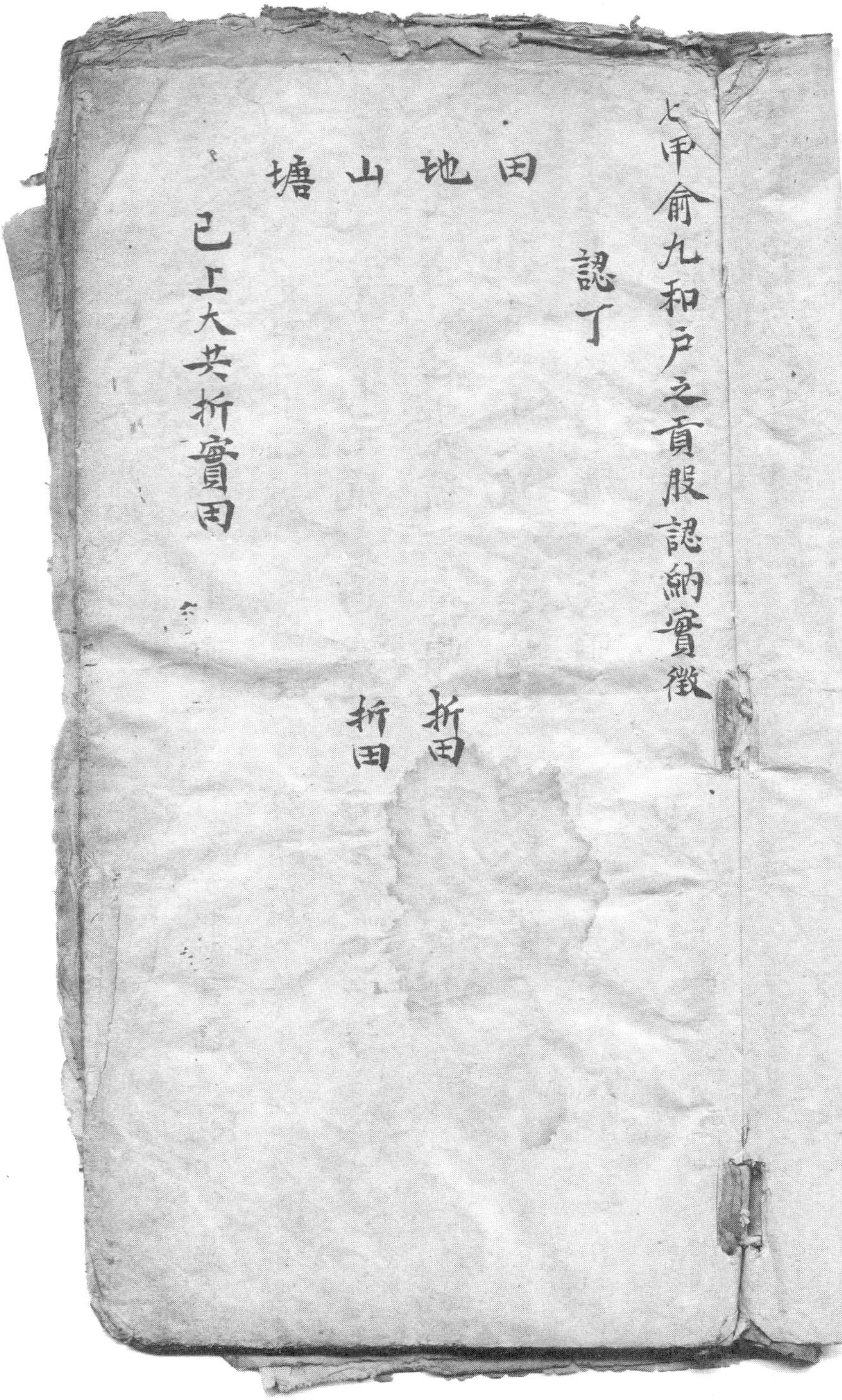
七甲俞九和戶之貢股認納實徵
認丁
田地山塘
折田
折田
已上大共折實田

江湾镇中［钟］吕村 8-17 · 康熙二十一年至五十六年 · 税粮实征册及阄书

各字號土名具後

田李字八百五十二號　一馬蹄垃　田壹分貳釐叁毛之實清明

八百陸十七號　一前田段　田肆分　付𤎌

八百六十九號　四畝垃　田壹畝零伍釐　付煥　𤎌

一千四百七十九號　一渠頭坑　田壹畝貳分　付煥

一千二百四十三號　鱔魚泥垃　田玖分伍釐　付𤏡

一千一百七十一號　一木頭　田貳分伍釐

一千一百七十三號　仝　田陸分　付𤏡

新收

一千二百六十一號 宅坵 田壹畝

八百一十三號 ·嶺下後 田陸分柒厘 付煠

一百八十四號 塘塢嶺 田肆分 付煥煒

一百九十號 仝 田叁分 付煥煒

八百七十五號 前田段 田壹分叁厘陸毛 付煥

八百七十六號 ·青山塢 田壹分

八百二十七號 金竹塢 田伍厘伍毛 付煠

一百八十九號 塘塢嶺 田壹畝叁分壹厘 付煥煒

江湾镇中[钟]吕村 8-19 · 康熙二十一年至五十六年 · 税粮实征册及阄书

李字八百二十九號 ˏ嶺子后 田叁厘捌毛捌系捌忽陸微弍纖

李字九十一號 獅石灘 田捌分 付煥

一百三十三號 ˏ坪塘口 田壹畝叁分陸厘 付煥

一百二十六號 ˏ代納坵 田叁分玖厘伍毛 付煒

一百七十七號 古塘术上 田貳分 付煒

五百四十二號 ˏ下段 田叁分肆厘 付煥

七百三十七號 ˏ楓樹坑 田捌分伍厘柒毛伍系 付煒

七百九十三號 李岸圳 田貳系柒忽柒微 湘公平

江湾镇中［钟］吕村 8–20 · 康熙二十一年至五十六年 · 税粮实征册及阄书

社會 田柒厘貳毛壹系貳忽

老關帝會 壹户叄分叄厘 田叄分貳厘叄毛肆忽

又加新收四甲和付田叄厘伍毛伍系

燈會 田玖毛

嫩張仙會 田貳分肆厘叄毛

周王會 田壹分捌厘

天房公儲 田捌厘叄系壹忽

新收柰字三號 水口山 〇 田叄分壹厘肆毛叄系叄忽

五號 仝 〇 田柒分貳厘伍毛叄系七忽

江湾镇中［钟］吕村 8-21 · 康熙二十一年至五十六年 · 税粮实征册及阄书

柰字六號 水口山 〇 田肆厘叁毫貳忽 己本甲號係廿七年冬收 己戶衍秀付

新收柰字二百號 麻榨塢 〇 田捌分伍厘玖毛陸系 付煥 煒

二百壹號 仝 〇 田叁分伍厘貳毛陸系陸忽 收十甲書汝 和戶晨付

新收李字二百四十九號 獺壟口 〇 田壹畝陸分陸厘柒毛 收七都五啚七甲 江東振戶世崇付

新收柰字乙百乙十六號 尾墀坵 〇 田肆厘捌毛柒系伍忽 壬申年十一月初七日收仝都二啚一甲吳崇戶啚龍付 士燦中秋會收

新收菜字乙千四十二號 烏榔木底 〇 田壹畝肆分陸厘柒毛 己丑三號 癸酉年又初十日

八百一十二號 沙坵 〇 田玖分叁厘肆毛 收本啚二甲王朋戶服俯七甲者

六百一十一號 畝田坑口 〇 田柒分壹厘肆毛

一千八十一號 小米塢 〇 田伍厘陸毛貳系伍忽 癸年收本啚王朋戶文衍中秋會 士煥服收

江湾镇中[钟]吕村 8-22 · 康熙二十一年至五十六年 · 税粮实征册及阄书

柰字六百八十九號　木梴塢　〇　田叁分

六百九十號　仝　〇　田壹分玖厘伍毛

六百九十一號　仝　田壹分柒厘

以上三号甲戌春收乾一户国宝

服国四股全付

付焕

李字一千四百六十二號　辛泥冲　田柒分

付煒

一千四百六十三號　仝　田玖分

一千二百二十一號　倉塢　田柒分貳厘

付焕

一千二百二十二號　仝　〇　田捌分

柰字五十七號　行路垅　田伍分

以上共五号甲戌冬收七都十二面一甲　江明

相户覌寿服付

付煒

江湾镇中[钟]吕村 8-23 · 康熙二十一年至五十六年 · 税粮实征册及阄书

地李字一十九號　坦末　地捌毛捌系玖忽

三十四號　大林内　地叁厘柒毛柒系陆忽

三十五號　仝　地壹分陆厘弍毛弍系弍忽

三十六號　大园内　地贰分叁厘叁毛叁系叁忽

五十二號　門前溪　地肆毛肆系陸忽

八十六號　俞公山下　地壹厘柒毛柒系捌忽

一百二十八號　溪边　地捌厘贰毛贰系

一百二十七號　坦心　地贰分肆厘

江湾镇中 [钟] 吕村 8-24 · 康熙二十一年至五十六年 · 税粮实征册及阄书

一百二十九號　坦心溪边　地叁分係住基

一百三十三號　溪边　居基地伍厘

一百三十六號　背后山　地陆厘

一千二百七十三號　倉塢　地肆毛肆系肆忽

一千三百五十一號　江家住后　地貳毛伍系

一千三百四十二號　黄土嶺　地壹毛玖系

新收

八百三十三號　嶺子后　地壹厘捌毛柒系伍忽

一百七十四號　西岸　地壹分

柰字九百十號　油麻塢　地貳分貳厘柒毛伍系

三百四十九號　石堂前　地伍毛柒系陸忽

李字一百一十三號　鍾呂坦心　地捌厘

一百一十二號　仝　地肆厘

社會　地壹毛陸系

二大房公儲　地柒厘陸毛陸系弍忽

李字九十三號　漁翁山下　地伍厘　收本甲宅元户衍秀付

二十八號　鍾呂坦心　地捌厘　收本啚一甲咨舜户付

江湾镇中［钟］吕村 8–26 · 康熙二十一年至五十六年 · 税粮实征册及阄书

山李字四百五十五號 大源塢山兒背 山壹厘肆毛

一千三百五十號 江家住后 山伍厘 荒貳厘伍毛

新收

一百七十八號 竹园下 山玖厘玖毛玖系玖忽伍微 收大生付叁厘叁毛叁 收金佛祥保叔侄付 叁

一百八十一號 塘塢嶺 山叁分 收大生付壹分 收金佛付伍厘 收祥保叔侄壹分伍厘 付冲宇收

八百六號 金竹塢 山伍分 收大生金佛仝付 章宇冲宇收 都二图七甲思

八百三十三號 嶺子后 後龍山 山伍厘貳毛玖系貳忽

一千三百九十七號 黄坑 山壹畝

一千三百九十八號 仝 山壹分

江湾镇中[钟]吕村 8-27 · 康熙二十一年至五十六年 · 税粮实征册及阄书

李字一千三百九十九號　黄坑　山陆厘

柰字九百八號　油麻塢　山貳分肆厘叁毛伍系

七百九十二號　李岸圳　山貳厘弍毛弍系弍忽弍微

七百六十九號　李岸塢　山伍毛

仝　山壹厘

八百二十二號　二天房公儲　山玖厘叁毛

社會　山叁毛

新收李字一千四百號　黄坑口　山壹分壹厘　收六甲迎元户付

江湾镇中［钟］吕村 8-28 · 康熙二十一年至五十六年 · 税粮实征册及阄书

李字一百八十三號　塘塢嶺　山叁分叁厘叁毛叁系叁忽

辛未年投西都一啚一甲江起震户付士焕服已收

新收李字一千四百八十三號　渠頭坑　山柒厘伍毛

一千四百八十四號　班丈塢　山陸厘貳毛伍系

共貳號本甲宅元户衍秀兄癸年付

江湾镇中［钟］吕村 8-29 · 康熙二十一年至五十六年 · 税粮实征册及阄书

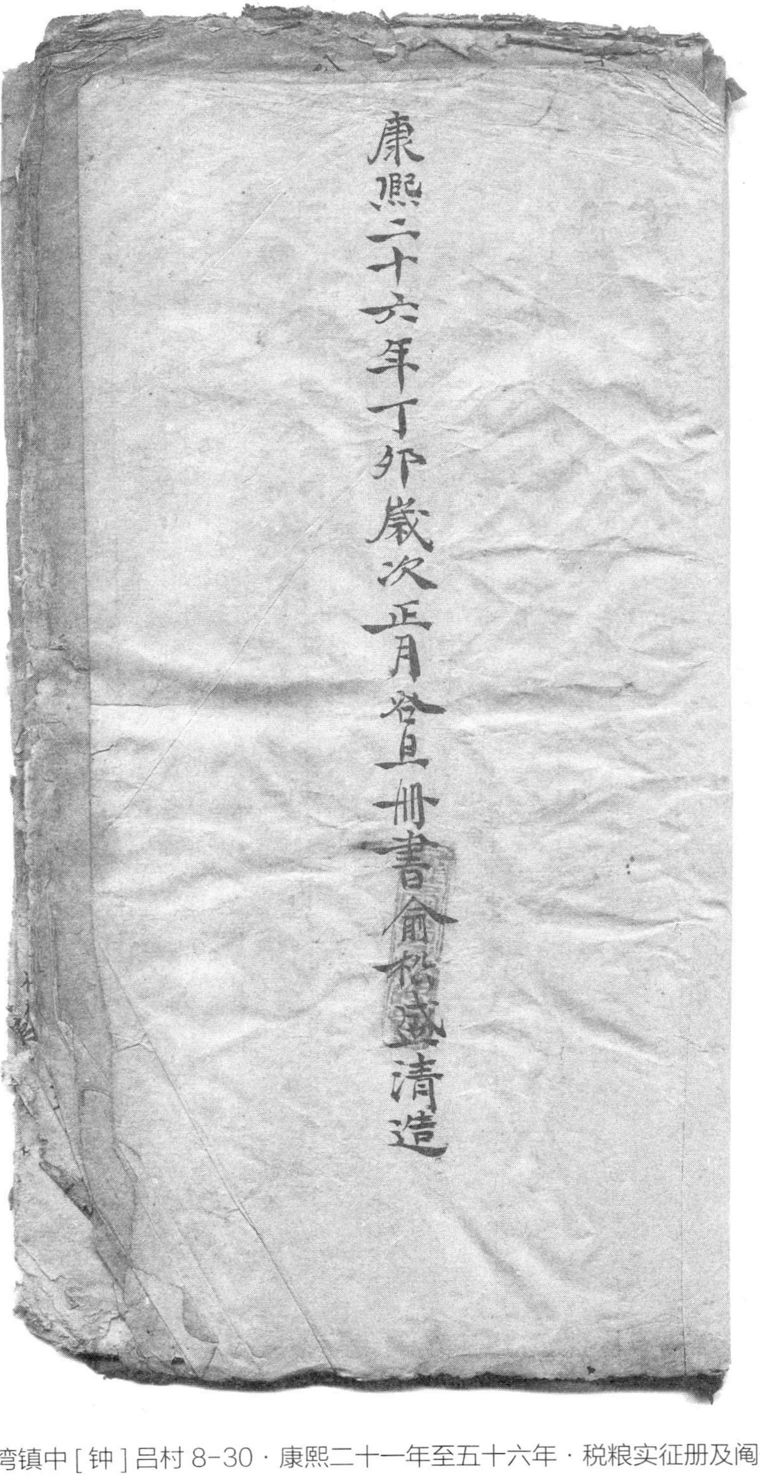
康熙二十六年丁卯歲次正月谷旦册書俞松盛清造

江湾镇中[钟]吕村 8-30 · 康熙二十一年至五十六年 · 税粮实征册及阄书

閹書

智閹四房[illegible]

王爍公清明祀産

一 金竹塢旱租壹秤硬

一 井坵旱租伍秤

一 畢村段旱租叁秤 祖業

一 菖蒲坵旱田皮租貳秤硬

一 庄門前晚田皮租壹秤硬

一 承祖店屋陸股之壹

公儲物件

一 錫燭臺壹對

一 菓盒壹隻

一 拜帖匣壹隻

一 銅香爐壹隻有盖

一 棹盒壹隻

一 容桶壹隻 收拾容畫

一 錫盃壹對

一 銀盒壹隻 係盛銀盒

一

江湾镇中［钟］吕村 8-31 · 康熙二十一年至五十六年 · 税粮实征册及阄书

仁閹長房兆潘

一王村沙坵私貳秤硬

一畝田坑口私貳秤硬

一獺壟口晚陸秤半硬　佃李魁

一大方坵晚伍秤零捌觔硬

一正屋右邊後堂房到頂

一門前園地背後山園地大園内園地等處俱伍股之壹

一老関帝會新二仙會中秋會俱肆股之壹　壬戌年閹得老関帝会壹户

一下沙坵晚田皮祖貳秤硬清業

一認還譔公帳壹兩整

一烏柳樹底私肆秤硬

一嶺子後私壹秤拾陸觔硬　佃人程臭

一水口山晚拾貳秤硬

一上宅坵晚伍秤

一舊屋右邊前間房到頂

一認還兆沂利銀壹兩貳錢

一承祖承父山場俱伍股之壹

義閹二房兆添

一辛泥冲私肆秤硬　一柜樹邊私伍秤

一鳝魚泥垯晚拾秤硬　一大沙垯晚拾玖秤硬

一正屋右邊前堂房到頂　一舊屋右邊後間房到頂

一門前園地背後山園地大園內園地等處俱伍股之壹

一中秋會壹股清業　一認還兆沂利銀柒錢

一認還課公帳捌錢柒分伍厘　一認還如璋銀壹錢柒分

一認還兆滿銀壹兩壹錢　一認還廷選本利銀捌錢玖分陸厘

一認交壬戌年三月十五日會銀肆錢伍分亮首会

一承祖承父山場俱伍股之壹

江湾镇中[钟]吕村 8-33 · 康熙二十一年至五十六年 · 税粮实征册及阄书

禮鬮三房兆涯

一嶺子後私肆秤硬 佃程臭

一辛泥冲私肆秤硬

一庄門前晚陸秤硬

一獺壟口晚伍秤硬 佃中元

一舊屋左邊前間房到頂

一老関帝會新二仙會中秋會俱肆股之壹 壬戌年电浮老関帝会叁分叁 新二仙会壹户

一認還兆沂利銀柒錢

一認還錫第銀伍錢

一認交辛酉年九月十五日會銀壹兩壹錢伍分

一木頭私陸秤半

一古塘裡晚拾秤硬

一桃源門口晚叁秤硬

一正屋左邊後堂房到頂

一門前、背后山、大園內等處園地俱伍股之壹

一認還譚公帳捌錢柒分伍厘

一認還观個本利銀叁錢叁分

一認交壬戌年三月十五日會銀陸錢伍分

一承祖承父山場俱五股之壹

智閣四房兆漢

一神北宅私叁秤半硬

一塘坑口晚伍秤硬

一上宅坵晚伍秤

一舊屋左邊後閣房到頂

一老閑帝會新二仙會中秋會俱肆股之壹

一認還兆沂利銀柒錢

一認還洋五公銀壹兩整

一

一嶺子後晚伍秤半硬　佃江如璋

一水口山晚拾玖秤硬

一正屋左邊前堂房到頂

一門前　背后山　大園内　等處園地俱五股之壹

壬戌年邑得中秋会半户

一認還譚公捌錢柒分伍厘

一認辛酉九月初一文會銀陸錢

江湾镇中［钟］吕村 8-35 · 康熙二十一年至五十六年 · 税粮实征册及阄书

一認交壬戌年九月十五日會銀壹兩零伍分

一承祖承父山場俱伍股之壹

信閣五房兆澂

一神北宅私叁秤半硬

一朮頭私陸秤半

一嶺子後晚伍秤半硬 佃江如章

一塘坑口晚伍秤硬

一獺壟口晚拾捌秤硬 佃中元

一外邊屋壹片

一門前園地背后山園地大園内園地等處俱伍股之壹

一老関帝會新二仙會中秋會俱肆股之壹 壬戌年录得中秋会半户

一認還兆沂利銀柒錢

一認還譚公帳捌錢柒分伍厘

一認還洋五公銀壹兩整

一認還貢公本利銀陸錢伍分

江湾镇中[钟]吕村 8-36·康熙二十一年至五十六年·税粮实征册及阄书

一認還如璋銀玖錢捌分　一承祖承父山塲俱五股之壹

以上五大鬮兄弟和氣嘀酌肥磽相搭雖祖額畧有参差而租穀

實無多寡拈鬮爲定各管各業毋得爭論其屋宇暫照鬮管業房

間居住候後創造配搭均分其債目有新舊之不同新債與兆潘

無涉故認還獨輕也日後兄弟務要和氣立志成家承祖承父產

業不得變易凜遵　母命勤儉本分競業保守以慰吾

祖吾　父於九泉之下余兄弟勉旃、、

江湾镇中［钟］吕村 8-37 · 康熙二十一年至五十六年 · 税粮实征册及阄书

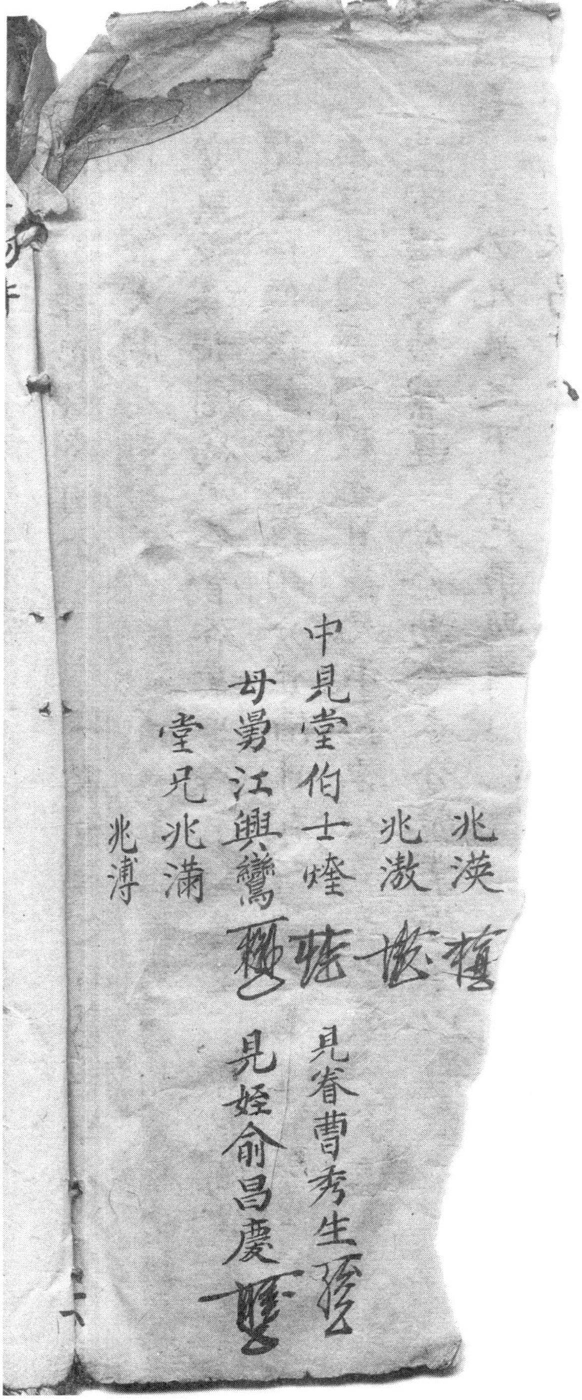
兆渶
兆激
中見堂伯士埈
見眷曹秀生
母舅江興鸞
見姪俞昌慶
堂兄兆满
兆溥

江湾镇中[钟]吕村 8-38 · 康熙二十一年至五十六年 · 税粮实征册及阄书

五股衆存物件

一香几棹壹面　一八仙棹壹面　一新单棹貳面

一油漆椅肆把　一油漆櫈貳條　一屏風壹對

以上正堂前物件毋許搬移損壞正堂前不許踏菜做酒盛灰炭閑猪雞作污宜潔净以待親朋

一錫湯遮壹隻有盖　一銅瓢　隻　一錫燭臺壹隻两合

一方錫盆壹隻祖業　一　一

一

其前五股所欠譔公帳目共肆兩伍錢正㨿將回年兆[illegible]父楓落坑杉木價

銀陸兩抵還兆渶承認解清無得異説 乾隆七年九月十二日 兆渶（押）

兆渶鬮得器物開後

紙架廚壹口 櫃臺棹壹面 大单棹壹面 小火箱壹隻

酒壺壹把 書架壹隻

立議墨人俞兆潘兆添兆涯兆渶兆澂兄弟五人 今父 士爃公有山

壹畝柒分有零今因有父遺言争論田土是以兄弟嘀議愿將土名程

家坑裡塢等處社屋塢共山壹拾肆號税共柒分壹厘陸毫捌系肆

江湾镇中[钟]吕村 8-40 · 康熙二十一年至五十六年 · 税粮实征册及阄书

乙甲俞九和户兆澄股認納實徵

成丁

田肆畝伍分陸厘捌系陸忽伍微

地叁分玖厘貳毛玖忽叁微

折田貳分肆厘壹毛伍系陸忽捌微

山壹厘伍毛伍系

折田叁毛肆系肆忽壹微

以上共折實田肆畝捌分伍毛捌系柒忽

江湾镇中[钟]吕村 16-1 · 康熙五十六年 · 税粮实征册 · 俞九和户兆澄股

今将各字號土名計開

李字八百六十七號　前田段　一田貳分

八百六十九號　四畝垃　一田貳分陸厘貳毛伍系　卅六年付七都一啚收

一百八十四號　塘塢嶺　田壹分

一百九十號　仝　田柒厘伍毛

一百八十九號　仝　田叁分貳厘柒毛伍系

一千四百六十二號　辛泥冲　田叁分伍厘

一千四百六十三號　仝　田肆分伍厘

江湾镇中［钟］吕村 16-2 · 康熙五十六年 · 税粮实征册 · 俞九和户兆澄股

八百六十九號　四畝坵　田壹分壹厘貳毛伍系　卌六年村七都一啚

一千三百號　王三坵　田壹分肆厘貳毛伍系

柰字五十九號　行路坵　田貳分伍厘

一百二十六號　代納坵　田壹分玖厘柒毛伍系

九百三十九號　楓樹坑　田肆分貳厘捌毛柒系伍忽

二百號　麻榨塢　田貳分壹厘肆毛玖系

二百一號　仝　田捌厘捌(八)毛壹系六忽伍微

[illegible]字八百十二號　沙坵　田壹分伍厘伍毛陸系陸忽伍微

江湾镇中［钟］吕村 16-3 · 康熙五十六年 · 税粮实征册 · 俞九和户兆澄股

菜字一千四十二號　烏榔木底　○田貳分肆厘肆毛伍系

戊寅年付八甲余世興户收

六百十一號　舡田坑口　○田壹分壹厘玖毛

嫩張仙会　田壹分弍厘壹毛伍絲

李字一千四百一十八號　李寒坑　田貳分叁厘柒毛伍系

柰字二百九號　棠梨塢　田叁分柒厘

丙戌年付二啚十甲余春户收

二大房公儲　田壹厘叁毛叁系捌忽伍微

柰字一百九十九號　塥　古塘木上　田壹分

新收　嫩張仙会　田壹分弍厘壹毛伍系

江湾镇中[钟]吕村 16-4 · 康熙五十六年 · 税粮实征册 · 俞九和户兆澄股

奈字四百十八號
李字一千四百九十二號
一百九十一號
一千四百九十二號
一百九十一號
奈字〇十乙號
二百二十二號

社会 田弍分壹厘柒毛肆系 甲辰年收六甲應盛户春服熤付
杉樹塢口 田伍分陸厘叁毛 辛未年收七都二啚二甲江德祖户 其土其役兄弟付 卅八年付七都一啚收
渠頭坑 田陸厘捌系陸忽 乾隆卅三年收廿標户兆澄文根
開墩 田叁分伍厘 撿李安山百卅一号基地
渠頭坑 田陸厘捌系陸忽
用坵 田壹分柒厘伍毛 嘉慶二十年乙亥付七甲三二甲有進户收
下井坵 田玖厘壹毛伍系 昌户收 嘉慶之年付積……
杏塘后门口 田壹分玖厘肆毛伍系 嘉慶二十年乙亥付七甲三二甲有進户收

江湾镇中 [钟] 吕村 16-5 · 康熙五十六年 · 税粮实征册 · 俞九和户兆澄股

新收李字一千二百九十八號　撥山下　田叁分柒伍毛

六百四十四號　打鼠窠　田陸厘伍毛陸系弍忽伍微

二百五十二號　小片地　田玖厘叁毛弍系伍忽

李字一百三十八號　古塘裡　田捌厘叁毛伍系肆忽

一百三十九號　仝　田叁分弍厘柒毛肆系

一百四十五號　仝　田肆厘弍毛玖系壹忽

一百六十三號　笑天師　田玖厘弍毛伍系

戊寅年收申一莱汪尹兆云股付

菜塢圳

文字一千七百三十二號　龍源冲頭　田叁分柒厘

丙戌年收抵換黎塢聖堂村

江湾镇中[钟]吕村 16-6 · 康熙五十六年 · 税粮实征册 · 俞九和户兆澄股

地

季字一十九號 坦末 地壹毛肆系捌忽壹微伍纖

三十四號 大園內 地陸毛貳系玖忽叁微肆纖

三十五號 仝 地貳厘柒毛叁忽柒微

三十六號 仝 地叁厘捌毛捌系捌忽叁微伍纖

五十二號 門前溪 地柒系肆忽叁微叁纖

八十六號 漠翁山下 地弍毛玖系陸忽叁微叁纖

一百二十八號 溪邊 奥垢屋 地叁厘伍系伍忽 扒甘湾收

江湾镇中[钟]吕村 16-7 · 康熙五十六年 · 税粮实征册 · 俞九和户兆澄股

李字一百二十九號 坦心溪边 地柒厘伍毛 係住基

仝 一百三十三號 仝 溪边 店基 地柒厘伍毛 庚子九月收湾吴秋付
地捌毛叁系叁忽叁微 付湾吴收

一千二百七十三號 倉塢 地柒系肆忽

一千三百五十一號 江家住後 地肆系壹忽陸微

一千三百四十二號 黄土嶺 地叁系壹忽陸微伍纖

八百三十弎號 嶺手後 地叁厘壹系贰忽伍微

一百七十四號 西岸 地壹厘陸毛陸系陸忽伍微

一百一十二號 坦心 地壹厘

江湾镇中[钟]吕村 16-8 · 康熙五十六年 · 税粮实征册 · 俞九和户兆澄股

一百一十三號　仝　地貳厘　庚子秋扒付溥股収
九十三號　漁翁山下　店基地捌毛叁系叁忽叁微
二十八號　坦心　地肆厘
柰字九百一十號　油蔴塢　地叁厘柒毛玖系壱忽陸微伍纎
三百四十九號　石塘前　地玖系陸忽
社会　地貳系陸忽陸微伍纎
二大房公儲　地壹厘貳毛柒系柒忽
加捌毛叁系叁忽扒付貴公扒村
李字一百三十一號　鍾呂坦心　地伍厘　係菜園
廿二年付士荣户兆匯□収

江湾镇中[钟]吕村 16-9 · 康熙五十六年 · 税粮实征册 · 俞九和户兆澄股

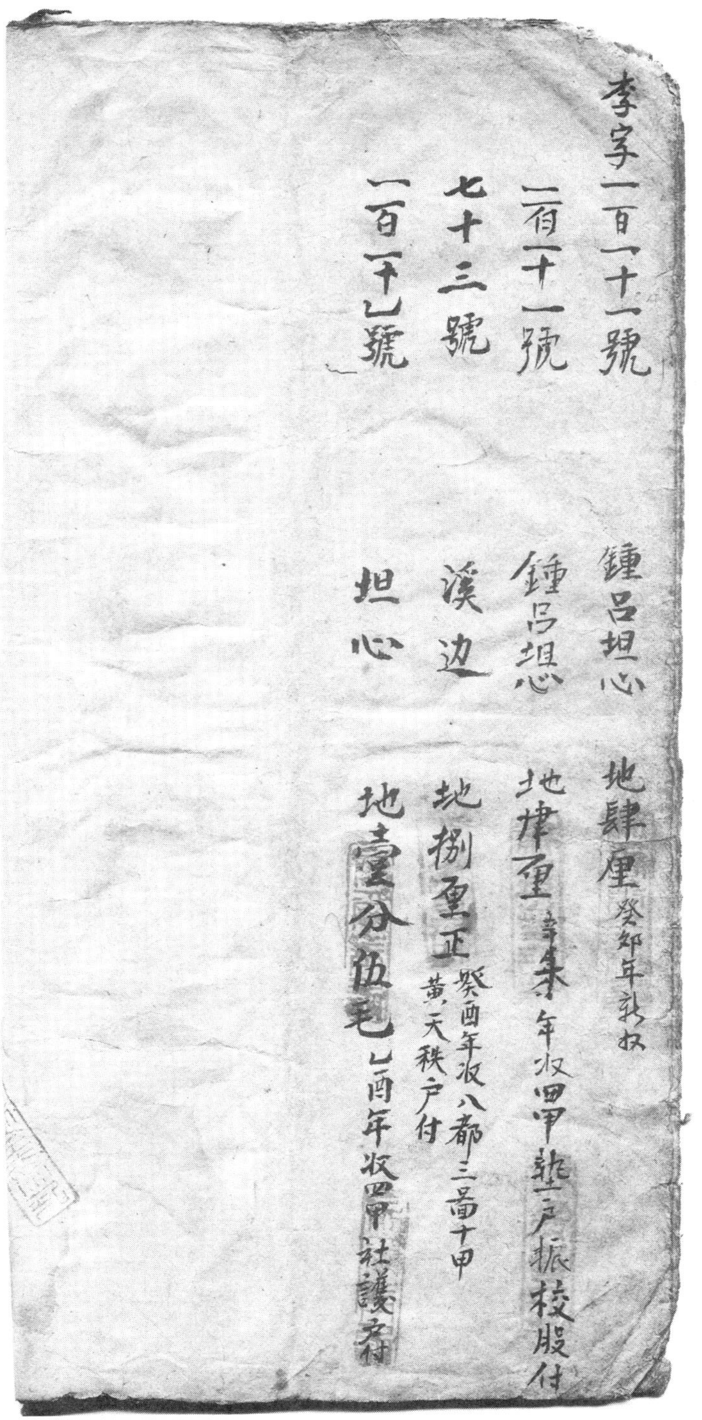

李字一百一十一號　鍾吕坦心　地肆厘　癸卯年新收

一百一十一號　鍾吕坦心　地肆厘　辛未年收四甲兆户振校股付

七十三號　溪边　地捌厘正　癸酉年收八都三啚十甲黄天秩户付

一百十七號　坦心　地壹分伍毛　乙酉年收四甲社護君付

江湾镇中[钟]吕村 16–10 · 康熙五十六年 · 税粮实征册 · 俞九和户兆澄股

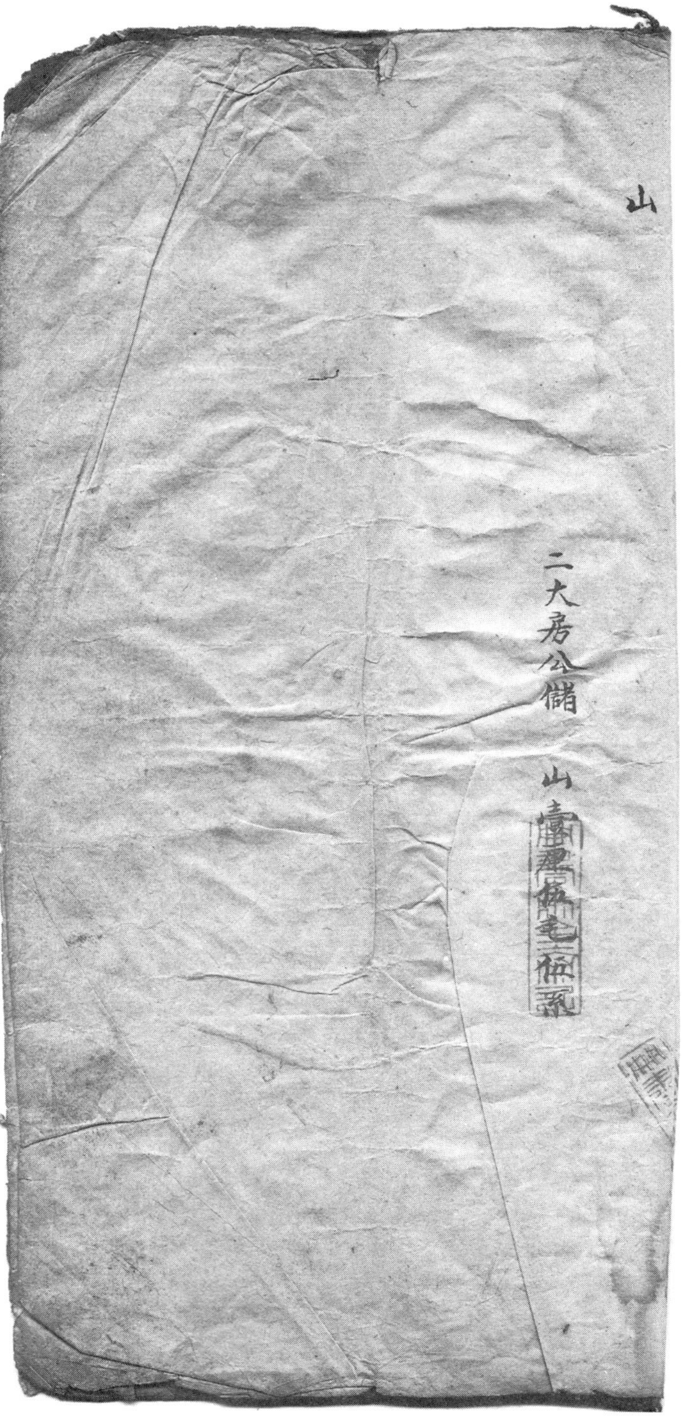

江湾镇中 [钟] 吕村 16-11 · 康熙五十六年 · 税粮实征册 · 俞九和户兆澄股

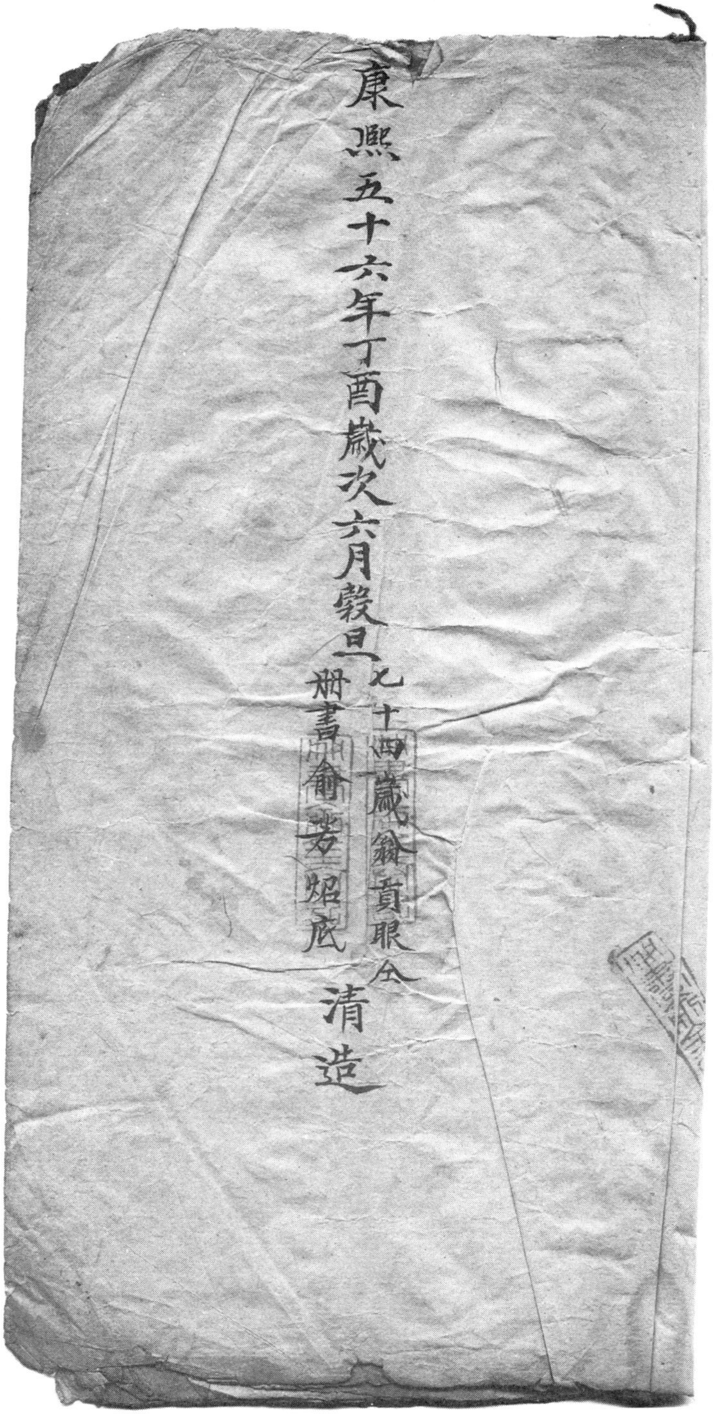

康熙五十六年丁酉歲次六月穀旦

七十四歲翁貢眼仝

册書俞芳炤底

清造

江湾镇中[钟]吕村 16-12 · 康熙五十六年 · 税粮实征册 · 俞九和户兆澄股

以上數條悉經審慎著為成規以垂久遠其祭器祭品祭

禮諸事候建造墓祠再議

彼近

江湾镇中[钟]吕村 5-1 · 雍正六年 · 俞氏族谱

同管事之人至源口扣清租銀照例備齊祭物以便屆期致
祭如有怠慢悞期潦草塞責者罰銀壹兩公用
一掃墓輪值頭首先期催工将各處墳塋逐一劖掃如有遺漏
罰銀伍錢公用
期的於三月十五日風雨不改每户一人于十四日自點
歇宿齊至長田候次早序班團祭祭畢新舊頭首同下
首帶領各户同到各處祖墓標掛不得遺漏
胙逐户照籤唱名挨次收領不得揀擇去取
飲即将祭物備席每八户共一棹鷄壹肉弍魚一子一腐
菜不拘好酒四壺飲畢用飯每户一人持籤赴飲以免多帶
挽席之弊
一結帳定於三月十六日新舊頭首及下輪頭首同管事四人
眼同清筭登帳明白所有餘銀公衆生殖

江湾镇中[钟]吕村 5-2 · 雍正六年 · 俞氏族谱

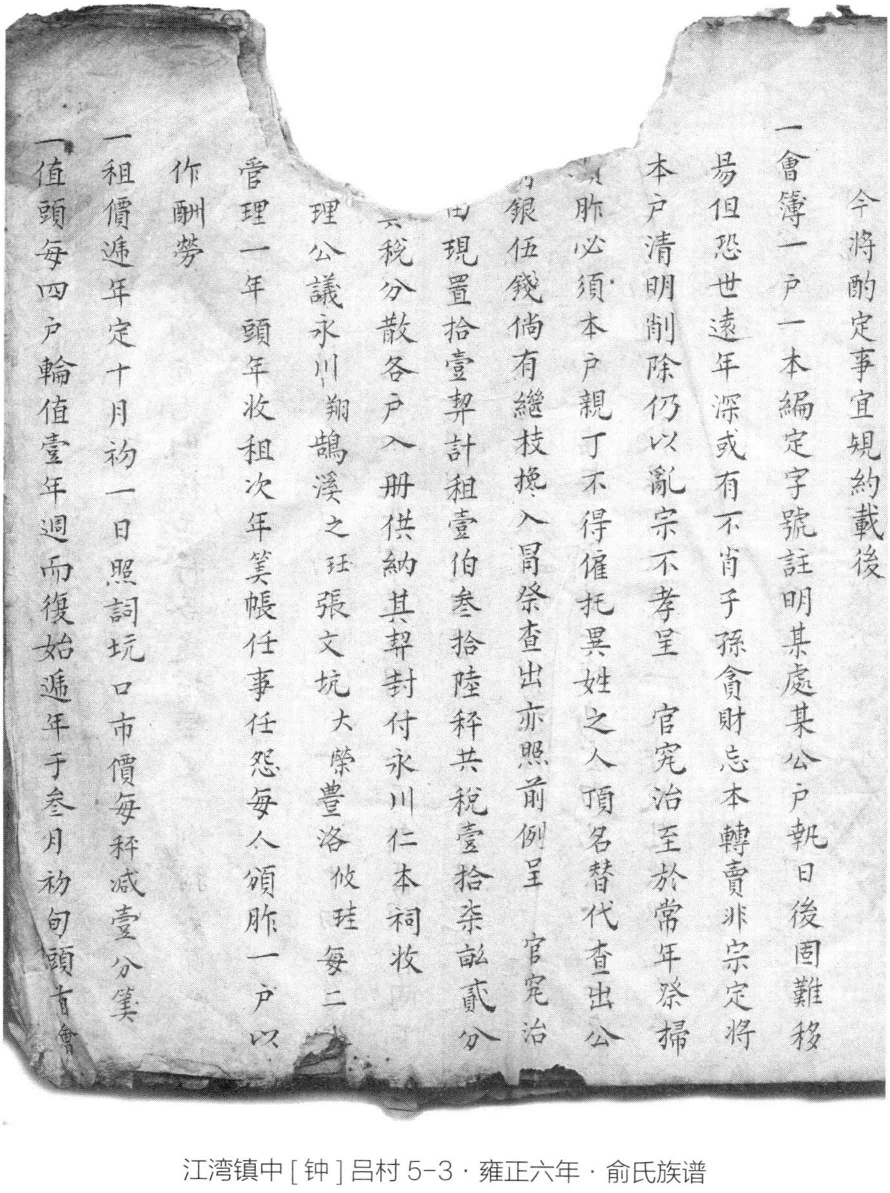

今將酌定事宜規約載後

一會簿一户一本編定字號註明某處某公户執日後固難移易但恐世遠年深或有不肖子孫貪財忘本轉賣非宗定將本户清明削除仍以亂宗不孝呈　官究治至於常年祭掃領胙必須本户親丁不得僱托異姓之人頂名替代查出公[illegible]銀伍錢倘有繼枝攙入冒祭查出亦照前例呈　官究治

一[illegible]田現置拾壹契計租壹伯叁拾陸秤共稅壹拾柒畝貳分其稅分散各户入册供納其契封付永川仁本祠收理公議永川　翔鵠溪之珏　張文坑大榮　豐洛攸珪　每二管理一年頭年收租次年算帳任事任怨每人領胙一户以作酬勞

一租價遞年定十月初一日照詞坑口市價每秤減壹分算

一值頭每四户輪值壹年週而復始遞年于叁月初旬領首會

江湾镇中[钟]吕村 5-3 · 雍正六年 · 俞氏族谱

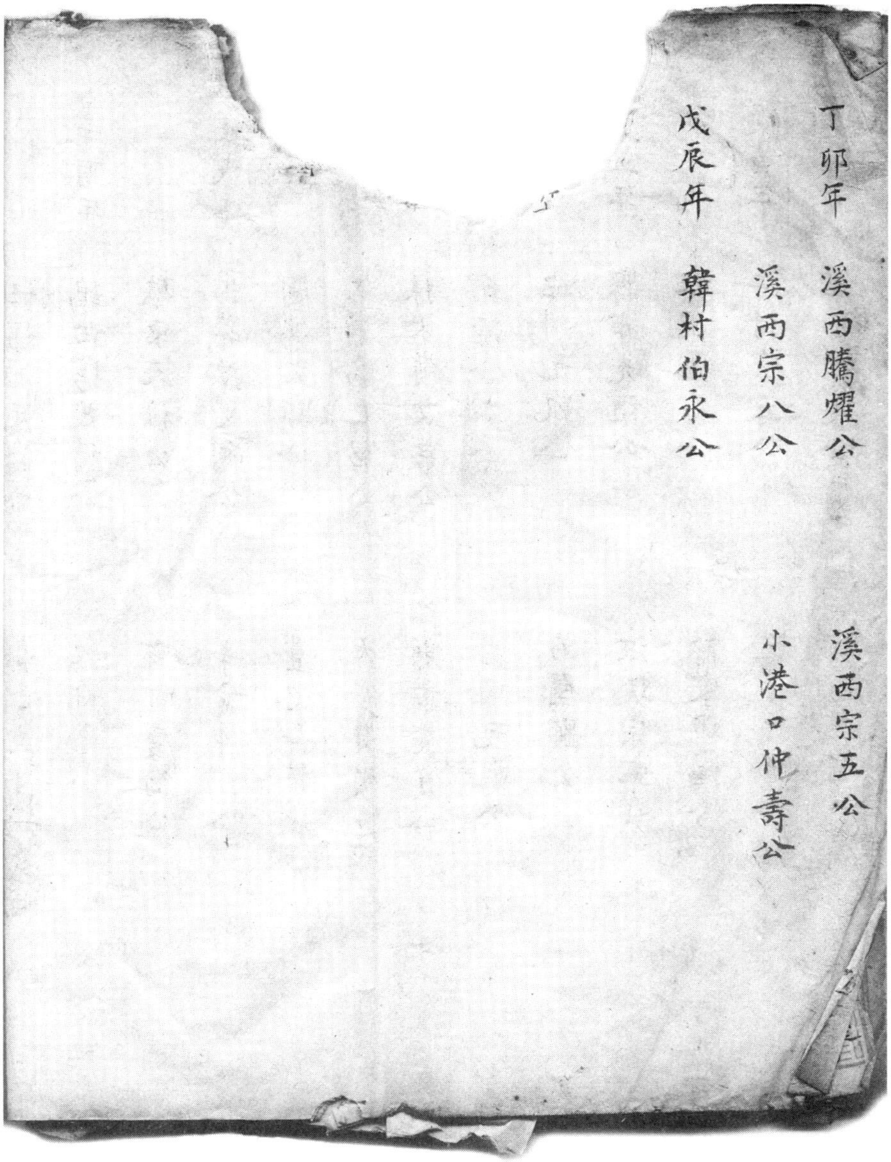
丁卯年　溪西騰燿公
溪西宗八公
戊辰年　韓村伯永公
溪西宗五公
小港口仲壽公

江湾镇中 [钟] 吕村 5-4 · 雍正六年 · 俞氏族谱

嚴溪油溪王盈坦元德公
獅山文學

辛酉年
鷄田灣茂積公
湯村煇公

城東天祉公
縣市慶衍公

壬戌年
水莽嵊文嗣公
寺前仲玄公

園塢文顯公
豊洛長榮公

年
大源塢文韶公
大源雙嶺适公

株木嶺友宗公
縣市良月公

鏞源公太公
沱川元凱公

沱川元凱公
石壁顕公

丑年
縣市光祖公
汪坑宗寧公

汪坑孟長公
俞家墝任公

丙寅年
江村宗五公
溪西起鰲公

溪西雲驤公
溪西崇元公

江湾镇中 [钟] 吕村 5-5 · 雍正六年 · 俞氏族谱

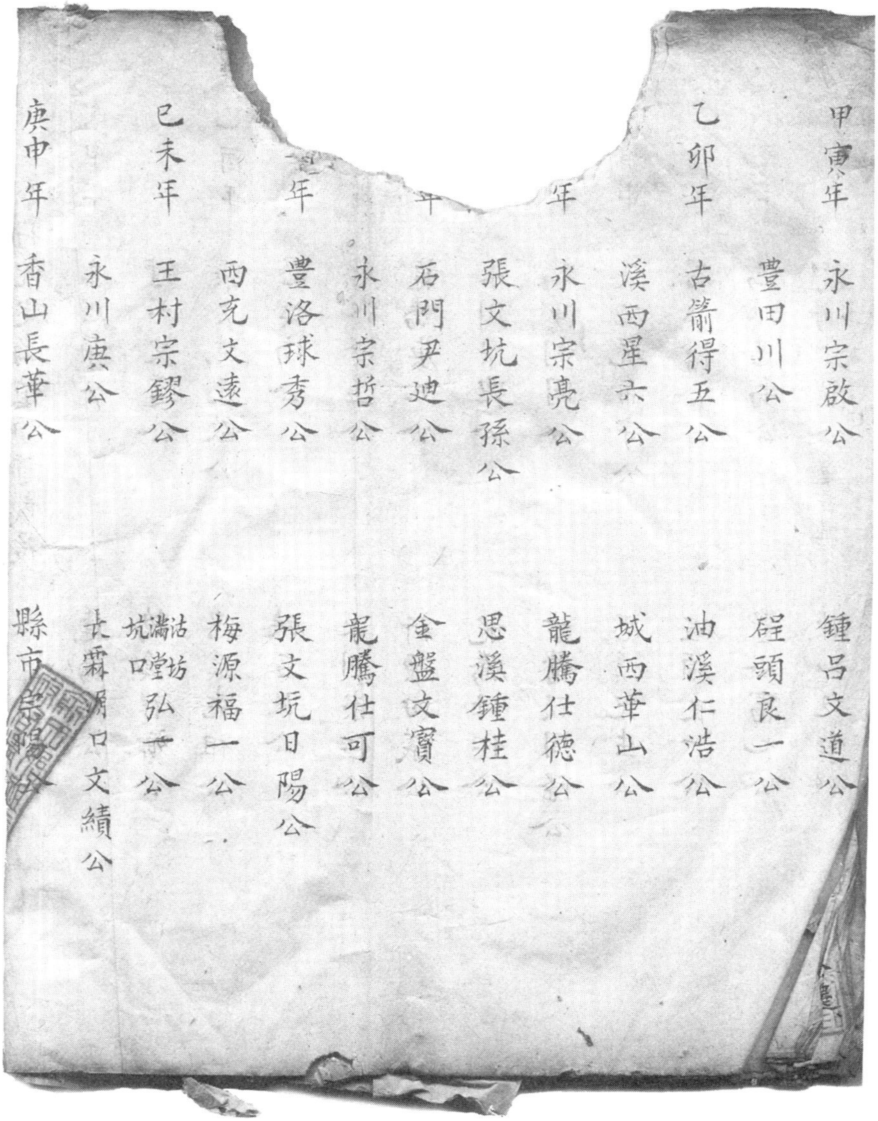
甲寅年　永川宗啟公　鍾呂文道公
豐田川公　程頭良一公
乙卯年　古箭得五公　油溪仁浩公
溪西星六公　城西華山公
年　永川宗亮公　龍騰仕德公
張文坑長孫公　思溪鍾桂公
年　石門尹廸公　金盤文寶公
永川宗哲公　龍騰仕可公
年　豐洛球秀公　張文坑日陽公
西充文遠公　梅源福一公
己未年　王村宗鏐公　沽坊灣堂坑口弘一公
永川庚公　古霖洞口文績公
庚申年　香山長華公　縣市宗陽公

江湾镇中[钟]吕村 5-6 · 雍正六年 · 俞氏族谱

今将配定輪值頭首載後

戊申年　永川杲公　龍騰祖公

鍾呂文道公　鵲溪祥卿公

己酉年　張文抗元啟公　思溪尭祖公

思溪楠公　硤石照公

年　豐洛華二公　永川宗仁公

龍騰庚七公　新源四儀公

永川宗迪公　龍騰仕仁公

鵲溪胡同公　古箭陂周隆公

子年　張文坑希守公　思溪記生公

思溪檜公　碣頭良一公

癸丑年　鵲溪思禹公　豐洛富七公

龍騰彦勲公遷長淮　梆山文學公

江湾镇中［钟］吕村 5-7 · 雍正六年 · 俞氏族谱

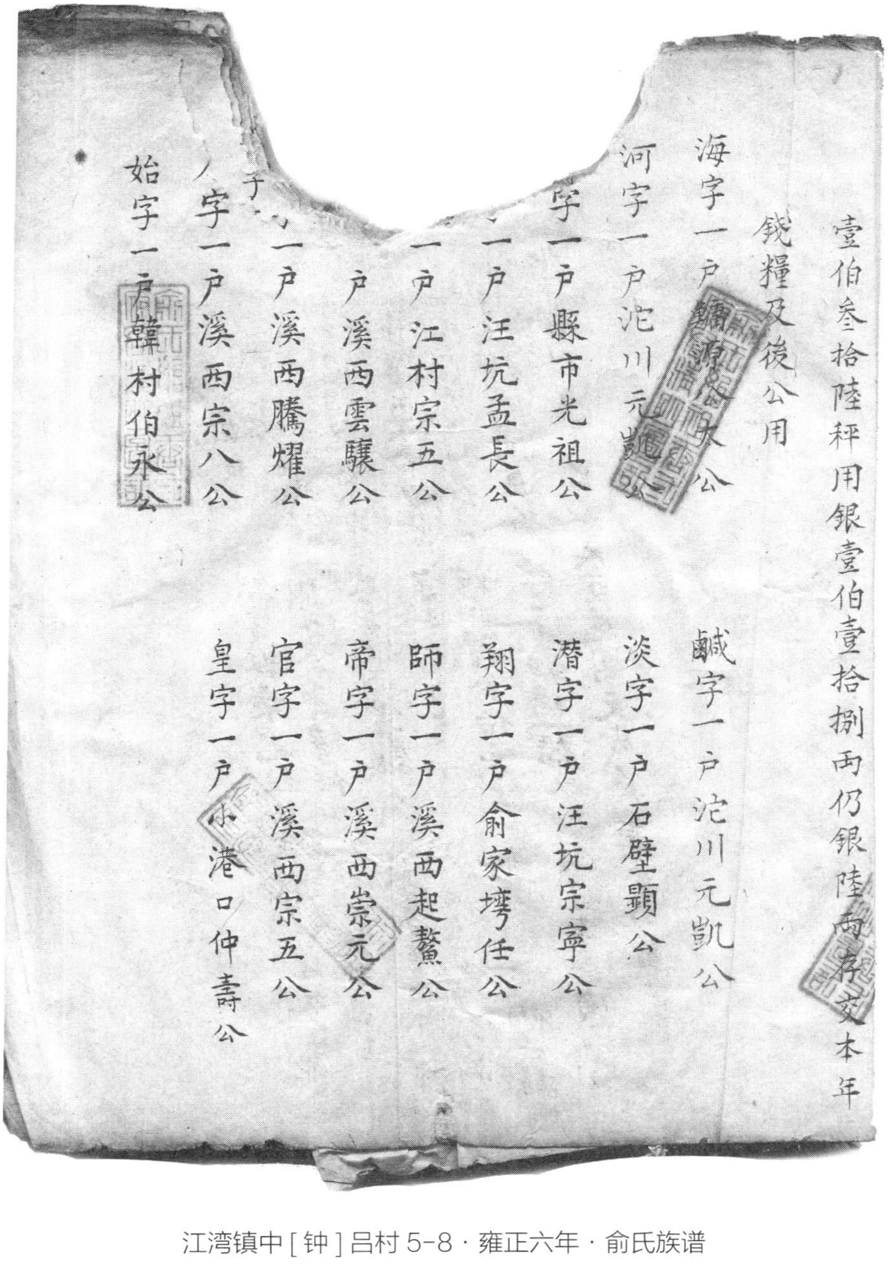

壹伯叁拾陸秤用銀壹伯壹拾捌両仍銀陸両存交本年

錢糧及後公用

海字一户鏞源[illegible]大公

河字一户沱川元凱公

[illegible]字一户縣市光祖公

[illegible]一户汪坑孟長公

[illegible]一户江村宗五公

[illegible]户溪西雲驤公

[illegible]一户溪西騰燿公

[illegible]字一户溪西宗八公

始字一户韓村伯永公

鹹字一户沱川元凱公

淡字一户石壁顥公

潛字一户汪坑宗寧公

翔字一户俞家塝任公

師字一户溪西起鰲公

帝字一户溪西崇元公

官字一户溪西宗五公

皇字一户小港口仲壽公

江湾镇中［钟］吕村 5-8 · 雍正六年 · 俞氏族谱

壹伯叁拾陸秤用銀壹伯壹拾捌両仍銀陸両存交本年

钱糧及後公用

海字一户鏞源大公

河字一户沱川元凱公

字一户縣市光祖公

一户汪坑孟長公

一户江村宗五公

户溪西雲驤公

一户溪西騰燿公

字一户溪西宗八公

始字一户韓村伯永公

鹹字一户沱川元凱公

淡字一户石壁顕公

潛字一户汪坑宗寧公

翔字一户俞家墱任公

師字一户溪西起鰲公

帝字一户溪西崇元公

官字一户溪西宗五公

皇字一户小港口仲壽公

江湾镇中[钟]吕村 5-9 · 雍正六年 · 俞氏族谱

巨字一户鍾呂文道公
珠字一户溪西星六公
夜字一户水萘崇文嗣公
[illegible]字一户縣市宗陽公
[illegible]一户油溪瓛盈坦溪元德公
[illegible]户豐田川公
户株木嶺友宗公

闕字一户鍾呂文道公小鱅潭邊
稱字一户城西華山公
光字一户縣市慶衍公
珍字一户新源四儀公
柰字一户硤石熙公
重字一户雙岺适公
薑字一户縣市良月公

以上共計清明陸拾肆户每户入銀貳兩内公代永川上清明貳户又永川鵲溪文坑豐洛豐田伍派因前敷費除用仍存銀柒兩伍錢准入清明伍户共計收實銀壹伯貳拾壹兩伍錢又收葉姓處來銀貳拾兩又株木價銀貳兩柒錢大共收銀壹伯肆拾肆兩貳錢除謝約修墳立碑安奠公酌紙張筆貲飯帳各項共用銀貳拾兩貳錢又置租

江湾镇中[钟]吕村 5-10 · 雍正六年 · 俞氏族谱

閏字一户思溪記生公
成字一户古箭叚周隆公
律字一户龍騰仕仁公
調字一户龍騰仕可公
[illegible]字一户龍騰庶七公
[illegible]一户思溪楠公
[illegible]户思溪鍾桂公
[illegible]户西充文遠公
[illegible]户園塢文顯公
[illegible]字一户大源塢文韶公
玉字一户珋山文學公
崑字一户湯村煇公
敘字一户碓頭良一公

餘字一户王村宗鏐公
歲字一户龍騰脉公
吕字一户龍騰仕德公
陽字一户龍騰彥勳公遷長灘
騰字一户長霖源口文績公
雨字一户思溪檜公
結字一户金盤文實公
霜字一户沽坊滿堂坑口弘一公
生字一户鵝田塝茂積公
水字一户寺前仲玄公
出字一户珋山文學公
岡字一户城東天社公
號字一户碓頭良一公

江湾镇中 [钟] 吕村 5-11 · 雍正六年 · 俞氏族谱

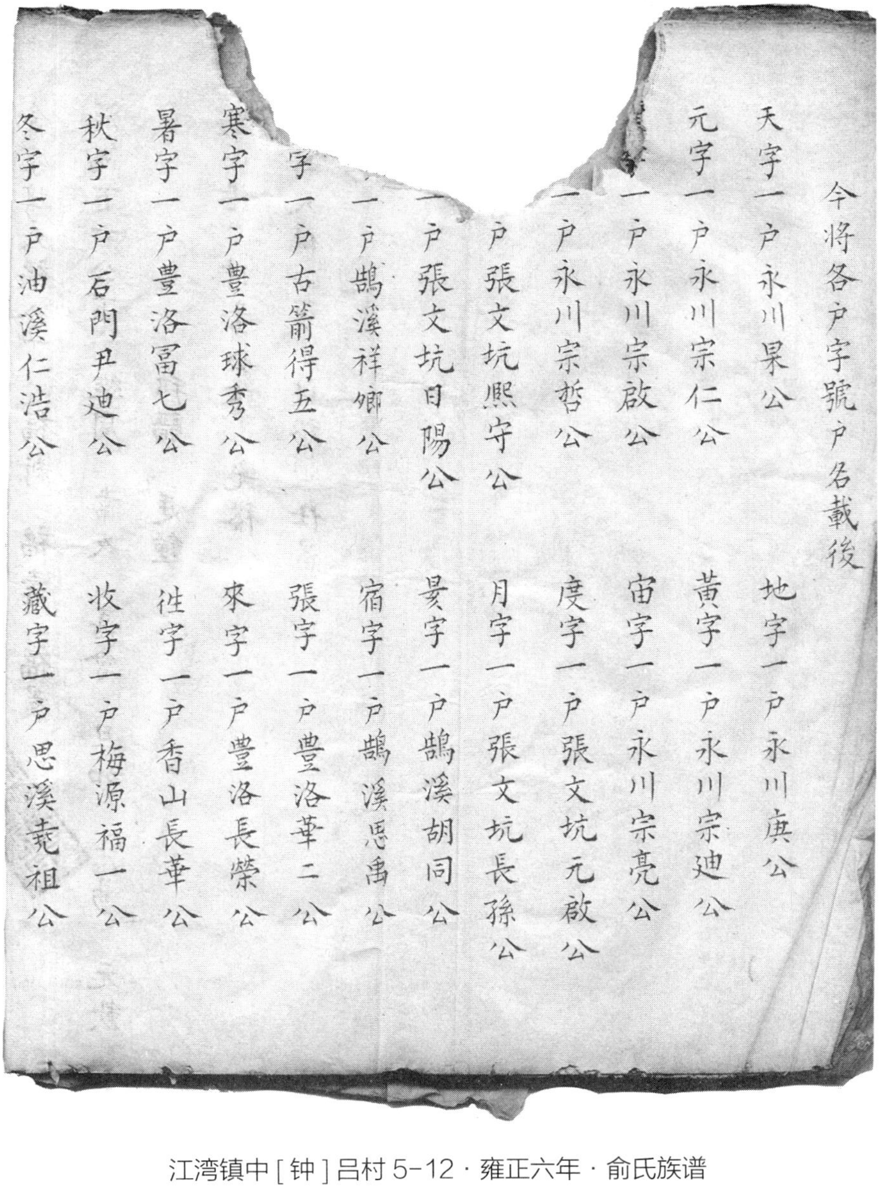

今將各户字號户名載後

天字一户永川杲公
地字一户永川庚公
元字一户永川宗仁公
黃字一户永川宗迪公
一户永川宗啟公
宙字一户永川宗亮公
一户永川宗哲公
度字一户張文坑元啟公
户張文坑熙守公
月字一户張文坑長孫公
一户張文坑日陽公
昃字一户鵲溪胡同公
一户鵲溪祥卿公
宿字一户鵲溪思禹公
字一户古箭得五公
張字一户豐洛華二公
寒字一户豐洛球秀公
來字一户豐洛長榮公
暑字一户豐洛富七公
往字一户香山長華公
秋字一户石門尹迪公
收字一户梅源福一公
冬字一户油溪仁浩公
藏字一户思溪堯祖公

江湾镇中［钟］吕村 5-12 · 雍正六年 · 俞氏族谱

俞家塝天福公下 福新 福壽 福晨

溪西百六公下 維周 帝友 嘉會 旦如 志昜 元欽

邦驕 廷鐘

豐谿小港口仲壽公下 光裕

村天社公下 仕招 仕昌

江湾镇中 [钟] 吕村 5-13 · 雍正六年 · 俞氏族谱

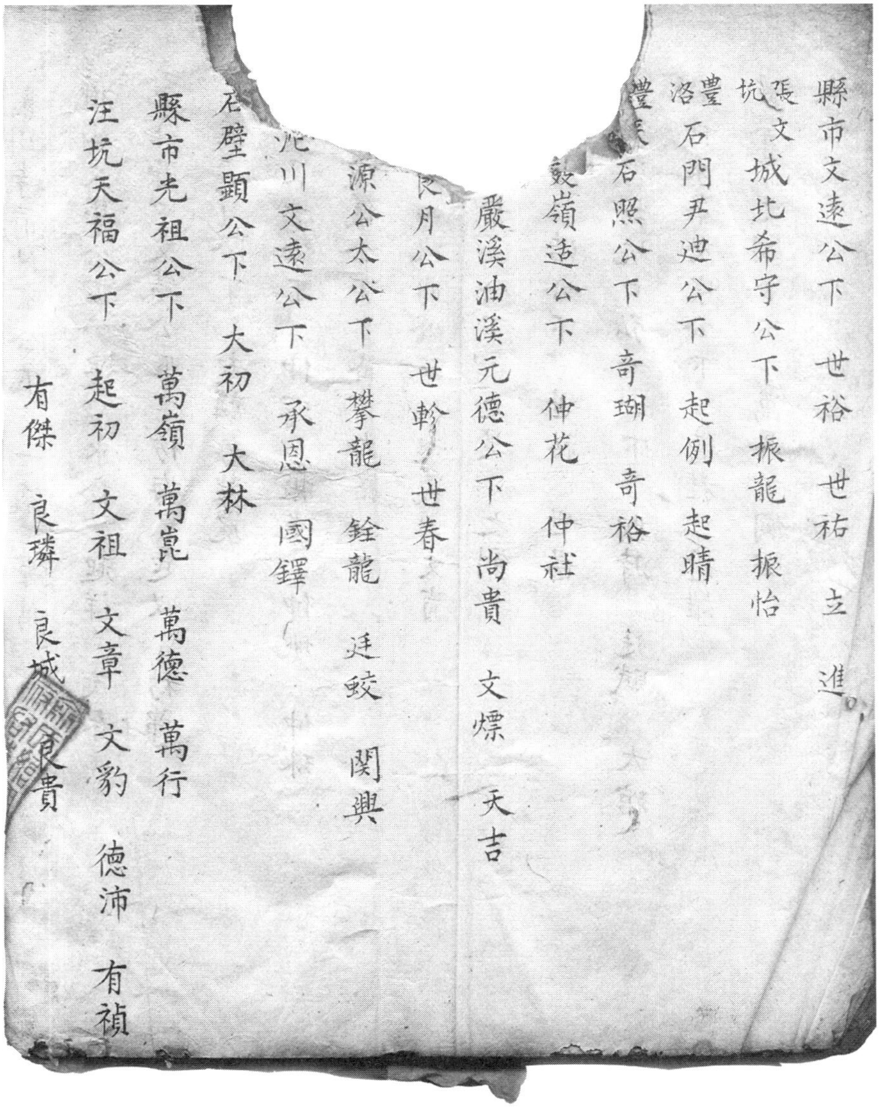

縣市文遠公下 世裕 世祐 立進
張坑文城北希守公下 振龍 振怡
豐洛石門尹迪公下 起例 起晴
豐[illegible]石照公下 奇瑚 奇裕
[illegible]嶺适公下 仲花 仲社
嚴溪油溪元德公下 尚貴 文熛 天吉
良月公下 世軫 世春
源公太公下 攀龍 銓龍 廷皎 閔興
沱川文遠公下 承恩 國鐸
石壁顯公下 大初 大林
縣市光祖公下 萬嶺 萬崑 萬德 萬行
汪坑天福公下 起初 文祖 文章 文豹 德沛 有禎
有傑 良璘 良城 良貴

江湾镇中[钟]吕村 5-14 · 雍正六年 · 俞氏族谱

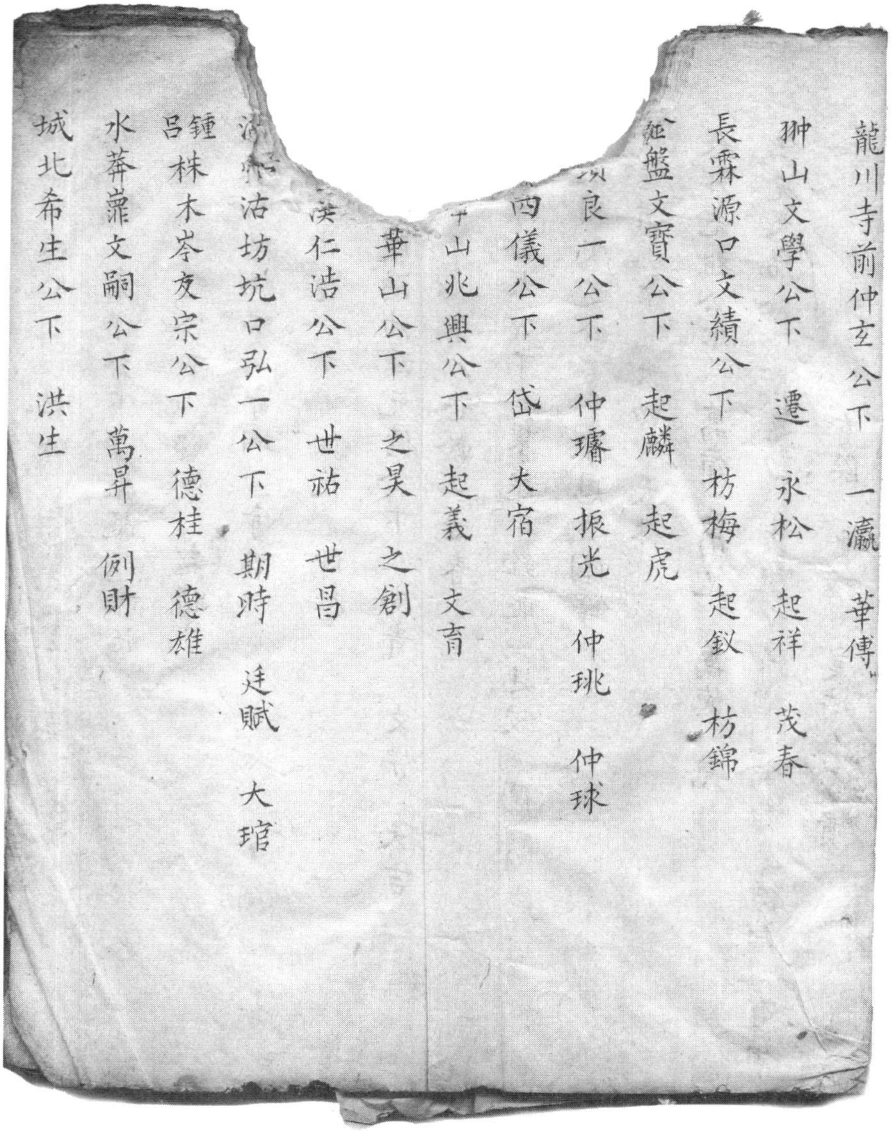
龍川寺前仲玄公下　一瀛　華傳
獅山文學公下　遷　永松　起祥　茂春
長霖源口文績公下　枋梅　起釵　枋錦
延盤文寶公下　起麟　起虎
[illegible]良一公下　仲璿　振光　仲珧　仲球
西儀公下　岱　大宿
[illegible]山兆興公下　起義　文育
華山公下　之昊　之創
[illegible]仁浩公下　世祐　世昌
[illegible][illegible]沽坊坑口弘一公下　期時　廷賦　大琯
鍾呂林木岑友宗公下　德桂　德雄
水莽崋文嗣公下　萬昇　俐財
城北希生公下　洪生

江湾镇中［钟］吕村 5-15 · 雍正六年 · 俞氏族谱

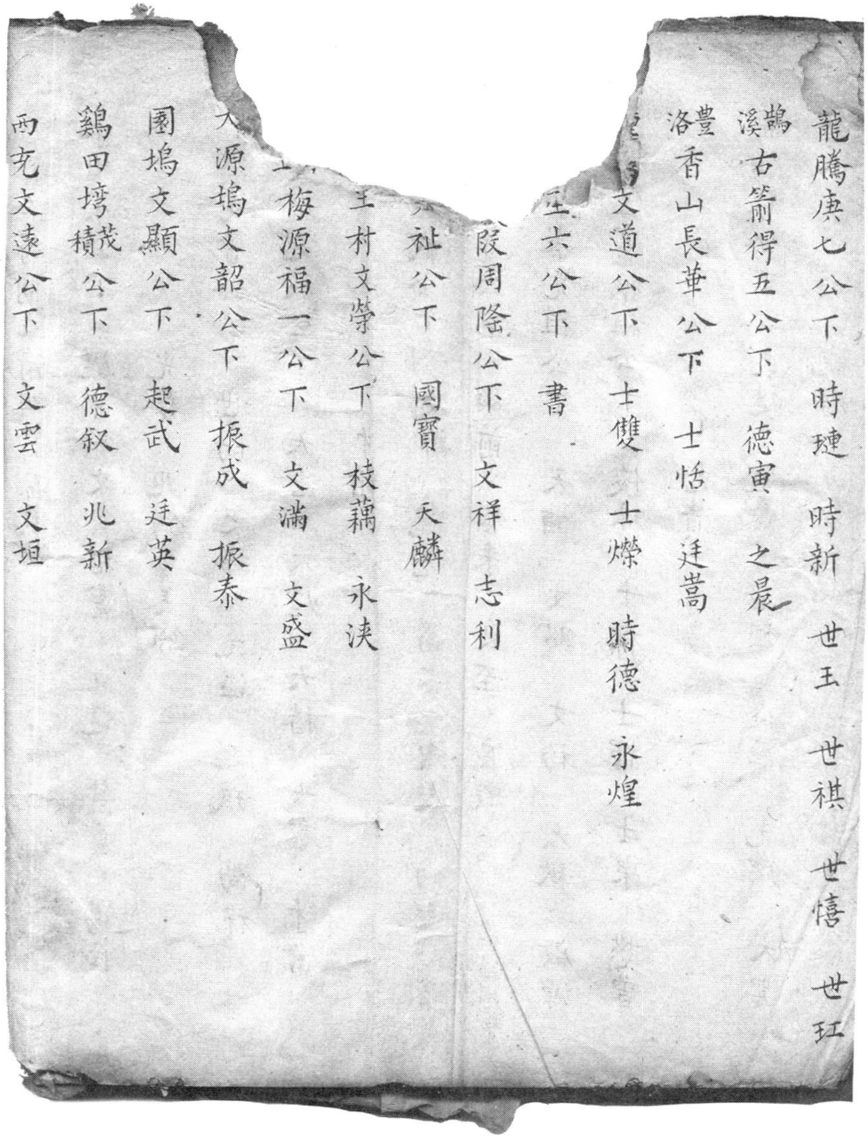

龍騰庚七公下 時璉 時新 世玉 世祺 世憘 世玨

鵲溪古箭得五公下 德寅 之晨

豐洛香山長華公下 士恬 廷嵩

[illegible]文道公下 士雙 士爍 時德 永煌

[illegible]六公下 書

段周隆公下 文祥 志利

[illegible]社公下 國寶 天麟

王村文榮公下 枝藕 永浃

[illegible]梅源福一公下 文滿 文盛

大源塢文韶公下 振成 振泰

團塢文顯公下 起武 廷英

雞田塝積茂公下 德叙 兆新

西充文遠公下 文雲 文垣

江湾镇中[钟]吕村 5-16 · 雍正六年 · 俞氏族谱

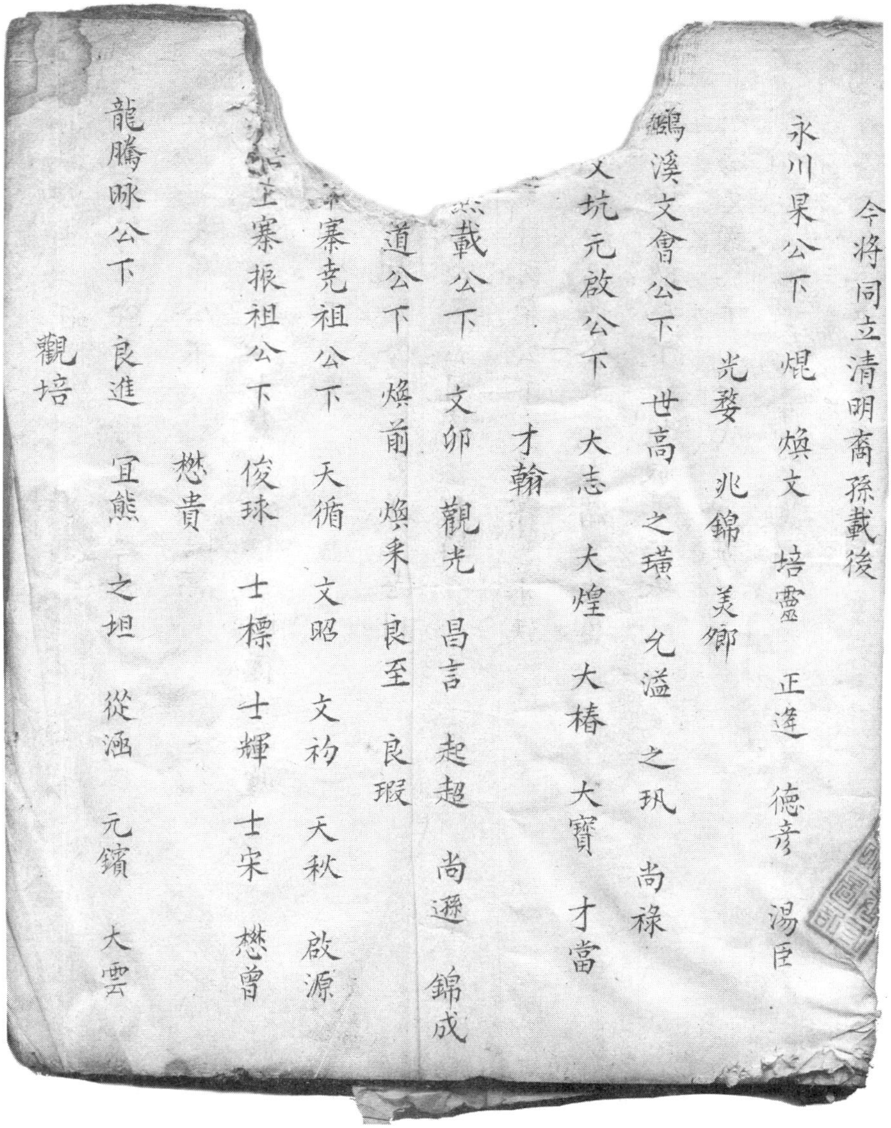
今将同立清明裔孫載後
永川杲公下 焜 煥文 培靈 正進 德彥 湯臣
光婺 兆錦 美卿
[illegible]溪文會公下 世高 之璜 允溢 之玑 尚祿
又坑元啟公下 大志 大煌 大椿 大寶 才當
才翰
[illegible]載公下 文卯 觀光 昌言 起超 尚遜 錦成
道公下 煥前 煥秉 良至 良瑕
[illegible]寨尭祖公下 天循 文昭 文礿 天秋 啟源
[illegible]溪主寨振祖公下 俊球 士標 士輝 士宋 懋曾
懋貴
龍騰咏公下 良進 宜熊 之坦 從涵 元鑌 大雲
觀培

江湾镇中[钟]吕村 5-17 · 雍正六年 · 俞氏族谱

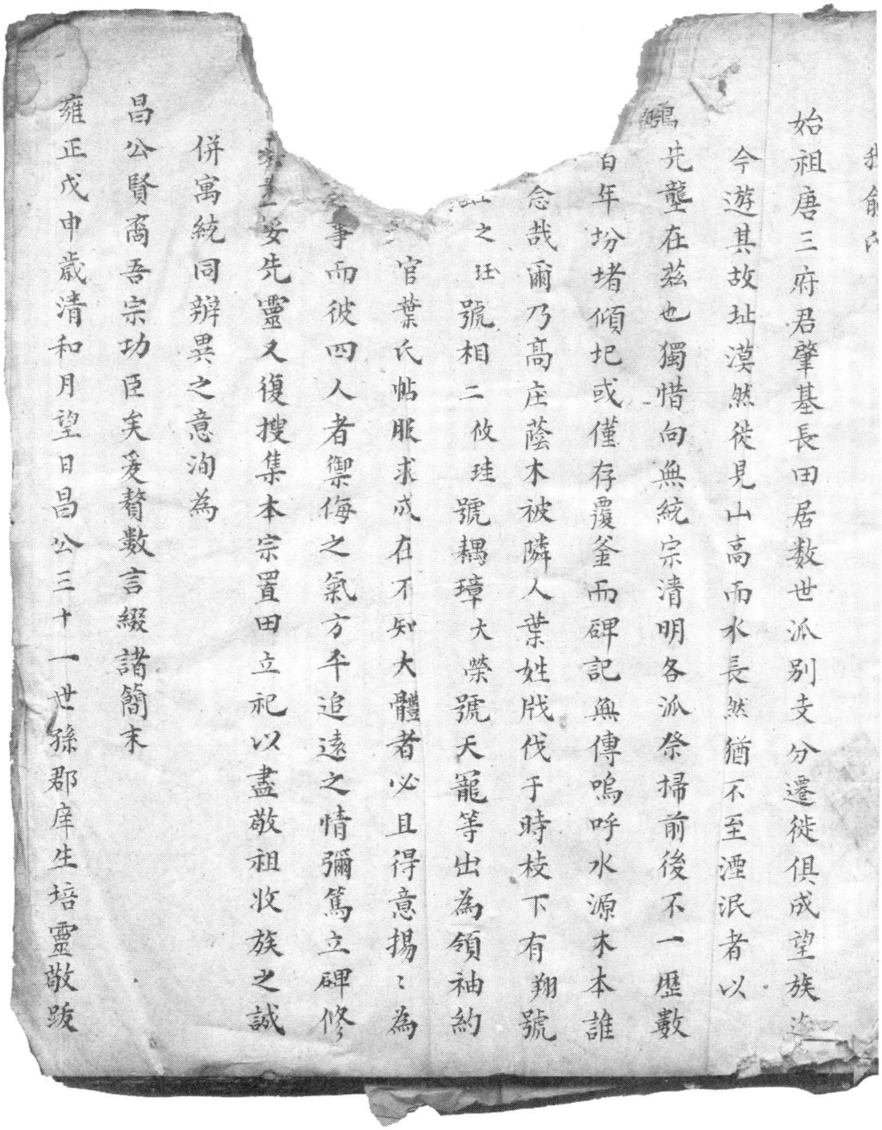
我俞
始祖唐三府君肇基長田居數世派別支分遷徙俱成望族迄
今遊其故址漠然徒見山高而水長然猶不至湮泯者以
鴻先塋在茲也獨惜向無統宗清明各派祭掃前後不一歷數
百年坋堵傾圮或僅存覆釜而碑記無傳嗚呼水源木本誰
念哉爾乃高庄蔭木被隣人葉姓戕伐于時枝下有翔號
紅之珏號相二攸珪號耦璋大榮號天寵等出為領袖約
官葉氏帖服求成在不知大體者必且得意揚揚為
事而彼四人者禦侮之氣方平追遠之情彌篤立碑修
葺塋先靈又復搜集本宗置田立祀以盡敬祖收族之誠
併寓統同辨異之意洵為
昌公賢裔吾宗功臣矣爰贅數言綴諸簡末
雍正戊申歲清和月望日昌公三十一世孫郡庠生培靈敬跋

江湾镇中[钟]吕村 5-18 · 雍正六年 · 俞氏族谱

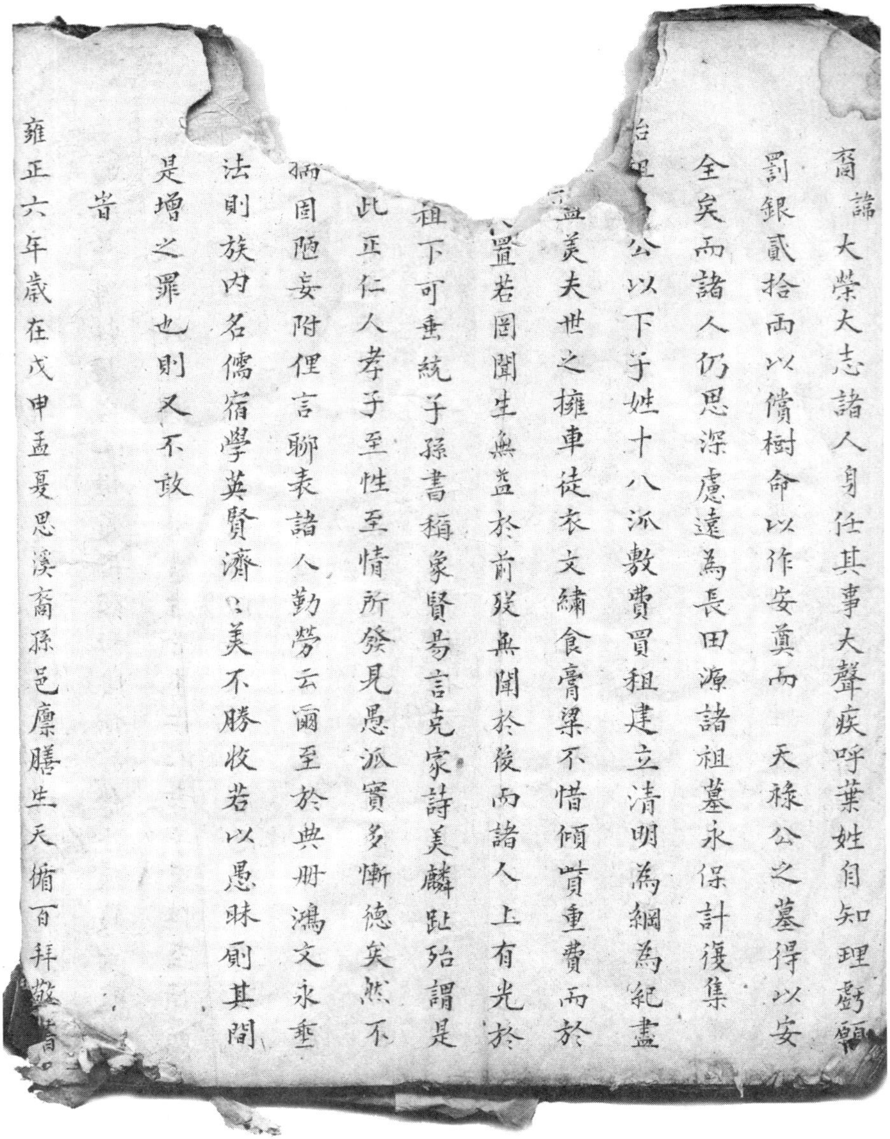
裔諸大榮大志諸人身任其事大聲疾呼葉姓自知理虧願
罰銀貳拾両以償樹命以作安奠両　天祿公之墓得以安
全矣両諸人仍思深慮遠為長田源諸祖墓永保計復集
台祖公以下子姓十八派敷費買租建立清明為綱為紀盡
□益美夫世之擁車徒衣文繡食膏粱不惜傾貲重費而於
□置若罔聞生無益於前沒無聞於後両諸人上有光於
祖下可垂統子孫書稱象賢易言克家詩美麟趾殆謂是
此正仁人孝子至性至情所發見愚派實多慚德矣然不
揣固陋妄附俚言聊表諸人勤勞云爾至於典冊鴻文永垂
法則族內名儒宿學英賢濟濟美不勝收若以愚昧廁其間
是增之罪也則又不敢
旨
雍正六年歲在戊申孟夏思溪裔孫邑廪膳生天循百拜敬書

江湾镇中[钟]吕村 5-19 · 雍正六年 · 俞氏族谱

祭義曰霜露既降君子履之必有悽愴之心雨露既濡君子
履之必有怵惕之心惟履霜露而悽愴故祭於秋履雨露而
怵惕故祭於春禮之重於祭者皆本仁人孝子至性至情所
鶴不能自已者也我祖若聖公由張文坑遷居思溪住有百年
木末寇賊駐為雨寨後裔避亂遷言田此思溪有上寨下寨
名實無此疆彼界之異迨寇平十八世祖伯恒公復由言
石思溪生二子長尭祖次振祖振祖分居上寨為上寨始
祖分居下寨為下寨始祖尭祖生仕任仕仼生昌昌生
宗寄榮生茂葉茂華生記生記生生七子而尭祖派下方
[illegible][illegible][illegible]盛自尭祖以及記生中閒六世形单影隻碩果僅存昔
人讀陳情表而流涕予觀譜系而不勝長嘆息矣雍正戊申
五世祖天祿公墳墓千年蔭木附近葉姓覔隅肆横竟行籠伐
幸而永川裔 諱 翔鵠溪裔 諱 之珏豊洛裔 諱 攸珪我張文坑

江湾镇中 [钟] 吕村 5-20 · 雍正六年 · 俞氏族谱

而恐未之逮各派諸賢續而成之光而大之是又祖宗[illegible]

望也夫永川裔孫郡庠生翔鵠川裔孫之玨文坑裔孫大[illegible]

豊洛裔孫攸珪仝百拜謹誌

江湾镇中[钟]吕村 5-21 · 雍正六年 · 俞氏族谱

居民忽而玩之烏知吾宗之實蓄且大哉今愚頑雖已懵昧
使祭掃仍復寥寥數傳而後豈無無知肆害如葉姓其人者
其他墳蔭又豈無被害如高庄者然則會大宗以齊展省立
以計久長在今日為急急也爰詣思溪歷龍騰至新源
諸族幸水源木本人有同心懽欣樂就于是按圖展墓
坐之圯塌者鳩工修之碑記之無存者刻石立之事竣
祭奠是日也衆派雲集冠裳濟濟合族子姓藹如也夫
致百載遼濶之宗一旦溯其源流綴乃世系直若宗祖在
上子孫親睦一堂者非吾族之盛舉歟惟石佛西源失其世
序仍在考實今集
始祖之下已會各派斂貲置田定期祭掃嚴飭條例以垂無窮
俾祖墓得衆派常親而地方侵害庶可永杜矣會成爰述此
事以誌之至於建墓祠修統譜此二大典吾四人有志焉

江湾镇中［钟］吕村 5-22 · 雍正六年 · 俞氏族谱

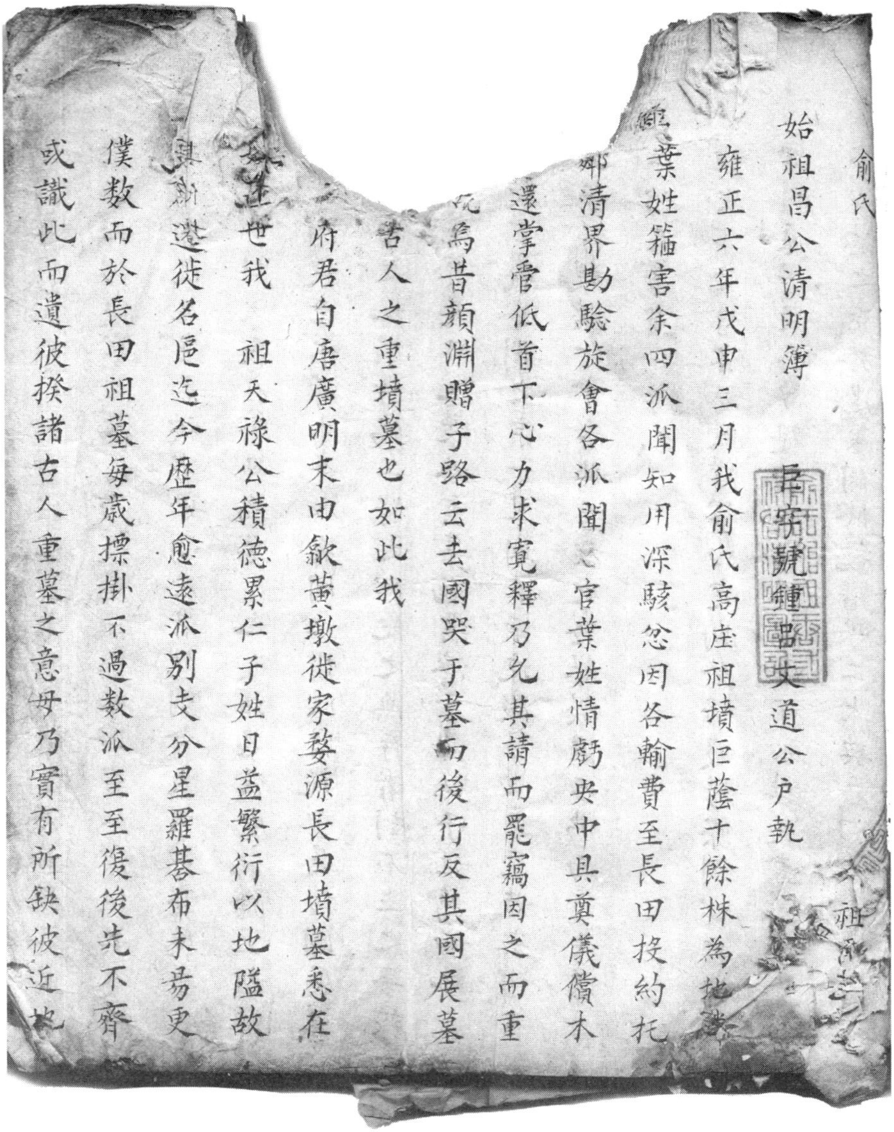

俞氏
始祖昌公清明簿　巨字號鍾呂大道公户執
雍正六年戊申三月我俞氏高庄祖墳巨蔭十餘株為地鄰
鄰葉姓貓害余四派聞知用深駭忿因各輸費至長田投約托
鄉清界勘驗旋會各派聞之官葉姓情虧央中具奠儀償木
還掌厝低首下心力求寬釋乃允其請而罷竊因之而重
有為昔顏淵贈子路云去國哭于墓而後行反其國展墓
諸人之重墳墓也如此我
府君自唐廣明末由歙黄墩徙家婺源長田墳墓悉在
後世我　祖天祿公積德累仁子姓日益繁衍以地隘故
其㴑遷徙名邑迄今歷年愈遠派別支分星羅碁布未易更
僕数而於長田祖墓每歲標掛不過數派至至復後先不齊
或識此而遺彼揆諸古人重墓之意毋乃實有所缺彼近地

江湾镇中[钟]吕村 5-23 · 雍正六年 · 俞氏族谱

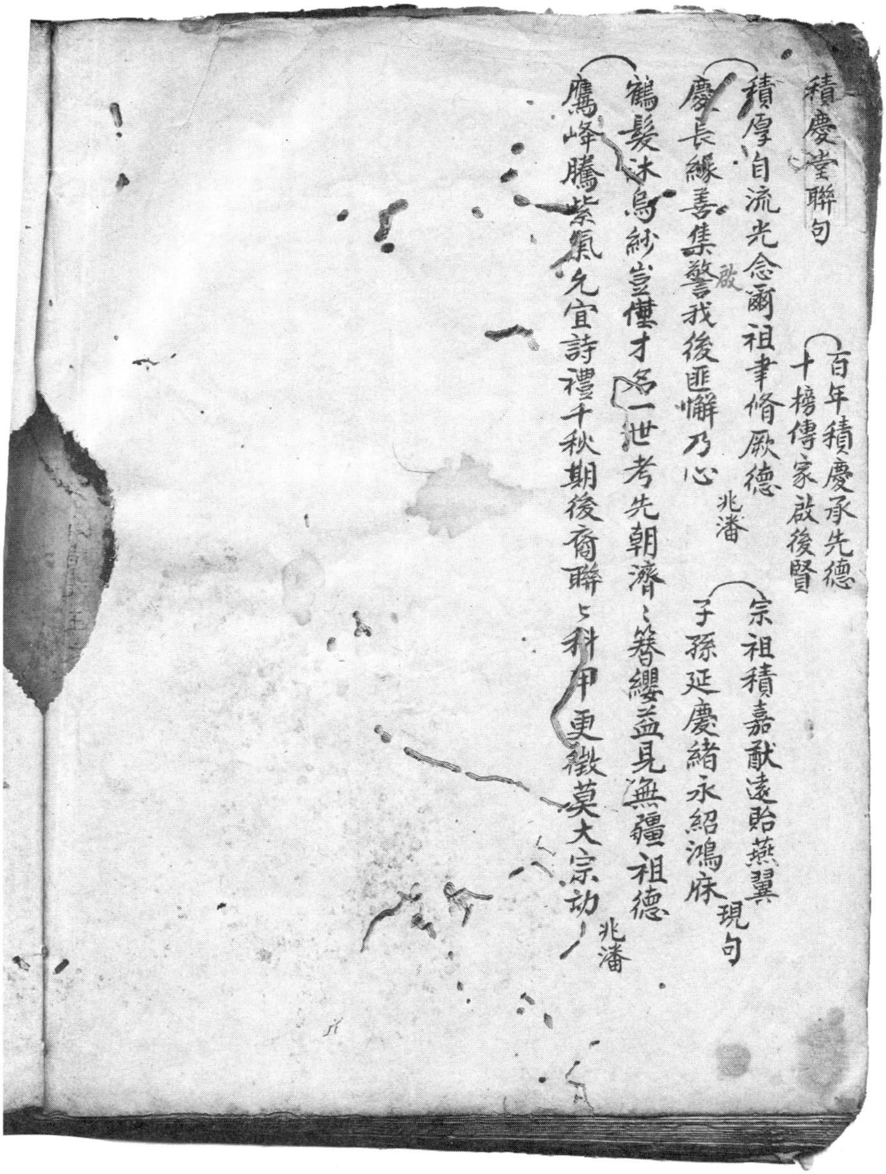

積慶堂聯句

積厚自流光念爾祖聿脩厥德
慶長緣善集警(啟)我後匪懈乃心 兆潘

百年積慶承先德
十榜傳家啟後賢

宗祖積嘉猷遠貽燕翼
子孫延慶緒永紹鴻庥 現句

鶴髮沐烏紗豈僅才名一世考先朝濟濟簪纓益見無疆祖德
鷹峰騰紫氣允宜詩禮千秋期後裔聯聯科甲更徵莫大宗功 兆潘

江湾镇中[钟]吕村 7-1 · 雍正十三年始 · 积庆堂公储账簿 · 祠正兆潘收执

收王元　小塘塢　晚

收李保你　李家門前　晚廿斤

收李保你　銀利　晚

收汪玄　汪敬叚　晚

收

江湾镇中 [钟] 吕村 7-2 · 雍正十三年始 · 积庆堂公储账簿 · 祠正兆潘收执

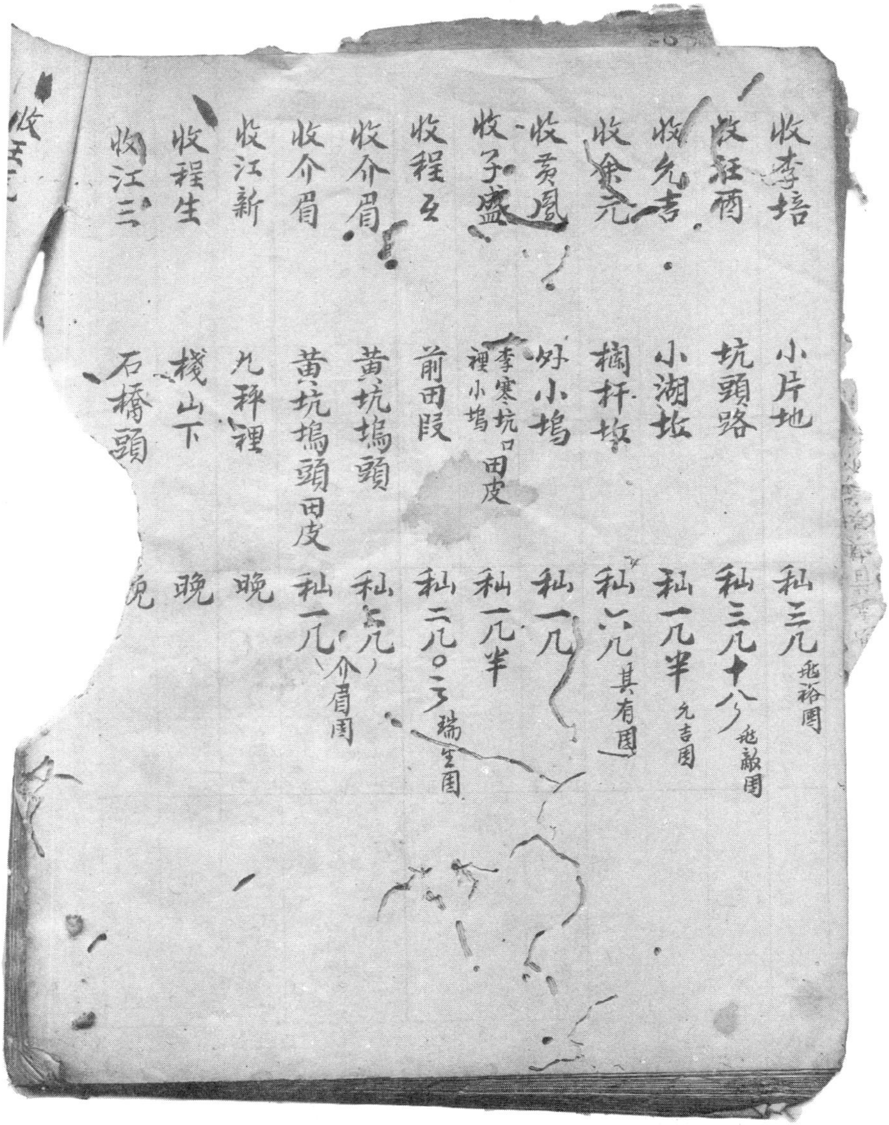

收李培　小片地　秈三几　兆裕周
收汪酉　坑頭路　秈三几十八斤　兆敏周
收允吉　小湖坵　秈一几半　允吉周
收余元　槲杆墩　秈六几　其有周
收秀凰　好小塢　秈一几
收子盛　李寒坑口裡小塢田皮　秈一几半
收程五　前田段　秈二几〇二斤　瑞生周
收介眉　黄坑塢頭　秈[illegible]几　介眉周
收介眉　黄坑塢頭田皮　秈一几
收江新　九秤裡　晚
收程生　棧山下　晚
收江三　石橋頭　晚
收王[illegible]

江湾镇中[钟]吕村 7–3 · 雍正十三年始 · 积庆堂公储账簿 · 祠正兆潘收执

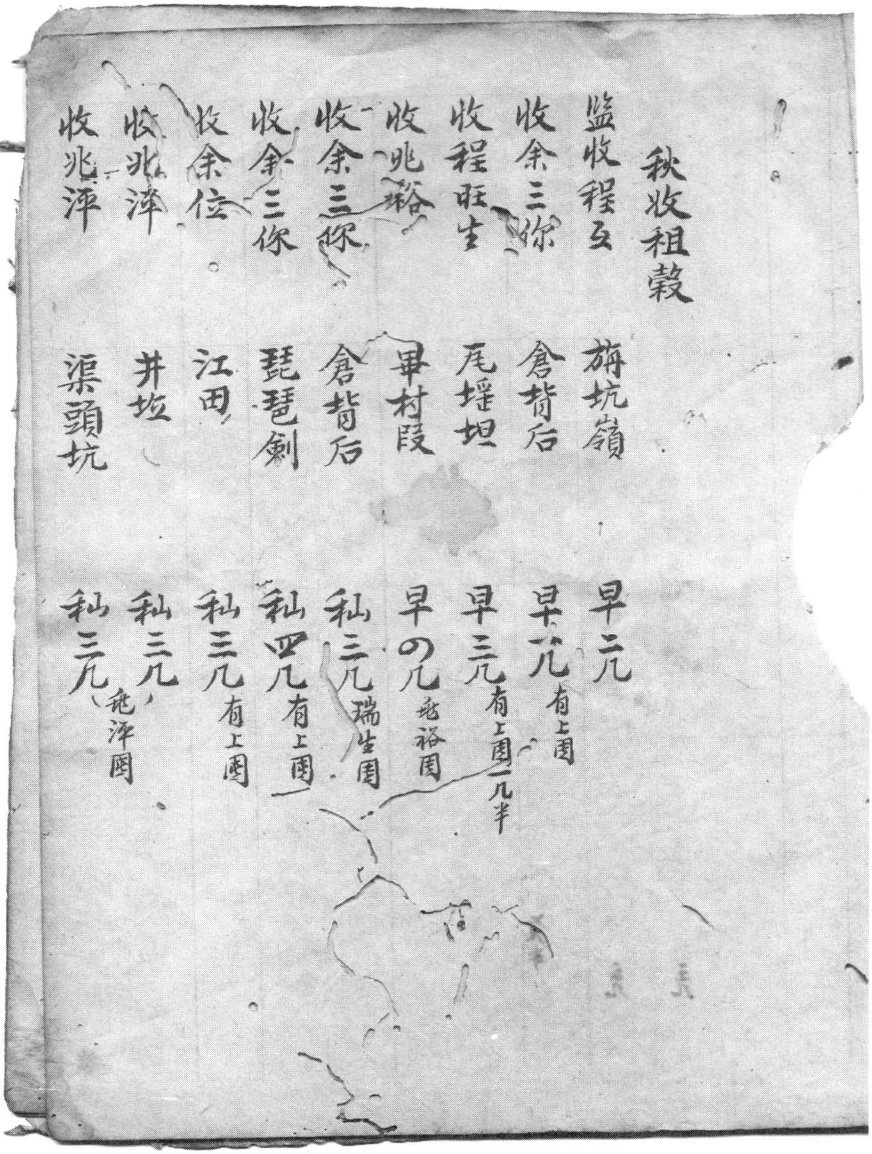

秋收租穀

監收程互　旃坑嶺　早二几

收余三你　倉背后　早一几 有上囲

收程旺生　尾堘坦　早三几 有上囲一几半

收兆裕　畢村段　早四几 兆裕囲

收余三你　倉背后　秈三几 瑞生囲

收余三你　琵琶劍　秈四几 有上囲

收余位　江田　秈三几 有上囲

收兆泙　井坵　秈三几

收兆泙　渠頭坑　秈三几 兆泙囲

江湾镇中 [钟] 吕村 7-4 · 雍正十三年始 · 积庆堂公储账簿 · 祠正兆潘收执

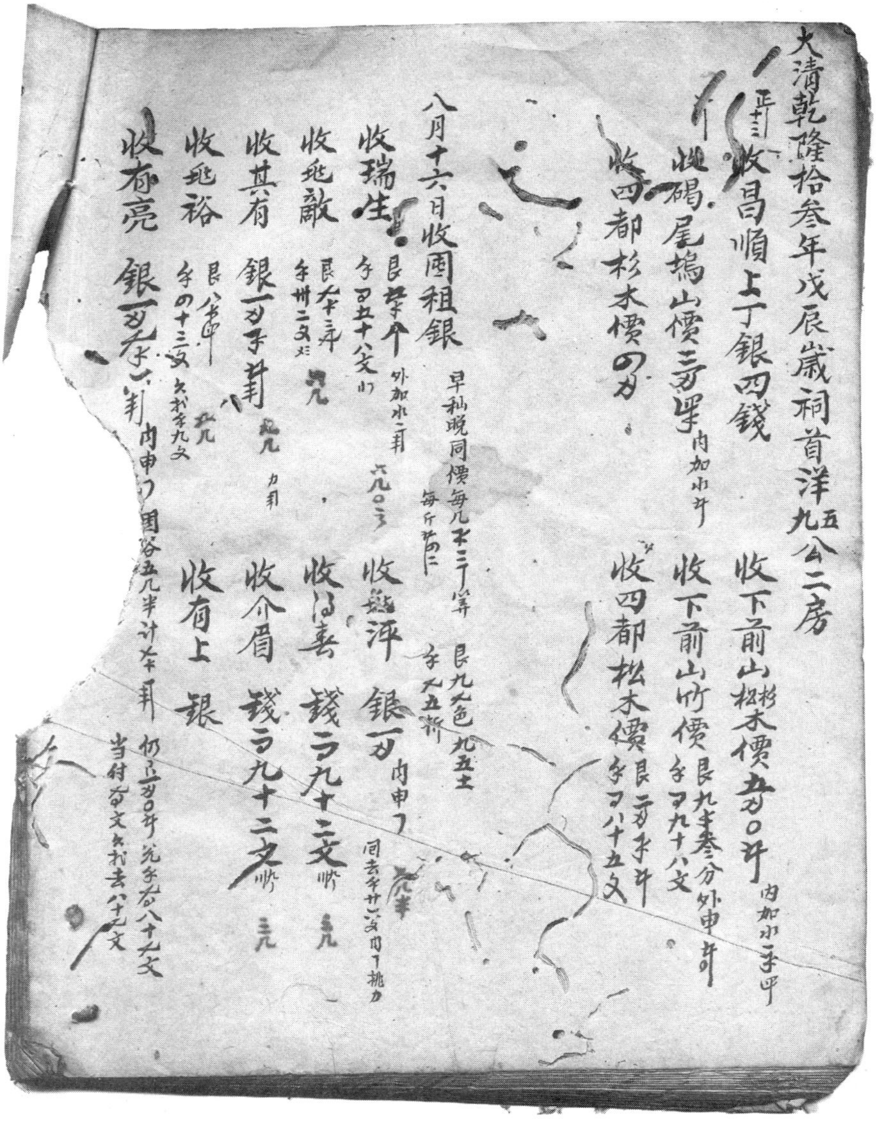
大清乾隆拾叁年戊辰歲祠首洋九五公二房

正十三 收昌順上丁銀四錢

收碣尾塢山價

收四都杉木價四分

收下前山杉松木價

收下前山竹價

收四都松木價

八月十六日收囷租銀

收瑞生 手ㄗ五十八文

收兆敵 手卅二文

收其有 銀一两

收兆裕

收有亮 銀

收泙 銀一两

收ㄗ妻 錢二九十二文

收介眉 錢二九十二文

收有上 銀

江湾镇中［钟］吕村 7-5 · 雍正十三年始 · 积庆堂公储账簿 · 祠正兆潘收执

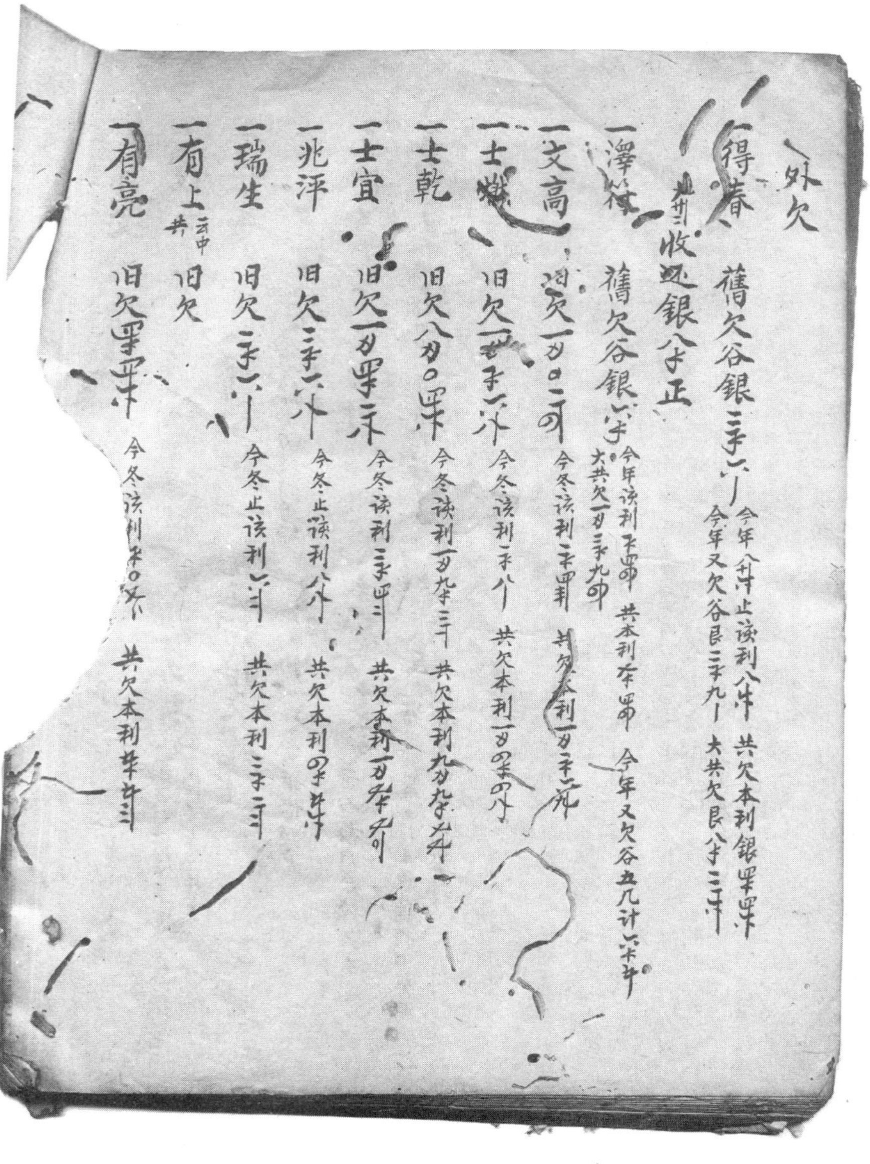

外欠

一得春 舊欠谷銀[illegible] 今年[illegible]止該利[illegible] 共欠本利銀[illegible] 今年又欠谷銀[illegible] 大共欠銀[illegible]

收過銀[illegible]正

一澤[illegible] 舊欠谷銀[illegible] 今年該利[illegible] 共本利[illegible] 今年又欠谷[illegible]計[illegible] 大共欠[illegible]

一文高 舊欠[illegible] 今冬該利[illegible] 共欠本利[illegible]

一士[illegible] 旧欠[illegible] 今冬該利[illegible] 共欠本利[illegible]

一士乾 旧欠[illegible] 今冬該利[illegible] 共欠本利[illegible]

一士宜 旧欠[illegible] 今冬該利[illegible] 共欠本利[illegible]

一兆泙 旧欠[illegible] 今冬止該利[illegible] 共欠本利[illegible]

一瑞生 旧欠[illegible] 今冬止該利[illegible] 共欠本利[illegible]

一有上 [illegible]共 旧欠

一有亮 旧欠[illegible] 今冬該利[illegible] 共欠本利[illegible]

江湾镇中[钟]吕村 7-6 · 雍正十三年始 · 积庆堂公储账簿 · 祠正兆潘收执

出支

支錢三〇五文 皇恩與佃

支鈔五十八文 交本年糧

支鈔ア乂十父文 貼四都王四段做田塝 俞才手

支鈔六十三文 订祖稱

支銀三手六丨 九廿一日等情汤費

支鈔ㄗ〇の文 小占村江容来写金鈎揆簿 山程 点心昼費

支鈔拾文 貼冊右

支鈔廿一文 买纸做归户

支鈔の十五文 冊右做归户汤夾米

支銀伍分 补足九丹王村王鲁瑞將田契典右 言定逐年交祖士稱

江湾镇中［钟］吕村 7-7 · 雍正十三年始 · 积庆堂公储账簿 · 祠正兆潘收执

收李孟秋　银利　晚三几九ヶ　有上周

收江莪帷　九秤裡　晚九几　有上周四几半　春基周四几半

收程生　栈山下　晚一几〇ヶ　兆裕周

收汪玄　汪敬叚　晚四几　兆裕周

收江三　石橋頭　晚一几半

收王九　小塘塢　晚三几　兆祖周二几廿ヶ

早私晚共实收六十四几〇ヶ

一范降生　猪汰私租十一几半　六房年頭士荷士瑚收

一得春　欠中方坵田皮私叁秤　计二手九ヶ　未付衆　入[illegible]

一余三你　欠倉背石私叁秤

一允吉　欠小湖坵私[illegible]　係澤符收去　计艮一ヶ半ヶ　未付衆　入[illegible]

江湾镇中［钟］吕村 7-8 · 雍正十三年始 · 积庆堂公储账簿 · 祠正兆潘收执

收黄鳳　外小塢　私一几　有上囬

收余三你　琵琶劍　私三几十八分　外蝕六分　有上囬

收李培　小片地　私三几　有亮囬

收兆泙　下井坵　私二几半　外蝕半几　地泙囬

收余元　榍杆坵　私五几半　外蝕半几　有亮囬三几　有上囬

收汪酉　坑頭路　私三几十八分　君圣囬

收子盛　李寒坑口田皮　裡小塢　私一几半　有上囬

收程五　前田段　私二几〇二分　地裕囬

收兆泙　渠頭坑　私三几　地泙囬

收余位　江田　私三几　有亮囬元　有上囬又分

收秦萬　黄坑　私二几十八分　外蝕六分　君圣囬

收李保你　李家門前　晚二十斤　有上囬

江湾镇中[钟]吕村 7-9 · 雍正十三年始 · 积庆堂公储账簿 · 祠正兆潘收执

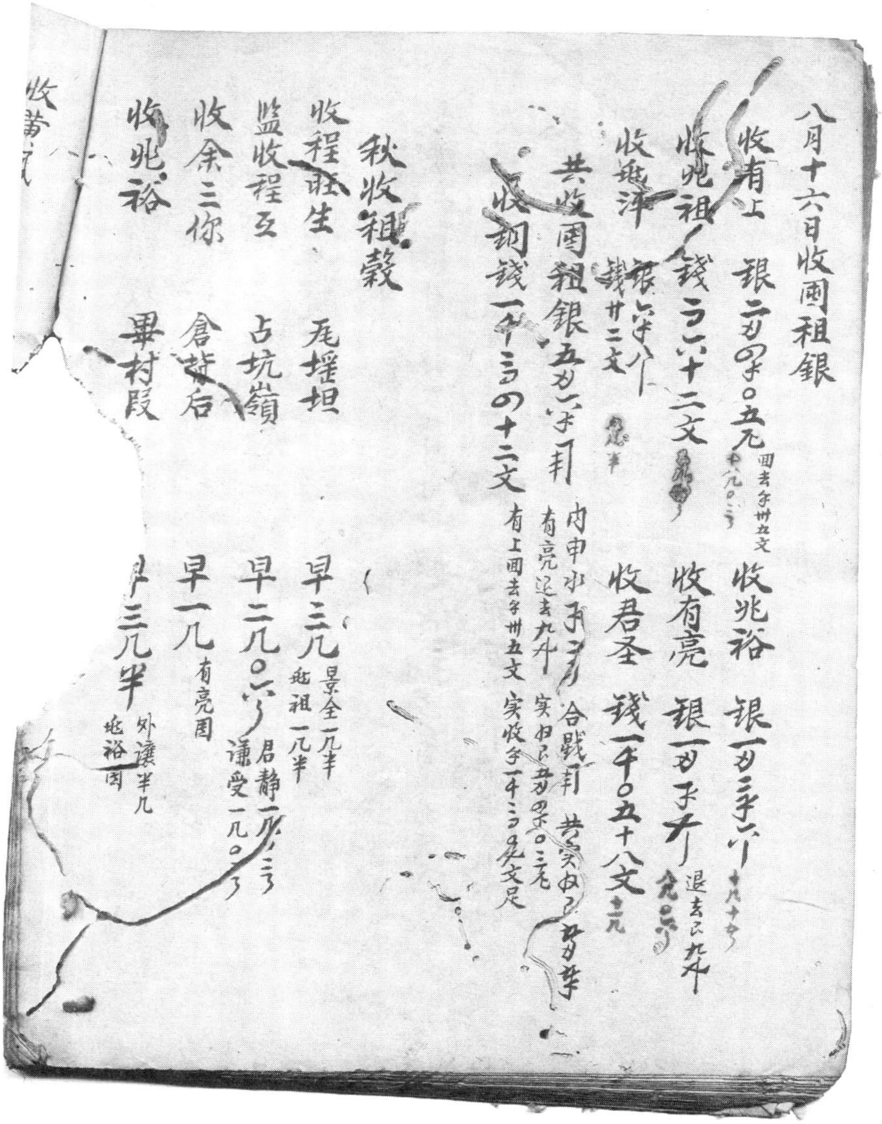

八月十六日收田租银
收有上　银二两四钱〇五几　田去手卅五文
收兆祖　钱[illegible]十二文
收兆洋　银[illegible]　钱廿二文
共收田租银五两[illegible]
收铜钱一千[illegible]十二文
有上田去手卅五文　实收[illegible]文足
收兆裕　银一两[illegible]
收有亮　银一两[illegible]　退去[illegible]
收君圣　钱一千〇五十八文
内申[illegible]　合戥[illegible]
有亮退去九[illegible]　实[illegible]
秋收租穀
收程旺生　庵堘坦　早三几　景全一几半　兆祖一几半
监收程五　占坑嶺　早二几〇[illegible]　君静一[illegible]　谦受一几〇[illegible]
收余三你　倉[illegible]后　早一几　有亮田
收兆裕　畢村段　[illegible]三几半　外讓半几　兆裕田
收黃[illegible]

江湾镇中[钟]吕村 7-10 · 雍正十三年始 · 积庆堂公储账簿 · 祠正兆潘收执

乾隆拾貳年丁卯歲祠首洋九

正月 收昌伍上丁銀兩錢

收昌廟上丁銀四錢

二十 收有曉上還銀一刃三手丁

收昌崇嵩上丁銀陸錢

十六 收君靜还銀伍分

支銀手二丁 付君靜黃坑田中用

支銀六手三丁 蓋屋十九工工手

支銀五分 買磚樺二方二

支錢四十九文 作正 有还廣占旧充稅礼

支銀二手 黃坑田交易酒

支銀一刃子甲 供蓋屋匠飯十九日 每日六厘等

支銀一分 樺桷釘

江湾镇中 [钟] 吕村 7–11 · 雍正十三年始 · 积庆堂公储账簿 · 祠正兆潘收执

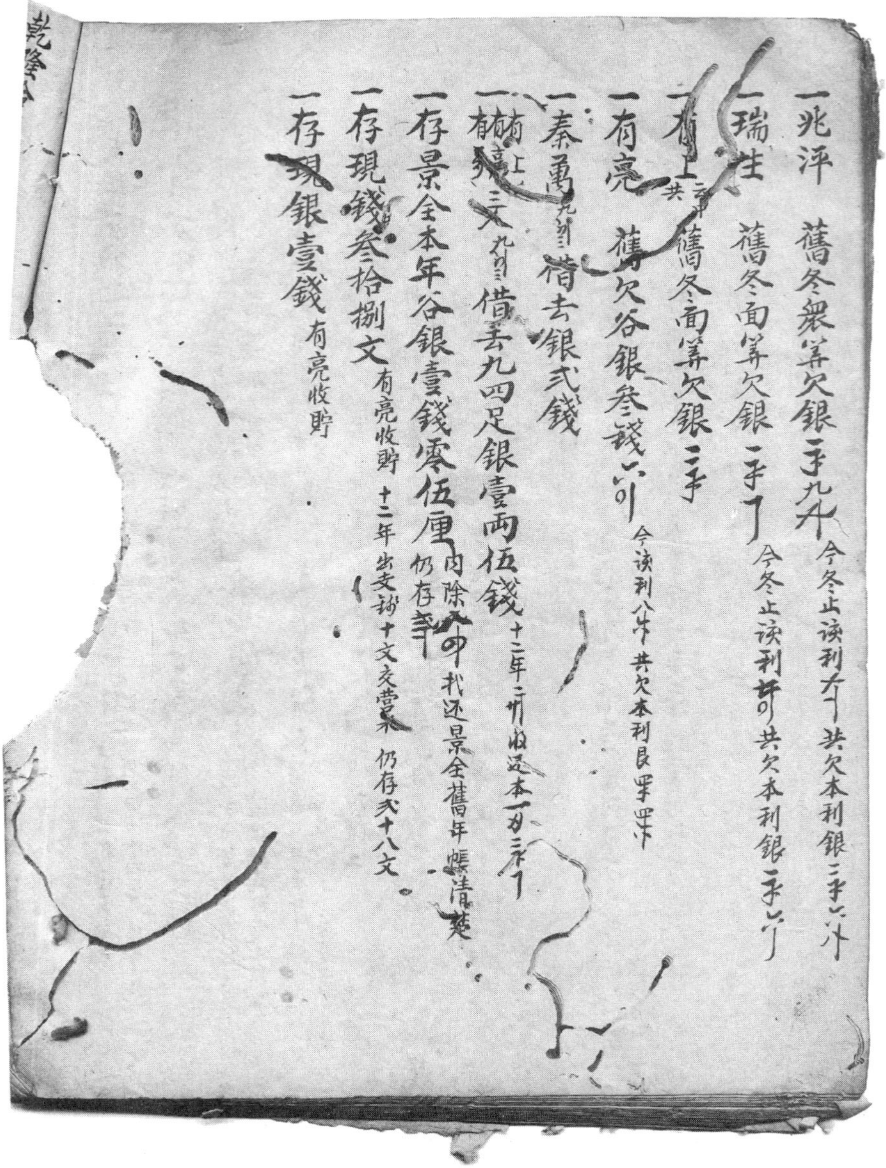

乾隆

一兆泙　舊冬衆算欠銀二手九升　今冬止該利廿丁　共欠本利銀二手六升

一瑞生　舊冬面算欠銀二手丁　今冬止該利廿可　共欠本利銀二手六丁

一有上　共二手　舊冬面算欠銀二手

一有亮　舊欠谷銀叁錢六可　今該利八升　共欠本利艮罒罒升

一秦萬　九月三　借去銀弍錢

一有禧　上　三文　九月三　借去九四足銀壹兩伍錢　十二年二月收还本一两二斗丁

一存景全本年谷銀壹錢零伍厘　內除八申　找还景全舊年帳清楚　仍存章

一存現錢叁拾捌文　有亮收貯　十二年出支錢十文交豐米　仍存弍十八文

一存現銀壹錢　有亮收貯

江湾镇中［钟］吕村 7-12 · 雍正十三年始 · 积庆堂公储账簿 · 祠正兆潘收执

八月 支银一两〨钱还二仙楼丁会 本利清讫

九月三 支银一两〥钱 私足 肴又有亮友万三入佛去 入后

十月 支银一〨〦 买士珙士理旂侄土名栈山下晚田计租十二秤硬

十二 支银〢〨八分 修明堂

支银二钱 买树修揽脚

支银〦分 册石泊妻收栈山下冒坑田 桥礼 保康占元

次共出支银八两〥〢九分

外支帐

支银三两〤钱 王村王文树借去 私足 十二月廿日收还本利三两〦〢 讫

支银一〢 秦万佛加 入后

支银〤两〇〦分 十二月买秦万昆弟妹侄土名黄坑坞头田计租弍秤硬又田皮壹秤

支银〢 君静借去 收还〢 仍欠〢 十二年正月收还 讫

支银〦分 炳文修掉揽工

支银〢〨 买首呐一支 借

除出支仍存现银〢〇 铜钱卅八文 共作银〢〨 付有亮收贮 外耗戥八分 入后

一文高 旧冬尚欠银〨〢 今冬止该利〢九分 共欠本利银一两〇〢

一士燃 旧冬众算欠银九〢〦 今冬止该利〢〤 共欠本利银一两〢〡

一士乾 旧冬众算欠银一两〢〨 今冬止该利一两〨 共欠本利银八两〇〦

一士宜 旧冬众算欠银一两〢〤 今冬止该利〢〦 共欠本利银一两〦〢

江湾镇中[钟]吕村 7-13 · 雍正十三年始 · 积庆堂公储账簿 · 祠正兆潘收执

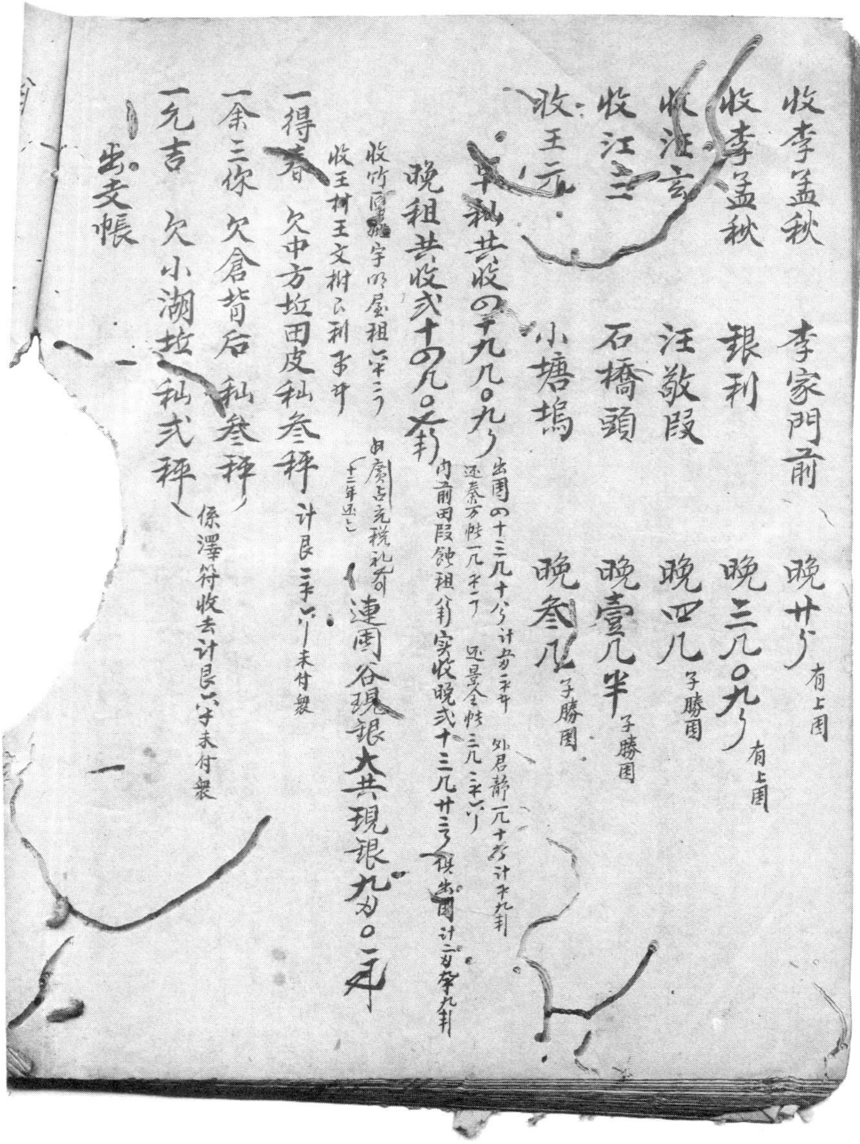
收李盖秋　李家門前　晚廿ㄋ　有上周
收李盖秋　銀利　晚三几〇九ㄋ　有上周
收汪玄　汪敬段　晚四几　子勝周
收江三　石橋頭　晚壹几半　子勝周
收王元　小塘塢　晚叁几　子勝周
早秈共收〇十九几〇九ㄋ　出周〇十三几十ㄋ计〇〇二斗廿　还秦万性一几二斗ㄒ　外君静一几十〇计斗九斤
晚租共收弍十〇几〇〇斤　内前田段蝕租〇斤　实收晚弍十三几廿三ㄋ　还景全性三几二斗〇ㄧ　俱出周计二百〇九斤
收竹園〇字〇屋租〇斗二ㄋ
收王村王文树〇利〇斗
由廣吉元税礼〇　十三年还㐅
一連周谷現银　大共現银九〇〇二斤
一得春　欠中方坵田皮秈叁秤　计艮二斗〇ㄧ未付清
一余三你　欠倉背后秈叁秤
一元吉　欠小湖坵秈弍秤　係澤符收去计艮〇斗未付清
出支帳

江湾镇中［钟］吕村 7-14 · 雍正十三年始 · 积庆堂公储账簿 · 祠正兆潘收执

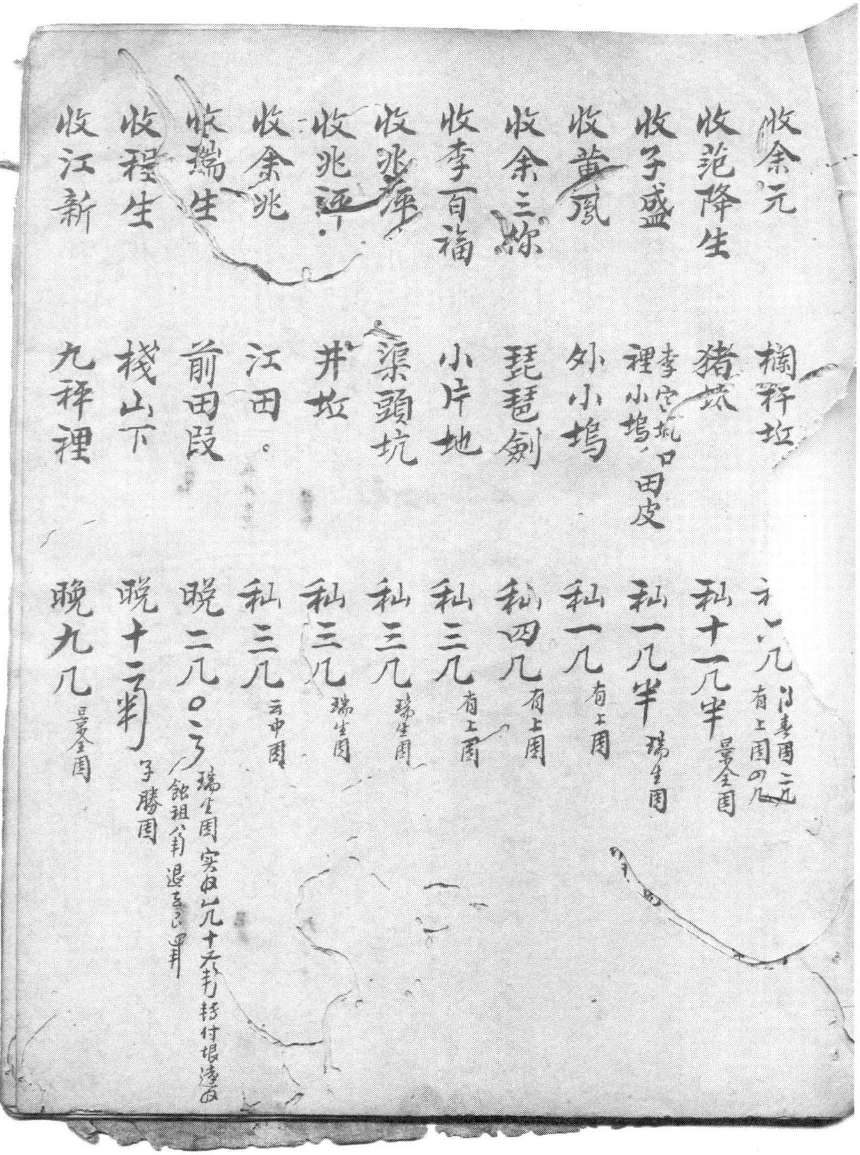

江湾镇中［钟］吕村 7–15 · 雍正十三年始 · 积庆堂公储账簿 · 祠正兆潘收执

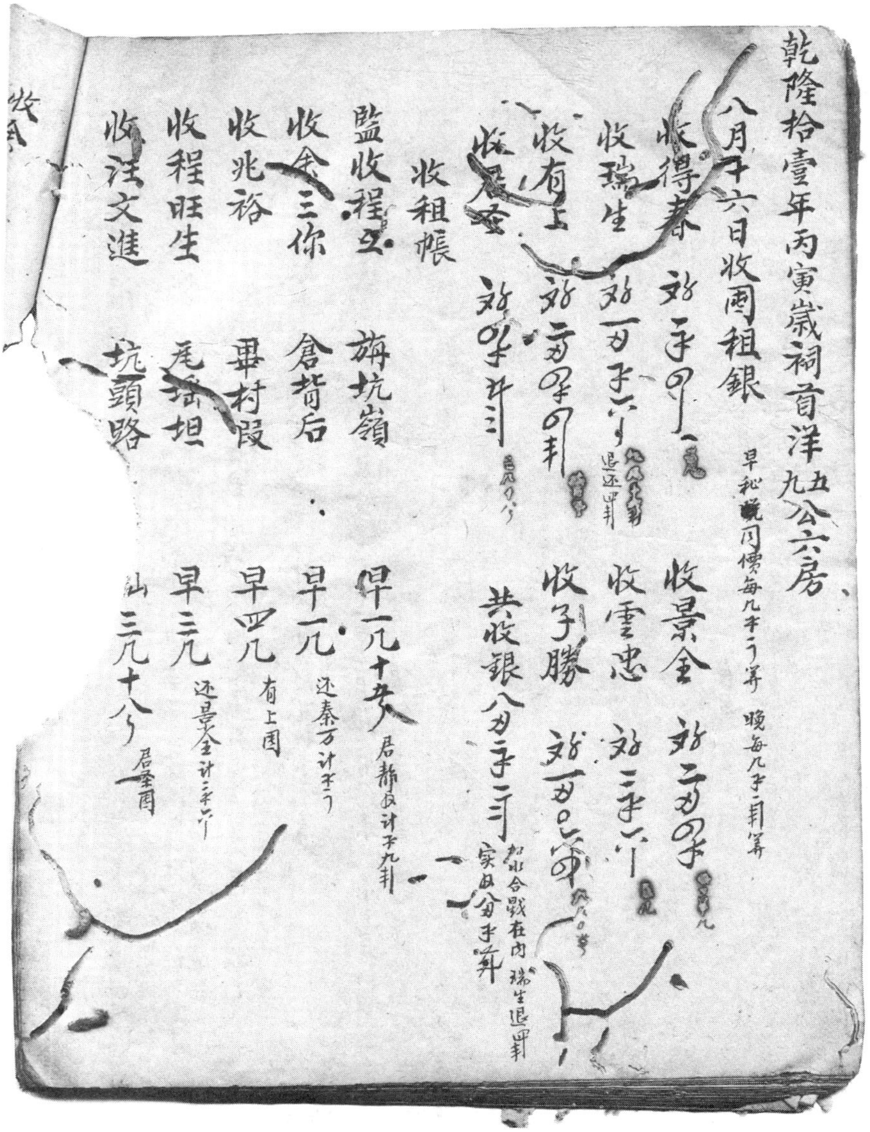

江湾镇中[钟]吕村 7-16 · 雍正十三年始 · 积庆堂公储账簿 · 祠正兆潘收执

一欠……

一借到景全銀壹錢叁分……用 照还秦万帳上様该还景全艮罕四分有尾墇坦祖

又欠景全銀弍錢肆分 係江田仝背后小湖垴田二契書礼 三几计二千□，仍欠八分 存谷艮□还清讫

一欠君静其友共銀弍錢弍分伍厘 係仝背后小湖垴田中用 照还秦萬帳□□算该还二千□ 付占坑叁坵□一几十五□计千□ 仍欠□□

一欠秦萬銀壹錢 係酧查字號工付倉背后租一几计千□清讫

一欠二仙樓丁會銀壹兩伍錢肆分 十一年二月初二日借来扎清昌灯江田田價讫 此宗逐月加利 八年还本利山艮□分清讫

江湾镇中[钟]吕村 7-17 · 雍正十三年始 · 积庆堂公储账簿 · 祠正兆潘收执

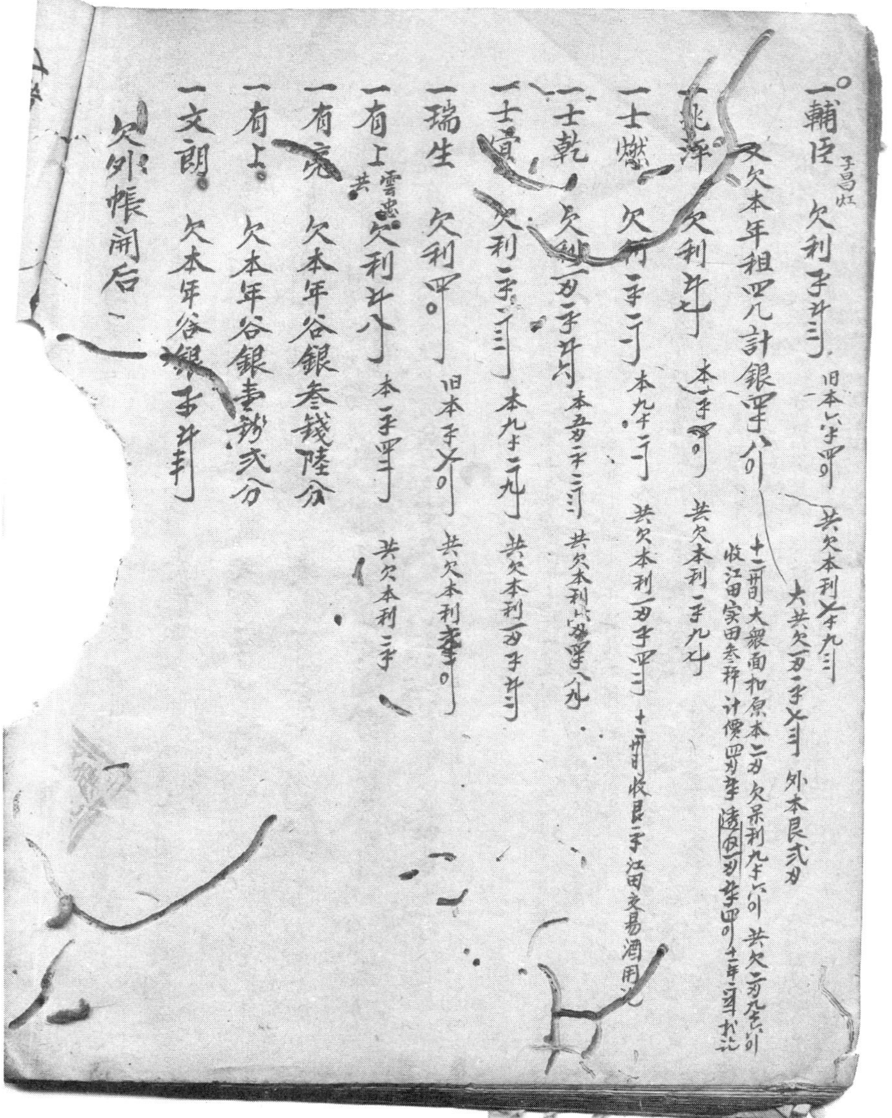

江湾镇中［钟］吕村 7-18 · 雍正十三年始 · 积庆堂公储账簿 · 祠正兆潘收执

支銀四刄笙　买兆洋井坎私田□ 每秤山刄笙正價

支銀〢〦〣　井坎中用

支銀〣〥〇〢　还文朗八十六月酒費

支銀〢〢〇〢　付滕成貼江坑鄫坑播沙

支銀〢〨〇〢　付濘良上江田倉背后小湖坵 三処田税礼

除出支仍該衆銀陸錢叁分伍厘

支銀〦〤〥〇〢　买之〢土珊土名棧山下免田計租〢〢〦硬

支銀〢〨〇〢　前田段右用并井坵棧山下田 右契礼

支銀〡〢〣〇〢　作谷二秤貼景全經理

支銀〡〢〥〇〢　清造二大房公儲字号

共出支過八刄〣〢〢〦　外分拆飯耗〦

有亮欠〢〢〦〇〢　有上欠〢〢〇〢　文朗欠〢〥〦

〢兵谷艮〦〢〦 入後

一澤符　欠利三刄〤〢〤〢　本十五刄〤〢〢〢　共欠本利十九刄〣〢〩〢　施江平
十二廿一日收吉倉背后小湖坵二处共租五秤抵还

一文高　欠利〢〢〇〡〩　本〤刄〢〢〥〡　共欠本利一刄〢〢〥〩
十二廿日大衆面扣本銀只九〢〦〇〢利〢〨〥　共本利一刄〢〤〥　当□□□等酒
扣欠〦〢〤〥

又欠本年　李寒坑裡小塲田皮租一兀半　計銀〢〨〇〢
十二廿日面扣淨欠八〢〢〥

一得春叔侄　欠利〣〢〩〢　本二刄〇〥〇〢　共欠本利二刄〢〣〢　施江平
十二廿日大衆面扣原本一刄〢〢 欠呆利八〢 共本利二刄

收〢〢〇〢 存扎乾隆九年分錢粮 ⺇妻自欽
收一〢八〇〢 前田段棧山下井坵三処田上税礼

除收仍淨欠衆銀一刄〦〢　将中方坵田皮抵还　計田皮租叁秤硬

江湾镇中[钟]吕村 7-19 · 雍正十三年始 · 积庆堂公储账簿 · 祠正兆潘收执

收李孟秋　李家門前　晩二十斤　有上团
收李孟秋　銀利　晩三儿〇九𠄌　百寿收三儿　有上团九𠄌
收江三　石橋頭　晩一儿半　有上团
收王元　小塘塢　晩三儿
收汪言　汪歙段　晩四儿　文朗收三儿〇𠄌　計三手九斤　代君静𠄌　代有上九𠄌
收兆和　畢村段　早四儿　兆裕团
早私晩共六十四儿〇三𠄌　文高欠田　交祖在外　出支五十二儿十三𠄌出团　内欠有上九𠄌　君静𠄌　代讫
支二儿半　貼黄年高段擋沙　除使过仍穀九儿〇三斤　計銀一〤〇八斤
連团谷現銀共計〤〤二手六斤　内除四〤挑力谷価　仍〤〤三手二斤　又舊存一〤八卜贰〡
新舊大共該衆銀玖〤壹錢肆分伍厘　本年欠谷艮俱结在内
出支
支銀一〤罕斤〡　罗君静有上前田段　晩田一秤硬　支銀手六〡　盖屋二工包飯

江湾镇中［钟］吕村 7-20 · 雍正十三年始 · 积庆堂公储账簿 · 祠正兆潘收执

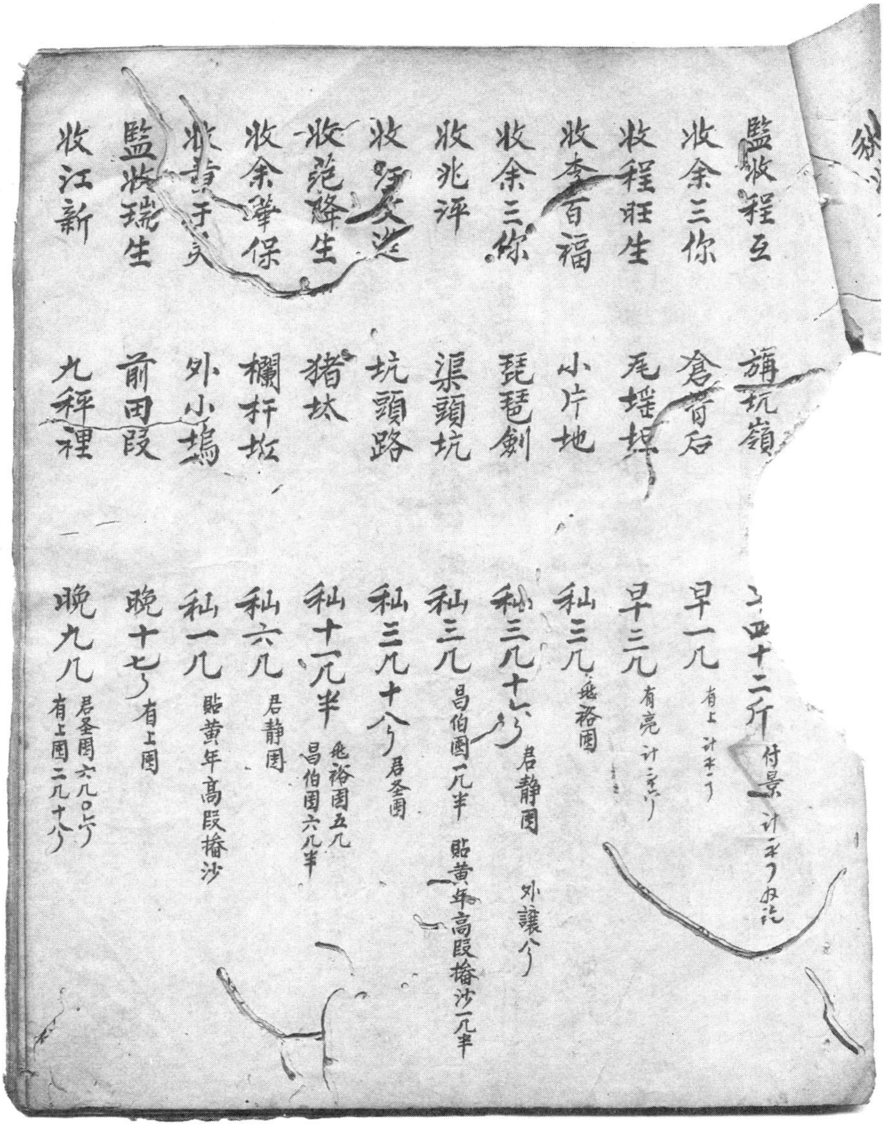

江湾镇中[钟]吕村 7–21 · 雍正十三年始 · 积庆堂公储账簿 · 祠正兆潘收执

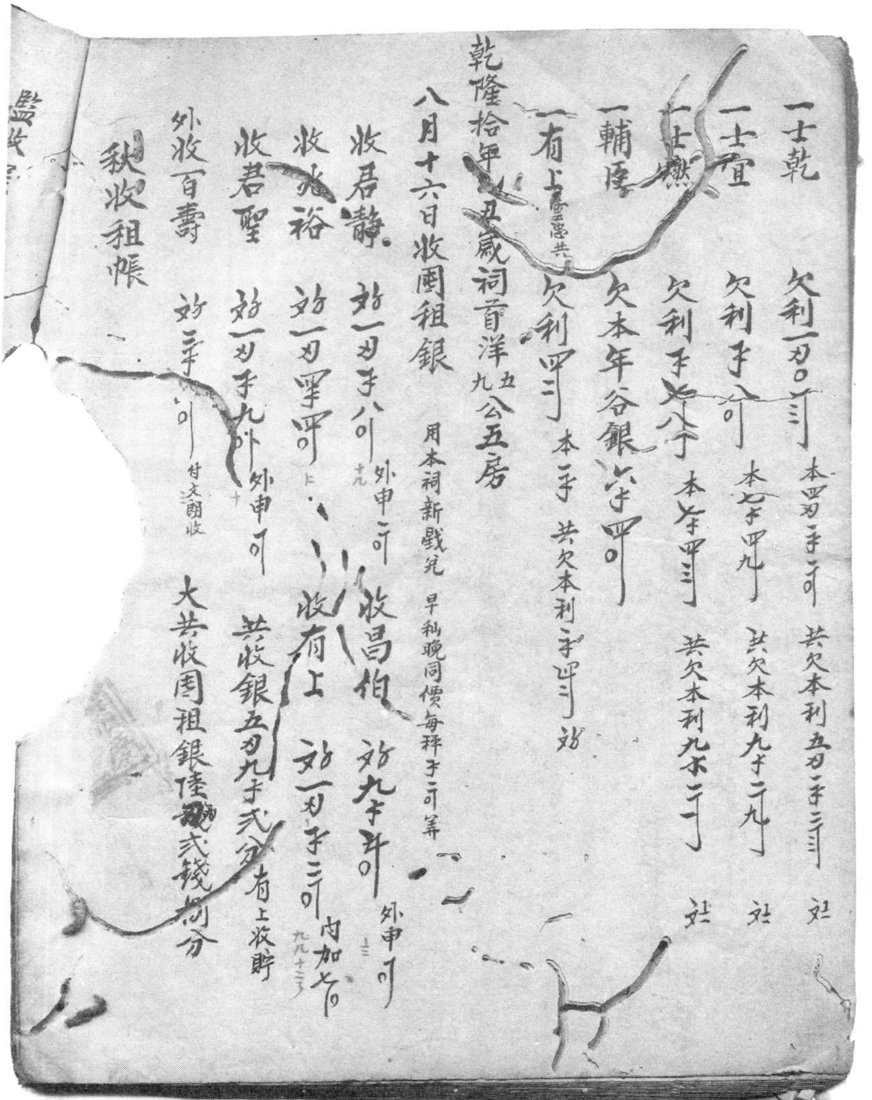
一士乾
一士宜
一士燃
一輔[illegible]
一有上[illegible]
乾隆拾年乙丑歲祠首洋五九公五房
八月十六日收周租銀
用本祠新戲兌 早秈晚同價每秤[illegible]筭
收君静
收兆裕
收君聖
收昌伯
收有上
共收銀五[illegible]九[illegible]弍分 有上收時
秋收租帳
外收百壽
大共收周租銀陸兩弍錢捌分

江湾镇中［钟］吕村 7-22 · 雍正十三年始积 · 庆堂公储账簿 · 祠正兆潘收执

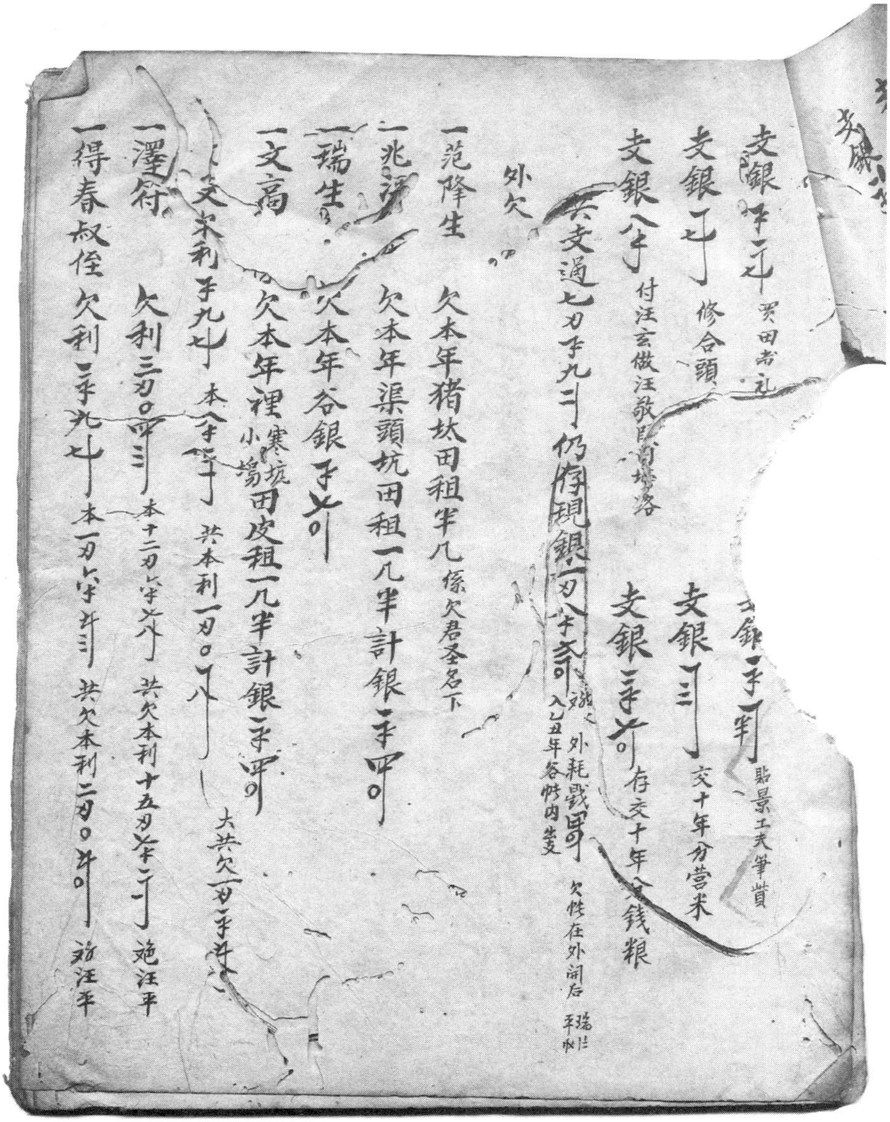

支銀[illegible] 买田者礼
支銀[illegible] 修合頭
支銀[illegible] 付汪玄做汪敬臣前塘路
共支過[illegible] 仍存現銀[illegible]
外耗戥[illegible] 欠性在外間后
支銀[illegible] 存交十年[illegible]錢粮
支銀[illegible] 交十年分营米
支銀[illegible] 貼景工夫筆貲

外欠
一范降生 欠本年猪坟田租[illegible] 係欠君圣名下
一兆[illegible] 欠本年渠頭坑田租[illegible]計銀[illegible]
一瑞生 欠本年谷銀[illegible]
一文高 欠本年裡寒坑小塲田皮租[illegible]計銀[illegible]
一[illegible] 欠本利[illegible] 本[illegible] 共本利[illegible] 大共欠[illegible]
一濯符 欠利[illegible] 本[illegible] 共欠本利[illegible] 施汪平
一得春叔侄 欠利[illegible] 本[illegible] 共欠本利[illegible] 施汪平

江湾镇中[钟]吕村 7-23 · 雍正十三年始 · 积庆堂公储账簿 · 祠正兆潘收执

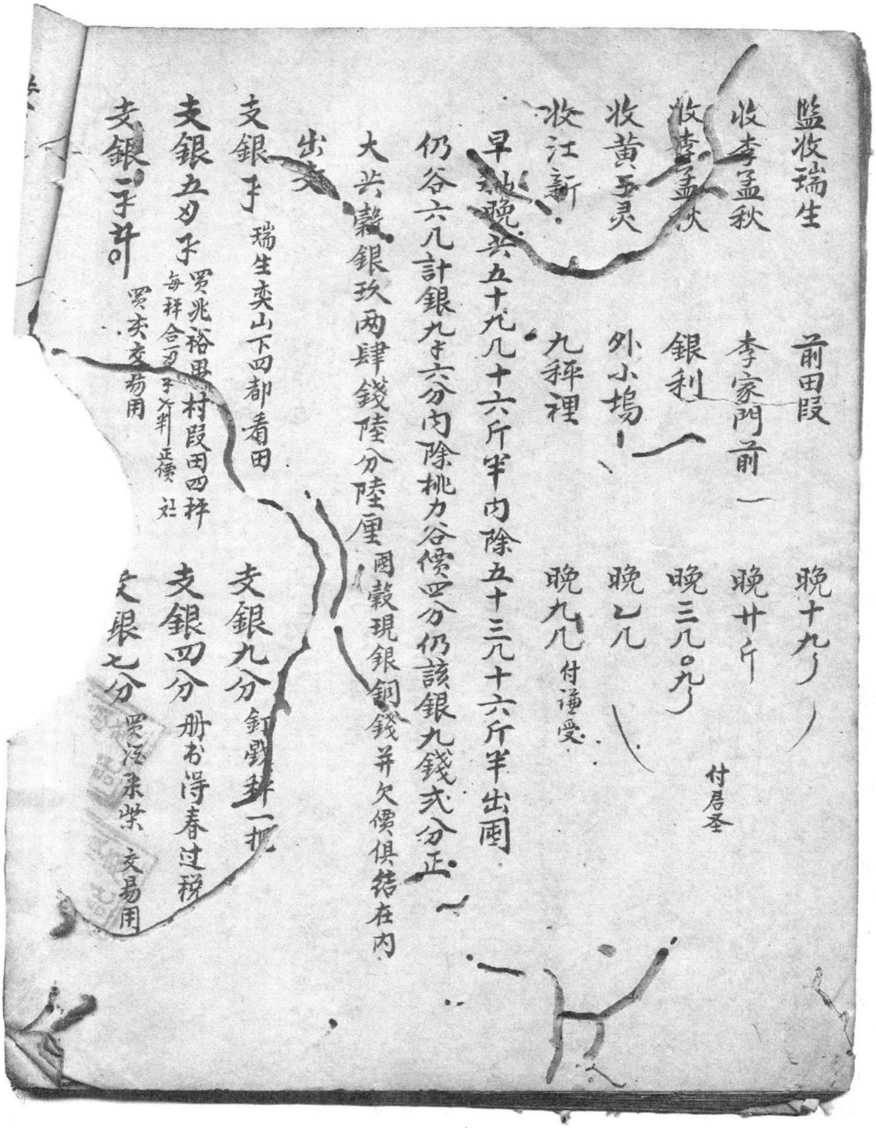

江湾镇中［钟］吕村 7-24 · 雍正十三年始 · 积庆堂公储账簿 · 祠正兆潘收执

監收程乏　旃坑嶺　早乙几十八斤付景

收余三你　倉背后　早乙几付有上

收程旺生　尾塢坦　早三几付有上乙几半　瑞生乙几半

收李有福　小片地　私三几付有上

收余三你　琵琶劍　私四几付有亮

收兆泙　渠頭坑　私三几付有亮一几半　泙一几半

收汪本進　坑頭路　私三几十八斤付有亮

收范降生　猪垯　私十一几付星子七几半　付君圣三几半　仍欠半几未交

收余元　榆杆坻　私六几付有上

收汪三　石橋頭　晚一几半　付君圣

收王元　小塘塢　晚三几

收汪玄　汪敬段　晚叁几十六斤　付有上二几〇六斤　还有上旧欠十斤　付君圣又斤　付景乙几〇六斤

江湾镇中[钟]吕村 7-25 · 雍正十三年始 · 积庆堂公储账簿 · 祠正兆潘收执

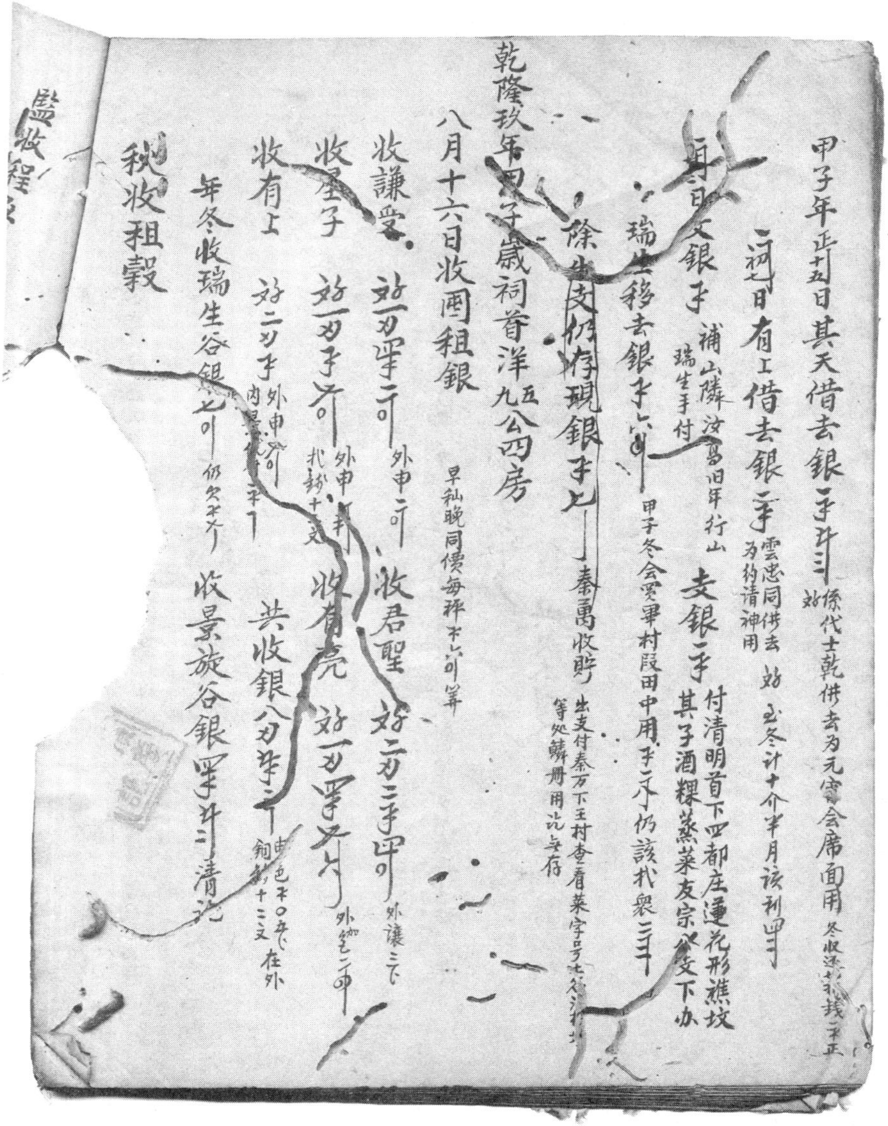

江湾镇中［钟］吕村 7-26 · 雍正十三年始 · 积庆堂公储账簿 · 祠正兆潘收执

支銀〸〢兩 罗小片地渠頭坑… 〥錢〥兩(?) 册书收小片地渠頭坑一処税礼

以上共支過十一兩〢錢〇三厘 又耗戥〢〣厘 除支過仍存現銀陸錢壹分 秦禹收

一存輔臣本年谷銀肆錢捌分 甲子年二月三日瑞生手收訖

一存黄愛本年谷銀壹錢式分

外欠

一澤符 欠利式兩〤錢〥分 本銀拾兩式錢〤分 共欠本利拾式兩〥錢〥厘 施汪平

一文亮 欠利〢兩〤分 本年〥分 又欠本年租一元半 計銀〢錢〡分 共欠本利八錢〢分 社

一得春叔姪 面扣欠本利壹兩陸錢伍分叁厘 姑汪平

一士宜 面扣欠本利柒錢肆分玖厘 社

一士乾 面扣欠本利肆兩式錢式分 社

一士燃 欠利〢兩〤錢 本年九分 共欠本利乙兩〤錢〣分 社

江湾镇中[钟]吕村 7-27 · 雍正十三年始 · 积庆堂公储账簿 · 祠正兆潘收执

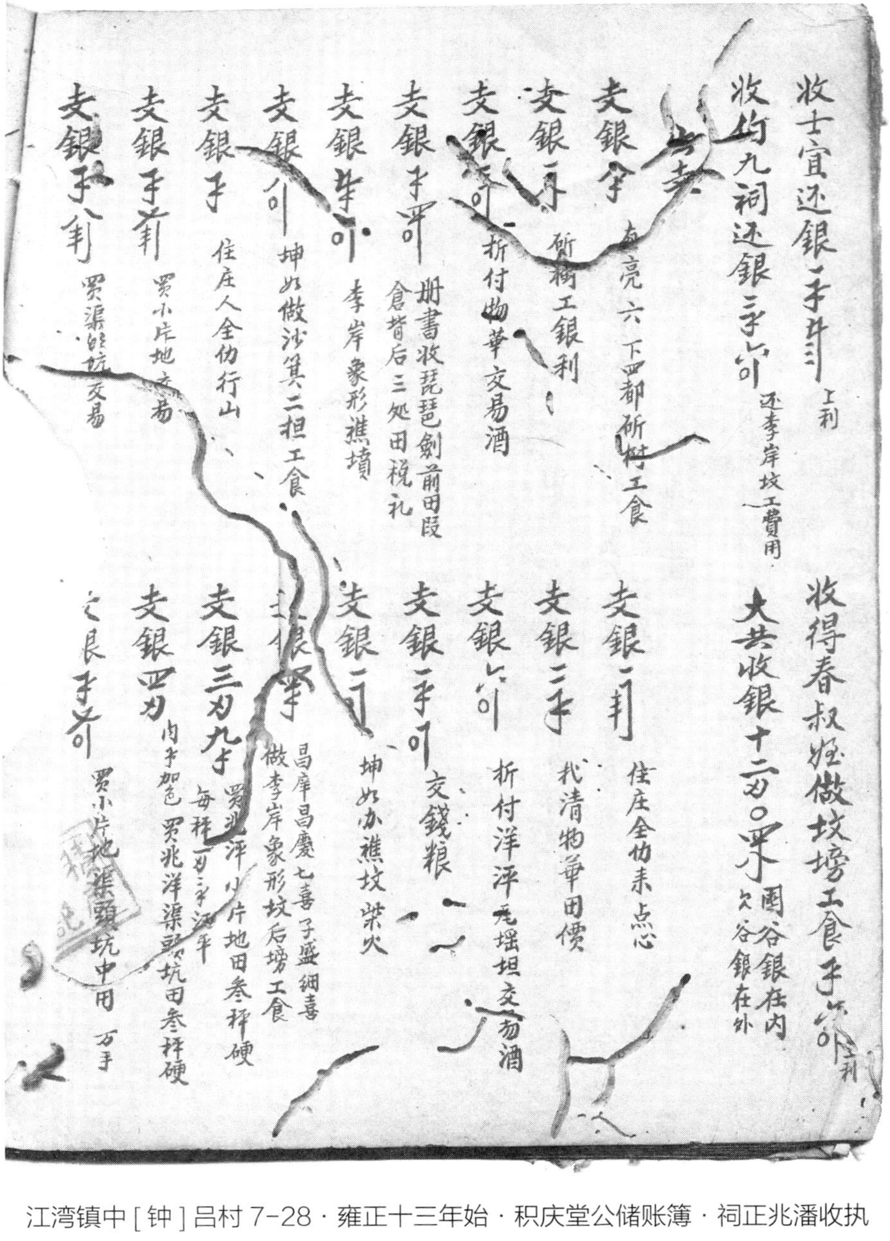

收士宜还银一手廿三 工利
收啟九祠还银三手六可 还李岸坟工费用
支[illegible]
支银全 南亮六下四都斫树工食
支银一两 斫树工银利
支银一可 折付幽华交易酒
支银手两 册书收琵琶剑前田段仓背后三处田税礼
支银半可 李岸象形樵坟
支银一可 坤如做沙箕二担工食
支银手 住庄人金仂行山
支银手两 买小片地交易
支银手八钱 买渠头坑交易

收得春叔姪做坟塆工食手六可 工利
大共收银十二两〇[illegible] 图谷银在内 ㄑ谷银在外
支银一两 住庄金仂未点心
支银二手 扎清物华田价
支银六可 折付洋泙禿塅坦交易酒
支银一手可 交钱粮
支银一可 坤如办樵坟柴火
支银手 昌岸昌庆七喜子盛细喜做李岸象形坟后塆工食
支银三两九手 买兆泙小片地田叁秤硬
支银四两 内手加色 买兆洋渠头坑田叁秤硬 每秤一两[illegible]
支银手可 买小片地渠头坑中用 万手

江湾镇中［钟］吕村 7–28 · 雍正十三年始 · 积庆堂公储账簿 · 祠正兆潘收执

收汪玄 汪秋段 晚口几 付昌吉
收江三 石鵝的 晚一几半
收王元 小塘塓 晚三几 付理
監收鳩生 前田段 [illegible] 付友上
收江新 九秤裡 晚九几 付謙受
收李孟秋 李家门前 晚廿斤 付友上
收李孟秋 一銀利 晚三几〇九
一文高 裡寒坑口 小塢 田皮 私一几半 计[illegible]
早私共卅六几〇六 内除廿九几十 出囤併还钱 仍六几半 计艮[illegible]
晚租共廿二几十 俱出囤
收上前山苗竹價銀[illegible]
收兆泙还银[illegible]本利清讫繳约
收四都料價叁[illegible]
收士乾做箕工食 樵坟柴火 [illegible]上利

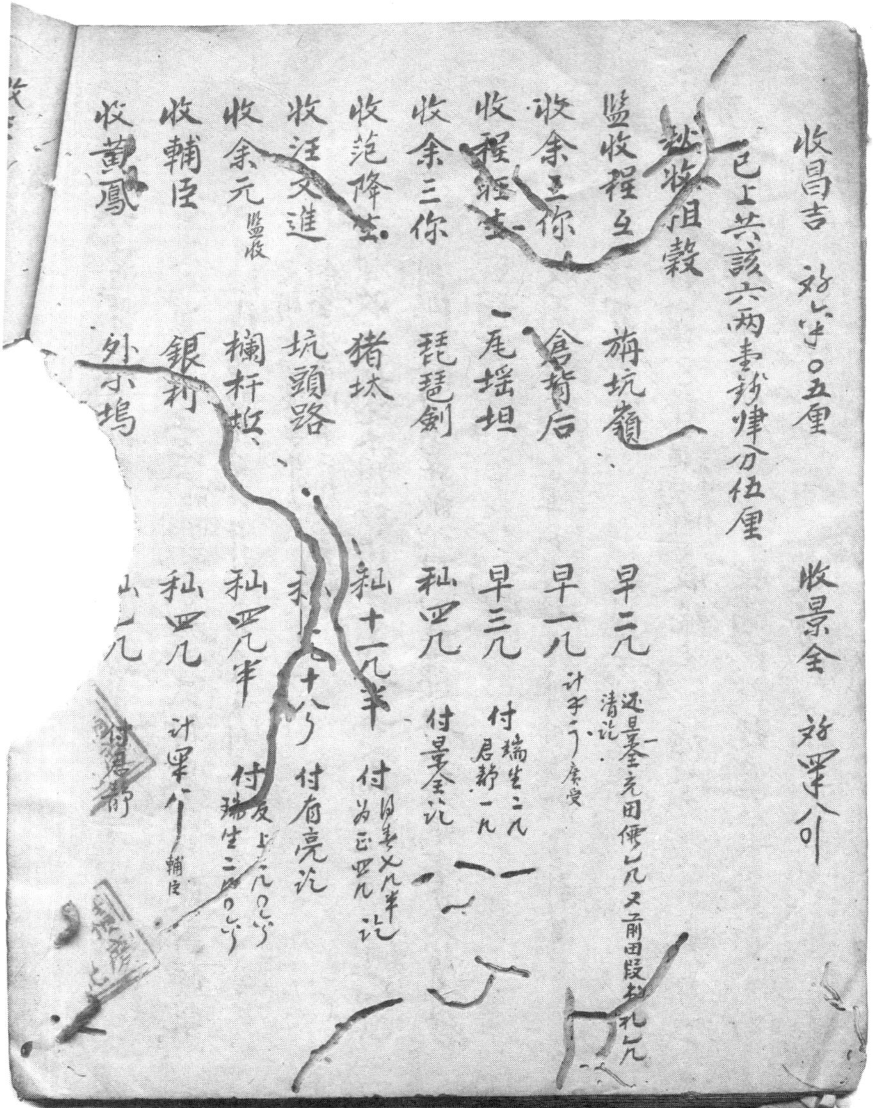

江湾镇中［钟］吕村 7-30 · 雍正十三年始 · 积庆堂公储账簿 · 祠正兆潘收执

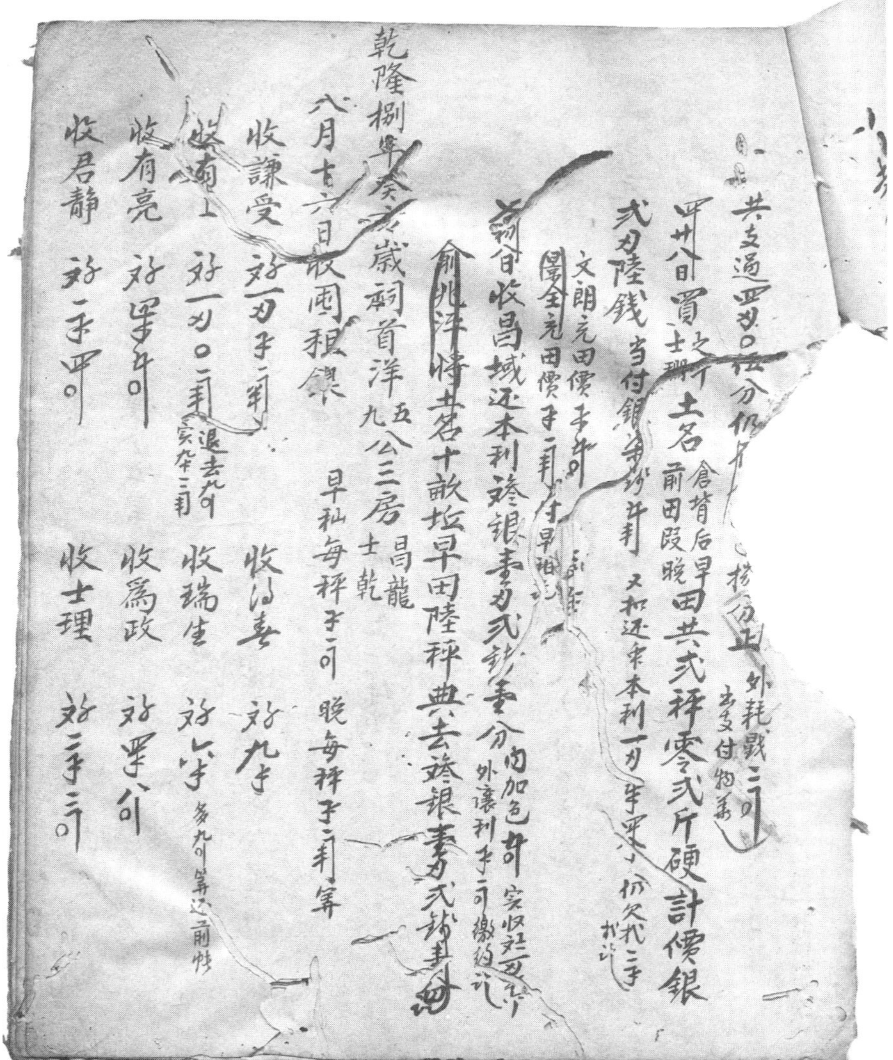

江湾镇中 [钟] 吕村 7-31 · 雍正十三年始 · 积庆堂公储账簿 · 祠正兆潘收执

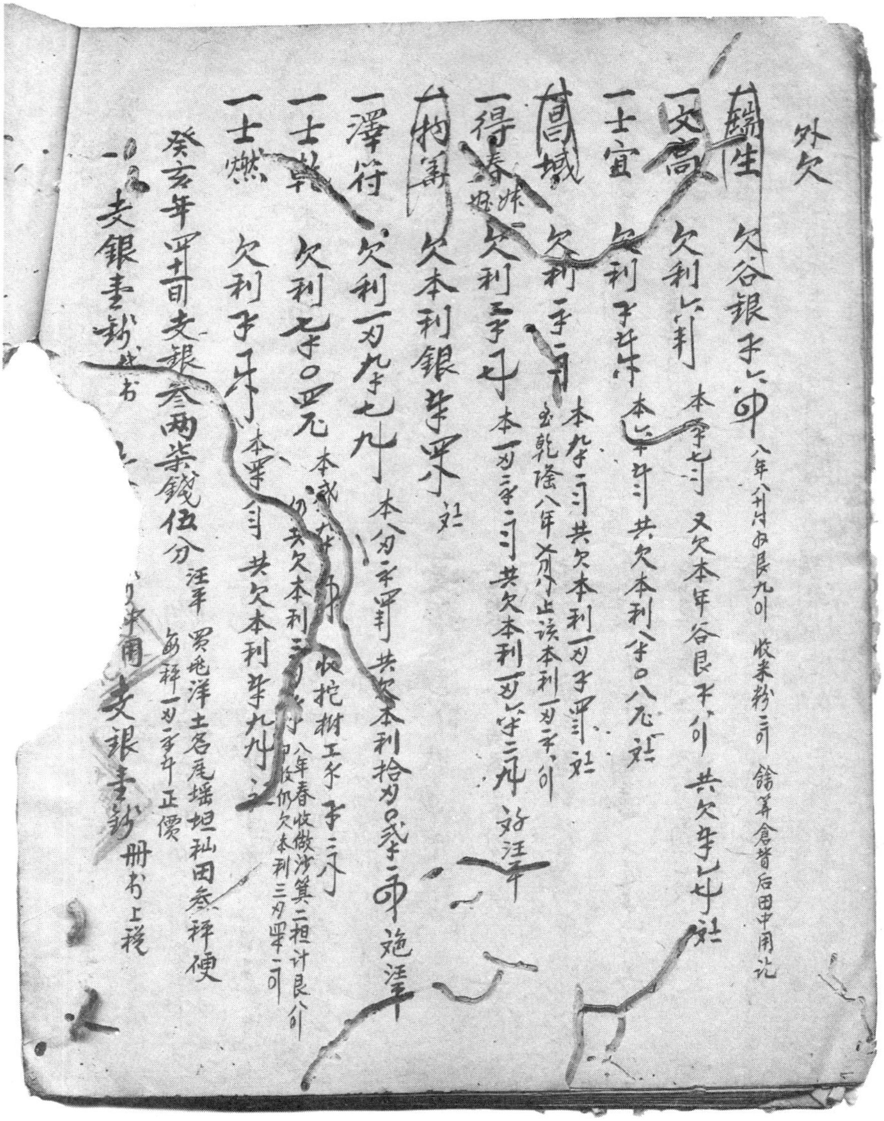

外欠

一锦生 欠谷银乎六申 八年八月廿日收艮九二 收来粉二斤 餘入仓背后田中用讫

一文高 欠利六斗 本乎七斗 又欠本年谷艮乎八厘 共欠乎六斗社

一士宜 欠利乎斗 本六年斗 共欠本利八斗〇八厘社

一旧域 欠利乎二斗 本九斗 共欠本利一两乎斗社 至乾隆八年五月止该本利一两二钱

一得春 欠利三乎斗 本一两三斗 共欠本利一两六斗二斗 付汪平

一[illegible] 欠本利银乎四斗社

一泽符 欠利一两九乎七九 本八分二斗四斗 共欠本利拾两〇叁乎二申 施汪平

一士乾 欠利乎〇四九 本[illegible] 仍共欠本利[illegible] 收挖树工乎二斗 八年春收做沙箕二担计艮八厘 仍欠本利三两四二斤

一士燃 欠利乎斗 本四斗 共欠本利乎九斗

癸亥年四十日支银叁两柒钱伍分 汪平 买龟洋土名尾墕坦秈田叁秤便 每秤一两二钱正价

一[illegible]支银壹钱 [illegible]书 [illegible]中用 支银壹钱 册书上稅

江湾镇中[钟]吕村 7–32 · 雍正十三年始 · 积庆堂公储账簿 · 祠正兆潘收执

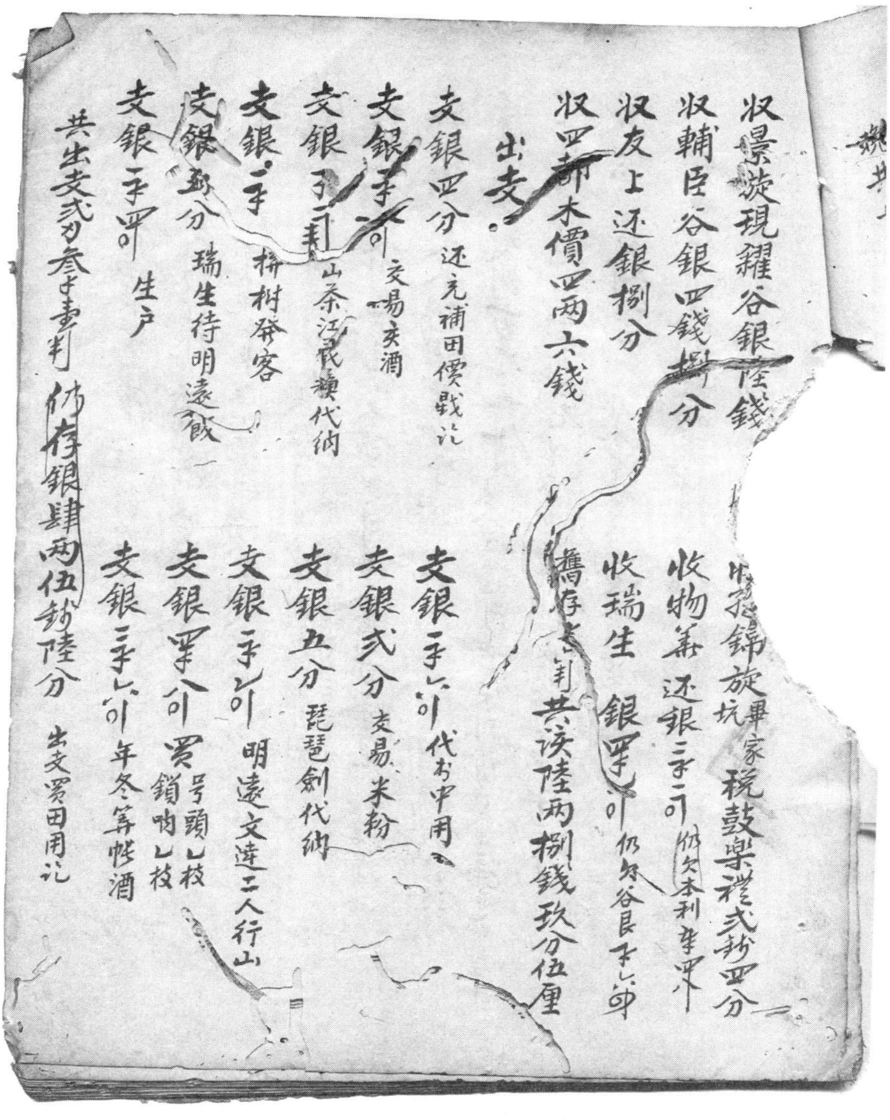
收景旋現糴谷銀陸錢
收輔臣谷銀四錢捌分
收友上还銀捌分
收四都木價四兩六錢
出支
支銀四分 还元補田價戥讫
支銀丰可 交易交酒
支銀丅〦 山茶江氏棟代納
支銀·丰 梓樹發客
支銀貳分 瑞生待明遠餟
支銀丰〥可 生户
共出支弍〥叁〤壹判
仍存銀肆兩伍錢陸分
收羅錦旋坑畢家 稅鼓樂禮弍錢四分
收物義还銀三丰可 仍欠本利丰〥〨
收瑞生 銀〥〥可 仍欠谷艮〤〡卯
舊存〤判 共該陸兩捌錢玖分伍厘
支銀三丰〡可 代為中用
支銀弍分 交易米粉
支銀五分 琵琶劍代納
支銀丰〡可 明遠文達二人行山
支銀〥〨可 買号頭〡枝 鎖吶〡枝
支銀三丰〡可 年冬筭帳酒
出支買田用讫

江湾镇中[钟]吕村 7-33 · 雍正十三年始 · 积庆堂公储账簿 · 祠正兆潘收执

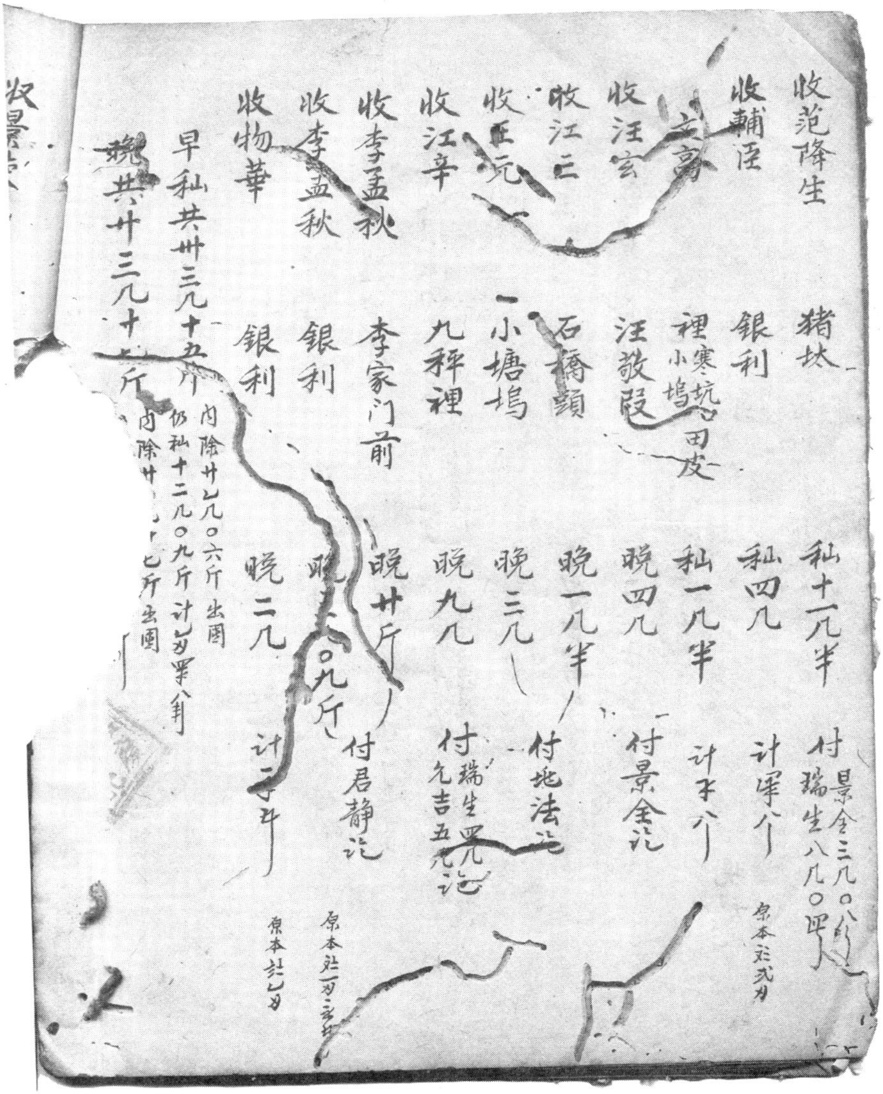
收范降生　猪𤘉　私十一几半　付景全三几〇八斤 瑞生八几〇四斤　原本注戊月
收輔臣　銀利　私四几　計洋八
收汪玄　裡寒坑小塢田皮　私一几半　計[illegible]八
收江三　汪敬殿　晚四几　付景全讫
收正元　石橋頭　晚一几半　付地法讫
收江辛　小塘塢　晚三几
收李孟秋　九秤裡　晚九几　付瑞生四几讫 乞吉五几讫
收李孟秋　李家门前　晚廿斤
收李孟秋　銀利　晚[illegible]〇九斤　付君静讫　原本注一月二[illegible]
收物華　銀利　晚二几　計[illegible]斤　原本注[illegible]月
早私共卅三几十五斤　内除廿七几〇六斤出圈　仍私十二几〇九斤　計[illegible]罢八角
晚共廿三几十[illegible]斤　内除廿[illegible]几[illegible]七斤出圈
收景[illegible]

江湾镇中［钟］吕村 7-34 · 雍正十三年始 · 积庆堂公储账簿 · 祠正兆潘收执

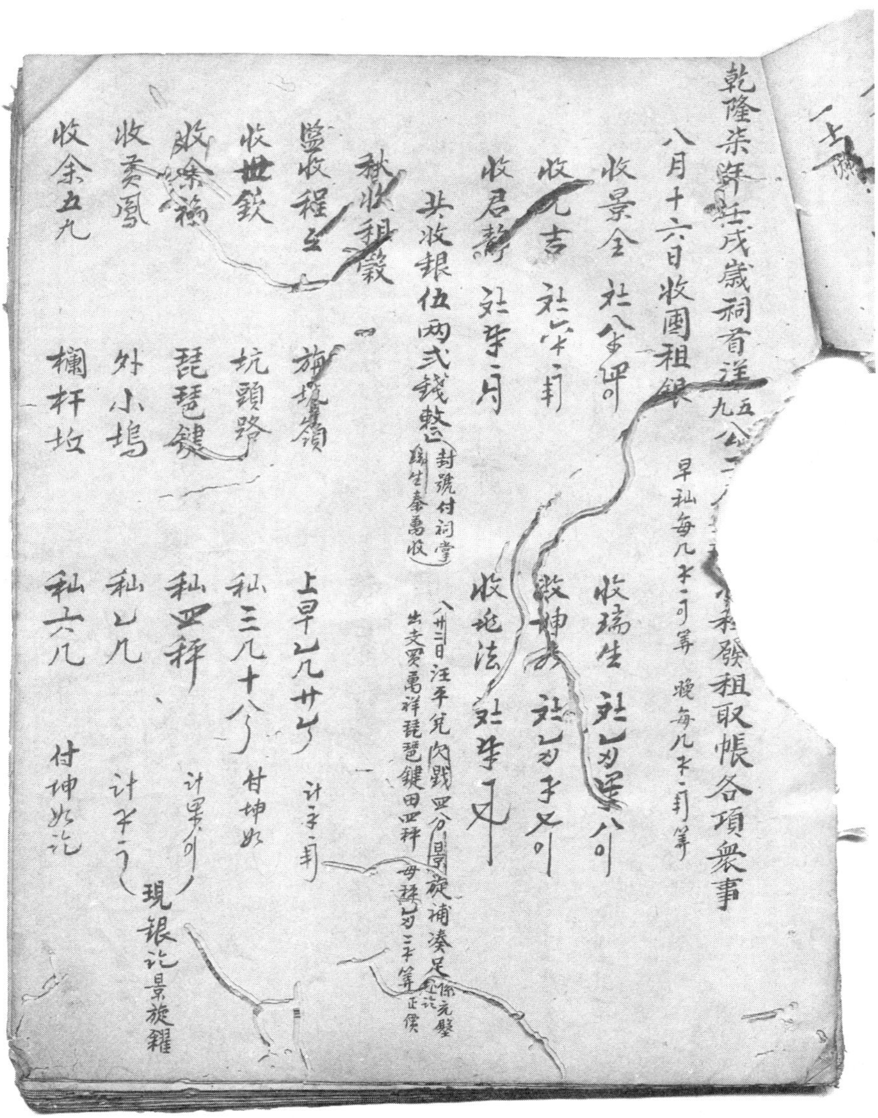
乾隆柒年壬戌歲祠首汪五九公[illegible]和發租取帳各項衆事

八月十六日收圀租銀

早秈每几本[illegible]算　晚每几本[illegible]算

收景全　社[illegible]　　收瑞生　社[illegible]

收九吉　社[illegible]　　收坤[illegible]　社[illegible]

收君靜　社[illegible]　　收[illegible]法　社[illegible]

共收銀伍兩弍錢整（封號付祠堂，應生奉禹收）　八月廿三日汪平兑内戥四分，景旋補湊足，係允璧[illegible]

出支買禹祥琵琶鍵田四秤　每秤[illegible]算　正價

秋收租穀

鹽收程五　旗境嶺　上早[illegible]　計[illegible]

收世欽　坑頭路　秈三几十[illegible]　付坤收

收余禧　琵琶鍵　秈四秤　計[illegible]　現銀訖景旋鑼

收秀鳳　外小塢　秈[illegible]　計[illegible]

收余五九　欄杆坟　秈六几　付坤收訖

江湾镇中［钟］吕村 7-35 · 雍正十三年始 · 积庆堂公储账簿 · 祠正兆潘收执

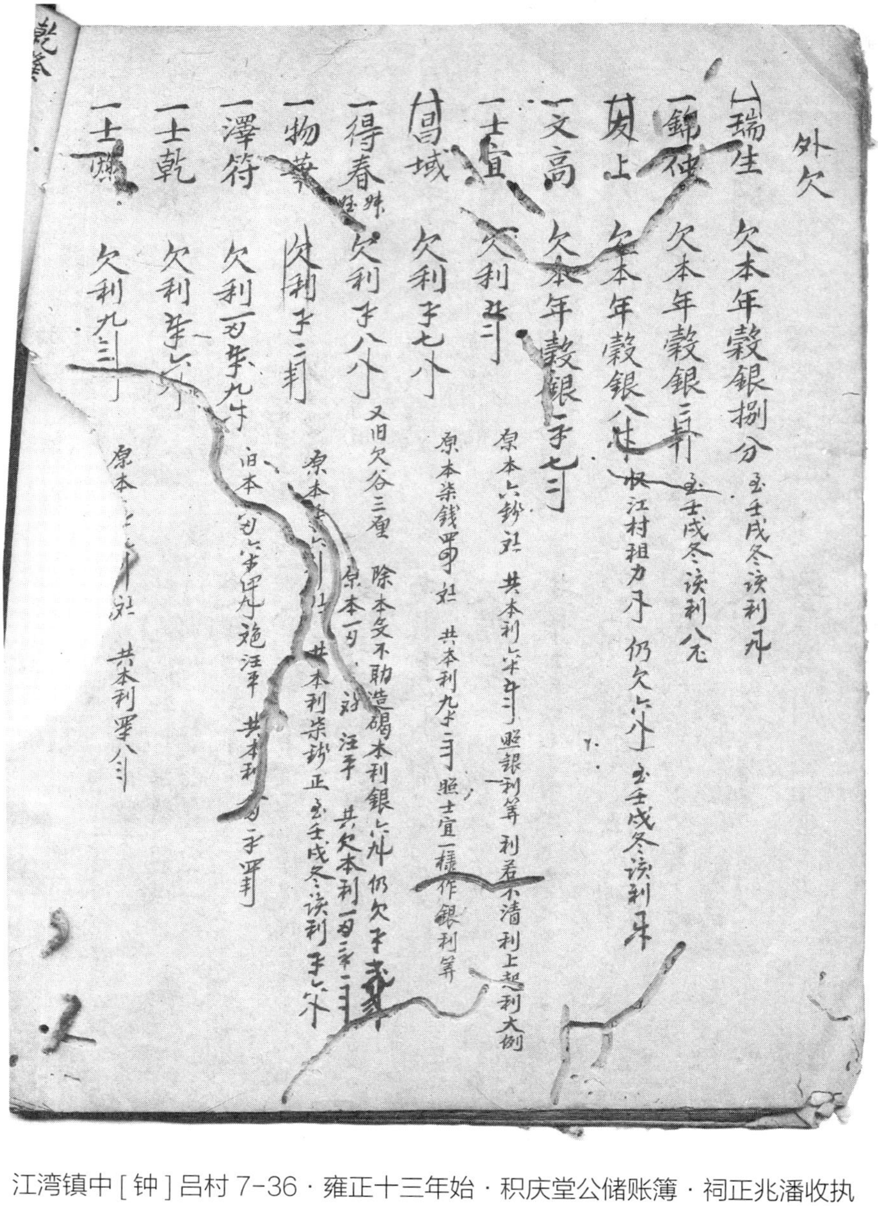
外欠

一瑞生　欠本年穀銀捌分　至壬戌冬该利[illegible]

一錦[illegible]　欠本年穀銀三[illegible]　至壬戌冬该利八[illegible]

一茂上　欠本年穀銀八[illegible]　収江村祖力[illegible]　仍欠六[illegible]　至壬戌冬该利[illegible]

一文高　欠本年穀銀[illegible]七[illegible]

一士宜　欠利[illegible]　原本六錢[illegible]　共本利[illegible]　照銀利算　利着不清　利上起利大例

一國域　欠利[illegible]七[illegible]　原本柒錢[illegible]　共本利九[illegible]　照士宜一樣作銀利算

一得春　欠利[illegible]八[illegible]　又旧欠谷三[illegible]　除本支不助造碣本利銀六[illegible]　仍欠[illegible]

一物華　欠利[illegible]　原本[illegible]　原本[illegible]　汪[illegible]　共本利柒錢正　至壬戌冬该利[illegible]　共欠本利[illegible]

一澤符　欠利[illegible]九[illegible]　伯本[illegible]　汪[illegible]　共本利[illegible]

一士乾　欠利[illegible]

一士燃　欠利九[illegible]　原本[illegible]　共本利[illegible]八[illegible]

江湾镇中［钟］吕村 7-36 · 雍正十三年始 · 积庆堂公储账簿 · 祠正兆潘收执

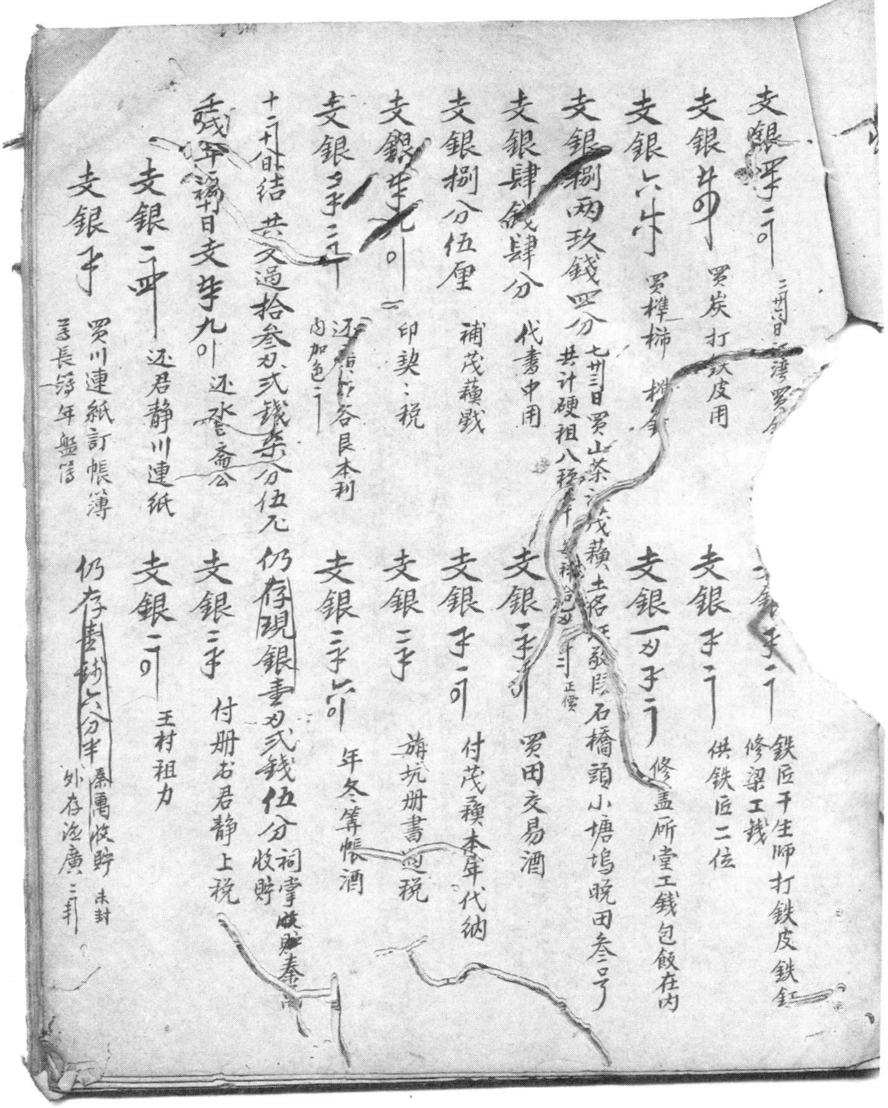

江湾镇中 [钟] 吕村 7-37 · 雍正十三年始 · 积庆堂公储账簿 · 祠正兆潘收执

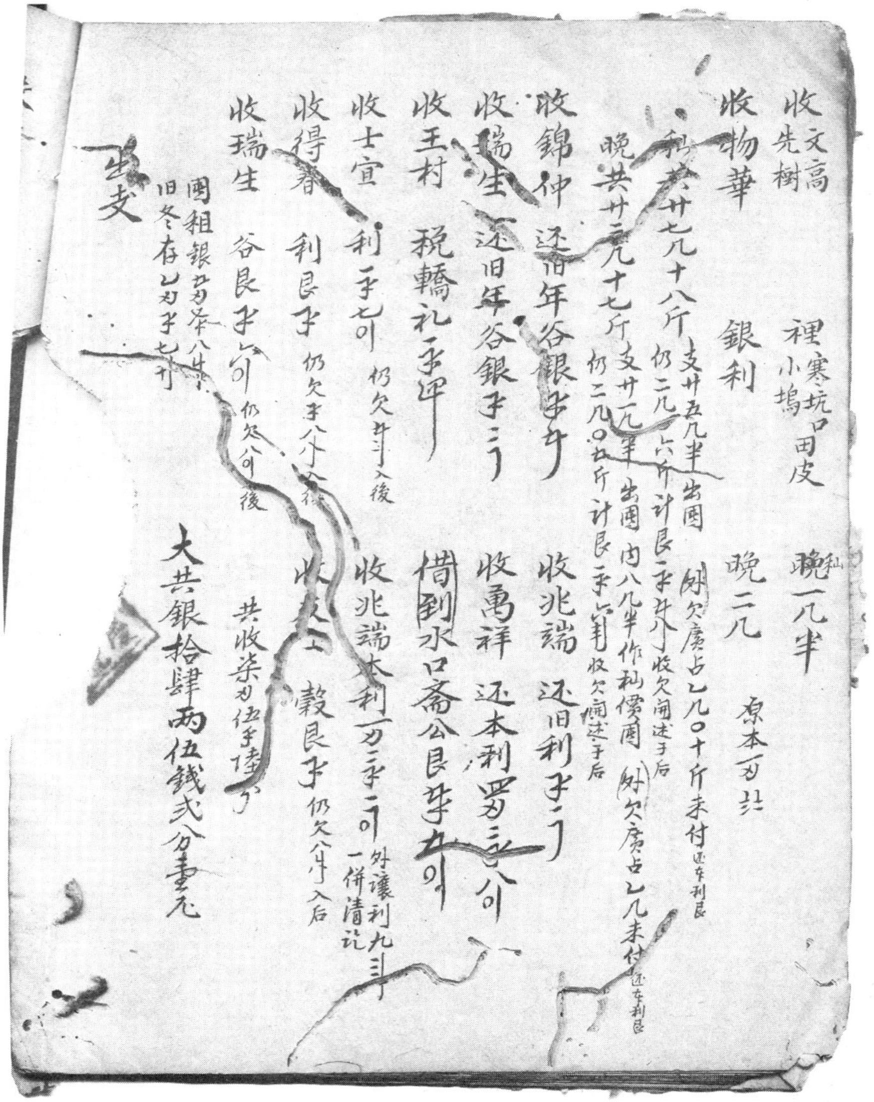

收文高先樹 裡寒坑口田皮 私晚一几半
收物華 銀利 晚二几 原本〔?〕
私共廿七几十八斤 支廿五几半出囤 附欠庚占乙几〇十斤未付 还本利艮
仍二几六斤計艮〔?〕收欠閒述于后
晚共廿二几十七斤 支廿二几半出囤 內八几半作私儲囤 附欠庚占乙几未付 还本利艮
仍二几〇五斤計艮〔?〕收欠閒述于后
收錦仲 还旧年谷銀〔?〕 收兆端 还旧利〔?〕
收瑞生 还旧年谷銀〔?〕 收禹祥 还本利〔?〕
收王村 稅轎礼〔?〕 借到水口斋公艮〔?〕
收士宣 利〔?〕 仍欠〔?〕入後 收兆端本利〔?〕 外讓利九斗 一併清訖
收得春 利艮〔?〕 仍欠〔?〕入後 收友士 穀艮〔?〕 仍欠〔?〕入后
收瑞生 谷艮〔?〕 仍欠〔?〕後 共收柒〔?〕
出支 國祖銀〔?〕 旧冬存〔?〕
大共銀拾肆兩伍錢式分壹厘

江湾镇中[钟]吕村 7-38 · 雍正十三年始 · 积庆堂公储账簿 · 祠正兆潘收执

收程亘 照收　旃坑嶺　[illegible]几
收輔臣　銀利　私四几　原本二刃兦
收王欽　坑頭路　私三几十八斤
收余王九　攔杆垃　私六几
收范降生　猪坳　私十一几半
收黄鳳　外小塢　私一几
收汪新　一九秤裡　晚九几　一
收汪玄 王村 丕　汪蔽陵　晚四几
收李孟秋 丕　李家門前　晚弍十斤
收李孟秋　銀利　晚三几〇九斤　原本一刃三牛衣
收王元　小塘塢口　晚三几
收江三 江村　石橋頭　晚一几半

江湾镇中[钟]吕村 7-39 · 雍正十三年始 · 积庆堂公储账簿 · 祠正兆潘收执

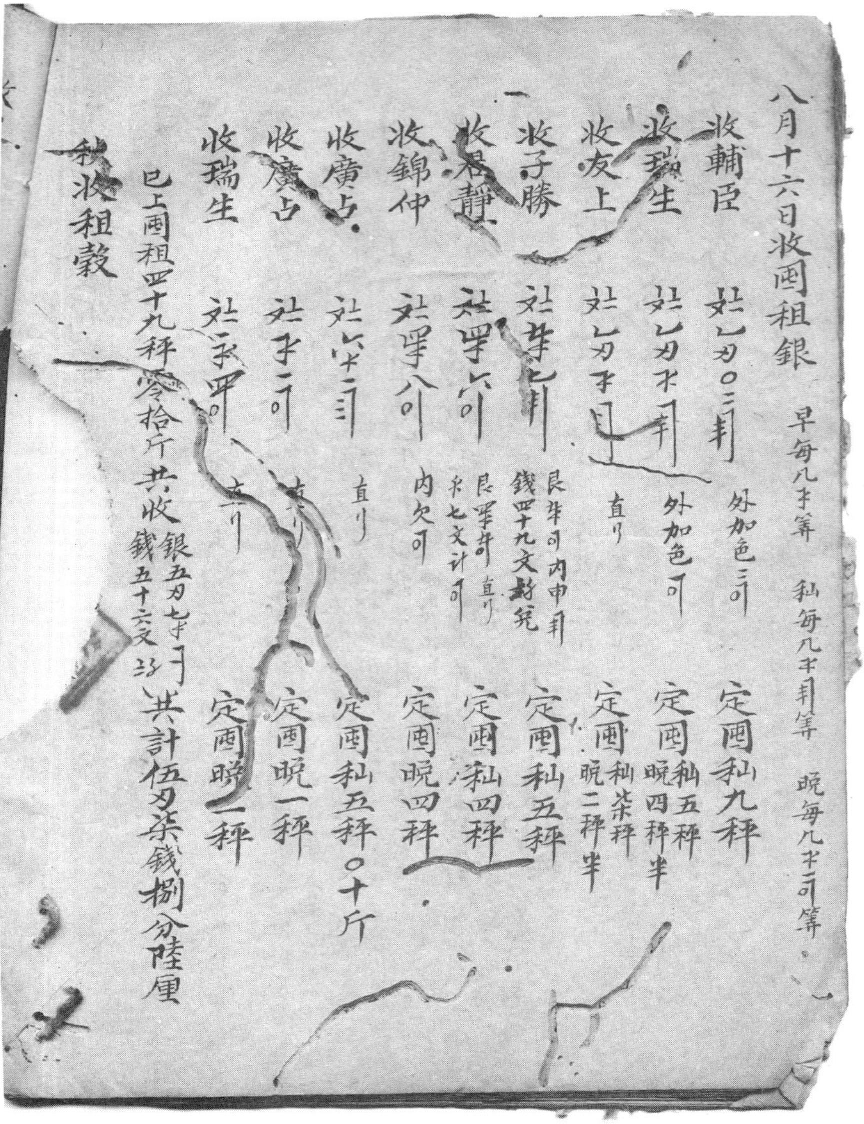
八月十六日收囤租銀　早每几丰算　私每几丰〤算　晚每几丰二可算

收輔臣　处〡刃〇二〤　外加色二可　定囤私九秤
收瑞生　处〡刃〤〤　外加色可　定囤私五秤晚四秤半
收友上　处〡刃〤〡　直〡　定囤私柒秤晚二秤半
一收子勝　处〤〡〤　艮〤可内申〤　錢四十九文尅兑　定囤私五秤
一收君静　处〤〤可　艮〤〤可直〡　〤七文计可　定囤私四秤
收錦仲　处〤〤可　内欠可　定囤晚四秤
收廣占　处〤〤〤　直〡　定囤私五秤〇十斤
收廣占　处〤二可　直〡　定囤晚一秤
收瑞生　处〤〤可　直〡　定囤晚一秤
巳上囤租四十九秤零拾斤　共收銀五刃七〤〤　錢五十六文〤　共計伍刃柒錢捌分陸厘
秋收租穀

江湾镇中［钟］吕村 7-40·雍正十三年始·积庆堂公储账簿·祠正兆潘收执

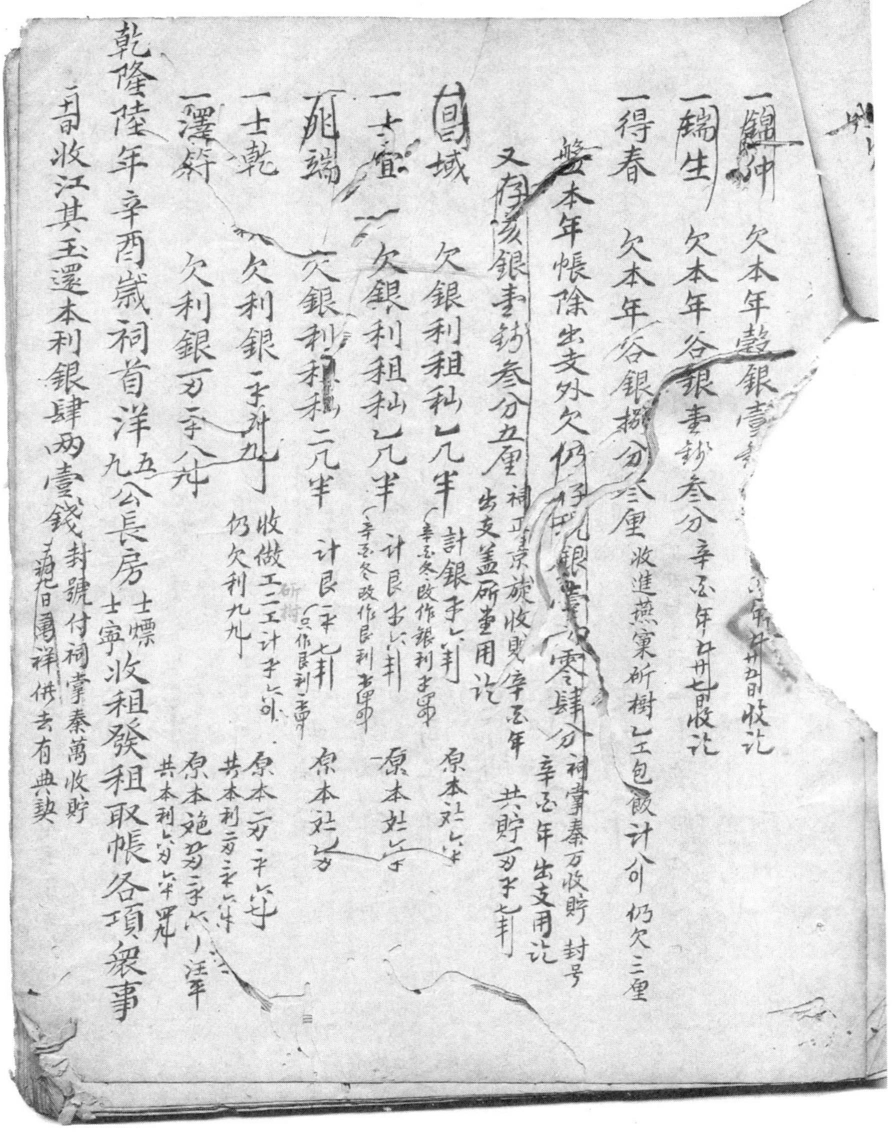
一鎰仲　欠本年穀銀壹…　…年廿四日收訖
一錫生　欠本年谷銀壹錢叁分　辛丑年正月廿七日收訖
一得春　欠本年谷銀捌分叁厘　收進燕窠所樹乚工包飯計八句　仍欠三厘
盤本年帳除出支外欠仍存銀壹…零肆分　祠掌秦万收貯　封号
辛丑年出支用訖
又存銀壹錢叁分五厘　祠正京旋收貯辛丑年
出支蓋所壹用訖　共貯ㄅ两ㄒ七钊
一□域　欠銀利租秈乚几半　計銀ㄒ〤钊
（辛丑冬改作銀利ㄒ罒
原本〤〤
一士宜　欠銀利租秈乚几半　计艮ㄒ〤钊
（辛丑冬改作艮利ㄒ罒
原本ㄨ〤
一兆端　欠銀利秈二几半　计艮ㄧㄒ七钊
（只作艮利ㄧ罒
原本〤ㄅ
一士乾　欠利銀ㄧㄒ廿九　收做工二工计ㄒ〤ㄅ　仍欠利九九
原本ㄧㄅㄧㄒ〤ㄒ
共本利ㄧㄅㄧㄒ〤
一澤簳　欠利銀ㄅㄧㄒ八升
原本施ㄅㄧㄒ〤八　汪平
共本利〤ㄅ〤罒九
乾隆陸年辛酉歲祠首洋五九公長房　士字　士嫖　收租發租取帳各項衆事
一二月二日收江其玉還本利銀肆兩壹錢　封號付祠掌秦萬收貯
施九日周祥供去有典契

江湾镇中[钟]吕村 7-41 · 雍正十三年始 · 积庆堂公储账簿 · 祠正兆潘收执

收得春　利银二手二斗　内还旧利二十八　原本計五两　收士珊　利银手二斗　係亥原本社毕六斗

收士燃　利银七个　外让利斗　原本社叁手六斗　收锦仲　还旧年谷艮廿斗　係正月收款待花园宗人用

收兆瀛　还本利社银六斗廿一　内中二两实收银六斗　外让利斗　缴约清讫

收士乾　利银手七一　又收酒斗　除收仍欠利二手廿九　入后

收泽符　利银六斗四　係十一月廿日收鞔鼓用　今冬止仍该利五两一手八斗　入后

已上共该现银叁两壹钱零陆厘　亥银在内　国祖银在外

出支

支银手六斗　付锦仲款花园宗人　支银廿一　付谦受款花园宗人

支银二斗　连房占充一斗共廿　做竹戏　支银二九三　九月廿日算帐用　连交共费二手九三　十五人用酒　实未算帐

支银四　挑祖点心酒　支柴钱鞔鼓　树手　点心酒一　匠六四　包饭在内

支银二手六一　年冬结帐　共支壹两伍钱捌分叁厘

江湾镇中[钟]吕村 7-42 · 雍正十三年始 · 积庆堂公储账簿 · 祠正兆潘收执

收王欽　坑頭路　[illegible]二九十八斤年頭
收余文　欄杆坵　秈六九　逢法事
收范降生　猪坮　秈十一九半　年頭
收輔臣　銀利　秈[illegible]　原本[illegible]弍刃天平
收江新　九秤裡　晚九秤　年頭
收士燃　李寒坑口田皮　裡小塢　晚一九半
收李孟秋　李家門前　晚弍十斤
收孟秋　銀利　晚三九〇九斤　原本[illegible]伍分天平
收物華　銀利　晚二九　原本[illegible]刃汪平
收黄[illegible]　外小塢　晚弍十一斤　外讓三斤
早秈共廿七九〇三　支十八九十[illegible]出團　支弍九〇[illegible]还廣占　支四九〇[illegible]买棕荐一条
仍四九〇[illegible]　计艮[illegible]
晚共十七九十四　支十三九〇[illegible]出團　仍四九〇九　计艮[illegible]〇三元

江湾镇中 [钟] 吕村 7-43 · 雍正十三年始 · 积庆堂公储账簿 · 祠正兆潘收执

原本𢓭五万二千六可汪丰

一澤符　欠利陞錢肆分叁厘

乾隆五年庚申歲祠首洋九公六房之梅士乾收租發租取帳各項衆事

八月十六日囤租　早秈每几十可算　晚每几十丯算

收瑞生　社一万二千丯　外色六丯 𠂆二文　定囤秈六几十六斤　晚四几〇五斤

收得寬　社二千三可　外色丯　定囤秈叁秤

收謙受　社一万〇三丯　外色一可　定囤晚九秤

收有亮　社半千〇　直刂　定囤秈五秤

收輔臣　社四千四可　直刂　定囤秈四秤

又上囤租叁拾壹几〇弍十六斤共收銀叁兩叁錢壹分　加色在内　封䟽付祠掌士琪收貯　又付江其玉借去記

九廿日賒到廣占亥弍錢　祠首借名算帳用　又上春收充苗竹戲錢一丯　又還秈谷二几〇弍斤記

秋收租帳

監擸稱立

旃坑嶔

九廿一斤

收

江湾镇中［钟］吕村 7-44 · 雍正十三年始 · 积庆堂公储账簿 · 祠正兆潘收执

收得春叔姪　利銀二千[illegible]　[illegible]參收[illegible]　原本䏲一𠄌二千汪平

以上共該現銀弍兩肆錢叁分　前國租所剩銀在内

出支

支社伍錢陸分伍厘　士珊借去未[illegible]　癸亥年收迄[illegible]

支社[illegible]分陸厘　兆錢借去　五年正月收訖

支社壹錢柒分叁厘　士燃借去　又舊欠谷銀該本利弍十斗　共社叁錢玖分正　有借約

支銀壹兩弍錢　買神北宅大冲下等處山　共應湘應春永生共買

支銀四分叁厘　挑租點心酒

支銀叁錢柒分　算帳酒

以上共出支弍兩肆錢零柒厘　拆耗弍分叁厘　清訖

外欠

一士乾　欠利肆錢柒分柒厘　乾隆五年收蓋屋弍錢正　仍欠利二千七斗　両扣共欠本利弍刃弍錢陸分柒厄　每年該利柒[illegible]斗

一呈賞　欠社本銀陸錢　係舊年谷銀併利　十二月廿日將土名桑樹坵晚田壹[illegible]　立約典　押議定逓年交利租壹秤半不致少欠

一兆端　欠社本銀壹兩　係舊年谷銀併利　十二月廿日將土名馬蹄坵田皮陸秤　立約典　押議定逓年交利租弍秤半不致少欠

一兆瀛　欠利陸分陸厘　原本共四十七可汪平

江湾镇中[钟]吕村 7-45 · 雍正十三年始 · 积庆堂公储账簿 · 祠正兆潘收执

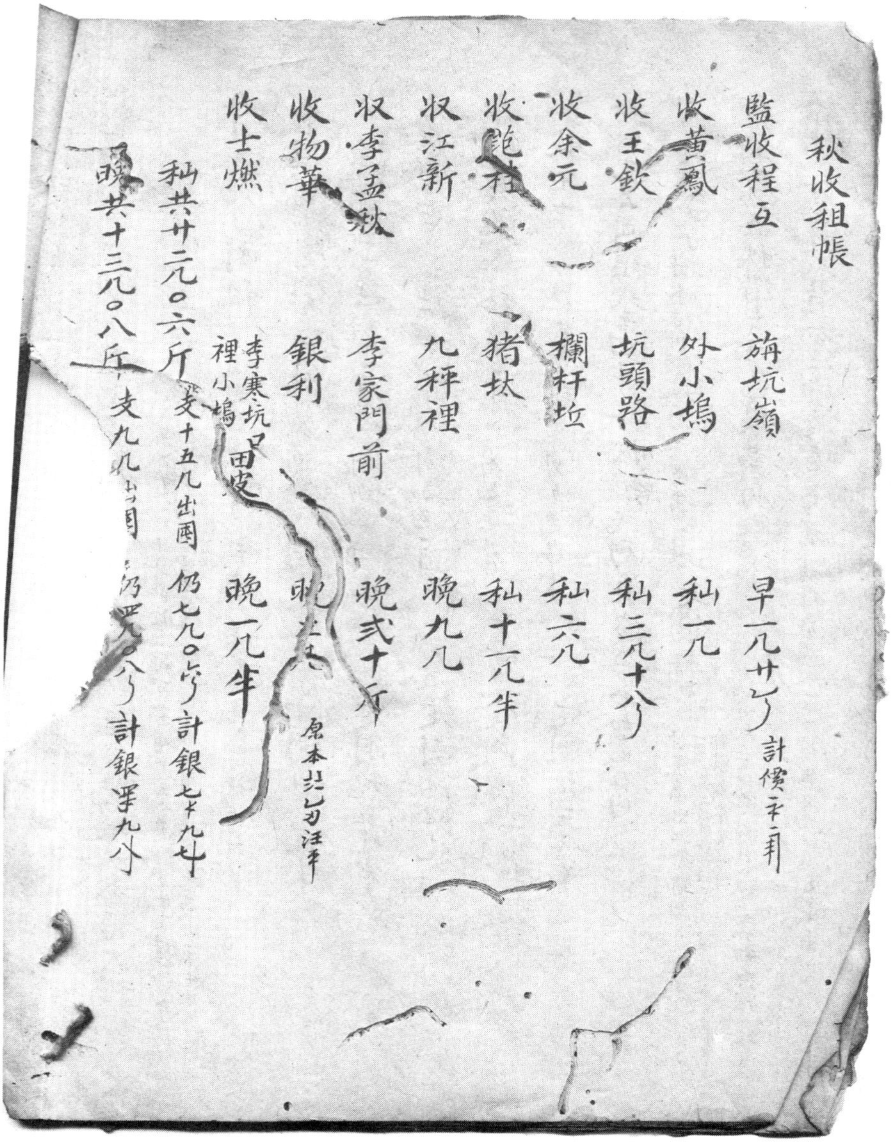
秋收租帳
監收程五　旃坑嶺　早一几廿亇　計價平二月
收黃鳳　外小塢　私一几
收王欽　坑頭路　私三几十八亇
收余元　欄杆垃　私六几
收施桂　猪坛　私十一几半
收江新　九秤裡　晚九几
收李孟秋　李家門前　晚弍十斤
收物華　銀利　晚[illegible]　原本[illegible]汪平
收士燃　李寒坑口田皮　裡小塢　晚一几半
私共廿二几〇六斤　支十五几出園　仍七几〇六亇　計銀七七九卄
晚共十三几〇八斤　支九几[illegible]　仍四几〇八亇　計銀[illegible]九分

江湾镇中［钟］吕村 7-46 · 雍正十三年始 · 积庆堂公储账簿 · 祠正兆潘收执

六廿一日收澤符利銀壹兩弍錢[illegible]叁錢買缸甕瑶庀叁拾大塊

仍銀壹兩正 七初一日昌慶借去 十二月廿日收本利一[illegible]手清訖 秦萬经手出支付謙受还挑源江生老原借造黄坑口石堨用者此亦是為衆事出支不是肥己

八月十六日㘝租 早每秤[illegible] 私每秤[illegible] 晚每秤[illegible]

收君静 [illegible] 外加色[illegible] 支[illegible] 定㘝私六几半

收瑞生 [illegible] 外加色[illegible] 定㘝晚五几半

收廣占 [illegible] 外加色[illegible] 定㘝私四几

收建灤 [illegible] 外加色[illegible] 定㘝私[illegible]几 晚三几半

收允吉 [illegible] 外加色九[illegible] 定㘝私三几半

已上㘝租弍十四秤共收銀弍两柒錢柒分 加色在内

十[illegible]支銀四分 付圣培刊票板一塊 圖書一隻 支銀[illegible] 付秦萬出江湾看册看[illegible]李汪坑山[illegible]一号地一号葉家住后山一号共叁号抄来册㘝係秦萬收拾

九[illegible]日李孟秋借去[illegible]色銀壹两叁錢伍分 將冲潭田皮一畝八秤〇八斤立約典押議定每年交晚租叁秤〇九斤折利不致少欠

十[illegible]日俞昌域借去[illegible]足銀陸錢 將高墻底田皮一ム二秤典押 議定遞年交利租壹秤半不致少欠

江湾镇中[钟]吕村 7-47 · 雍正十三年始 · 积庆堂公储账簿 · 祠正兆潘收执

支銀三刂 租酒

除支過仍該扎衆一百六十七九

支銀二十六刂 筭帳酒

共支過弍百弍拾伍叁刂

士宜兆端士碰三人欠。三人争論不肯分清認還又以上首士乾本利未清為辭是以擱下。三人本利出次年冬結清各立借約 仍差利 [illegible]

收兆端付出七分 欵待古前段 宗中飯点心

己未年

士乾欠利叁拾捌兩 原本一百六十兩 共欠本利壹百玖拾玖兩玖分立借約一道 外讓利七刂

是年冬因兩年穀銀未清衆口紛紛皆欲效尤剥衆滅祀為害匪淺鮮也愚華曷勝懼焉乃集衆公立規例斟酌詳明以垂久遠永杜吞滅之弊此亦為祖宗為子孫之計也云爾若好為勞勞矯情邀譽豈愚華之心所敢出也哉

乾隆四年己未歲祠首洋九 五公五[illegible] 兆錢 珊 收祖[illegible]租取帳各項衆事 [illegible]除坪[illegible]等 振宗还慶事

十二月收江天濟拚狐狸岩河路銀拾色叁兩肆錢柒分 充趙 欵待宗人費用 河路艮实只[illegible]

有支肆錢柒分 借兆瀛 有借約

支拾色壹兩注平 借牠華 有約 癸未年收田價訖

支拾色弍兩 借[illegible]公九[illegible] [illegible] 借輔臣有典約

[illegible]

江湾镇中[钟]吕村 7–48 · 雍正十三年始 · 积庆堂公储账簿 · 祠正兆潘收执

支

支銀〡 挑石頭

支銀〢 买鉄釘〡〡 小树〡〡

支銀〢〦〡 上下首寫帖泛

支銀〡〤 买瓦二千四百片

折耗戥〢

支銀 宜橋一工 迭明

支銀〢 供飯四日

支銀〦〢 修漏

支銀〤〢 挑瓦力

共支用過叁两肆錢式分 仍存壹两陸錢壹分壹厘 士乾借

支銀七〢 工 木匠修棹櫈二

支銀三〢 租酒

支銀〢〇 付士乾柴火

支銀〢〇 禁苗竹戲

乾隆叁年戊午歲四房士宜兆端同經理

收早租二元〇〦〥 每元〢〥算 計〢〢〢

收晚租十九半 每元〥算 計〡〤〢〦〡

收私租廿二元〇〦〥 每元〢〥算 計〤〤〤〢

共谷銀叁两玖錢叁〢 外收李家門前坦

租晚廿斤 坤出経手付秦万助造黄坑口石碣用

二月廿日收江美玉挢外小塢河路毛銀壹錢伍分 文友收出支买〢单纸编尊長簿等事用訖

二月廿日收美玉挑源高塢

二月廿日收遐遠狐狸岩山 河路銀共伍两叁錢陸分寶 汪平六 九色 罰澤符借去 将小松坑地田典押 契付君宣收执

支銀〢〡 款待沙城必榮宗台 未会宗飯二飡

支銀〢〢〤〡 任生师修漏 三工

支銀〢〢 拔花臺副襯盖〢工 端三工宜二工

支銀〦〢 买樺栋 川連

支銀〡〤〢 汪平款色十二月廿日之梅叔侄借去 方垃田皮山二秤 立约典押每

江湾镇中［钟］吕村 7-49 · 雍正十三年始 · 积庆堂公储账簿 · 祠正兆潘收执

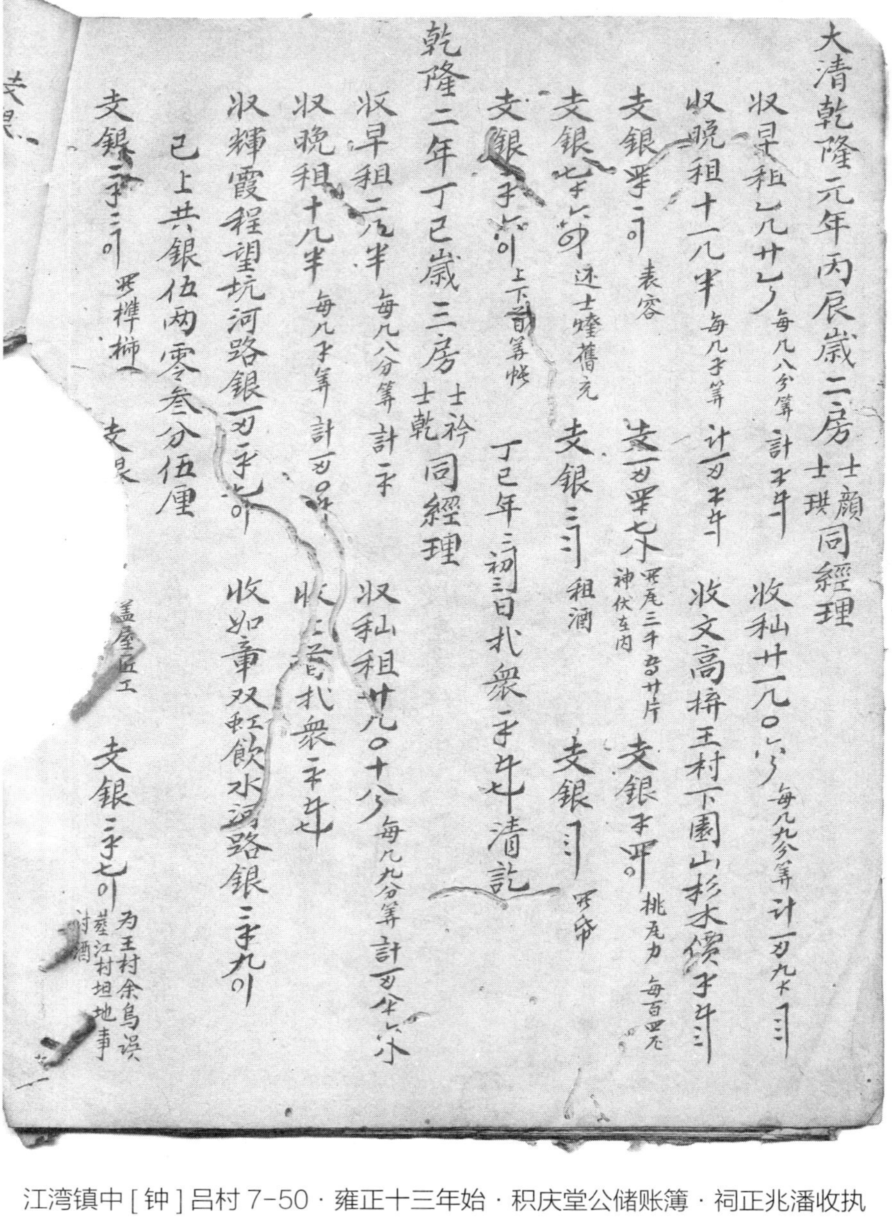

大清乾隆元年丙辰歲二房士顔士琪同經理
收旱租〡几廿〡〥 每几八分算 計〤〤
收晚租十〡几半 每几〤算 計〢〤〤
支銀〩〢〡 表容
支銀七〤六〢 迷士燧舊欠
支銀〤六〡 上下首算帐
收私廿〡几〇六〥 每几九分算 計〢〤九〤〣
收文高塝王村下園山杉木價〤〤〣
支〢〩〩七〤 〩尾三〤 〤廿片 神伏在内
支銀〤〩〇 挑尾力 每百四尾
支銀三〣 租酒
支銀〣 〩帝
丁巳年三月初三日扎衆〤〤七〤清訖

乾隆二年丁巳歲三房士衿士乾同經理
收旱租二几半 每几八分算 計〤
收晚租十几半 每几〤算 計〢〩
收糯霞程望坑河路銀〢〤六〡
已上共銀伍两零叁分伍厘
支銀〤〤三〡 羅樺栁
支泉
收私租廿几〇十分 每几九分算 計〢〤六〤
收[illegible]扎衆〤〤
收如章双虹飲水河路銀三〤九〡
蓋屋伍工
支銀三〤七〡 為王村余烏誤 墓江村坦地事 討酒

江湾镇中［钟］吕村 7-50 · 雍正十三年始 · 积庆堂公储账簿 · 祠正兆潘收执

大清雍正拾叁年乙卯歲次[illegible]

監收旃坑嶺 早乙几十乙

收櫚杆垃 私六几

收外小塢 典租一几

收九秤裡 晚九几

收王庄稅鼓樂銀三手九〡

收謙受柴銀柒分

收禹祥背后山杉木價 罗手九〡

支銀罗分六手七〡 做前後堂明堂 支銀一手 石匠洪順師往来食用 支銀八斗 石匠完工神伏

支銀九〡 余文余福工系 支銀罗〡 门鑼捶鍵 支銀罗手 还文思佛如果子

支銀二斗 祖酒 支銀一手六〡 上下首筭帳酒面交 共支過伍分罗乙九

丙辰年正十六日扣邊收士燧充墊銀陸錢壹分肆厘还本利七手六〡清訖

收[illegible]裡

收坑頭路 私三几十六乙 外欠孫弍乙

收猪炑 私十一几半

收裡山塢李寅坑口 佃租一几半

共租卅四几〇九斤內除九几还謙受会銀清訖 仍谷廿五几〇九斤計銀弍刄叁錢捌分伍厘

收李文祥牛炑河路銀八分七〡

收兆模上丁銀六錢

大共肆兩捌錢零伍厘實

江湾镇中[钟]吕村 7-51 · 雍正十三年始 · 积庆堂公储账簿 · 祠正兆潘收执

李字二百三十三號 山

神北宅
旱塘塢
臭蟻塆
等處山叁分收十都五啚四甲江[illegible]戶待[illegible]若付

二百七十六號

大冲下小片地等處山叁分收十都五啚五甲[illegible]有[illegible]戶[illegible]申付

江湾镇中[钟]吕村 7-52 · 雍正十三年始 · 积庆堂公储账簿 · 祠正兆潘收执

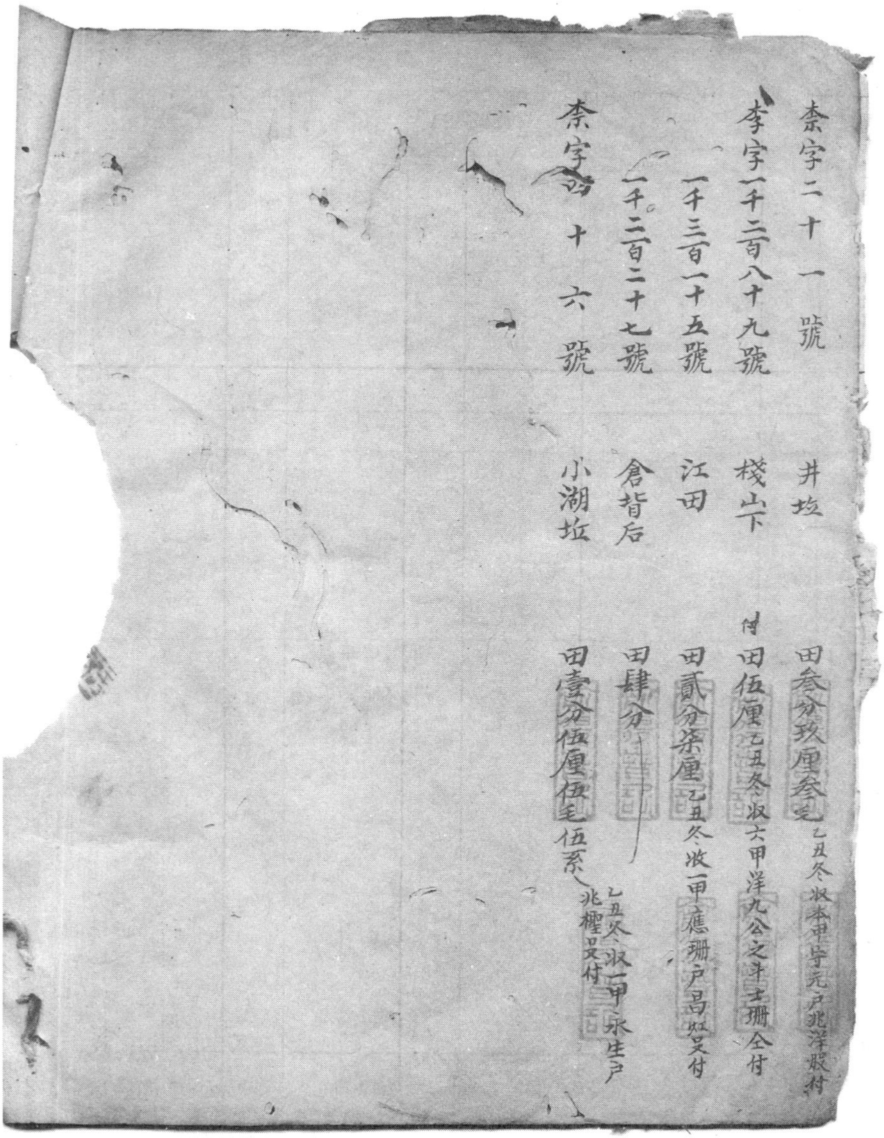
柰字二十一號　井垃　田叁分玖厘叁毛　乙丑冬收本甲守元户兆洋股付

李字一千二百八十九號　棧山下　付田伍厘　乙丑冬收六甲洋九公之孝士珊仝付

一千三百一十五號　江田　田貳分柒厘　乙丑冬收一甲應珊户昌炽叟付

一千二百二十七號　倉皆后　田肆分

柰字十六號　小湖垃　田壹分伍厘伍毛伍系　乙丑冬收一甲永生户兆樫叟付

江湾镇中［钟］吕村 7-53 · 雍正十三年始 · 积庆堂公储账簿 · 祠正兆潘收执

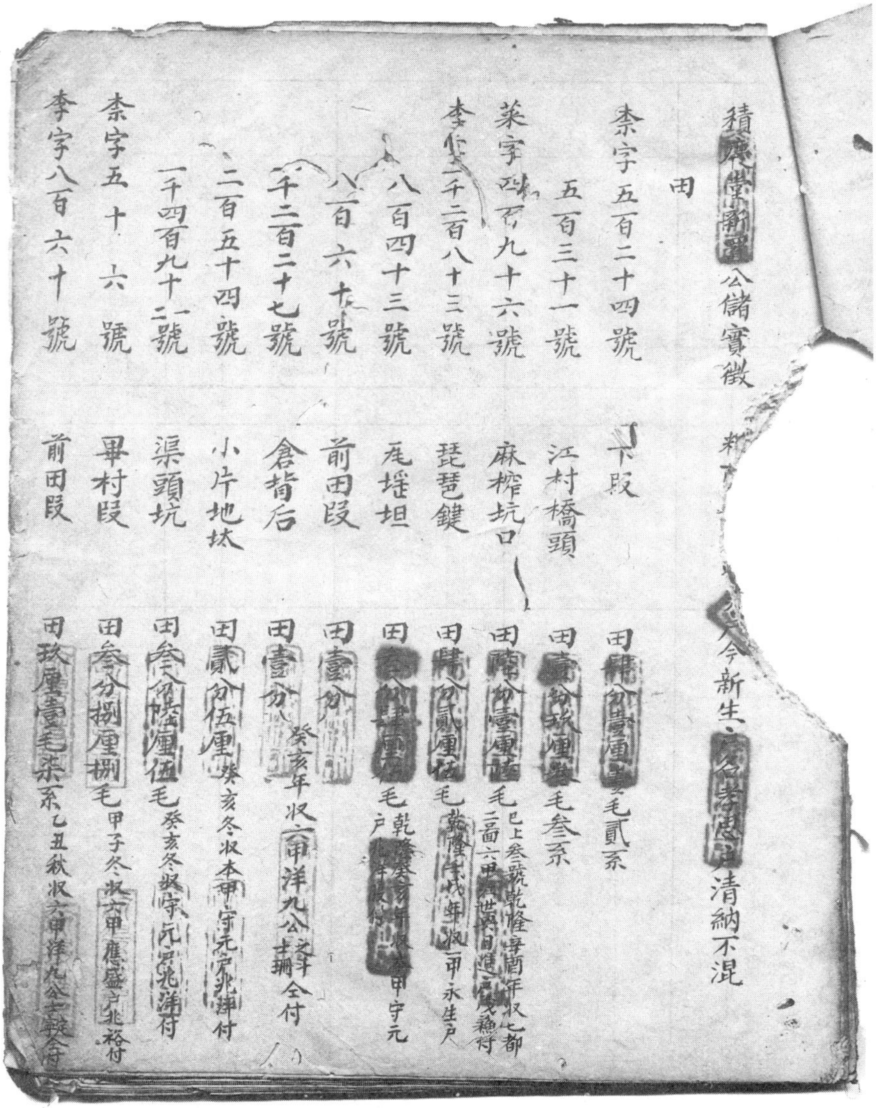
積慶堂新置公儲實徵[illegible]今新生、[illegible]清納不混
田
柰字五百二十四號 下段 田肆分壹厘[illegible]毛貳系
五百三十一號 江村橋頭 田壹分玖厘[illegible]毛叁系
菜字四百九十六號 麻榨坑口 田陸分壹厘[illegible]毛 已上叁號乾隆辛酉年收七都二啚六甲[illegible]世興户[illegible]祿付
李字二千二百八十三號 琵琶鍵 田肆分貳厘伍毛 乾隆[illegible]戊年收一甲永生户
八百四十三號 庵墿坦 田[illegible]毛户 乾[illegible]甲守元
八百六十七號 前田段 田壹分[illegible]
一千二百二十七號 倉背后 田壹分[illegible] 癸亥年收六甲洋九公[illegible]全付
二百五十四號 小片地垯 田貳分伍厘 癸亥冬收本甲守元户兆[illegible]付
一千四百九十二號 渠頭坑 田叁分[illegible]厘伍毛 癸亥冬收[illegible]付
柰字五十六號 畢村段 田叁分捌厘捌毛 甲子冬收六甲應盛户兆裕付
李字八百六十號 前田段 田玖厘壹毛柒系 乙丑秋收六甲洋九公[illegible]付

江湾镇中［钟］吕村 7–54 · 雍正十三年始 · 积庆堂公储账簿 · 祠正兆潘收执

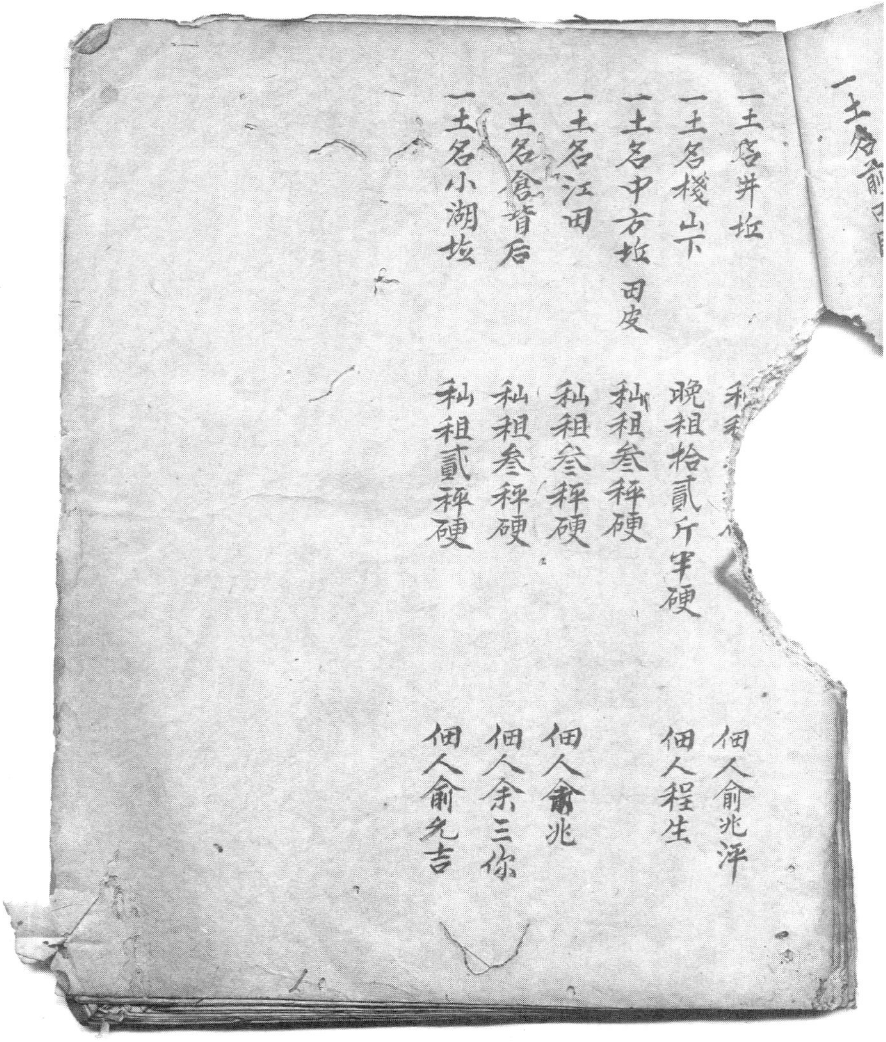

一土名俞□

一土名井坵　秈□……　佃人俞兆泙

一土名棧山下　晚租拾貳斤半硬　佃人程生

一土名中方坵　田皮　秈租叁秤硬

一土名江田　秈租叁秤硬　佃人俞兆

一土名倉背后　秈租叁秤硬　佃人余三你

一土名小湖坵　秈租貳秤硬　佃人俞允吉

江湾镇中［钟］吕村 7-55 · 雍正十三年始 · 积庆堂公储账簿 · 祠正兆潘收执

新置土名租額

一土名麻榨坑口 俗名汪敬段 又名王村社田 晚租肆秤硬 佃人汪玄

一土名江村橋頭 又名石橋頭 晚租壹秤半硬 佃人江三

一土名下段 又名小塘塢口 晚租叁秤硬 佃人王元

一土名琵琶榩 私租肆秤硬 佃人余福

一土名尾埕坦 私租叁秤硬 佃人程旺生

一土名倉背后 早租壹秤硬 佃人余三你

一土名前田段 晚租壹秤零貳觔 佃人俞瑞生

一土名小片地 私租叁秤硬 佃人李百福

一土名渠頭坑 私租叁秤硬 佃人俞兆泙

一土名畢村段 早租肆秤硬 佃人俞兆裕

一土名前田段 晚[illegible]硬 佃人俞瑞生

一土名井坵

江湾镇中[钟]吕村 7-56 · 雍正十三年始 · 积庆堂公储账簿 · 祠正兆潘收执

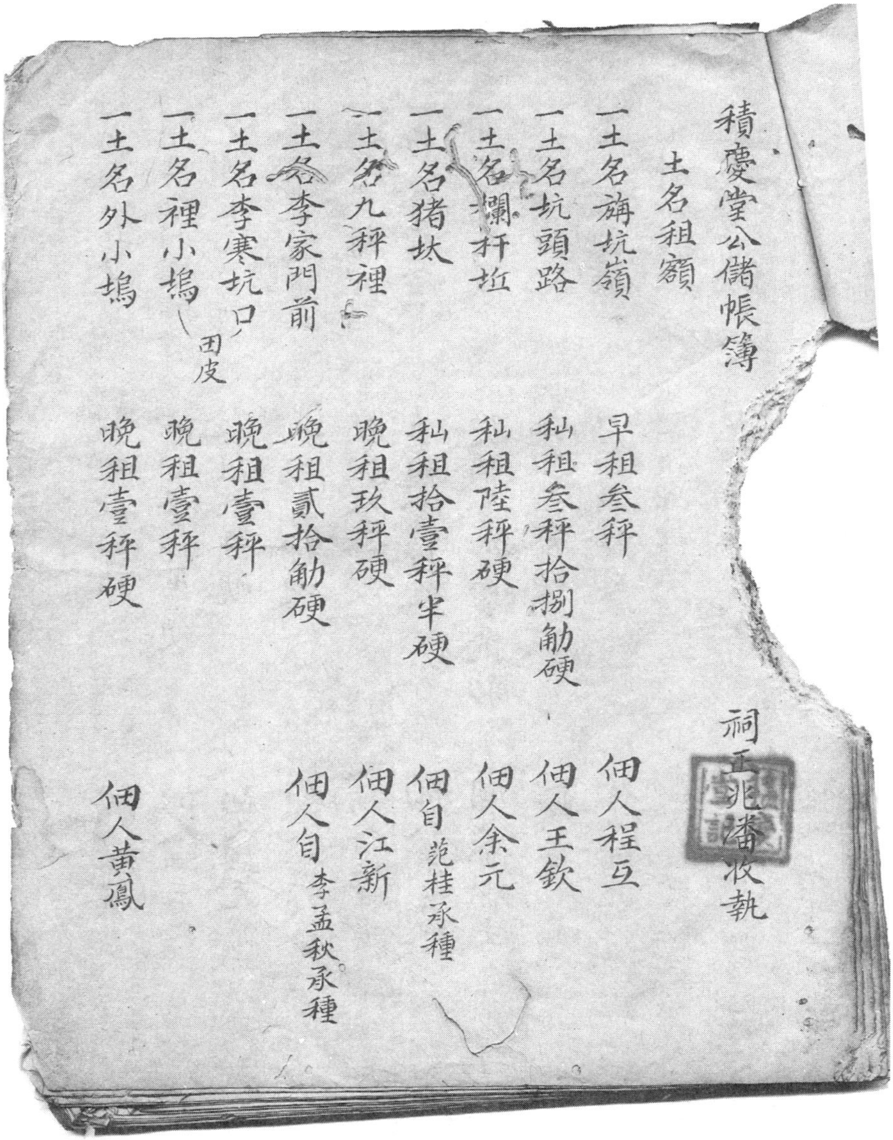

積慶堂公儲帳簿

土名租額

一土名旗坑嶺　早租叁秤　佃人程亙
一土名坑頭路　私租叁秤拾捌觔硬　佃人王欽
一土名欄杆垃　私租陸秤硬　佃人余元
一土名猪坎　私租拾壹秤半硬　佃自 范桂承種
一土名九秤裡　晚租玖秤硬　佃人江新
一土名李家門前　晚租貳拾觔硬　佃人自 李孟秋承種
一土名李寒坑口　晚租壹秤
一土名裡小塢 田皮　晚租壹秤
一土名外小塢　晚租壹秤硬　佃人黄鳳

祠正兆潘收執

江湾镇中[钟]吕村 7-57 · 雍正十三年始 · 积庆堂公储账簿 · 祠正兆潘收执

大清乾隆六年辛酉歲次九月

日穀旦淳良俞箴榮清造

江湾镇中[钟]吕村 3-1 · 乾隆六年 · 税粮实征册 · 俞九和士荣户兆潘股

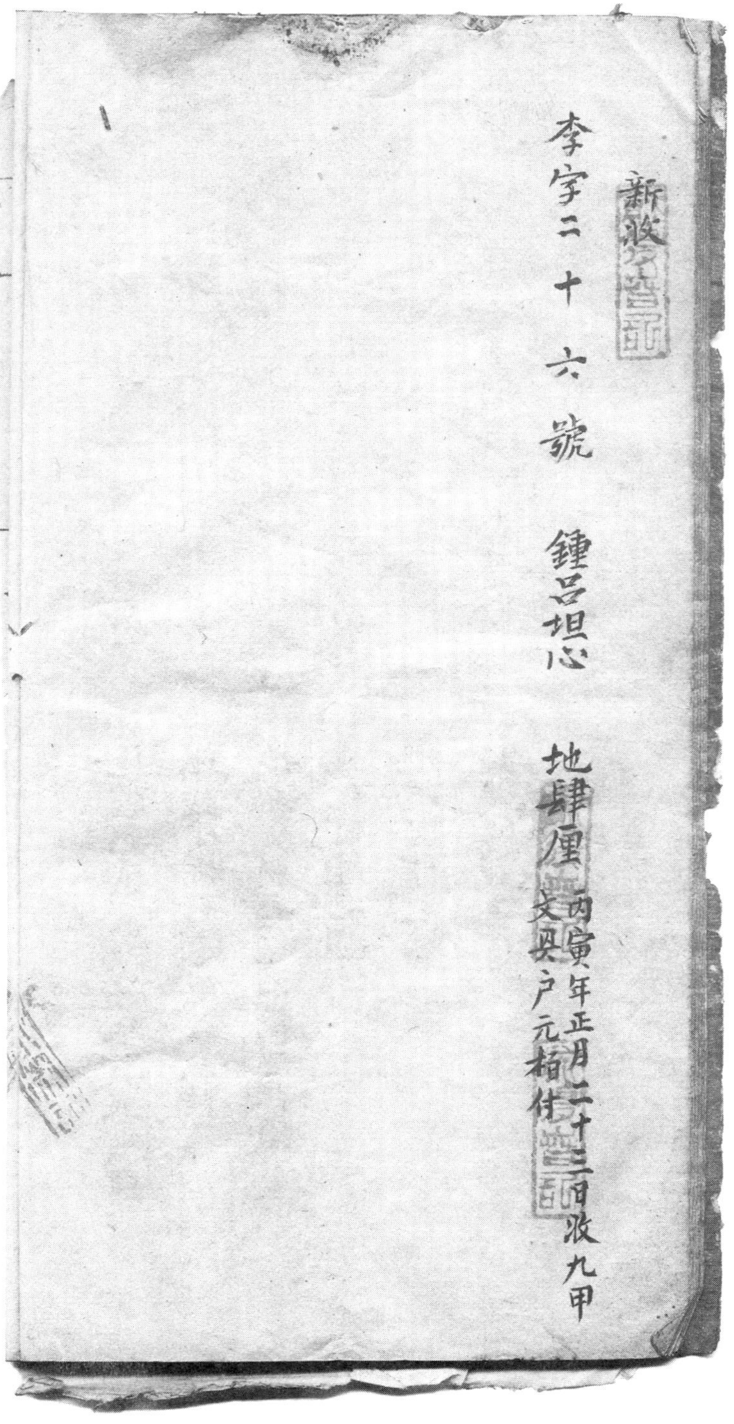
李字二十六號　鍾呂坦心
地肆厘
丙寅年正月二十三日收九甲
文奐户元栢付

江湾镇中 [钟] 吕村 3-2 · 乾隆六年 · 税粮实征册 · 俞九和士荣户兆潘股

地

李字三十四號 大園内 地陸毛貳系玖忽叁微叁纖肆

三十五號 仝 地貳厘柒毛叁忽陸微陸纖陸

三十六號 仝 地叁厘捌毛捌系捌忽伍微貳纖

一百二十七號 鍾呂坦心 地玖厘陸毛

一百三十一號 仝 地陸厘肆毛

一百三十六號 背後山 地貳厘肆毛

江湾镇中[钟]吕村 3-3・乾隆六年・税粮实征册・俞九和士荣户兆潘股

一千四十二號　烏榔樹底　田肆分捌厘玖毛　以上三号收三甲王朋戶付

老關帝會壹戶　田貳分捌厘貳毛柒系伍忽　壬戌年邑得

柰字六號　水口山　田肆分肆厘陸　洪旻抵換

其田俱已尽付各存

江湾镇中［钟］吕村 3-4 · 乾隆六年 · 税粮实征册 · 俞九和士荣户兆潘股

今將字號土名開后

田

李字二百五十號　獺龍口　田陸分貳厘伍毛　收六甲應盛户之葭付　辛卯年付六甲二啚三甲分茂之户

八百一十三號　嶺子後　田貳分

一千二百五十號　方坵　田陸分　收六甲應盛户璣兄弟付

一千二百六十一號　宅坵　田伍分　收八都八啚五甲葉本用户用滑付

柰字　五號　水口山　田壹畝貳分伍厘陸毛　收本甲宪元户付　内扒四分寄付漢拔填六号

菜字六百十一號　畝田坑口　田貳分叁厘捌毛

八百十二號　沙坵　田叁分壹厘壹毛叁系叁忽

江湾镇中[钟]吕村 3-5·乾隆六年·税粮实征册·俞九和士荣户兆潘股

柒甲俞九和士榮户兆潘股認納實徵

成丁

田肆畝貳分壹厘玖毛叁系叁忽

壬戌年加老關帝會田貳分捌厘貳毛柒系伍忽

地貳分伍厘陸毛貳系壹忽伍微貳纖

折實田壹分伍厘柒毛伍系柒忽貳微叁纖

山

塘

共折實田肆畝叁分柒厘陸毛玖系貳微叁纖

加關帝會共實田肆畝陸分伍厘
玖毛陸系伍忽貳微叁纖

江湾镇中［钟］吕村 3-6 · 乾隆六年 · 税粮实征册 · 俞九和士荣户兆潘股

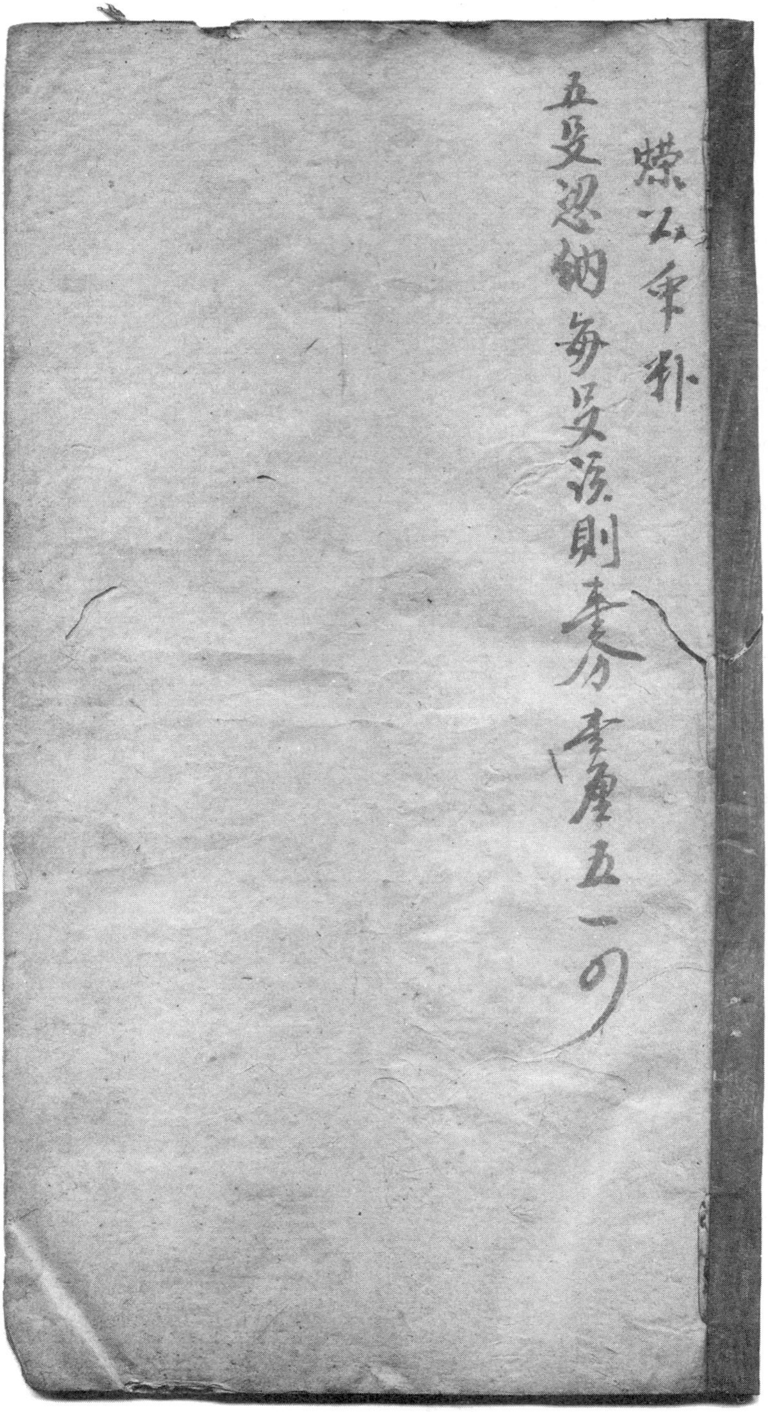

江湾镇中［钟］吕村 3-7 · 乾隆六年 · 税粮实征册 · 俞九和士荣户兆潘股

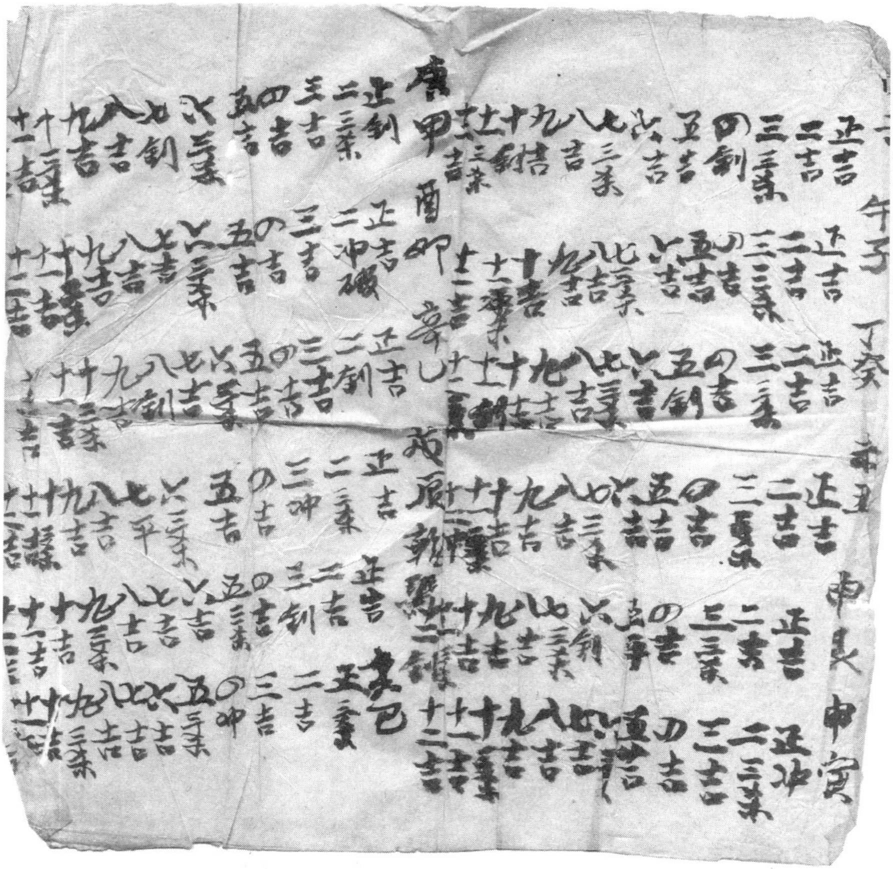

江湾镇中［钟］吕村 3-8 · 乾隆六年 · 税粮实征册 · 俞九和士荣户兆潘股

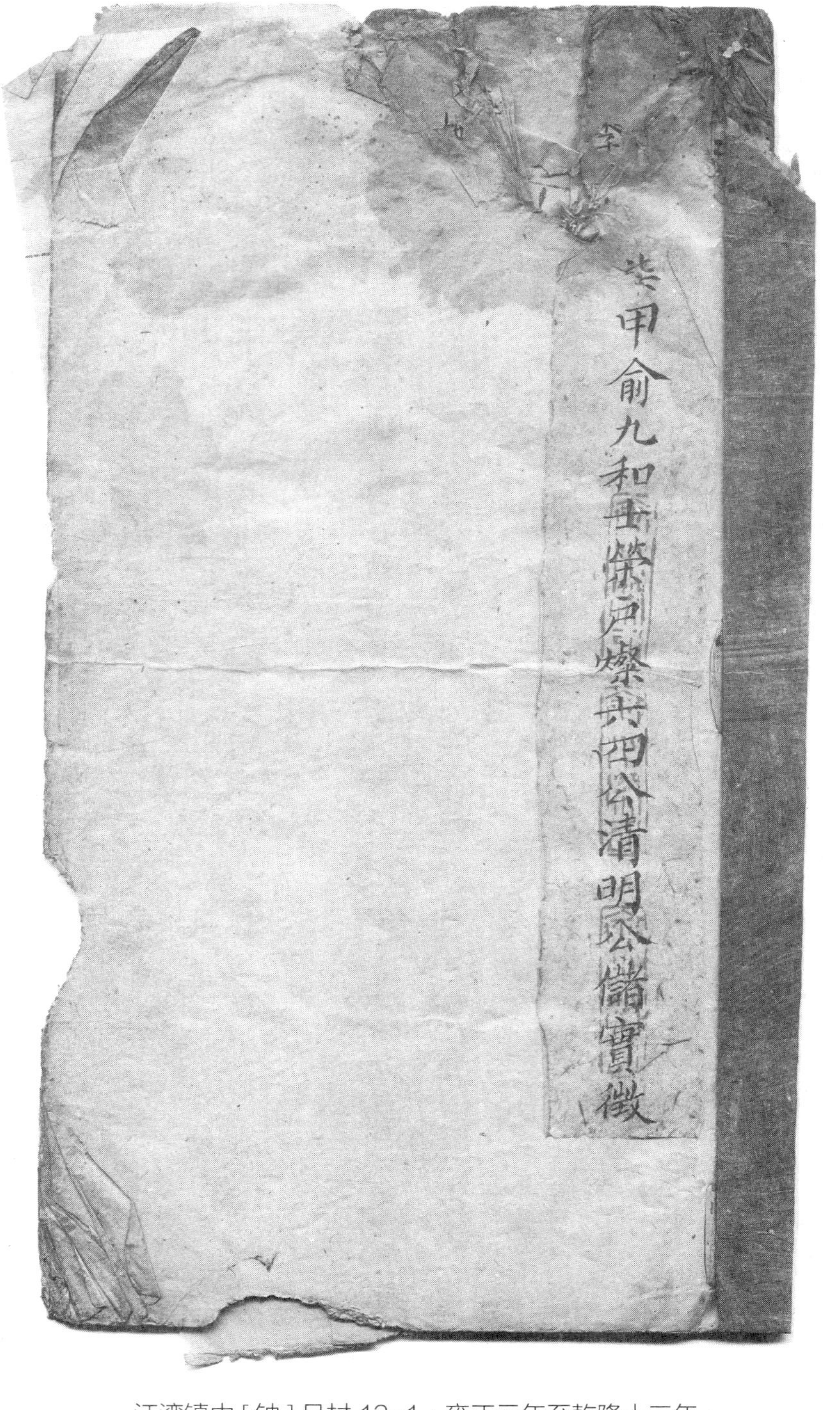

江湾镇中[钟]吕村 12-1 · 雍正元年至乾隆十三年 ·
税粮实征册 · 俞九和士荣户

仝

都一啚七甲俞九和士榮户燦六四公清明公儲實徵

陸厘陸毛柒系柒忽

地叁分肆厘貳毛叁系壹忽陸微柒纖

折實田貳分壹厘伍系貳忽肆微柒纖柒

山壹畝柒分肆厘柒毛捌系肆忽捌微

折實田叁分捌厘捌毛貳忽貳微貳纖伍

塘

以上共折實田壹畝壹分陸厘伍毛叁系壹忽柒微

江湾镇中［钟］吕村 12-2 · 雍正元年至乾隆十三年 ·
税粮实征册 · 俞九和士荣户

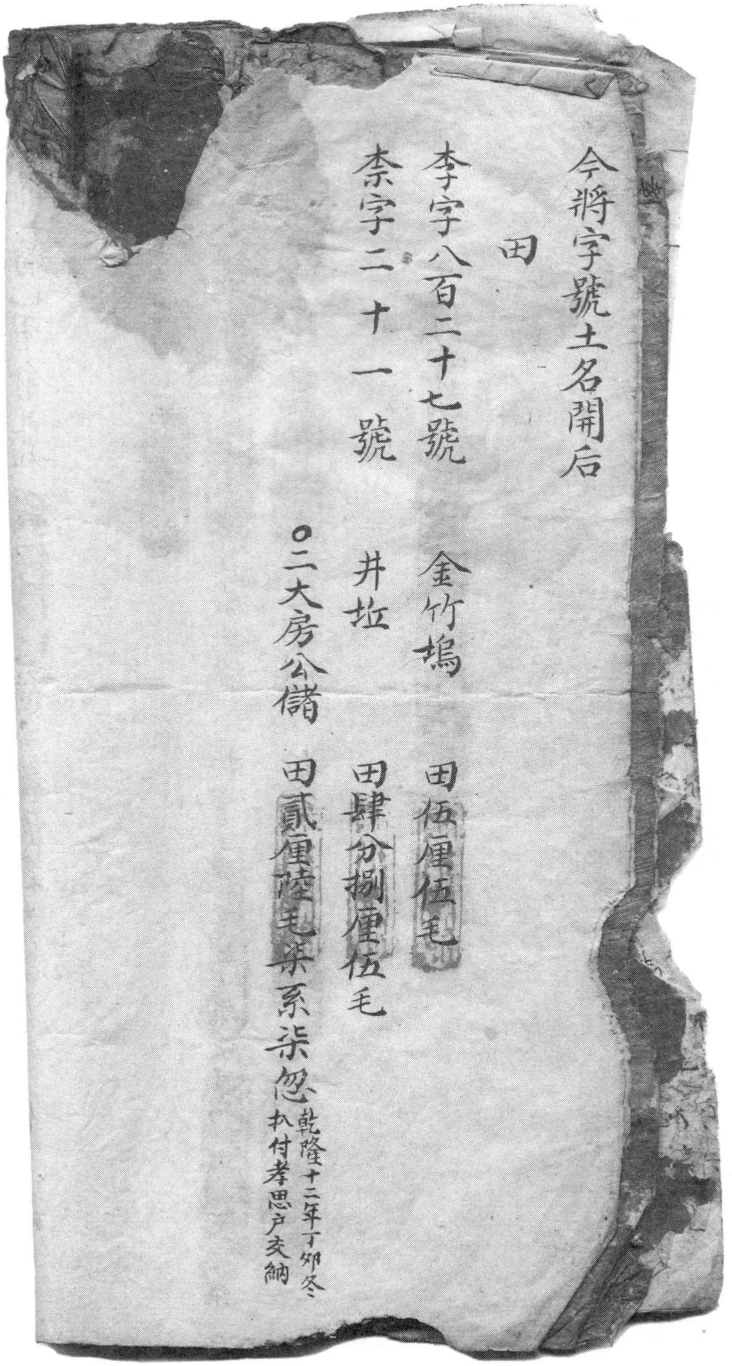

今將字號土名開后

田

李字八百二十七號　金竹塢　田伍厘伍毛

柰字二十一號　井坵　田肆分捌厘伍毛

〇二大房公儲　田貳厘陸毛柒系柒忽

乾隆十二年丁卯冬

执付孝思户交納

江湾镇中［钟］吕村 12–3 · 雍正元年至乾隆十三年 ·
税粮实征册 · 俞九和士荣户

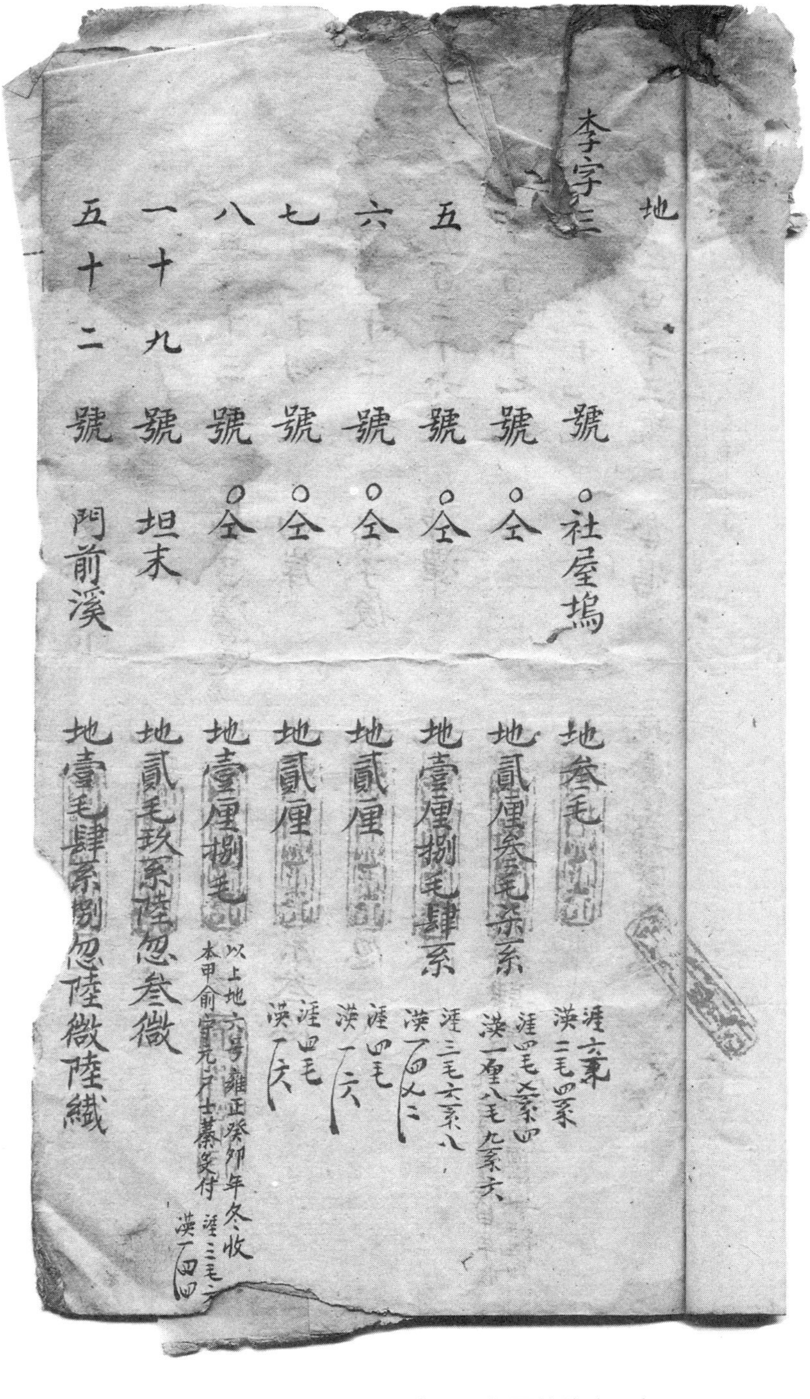

地

李字三號 ○社屋塢 地叁毛 涯六業 漢二毛四系

六號 ○仝 地貳厘叁毛柒系 涯四毛叁系四 漢一厘八毛九系六

五號 ○仝 地壹厘捌毛肆系 涯三毛六系八 漢一四又二

六號 ○仝 地貳厘 涯四毛 漢一六

七號 ○仝 地貳厘 涯四毛 漢一六

八號 ○仝 地壹厘捌毛

以上地六號雍正癸卯年冬收

本甲俞宇元戶士蓁支付

涯三毛六 漢一四四

一十九號 坦末 地貳毛玖系陸忽叁微

五十二號 門前溪 地壹毛肆系捌忽陸微陸纖

江湾镇中 [钟] 吕村 12-4 · 雍正元年至乾隆十三年 ·
税粮实征册 · 俞九和士荣户

孚字八十六號　漁翁山下　地伍毛玖系貳忽陸微柒纖
九十三號　仝　地壹厘陸毛陸系陸忽
一百三十三號　鍾呂溪邊店　地壹厘陸毛陸系陸忽陸微
一百七十四號　西岸　地叁厘叁毛叁系叁忽
八百三十二號　嶺子後　地陸毛貳系伍忽
一千一百二十六號　冲潭　地捌毛柒系伍忽
一百二十七號　仝　地肆系壹忽貳微肆纖
此三号雍正戊申年收
七都二啚一甲汪旭加漢
戶付
一千一百二十九號　仝　地貳厘伍毛
一千二百七十三號　倉塢　地壹毛肆系捌忽

江湾镇中［钟］吕村 12-5 · 雍正元年至乾隆十三年 · 税粮实征册 · 俞九和士荣户

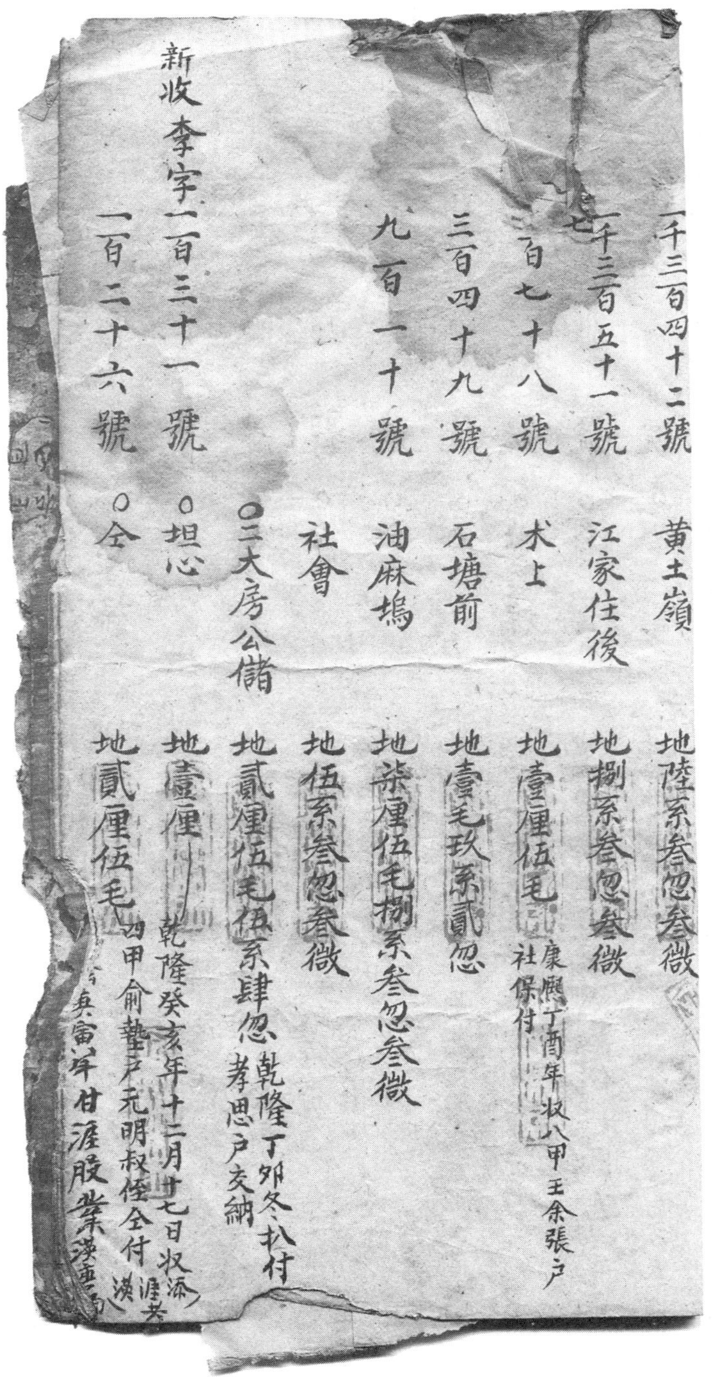

江湾镇中［钟］吕村 12-6 · 雍正元年至乾隆十三年 · 税粮实征册 · 俞九和士荣户

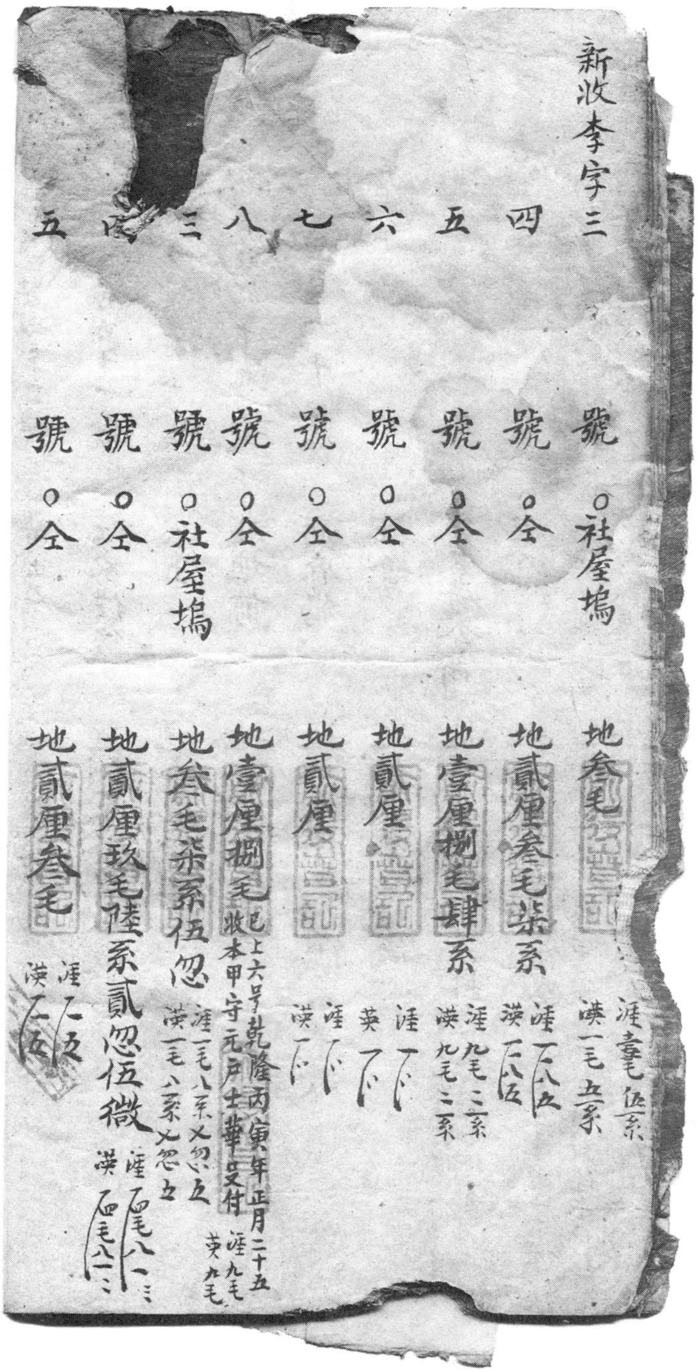
新收李字三號　○社屋塢　地叁毛　涯壹毛伍系　漢一毛五系
四號　○仝　地貳厘叁毛柒系　涯一下八五　漢一下八五
五號　○仝　地壹厘捌毛肆系　涯九毛二系　漢九毛二系
六號　○仝　地貳厘　涯一下　英一下
七號　○仝　地貳厘　涯一下　漢一下
八號　○仝　地壹厘捌毛　已上六号乾隆丙寅年正月二十五收本甲守元户士華交付　涯九毛　英九毛
三號　○社屋塢　地叁毛柒系伍忽　涯一毛八系又忽五　漢一毛八系又忽五
陸號　○仝　地貳厘玖毛陸系貳忽伍微　涯四毛八一三　漢四毛八一三
五號　○仝　地貳厘叁毛　涯一下五　漢一下五

江湾镇中［钟］吕村 12-7 · 雍正元年至乾隆十三年 ·
税粮实征册 · 俞九和士荣户

六號○仝 地貳厘伍毛 涇乙二五 漢乙二五

七號○仝 地貳厘伍毛 涇乙二五 英乙二五

八號○仝 地貳厘貳毛伍系

巳上六號乾隆戊辰七月

收守元户兆瀛又付

涇漢每乙二五

江湾镇中[钟]吕村 12-8 · 雍正元年至乾隆十三年 · 税粮实征册 · 俞九和士荣户

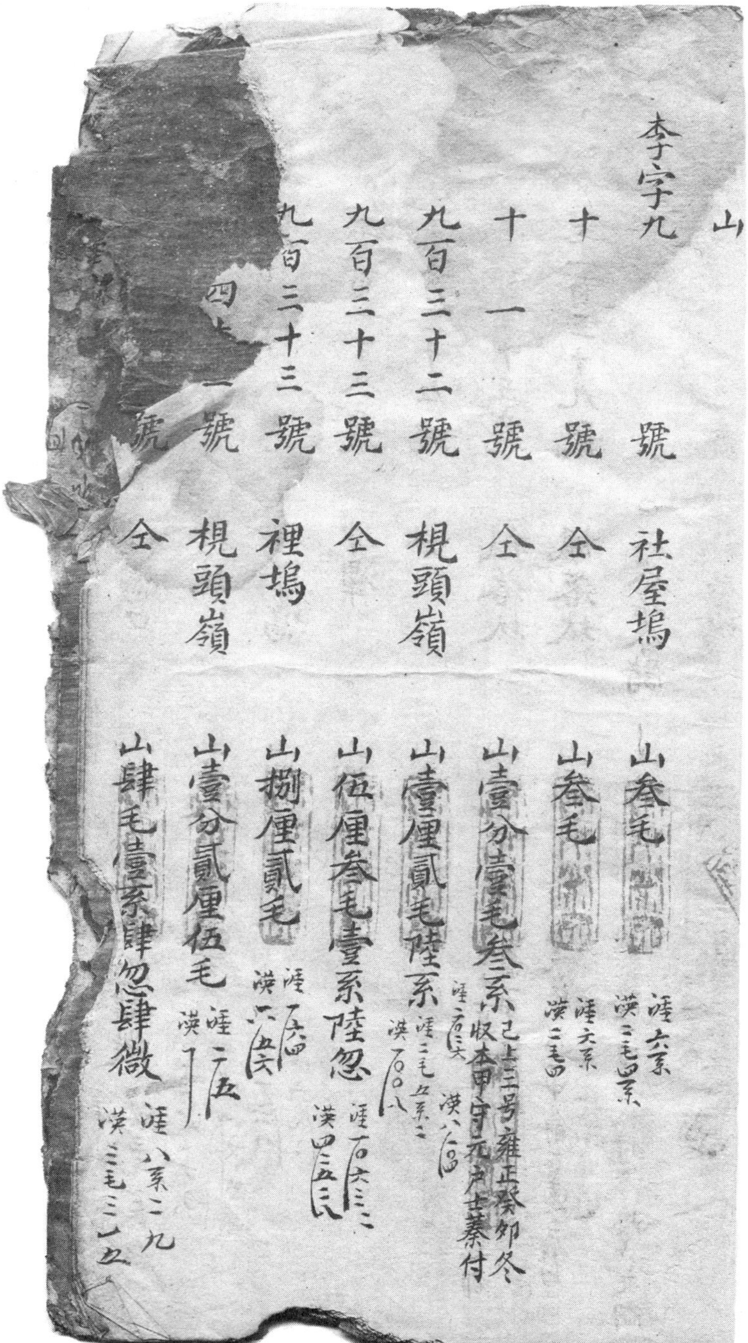
山
李字九 號 社屋塢 山叁毛 涯六系 漢二毛四系
十 號 仝 山叁毛 涯六系 漢二毛四
十一 號 仝 山壹分壹毛叁系 己上三号雍正癸卯冬收本甲守元户士蓁付
九百三十二號 梘頭嶺 山壹厘貳毛陸系 涯二厘六 漢八厘四 涯二毛五系二 漢一厘〇八
九百三十三號 仝 山伍厘叁毛壹系陸忽 涯一厘六三 漢四厘五
九百三十三號 裡塢 山捌厘貳毛 涯一厘四 漢六厘六
九百四十一號 梘頭嶺 山壹分貳厘伍毛 涯二厘五 漢一分
號 仝 山肆毛壹系肆忽肆微 涯八系二九 漢三毛三一五

江湾镇中[钟]吕村 12-9 · 雍正元年至乾隆十三年 ·
税粮实征册 · 俞九和士荣户

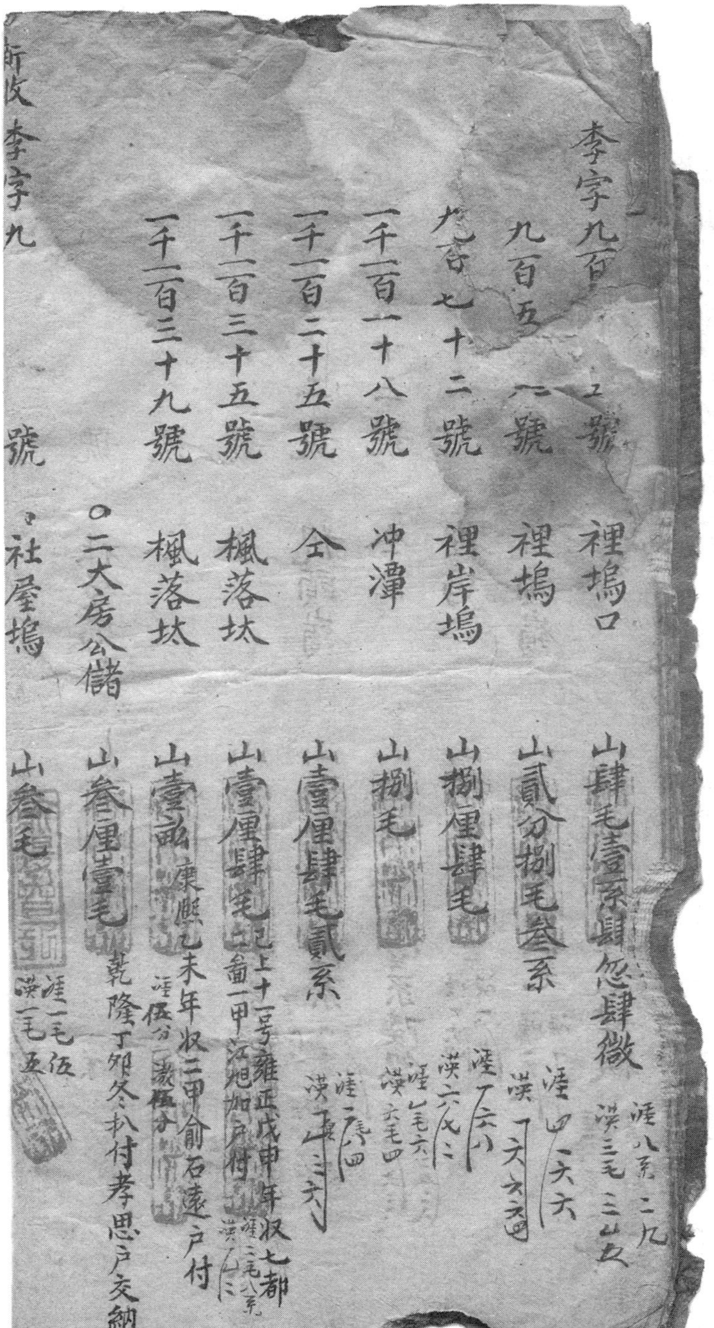

江湾镇中［钟］吕村 12–10 · 雍正元年至乾隆十三年 ·
税粮实征册 · 俞九和士荣户

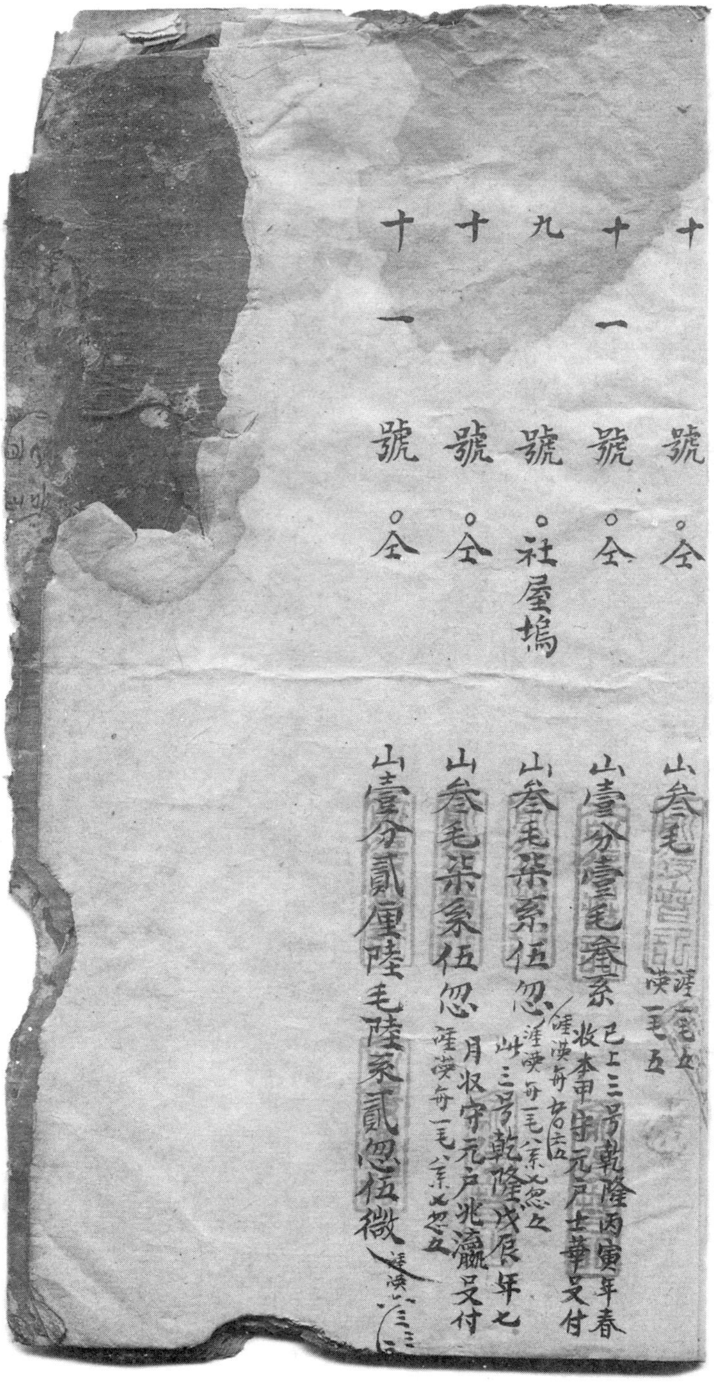

江湾镇中［钟］吕村 12-11 · 雍正元年至乾隆十三年 ·
税粮实征册 · 俞九和士荣户

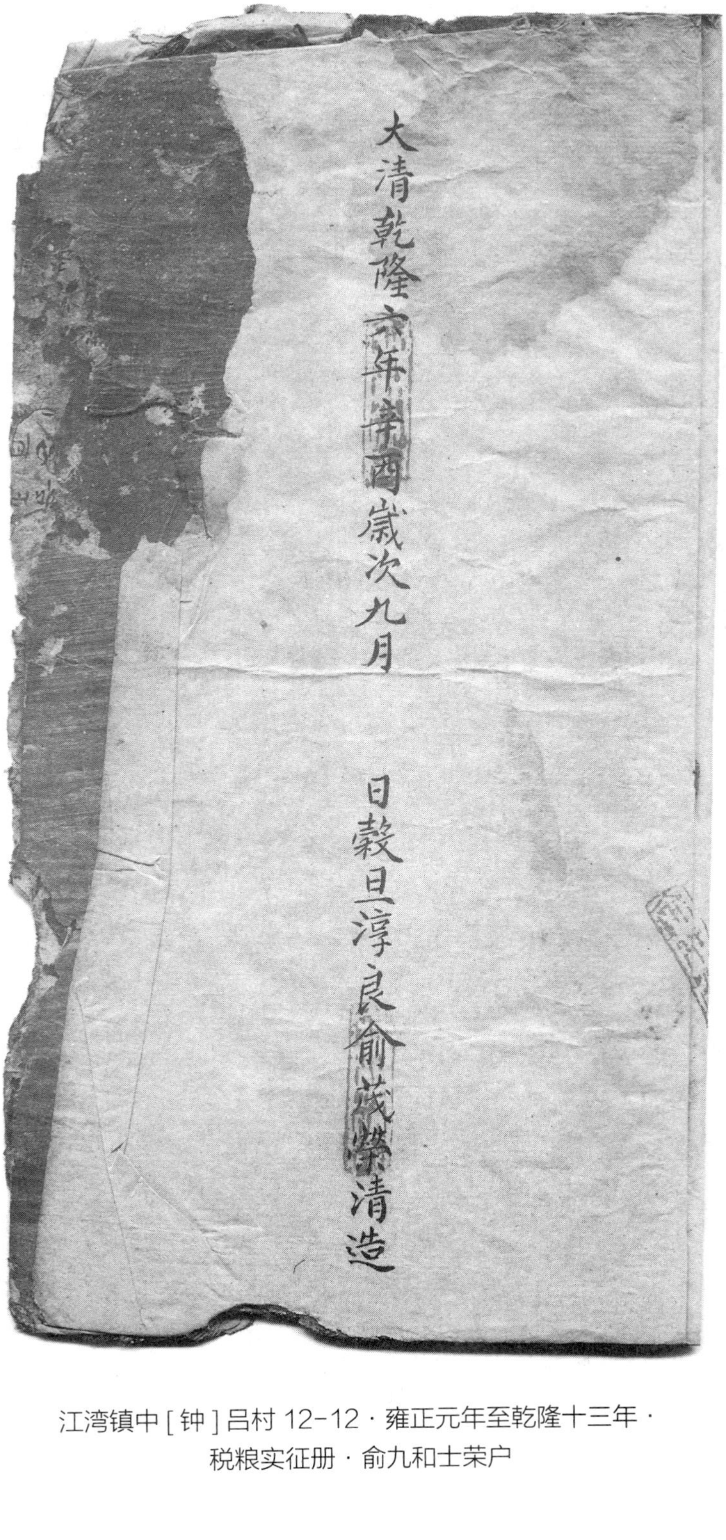
大清乾隆六年辛酉歲次九月　日穀旦
淳良俞茂榮清造

江湾镇中 [钟] 吕村 12-12 · 雍正元年至乾隆十三年 ·
税粮实征册 · 俞九和士荣户

江湾镇中[钟]吕村 13-1 · 乾隆六年 · 认纳实征册 · 俞九和士荣户兆漢股

柒甲俞九和士榮户兆漢股認納實徵

成丁

田肆畝捌厘叁毛

地貳分伍厘陸毛貳系壹忽伍微貳纖

折實田壹分伍厘柒毛伍系柒忽貳微叁纖

山

塘

共折實田肆畝貳分肆厘伍系柒忽貳微叁纖

江湾镇中[钟]吕村 13-2 · 乾隆六年 · 认纳实征册 · 俞九和士荣户兆漢股

今將字號土名開后

田

李字三百四十一號　神北宅　田叁分壹厘捌毛

八百三十號　嶺子後　田柒分柒厘伍毛

田柒分柒厘伍毛

一千二百二十二號　塘坑口　田伍分

一千二百六十一號　宅坵　田伍分

柰字三號　水口山　田玖分肆厘玖毛

〇五號　仝　〇田玖分貳厘

壬午年内扒税四分二畝一甲其荣户收

癸付六分二畝一甲其荣户收

六號　仝　田壹分貳厘壹毛

廿八年三月内扒又厘

付洮濤□收

江湾镇中［钟］吕村 13-3 · 乾隆六年 · 认纳实征册 · 俞九和士荣户兆漢股

李字一千二百九十九號
九百七十六號
九百七十七號
九百七十八號
九百七十九號
九百八十號
九百八十一號

小王三坵
社會
必坑
仝
仝
仝
仝
仝

田壹分壹厘弍毛伍系
田弍分壹厘柒毛 乾隆廿五年撥收字永生户付
田壹分
田壹厘肆毛
田弍分弍厘
田弍分
田壹分肆厘
田叁分肆厘

江湾镇中[钟]吕村 13-4 · 乾隆六年 · 认纳实征册 · 俞九和士荣户兆漢股

九百六十號　蜈公坑　田弍厘肆毛玖系玖忽捌微陸纖

九百六十一號　仝　田叁厘肆毛捌系弍忽肆微肆纖陸

九百六十二號　仝　田壹分○捌毛玖系叁忽肆微

九百六十三號　仝　田肆厘柒毛玖系叁忽弍微陸纖

九百六十四號　仝　田陸厘伍毛壹系弍忽捌微

九百六十五號　仝　田肆厘叁毛伍系陸忽壹微玖纖

九百六十六號　仝　田叁厘玖毛肆系弍忽陸微

九百六十七號　仝　田叁厘○肆系玖忽捌微陸纖

江湾镇中［钟］吕村 13-5 · 乾隆六年 · 认纳实征册 · 俞九和士荣户兆渶股

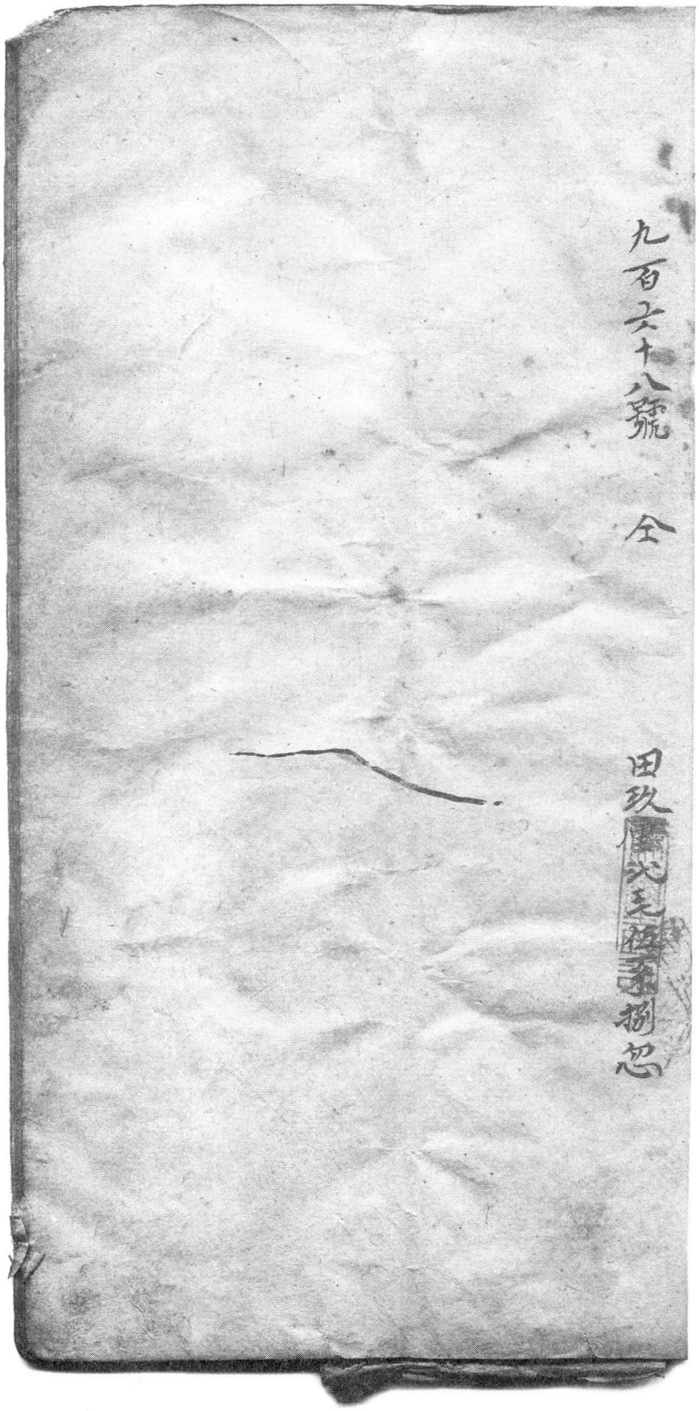

江湾镇中[钟]吕村 13-6 · 乾隆六年 · 认纳实征册 · 俞九和士荣户兆漢股

地

李字三十四號　大園內　地陸毛貳系玖忽叁微叁纖肆

三十五號　仝　地貳厘柒毛叁忽陸微陸纖陸　昌膺己

三十六號　仝　地叁厘捌毛捌系捌忽伍微貳纖

一百二十七號　鍾呂坦心　地玖厘陸毛

一百三十一號　仝　地陸厘肆毛

一百三十六號　背後山　地貳厘肆毛　昌膺 店均業

新收

一十九號　坦末　地捌厘　壬申年收叁甲之買戶付

李字一百二十六號　坦心　地捌毛叁系叁忽叁　收四甲俞整戶元明付

江湾镇中［钟］吕村 13-7 · 乾隆六年 · 认纳实征册 · 俞九和士荣户兆漢股

一百三十一號　坦心　地叁毛叁系叁忽叁

李字三號　社屋塢　地伍毛柒系柒忽伍

四號　仝　地肆厘伍毛陸系弍忽叁

五號　仝　地叁厘伍毛肆系弍忽

六號　仝　地叁厘捌毛伍系

七號　仝　地叁厘捌毛伍系

八號　仝　地叁厘肆毛六系伍

以上六号收俞守元户付

四十一號　大园内　地陸厘捌毛伍系　曷廊已

四十二號　仝　地柒厘叁毛　曷廊已

共三号收一甲在珊户諫

江湾镇中［钟］吕村 13-8 · 乾隆六年 · 认纳实征册 · 俞九和士荣户兆漢股

一百三十三號　店基　地肆厘玖毛玖系捌忽陸微　乾隆廿六年收九和户兆漢付

新收林引
李學乙千一百二十六號　冲潭　地伍毛弍系伍忽

乙千一百二十七號　仝　地弍系伍忽

乙千一百二十九號　仝　地壹厘柒毛

九十號　坦心　地壹厘伍毛　昌店己　乾隆二十年收乙都二啚三甲江穂淵户

七十九號　仝　地叁厘　昌店己

〇一百三十三號　店基　地陆毛陆系陆忽肆徵　丁酉年收唐顧三晏

己亥新收　坦心　地　昌店付

江湾镇中［钟］吕村 13-9 · 乾隆六年 · 认纳实征册 · 俞九和士荣户兆漢股

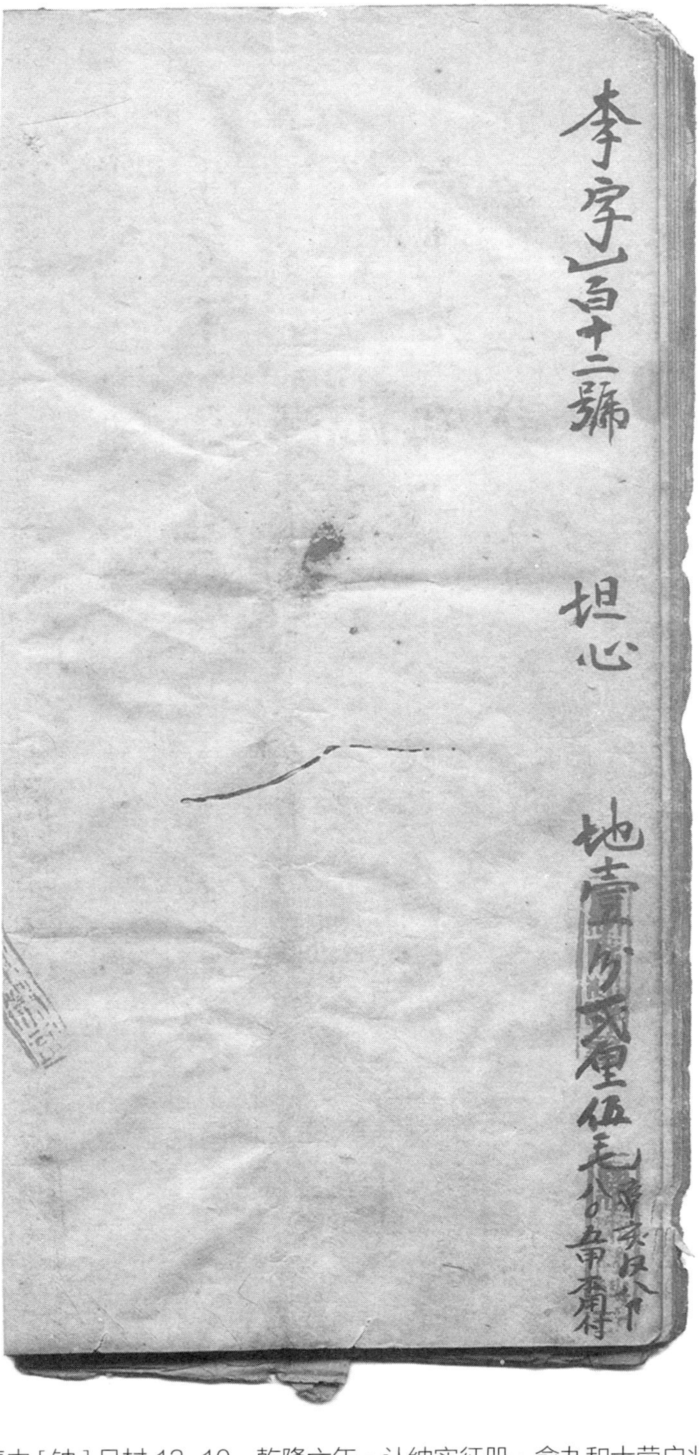

江湾镇中［钟］吕村 13-10 · 乾隆六年 · 认纳实征册 · 俞九和士荣户兆漢股

李字

九號 社屋塢 山伍毛柒系柒忽五

十號 仝 山伍毛柒系柒忽伍

十一號 仝 山壹分玖厘伍毛 以上三号收俞守元户付

九百三十二號 梘頭山嶺 山壹厘捌忽

九百三十三號 仝 山肆厘貳毛伍系弍忽捌微

九百三十三號 裡塢 山陸厘伍毛陸系

九百四十二號 梘頭山嶺 山壹分

九百五十號 仝 山叁毛叁系叁忽伍

江湾镇中［钟］吕村 13-11 · 乾隆六年 · 认纳实征册 · 俞九和士荣户兆漢股

九百五十五號 裡塢口 山叁毛叁系壹忽伍

九百五十九號 裡塢 山壹分陸厘陸毛陸系肆

九百七十二號 裡岸塢 山陸厘柒毛貳系

一千一百一十八號 沖潭 山陸毛肆系

一千一百二十五號 仝 山壹厘壹毛叁系伍

一千一百三十五號 楓落坛 山壹厘壹毛貳系

以上共十号收七都二啚一甲江旭加户付

社會 山壹厘貳毛伍系

乾隆廿五年 昌廣己

李字一千四百八十三號 渠頭坑 山壹厘伍毛

江湾镇中[钟]吕村 13-12 · 乾隆六年 · 认纳实征册 · 俞九和士荣户兆漢股

一千四百八十三號 仝 山壹厘弍毛伍系

一百八十二號 塘塢叁 山弍厘肆毛玖系玖忽玖微

九百五十九號 程望坑 山壹分弍厘伍毛

九百六十九號 仝 山陸分

九百七十四號 必坑 山壹畝弍分

九百八十二號 仝 山壹分陸厘

一千〇九十八號 木栗坑 山陸分伍厘玖毛叁系

一千一百一十七號 仝 山陸分伍厘玖毛叁系

江湾镇中［钟］吕村 13-13 · 乾隆六年 · 认纳实征册 · 俞九和士荣户兆漢股

九百三十二號　梘頭岺　山柒毛伍系

九百三十三號　仝　山叁厘叁毛〇壹忽捌微伍纖

九百四十二號　仝　山柒厘伍毛

九百五十號　仝　山弍毛伍系

九百五十五號　裡塢口　山弍毛伍系

九百七十二號　裡岸塢　山伍厘

九百三十三號　裡塢　山肆厘玖毛叁系壹忽伍

一千一百十八號　沖潭　山伍毛

江湾镇中[钟]吕村 13-14 · 乾隆六年 · 认纳实征册 · 俞九和士荣户兆漢股

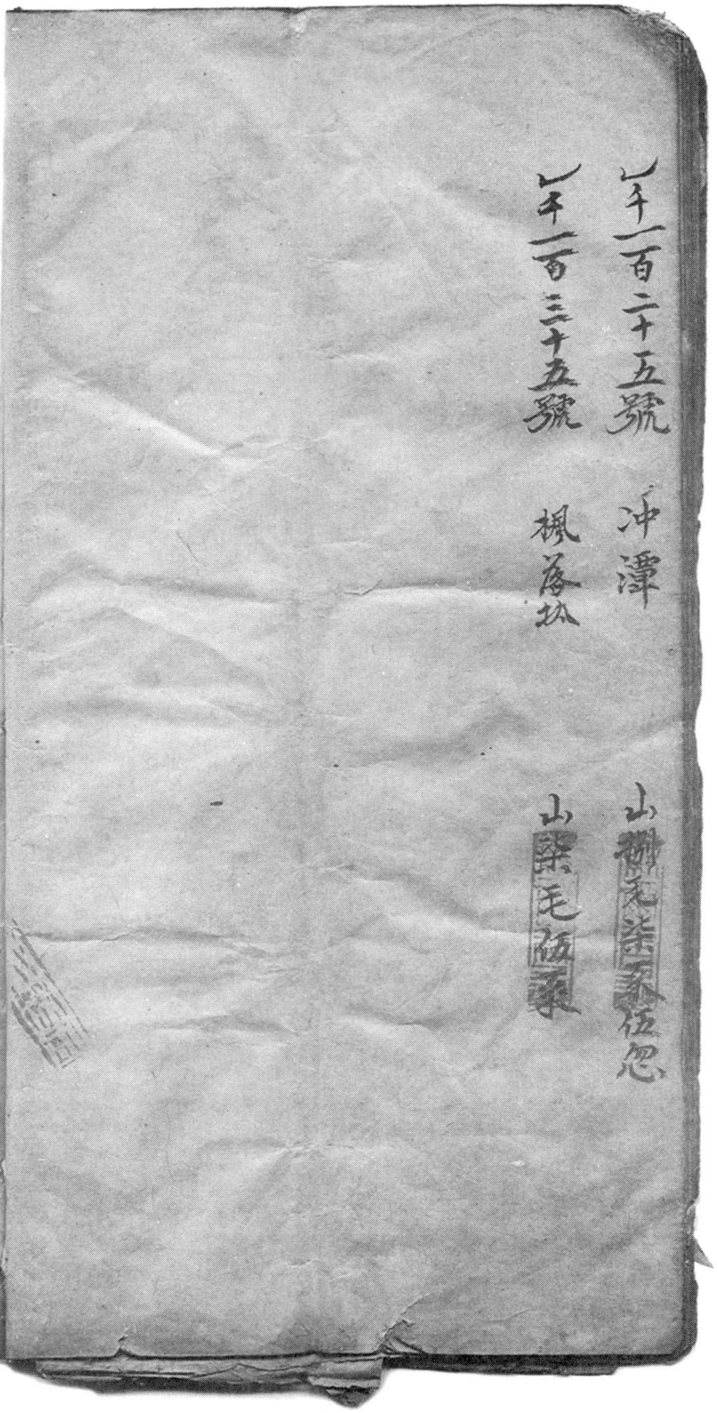
乚千一百二十五號　冲潭　山捌毛柒系伍忽

乚千一百三十五號　楓落坞　山肆毛伍系

江湾镇中［钟］吕村 13-15 · 乾隆六年 · 认纳实征册 · 俞九和士荣户兆漢股

大清乾隆六年辛酉歲次九月

日穀旦淳良俞戊榮清造

江湾镇中[钟]吕村 13-16 · 乾隆六年 · 认纳实征册 · 俞九和士荣户兆渼股

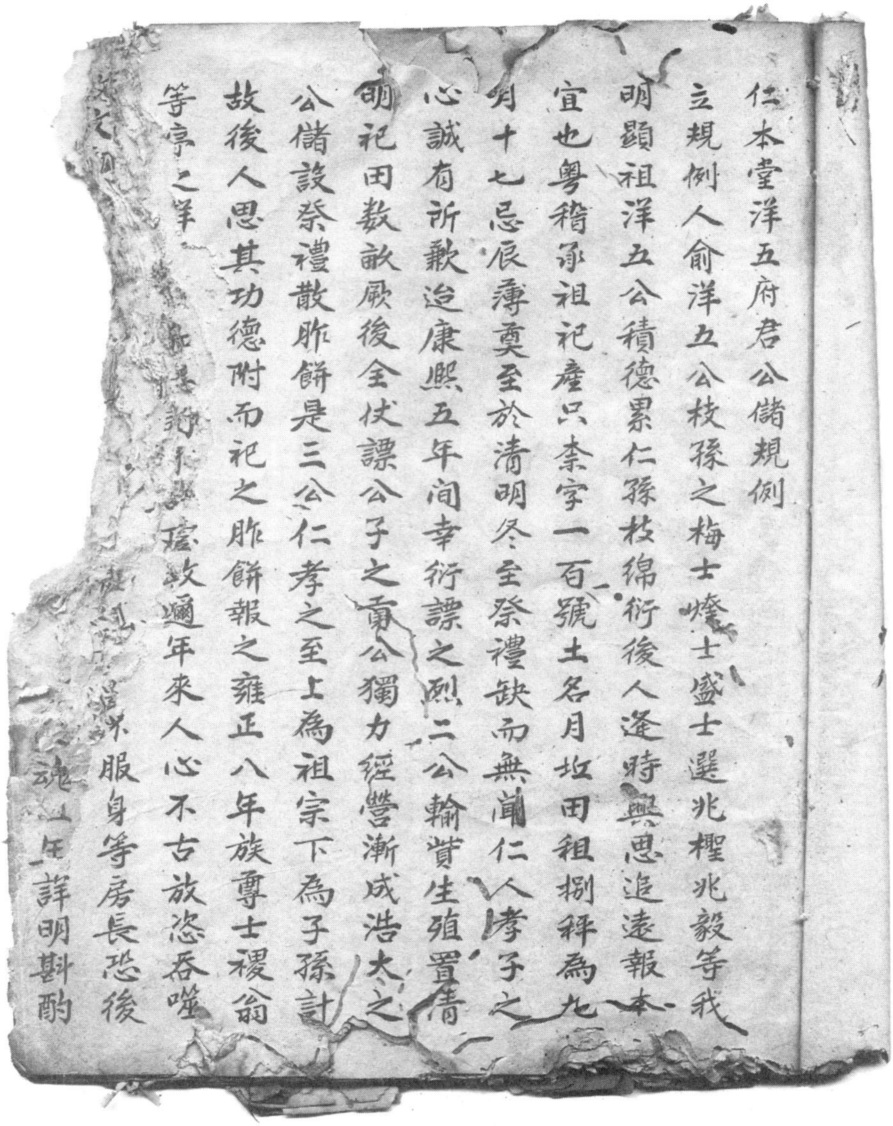
仁本堂洋五府君公儲規例
立規例人俞洋五公枝孫之梅士烽士盛士選兆桯兆毅等我
明顯祖洋五公積德累仁孫枝綿衍後人逢時興思追遠報本
宜也粤稽承祖祀產只柰字一百號土名月坵田租捌秤為九
月十七忌辰薄奠至於清明冬至祭禮缺而無聞仁人孝子之
心誠有所歉迨康熙五年间幸衍謨之烈二公輸貲生殖置清
明祀田数畝厥後全仗謨公子之甬公獨力經營漸成浩大之
公儲設祭禮散胙餅是三公仁孝之至上為祖宗下為子孫計
故後人思其功德附而祀之胙餅報之雍正八年族尊士稷翁
等亭之筆[illegible]瑺敘邇年来人心不古放恣吞噬
[illegible]服身等房長恐後
[illegible]年詳明斟酌

江湾镇中[钟]吕村 20-1 · 乾隆八年始 · 仁本堂洋五府君公储规例及收支账簿 · 俞士熢等

一議值年每逢寅申巳亥年定一房　六房　同經理

每逢子午卯酉年定二房　五房　同經理

每逢辰戌丑未年定三房　四房　同經理

一議司帳定照原議經理 現只兆潘壹人經理

一議做冬至祖定詹家坦早肆秤硬　佃俞昌伯

畢村段早肆秤硬　佃俞昌明

术上　早貳秤硬　佃自業

小湖坵早捌秤硬　佃自業

獅石灘早壹秤硬　佃俞介眉

公之令德

江湾镇中［钟］吕村 20-2 · 乾隆八年始 · 仁本堂洋五府君公储规例及收支账簿 · 俞士熣等

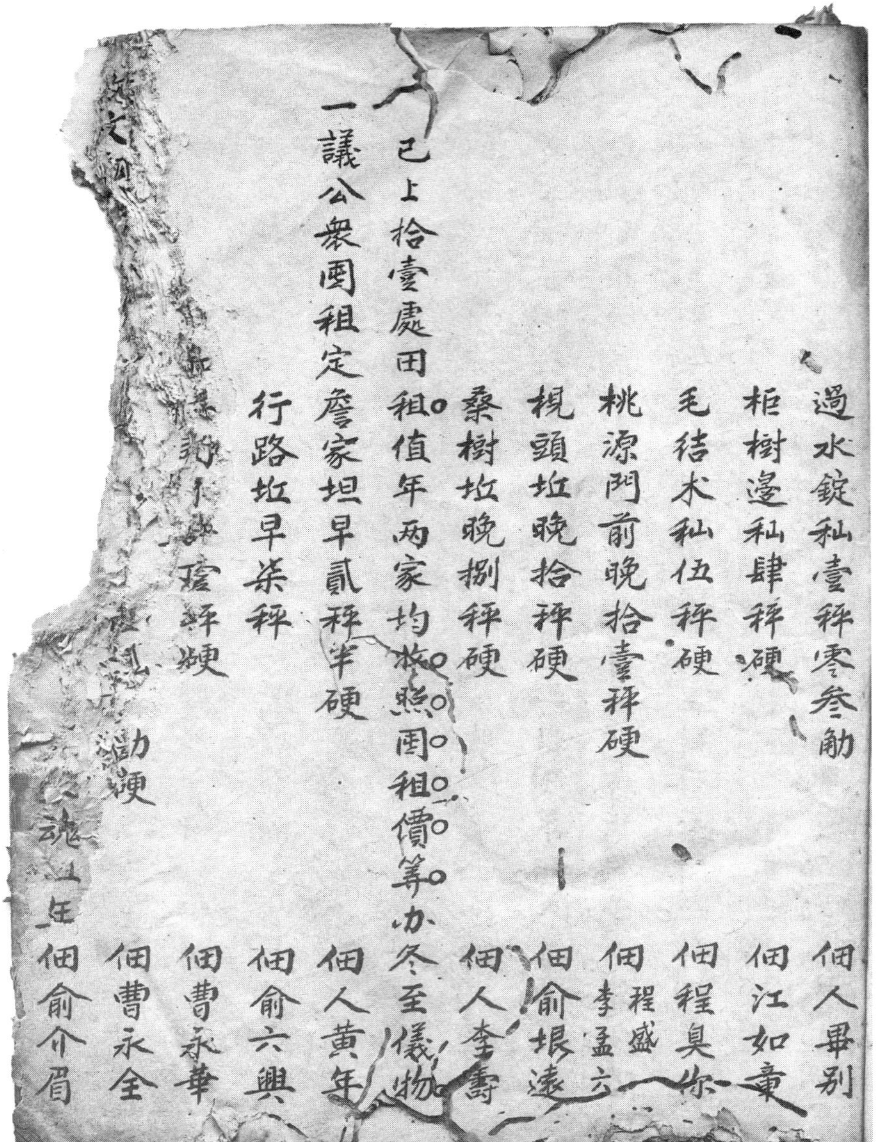

江湾镇中[钟]吕村 20-3 · 乾隆八年始 · 仁本堂洋五府君公储规例及收支账簿 · 俞士煃等

[illegible]杉根秤硬
李寒坑晚私拾秤
李寒坑晚貳秤半硬
前田段晚柒秤硬
塘邊晚捌秤硬

佃俞昌慶
佃俞雙喜
佃自嵘
佃曹永福
佃俞昌明
佃俞輔臣
佃人程五

已上拾貳處公衆图租。定七月初一日图早租。八月十七日图私晚。從公預酌穀價。出帖門首。至期齊詣廳堂。先。將玖伍足。銀。憑。衆。估。色。稱。清。經理者收銀。上號。發票付照。一聽執票向佃收穀。要

一图穀。不論股殖。只。是。要。現。銀。儘。先。不。儘。後。但不許霸图太多

江湾镇中[钟]吕村 20-4 · 乾隆八年始 · 仁本堂洋五府君公储规例及收支账簿 · 俞士熣等

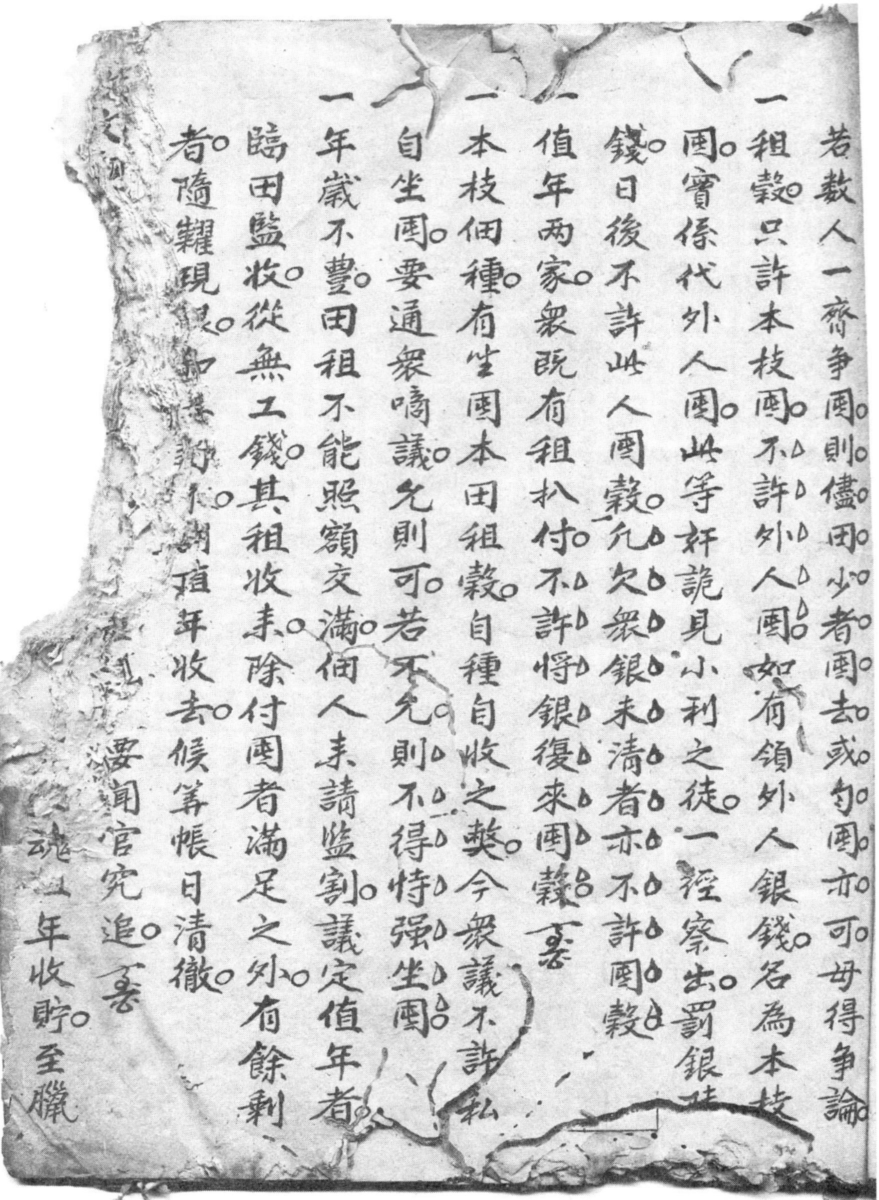
若數人一齊爭圖。則儘田少者圖去。或旬圖亦可。毋得爭論。
一租穀只許本枝圖。不許外人圖。如有領外人銀錢。名為本枝圖。實係代外人圖。此等奸詭見小利之徒。一經察出。罰銀陸
錢。日後不許此人圖穀。凡欠眾銀未清者。亦不許圖穀。
一值年兩家。眾既有租扒付。不許將銀復來圖穀。
一本枝佃種。有生圖本田租穀。自種自收之弊。今眾議不許私
自生圖。要通眾嘀議。允則可。若不允則不得恃強生圖。
一年歲不豐。田租不能照額交滿。佃人來請監割。議定值年者。
臨田監收。從無工錢。其租收來。除付圖者滿足之外。有餘剩
者。隨糶現[illegible]。[illegible]值年收去。候算帳日清徹。
[illegible]要聞官究追。
[illegible]魂[illegible]年收貯。至臘

江湾镇中[钟]吕村 20-5 · 乾隆八年始 · 仁本堂洋五府君公
储规例及收支账簿 · 俞士烇等

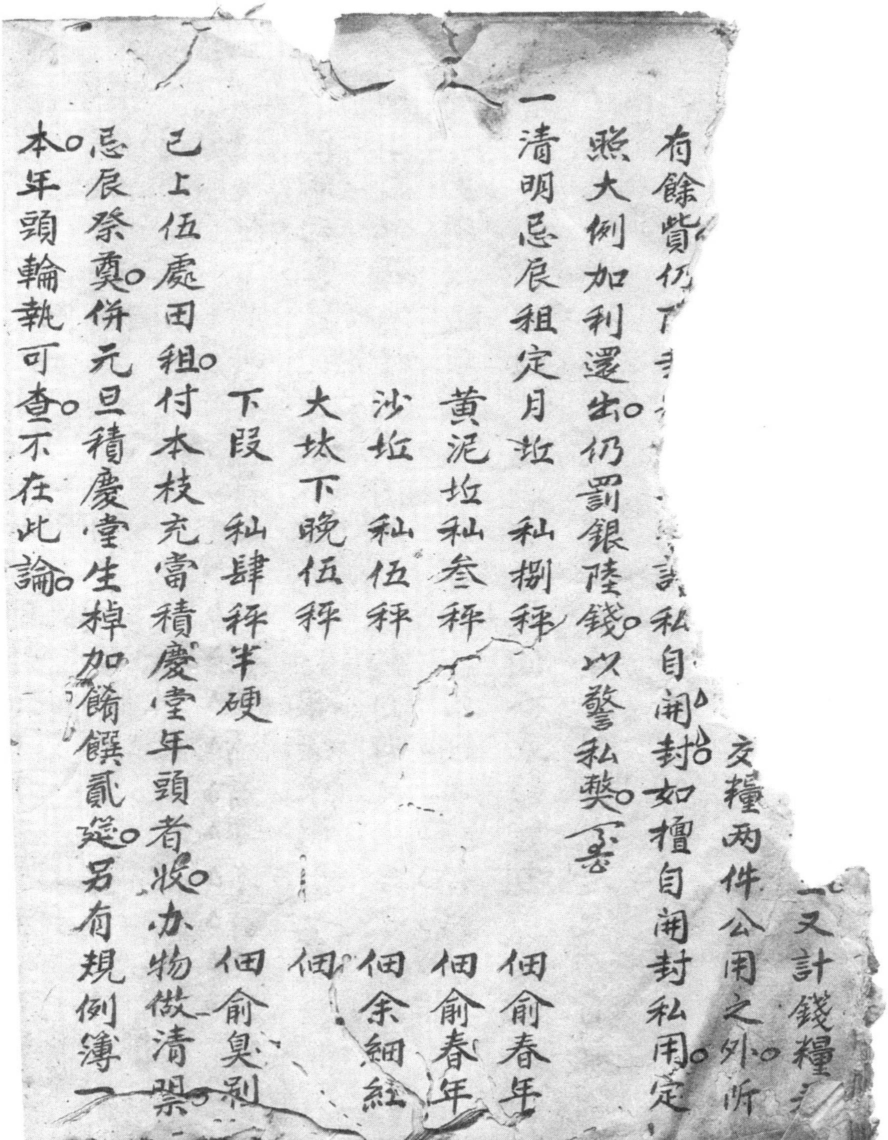

又計錢糧
交糧兩件公用之外。所
有餘貲仍[illegible]詠私自開。封如擅自開封私用。定
照大例加利還出。仍罰銀陸錢。以警私弊。[illegible]
一清明忌辰租定月坵　私捌秤　佃俞春年
黃泥坵私叁秤　佃俞春年
沙坵　私伍秤　佃余細紅
大垯下晚伍秤　佃
下段　私肆秤半硬　佃俞臭剩
已上伍處田租。付本枝充當積慶堂年頭者收。辦物做清[illegible]。
忌辰祭奠。併元旦積慶堂生棹加餚饌貳筵。另有規例簿一
本。年頭輪執可查。不在此論。

江湾镇中[钟]吕村 20-6 · 乾隆八年始 · 仁本堂洋五府君公
储规例及收支账簿 · 俞士熢等

一議冬至日。值年兩家。早晨宰猪二口。設席面香案。各件整齊。

列在廳堂。祭洋五公。併松字行六公。諜烈貢三公神主同祀

凡值飲禮酒者。俱要入廳堂執事行禮。如不到。不許飲酒。

祝文定式 維 定京紅全帖楷書

皇清乾隆某年歲在某仲冬月某朔越某日某之辰奉

主蒸祭枝孫俞某某 暨六大房子姓等

謹以剛鬣果醴庶饈楮帛山蔬之儀百拜致祭于

二十八世祖洋五朝奉諱汪祥俞公神魂

洋五祖妣游氏勉璋孺人淑魂

[illegible]氏桂珍孺人淑魂

[illegible]珍公神魂

[illegible]魂

饗

江湾镇中 [钟] 吕村 20-7 · 乾隆八年始 · 仁本堂洋五府君公储规例及收支账簿 · 俞士煃等

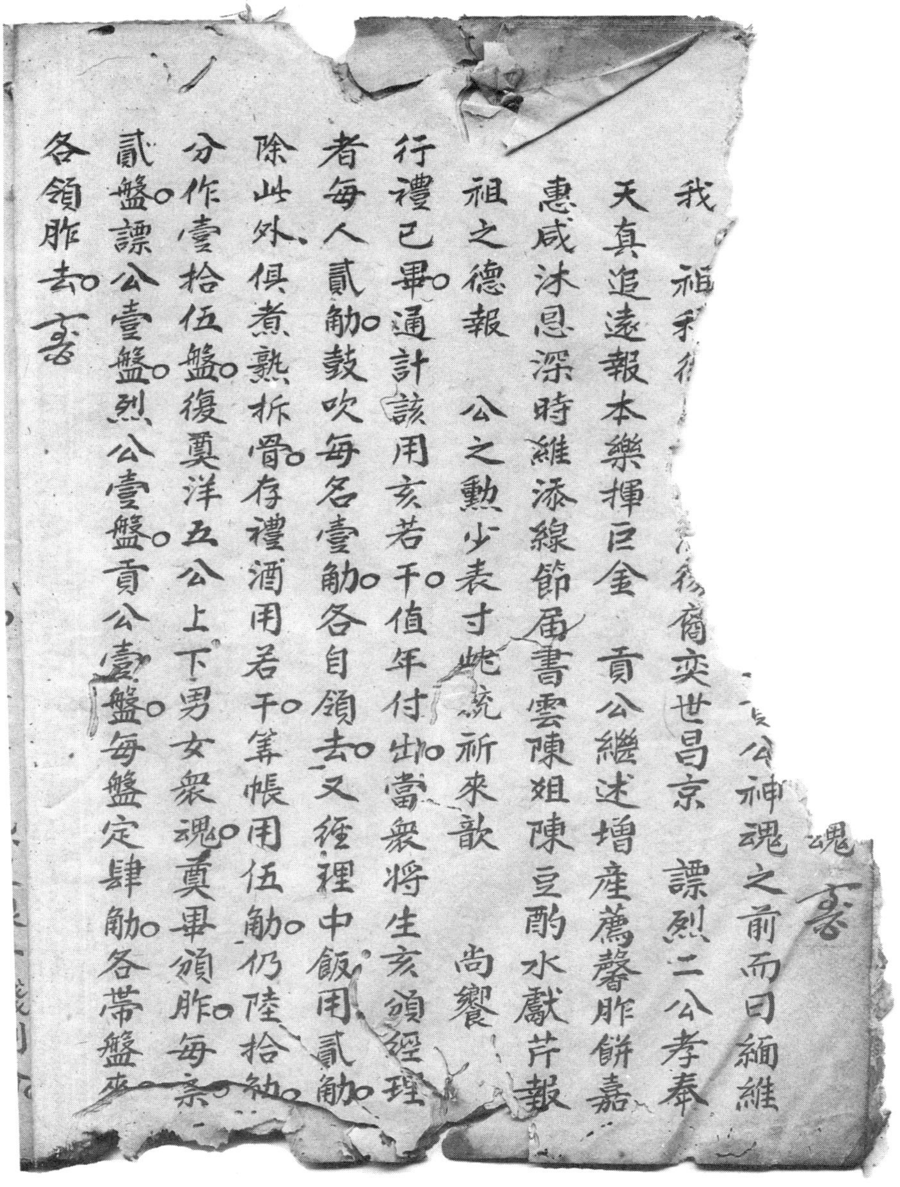

魂 享

[illegible]公神魂之前而曰緬維

我 祖秉後……後裔奕世昌京 譚烈二公孝奉

天真追遠報本樂揮巨金 貢公繼述增產薦馨胙餅嘉

惠咸沐恩深時維添線節届書雲陳俎陳豆酌水獻芹報

祖之德報 公之勳少表寸[illegible]祈來歆 尚饗

行禮已畢。通計該用亥若干。值年付出。當衆將生亥須經理

者每人貳觔。鼓吹每名壹觔。各自領去。又經理中飯用貳觔。

除此外、俱煮熟拆骨。存禮酒用若干。算帳用伍觔。仍陸拾觔。

分作壹拾伍盤。復奠洋五公上下男女衆魂。奠畢須胙。每桌

貳盤。譚公壹盤。烈公壹盤。貢公壹盤。每盤定肆觔。各帶盤來

各領胙去。享

江湾镇中 [钟] 吕村 20-8 · 乾隆八年始 · 仁本堂洋五府君公储规例及收支账簿 · 俞士烇等

一冬至日。值年付出亥照時屠第。金銀山花、定銀壹錢捌分。
香燭定銀肆分。帛肆盤、金銀火紙肆盤、爆竹貳拾、定陸分。
京紅祝文壹張、定銀壹分。酒每壺、定和除晚穀壹觔半筭
鷄魚豆、俱照時價。柴鹽、定壹錢叁分。筭帳日用者、俱在內。
經理中飯米叁升。筭帳日米貳升。磨粉、定共抲除私穀半秤。
一祭禮。宜豐備光彩。但今力不逮。俟增置祀田。再該施光彩
一冬至禮酒。定每房貳人。謀公枝下壹人。烈公枝下壹人。貢公
枝下壹人。經理諸位。及五十歲以上者。俱入廳堂飲酒。定每
人酒壹壺。無骨熟亥陸兩。鷄魚腐、儘數多少不定。其五十歲
以上人。要親身赴席。不許頂替。
[illegible]與經理者。一同面筭。登
[illegible]件。已載於前。結帳

江湾镇中[钟]吕村 20-9 · 乾隆八年始 · 仁本堂洋五府君公
储规例及收支账簿 · 俞士熣等

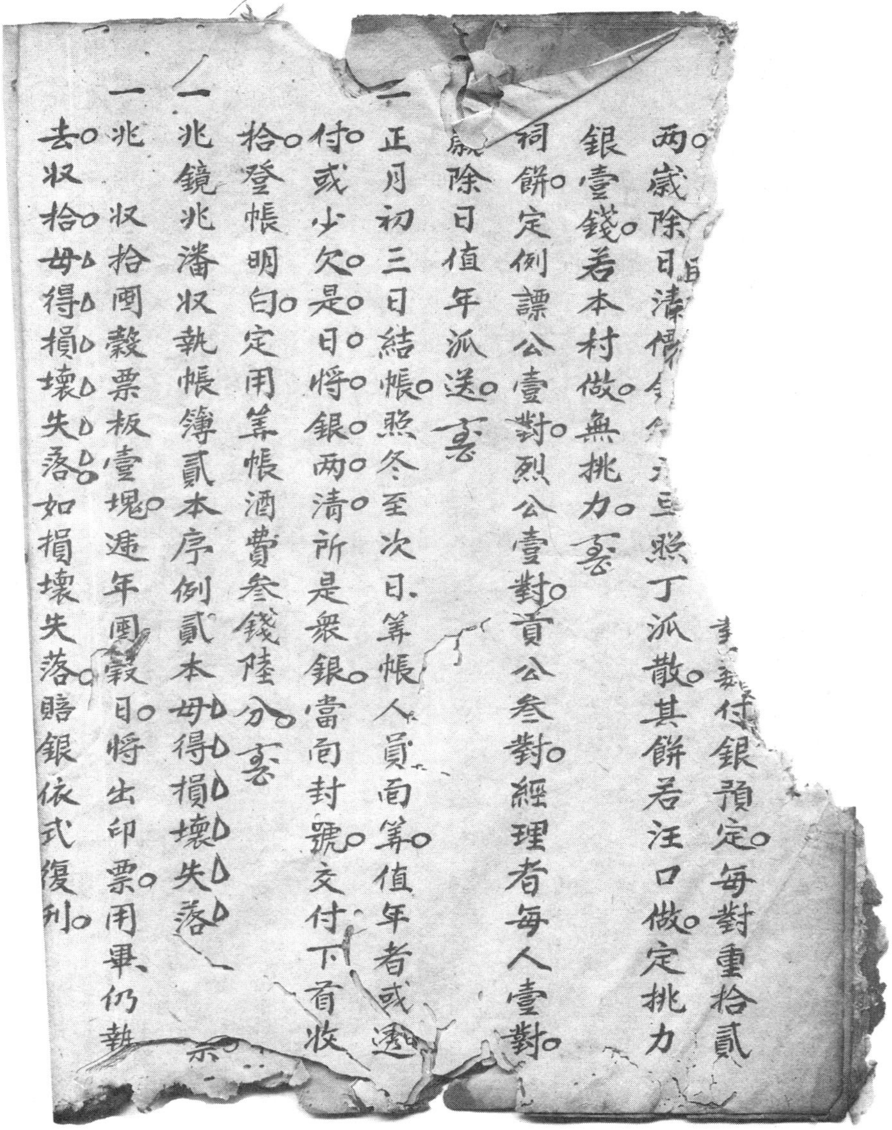
□□付銀預定。每對重拾貳
兩。歲除日□□□□□照丁派散。其餅若汪口做。定挑力
銀壹錢。若本村做。無挑力。[illegible]
祠餅。定例譚公壹對。烈公壹對。貢公叁對。經理者每人壹對。
歲除日值年派送。[illegible]
一 正月初三日結帳。照冬至次日算帳人員面算。值年者或遲
付。或少欠。是日。將銀。兩。清。所是衆銀。當面封號。交付下首收
拾。登帳明白。定用算帳酒費叁錢陸分。[illegible]
一 兆鏡兆潘收執帳簿貳本。序例貳本。毋得損壞失落。
一 兆收拾圖穀票板壹塊。遞年圖穀日。將出印票。用畢仍執
去。收拾。毋得損壞失落。如損壞失落。賠銀依式復刊。

江湾镇中［钟］吕村 20-10 · 乾隆八年始 · 仁本堂洋五府君公储规例及收支账簿 · 俞士熣等

一囤租號簿壹本。付值年收拾。遞年囤數日。將出上號發票事訖、仍執去。以便發數。候至正月初三。將號簿交付下首收拾。毋。得。損。壞。失。落。如損壞失落。罰銀三分。買紙復訂。

一租秤壹把。付值年輪執。定正月初三過付。毋。得。失。落。如失落定要賠銀。聽衆釘新。

一戥秤壹把。付兆漢收拾。毋。得。失。落。如失落。亦要賠償釘新。

仁本堂印方圖書壹介付兆 收拾又洋五公記長圖書壹介付兆鏡收拾遞年囤數日及結帳日將出衆用用畢仍各執去收拾毋。得。失。落。

一衆銀。務。要。存。貯。[illegible]。[illegible]。不可貪圖利息。枝。下。子。孫。永。不。許。借。若[illegible]。[illegible]可[illegible]生殖。[illegible]的實。然後兌銀交

江湾镇中[钟]吕村 20-11 · 乾隆八年始 · 仁本堂洋五府君公储规例及收支账簿 · 俞士烇等

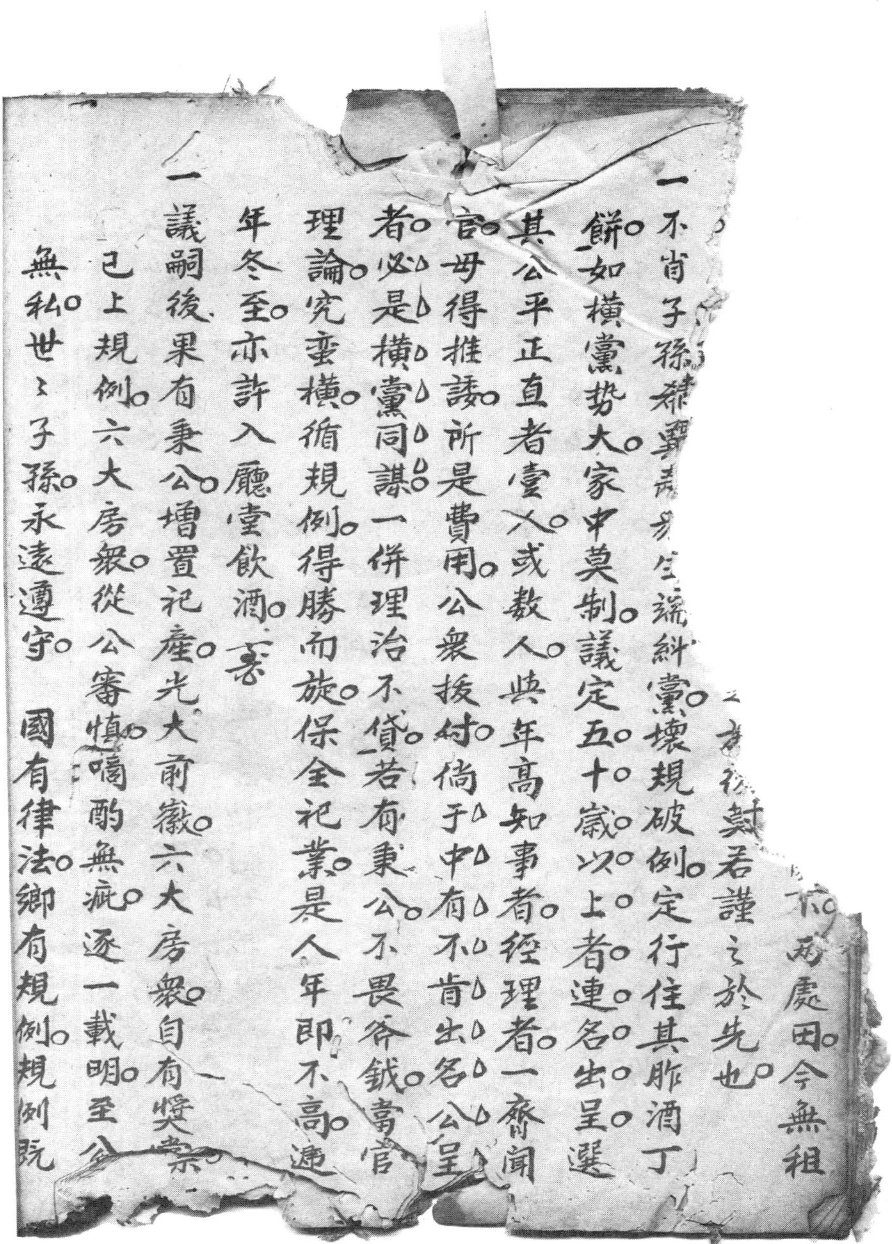

江湾镇中［钟］吕村 20-12 · 乾隆八年始 · 仁本堂洋五府君公
储规例及收支账簿 · 俞士熣等

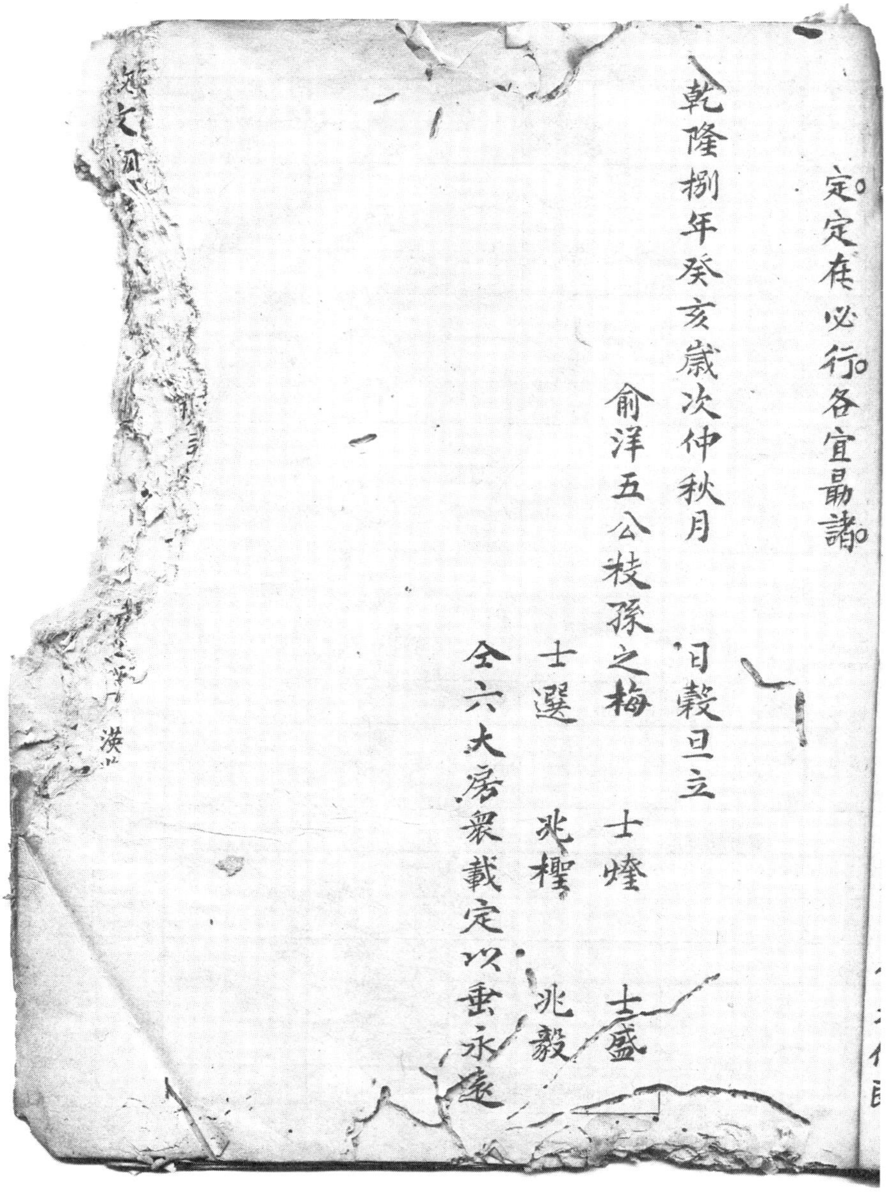
定。定在必行。各宜勗諸。
乾隆捌年癸亥歲次仲秋月　日穀旦立
俞洋五公枝孫之梅　士熢　士盛
士選　兆樫　兆毅
仝六大房衆載定以垂永遠

江湾镇中 [钟] 吕村 20-13 · 乾隆八年始 · 仁本堂洋五府君公储规例及收支账簿 · 俞士熢等

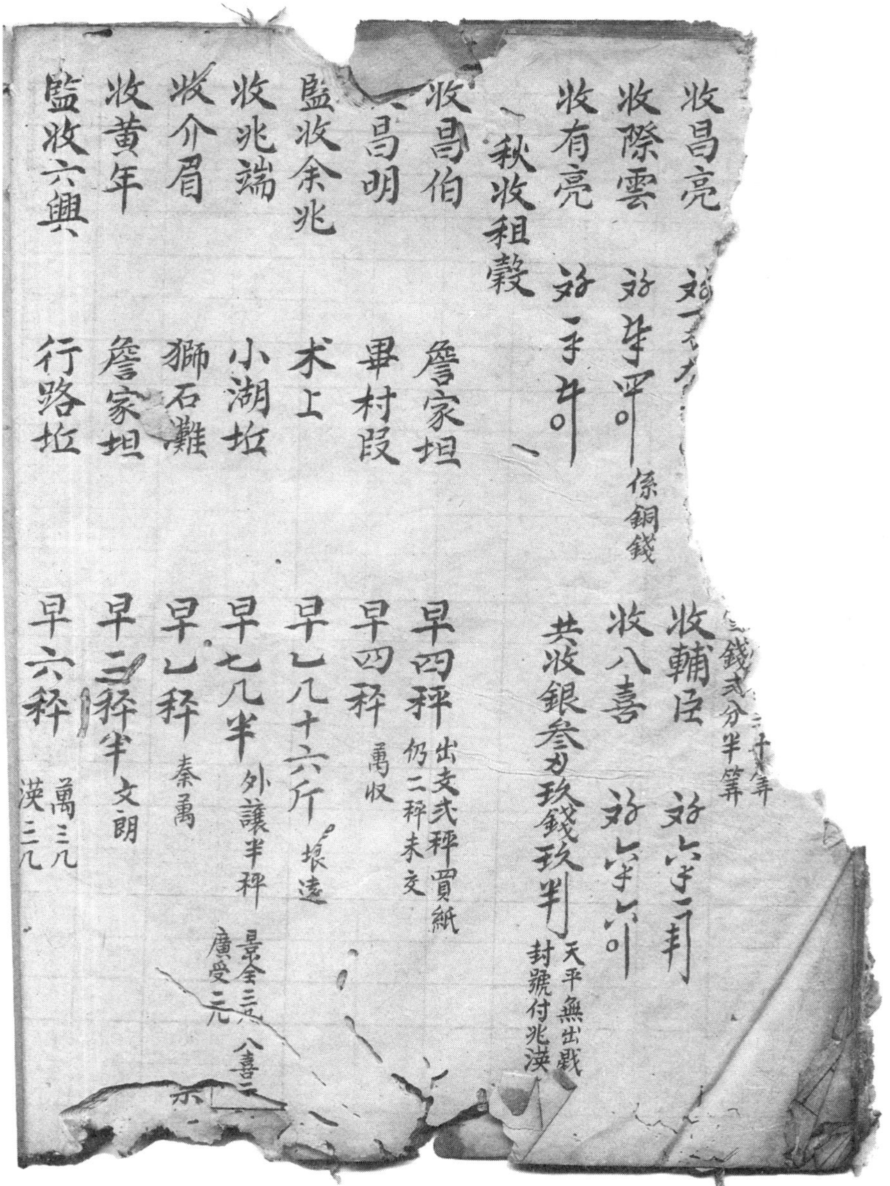

收昌亮
收際雲 係銅錢
收有亮
一秋收租穀
收昌伯 詹家坦 早四秤 出支弍秤買紙 仍二秤未交
昌明 畢村段 早四秤 禹收
監收余兆 术上 早乚几十六斤 壤遠
收兆端 小湖坵 早七几半 外讓半秤 景全三几 八喜二 廣受元
收介眉 獅石灘 早乚秤 秦禹
收黃年 詹家坦 早三秤半 文朗
監收六興 行路坵 早六秤 萬三几 漢三几
錢弍分半算
收輔臣
收八喜
共收銀叁两玖錢玖判 天平無出戥 封號付兆漢

江湾镇中[钟]吕村 20-14 · 乾隆八年始 · 仁本堂洋五府君公储规例及收支账簿 · 俞士烇等

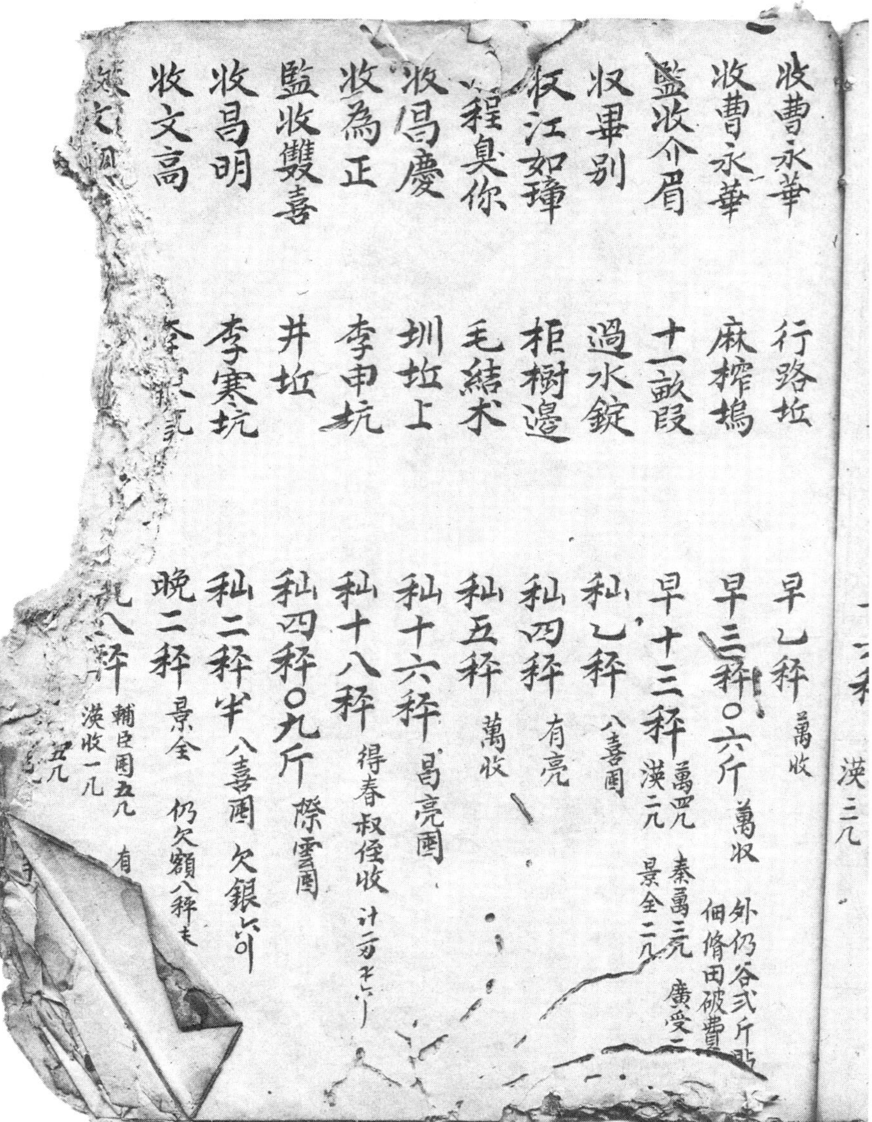

收曹永華	行路垅	早乙秤 萬收
收曹永華	麻榨塢	早三秤〇六斤 萬收 外仍谷弍斤 佃脩田破費
監收介眉	十一畝段	早十三秤 萬四几 漢二几 秦萬元 景全二几 廣受二
收畢别	過水錠	私乙秤 八喜圓
收江如瑋	柜樹邊	私四秤 有亮
程奐你	毛結术	私五秤 萬收
收昌慶	圳垅上	私十六秤 昌亮圓
收為正	李申坑	私十八秤 得春叔侄收 计方
監收雙喜	井垅	私四秤〇九斤 際雲圓
收昌明	李寒坑	私二秤半 八喜圓 欠銀六分
收文高	李[illegible]	晚二秤 景全 仍欠額八秤未
[illegible]文圓	[illegible]	晚八秤 輔臣圓五几 漢收一几 五几 有

江湾镇中 [钟] 吕村 20-15 · 乾隆八年始 · 仁本堂洋五府君公储规例及收支账簿 · 俞士熣等

收李壽 ……
監收得春　前田段
乙□秤　萬半几
晚八秤　漢半几
漢六几　際雲三斤　萬一几廿〡斤
晚六秤　得春　計〤〡〡
早私共九十四秤十九斤　內除廿〦几〇九斤出囤　除二几買紙編規例二本帳簿七本
除半几飯米粉　仍六十五几廿二斤　計七𠄢九〤〦可
晚共四十五秤　內除七几〇三斤出囤　除半几付得春未年交營米四升〦合二勺
除三几〇三斤造酒五十壷　仍卅四几〇〦斤　計四𠄢〡〤八分可
除支過仍穀銀十〦𠄢〤〡　囤谷銀在內　又加八善　共該銀拾陸𠄢弍〤四分伍厘
欠囤谷銀〦可
十一月初七日冬至出支
出支亥一百廿八斤　時屠十九斤算　計〦𠄢七〤二〤　散胙礼酒共一百〤　中飯弍斤
鼓吹七斤　算帳五斤　經理共十四斤
線雞六斤五𠄢　時價〦可　計五〤〇五九　英〤〤　万〤〤　紅魚五斤　時價〤可　計二〤〤可　英〤〤　万〤〤
豆六升造腐　時價〦〤　計九可　金銀紙帛爆竹定〦〡可
燭半斤　香　共定〤可　山花一計〤〦〡可　原定〤〡可今年㬢小了減銀二可
京紅祝文一張　定〦可　柴塩定〤二可　在內　前後算帳用者俱

江湾镇中［钟］吕村 20–16 · 乾隆八年始 · 仁本堂洋五府君公储规例及收支账簿 · 俞士熗等

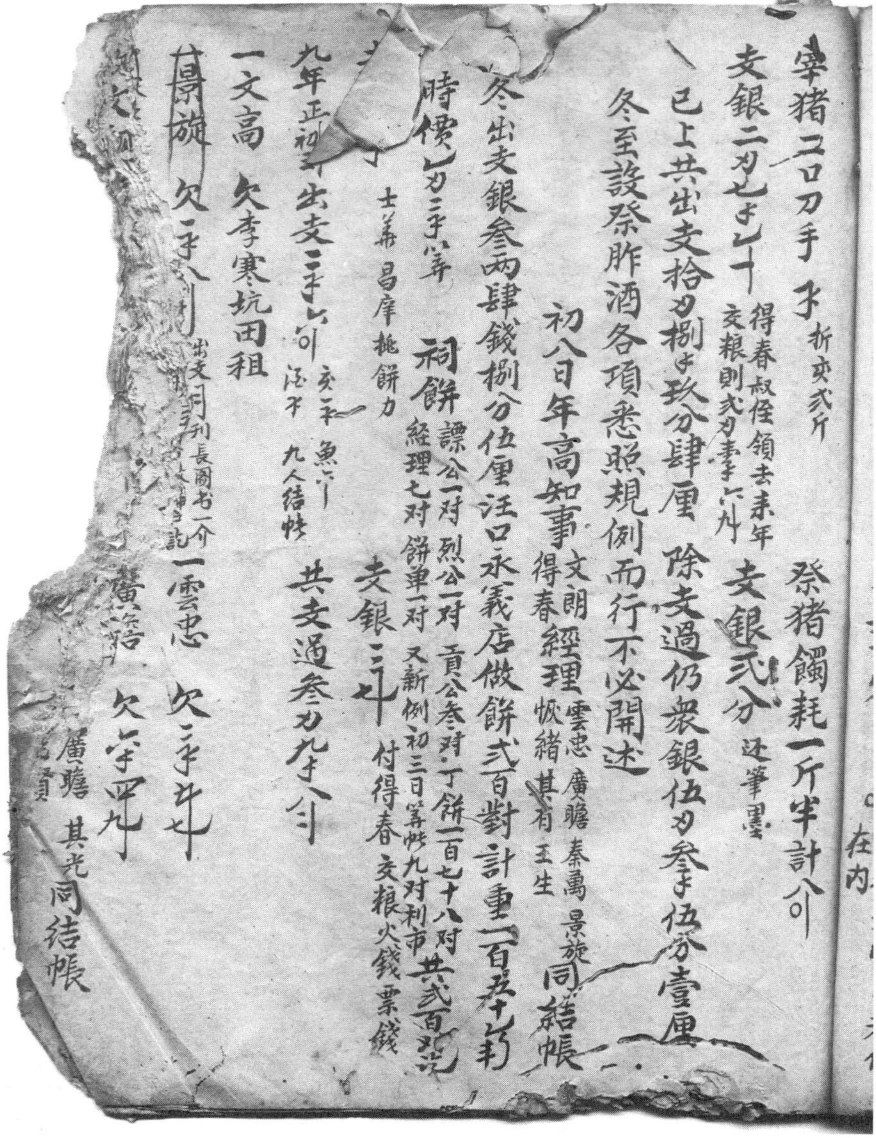
宰猪二口刀手 手 折交弍斤 祭猪燭耗一斤半計八个
支銀二刃七ょ〡十 得春叔侄領去未年交粮則弍刃叄ょ六九 支銀弍分 延筆墨
已上共出支拾刃捌ょ玖分肆厘 除支過仍衆銀伍刃叄ょ伍分壹厘
冬至設祭胙酒各項悉照規例而行不必開述
初八日年高知事 文朗 雲忠 廣瞻 秦禹 景旋 同結帳
經理 得春 恢緒 其有 王生
冬出支銀叄兩肆錢捌分伍厘 汪口永義店做餅弍百對計重一百叁十斤
時價〡刃三ょ八ょ 祠餅 譔公一对 烈公一对 貢公叁对 丁餅一百七十八对 共弍百对
經理七对 餅單一对 又新例初三日算帳九对 利市
士第 昌庠 挑餅力 支銀三ょ
付得春交粮火錢票錢
九年正初 出支三ょ六个 交ょ 魚六〡 汪ょ 九人结帳 共支過叁刃九ょ八个
一文高 欠李寒坑田租
一雲忠 欠三ょ午七ょ
景旋 欠一ょ八〡
廣瞻 欠六ょ四九
廣瞻 其光 同結帳

江湾镇中[钟]吕村 20-17 · 乾隆八年始 · 仁本堂洋五府君公储规例及收支账簿 · 俞士烇等

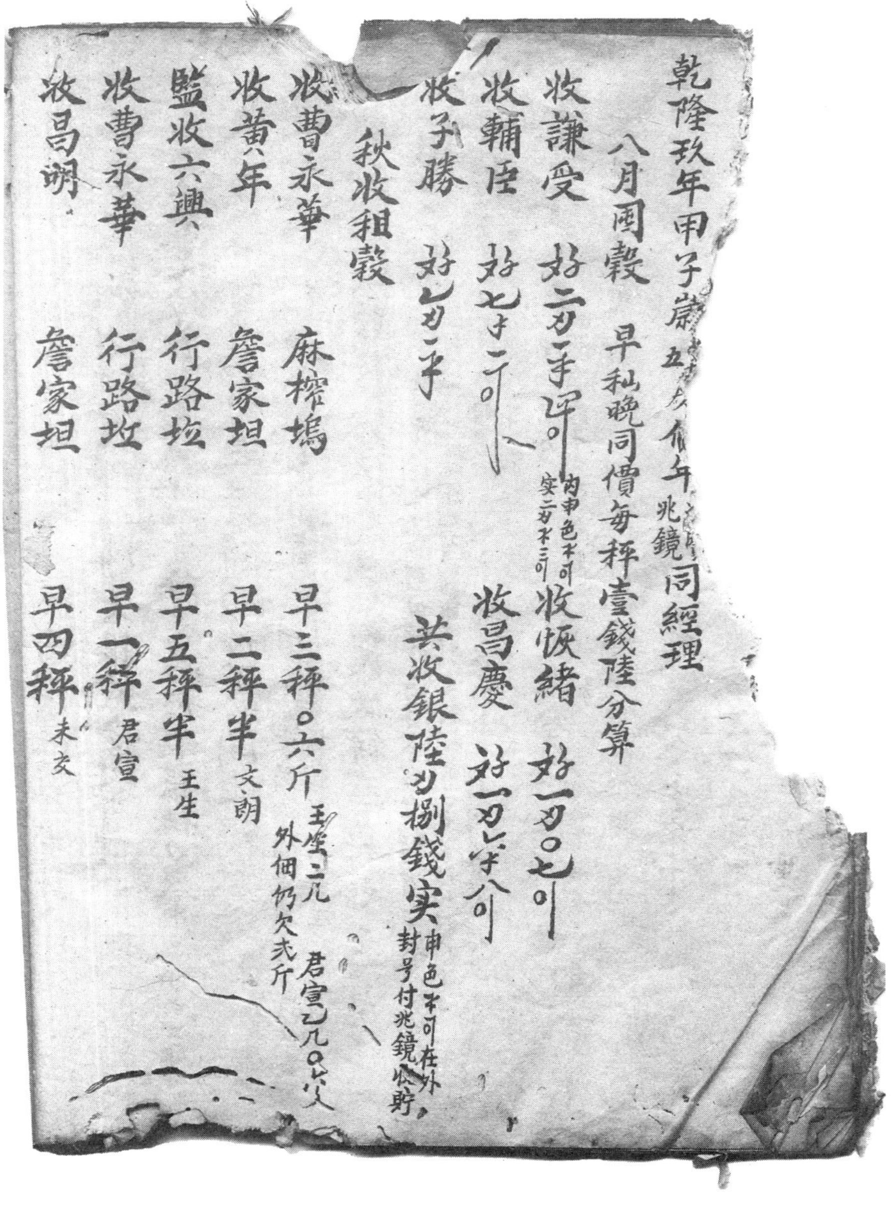
乾隆玖年甲子歲五[illegible]年兆鏡同經理
八月囤穀 旱私晚同價每秤壹錢陸分算
收謙受 好二石一千二百〇一
内申色本一 实二石本三一
收輔臣 好七千二百〇一
收子勝 好山石二千
收恢緒 好一石〇七一
收昌慶 好一石六千八一
共收銀陸石捌錢实 申色本一在外 封号付兆鏡收貯
秋收租穀
收曹永華 麻榨塢 旱三秤〇六斤 王生二九 君宣乙九〇六 外佃仍欠弍斤
收黄年 詹家坦 旱二秤半 文朗
監收六興 行路垃 旱五秤半 王生
收曹永華 行路垃 旱一秤 君宣
收昌朝 詹家坦 旱四秤 来文

江湾镇中[钟]吕村 20-18 · 乾隆八年始 · 仁本堂洋五府君公储规例及收支账簿 · 俞士烓等

收昌明 畢村段
收余兆 术上
收介眉 獅石灘
收恢緒 小湖垃
益收介眉 十一畝段
畢别 過水錠
江開 柜樹邊
收程臭你 毛結术
收昌慶 圳垃上
收子勝 李申坑
監收雙喜 牛江
收文[illegible]

早四秤 王生
早二秤 居宣
早一秤 王生
早八秤 王生四几 仍欠一几未交 居宣三几
早十秤半
私一秤 王生
私四秤 居宣
私五秤 居宣
私十五秤 外讓一几 貼佃作碣 昌慶囬十几半 恢緒囬四几半
私九秤半 子勝囬七几半 外被洪水砂壓蝕耗八几半無收 仍欠二几未交
私四秤 讓受囬
私二秤半 恢緒囬 欠銀廿 旦囬四几半 [illegible]术三几半

江湾镇中［钟］吕村 20-19 · 乾隆八年始 · 仁本堂洋五府君公储规例及收支账簿 · 俞士熗等

……十秤　謙受園　□几半　□五几半

收李榮　桃源□□　晚一秤　君宣

收李丙　桑樹坵　晚七秤十六斤　王生四几　君宣三九十七

外佃仍欠八斤未交

監收得春　前田段　晚六秤〇七斤　得春

以上大共收租一伯二十五秤十七斤　文高欠李寒坑田租未交未結在内

出支四十三秤半出園　支半秤存來年交營米四升一合

支半秤飯米粉　支三秤〇六斤造酒五十二壺

支半秤前田段檐砂　共出支穀四十八秤〇六斤

除出支過仍穀七十七秤十一斤照園租價筭該銀十二兩三錢九分上

連前園穀銀六兩八錢又收緒欠園穀銀五分大共該銀十九兩二錢

前項租冬至頭兩家收去五十九秤二四斤君宣、王生以今時米價

只一兩四錢。所收之穀只照米價，不肯照園租價筭。但無此例。似

江湾镇中[钟]吕村 20–20 · 乾隆八年始 · 仁本堂洋五府君公储规例及收支账簿 · 俞士熣等

難服衆。此時門長得春文朗。念彼兩家。當頭費力。乃于米價

兩租價之間酌量議定每秤壹錢伍分筭。倘日後當頭者藉

口亦倣此例。于當時米價兩租價之間裁之。姑依門長言議，另筭結總帳于后

當衆面筭本年穀銀總共壹拾捌兩陸錢伍分叁厘 兩穀銀中色壹錢壹分在外

十一月十八日冬至出支 君宣王生做冬至頭

出支亥一百廿八斤 時價十八斤算 計七刃下丁 亥照舊一樣用

鷄五斤四兩 時價八可 計罕亍可 燭半信香 定罕可

紅魚五斤 時價罕可 計手 金銀山花 定手八可

豆六升造腐 時價刁 計七个 金銀帛紙爆竹 定六可

柴塩 定手二可 內存二可開正用 京紅祝文一張 定乂可

宰猪二口刀手 定不 補君宣多付酒乂壺 乂可

收支兩 支過仍衆存拾刃叁手壹分四厘

景旋 其有 王生 同詩帳

江湾镇中［钟］吕村 20–21 · 乾隆八年始 · 仁本堂洋五府君公储规例及收支账簿 · 俞士熗等

時價弍刃肆錢算
餅弍百零弍對計重一百五十七斤十两
木下段田見△在開册
祠……經理七对餅單一对正月初三日算帳九对利市 共弍百○弍对讫
支銀子 地賢 介眉 拋餅力
支銀叁錢弍分貼積慶堂年頭春年 為王村田水冲少租二秤
支銀壹兩伍錢得春三典勢借去 言定每年交租叁秤
支銀弍刃七分 存交乙丑年分鈉粮
支銀二分 支粮火票錢
支銀叁鈔陸分 交魚二斤六两 酒 正月初三日九人结帐用
支銀弍錢 册書做歸戶酒費 併上首查清册底
共支過九刃 仍衆存一刃
拾年正月初三日 文朗 得春 雲忠 恢緒 春禹 景旋 禹和 地賢 廣瞻 同結帳
收廣瞻利銀 当支二両買麪九人用讫 仍存艮
共存壹刃叁錢零肆厘
外欠
一支高 舊欠李寒坑田租銀 今欠李寒坑田租
恢緒 舊欠六分 該利
共本利七 十一年正月初三日收本利九十讫

江湾镇中［钟］吕村 20-22 · 乾隆八年始 · 仁本堂洋五府君公储规例及收支账簿 · 俞士熚等

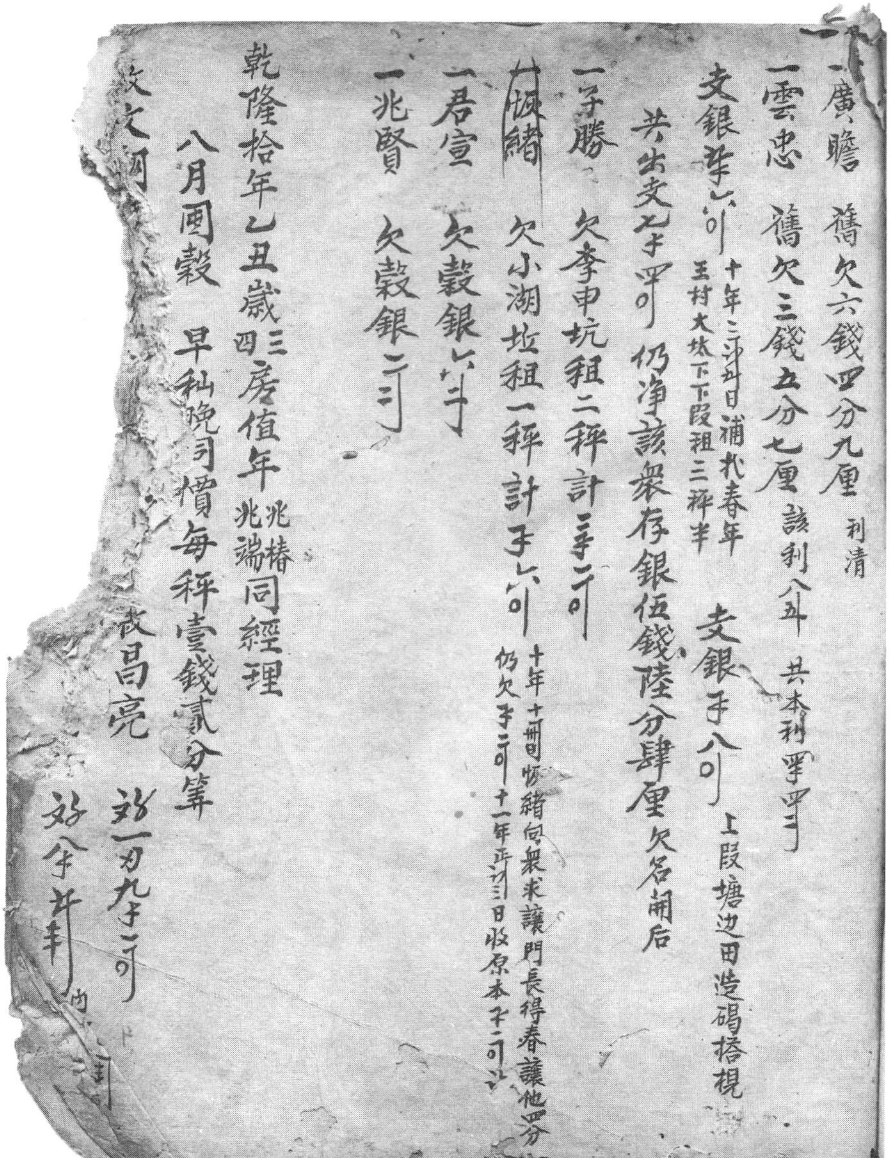

一廣瞻　舊欠六錢四分九厘　利清

一雲忠　舊欠三錢五分七厘　該利八五　共本利

支銀　十年三月廿日補扎春年　王村大坵下下段租三秤半

共出支　仍淨該衆存銀伍錢陸分肆厘　欠名開后

支銀　上段塘边田造碣搭梘

一子勝　欠李申坑租二秤　計

一恆緒　欠小湖坵租一秤　計　十年十一月廿日恆緒向衆求讓門長得春讓他四分　仍欠　十一年正月三日收原本

一君宣　欠穀銀

一兆賢　欠穀銀

乾隆拾年乙丑歲　三房　四房　值年　兆椿　兆端　同經理

八月面穀　早秈晚司價每秤壹錢貳分算

……文……　啟昌亮　收一月九　收八年

江湾镇中[钟]吕村 20-23 · 乾隆八年始 · 仁本堂洋五府君公储规例及收支账簿 · 俞士熣等

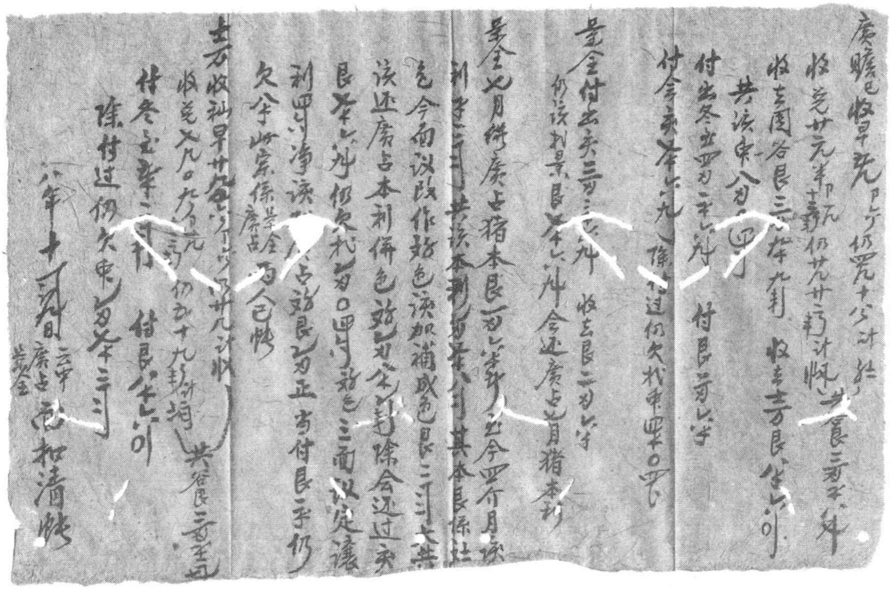

江湾镇中［钟］吕村 20-24·乾隆八年始·仁本堂洋五府君公储规例及收支账簿·俞士熢等

仁本堂

今將土名　　本年浮

租　　付

此照　　佃人

乾隆　　年　月

洋五公

江湾镇中［钟］吕村 20-25 · 乾隆八年始 · 仁本堂洋五府君公储规例及收支账簿 · 俞士煃等

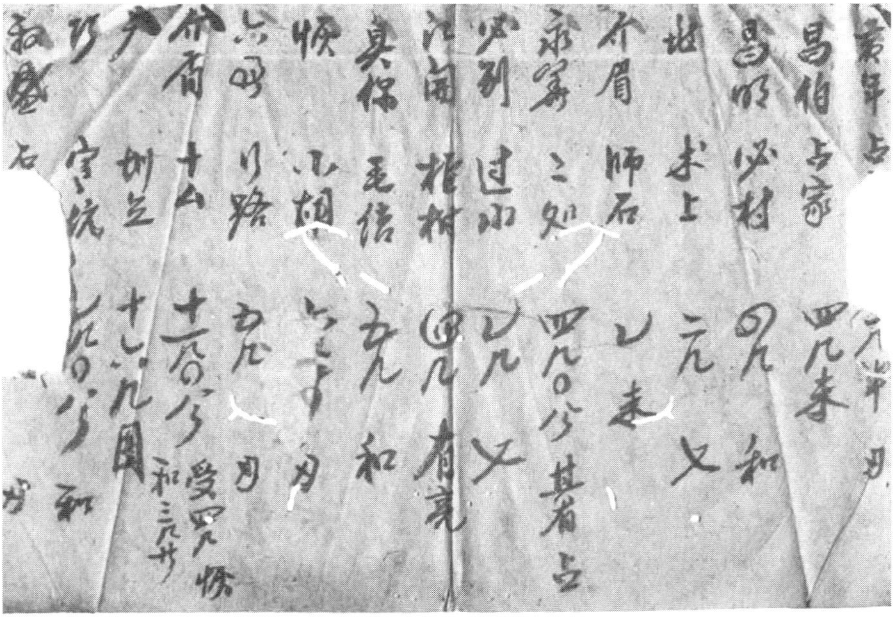

江湾镇中[钟]吕村 20-26 · 乾隆八年始 · 仁本堂洋五府君公储规例及收支账簿 · 俞士熢等

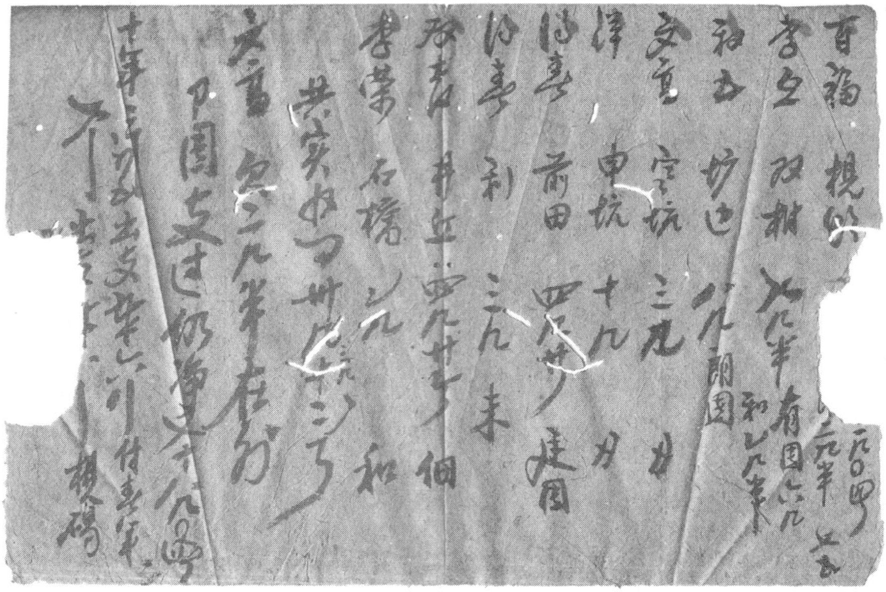

江湾镇中［钟］吕村 20-27 · 乾隆八年始 · 仁本堂洋五府君公储规例及收支账簿 · 俞士熣等

夏萬年甲子四餅 [illegible] 洋壹兩 [illegible]
算妙任　　存甲　李 [illegible]
出支二兩 [illegible] 粮　支二兩 [illegible]　存甲　社 [illegible] 付加
支二錢六分　付日春子 [illegible] 粮則二錢 [illegible]　備年經下段十 [illegible] 計 [illegible]
收憹續連旧年谷艮子二 [illegible]
憹緒　該利 [illegible]　共本利 [illegible] 收訖
又利 [illegible]
廣玉　該利 [illegible]　共本利 [illegible]
云中　該利 [illegible]　共本利 [illegible]
子勝　該利 [illegible]　共本利 [illegible]
君宣　該利 [illegible]　共本利 [illegible]
仁六　該利 [illegible]　共本利 [illegible]
[illegible] 年谷二石半計二 [illegible]

江湾镇中［钟］吕村 20–28 · 乾隆八年始 · 仁本堂洋五府君公
储规例及收支账簿 · 俞士熣等

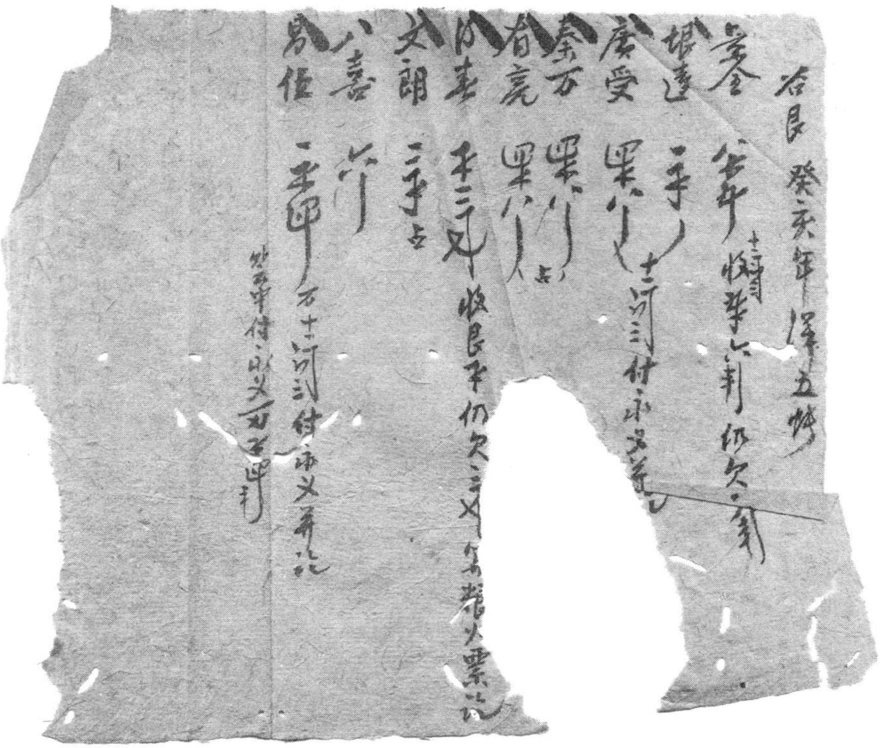

江湾镇中[钟]吕村 20-29 · 乾隆八年始 · 仁本堂洋五府君公储规例及收支账簿 · 俞士熣等

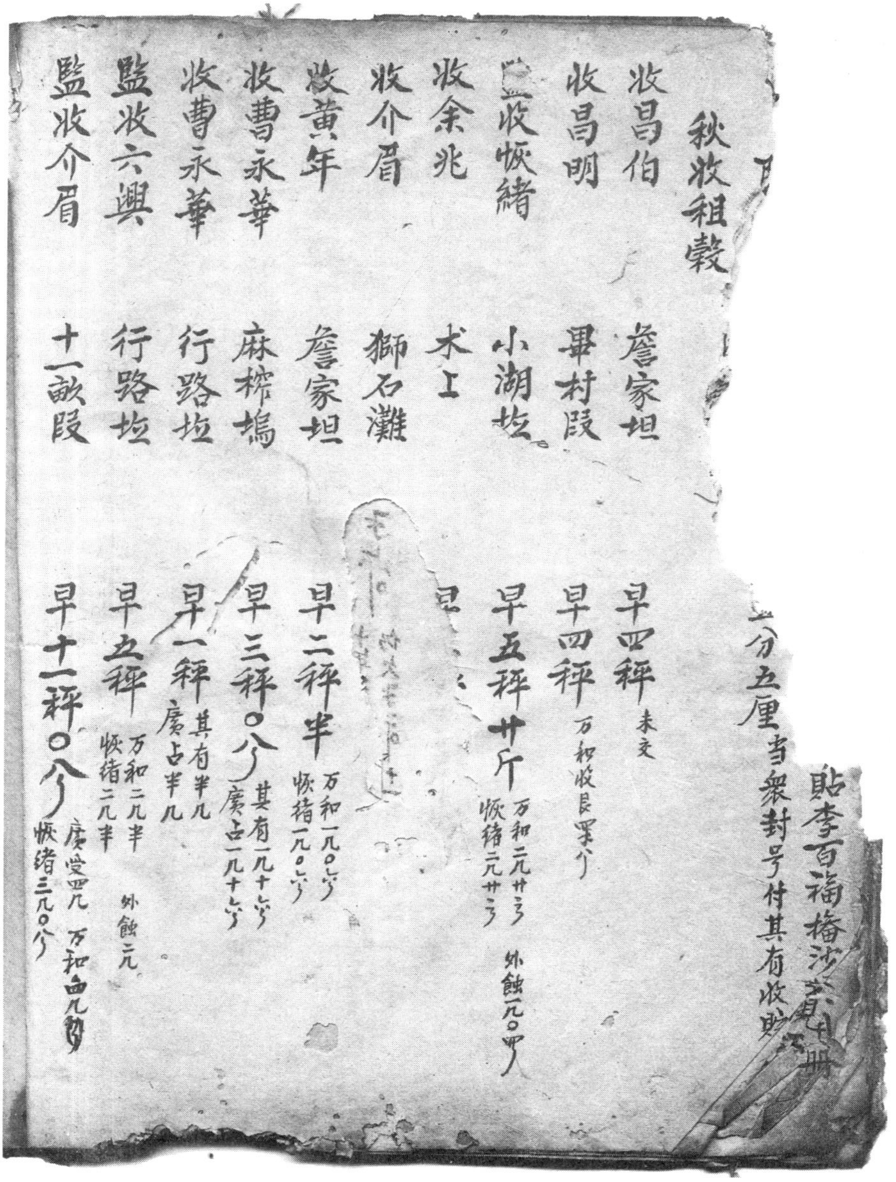
秋收租穀
收昌伯　詹家坦　早四秤　未交
收昌明　畢村段　早四秤　万和收艮四
盬收恢緒　小湖垃　早五秤廿斤　万和二几廿　恢绪二几廿　外蝕一几〇四
收余兆　术工
收介眉　獅石灘
收黄年　詹家坦　早二秤半　万和一几〇　恢绪一几〇
收曹永華　麻榨塢　早三秤〇　其有一几十　廣占一几十
收曹永華　行路垃　早一秤　其有半几　廣占半几
盬收六興　行路垃　早五秤　万和二几半　恢绪二几半　外蝕二几
盬收介眉　十一畝段　早十一秤〇　廣受四几　万和四几　恢绪三几〇
貼李百福椿沙……分五厘當衆封号付其有收……

江湾镇中[钟]吕村 20-30 · 乾隆八年始 · 仁本堂洋五府君公储规例及收支账簿 · 俞士烇等

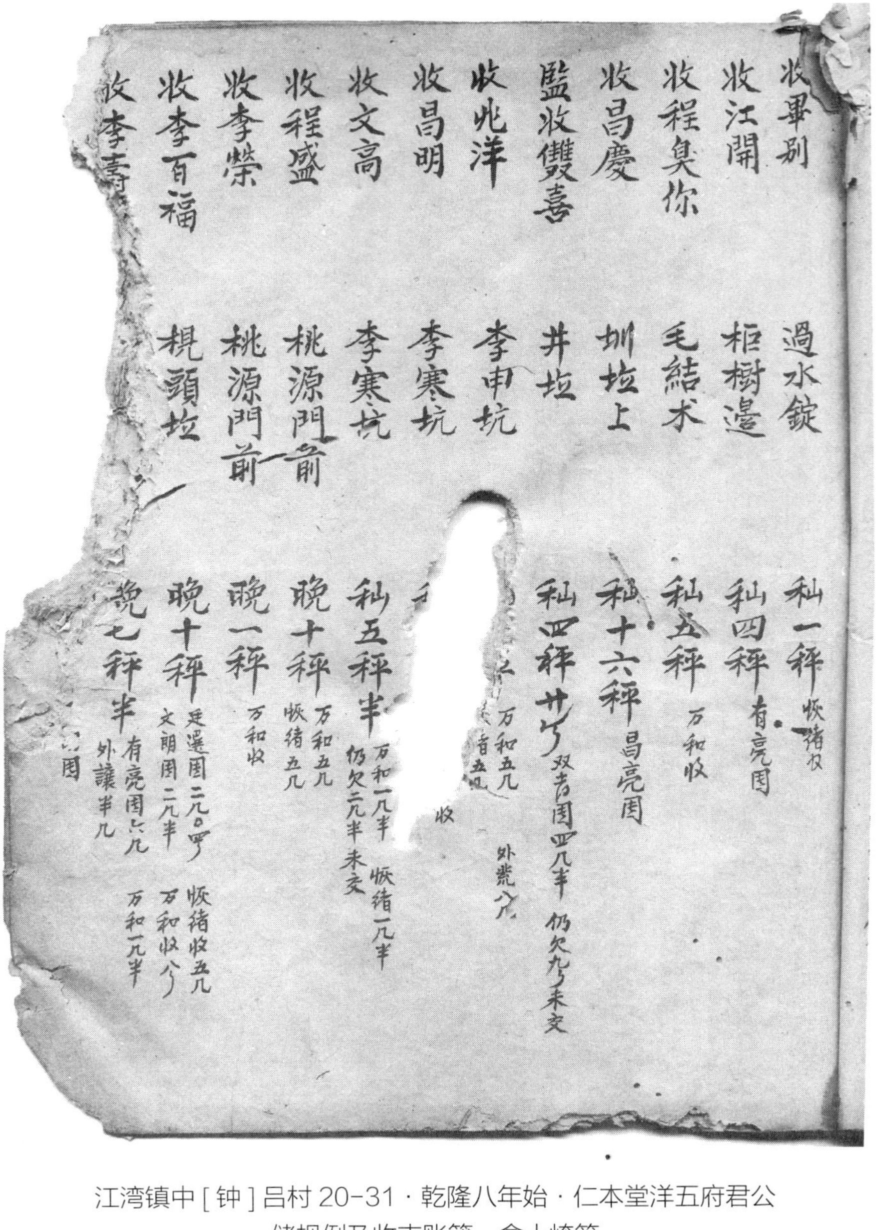

收畢別 過水錠 私一秤 恢绪收

收江開 柜樹邊 私四秤 有亮囬

收程臭你 毛結术 私五秤 万和收

收昌慶 圳垃上 私十六秤 昌亮囬

監收雙喜 井垃 私四秤廿ㄅ 双喜囬四几半 仍欠九ㄅ未交

收兆洋 李申坑 [illegible] 万和五几 [illegible]香五几 外荒八几

收昌明 李寒坑 [illegible] 收

收文高 李寒坑 私五秤半 万和一几半 仍欠二几半未交 恢绪一几半

收程盛 桃源門前 晚十秤 万和五几 恢绪五几

收李榮 桃源門前 晚一秤 万和收

收李百福 梘頭垃 晚十秤 廷選囬二几○ 文朋囬二几半 恢绪收五几 万和收八几

收李壽 [illegible] 晚七秤半 有亮囬六几 外讓半几 万和一几半

[illegible]囬

江湾镇中[钟]吕村 20-31 · 乾隆八年始 · 仁本堂洋五府君公储规例及收支账簿 · 俞士烇等

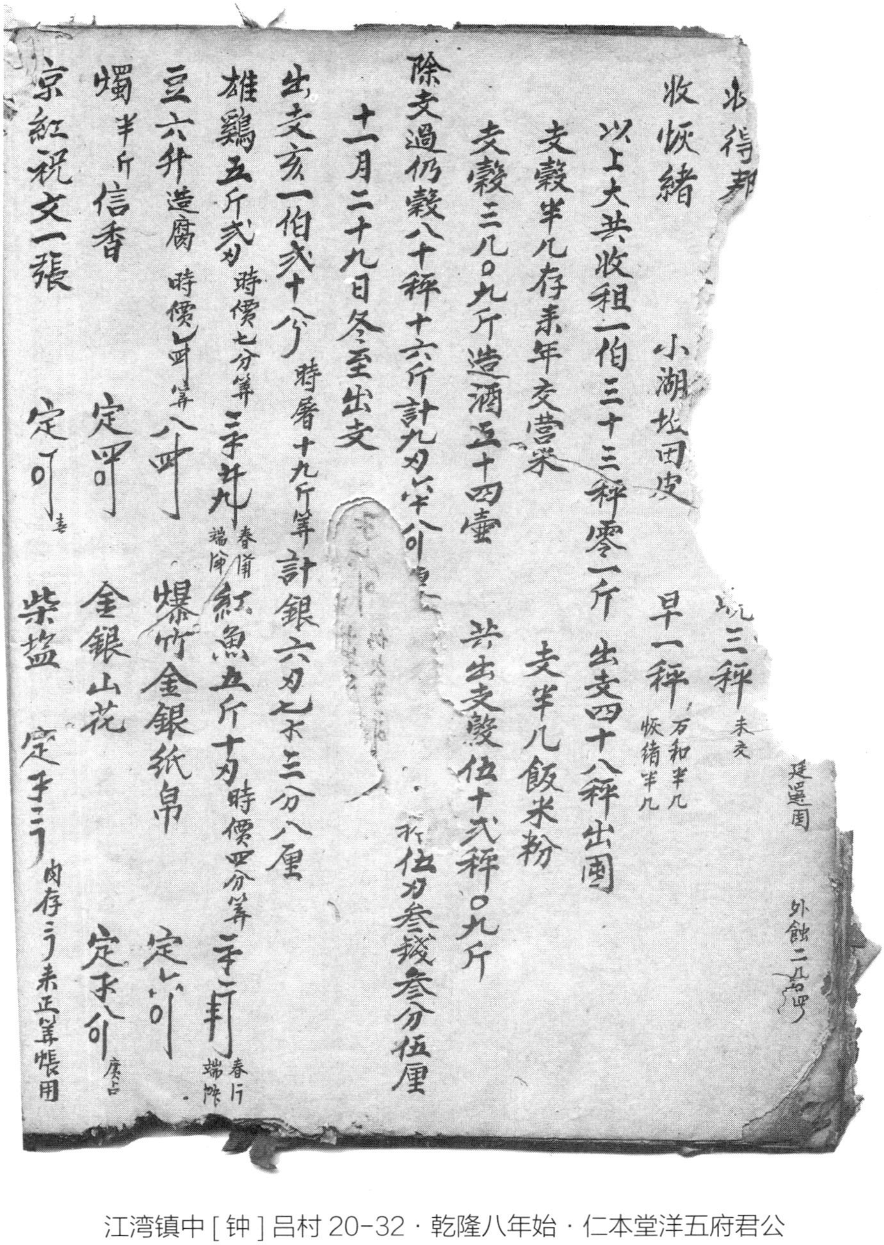

收怀绪 小湖坵田皮 早一秤 万和半几 怀绪半几
以上大共收租一伯三十三秤零一斤 出支四十八秤出囤
支穀半几存来年交营业 支半几飯米粉
支穀三几〇九斤造酒五十四壶 共出支穀伍十弍秤〇九斤
除支過仍穀八十秤十六斤 計九刃 折伍刃叁錢叁分伍厘
十一月二十九日冬至出支
出支亥一伯弍十分 時價十九斤算 計銀六刃三分八厘
雄鷄五斤弍刃 時價七分算 紅魚五斤十刃 時價四分算
豆六升造腐 時價 爆竹金銀紙帛
燭半斤信香 金銀山花
宗紅祝文一張 柴盐 肉存来正算帳用

江湾镇中［钟］吕村 20–32 · 乾隆八年始 · 仁本堂洋五府君公储规例及收支账簿 · 俞士熣等

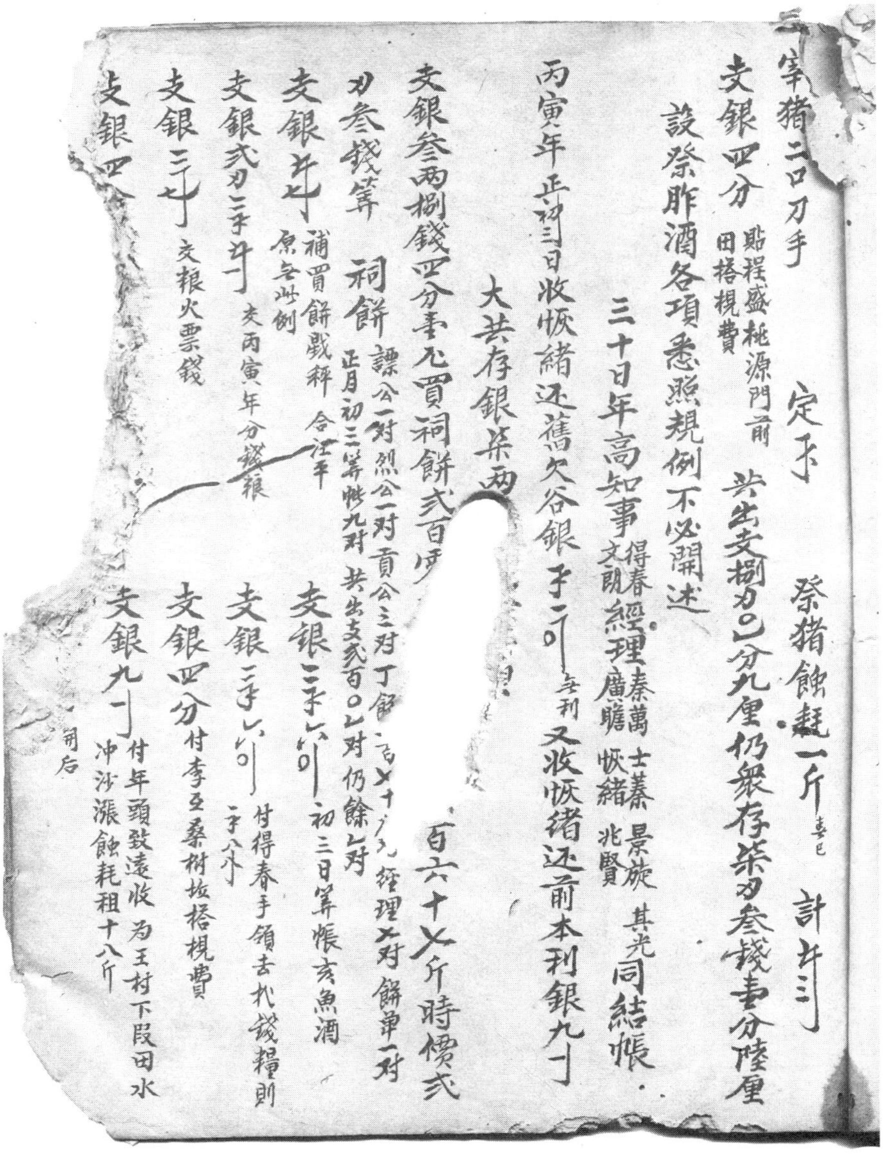

江湾镇中［钟］吕村 20-33 · 乾隆八年始 · 仁本堂洋五府君公储规例及收支账簿 · 俞士熢等

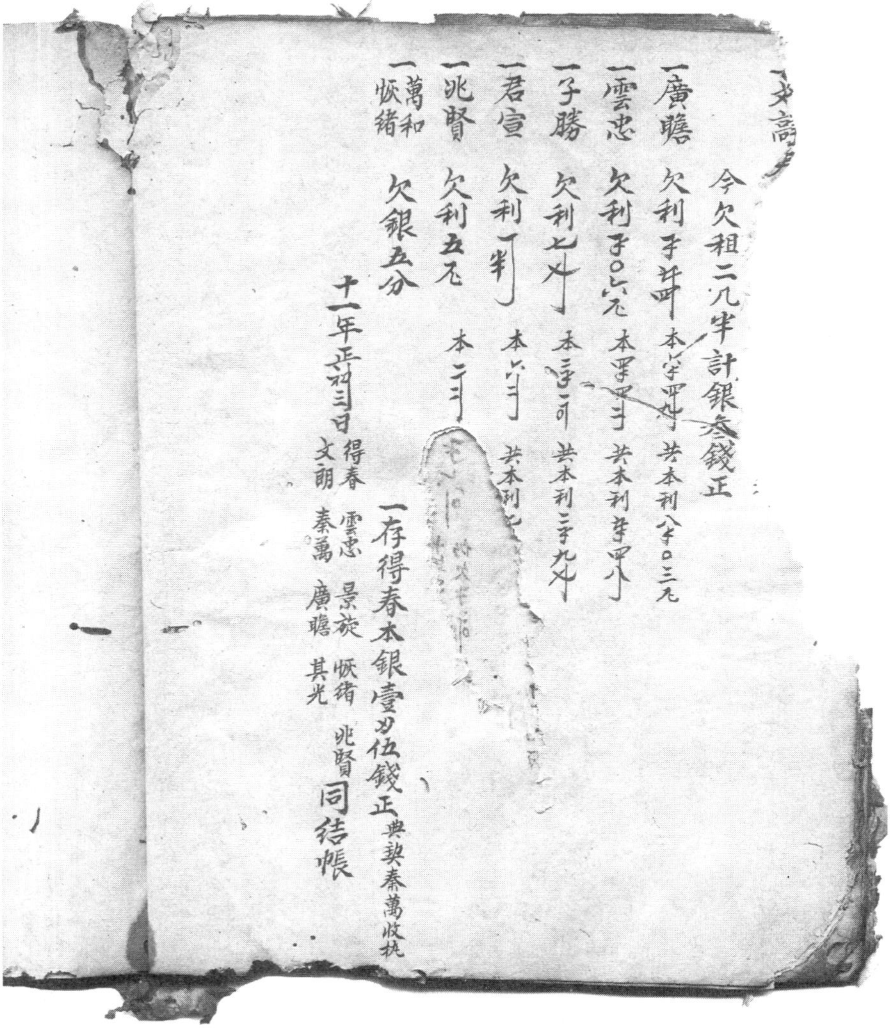

江湾镇中 [钟] 吕村 20-34 · 乾隆八年始 · 仁本堂洋五府君公储规例及收支账簿 · 俞士熣等

餅壹[illegible]一十六对 每担三两一錢算 九九串
[illegible]餅 初一日
初三日算賬除旧存艮平二兩眾借錢叁千伍百[illegible]三文
共錢叁千柒百四十文
旧年付餅用乞 前賬未之

江湾镇中[钟]吕村 20-35 · 乾隆八年始 · 仁本堂洋五府君公储规例及收支账簿 · 俞士烇等

乾隆叁拾弍秋收穀賬 頭首士蔭 昌二膽

一收占家坦 上早弍秤 佃昌伍

一收旱村段中早四秤 佃[illegible]懷緒 昌明

一收术頭秈二秤 佃云小

一收小胡坟中四几7十[illegible]7夜[illegible]

一獅石灘乙几 佃千任

一收过小錠秈 一秤 佃人江村江三[illegible]

一收柜樹边秈叁秤 佃余麻

一收毛結术 田7 適年頭、

一收桃源门前脫九秤○十六7 佃人程生

江湾镇中［钟］吕村 20-36 · 乾隆八年始 · 仁本堂洋五府君公

储规例及收支账簿 · 俞士熻等

一收行路[illegible] 佃人端木

一收仝十九ク 佃乂興

一收十一亩段 中早十四ク 佃人于佐

一收麻榨塲 秈 三几ク 佃盈生

一收圳坵 秈 十四几 佃昌[illegible]

一收井坵 秈 三秤〇九ク

一收李申坑 秈 十几半 佃人秋元 旺生

一李塞坑 秈六秤 佃世坦

一收前田段 秈六几 佃余麻

一收塘边 晚七几 佃人程甲

江湾镇中[钟]吕村 20-37 · 乾隆八年始 · 仁本堂洋五府君公储规例及收支账簿 · 俞士熢等

一收李塘坑一〤〇〤 佃昌明
大共實收一百〇十二秤〇三 支谷三几〇〇半酒
支一几 菜米飯 支二几〇〇西良利 支四几〇〇上元利半
支糯酒 支二几半連排年 共支谷十三几〇廿〇 仍谷九十九几
零〇三〇 每秤壹錢伍分半算 共計艮十伍两三錢六分
支二〇八〇年交粮一〇 拾弍〇四九
支四〇〇丁 还旧帳 仍〇〇四
二人共還付本九分 亥每盤三〇
十一月初三做冬至录支賬 共壹伯〇四斤時屠十四斤半算
計艮柒两壹錢柒分陸厘 鵝 伍斤四两 每斤壹錢
艮伍錢 人陸斤 叁錢陸分
祝文 定斗 共支

江湾镇中［钟］吕村 20-38 · 乾隆八年始 · 仁本堂洋五府君公储规例及收支账簿 · 俞士煃等

力四日……楼各下铜钱二千伍伯文……参厘 补钱一……卯钱九串

还西良利支钱廿五文生称 支一百七十四文还头首透

收李寿视头恰租钱□文 支钱四十五文亥支钱五文米粒

收收子章掛松香不價钱三百○三文 会统四豆饼

了支过仍存钱二千五百四十一文付讲……重计

共计一百一十斤饼價文拼……式千……四千二文

散去饼二百一十六对 仍……三十人算帐均分

江湾镇中 [钟] 吕村 20-39 · 乾隆八年始 · 仁本堂洋五府君公储规例及收支账簿 · 俞士熗等

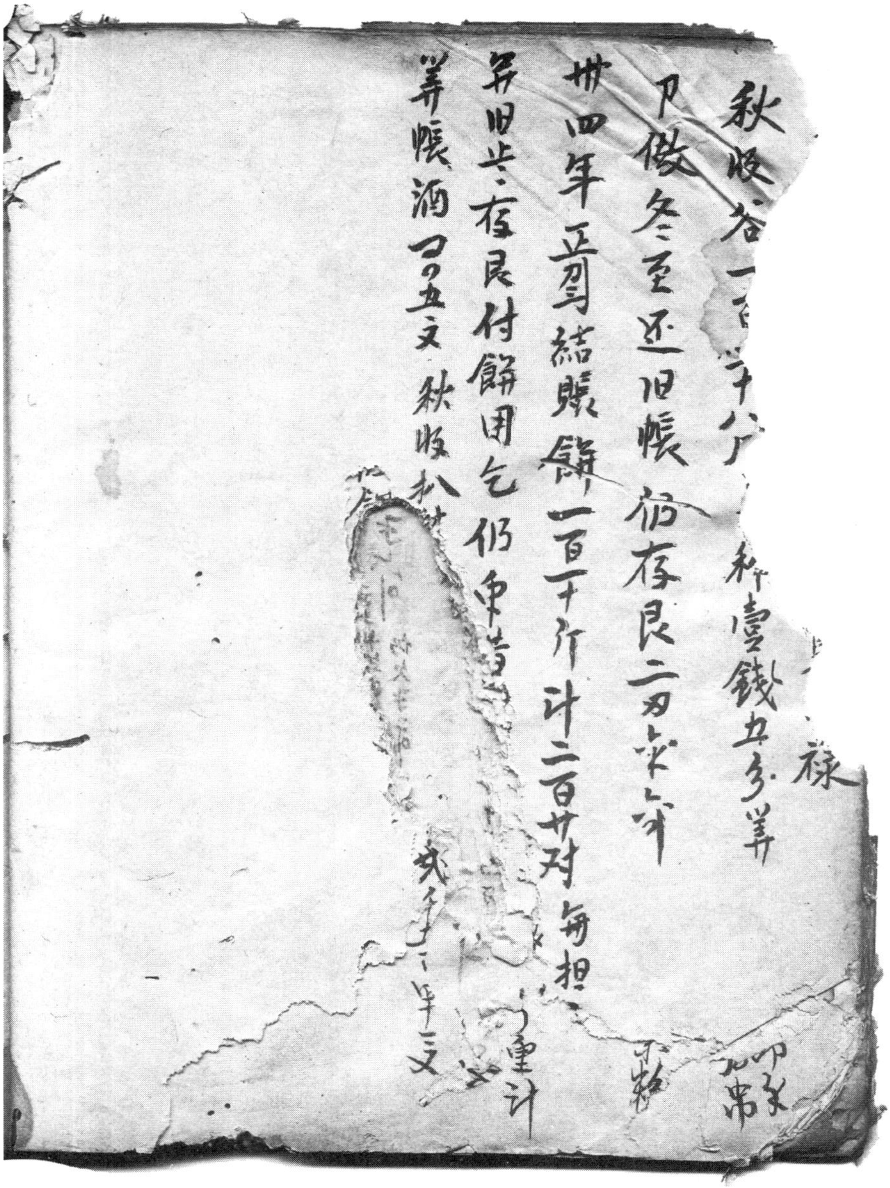

江湾镇中［钟］吕村 20-40 · 乾隆八年始 · 仁本堂洋五府君公储规例及收支账簿 · 俞士熚等

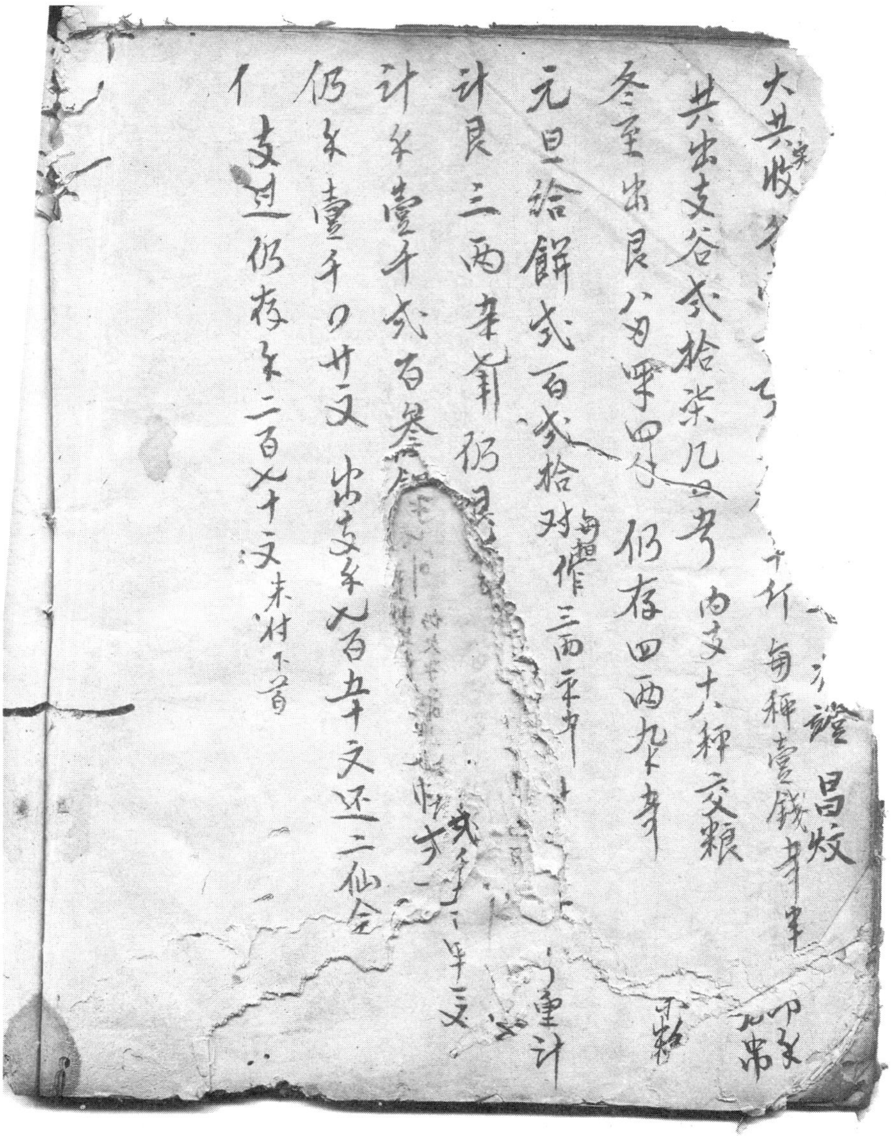
大共收实谷[illegible]十斤 每秤壹钱五分半
[illegible]證 昌炆
共出支谷弍拾柒几五考 内支大秤交粮
冬至出艮八两四分 仍存四两九分五
元旦給餅弍百弍拾对 每担作三两五钱
计艮三两五钱 仍艮[illegible]
计钱壹千弍百叁拾[illegible]
仍钱壹千〇廿文 出支钱九百五十文 还二仙会
支过仍存钱二百九十文 未付下首

江湾镇中[钟]吕村 20-41 · 乾隆八年始 · 仁本堂洋五府君公储规例及收支账簿 · 俞士熣等

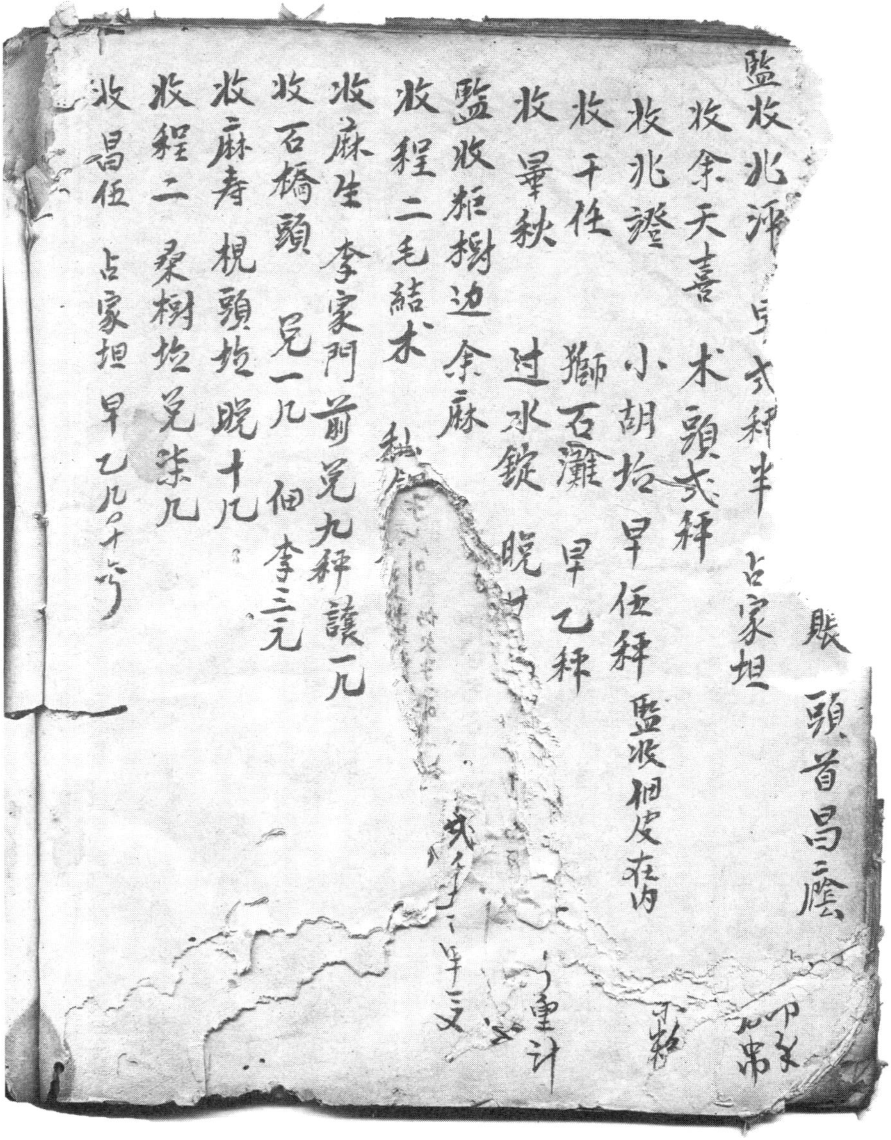

監收兆洲[illegible]式秤半　占家坦

收余天喜　木頭式秤　監收佃皮在內

收兆澄　小胡坵　早伍秤

收千任　獅石灘　早乙秤

收暈秋　过水鋇　晚廿[illegible]

監收柜樹边余麻

收程二毛結木　私[illegible]

收麻生　李家門前　見九秤　讓兀

收石橋頭　見一几　佃李三元

收麻寿　梘頭坵　晚十几

收程二　栗樹坵　見柒几

收昌伍　占家坦　早乙几〇十〇

賬

頭首昌二陰

江湾镇中［钟］吕村 20-42 · 乾隆八年始 · 仁本堂洋五府君公
储规例及收支账簿 · 俞士熣等

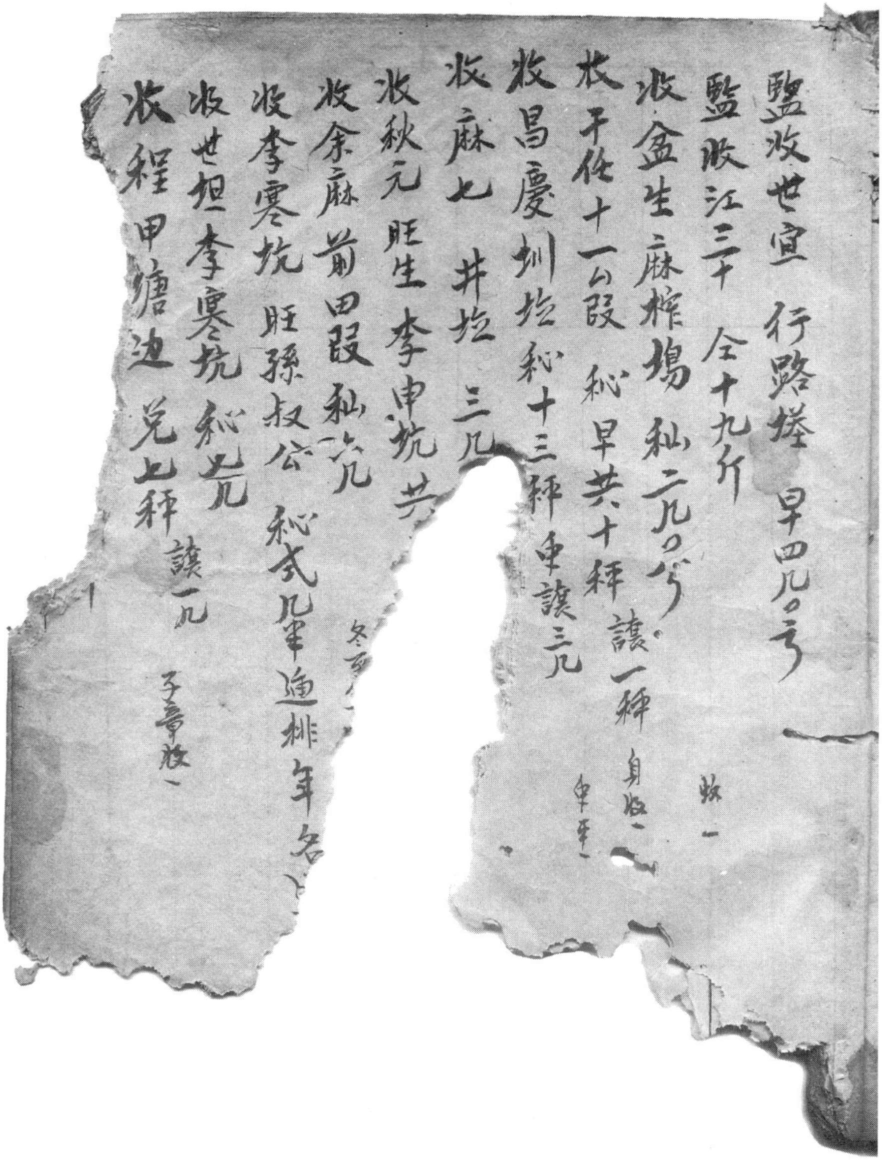

江湾镇中[钟]吕村 20-43 · 乾隆八年始 · 仁本堂洋五府君公储规例及收支账簿 · 俞士熢等

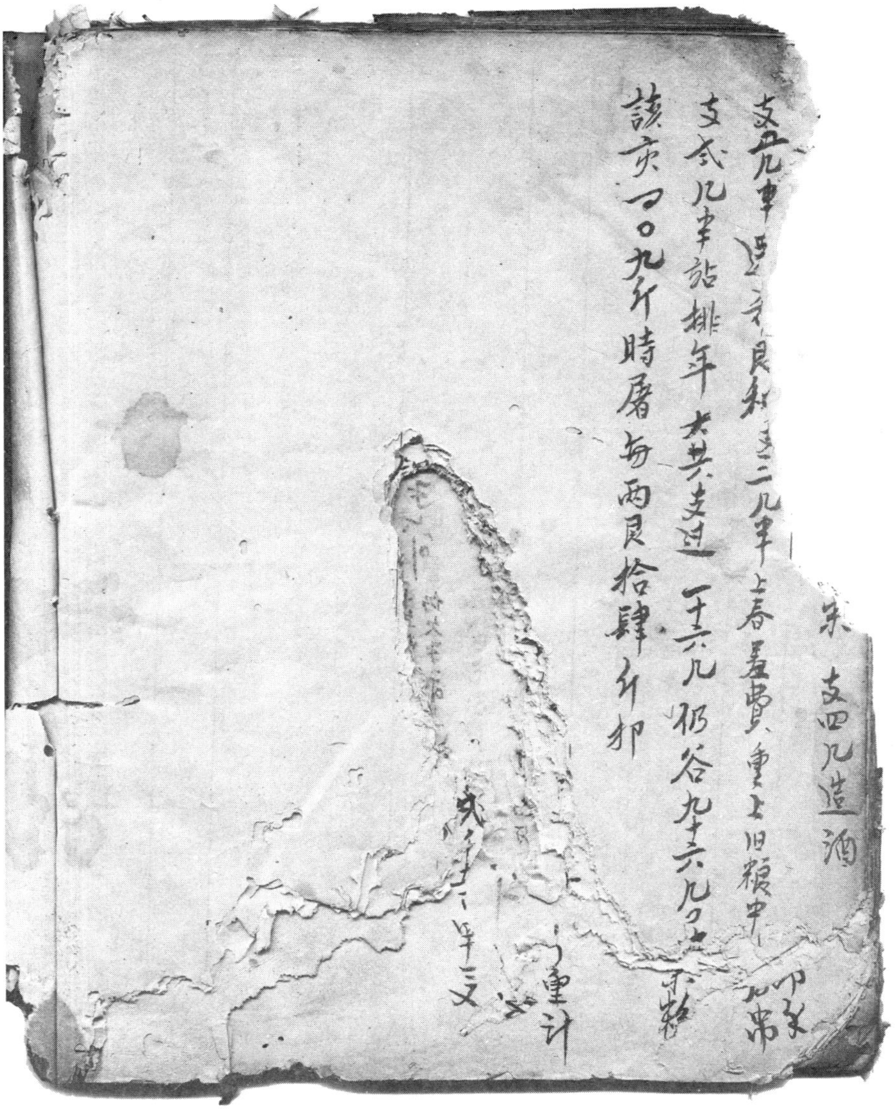

支五九年正月良 至二九年上春差費、重上旧額中 九帯

支四九造酒

支弍九年站排年 大共支过 一千六九 仍谷九十六九

該实 九斤時曆 每两良拾肆斤抑

江湾镇中[钟]吕村 20-44 · 乾隆八年始 · 仁本堂洋五府君公
储规例及收支账簿 · 俞士熣等

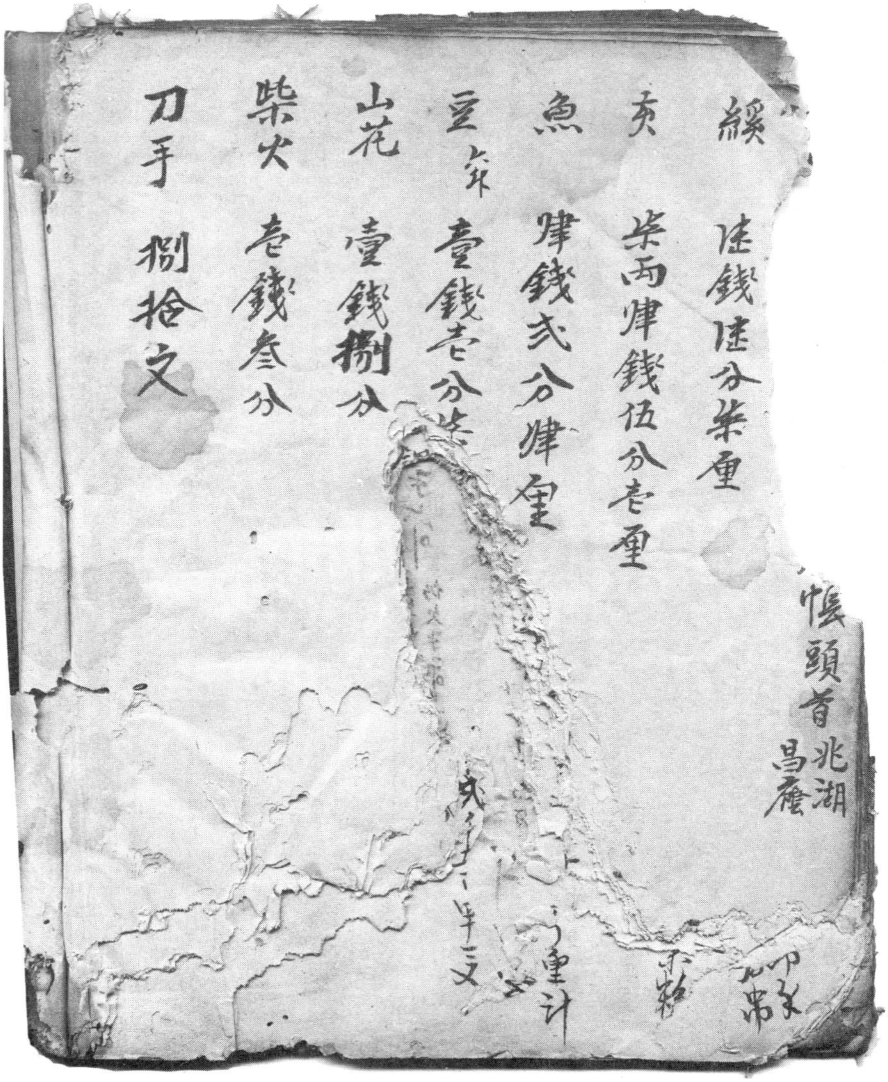

帳頭首兆湖
昌麓

緵　陸錢陸分柒重
夾　柒两肆錢伍分壹重
魚　肆錢弍分肆重
豆六斤　壹錢壹分柒
山花　壹錢捌分
柴火　壹錢叁分
刀手　捌拾文

江湾镇中［钟］吕村 20-45 · 乾隆八年始 · 仁本堂洋五府君公储规例及收支账簿 · 俞士熗等

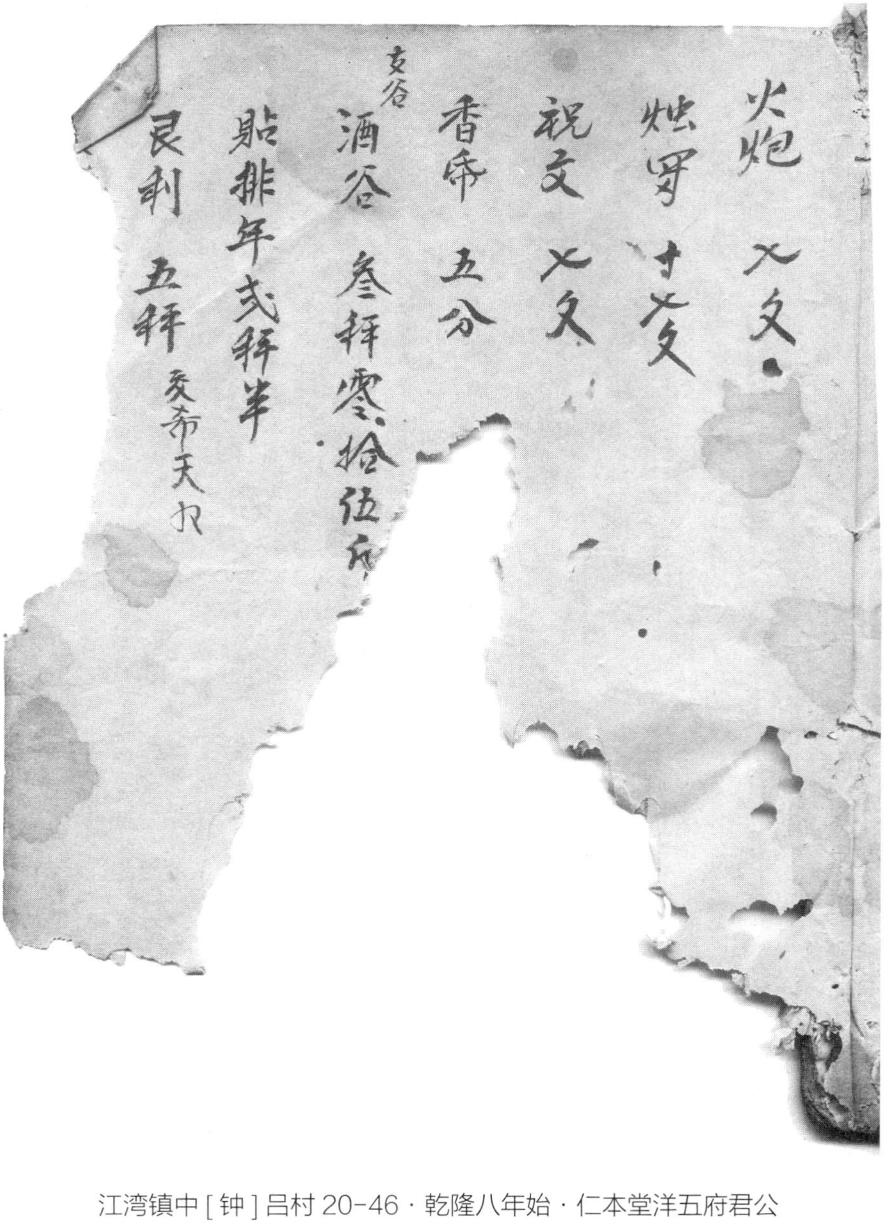

火炮 七文
烛蜡 十七文
祝文 七文
香帋 五分
支谷 酒谷 叁秤零拾伍斤
貼排年弍秤半
艮利 五秤 交帝天九

江湾镇中 [钟] 吕村 20-46 · 乾隆八年始 · 仁本堂洋五府君公储规例及收支账簿 · 俞士熣等

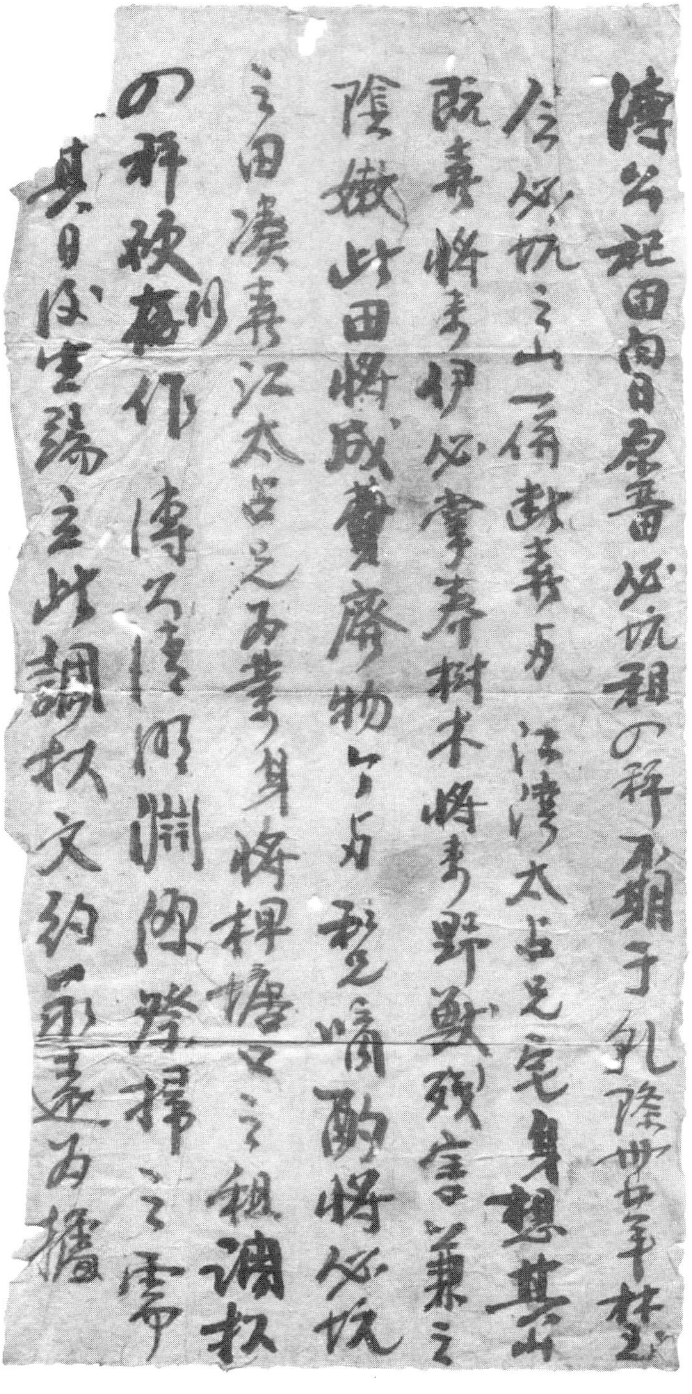

江湾镇中［钟］吕村 25 · 乾隆三十五年 · 卖溥公祀田文约 · ☑卖与江太占

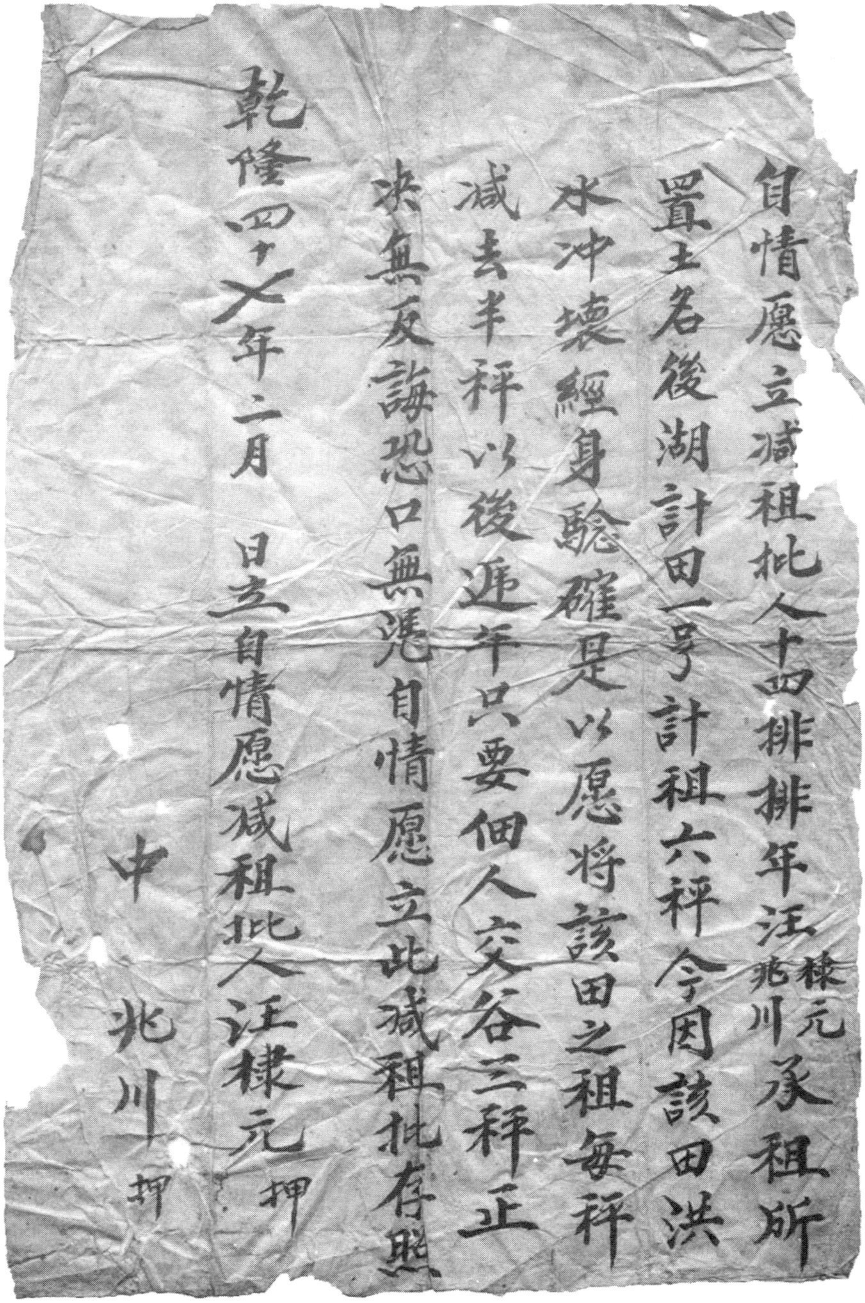
自情愿立減租批人十西排排年汪棣元兆川承祖所
買土名後湖計田一号計租六秤今因該田洪
水冲壊經身驗確是以愿將該田之租每秤
減去半秤以後逐年只要佃人交谷三秤正
决無反誨恐口無憑自情愿立此減租批存照
乾隆四十七年二月　日立自情愿減租批人汪棣元　押
中　兆川　押

江湾镇中［钟］吕村 44 · 乾隆四十七年 · 减租批 · 汪棣元、汪兆川

陸都壹啚柒甲俞〆堂洋五公時美户認納實數

中華民国廿三年此户已照清造此為存底

田 貳拾貳畝肆分柒厘玖毛壹忽 折田貳[illegible]厘肆毛柒系

地 叁分肆厘玖毛壹系柒忽壹微 折田柒厘陸系柒

山 叁分壹厘捌 叁系柒忽肆微

塘

共折實 貳拾貳畝柒分陸厘伍毛

江湾镇中［钟］吕村 15-1 · 税粮实征册 · 俞〆堂洋五公时美户

田

李字壹伯拾五號　圳坵上　田壹畝肆分伍厘

肆伯六十九號　李申坑塢頭田　叁分壹厘

肆伯七十號　李申坑　田　貳分捌厘叁毛

肆伯七十一號　仝　田荒

肆伯七十二號　仝　田　捌厘叁毛四系

江湾镇中 [钟] 吕村 15-2 · 税粮实征册 · 俞⿴堂洋五公时美户

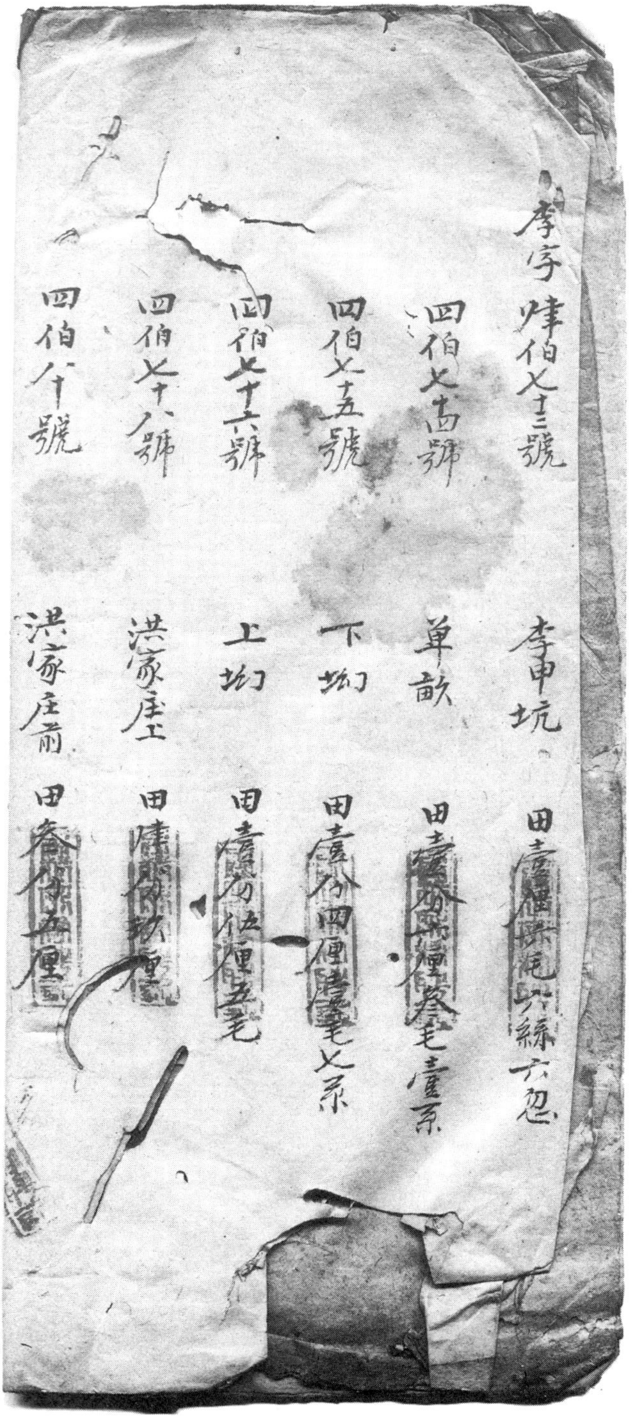
李字肆伯七十三號　李申坑　田壹厘柒毛六絲六忽
四伯七十四號　單畝　田壹分六厘叁毛壹系
四伯七十五號　下坳　田壹分四厘壹毛七系
四伯七十六號　上坳　田壹分伍厘五毛
四伯七十八號　洪家庄上　田肆分玖厘
四伯八十號　洪家庄前　田叁分五厘

江湾镇中［钟］吕村 15-3 · 税粮实征册 · 俞㘝堂洋五公时美户

四伯廿二號　李甲坑　田叁分壹厘貳毛

四伯廿三號　九龍叙會　田荒

四伯廿四號　仝　田貳分叁厘肆毛

四伯廿五號　仝　田叁分叁厘叁毛四系

四伯廿六號　仝　田肆厘叁毛叁系

四伯廿七號　舍前　田壹分捌厘

江湾镇中［钟］吕村 15-4 · 税粮实征册 · 俞㘵堂洋五公时美户

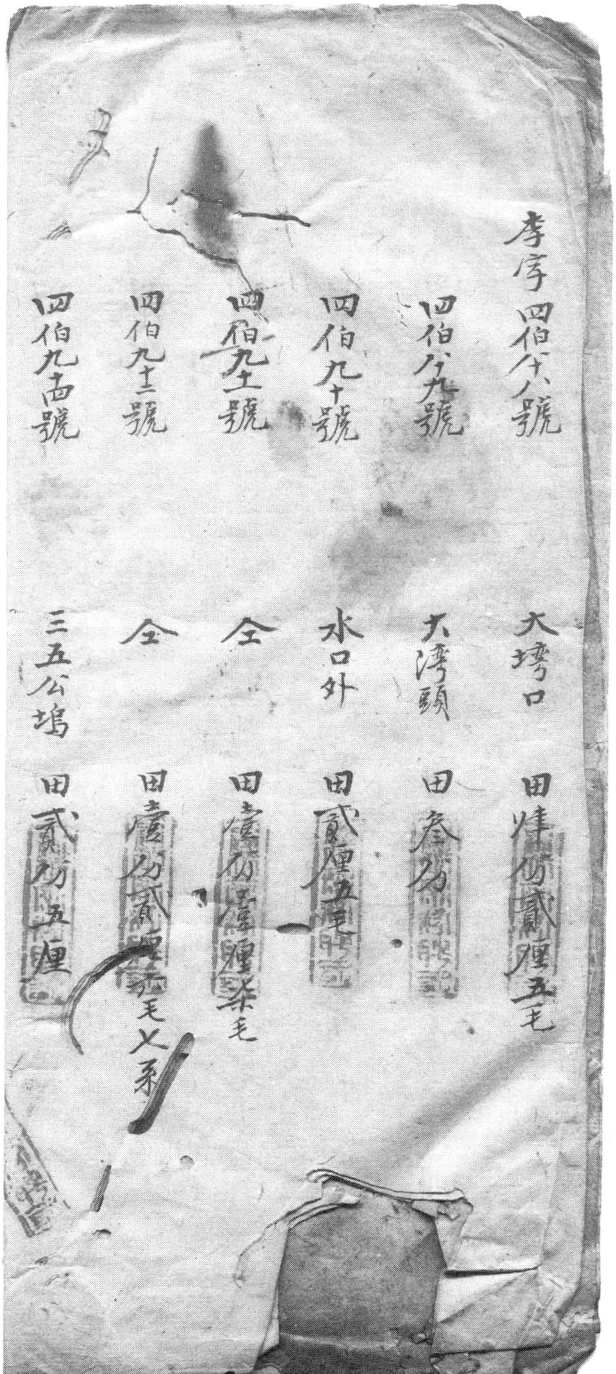

孝字四伯廿八號 大塆口 田肆分貳厘五毛
四伯廿九號 大湾頭 田叁分
四伯九十號 水口外 田貳厘五毛
四伯九十一號 仝 田壹分肆厘柒毛
四伯九十二號 仝 田壹分貳厘柒毛七系
四伯九十三號 三五公塢 田貳分五厘

江湾镇中[钟]吕村 15-5 · 税粮实征册 · 俞㘡堂洋五公时美户

四伯九十九號　和尙下　田肆分

五伯九十五號　梘頭坵　田壹畝壹分五厘

五伯九十七號　樟樹坵　田柒分玖厘

七伯七十八號　鹿源门前　田壹畝弍分五厘

八伯七十二號　前溪　田柒分

八伯三十八號　塘邊　田壹畝五厘

江湾镇中 [钟] 吕村 15-6 · 税粮实征册 · 俞⿴堂洋五公时美户

李字一千一伯七十五號　术工　田貳分玖厘

一千一伯六十七號　柜蔚下　田肆分陸厘五毛

一千四伯二十號　李寒坑　田壹畝壹分五厘

一千四伯三十五號　仝　田肆分

柰字二十二號　井坵　田五分陸厘

三十號　十一畝坵　田壹畝陸分柒毛陸系弍忽

江湾镇中［钟］吕村 15-7 · 税粮实征册 · 俞▢堂洋五公时美户

三十九號　廣濟橋下　田壹分貳厘

四十號　唐家坦　田五分玖毛

四十一號　仝　田壹分柒厘壹毛叁系

五十四號　小湖坵 畢村墈　田壹畝貳分

五十七號　行路塝　田陸分五厘

五十九號　唐家坦　田壹分五毛弍系

江湾镇中［钟］吕村 15-8 · 税粮实征册 · 俞⿴堂洋五公时美户

來字六十九號 畢村塅 田五分伞厘四毛

七十九號 獅石灘 田壹分柒厘

九十八號 黃泥坦 田叁分叁厘壹毛

二伯號 麻榨塢 田肆分弍厘玖毛捌系

二伯一號 仝 田壹佃柒厘毛叁系叁忽

五伯號 過水𨫼 田壹分壹厘捌毛

江湾镇中[钟]吕村 15-9 · 税粮实征册 · 俞▨堂洋五公时美户

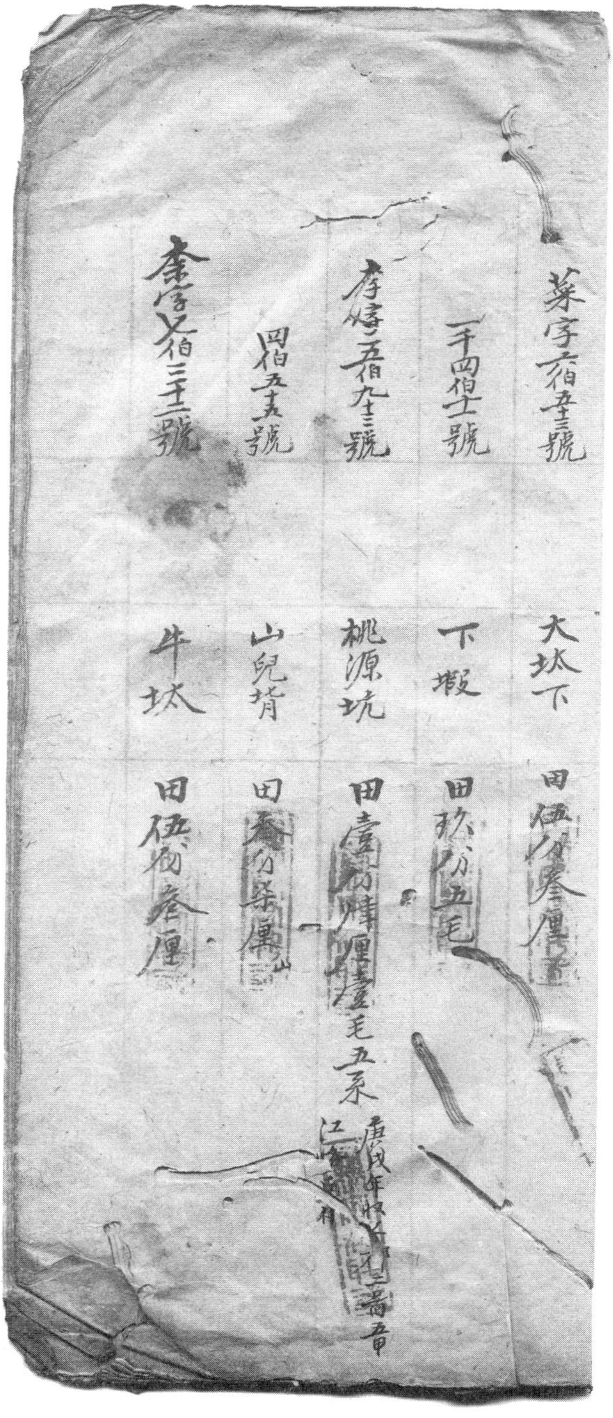
菜字六佰五十三號 大坵下 田伍分叁厘
一千四佰十一號 下墩 田玖分五毛
孝字五佰九十三號 桃源坑 田壹分肆厘壹毛五系
四佰五十五號 山兒背 田叁分柒厘
奈字八佰三十二號 牛坵 田伍分叁厘
庚戌年收……壽章

江湾镇中[钟]吕村 15-10 · 税粮实征册 · 俞〼堂洋五公时美户

地

孝字二十七號　鍾呂坦末　地壹畝壹厘叁毛叁系叁忽

三伯三十號　蓮塘前　地壹厘陸毛柒系陸忽柒微

四伯零號　孝申坑　地壹厘柒毛陸系陸忽柒微

四伯七十七號　上坳　地五毫捌系肆忽

四伯七十九號　舍基　地壹畝貳厘壹毫六系六忽六微

四伯八十一號　大湾口　地壹厘五毛

四十九號　漁翁山下　地五厘五毛

江湾镇中[钟]吕村 15-11 · 税粮实征册 · 俞㘝堂洋五公时美户

山
孝字三伯三十號
四伯卒八號
四伯仐三號
四伯卆三號

蓮堂前
孝申坑
仝 孝申坑 水口外

山 壹厘陸毛陸[illegible]陸忽柒微
山 壹分捌厘叁毛叁[illegible]六忽又微
山 捌厘叁毛叁系の忽
山 叁厘[illegible]

江湾镇中[钟]吕村 15-12 · 税粮实征册 · 俞⊠堂洋五公时美户

乾隆五十六年辛亥歲孟春月吉日畐正[illegible]抵清造

五

江湾镇中［钟］吕村 15-13 · 税粮实征册 · 俞☒堂洋五公时美户

實徵

江湾镇中[钟]吕村 14-1 · 税粮实征册 · 九和户升出远发户

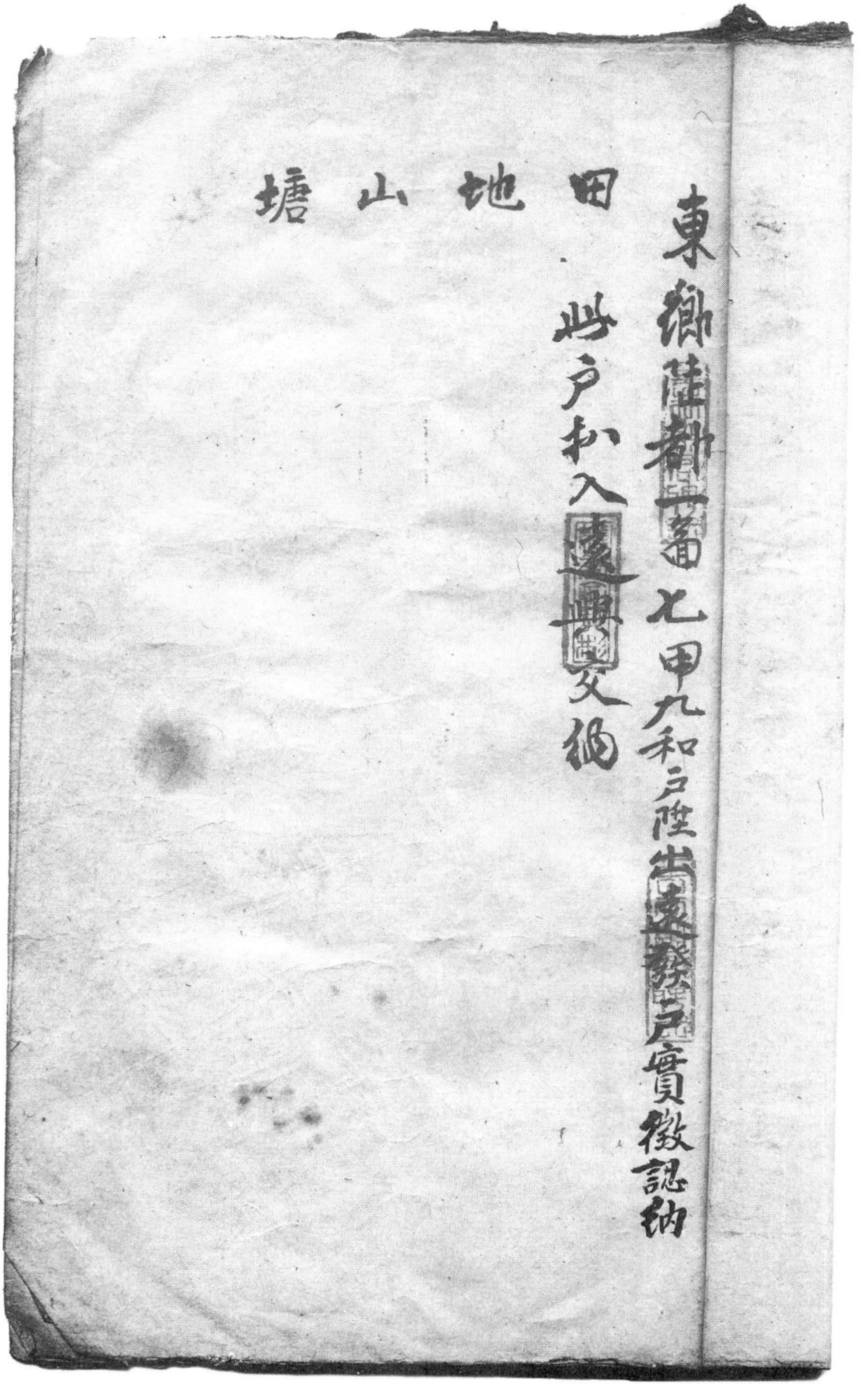
東鄉陸都一啚七甲九和户陞出遠發户實徵認納

此户扒入遠興交納

田地山塘

江湾镇中 [钟] 吕村 14-2 · 税粮实征册 · 九和户升出远发户

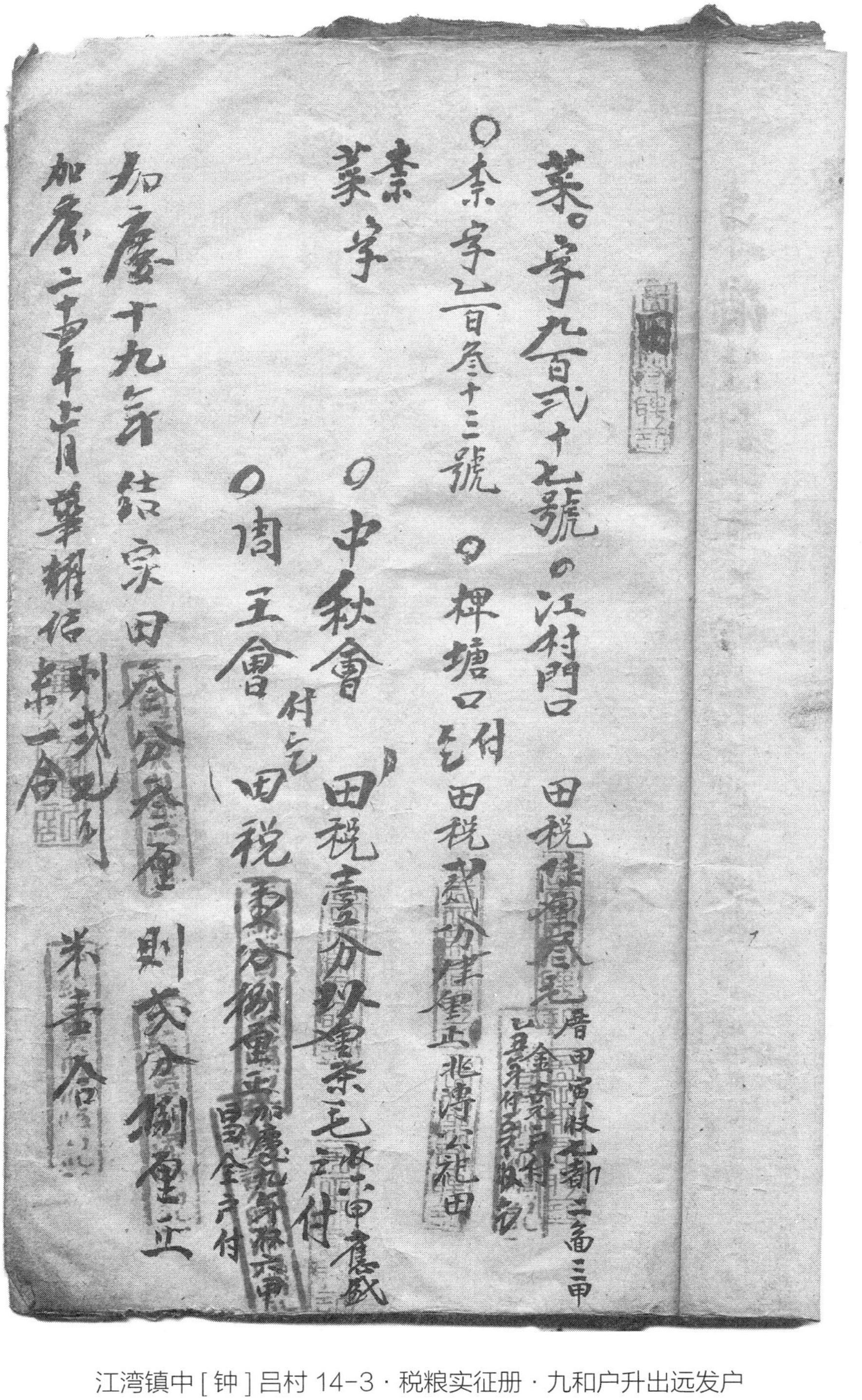
菉字九百弍十七號　の江村門口　田税柒釐叁毫　唐甲富收七都二啚三甲　金…户付　山五年付…收訖

の柰字一百叁十三號　の牌塘口　付訖　田税弍分肆釐正　兆湾公祀田

柰
菉字

の中秋會　田税壹分以釐柒毛　收十甲…盛　户付

の周王會　付訖　田税叁分捌釐正　加慶九年收六甲　…全户付

加慶十九年　結实田叁分叁釐　則弍分捌釐正

加慶二十四年十二月　華栅信　則弍分　米一合　米壹合

江湾镇中［钟］吕村 14-3 · 税粮实征册 · 九和户升出远发户

地

李字柒十三號 溪邊 地壹分壹厘伍毛 户付 甲寅股本啚陸甲庭盛

、六十九號 坦末 地壹毛肆系捌忽

、三十肆號 大園内 地伍毛壹系三忽陸微

、三十五號 仝 地肆厘正

、三十六號 仝 地弍厘伍毛

、五十二號 門前溪 地伍系弍忽肆微

、捌十陸號 溪嶺山下 地弍毛伍系弍忽

、六百弍十八號 溪邊 奥塘屋 地九厘弍毛弍系

江湾镇中［钟］吕村 14-4 · 税粮实征册 · 九和户升出远发户

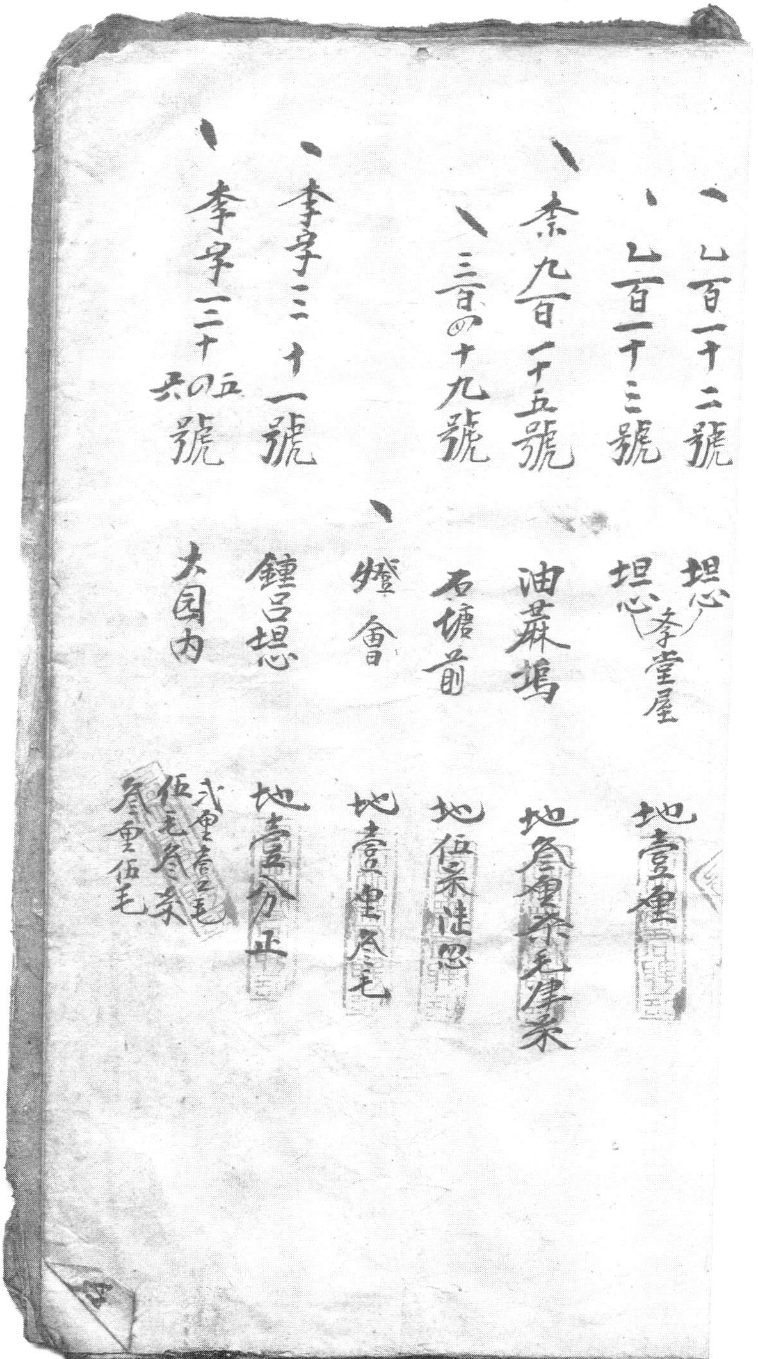

乙百一十二號　垾心　地壹連

乙百一十三號　垾心（李堂屋）

柰九百一十五號　油蔴塢　地叁連柒毛肆柒

三百四十九號　石塘前　地伍柒陆忽

燈會　地壹連叁毛

李字三十一號　鍾呂垾　地壹分正

李字一三十六四五號　大園内　弍連壹毛　伍毛叁柒　叁連伍毛

江湾镇中［钟］吕村 14-5 · 税粮实征册 · 九和户升出远发户

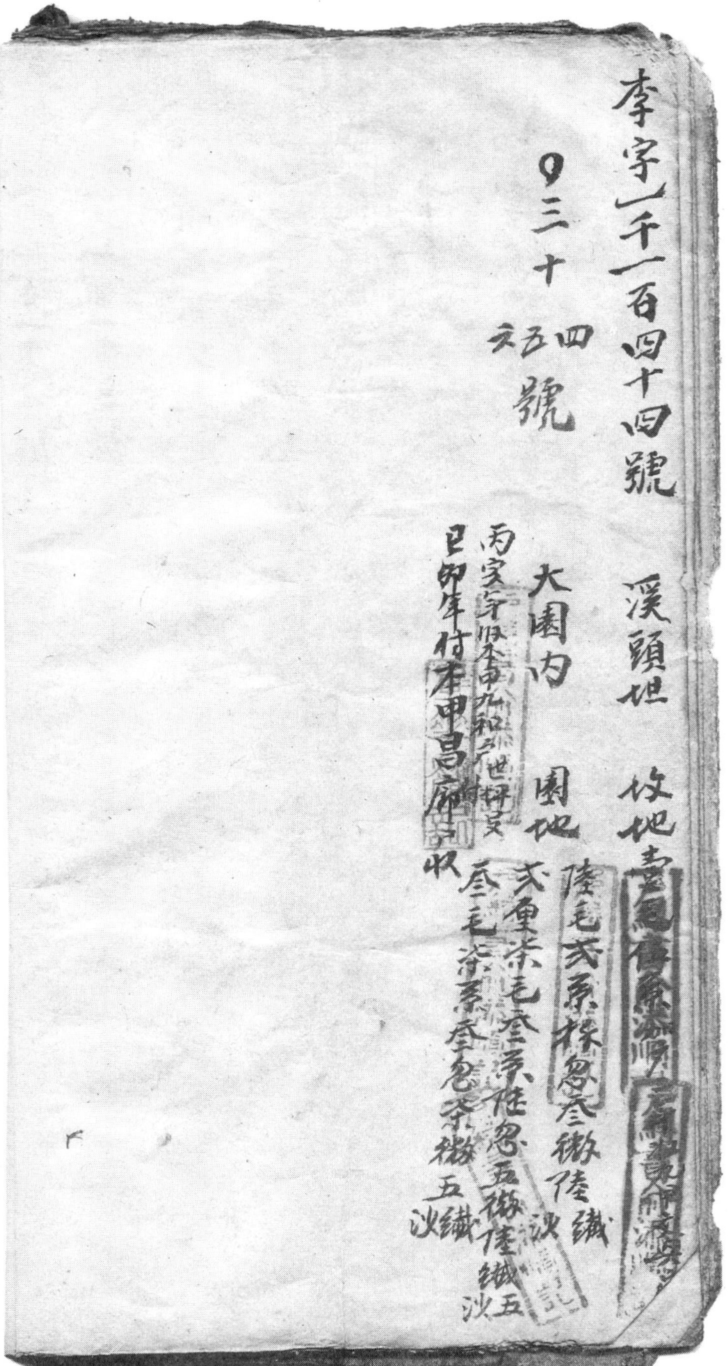
李字一千一百四十四號
三十四五六號
溪頭坦　攸地壹畝
大園内　園地
陸毛弍系柒忽叁微陸纖
弍重柒毛叁系陸忽五微陸纖五沙
叁毛柒系叁忽柒微五纖五沙
丙寅年收本甲九和户世保戶
己卯年付本甲昌廟户收

江湾镇中［钟］吕村 14-6 · 税粮实征册 · 九和户升出远发户

山

李字峕八十三號

塘塢各

二大房公儲

山壹分伍厘伍毛伍絲

山壹厘伍毛

江湾镇中[钟]吕村 14-7 · 税粮实征册 · 九和户升出远发户

江湾镇中 [钟] 吕村 17-1 · 税粮实征册 · 俞添顺结单

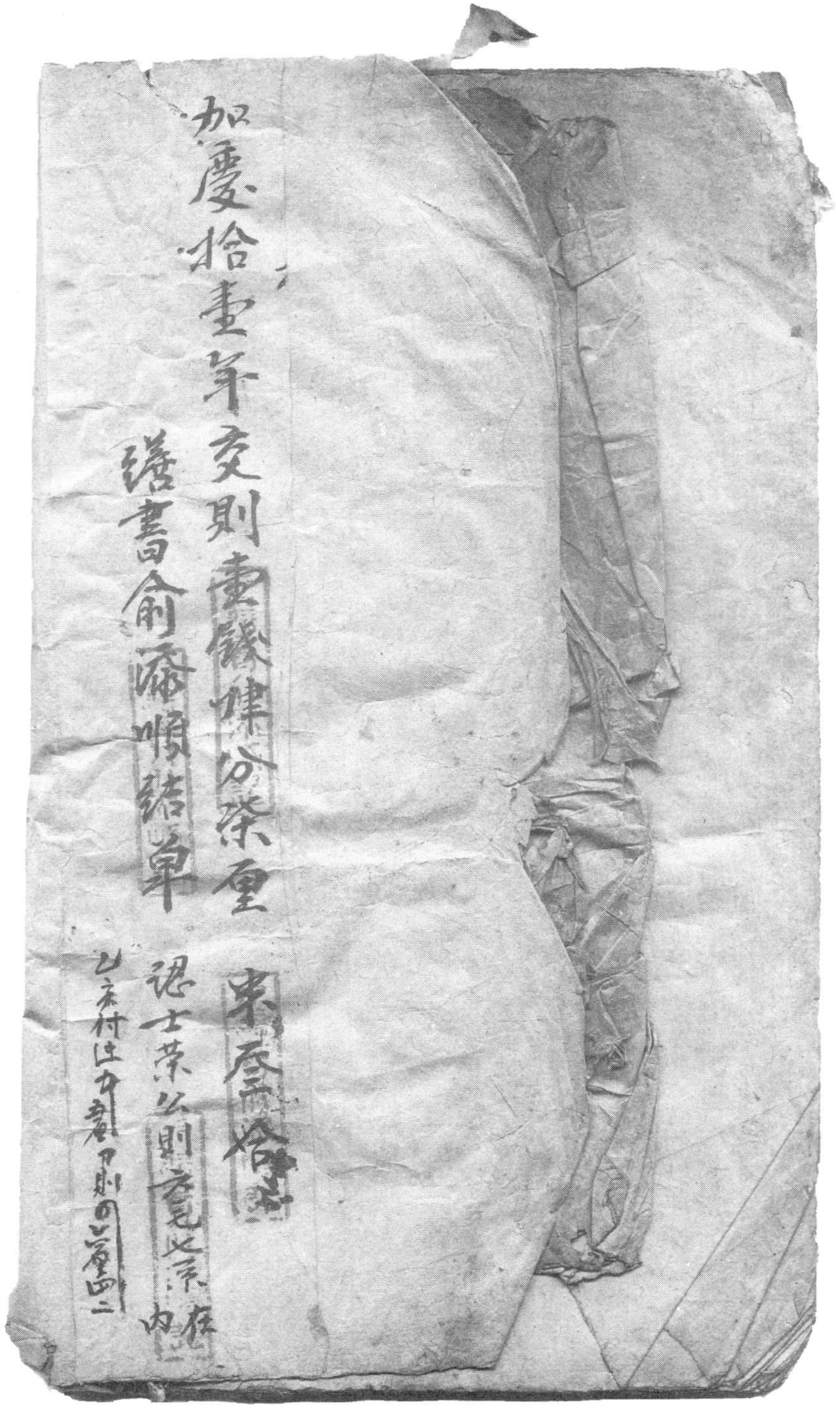

江湾镇中［钟］吕村 17-2 · 税粮实征册 · 俞添顺结单

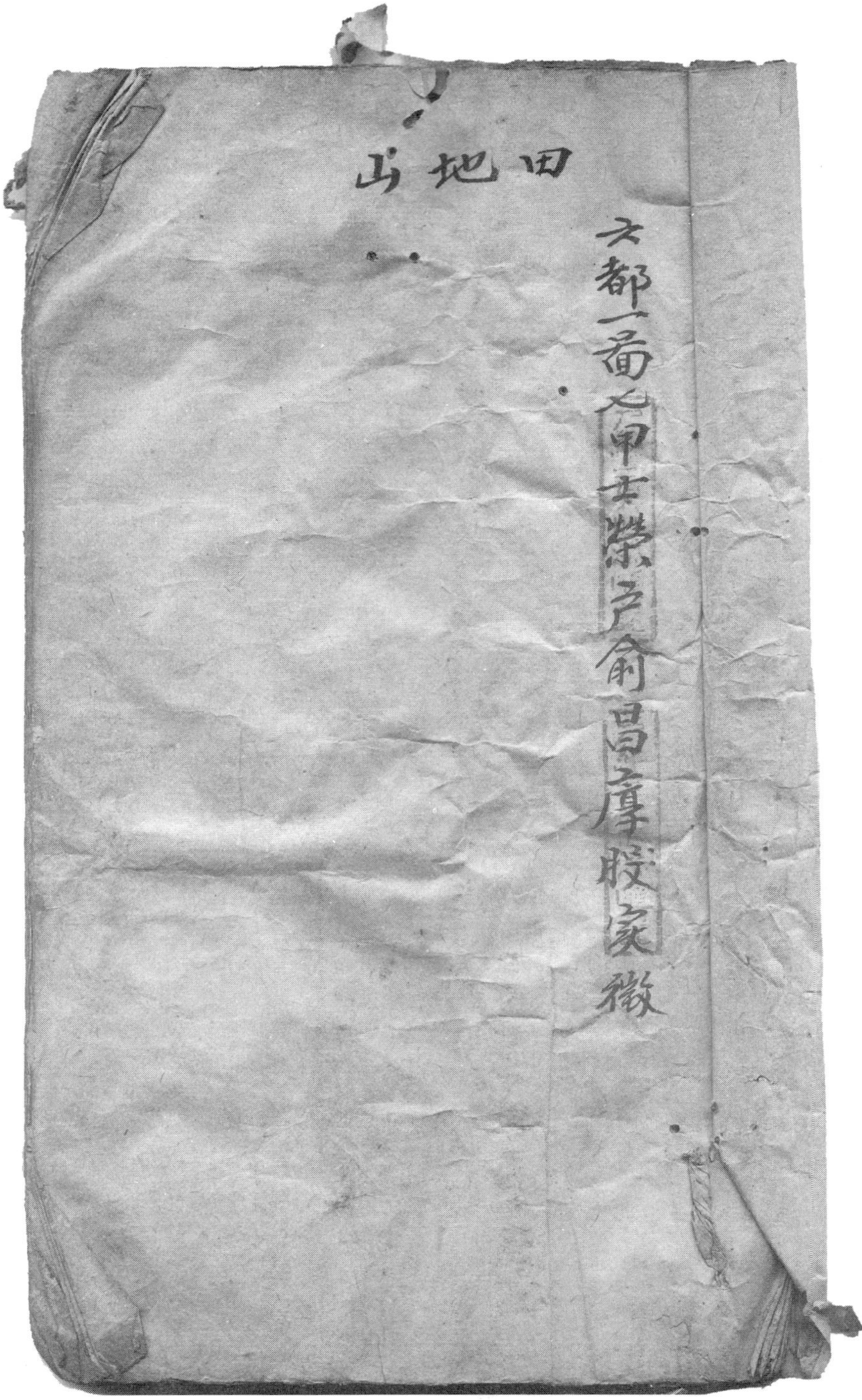

江湾镇中［钟］吕村 17-3 · 税粮实征册 · 俞添顺结单

李字七百六十五號

七百一十六號

榔木塢口

黄泥坵

田律重壹毛陆丝陆忽弍微

田律重陆毛陆丝弍忽

兆焕会众存清明田

江湾镇中［钟］吕村 17-4 · 税粮实征册 · 俞添顺结单

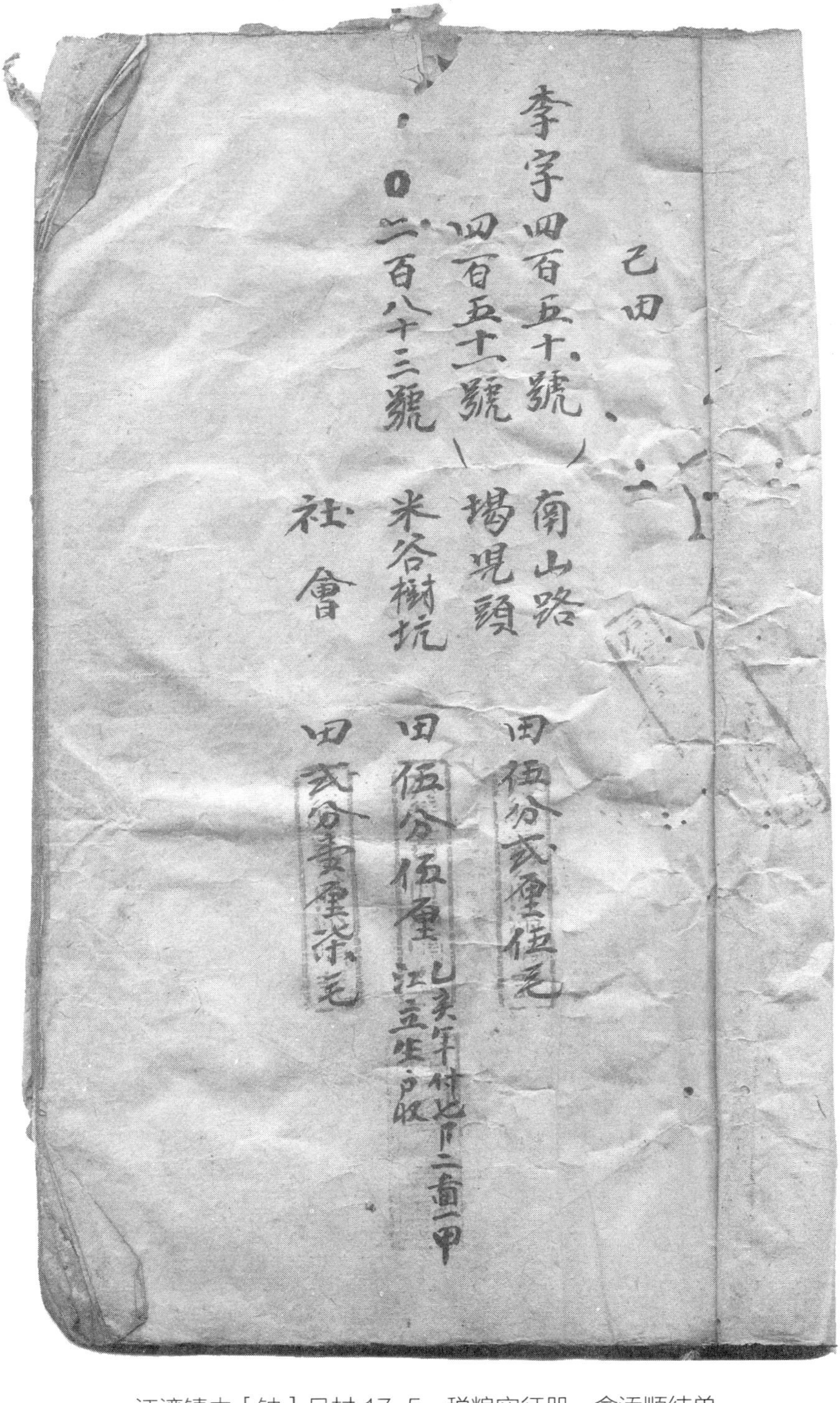
乙田

李字四百五十號 南山路 田伍分貳厘伍毛

四百五十一號 堨堁頭 田伍分伍厘 乙未年付光户二畫一甲 江立生户收

〇二百八十三號 米谷樹坑 田貳分壹厘柒毛

社會

江湾镇中［钟］吕村 17-5 · 税粮实征册 · 俞添顺结单

○李字一百廿二號　地　坦心　地壹分贰厘伍毛　乙着[illegible]

[illegible]亭

三十四號　地陆毛贰系玖忽叁微叁纖肆沙

三十五號　大園内　地贰厘柒毛叁忽陆微陆纖陆沙

三十六號　地叁厘捌毛拣系拣忽伍微贰沙

一百卅六號　背後山　地壹厘贰毛　派乙

一百二十七號　鍾呂坦心　地叁厘叁毛

一百三十一號　仝　基地贰厘壹毛叁系叁忽叁微一纖

江湾镇中［钟］吕村 17-6 · 税粮实征册 · 俞添顺结单

李字一千九號　坦末　地貳厘陸毛

一百二十六號　坦心　基地貳毛柒絲柒忽柒微陸纖貳沙

三號　社屋塢　地壹毛玖絲貳忽肆微

四號　仝　地壹厘伍毛貳絲。柒微陸纖貳沙

五號　仝　地壹厘壹毛捌絲。陸微貳纖

六號　仝　地壹厘貳毛捌絲叁忽壹微

七號　仝　地壹厘貳毛捌絲叁忽壹微

八號　仝　地壹厘壹毛伍絲伍忽

江湾镇中［钟］吕村 17–7 · 税粮实征册 · 俞添顺结单

乚千一百廿六號　沖潭　地壹毛柒系伍忽

乚千一百廿七號　仝　地捌忽叁微叁纖一沙

乚千一百廿九號　仝　地伍毛

一百二十七號　鍾呂塢心　地叁厘贰毛

一百三十一號　仝　基地贰厘壹毛叁系叁忽贰微一纖　收本户北瑞受付

李字叁拾五號　大園内　地贰厘七毛三忽五微八仙八

壹百叁拾陸號　背后山　地贰厘肆毛

同治八年收本○本甲求成户付

江湾镇中［钟］吕村 17-8 · 税粮实征册 · 俞添顺结单

李字九號　社屋塢　山壹毛玖系貳忽伍微

十號　仝　山壹毛玖系貳忽伍微

十一號　仝　山陸毛伍系

九百三十二號　梘頭嶺　山捌毛伍系

九百三十三號　仝又名裡塢　山陸厘叁毛伍系叁忽叁微柒纖　四號共

九百四十二號　仝　山伍厘捌毛叁系叁忽　二號共

九百五十號　仝　山壹毛玖系叁忽拾微一纖　二共

九百五十五號　裡塢口　山壹毛玖系叁忽拾微一纖　二號共

江湾镇中［钟］吕村 17-9 · 税粮实征册 · 俞添顺结单

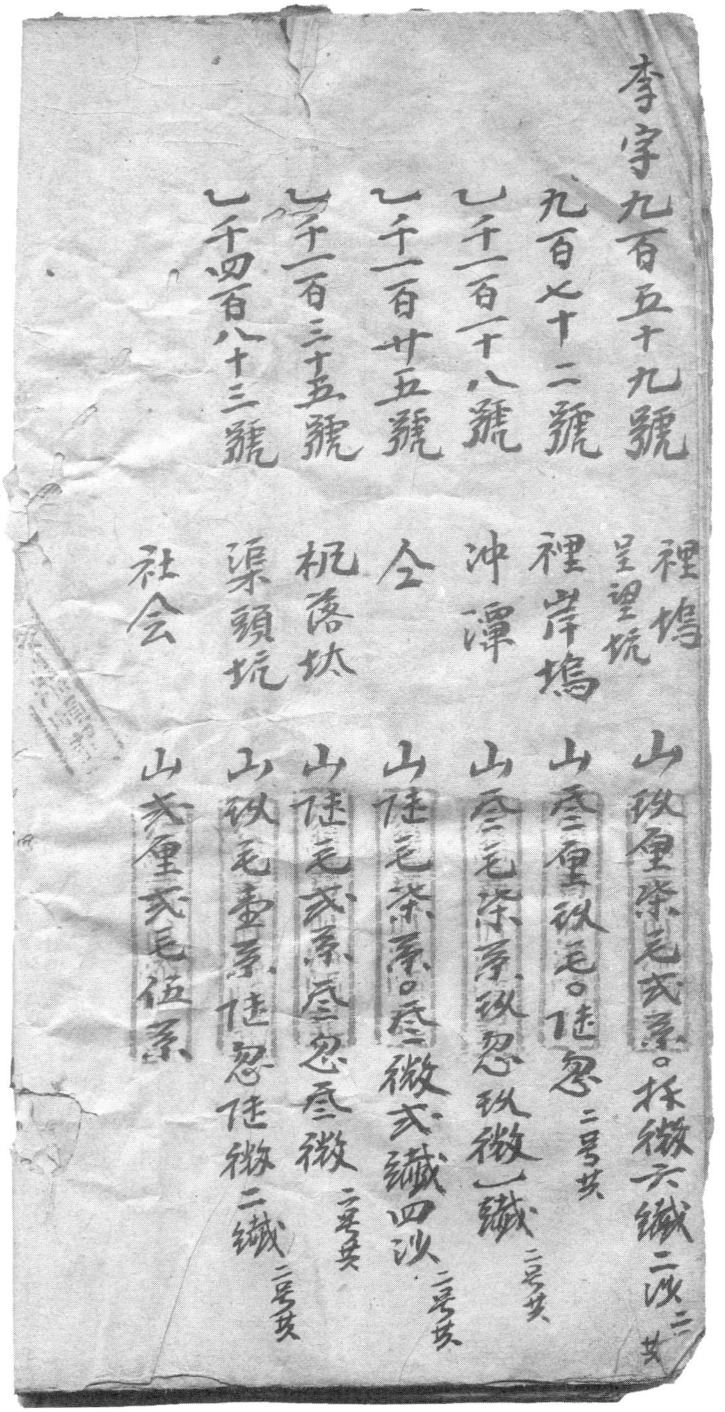

李字九百五十九號　裡塢　山玖亩柒毛弍毫。抹微六織二沙二英

呈望坑

九百七十二號　裡岸塢　山叁亩玖毛。陸忽二号英

乙千一百一十八號　冲潭　山叁毛柒毫玖忽玖微一織二号英

乙千一百廿五號　仝　山陸毛柒毫。叁叁微弍織四沙二号英

乙千一百三十五號　杌落坎　山陸毛弍毫叁忽叁微二号英

乙千四百八十三號　渠頭坑　山玖毛壹毫陸忽陸微二織二号英

社会　山弍亩弍毛伍毫

江湾镇中［钟］吕村 17-10 · 税粮实征册 · 俞添顺结单

洋五六

業户淩大名 李宗琉 秋五秤 佃邵華

下怡 秋三秤 佃李祥茂

又 業理収

道光廿三年又九月十五日 洋五以收号

江湾镇中［钟］吕村 17-11 · 税粮实征册 · 俞添顺结单

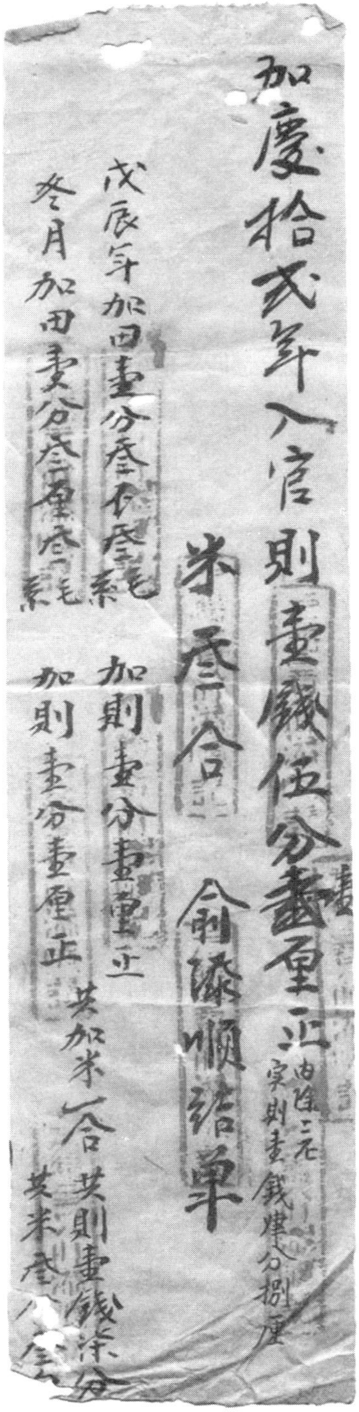

江湾镇中［钟］吕村 53 · 嘉庆十二年 · 结单 · 俞添顺

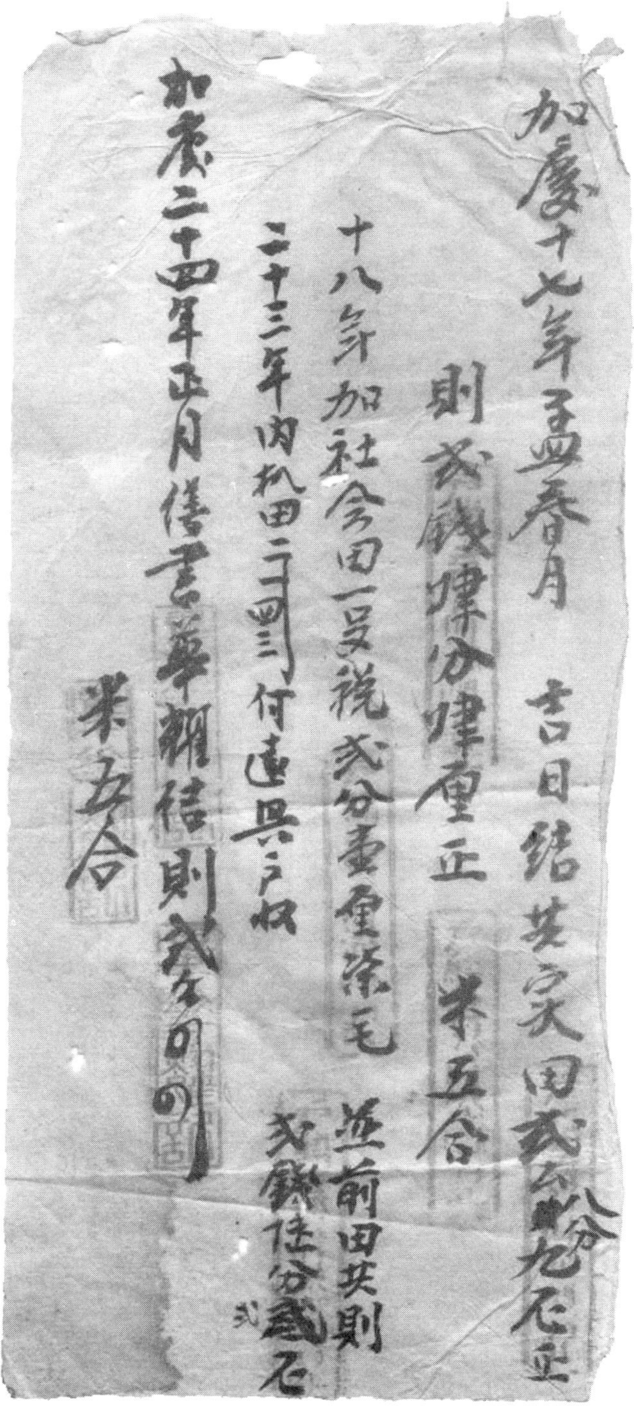

嘉庆十七年壬申春月　吉日结基实田贰分八分九厘正
则贰钱肆分肆厘正　米五合
十八年加社会田一分税贰分壹厘柒毛　並前田共则
二十三年内扒田二分四厘付连兴户收　贰钱伍分贰厘
嘉庆二十四年正月吉　华耀结则贰分[illegible]
米五合

江湾镇中［钟］吕村 26 · 嘉庆二十四年 · 税单 · 华耀

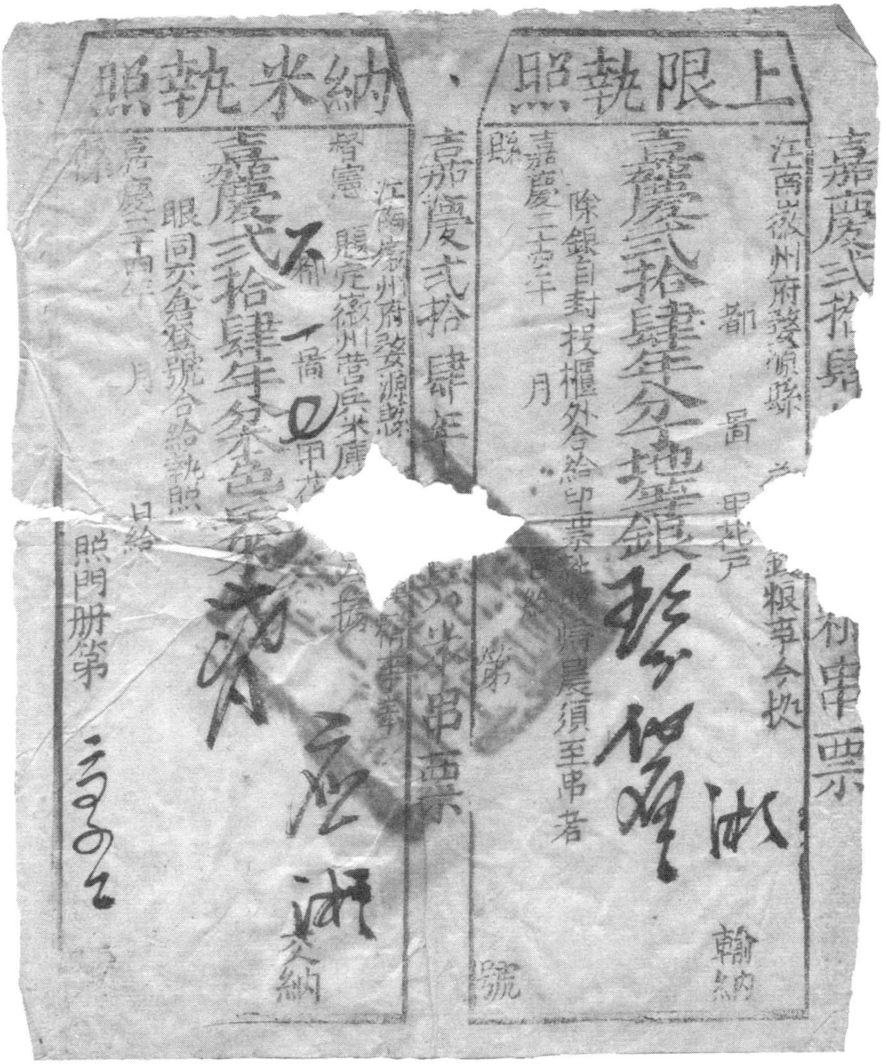

江湾镇中［钟］吕村 55 · 嘉庆二十四年 · 纳米执照 · 应湘

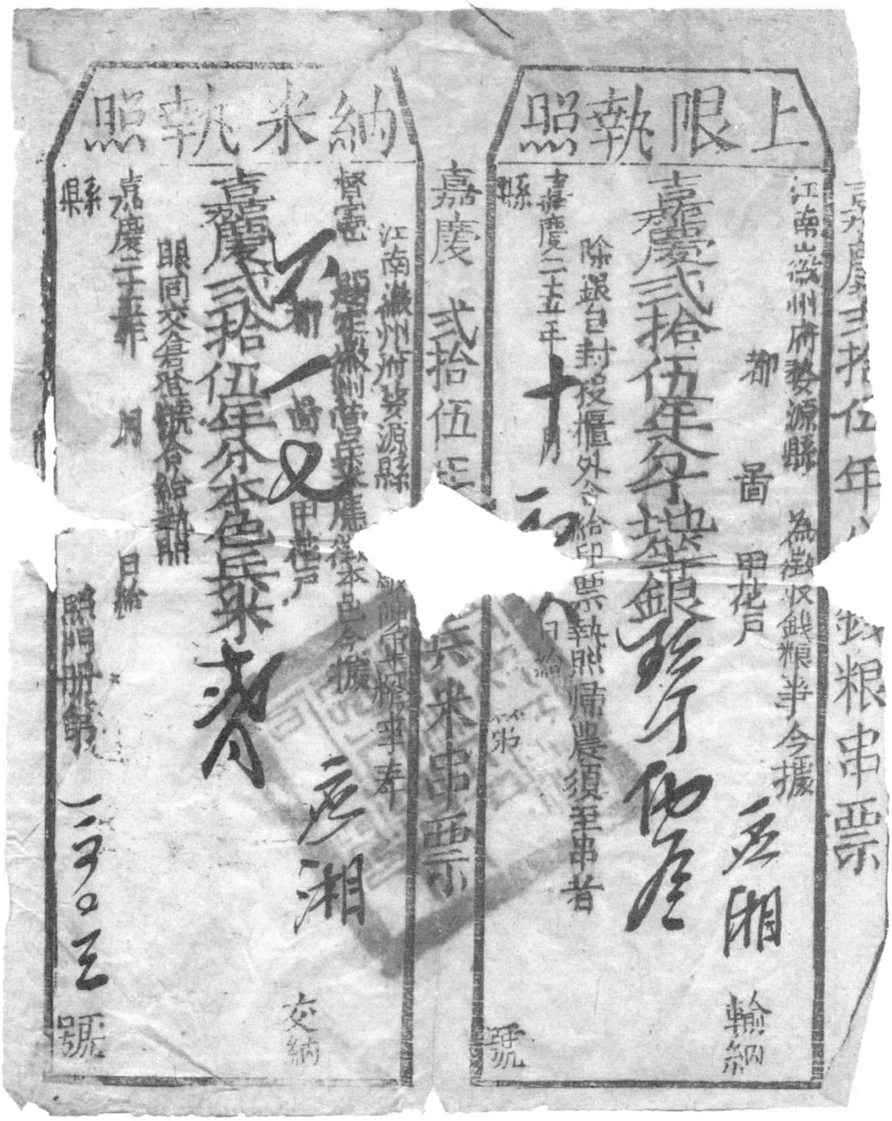

江湾镇中［钟］吕村 49 · 嘉庆二十五年 · 纳米执照 · 应湘

江湾镇中［钟］吕村 6-1 · 道光元年至同治十三年 ·
☐公清明簿及收支簿 · 俞昌店等

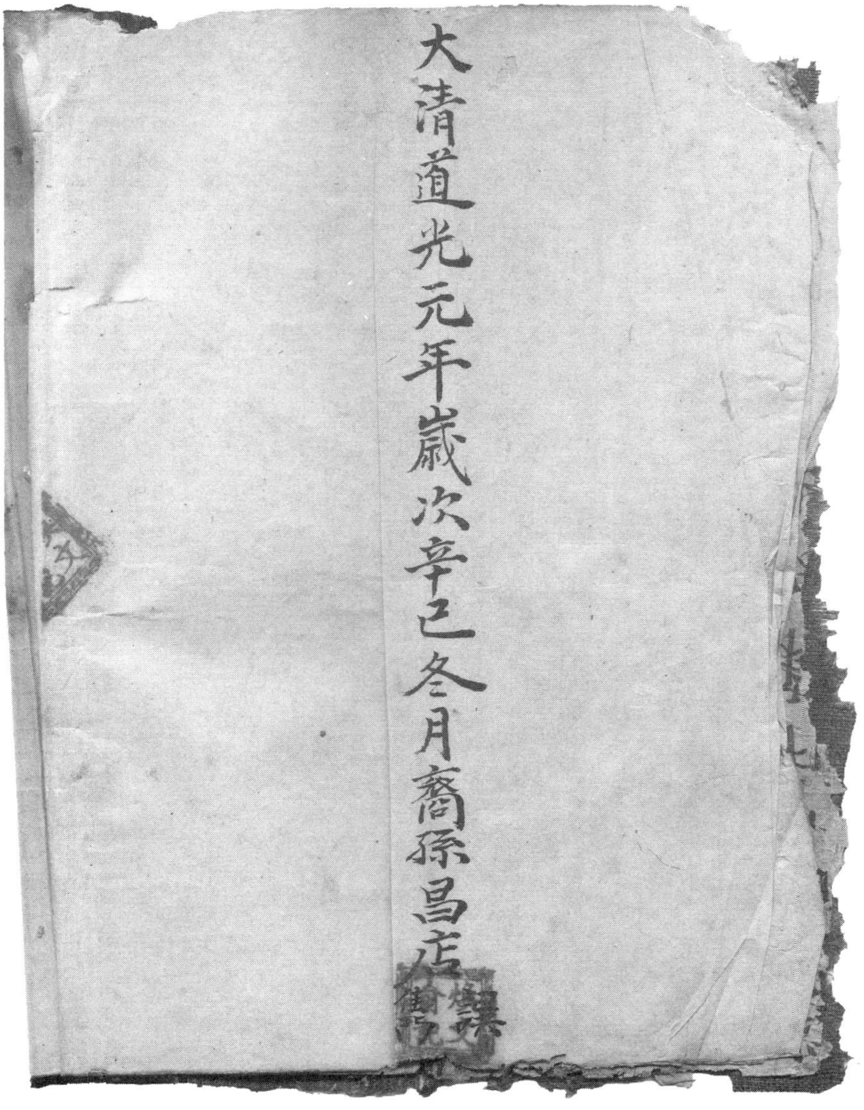

江湾镇中［钟］吕村 6-2 · 道光元年至同治十三年 ·
〼公清明簿及收支簿 · 俞昌店等

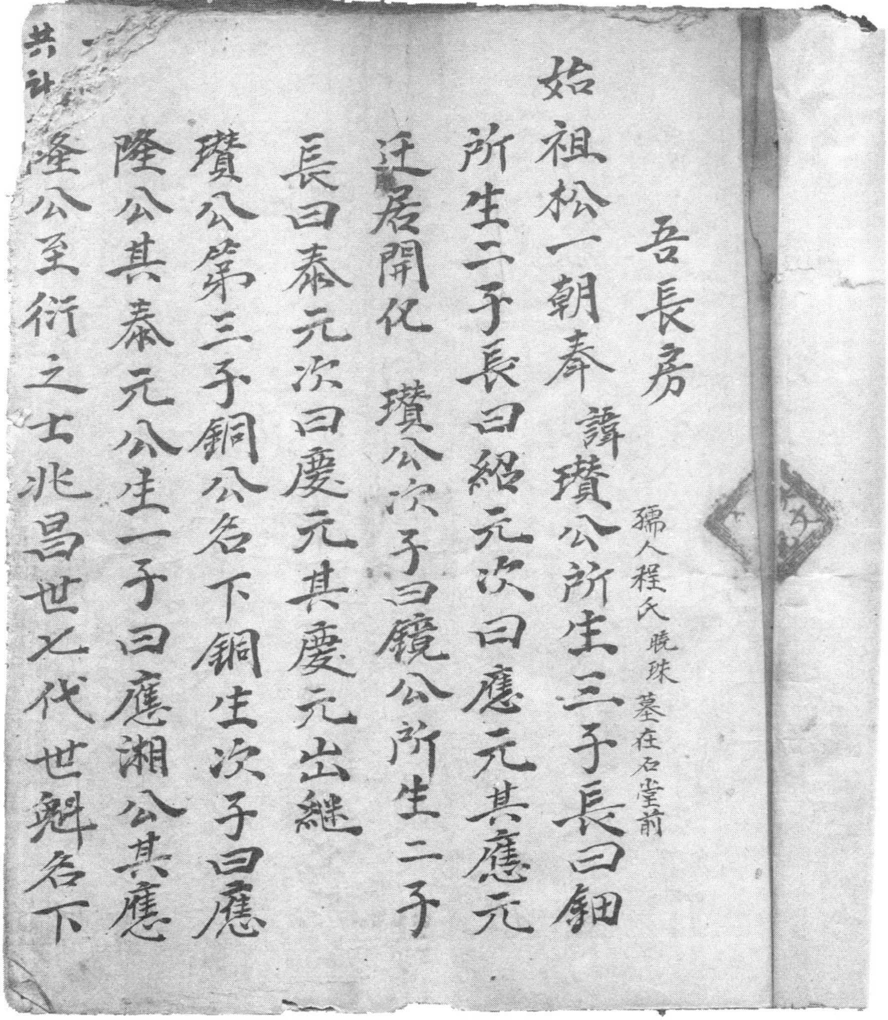

吾長房

始祖松一朝奉　諱瓚公所生三子長曰鈿　孺人程氏　曉珠　墓在石堂前

所生二子長曰紹元次曰應元其應元

汪居開化　瓚公次子曰鏡公所生二子

長曰泰元次曰慶元其慶元出繼

瓚公第三子銅公名下銅生次子曰應

隆公其泰元公生一子曰應湘公其應

共計

隆公至衍之士兆昌世乙代世魁名下

江湾镇中［钟］吕村 6-3 · 道光元年至同治十三年 ·

〼公清明簿及收支簿 · 俞昌店等

之祀其乙代坟茔無後裔祭祀其 璜
公墓在漁翁山下与次子鏡公全穴今
後裔昌廳昌立昌店集議批捐永立清
明祭掃生殖置祖散餅其三人尽心竭
力扶公每人酬例餅壹對輪頭者永遠通
年歲除之日派送日後倘有不肖子孫执
拘廢祭祀規例者請 璜公神主客前重
責逐出清明至公無私 國有律法鄉有

江湾镇中［钟］吕村 6-4・道光元年至同治十三年・
☑公清明簿及收支簿・俞昌店等

規例規例既定定在必行各要遵例

今欲有憑立此規例簿存照

今將各規例述后

一議下長房洋五公忌神冬至清明輪頭首飲

一議下長房冬至胙肉壹盤值頭者收存祭做清明用

一議添新丁者每丁上錢拾四文頭首收用

一議入繼者上丁每丁上錢伍錢付手用

一議女適配公堂大橋納入銀壹兩中橋樑戲充上出錢公堂修搒橋

共計

江湾镇中［钟］吕村 6-5 · 道光元年至同治十三年 ·

▨公清明簿及收支簿 · 俞昌店等

一議祭掃標掛做清明定于寒食日每家
頭壹人至塋撥墳田家飲清明上下首全飲
背者五歲起納入公堂存錢 以上公堂俱要付衆
一議飲清明每人給酒半壺 多者頭首自認
衆議酒定錢壹百文
一議餅定做每對半觔 天平字豆秤
倘輕者公罰 日後有能者加增刻印
璜湘大禮定做重餅
一議上下首給例餅各人壹對
一議筭賬定于臘月初一日三大房全筭偹
借者各人亦出現錢交代不得欠押 上不請下不顧

江湾镇中［钟］吕村 6-6 · 道光元年至同治十三年 ·
〼公清明簿及收支簿 · 俞昌店等